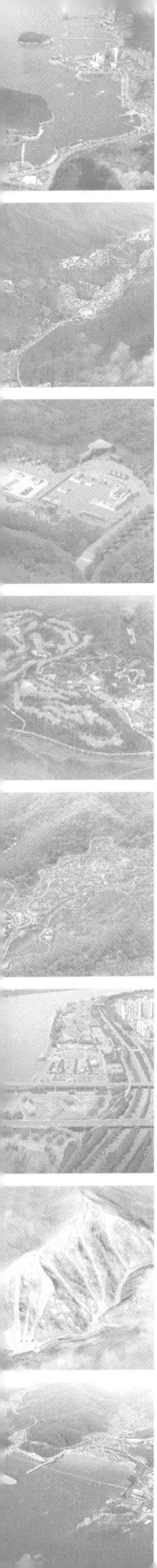

관광 및 여가공간계획

Tourism & Leisure Facilities Plan

집필총괄 곽 노 엽

기 문 당

머 리 말

이 책은 관광관련 계획업무를 주로 수행하는 엔지니어링사의 조경분야 책임자들의 뜻을 모아 만들어진 책이다. 프로젝트를 수행할 때 마다 반복되는 사례조사, 문헌조사, 법규검토, 용어정의, 기준설정, 그리고 관계자들을 이해시키는 작업 등. 다들 누군가가 이를 정리하여 체계화하고, 동일한 문제인식 속에 보편적인 이론으로 정립해야 한다고 생각했기 때문이다.

관광시설계획분야만큼 정리가 안 되어 있고, 연구가 미진한 분야가 또 있을까 싶다. 2007년에야 비로소 일집중률, 동시체재율 정도의 관광공급지표에 대한 연구결과가 나왔을 뿐, 1970년대 일본의 시설기준과 여건이 다른 미국의 기준이 여전히 계획의 이론적 근거로 사용되고 있다. 더욱이 관광지나 관광시설은 주거지와 격리된 '섬'이 되어야 한다는 70, 80년대의 관광개발 패러다임이 30년이 넘은 관광진흥법상의 시설계획기준과 함께 융합의 시대인, 오늘의 관광개발계획을 제어하고 있다. 그러나 사회 · 문화나 시장의 논리로 접근하는 관광 관련학과 디자인과 기술로 접근하는 도시계획이나 조경, 건축학 등은 서로에 대한 이해가 없어 이를 해결할 발전적 접점을 찾기가 쉽지 않아 보인다.

관광지이든 개별 관광시설이든 관광개발과 관련된 계획의 특징은 2차원적 도면의 형태로 그 내용이 최종 표현되지만 이러한 물리적 계획(physical plan)이 전부가 아니라는 점이고, 그 규모가 커지고 장기적이 될수록 자연환경 등의 물리적 여건보다는 시장의 변화를 비롯한 사회 · 경제적 여건 등의 비물리적 여건이 더 중요시된다는 점이다. 따라서 관광개발계획은 디자인과 기술측면의 하드웨어적 접근과 관광자와 마케팅 측면의 소프트웨어적 접근이 결합된 채, 포괄적이고 점진적인 프로세스로 수행되어야 한다. 이에 이 책은 하드웨어적인 관광시설계획에 앞서 관광의 개념과 관광개발계획의 프로세스를 다루고, 관광마케팅계획과 사업타당성 검토 등 소프트웨어적인 측면을 개발계획과정과 함께 기술함으로써 관광개발에 대한 종합적이고 실천적인 계획지침서가 되도록 노력하였다.

이 책은 총론, 관광개발계획과정, 관광시설계획의 3개 부문으로 구성하였다. 제1편 총론은 관광, 관광개발, 관광개발계획의 기초개념과 이론을 기술하여 관광개발계획의 이론적인 토대를 구축하고자 하였다.

제2편은 계획단계를 계획의 프로세스에 따라 정리한 이 책의 핵심적인 부분이다. 비록 관광이라는 주제로 제한하기는 하였지만 모든 계획에 범용적으로 쓰일 수 있는 프로세스를 토대로 기술하였기 때문에 3편의 관광시설계획은 물론 여타의 시설계획도 여기서 기술된 계획과정에

의하면 논리적으로나 기술적으로 큰 무리가 없으리라 판단된다.

관광개발계획과정이기 때문에 별도로 기획단계를 추가하여 기획단계, 환경분석단계, 기본구상단계, 기본계획단계, 사업타당성검토단계로 구분하였고, 이해를 돕기 위해 실제 사례를 첨부하여 구체적으로 기술하였다.

제3편 관광시설계획은 해당 프로젝트의 수행경험이 있는 전문가들이 나누어 집필하였다. 가급적 단일 개발법에 의해 개발되는 시설 중에서 그 간에 관련서적이 많이 나와 있는 시설은 제외하고 마리나리조트 등 총 10개의 시설을 선정하여 기술하였다. 각 시설계획은 2편과의 중복을 피하기 위해 현황분석과 기본구상은 필요한 부분만 기술하고, 주로 계획 결과물을 중심으로 시설의 개념과 정의, 개발절차, 시설기준 및 원칙, 시설계획 사례, 전망 및 과제의 순서로 기술하였다.

이 책의 내용은 변하지 않는 기준과 원칙을 담은 것이 아니다. 관광니즈나 트렌드가 시대에 따라 변하고, 경제환경에 따라 변하듯 시설별 기준과 원칙도 변할 수 있기 때문이다. 이 책의 의의는 현재 우리가 갖고 있는 객관화된 자료가 무엇이고, 어떤 기준으로 계획을 수행해오고 있었나를 보여주는 것이다. 따라서 앞으로 이를 토대로 이론적 기반을 갖추고 발전되도록 지속적으로 보완되어야 할 것이다.

가지고 있던 자료를 아낌없이 협조를 해준 (주)도화엔지니어링, (주)한국종합기술공사, (주)동호의 관계자들에게 감사드리며, 어려운 가운데도 출판을 결정해 주신 기문당의 강해작 사장님께 감사를 드리고 이 책이 출간되도록 여러 가지로 신경써 준 (주)PDI엔지니어링의 이재찬 상무와 원고정리와 이미지작업을 도와준 송재열 과장, 이재홍 대리, 송회란 대리, 곽윤신 군에게도 감사를 전한다. 그리고 물심양면으로 지원해준 엔지니어링 조경협의회 변금옥 회장과 전임 노찬기 회장을 비롯한 여러 회원에게도 감사를 드리며, 이 책의 발간을 계기로 관광시설계획이 좀 더 많은 자료를 토대로 체계적으로 정리되고 연구되기를 기대한다.

2014년 11월

집필총괄 곽노엽

차 례

제1편 총 론

곽 노 엽

01. 관광의 이해

1. 관광

2. 관광자

3. 관광지

1. 관광

1.1 관광의 정의와 요건

관광이란 '다른 지방이나 나라의 풍광, 풍속, 사적 등을 유람하는 일(두산백과사전)' 또는 '즐거움, 위락, 휴가, 스포츠, 친구 및 친지 방문, 업무, 회합, 회의, 건강, 연구, 종교 등을 목적으로 방문국을 최소한 24시간 이상 또는 1박 이상 1년 이하 체류하는 행위(WTO)'라고 정의하지만 넓게 보면 위의 행위와 이 행위로 인한 사회현상의 총체를 포괄한다.

관광은 사회·문화·경제의 복합현상이므로 명확히 정의내리는 것은 쉽지 않다. 학자마다 기관마다 연구목적에 따라 혹은 통계목적에 따라 정의를 달리하고 있기 때문이다. 따라서 표 1.1과 같은 다양한 정의가 있지만 이들 내용을 살펴보면 대체로 다음의 4가지 관광요건을 지닌다.

① 관광욕구의 충족 : 기분전환, 휴식, 즐거움, 건강회복, 스트레스 해소 등 관광자의 내면에서 일어나는 관광욕구를 충족시키는 행위이고 나아가서는 사회적 일치 욕구*, 문화적 욕구, 활동 욕구 등을 충족시키기 위한 행위이다.

* 사회적 일치(social agreement)욕구란 사회적 요구기준에 맞추려는 욕구, 준거집단의 생각에 부합하려는 욕구, 그리고 가정이나 동반자의 의도에 일치하려는 욕구 등을 말한다(엄서호, 1998: 16).

② 탈일상 : 관광은 탈일상을 전제로 한다. 탈일상은 일상생활에서의 물리적 이동을 기본으로 하지만 이동거리와 관계없이 심리적인 영역에서 벗어남을 의미할 수도 있다.

③ 회귀 : 관광은 어원(tour)이 지니는 의미, '돌다', '순회하다'처럼 회귀를 내포하고 있다. 다시 집으로 돌아올 의사가 없다면 관광이라 할 수 없다. 그리고 회귀는 일정한 시간적 범위를 필요로 한다. 일시적이든, 24시간 이상이든, 1년 이하이든 정해진 시간 내에 다시 돌아올 것을 전제로 한다.

* 관광의 요건

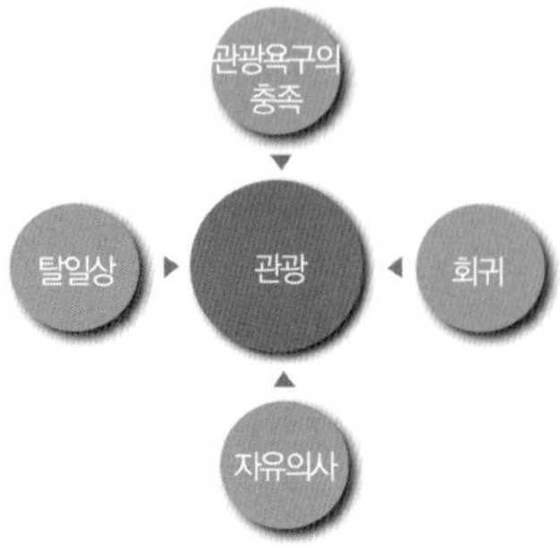

④ 자유의사 : 관광은 자신의 자유시간 내에 자유의사에 의해 재량껏 할 수 있는 여행(discretionary travel)이다. 따라서 업무상 출장이나 비즈니스여행도 그 기간 중에 자유의사에 의한 관광행위가 없다면 그것은 관광이라 할 수 없다. 비록 디즈니랜드나 설악산국립공원, 기타 관광지를 가더라도 그것이 학술답사 목적이거나 안내, 운전 목적이라면 그 행위나 이동 또한 관광이라 할 수 없다.

1.2 관광체계

관광을 시스템(system)으로 보려는 이유는 관광현상을 체계적으로 설명하려는 데 기인한다.

초기에는 관광을 관광주체인 관광자와 관광객체인 관광자원의 상호작용으로 이루어지는 현상으로 이해하는 2체계론으로 시작하였다. 이후 기업의 영역이 확대되고 매체(linkage)의 역할이 강조되면서 베르네커(G. Bernecker)에 의한 '관광주체-관광매체-관광객체'로 이어지는 3체계론이 관광의 기본체계를 형성하게 되었고 여기에 교통(transportation)이 관광과의 불가분의 관계로 관광사업 분야의 중심적 위치를 확보하면서 관광매체의 또 다른 독립된 구성요소로 자리잡고 있다.

이러한 3체계론은 관광현상을 이해하려는 학문적 접근방법에 따라 다양하게 제시되고 있는데 관광계획에 중점을 둔 군(Clare A. Gunn)의 체계*가 대표적인 것으로 볼 수 있다.

* Gunn의 관광체계

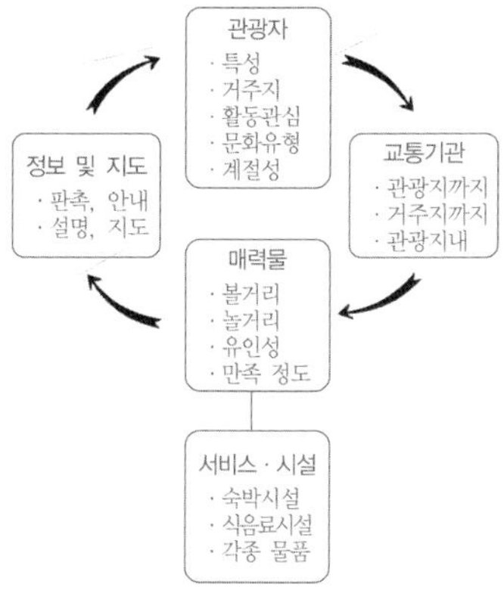

자료 : Clare A. Gunn, 1979: 36

표 1.1 관광의 정의

구분	관광의 정의	비고
쉴레른 (H. Schulern)	일정한 지역 혹은 타국에 들어가 머물다가 돌아가는 외래객의 유입, 체재 및 유출의 형태를 취하는 모든 현상과 직접 결부되는 기타 현상, 특히 경제적인 모든 현상을 나타내는 것	1911년 최초의 정의
보르만 (A. Bormann)	견문, 휴양, 유람, 상용 등의 목적 또는 기타 특수한 사정에 의하여 정주지에서 일시적으로 떠나는 것	1931년 일시여행설
오길비 (F. W. Ogilvie)	1년을 넘지 않는 기간 동안에 집을 떠나 있고 그 기간 동안 돈을 소비하되 여행하면서 돈을 벌지 않는 것	1933년 귀환예정소비설
글뤽스만 (R. Glucksmann)	체재지에서 일시적으로 머무르고 있는 사람과 그 지역에 살고 있는 사람들간에 생기는 여러 가지 관계의 총체	1935년 관계설
훈지카, 크라프 (W. Hunziker, K. Krapf)	외래관광객이 정주할 의사가 없이 또는 영리활동을 할 의사가 없이 체재하는 모든 관계 및 현상	1942년 관계설
베르네커 (P. Bernecker)	사업상 혹은 직업상의 여러 이유에 관계없이 일시적으로 또는 개인의 자유의사에 따라 이동한다는 사실과 결부된 모든 관계 및 그 결과	1962년 관광주체론
일본관광정책심의회	자유시간 중에 감상, 지식, 체험, 활동, 휴양, 참가, 정신교육 등의 생활변화를 추구하는 인간의 기본적인 욕망을 충족시키기 위한 행위로서, 일상 생활권을 떠나 다른 자연 및 문화 등의 환경 속에서 행하는 일련의 행동	1969년
밀 & 모리슨 (Mill & Morrison)	직장인의 통근 및 학생의 등하교를 제외한 상용과 관광목적으로 정주지를 떠나서 발생하는 모든 활동과 사회현상의 총체	1985년
박석희	자유의사로 자유재량 시간을 활용하는 여가활동으로서 돌아올 예정으로 일상 영역을 벗어나 견문을 넓히고 에너지를 보충하여 완전성을 추구하고 즐거움을 누리는 일련의 행동과 이로 인해 발생하는 경제적 · 사회적 · 문화적 현상의 총체	2001년

자료 : 박석희, 2012: 16-18를 토대로 재구성

Gunn은 관광현상을 기능적인 체계로 인식하고 구성요소로서 관광자(tourist), 교통기관(transportation), 매력물(attraction), 서비스와 시설(services-facilities), 정보 및 지도(information-direction) 등의 5가지를 제시하고 있다.

또한 밀 & 모리슨(Mill & Morrison)은 관광마케팅에 중점을 두어 관광현상을 관광시장, 관광목적지, 여행, 그리고 마케팅의 4가지 요소로 구성된 체계로 파악하고 있다(그림 1.1).

여기서 관광시장 요소는 관광자가 지니고 있는 욕구 및 요구를 충족시켜주기 위하여 시장을 세분하고, 관광가능자를 식별해내며, 그들의 의사결정과정을 파악하는 기능을 한다. 어떤 사람이 일단 관광여행을 하기로 마음먹으면 다음은 언제, 얼마 동안, 어떠한 방법으로 갈 것인가를 결정해야 하는데, 이를 위해 교통의 흐름, 교통수단 및 시설 등을 분석하고 장래의 경향에 대한 예측이 뒷받침되어야 한다.

관광목적지 요소는 매력물과 관광자가 이용하는 서비스 및 시설이 포함된다. 관광객이 목적지까지 이동해 오도록 하기 위해서는 그들이 목적지에서 얻을 수 있는 편익과 피해야 할 사항에 대해 알고 있어야 한다. 그리고 관광마케팅에서는 마케팅 목표를 명확히 하고 표적시장을 선정하여 상품, 가격, 판촉활동, 그리고 배분을 적절히 혼합하는 마케팅믹스 기능이 이루어진다(박석희, 2012: 26).

그림 1.1 Mill & Morrison의 관광체계

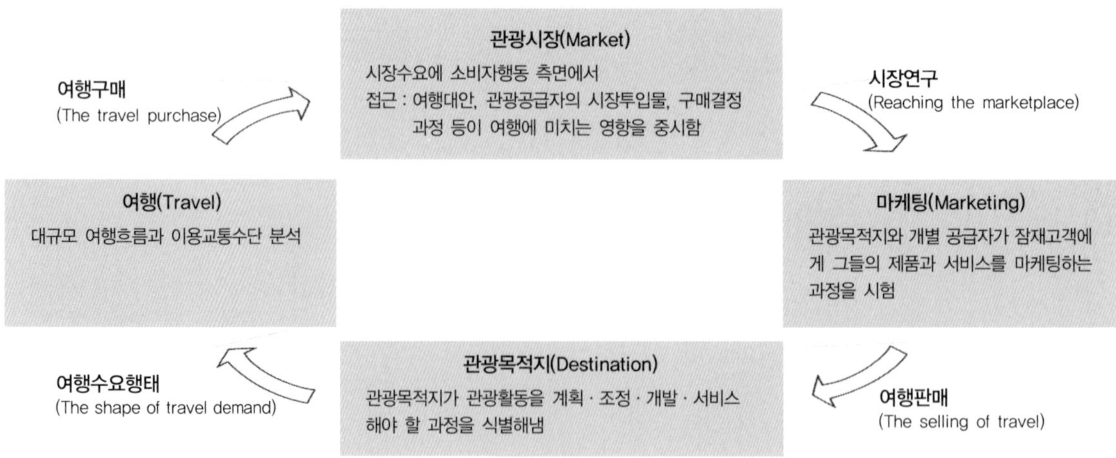

자료 : Mill, R. C. & Morrison, A. M. 1985: 2

2. 관광자

2.1 관광 동기와 욕구·요구

'행동을 일으키게 하는 내적인 직접요인의 총칭(두산백과사전)'으로 정의되는 동기(motive)는 인간의 행동원인으로 행동의 방향과 강도를 결정하고, 지속성을 유지시켜주는 내적 구성개념이다. 따라서 관광동기는 관광형태를 지배하는 궁극적인 동인(動因, ultimate driving force)이다.

관광동기는 관광행동 분석의 기본적인 접근방법으로 많은 연구와 이론이 제기되었으나 각 개인의 특성과 사회적·문화적 배경의 다양성 등으로 일반화된 범주로 설명하기가 어렵다.

대표적인 동기이론으로는 생리적·공격적 본능이 동기를 유발한다는 본능이론(instinct theory)과 욕구만족을 통해 균형상태로 이르게 하려는 행동유발의 힘이 동기라는 추동(趨動)이론(driving theory), 행동을 이해하기 위해서는 그 당시의 전반적인 상황이 고려되어야 한다는 장(場)이론(field theory), 인간의 행동은 개인의 성격특성과 환경특성이라는 두 변수의 함수라는 보는 성취이론(achievement theory), 그리고 전통적인 동기이론을 보완한 인지(認知)이론(cognitive theory)이 있다. 이 이론들은 인간행동의 주관적, 지성적 측면에 관심을 둔 이론으로, 인간행동은 단순히 생물적인 내적 추동과 외적 자극에 반응한다기 보다 사회·심리적인 창조적 정보처리 능력에 의한다는 것이다.

동기에 대한 개념을 잘 이해하기 위해서는 욕구(needs)와 필요(wants)* 에 대한 이해가 필요하다.

배가 고프거나 목이 마를 때 음식을 먹고 마시려는 상태를 내적인 긴장상태라고 하는데 이 긴장상태는 개개인의 내부에서 일어나는 과부족의 원인에 의해 일어난다. 이러한 긴장상태가 행동을 낳게 하는 내적원인이며 이 내적 행동원인을 욕구(needs)라고 한다(임창재, 1998: 119). 또한 Mill(1985)은 욕구(needs)가 생리적인 결손상태라고 한다면 욕구에서 생기는 심리적 상태가 필요(wants)라고 하였다. 그리고 동기는 이 필요를 만족시키고자 원할 때 발생하고 행동을 강요하는 내부의 추진동력 또는 목표를 달성하도록 지시하는 내부상태라고 개념화하였다(그림 1.2).

* needs를 '요구'로 표현하기도 하고 '욕구'로 표현하기도 한다. 전자는 영어의 단어적 의미를 중시한 것이고, 후자는 우리 말의 문맥적 의미를 중시한 것이다. 본 서에서는 혼돈을 줄이고자 후자에 더 의미를 두어 needs는 '욕구', wants는 '필요'로 표현하기로 한다.

* 레저참가 의사결정과정

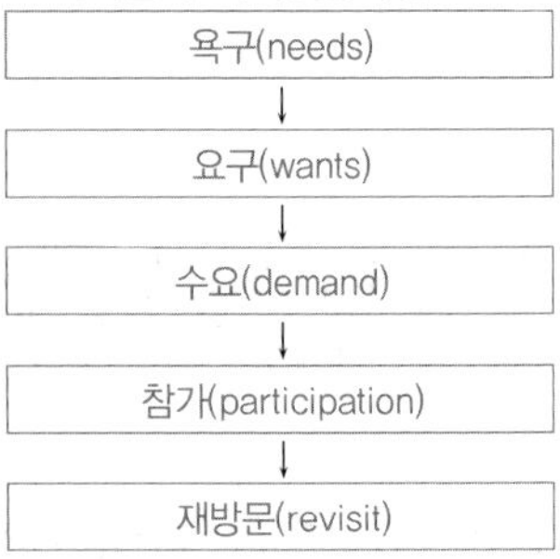

자료 : 엄서호 1998: 61

그림 1.2 욕구 · 필요 · 동기의 관계

자료 : Mill, R. C. & Morrison, A. M. 1985: 5

엄서호(1998)는 욕구와 요구의 관계에 대해 첫 번째 단계인 욕구(needs), 즉 '놀러가자', '아이들과 하루를 보내자'가 시작이며 이 욕구는 다음 단계인 요구(wants)에서 '주제공원을 가자'든지 '고궁을 가자'든지로 구체화된다고 하였다.*

* Maslow의 욕구 단계

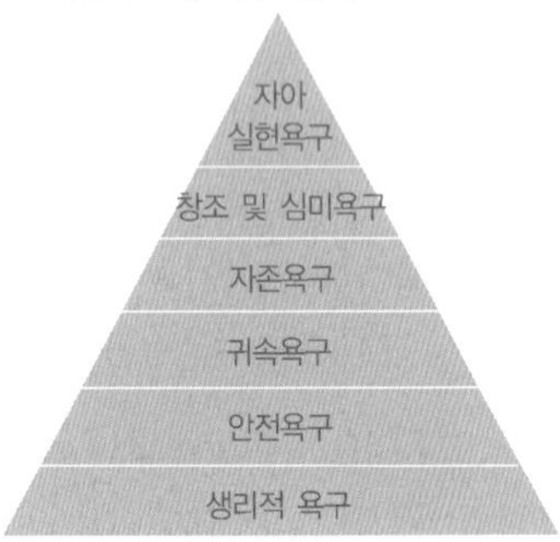

여러 가지 동기이론 중에서 가장 잘 알려진 것 중의 하나가 Maslow(1954)의 욕구단계(hierarchy of needs) 이론*이다. 인간에게 동기 부여를 할 수 있는 욕구에는 위계가 있고, 하위의 욕구가 달성되면 그 다음은 그 상위의 욕구를 찾게 된다는 가정의 이론이다. 빈번하게 사용되는 동기이론임에도 불구하고 관광 분야의 실제 적용에는 부족함이 있어 Mill(1985)이 이 이론에 2단계를 추가하여 표 1.2와 같이 제시하였다.

표 1.2 관광욕구와 동기

욕구	동기	관광항목
생리적 (physiological)	휴식 (relaxation)	· 일탈 · 휴식 · 긴장완화, 일광추구 · 신체적, 정신적 재충전 등
안전(safety)	안전 (security)	· 건강, 레크리에이션 · 지속적인 건강 및 활력 유지 등
귀속(belongings)	사랑 (love)	· 가족과의 결속 · 친구와의 우정, 대인관계 유지 · 소속집단과의 사회적 관계 유지, 고향, 민족애 등
지존(esteem)	성취, 지위 (achievement, status)	· 성취에 대한 확신, 자신의 중요성 인식 · 자신의 위치와 명예, 위신 · 사회적 인식, 직업과 일 · 자아 확대, 자기계발 등
자아실현 (self-actualization)	진실성 (be true to one's own nature)	· 자아 탐구와 평가 · 자아 발견 · 내적 욕망의 충족 등
지혜 (to know and understand)	지식 (knowledge)	· 문화, 교육 · 여행 열망 · 외국에 대한 관심 등
심미(aesthetic)	미적 이해 (appreciation of beauty)	· 환경에 대한 관심 · 풍경, 경치 등

자료 : Mill, R. C. & Morrison, A. M. 1985: 7

2.2 태도

욕구(needs)는 관광행동을 유발시키는 동기의 직접적인 원인을 제공하고 동기(motives)는 인간의 내부적 긴장상태를 줄이기 위한 추진력이다. 그러므로 관광객의 관광동기를 활성화시키기 위해서는 외적인 자극요인인 관광대상의 매력으로써 잠재관광객의 기대를 유발시켜야 한다.

관광동기는 관광행동에 영향을 미치고 관광행동은 태도(attitude)에 의해 영향을 받거나 영향을 미친다. 예를 들면 농촌에 대한 긍정적인 태도는 농촌관광으로 이어질 가능성을 높게 한다.

이처럼 태도는 대상에 대해 호의적, 비호의적 또는 긍정적, 부정적으로 반응을 나타내는 학습된 선유경향(learned predisposition)으로 행동에 영향을 미치는 중요한 심리적 요인이다.*

* 균형이론에 따르면 사람들은 자신이 가지고 있는 신념과 태도 간의 일관성을 유지함으로써 심리적으로 편안함을 느끼게 된다. 따라서 개인의 행동은 태도를 통해 예측할 수 있다.

Assael(1984)은 태도는 감정적, 인지적, 행동적 요소에 의해 결정된다고 하고 다음과 같은 모델을 제시하였다.

그림 1.3 태도의 구성요인

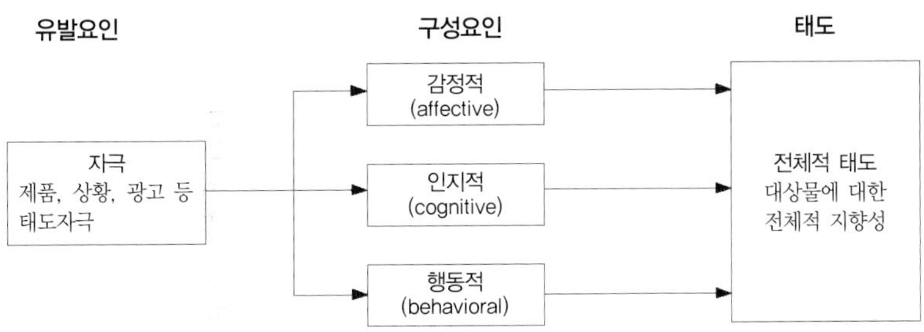

자료 : Assael, H., 1984: 173.

여기서 감정적 요소의 평가는 관광 대상에 대한 감동의 유무나 전반적인 느낌에 의해, 인지적 요소의 평가는 직접적인 경험이나 지식과 지각으로 이루어진 신념에 의해, 행동적 요소의 평가는 실행가능성과 경향 등으로 이루어진다고 하였다.

일단 형성된 태도는 어떤 식으로 행동하려는 선호 또는 의향을 낳게 되는데 여기서 사회적 요인은 이러한 선호와 의향이 실제로 행동을 하게 하는 데 중요한 영향을 미칠 수 있다.

최근 들어 태도는 '좋다, 싫다'와 같은 단일차원적 개념이 아니라 여러 차원에서 파악되어야 한다는, 즉 제품에 대한 태도는 제품의 각 속성이 갖는 정도와 이러한 속성들에 부여되는 가중치(중요도)에 의해 결정되며 이러한 다차원적 개념은 다속성 태도모델의 근거가 되고 있다. 이러한 태도는 다음과 같은 몇 가지의 중요한 특성을 갖고 있다.

첫째, 태도는 대상을 가진다. 그 대상은 추상적인 것일 수도 있고 제품구매와 같은 행위, 혹은 구체적인 제품이나 서비스일 수도 있다.

둘째, 태도는 방향, 정도, 강도를 가진다. 태도는 대상에 대하여 우호적인가 비우호적인가(방향), 얼마나 좋아하는가 싫어하는가(정도), 얼마나 확신하는가(강도)를 가진다.

셋째, 태도는 구조를 가진다. 태도는 개인의 가치와 자아이미지를 중심으로 구심성과 일관성을 갖는 안정적 구조를 이루고 있다. 따라서 태도는 시간경과에 걸쳐 안정성을 보이며 또한 학습되기 때문에 오랫동안 지속될수록 강해지거나 적어도 변화에 저항하는 경향이 커진다.

넷째, 태도는 학습된다. 태도는 여러 채널로부터의 정보, 경험, 퍼스낼리티 등으로부터 영향을 받으며 학습과정을 통하여 형성된다(유동근, 1992: 238-239).

2.3 관광의사결정

관광의사결정은 먼저 관광예정자가 관광욕구를 충족시키고자 하는 욕망이 일정 수준으로 커져서 이를 문제로 인식할 때부터 시작된다. 그리고 여러 차원으로 관광정보를 탐색하고 대안을 제시·평가하여 선택하고 행동하게 된다. 물론 이때의 대안평가는 개인의 경제적·사회적 요인에 의한 관광자의 태도에 따라 달라질 수 있다.

관광행동이 끝나면 마지막 단계인 구매 후 평가를 하게 되는데 이 단계가 관광자의 태도형성에 영향을 미쳐 차후의 관광형태를 좌우하게 된다.

이상과 같은 관광행동 전후에 일어나는 일련의 인식체계가 관광의사결정과정으로 관광행동과 같이 고관여상품일 경우는 일반적으로 좌측의 그림과 같은 흐름을 보인다.*

* 고관여상품의 의사결정 모델

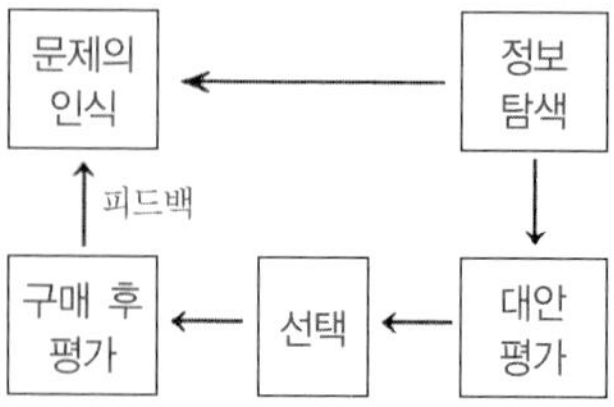

소비자의 의사결정 과정은 마케팅에서 중요하게 다루어지는 문제로 여러 가지 모델과 이론이 있다. 이 중 본 서에서는 소비자의사결정 모델 중 대표적인 모델인 EBMK모델을 기초로 관광의사결정 과정을 보여준

van Raaij(1984)의 모델을 소개하고자 한다. 이 모델은 '일반적 지출 - 정보습득 - 연합의사결정 - 휴가활동 - 만족과 불만족'의 5단계로 구성된 연계모델로 관광의사결정 과정을 설명하였다(그림 1.4).

그림 1.4 관광의사결정 과정

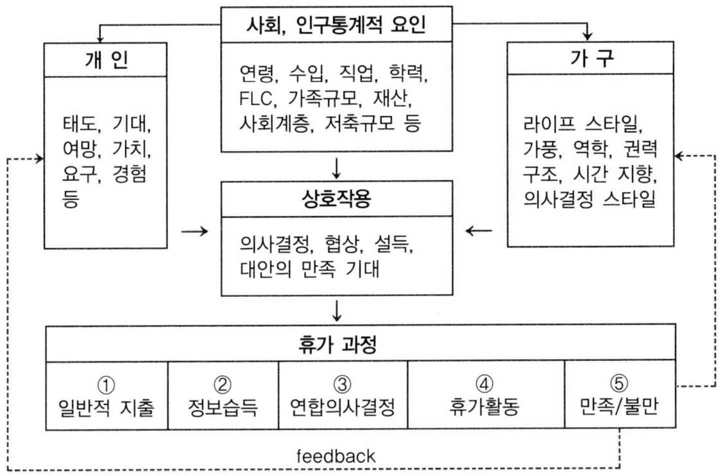

자료 : W. F. van Raaij, Dick A. Francken, 1984: 103.

2.4 관광경험과 만족

관광경험하면 관광지에서의 실제 경험(on-site experience)만을 생각하기 쉬우나 관광경험이란 이를 포함한 모든 과정이 관광경험이다. 이를 클로슨(Clawson & Knetch)은 총경험(whole experience)이란 개념으로 다음과 5단계로 세분하고 있다.

첫째는 관광경험의 첫 시작은 기대(anticipation)단계로 사전의 계획과 구상이 모두 여기에 포함된다. 이 단계에서의 경험은 차후 현지에서의 실제 관광경험보다 더 큰 만족을 줄 수도 있고 아울러 방문 후의 불만족을 극대화시킬 수도 있다.

둘째는 가는(travel to) 단계에서의 경험이다. 여행 자체를 즐기는 사람이라면 이 단계에서의 경험도 중시할 필요가 있다. 이 단계에서의 경험의 질은 사람에 따라, 도로사정에 따라, 시간에 따라 달라질 수 있다.

셋째는 현지(on-site)에서의 경험으로 대부분 이 단계를 관광경험의 전부라고 보지만 실제로는 소요시간이나 지출비용, 총만족 측면에서 보면 절반 이하에 불과하다.

넷째는 오는(travel back) 단계에서의 경험이다. 두 번째 단계와 중복이라고 보아서는 안 된다. 갔던 길과 같은 길로 오더라도 느끼는 감정은 다르다. 일반적으로 두 번째 단계보다 부정적 감정을 느끼는 경우가 많다.

마지막 단계는 여행이 끝나고 회상(recollection)단계이다. 여행이 만족스러워야만 꼭 이 단계가 만족스러운 것은 아니다. 오히려 당시의 불만족도 이 단계에 이르러서는 미화되어 만족감을 줄 수도 있다.

한편 첩·첩(Chubb & Chubb)은 이를 더 세분하여 좌측의 그림과 같이 11단계로 구분하기도 하였다.*

관광경험을 통한 만족 여부는 향후의 관광행동 결정에 중요한 역할을 한다. 일반적으로 사람들은 제품이나 서비스를 구매할 때 '기대'라는 것을 하며 구매를 하고 나서 그 '기대'에 부합하는지 확인한다. 확인 후 기대에 부응하면 만족, 기대에 부응 못하면 불만족하게 되는데, 이런 '구매 후 평가'는 향후 재구매에 많은 영향을 미친다.*

이런 평가는 여러 단계의 심리적 과정을 거치는데 여기에는 기대불일치(expectancy disconfirmation)이론과 인지부조화(cognitive dissonance)이론 등이 있다. 관광활동 역시 관광경험이 자신의 기대수준 혹은 기대편익에 이르거나 초과하면 만족할 것이고 기대편익에 미치지 못하면 불만족할 것이다.

이를 개념적으로 표현하면 '편익(benefit) - 비용(cost)'으로 개인에 따라 차이가 있겠지만 양(+)으로 평가되면 '만족'일 것이고, 음(-)으로 평가되면 '불만족'일 것이다. 여기서 비용(cost)이란 단순히 돈만이 아니라 시간, 노력 등도 포함한 개념이고 편익(benefit) 역시 경제적인 것뿐만 아니라 심리적·사회적·교육적·심미적인 것을 포함하는 개념이라 할 수 있다.

그림 1.5 구매 후 평가 과정

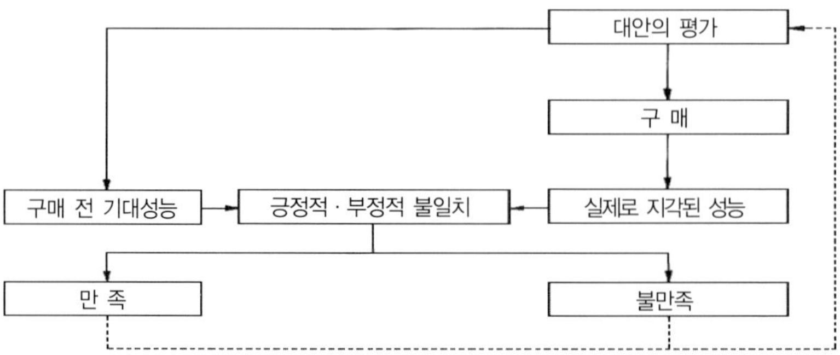

자료 : 유동근, 1992: 59

* 첩·첩의 관광경험 단계

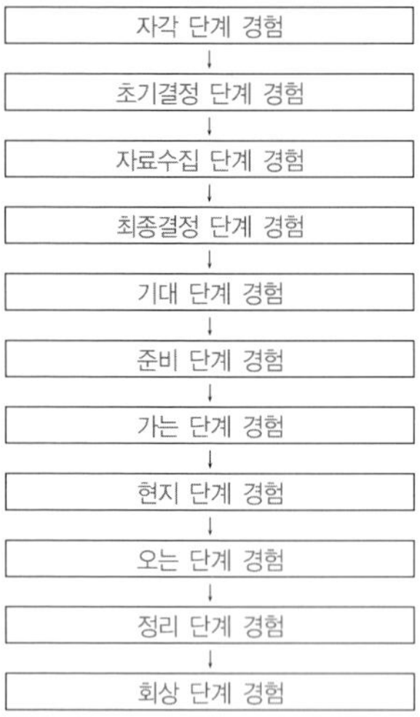

자료 : Chubb & Chubb, 1981: 231

* 만족스러운 경험을 한 고객은 그 사실을 3명의 사람에게 이야기하지만 불만족스러운 경험을 한 고객은 그 사실을 11명의 사람에게 이야기합니다(이주형 역, 2004: 50).

3. 관광지

3.1 관광지의 개념과 구성요소

관광지란 '관광객의 관광욕구 충족을 위해 관광자원이나 시설들이 갖추어진 일정한 구역'이라고 정의할 수 있으나 이를 법적으로 엄밀하게 말하면, 관광지는 '자연적 또는 문화적 관광자원을 갖추고 관광객을 위한 기본적인 편의시설을 설치하는 지역으로 법에 따라 지정된 곳', 그리고 관광단지는 '관광객의 다양한 관광 및 휴양을 위하여 각종 관광시설을 종합적으로 개발하는 관광거점지역으로서 법에 따라 지정된 곳'(관광진흥법 제1조 6, 7항)으로 결국 관광지는 관광진흥법에 의해 관광지나 관광단지로 지정된 곳에 한한다.

그러나 일반적인 의미의 관광지는 표 1.3과 같이 관광진흥법상의 관광지, 관광단지를 포함한 국·도립공원, 유원지, 온천, 수목원, 자연휴양림 등 관광행위가 일어나는 모든 공간을 말한다.

관광지는 지역 전체가 관광욕구를 충족시키는 데 기여할 수 있다는 점에서는 관광자원과 동일하지만 모든 관광자원이 일정지역이라는 공간적 개념을 갖지 않는다는 점에서 관광자원과 구분되며, 관광지도 관광자원의 범주에 속한다.

표 1.3 관광자원·시설별 관련법

관광자원·시설	관광관련법
관광지, 관광단지, 관광숙박시설, 관광객이용시설, 관광편의시설 등	관광진흥법
골프장, 스키장 등 체육시설	체육시설 설치 및 이용에 관한 법률
국립공원, 도립공원, 군립공원	자연공원법
온천원보호지구, 온천공보호구역	온천법
자연휴양림	산림문화·휴양에 관한 법률
유원지	국토의 계획 및 이용에 관한 법률
수목원	수목원 조성 및 진흥에 관한 법률
농어촌관광휴양단지, 관광농원	농어촌정비법
도시공원	도시공원 및 녹지에 관한 법률
청소년수련시설	청소년활동진흥법
마리나항	마리나항만의 조성 및 관리 등에 관한 법률
박물관, 미술관	박물관 및 미술관 진흥법

그리고 관광지는 여가공간의 한 형태로서 기본적으로는 여가공간의 성격을 갖는다. 즉 관광지도 단순한 여분공간이 아니라 본질적인 공간이며, 생산적인 공간과 반생산적인 공간으로 구분한다면 관광지도 반생산적인 공간이고, 관광지는 실제적인 공간이 아니라 추상적·개념적인 공간이다(박석희, 2012: 70).

관광지는 대체로 관광유인요소와 지원편익요소로 구성되어 있다. 이를 명확히 구분하는 것은 각 요소의 복합적 기능과 요소 간의 상호의존성에 의해 어려운 일이다.*

* 예를 들면 호텔은 숙박시설이기도 하지만 건축물의 외관이나 서비스의 내용에 따라 관광지의 유인요소가 되기도 한다.

Inskeep(1988)은 관광계획의 구성요소로 관광매력물과 활동, 숙박시설, 교통시설, 편익시설과 서비스, 기반시설, 제도 등 6가지를 제시하였고, 여정태(1993)는 관광객, 관광유인요소, 지원편익시설, 교통수단, 정보안내의 5가지 요소로 설명하였다.

이들 내용과 Mill(1985)과 Gunn(1979)의 관광체계 구성요소를 바탕으로 관광지의 구성요소를 매력물, 숙박시설, 레크리에이션시설, 기반 및 편익시설과 서비스 등의 5가지 요소로 제시할 수 있다(그림 1.6).

그림 1.6 관광지의 구성요소

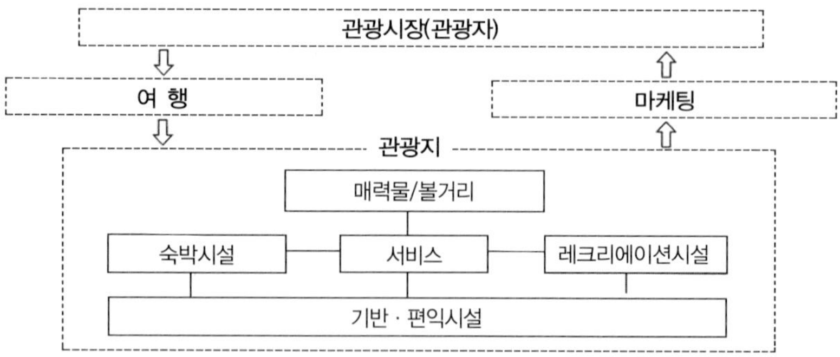

자료 : 곽노엽, 1998: 36

3.2 관광지의 유형

관광지의 유형은 관광객들이 관광지 특성을 이해하고 목적지를 선정하는데 또는 관광개발의 방향을 설정하거나 관광정책을 결정하는데 유용한 기초정보이다. 대체로 관광지는 유인요소, 입지 또는 이용상의 특성에 따라 구분할 수 있다.

1) 유인요소에 따른 분류

우선 관광지는 관광객을 유인하는 요소, 즉 자원이나 시설의 형태에 따라 구분할 수 있는 데 그 유인요소(attraction)가 자연적인 것, 역사·문화적인 것, 아니면 새로 시설된 인공적인 것이냐에 따라 구분된다.

산악, 하천, 바다, 호수, 그리고 온천 등과 같이 자연자원이 유인요소인 관광지는 자연형 관광지, 사찰, 왕릉, 천연기념물 등의 문화재나 미술관, 박물관, 민속촌 등 문화자원이 유인요소인 관광지는 역사·문화형 관광지, 그리고 놀이공원, 동식물원, 골프장이나 스키장 등과 같이 새롭게 조성된 관광시설이 유인요소인 관광지는 시설형 관광지로 구분할 수 있다.

2) 입지에 따른 분류

관광지의 특성을 결정하는 가장 큰 요인 중 하나가 입지이다. 입지는 이용자가 존재하는 시장과의 위치 관계로, 개발방향뿐만 아니라 마케팅의 방향을 결정하게 한다.

입지에 따른 분류는 관광시장과의 거리에 따른 분류로, 시장에서 가까운 곳은 주로 시장의 특징을 반영하고, 시장에서 먼 곳은 자원의 특징을 반영한다. 이러한 개념으로 Clawson과 Knetsch(1960)는 자원과 이용자를 중심으로, 이용자중심형(user oriented area), 자원중심형(resources based area), 중간형(intermediate area) 등으로 구분하였다. Clawson과 Knetsch의 분류를 중심으로 정리해 보면 표 1.4와 같다.

표 1.4 입지에 따른 관광지 분류

구분	이용자 중심형	자원 중심형	중간형
입지	시장 중심으로 주로 대도시 주변	자원 중심으로 대부분 시장에서 먼 곳	시장과 그리 멀지 않으면서 적절한 자원이 있는 곳
개발방향	이용자의 관광욕구 충족	자원의 특성 강조	자원의 특성을 살리면서 이용자의 관광욕구도 충족
시설형태	토지를 집약적으로 이용하고 인공적 시설이나 인위적 테마를 부여	자원을 중심으로 필요한 기반시설이나 편익시설 제공	자원과 인공적 시설이나 테마를 결합
관광지유형	놀이공원, 테마파크, 워터파크, 동물원, 식물원 등	국·도립공원, 해수욕장, 자연휴양림 등	리조트, 농어촌휴양지, 수련원, 야영장 등
주이용시간	일일, 주말	휴가, 연휴	주말, 연휴

3) 이용형태에 따른 분류

관광지를 관광객의 이용형태, 즉 이용계절과 이용시간에 따라서도 구분할 수 있다. 일반적으로 관광지는 자원의 조건에 따라 이용계절이 다르다. 예를 들면 해수욕장이나 스키장 등은 여름이나 겨울 한 계절에 집중되고(1계절형), 온천이나 역사유적지, 실내테마파크 등은 계절과 무관하게 이용하며(4계절형), 피크닉장이나 동식물원, 테마파크 등은 봄, 여름, 가을에 걸쳐 이용하는데(3계절형), 이를 관광지의 계절형이라 하고, 관광수요를 추정하는 기준이 된다.

또 관광객이 관광지에서 어느 정도의 시간을 체재하는지 이용시간에 따라 경유형과 체재형 관광지로 구분하기도 하고, 당일형, 1박형, 장기체류형 관광지로 구분하기도 한다.

3.3 관광지의 변화와 발전

1) 관광지의 생애주기

한 제품이 시장에 처음 나와서 사라질 때까지의 과정을 제품수명주기(product life cycle : PLC)라고 하는 데 이러한 개념하에서 도입기, 성장기, 성숙기, 쇠퇴기의 과정을 관광지의 생애주기(life cycle)라고 한다. 이러한 생애주기에서의 단계 파악은 관광지의 마케팅전략을 수립하는 데 필수적이다.

생애주기 개념을 관광지와 관련하여 처음으로 제시한 대표적인 학자는 Chridtaller(1963)로 유럽 지중해의 관광매력물 개발 정도에 따라 관광객의 유형과 규모가 달라짐을 밝혔다.

이후 Plog(1972)가 관광지의 생애주기를 명확히 하였다. 즉 관광지 개발초기에는 소수의 외향적 관광객(allocentrics)이 그곳의 특별함에 이끌려 모험적으로 관광지를 찾으며, 이후 접근이 용이해지고 서비스가 개선되어 점차 인기를 얻으면 많은 수의 중간적 성향의 관광객(midcentrics)이 이 곳을 방문하게 된다는 것이다. 그리고 이후 그곳이 점차 노후화되면 적게 소비하고 일찍 떠나는 소수의 내향적 관광객(psychocentrics)만이 찾는 곳으로 쇠퇴하고 만다는 것이다.

* 관광지의 Life Cycle

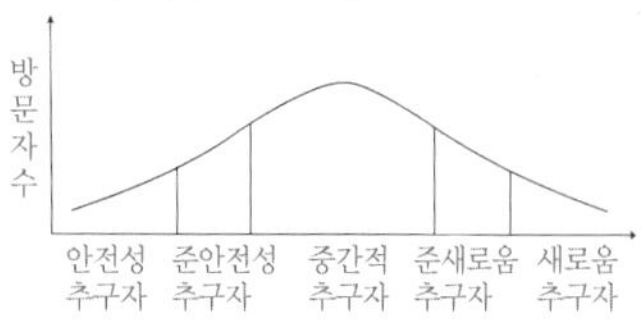

자료 : 임주환 외, 2003: 98

그러나 이는 주로 심리학적 관점에서 파악된 것으로 관광지의 사회·경제적 특성으로 파악된 것은 1980년대 이후이다. Butler(1980)는 관광수요와 공급의 수준에 따라 탐험기, 개발 초기, 성장기, 성숙기, 정체기, 쇠퇴기의 6단계로 구분하였다.

이렇듯 관광지는 모든 제품과 마찬가지로 언젠가는 쇠퇴한다는 잠재성을 지니고 있는 유기적 공간이다. 따라서 관광지는 자체적인 PLC분석을 통하여 단계별로 대응할 수 있는 수단을 강구해야 한다.

우선 PLC를 통하여 이용자의 변화추세를 분석하여 단계별로 수요를 예측하고, 차별화된 마케팅전략과 자원배분전략을 구사해야 한다. 그리고 마지막 단계라고 판단될 때에는 시장 기회 매트릭스 분석(표 1.5)을 통하여 마케팅전략을 수립하고, 쇠퇴기에서 살아남는 방법을 강구하거나 아니면 자연적인 소멸을 택해야 한다.

표 1.5 시장 기회 매트릭스

구분		상품	
		기존상품	신상품
시장	기존 시장	시장침투전략	상품개발전략
	신규 시장	시장개발전략	다각화전략

* 위의 Ansoff의 시장기회매트릭스는 시장이 신시장이냐 기존시장이냐, 제품이 신제품군이냐 기존제품군이냐에 따라 어떤 전략을 채택해야 하는지를 정리한 것으로 간단하게 시장의 성격에 따른 마케팅전략을 생각해 볼 수 있다는 점에서 자주 활용되는 분석의 틀이다.

2) 관광지 발전과 관리

관광지를 발전 또는 변화시키는 요인은 크게 내적 요인과 외적 요인으로 나누어진다.

내적 요인에는 관광자원의 매력성, 쾌적성 등 자원요인과 인구, 연령, 소득, 산업, 토지이용 등과 같은 지역사회요인과 관광시장변화에 대처하는 마케팅 활동 등이 있다. 관광객이 찾지 않는다면 관광지로서의 의미를 잃어버리기 때문에 관광객에게 꾸준한 방문동기를 불러일으키는 것이 관광지 발전의 내적 요인이라 할 수 있다.

관광지의 외적 요인으로는 관광수요 등의 시장요인, 접근성 등의 교통요인, 경쟁권 내의 숙박 및 관광시설의 유형과 수 등의 경쟁요인, 그리고 지역이나 국가계획, 관련법규 변경 등의 정책요인 등이 있다.

표 1.6 관광지의 변화요인

구분	요인	내 용
내적 요인	자원	자원의 매력성, 쾌적성 등
	지역사회	지역 내의 인구, 연령, 소득, 산업구조 등
	마케팅활동	관광시장변화에 대처
외적 요인	관광시장	수요, 소득, 여가시간 등의 잠재수요
	교통	도로망, 교통시설 등의 접근성
	경쟁관계	경쟁권 내의 유사시설 유형과 수 등
	법규, 정책	국가 및 지역계획, 관련법규 변경 등

관광지가 가진 원래의 매력을 잃지 않고 지속적으로 발전시키기 위해서는 내적 요인과 외적 요인을 충분히 고려한 전략 수립이 필요하다. 그러나 관광지의 안정기는 무한히 지속될 수 없다. 다만, 부단한 경영개선 활동을 통해 안정기를 연장시킬 수 있을 뿐이고, 결국은 쇠퇴하게 된다. 그러므로 관광지가 포화상태를 지나 쇠퇴기에 접어들기 전에 관광지에 대한 방문자와 자원 및 서비스 관리를 위한 합리적인 방안을 강구하여 관광지의 생명력을 연장시키는 것이 최선의 방법이다.

이와 더불어 관광시장변화에 대한 과학적인 수요분석을 통해 관광지 내의 시설과 공간을 재정비하고, 이용자를 위한 프로그램 개발과 같은 관광지 연출방법이 궁극적으로는 관광지의 쇠퇴를 늦추는 방법이고, 관광지를 효과적으로 관리하는 방법이다.

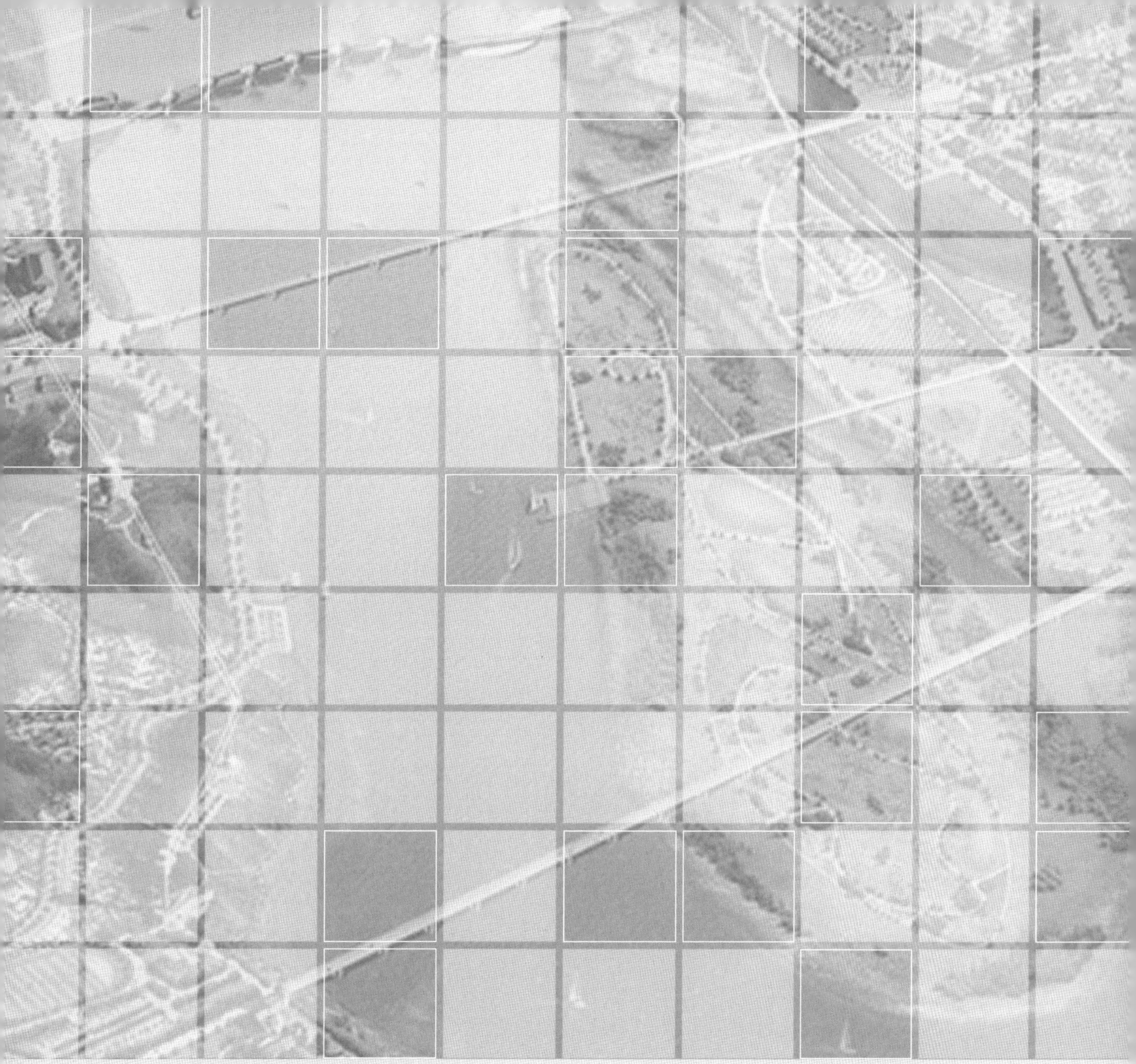

02. 관광개발계획

1. 관광개발
2. 관광개발계획
3. 관광개발계획과정

1. 관광개발

1.1 관광개발의 개념과 목적

개발이란 양적·질적으로 의도된 발전적 변화를 통해 인간생활에 편익을 주고 생활을 풍요롭게 하기 위해 도모하는 일련의 행위이다. 이 중 관광욕구를 충족시키기 위한 개발행위를 관광개발이라고 할 수 있다.

따라서 관광개발은 관광시스템에서 논의되었듯이 관광자원의 정비·활용, 관광관련 기능이나 시설의 설치뿐 아니라 교통시설 설치 및 운영, 마케팅, 정보 등의 제반 활동, 그리고 숙박 및 식음시설의 경영활동 등을 통하여 관광상의 편의를 증진시키고 관광객 유치와 관광소비 증대, 나아가서는 지역발전을 도모하는 행위이다.

오늘날의 관광개발은 낙후지역 개발 및 산업진흥으로 고용기회를 증대하고 지역경제를 활성화하고자 하는 데도 목적이 있으나 궁극적으로는 관광공간을 제공하고 관광자원 가치를 증대시킴과 동시에 관광자원과 관광객을 보호하려는 데 있다.

1.2 관광개발 대상

관광개발 대상은 곧 관광사업의 근거를 제공하는 것으로서 대체로 다음의 5가지를 들 수 있다(박석희, 2012: 100-101를 토대로 정리).

① 관광자원 : 자연관광자원을 개발·정비하거나 문화재를 복원·보수 또는 증축하는 행위가 곧 자연과 인문관광자원 자체 개발에 해당된다. 관광행태나 욕구가 변화하기 때문에 기존 자원 외에 새로운 자원을 창조한다던가 또는 관련 프로그램을 개발함으로써 가치를 증대시켜야 한다.

② 교통기반시설 : 교통기반시설은 관광객에게 관광동기를 부여하기 위하여 필요하다. 이는 관광객을 송출하는 관광시장에서 관광지에 이르는 교통망체계를 확립하고 교통시설을 확충·정비함을 말하며 점차 관광개발사업에서 가장 중요한 부분이 되고 있다.

③ 관광시설 : 각종 관광시설을 개발한다는 것은 자연과 인문관광자원

을 중심으로 한 총체적 환경을 조성하고 놀이시설, 숙박시설, 식음시설, 휴게시설 등 체재와 환대기능 및 시설을 갖추는 것을 가리킨다.

④ 정보조직과 제공체계 : 선전, PR, 홍보 등을 위하여 각종 정보매체를 효율적으로 이용할 수 있도록 함을 가리킨다. 이러한 정보제공은 관광자의 만족 수준에 크게 영향을 미치게 될 뿐만 아니라 관광시장 개척의 역할도 하게 된다.

⑤ 서비스 : 관광종사자들의 자질 향상, 어학실력 향상, 예절교육 등을 통하여 관광객에게 양질의 관광서비스를 제공할 수 있도록 하는 것, 또한 관광개발의 중요한 대상이 된다.

1.3 관광개발의 유형

1) 개발주체에 의한 분류

관광개발은 개발 주체에 따라 민간주도형 개발과 공공주도형 개발, 그리고 민관협력형 개발로 구분할 수 있다.

대부분의 관광개발사업은 민간주도형 개발에 의해 이루어진다. 국가나 지방자치단체로부터 개발사업 승인을 득하고 관광객이 이용할 수 있는 시설을 설치하여 이를 운영하는 관광개발방식이다. 이러한 민간주도형 개발은 관광수요에 즉시 응할 수 있는 이점과 영리를 위한 종합적인 개발이 가능하다는 장점이 있으나, 공익성을 위한 자연보호 또는 환경보존과 같은 비영리적인 분야에 대한 투자는 등한시하는 단점도 있다.

공공주도형 개발은 공공부문이 주체가 되어 개발계획과 개발사업시행을 주도하는 방식을 의미한다. 그러나 일반적으로는 국가나 지방자치단체가 직접 개발을 주도하기보다는 정부투자기관이나 지방공기업 혹은 기타 공공기관 등이 시행하거나 조성 후 정부에 이양하는 방식으로 진행된다. 국토개발의 균형발전과 지역경제 활성화, 그리고 영리성보다는 공공성이 강조된다.

민관협력형 개발방식은 민간과 공공이 역할을 분담하거나 민관합자형태의 회사(SPC)를 설립하여 사업에 참여하는 방식이다. 이는 사업주체의 구성방식에 따라 공공+민간뿐만 아니라 공공+주민, 공공+주민+민간 등의 형태가 있다.

2) 개발형태에 의한 분류

관광개발은 개발의 주체가 공공이든 민간이든 관계없이 자원의 특성이나 입지, 관광시장의 요구 혹은 개발목적에 따라 다음과 같이 세 가지 형태로 구분할 수 있다.

(1) 자원지향형

관광자원의 입지에 관계없이 자원의 관광적 가치를 보고 개발하는 형태이다. 주로 산악, 계곡, 바다 등 자연자원과 역사·문화유적이 대부분이지만 영화 및 소설의 배경지와 같이 인위적 테마에 의한 특정 장소가 개발의 주제가 되는 경우도 많다. 이러한 개발형태는 우선 자원을 잘 보존하고 극대화하는 데 중점을 둔다.

(2) 시장지향형

관광자원 유무에 관계없이 관광시장, 즉 관광자의 욕구(needs)에 의해 개발되는 형태이다. 급증하는 관광수요와 다양화된 관광욕구에 부응하기 위한 개발로 주로 대도시 인접지역에 인위적으로 혹은 창조적으로 개발된다. 놀이공원이나 테마파크, 워터파크, 동·식물원 등과 기타 문화관광시설 등이 이에 해당된다.

(3) 지역균형발전형

뚜렷한 관광자원도 없고 배후시장 규모도 모호하지만 개발되는 형태이다. 주로 낙후지역에 국토균형발전을 목적으로 개발되는 경우로 지역균형발전법이나 기타 개발촉진법에 의해 공공주도형 또는 민간에 각종 인센티브를 주어 추진된다. 탄광지역개발이나 한국관광공사에 의한 거점형 관광단지개발이 이에 해당된다.

3) 개발절차에 의한 분류

관광개발하면 일반적으로 관광진흥법을 개발근거법으로 예상할 수 있으나 이는 권역별 관광개발계획 등 관련 상위계획의 변경을 수반하고 허용행위에 제한이 있다. 따라서 개발의 성격이나 부지의 여건에 개발의 근거법을 달리해야 사업추진이 용이해질 수 있다.

관광개발과 관련하여 빈번하게 적용되는 법률적 절차에 따라 가장 단순한 개발행위허가형, 규모가 크거나 복합적인 지구단위계획형, 기반시설에 해당되는 경우의 도시계획시설형, 그리고 사업의 특수성, 공공성, 정책적 고려 등에 따라 개별법에서 정하고 있는 특례적 절차를 거치는 관광(단)지형으로 구분할 수 있다(한국관광공사, 2009: 12-13).

(1) 관광(단)지형

관광(단)지나 관광레저도시, 낙후지역 개발사업 등 국토의 효율성 증진과 균형발전, 거점개발 등의 지역정책사업들은 사업의 규모가 비교적 크고 복합적이며 지역에 미치는 파급효과가 대체로 크기 때문에 일반법의 절차를 거쳐서는 사업추진이 어렵고 장기화되며 사업리스크가 커지기 때문에 사업의 성격에 따라 별도의 간소화된 절차를 규정하고 각종 인센티브를 제공하여 개발을 촉진하고 있다.

이러한 유형의 대표적인 사업이 '관광진흥법'에 의한 관광(단)지사업, '마리나항만의 조성 및 관리 등에 관한 법률'에 의한 마리나항 조성사업, '지역특화발전특구에 대한 규제 특례법'에 의한 지역특구사업, '사회간접자본기반시설에 대한 민간투자법'에 의한 민간투자사업, 그리고 '도시개발법'에 의한 도시개발사업 등이 해당된다.

(2) 지구단위계획형

관광개발사업으로서 규모가 일정면적(30,000㎡)을 초과하고 복합적 기능으로 구성되어 있으나, 관광(단)지형 관광개발사업보다는 규모나 공공성, 시급성 등이 떨어져 지역발전정책상 주요내용에 해당되지 않는 경우는 '국토의 계획 및 이용에 관한 법률'(이하 국토계획법)에 의한 지구단위계획 절차에 따라 개발이 이루어진다.

지구단위계획형 개발은 관광숙박시설, 관광객이용시설, 관광편의시설(펜션), 온천지구, 농어촌관광휴양시설 등의 개발이 해당된다.

(3) 도시계획시설형

공공기반시설들은 공공성이 강하여 정부에 의하여 강제적, 후생복리적 개념으로 공급되는데 국토계획법에 의해 공급의 시급성과 필요도에 따라 도시계획시설로 지정하고 행정력을 통하여 개발을 촉진한다.

관광시설 중 도시공원, 자연공원, 유원지, 체육시설, 청소년수련시설 등은 기반시설에 해당되므로 상기의 국토계획법에 의한 도시계획시설사업절차에 따라 개발을 진행하는 것이 비교적 용이하다.

(4) 개발행위허가형

* 개발행위허가 규모
· 국토계획법 : 5,000~30,000m²
· 산지관리법 : 30,000m² 이하
· 농지법 : 30,000m² 이하

개발행위허가형 관광개발은 비교적 소규모로 개발행위허가 규모 내이고, 사업내용도 비교적 단순하며 개발에 따른 파급효과나 시급성 등이 낮은 사업들로서 해당되는 관련 법규에 의해 건축허가 또는 개발행위허가만으로 물리적 공간의 조성이 가능하고, 신고 또는 등록의 요건을 갖추어 관광사업을 시행하는 사업으로서 유원시설, 박물관·미술관 등이 이에 해당된다.

표 2.1 개발절차에 의한 관광개발 유형

구분	내 용
개발행위허가형	국토상에서 이루어지는 모든 개발(모양과 기능의 변화)은 허가를 받아야 하는데 비교적 단순기능이나 소규모 개발은 개발행위허가만으로 가능하다. 이러한 유형을 개발행위허가형 개발이라 한다.
지구단위계획형	개발행위 중 규모가 크거나 복합기능의 경우에는 상기의 개발행위허가형과 같이 단순개발행위허가만으로 처리하기 보다는 좀더 영향이 크므로 심도 있는 검토가 필요하다. 때문에 기본적으로 지구단위계획의 절차를 거친 후 지구단위계획에서 협의된 내용에 한하여 개발행위허가를 받도록 하고 있다. 이러한 지구단위계획에 의한 개발행위허가를 지구단위계획형 개발이라고 한다.
도시계획시설형	개발행위 중 생활의 기본이 되는 도로, 공원, 학교, 상하수도시설 등 정부에서 기본적으로 제공해야 할 시설은 별도의 도시관리계획 절차(시설 결정, 실시계획 인가)를 거쳐 개발행위를 의제 처리하여 추진한다. 이를 도시계획시설형 개발이라고 한다.
관광(단)지형	지구단위계획형 중 정부의 특정 목적(예 : 국가관광산업육성, 낙후지역개발촉진, 경제자유구역개발촉진, 국제행사장 조성 등)을 위하여 사업의 절차를 특별히 규정하고, 지구단위계획 수립절차 혹은 개발행위절차를 의제 처리하여 추진한다. 이러한 개발사업들을 관광(단)지형이라고 한다.

자료 : 한국관광공사, 2009: 19

2. 관광개발계획

2.1 계획의 목적과 필요성

관광개발계획은 일반적으로 종합기본계획(master plan)의 형태로 수립되고 활용되어 왔다. 종합기본계획은 그 자체가 미래의 개발형태에 대하여 충분한 지침이 되고 미래를 관리할 수 있다는 가정하에 이루어진다. 그러나 이런 형태의 계획은 사회·경제적 환경과 기술, 정책 등의 여건변화를 고려하는데 한계가 있기에 시간이 지남에 따라 문제점이 도출되고 점차 타당성을 잃게 된다. 따라서 최근 활용되는 계획방법은 다소 제한은 있으나 계속적 과정(continuous process)이면서 변화하는 과정을 고려할 수 있도록 융통성(flexible) 있는 계획으로, 개발목표를 달성할 수 있는 접근방법을 택한다.

일반적으로 계획이란 보다 나은 미래를 위한 목표를 효율적으로 달성하기 위하여 일련의 선택 과정을 거쳐 합리적으로 고안된 행위로, 미리 생각하고 대처하여 예상되는 오류를 피하고 좋은 기회를 잡기 위함을 목적으로 하며, 다음과 같은 4가지 필요성에 의해 실행된다(정환용, 2009: 15-17을 토대로 정리).

① 불확실한 미래에 대비

관광개발계획은 대부분 장기계획이다. 계획의 기간이 길어지고 환경변화가 크면 불확실성도 커진다. 불확실성의 존재는 계획을 해야 하는

표 2.2 계획의 특성

특성	내용
미래지향성	미래 예측과 불확실성의 요인에 의한 환경변화에 대처
목표지향성	사전에 결정된 목표의 달성에 관여
의사결정과정	목표달성을 위한 여러 대안을 탐색·비교 및 평가하여 가장 합리적인 수단을 모색하는 과정
계속적 준비과정	집행하기 위한 일련의 결정을 준비하는 계속적인 과정
합리적 과정	합리적인 수단 강구를 통해 여건과 상황의 변화에 대처할 수 있도록 하는 체계적이고 효율적인 대안작성 활동과정
환류적 과정	변화하는 사회적 여건 속에서 목표달성의 가능성을 점검하고 계획목표를 수정하는 필연적 과정

자료 : 최신용 외, 2011: 32

근원적인 이유이다.

② 복합적 문제에 대처

단지계획, 도시계획 등의 물리적 계획들도 그 공간영역이 증가할수록 사회적, 그리고 경제적 고려사항을 보다 많이 포함하게 된다. 관광개발계획이 주로 물리적으로 표현되기는 하지만 관광객의 욕구부터 수요, 투자비, 마케팅 등 여러 복합적인 문제를 고려해야 한다.

③ 자원의 최적활용

자원이 제한된 상황에서는 자원을 보전하고 이를 효율적으로 사용하는 것이 중요한 과제이다. 계획은 낭비를 줄이거나 최대의 수익을 만들어내기 위한 수단으로 볼 수 있다.

④ 지휘 및 통제수단

계획과정은 조직의 목표와 이를 달성하는 데 필요한 전략적 요소에 대해 조직 내의 주의를 집중시킨다. 복합적 제 요소와 힘이 사전에 결정된 최종목표를 향해 조화롭게 움직여 나갈 수 있도록 제반 활동을 잘 조정하고 통제하기 위해서 계획은 필수적이다.

2.2 계획이론

* 관광개발계획에서 '계획이론'을 별도로 논의하는 이유는 관광개발계획에서 다루는 자료의 방대함과 문제들의 복합성에 대처하고 계획가가 제시하는 가치와 질문에 답하기 위한 것이다.

계획이론이란 계획현상을 설명하고 보다 효율적이고 질 높은 계획의 실현을 위한 체계적인 방법론을 모색하는 것으로, 계획에 관한 개념, 명제, 이론, 법칙 등을 포괄하는 전체적인 지식체계라 할 수 있다(김신복, 1999: 82). 다시 말하면 계획이론은 계획가에게 무슨 자료를 수집하고, 그것을 어떻게 조직하고, 의사결정에 어떻게 활용할 것인가를 제시한다. 그리고 계획이론은 계획가의 사회적 역할과 관련하여 계획의 초점은 무엇이어야 하고, 누구를 위해 계획하고, 계획의 목표는 어떻게 달성하고, 실제적이고 실무적인 행태는 무엇인가에 대한 질문에 답할 수 있도록 해준다(Campbell & Fainstein, 2003: 3).

1980년대까지 계획이론의 지배적 유형은 팔루디(A. Faludi)에 의해 제시된 실체이론과 과정이론 간의 구별이었다.

먼저 실체이론(substantive theories)은 계획이 관여하는 현상과 관련된 이론으로, 계획가가 무엇을 하고 무엇을 산출해야 하는 것과 같이 계획가의 관심영역과 활동영역에 대한 바탕을 제공한다. 즉 실체이론은 경제 또는 사회구조나 현상들을 설명하고 예측하는 이론으로, 계획현상이나 계획대상에 대한 이론이다. 따라서 이 이론은 실체적 지식, 주제에 관한 지식, 문제의 속성에 관한 이론을 다룬다. 예를 들면 경제구조와 체제이론, 사회구조와 사회체계이론이나 입지이론, 토지이용계획이론, 교통연구를 포함한 모든 사회과학의 모형화와 분석체계를 들 수 있다.

반면 과정이론(procedural theories)은 계획가와 계획작업이 이루어지는 방법을 포함한 계획과정에 관계되는 것으로 계획의 과정과 운영을 분석·설명하고 이의 개선을 위한 이론을 제공해 준다. 따라서 이 과정이론은 계획활동이 추구하는 이념, 가치, 계획의 원칙과 절차, 기구와 제도적 장치를 다루는 이론을 말하며, 이 이론에 의한 가장 이상적인 의사결정 처방은 합리적 종합적 모형이라고 할 수 있다(정환용, 2009: 62-64).

이 계획과정이론(theory of planning) 또한 두 개의 이론으로 구분되는데, 하나는 계획이 어떻게 이루어져야(ought) 하는가?와 관련된 규범이론이고, 다른 하나는 계획이 어떻게 이루어지고(is) 있나?하는 점이나 계획자체의 사회적 성격은 무엇인가?하는 점과 관련된 실증(positive) 또는 경험이론(empirical theory)이다(Faludi, 1978: 1-2).

표 2.3 실체이론과 과정이론의 특징

실체이론(substantive theories)	과정이론(procedural theories)
· 경제 또는 사회구조나 현상들을 설명하고 예측하는 이론으로 계획 현상이나 계획 대상에 관한 이론 · 다양한 계획 활동에 있어 각기 필요로 하는 분야별 전문 지식에 관한 이론	· 계획대상에 관계없이 계획 자체가 어떻게 작용하는가에 관한 이론 · 보다 효율적이고 합리적인 계획을 수립하고 실행하기 위한 계획과정에 관한 이론

1) 팔루디의 계획이론

계획의 접근모형에 대해서는 허드슨이나 프리드만 등 학자에 따라 다양한 분류가 있으나 계획의 다양성을 포괄하고 있는 팔루디의 계획이론이 가장 보편적이다.

팔루디의 계획이론은 다음 세 가지 측면에서 접근하고 있다. 즉 계획이 비탄력적인 접근으로부터 얼마나 탈피할 수 있는가에 따라 청사진계획과 과정적 계획으로, 또 어떠한 방식으로 합리성을 추구할 것인가에 초점을 두고 합리적 종합적 계획과 부분 점증적 계획으로, 그리고 수단에서 목표로의 범위 확장 여부에 따라 규범계획과 기능계획으로 분류하였다.

구분	청사진계획	과정적 계획
형태	확실	불확실
통제	완전	불완전
시간차	짧다	길다

(1) 청사진계획과 과정적 계획

청사진계획(blueprint planning)은 처음부터 확실성을 가지고 목표를 달성할 수 있는 계획을 수립하는 것을 말하고, 과정적 계획(process planning)은 계획을 하나의 과정으로 보고 수정·보완하는 과정을 당연시하는 계획에의 접근을 말한다. 따라서 청사진계획은 완전한 확실성이 충족될 때만 정당화될 수 있는 계획으로 계획대상과 관련된 변화와 불확실성이 적은 경우에 적합하다. 그러나 과정적 계획은 계획관련 이익집단의 의사반영 및 계획대상의 변화와 변동으로 인한 계획의 수정이 불가피한 경우에 주로 쓰이는 접근방법이다.

청사진계획은 완전한 확실성이 충족될 때만 정당화될 수 있는 단점이 있어 계획의 형태와 환경을 완전히 파악할 수 있는 소규모의 물리적 계획에 적합하다. 반면 과정적 계획은 목표와 대안의 수정이 불가피한 장기계획의 경우에 적합한 접근방법이다.

구분	합리종합적 계획	부분점증적 계획
형태	총체적, 전체적	부분화된 구성
범위	좁다	넓다
자율성	작다	크다

(2) 합리적 종합적 계획과 부분 점증적 계획

합리적 종합적 계획(rational comprehensive planning)이나 부분 점증적 계획(disjointed incremental planning) 모두 어떠한 방식으로 합리성을 추구할 것인가에 초점을 두고 있다.

합리적 종합적 계획은 가능한 모든 정보를 수집하고 분석·취합하여 가장 합리적으로 최적 대안을 작성하는 계획방법이다. 그러나 아무리 많은 정보를 활용하여 좋은 대안을 낸다고 하더라도 인간의 지적 능력과 정보의 한계성으로 인한 예측하지 못한 사건이 발생할 수도 있다. 따라서 추후에 수정·보완이 불가피하게 되므로 조금씩 계획을 입안하여 수행해 나가야 한다는 것이 부분 점진적 계획방법의 입장이다. 결국 합리적 종합적 계획은 문제해결의 범위를 정해서 비교하다가 선택·집행하는 계획이고, 부분 점증적 계획은 제한된 범위에서 집행하는 계획으로 문제해결적 성격이 강한 접근방법이라 할 수 있다.

구분	규범계획	기능계획
성격	정치가적	행정가적
자율성	크다	작다

(3) 규범계획과 기능계획

규범계획(normative planning)은 계획방향 및 목표를 설정하는 데 적합하고 기능계획(functional planning)은 목표를 달성하기 위해서 필요한 수단이 기능성을 발휘하도록 조달, 배치, 그리고 합리화를 하는 데 중점을 둔다. 즉 규범계획은 계획기관의 활동영역 제한이 있는 가운데에서도 목표와 목적을 정의하는 계획 형태로서 목표의 합리적인 선택에 초점을 맞추고 이러한 선택을 필요에 따라 재검토한다. 반면에 기능계획은 활동범위의 제한성을 고려하지 않고 주어진 범위 내에서 목표를 설정하는 것으로 수단의 합리성에 초점을 맞추는 계획이다.

예를 들어 행정가는 현상유지상태에서 배분 계획적 기능계획을 생각하고 정치가는 체제의 성장과 변화를 유도하는 발전 쇄신적 계획을 생각하여 규범계획에 중점을 둔다.

2) 계획이론의 발달과 최근 경향

계획의 모형은 1950년대와 1960년대에는 과정계획론에 관심을 갖는 합리적 계획모형에 의해 지배되었다. 이 합리적 계획모형은 총체적 합리성을 추구하는 청사진 계획이론(blueprint planning theory)으로서 과학적이고 합리적인 방법 적용을 통해 추구하는 목표를 성취할 수 있을 것으로 가정하였다.

70년대에 들어 합리적 계획모형에 대한 비판적 시각이 등장하여 이 모형의 부적절성을 지적하고, 현실적으로 채택 가능한 개선안을 만들어 가는 부분점증주의적(disjointed incrementalism) 계획모형, 그리고 이 두가지가 결합된 혼합주사적(mixed scanning) 계획모형 등으로 발전되어 왔다.

합리적 계획모형은 계획 작성과 정책 결정에 있어 최대한의 합리성을 추구하는 모형으로 르네상스 이후 서구사고의 중심주제가 되고 있는 합리주의에 뿌리를 두고 있다. 따라서 계획의 목표와 수단의 모색과정(end-means chains)에서 여러 가지 문제의 발생을 인식하고 대체로 문제정의, 가치 명료화와 목표 설정, 대안의 작성과 평가·선택, 대안집행을 위한 구체계획의 개발, 검토와 평가의 단계로 진행된다. 그러나 이 모형은 앞에서도 설명된 바와 같이 완전한 정보를 바탕으로 종합적 분석과 최적의 대안선택이 가능하다고 보는 당위적이고 이상적인 접근방법이다. 따라서 이는 현실적으로 충족할 수 없고, 합리적 선택 또한 제한적일 수밖에 없다.

부분점증모형(disjointed-incremental model)은 린드브롬(C. Lindblom)이 합리적 종합계획의 한계를 인정하고 이의 대체모형으로서 제기한 이론으로, 인간의 지적 능력의 한계와 의사결정의 기술적인 제약을 감안한 현실적이며 보수적인 접근방법이다(안해균, 1992: 265). 이 방법은 모든 대안을 고려하기 보다는 한정된 대안을 추출하여 평가하고, 최적의 대안을 기대하지 않을 뿐 아니라 선정된 결정사항에 대해 계속적인 평가와 수정을 추구하고 있다. 합리적 계획이 추구하는 일관된 가치체계보다는 시간과 상황에 따라 변화되어가는 가치체계를 지향하고 있고 작은 개선을 통해서 점진적으로 실천방안을 마련하고 있다.

이러한 여건하에서 에찌오니(A. Etzioni)는 합리적 종합계획과 부분점증주의를 타협하기 위한 시도로서 혼합주사(mixed scanning) 접근방법을 제시하였다.

이 모형은 두 요소가 각각 상대방의 결함을 시정하고 중화하는 역할을 감당하게 된다. 지엽적 결정에 있어서의 점증주의는 합리적 모형의 비현실적인 측면을 극복하며 근본적 결정에 있어서 합리주의는 점증주의의 보수적인 편견을 시정하는 역할을 담당하게 된다(유훈, 1992 : 77). 이 혼합주사적 계획에서는 전체 구조적 측면에서의 전체적 합리성을 갖는 상황결정적 틀과 부분적 측면에서 부분점진성을 갖는 세부적 결정의 틀을 갖도록 하였다.

이후 당시의 중앙집권적이고 기술관료적인 가치관에 바탕을 둔 계획유형에 대한 반작용으로 법률체계와 유사한 계획모형으로 옹호계획, 계획가와 고객 사이에 의사소통상 넓어지는 간극을 메우기 위한 시도로 등장한 교류적 계획, 참여자들간에 포용적이고 개방적인 대화의 출현에 의한 결정을 요구되는 협력적 계획이 등장한다.

데비도프(P. Davidoff)에 의해 제창된 옹호계획(advocacy planning)은 1960년대 당시의 사회적 항의와 정치적 혼란에 영향을 받았다. 이 계획의 개념은 법조계에서 형성된 피해구제절차로부터 연유된 것으로, 강자에 대한 약자의 이익을 보호하는 것처럼 사회적으로 혜택받지 못한 주민의 이익을 옹호하기 위한 노력으로부터 시작되었다. 이 계획을 다원계획(plural planning)이라고도 하는데, 다원적인 가치가 혼재하고 있는 사회에서는 단일 계획안보다는 복수의 다원적인 계획들을 수립하는 것이 바람직하다고 생각하기 때문이다. 그러나 이 계획은 계획집행에 있어서 건설적인 여러 가지 대안에 대해서 효율적인 지지를 균등하게 얻어내지 못하므로 계획실행에 장애요인이 될 수도 있다는 비판을 받았다.

프리드만(J. Friedman)에 의해 제기된 교류계획(transactive planning)은 기술적 계획가와 고객 사이에 의사소통상 넓어지는 간극을 메우기 위한 시도로 등장한 것이다. 교류란 양자간의 대화와 상호학습을 통한 이해로 현대의 발달된 기술과 기법에 의해 전체적인 상황을 이해하기는 쉽지만 개체를 이해하는 데는 한계가 있기 때문에 상호간의 이해, 즉 교류가 이루어져야 한다는 것이다.

최근에는 계획에 참여, 의사소통, 대화를 강조하는 사람 중심의 참여적 전환을 취해오고 있다. 이에 힐리(P. Healey)는 참여자들이 그들의 상호이익을 표현하는 행동에 대해 합의에 이르는 과정을 기술하기 위해 협력계획(collaborative planning)이라는 말을 사용했고 1990년대 후반이래로 계획이론 분야의 핵심용어가 되고 있다.

협력계획은 합리적 종합계획의 비현실성을 보완하기 위해서 나온 계획이론으로서, 합리적 종합계획에서 추구하는 과학적 논리나 실제적 현실의 분석행위가 아니고, 이해관계자의 합의와 협력을 끌어내기 위한 상호의사소통을 기본으로 하는 계획이다. 따라서 하향적 전문적 판단, 다수결 또는 사전 결정된 입장 주변에서의 다툼보다는 동등한 참여자들간에 포용적이고 개방적인 대화의 출현에 의한 결정을 요구하고 있다. 이 계획이론은 오늘날 거버넌스 활동의 이론적 단초를 제공하고 있다.

계획이론의 영역은 과거의 주도적인 이론들이 계속되는 가운데서 새로운 이론이 등장하는 주기적인 변화가 이루어지고 있다. 표 2.3은 제2차 세계대전 이후로 발달된 계획전통을 4개의 정책모형과 관련하여 계획유형을 정리한 것이다.

표 2.4 계획전통의 발달

시기 \ 특성	계획전통	계획유형	정책모형
1950～1960년대 이후	합리적	청사진계획	종합적 합리주의
1960～1970년대 이후	과정적	과정계획	부분점증주의
		옹호계획	다원주의
		비판계획	구조주의
1970～1980년대 이후	전략적	전략계획	혼합주사
1980～1990년대 이후	참여적	의사소통계획	사회적 상호작용

자료 : 정환용, 2009: 203

2.3 관광개발계획의 특성과 체계

1) 관광개발계획의 특성

관광학이 다학문적 접근을 필요로 하듯이 관광개발계획 역시 조경, 도시계획, 토목 등의 하드웨어적 분야 외에 마케팅, 사회학, 심리학, 경영학 등의 소프트웨어적 분야와의 통합적 접근을 필요로 한다. 예를 들면 관광시장조사를 위해서는 관광마케팅과 관광행동론, 수요예측을 위해서는 통계학과 관광경제학, 그리고 사업성검토를 위해서는 관광경영학의 지식을 필요로 한다.

관광개발계획은 공공부문에서 집행하는 공원 등 도시계획시설의 계획과는 접근 자체를 달리한다. 공원 등 도시계획시설은 상위계획에서 설정된 목표나 지표에 의거하여 계획, 주로 물리적 계획(physical plan)을 수립하면 되지만 관광개발계획, 특히 관광시설개발이나 자원개발 등은 대체로 수익성을 기반으로 하기 때문에 사업목적에 부합되는 계획지표 설정부터 시작되어야 한다. 그러기 위해서는 시장조사부터 마케팅계획, 재무적 타당성분석에 이르기까지 복합적인 다차원적인 접근을 필요로 한다.

결국 관광개발계획이 특정 대상지에 대한 물리적 계획으로 표현되기는 하지만 다양한 분야의 학문과 경험을 가진 시스템적 접근을 필요로 하는 계획이다. 또한 관광개발계획은 미래에 대한 계획으로 불확실한 미래에 대한 예측을 바탕으로 관광객의 수요변화와 욕구변화에 대처할 수 있는 계획이 되어야 하며, 현재의 수요와 욕구를 만족시키는 것도 중요하지만 관광욕구와 관광수요를 창출할 수 있는 창의적인 계획이 있어야 한다.

2) 관광개발계획의 체계

우리나라의 국토의 계획 및 관리체계가 전국(국토종합계획), 지역(도건설종합계획, 도시기본계획 등), 지구(지구단위계획, 도시계획시설계획 등)의 3단계로 이루어지듯이 관광개발계획체계 역시 공간적 범위에 따라 3단계로 이루어지고 있다.

그림 2.1과 같이 전국 수준의 관광개발계획, 지역 수준의 권역별 관광개발계획, 지구 수준의 관광지조성계획으로 이루어진다. 이들은 관광진흥법에 의한 법정의무계획이고 광역권 관광개발계획 등은 행정계획이다.

그림 2.1 관광개발계획체계

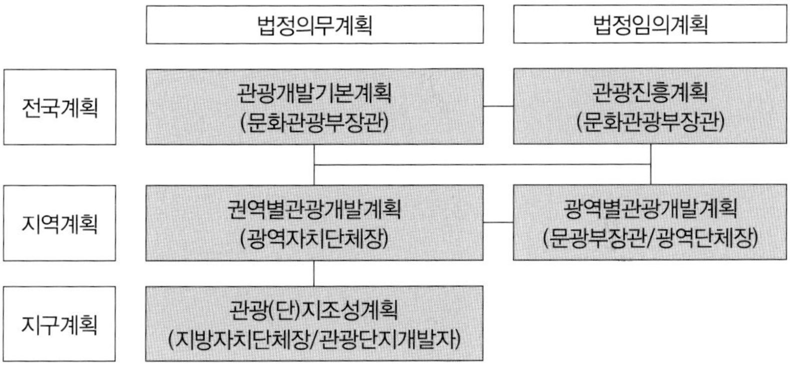

자료 : 한국관광연구원(2000), 제2차 관광개발계획(안).

(1) 관광개발기본계획

관광개발기본계획은 전국의 관광자원을 효율적으로 개발·관리하기 위하여 문화관광부장관이 10년마다 수립하는 법정계획으로 개발 및 시장의 환경분석, 국내 및 외래 관광객의 수급분석, 관광분야의 주요 전략과 진흥을 위한 전략별 추진계획과 관광자원을 효율적으로 개발·이용·관리·보전하기 위한 권역의 설정 및 권역별 관광개발방향을 정립한다.

이 계획에서 제시된 권역별 관광개발방향을 기초로 하여 지방자치단체별로 권역별 관광개발계획을 수립·시행한다.

2013년 수립된 제3차 관광개발기본계획에 의하면 관광권역을 7개 광역 관광권, 시·도 관광권, 6개 초광역 관광벨트로 설정하고, 각 권역별로 개발 목표 및 발전 방향 등을 제시하고 있다(그림 2.2).

관광권역의 구분은 제1차 관광개발기본계획에서는 자원의 특성을 기준으로 5대 관광권 24개 소관광권으로, 제2차 관광개발기본계획에서는 16개 광역지방자치단체를 기준으로 16개 관광권역으로 구분하다가 제3차 관광개발기본계획부터는 광역지방자치단체와 자원의 특성을 기준으로 7대 관광권으로 구분하였다(그림 2.3).

(2) 권역별 관광개발계획

권역별 관광개발계획은 상기의 관광개발기본계획에 의하여 구분된 권역을 대상으로 5년마다 수립되는 권역내 관광자원의 보호·개발·이용·관리 등 관광개발에 관한 정책방향을 제시하는 계획이다.

이 계획은 관광개발기본계획 등 상위계획에서의 기본방향을 구체화하는 계획으로 권역내 관광여건과 잠재력을 최대한 반영하여 권역의 특성을 유도하는 개발계획이다. 또 권역 내의 각 관광(단)지 개발의 근거가 되는 계획으로 개별 관광(단)지의 개발을 위해서는 이 권역계획에 반영되어 있거나 그렇지 않으면 권역계획의 변경이 필요하다. 1994년 6월 지역특성을 살린 관광지개발을 촉진하기 위해 관광지지정 및 조성계획의 승인 권한을 문화관광부장관에서 시장 및 도지사로 이양하였다.

그림 2.2 제3차 관광개발기본계획

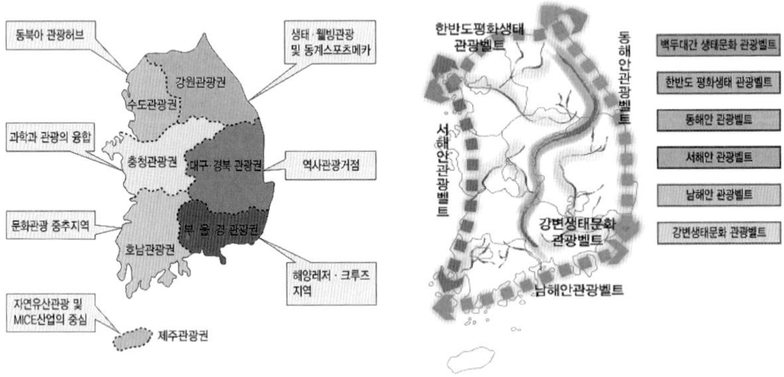

광역관광권 (시 · 도관광권포함) 초광역관광벨트

자료 : 문화관광부(2012), 제3차 관광개발기본계획.

그림 2.3 관광권역의 변경

제1차 관광개발기본계획(1992–2001) 5대 관광권 24개 소관광권

제2차 관광개발기본계획(2002–2011) 16개 관광권

제3차 관광개발기본계획(2012–2021) 7개 광역관광권 사도관광권

(3) 관광지조성계획

관광지조성계획은 개별 관광지 개발사업을 위한 법정계획으로 관광지 지정과 관광지조성계획 승인의 과정을 필요로 한다.

관광지 지정을 위해서는 상기 권역계획에의 반영도 필요로 하지만 기본적으로 관광지개발을 할 수 있는 국토의 계획 및 이용에 관한 법률상 적합한 용도지역이어야 한다. 그러나 대부분의 관광개발사업의 경우는 그렇지 않기 때문에 관련법에 의한 용도지역 변경이 선행되어야 한다.

관광지조성계획을 승인받기 위해서는 토지이용계획을 비롯한 관광시설계획, 관리계획, 재원조달계획 등의 관광지개발계획서와 토지조서, 조감도, 그리고 관련행정기관의 협의서류 등이 첨부되어야 한다.

그림 2.4 관광지 조성계획 관련법제

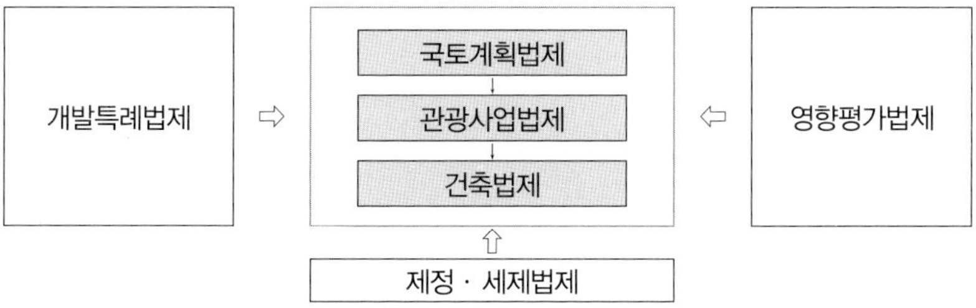

그림 2.5 관광(단)지 개발절차

3. 관광개발계획과정

3.1 관광개발계획의 접근

관광개발계획은 주로 제한된 공간에 대한 물리적 계획이다. 그러나 그 규모가 커지고 장기적이 될수록 시장의 변화는 물론 사회, 정치적 영향에 민감할 수밖에 없다. 따라서 관광개발계획은 일반적인 계획과 유사한 프로세스에 의해 이루어지나 중요한 것은 계속적이고 점진적이며 포괄적이고 통합적인 접근을 필요로 한다는 점이다.

결국 관광개발계획 혹은 관광계획은 다음과 같은 접근을 중시하게 된다(Inskeep, 1991: 29-30).

① 지속적이며 유연한 접근(continuous, incremental and flexible approach) : 관광계획을 하나의 과정으로 보고 계속적으로 평가하고 조사하여 그 결과를 활용하여 기본적인 목표와 정책을 유지하는 범위에서 보완해 나가야 한다.

② 시스템적 접근(systems approach) : 관광은 여러 요소가 종합되어야 가능하므로 각 요소들을 알맞게 관련짓고, 조화시켜 나가야 한다.

③ 포괄적 접근(comprehensive approach) : 시스템적 접근방식과 관련이 있는 것으로, 조직요소와 환경 및 사회·경제적 입장들을 포함한 모든 면이 분석되고 포괄적으로 계획되는 전체적 접근방식을 필요로 한다.

④ 통합적 접근(intergrated approach) : 시스템적 접근 및 포괄적인 접근과 관련이 있는 것으로 관광 그 자체가 통합적인 시스템으로 계획·개발되는 것을 말하며, 관광계획이 지역계획 전반과 전체 개발 패턴에 조화되고 통합되어야 한다.

⑤ 환경적으로 지속가능한 개발 접근(environmental and sustainable development approach) : 자연 및 문화자원이 파괴되거나 저급화되지 않도록 계획·개발·관리되어야 하고, 미래에 계속적으로 활용될 수 있게 영속성을 갖도록 관광자원을 유지·보존해야 한다.

⑥ 지역사회적 접근(community approach) : 지역주민이 관광개발을 위한 의사결정과정에 참여하고 관광지 관리에도 지역 주민의 참여가 필요하며, 사회, 경제적 편익이 지역 주민에게 최대한으로 돌아가도록

해야 한다.

⑦ 실행 가능한 접근(implementable approach) : 관광개발계획, 정책, 제안은 현실적이어서 실행될 수 있도록 실행기법을 고려하면서 계획과 정책, 전략이 입안되어야 한다.

⑧ 시스템적 계획과정의 적용(application of a systematic planning process) : 관광개발계획을 입안함에 있어서 계획활동의 논리적 순서를 기반으로 시스템적인 계획과정을 거쳐야 한다.

3.2 관광개발계획의 과정

다양한 대상과 유형을 가진 관광개발계획을 동일한 과정으로 일반화시키는 것은 무리가 있다. 그러나 전체적으로 보면 문제의 인지와 규명, 목표 설정, 상황의 분석과 판단, 가정의 설정, 대안의 작성과 비교, 최종안의 선택, 그리고 계획의 집행과 평가, 환류 등의 일반적인 계획과정에서 크게 벗어나지 않는다. 다만, 계획의 대상과 유형에 따라 중점을 두는 단계가 다를 뿐이다.

관광개발계획을 비롯한 대부분의 계획은 대체로 그림 2.6과 같이 목표설정단계, 조사분석단계, 대안작성·선택단계, 계획집행·평가 등의 4단계로 이루어진다고 할 수 있다. 각 단계는 단계간 환류는 물론 단계 내의 세부 단계간의 환류를 거치는 순환적 접근으로 계획이 수립되고 집행된다.

그림 2.6 계획과정도

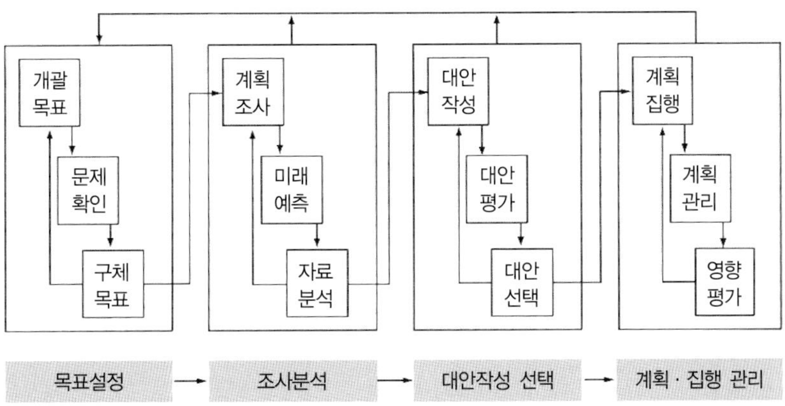

자료 : 정환용, 2009: 330에서 재인용

목표설정단계에서는 기존의 자료를 바탕으로 개괄적인 목표를 설정하고 이 개괄목표에 의해 계획대상 환경의 문제를 확인한다. 문제 확인은 조사분석과정과의 반복적인 환류를 통해 문제의 내용을 구체화하고 이를 구체목표 설정과 연결시킨다. 이렇게 설정된 목표도 대안작성 · 선택, 계획집행 · 평가의 과정을 거쳐 다시 정련하는 일련의 환류과정을 거쳐 확정되게 된다.

조사분석단계는 계획대상체계의 현상을 파악하기 위한 환경조사, 계획대상 환경의 미래의 모습을 예측하는 미래예측, 그리고 계획대상의 현재와 미래를 나타내는 자료를 정리하고 해석하고 관리하는 자료분석의 단계로 구성된다. 이러한 조사분석단계는 계획의 전 과정과 밀접한 관계를 맺고 있다.

대안 작성 및 선택단계는 설정된 목표와 계획환경의 조사분석을 통하여 목표를 달성을 위한 대안을 작성하고 평가하여 선택하는 세부과정으로 구성된다. 선택된 대안은 공식적인 절차를 거치면 계획으로 확정된다.

계획집행 및 평가단계는 계획내용대로 집행하고 집행에서의 일탈을 사전에 예방하는 계획관리, 집행에 의한 목표성취도와 영향 정도를 파악하는 영향평가의 활동으로 구성된다.

본 서는 이러한 일반적인 계획과정을 토대로 관광개발사업만이 지니는 특성을 감안하여 관광개발계획과정을 기획단계, 환경분석단계, 기본구상단계, 기본계획단계 등으로 구분하여 설명하고자 한다(그림 2.7).

관광개발계획은 계획대상지를 가지고 자원을 정비하고 시설을 개발하는 물리적 계획(physical plan)이기는 하지만 사회적, 문화적 변수와 경제환경의 여건변화에 민감하다는 점에서 여타 개발사업의 계획과 다르다. 관광개발계획은 어떻게 하느냐 보다 왜 하느냐에 더 관심을 가지는 물리적 계획이라고 할 수 있다.

1) 기획단계

일반적으로 단지계획이나 조경계획 혹은 건축계획 등과 같은 제한된 공간에 대한 계획은 대부분 기설정된 목표에 부합되는 바람직한 계획안을 마련하는 것이 계획의 목적이다. 그러나 관광개발계획은 기본적으로 제시된 목표가 있기는 하지만 그 목표를 정의하고 검증하는 일부터 시작된다. 이러한 단계가 기획의 단계인데, 이 단계에서는 향후에 일어날 모든 단계의 과정이 계획가의 경험과 지식을 바탕으로 집약적으로 이루어진다. 기술적, 법제도적, 경제적 타당성 검토는 물론 관광시장의 욕구(needs)가

반영된 계획의 구체적 목표가 설정되는 단계이기도 하고 향후의 구상과 실행계획이 설정되기도 한다. 하지만 경우에 따라서는 관광개발의 여부가 본질적으로 재검토되기도 한다. 따라서 이 기획단계를 project making 단계라고 하고, 관광개발계획의 과정상 가장 중요하게 다루어진다.

이 단계에서의 사전환경검토는 주로 경제적 타당성을 검토하는 니즈분석과 정책적 타당성을 검토하는 입지분석의 과정으로 이루어진다. 입지분석은 개략적인 사전환경성검토, 도시관리계획상의 환경성검토와 토지적성평가를 주 내용으로 한다. 그러나 기획단계에서 가장 중요한 내용은

그림 2.7 관광개발계획과정

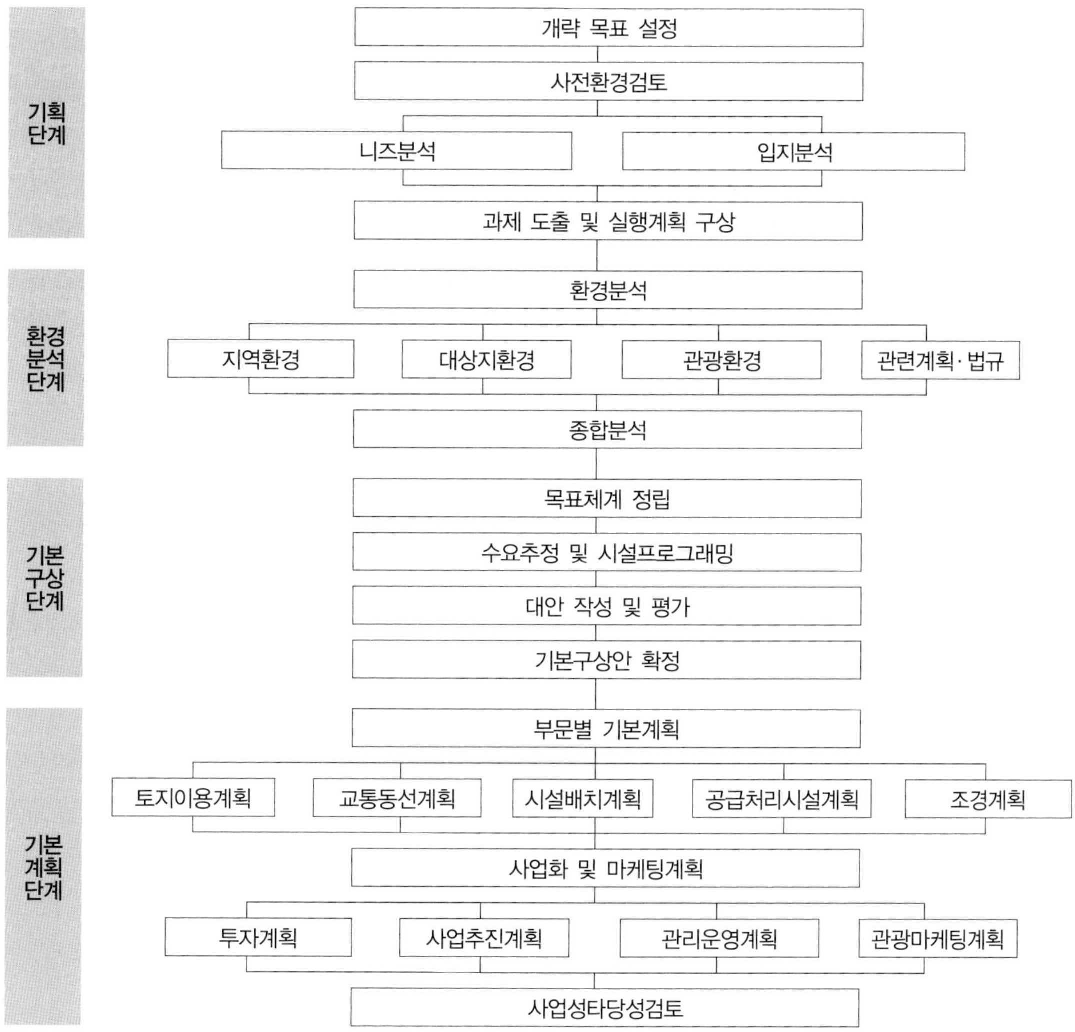

어떤 콘텐츠를 담고 누가 개발의 주체가 될 것인가를 결정하는 컨셉개발과 실행계획이다.

2) 환경분석단계

관광활동이란 계획대상지에서만 이루어지는 것이 아니고 개발에 대한 영향 역시 계획대상지에 한정되는 것이 아니다. 따라서 환경분석의 범위도 계획대상지에만 국한되어서는 안 된다. 가능한 모든 정보를 수집하고 분석·취합해야 하지만 현실적으로 어려운 일이다. 따라서 계획의 특성에 맞는 합리적인 조사분석이 필요하고 계획과정 중에 지속적인 보완과 환류가 이루어져야 한다.

물리적 여건은 지역환경으로부터 대상지환경으로 갈수록 점차 세부적으로 조사분석의 대상을 설정하나 향후의 설계과정에서 부문별로 세부적인 조사분석이 이루어질 것임을 감안하여 본 단계에서는 개발계획 수준에서 필요한 항목만을 대상으로 한다. 사회, 경제적 환경 등의 비물리적 여건 역시 너무 포괄적이므로 관광환경의 측면에서 계획에 필요한 내용만으로 한정할 필요가 있다.

종합분석에서는 앞서 조사된 내용을 기반으로 SWOT분석하고 과제와 시사점을 도출하는 단계이나 다음의 기본구상단계에서 지침이 될 수 있는 종합분석이 되기 위해서는 공간특성분석과 지리정보체계를 활용한 적지분석을 필요로 하기도 한다.

3) 기본구상단계

기본구상단계는 앞서 조사분석된 내용을 토대로 개괄적인 목표를 구체화하는 목표체계의 정립의 과정이 필요하다. 목표, 전략, 과제 등을 정립하고 필요할 경우 개발의 주제나 컨셉을 설정한다.

그리고 관광객 수요추정과 시설규모를 추정하는 시설프로그래밍 단계를 거쳐 이를 계획대상지에 공간적으로 배분하는 기본구상 대안을 작성하게 된다. 이 과정은 향후의 사업타당성분석과 밀접한 관계를 지니므로 상호 환류되기도 하지만 대안에 따른 사전 사업성 분석을 통하여 검토하기도 한다. 가능한 대안들을 작성하고 평가과정을 통해 최적 기본구상안을 선정한다.

이 단계는 사업성뿐 아니라 개발의 관광개발계획 근간을 형성하는 중요한 단계로 끊임없이 계획과정상의 여타 단계와 환류되어지는 순환적 접근이 필요하다.

4) 기본계획단계

기본계획단계는 기본구상에서 선정된 대안을 체계화하여 계획을 완성하는 단계이다. 이는 그 자체로 의미를 지니기도 하지만 향후 기본설계 및 부문별 실시설계의 기준이 되고 사업추진의 지침이 된다.

일반적인 분류인 토지이용계획, 교통·동선계획, 시설배치계획, 공급처리시설계획, 조경계획 등과 사업집행을 위한 사업화계획과 관광마케팅계획으로 구분된다. 본 서에서는 투자계획, 사업추진계획, 관리운영계획 등으로 구성되는 사업화계획은 별도로 논의하지 않고 본 서의 목적에 부합되는 내용만을 관광개발계획과정편에 기술하였다.

마지막으로 사업타당성검토를 통하여 기본계획의 실천성을 점검한다. 사업타당성검토는 일반적으로 법제도적 타당성, 기술적 타당성, 경제적 타당성으로 구분하여 검토하는데 법제도적 타당성, 기술적 타당성은 환경분석단계와 기본구상단계에서 논의되었으므로 여기서는 경제적 타당성, 그 중 재무적 타당성에 대하여만 기술하였다.

계획내용에 대한 재무적 타당성은 통상 계획가가 계획안 마련과정 중에 수시로 점검하기 때문에 크게 부정적으로 나타나지는 않지만 그럼에도 불구하고 부정적인 분석결과가 나올 경우에는 계획의 전 과정이 환류되어 새로운 계획안이 작성되어야 한다.

참고문헌

제1장 (관광의 이해)

임창재(1998) 심리학의 이해. 서울 : 형설출판사

엄서호(1998) 레저산업론. 서울 : 학현사

유동근(1992) 소비자행동론. 서울 : 미래경영

박석희(2012) 신관광자원론. 서울 : 대왕사

임주환 외(2003) 환경친화적 관광지개발론. 서울 : 백산출판사

이주형 역(2004) 입소문을 만드는 100가지 방법. 조지실버만. 21세기북스

손대현·장병권 역(1991) 여가관광심리학. 서울 : 백산출판사

곽노엽(1998) 관광지속성의 선호도에 관한연구. 경기대학교 대학원 박사학위논문

Clare A Gunn(1979) Tourism Planning. New York : Crane, Russak & Compamy, Inc.,

Mill, R. C.& Morrison, A. M.(1985) The tourism system. New Jersey : Prentice Hall

Assael, H.(1984) Consumer behavior and marketing action. Belmont : Kent publish

Milton J. Rosenberg et al(1960) Attitude Organization and Change. New Haven : Yale Univ. Press

W. F. van Raaij, Dick A. Francken(1984) Vacayion Decision, Activities and Satisfactions. Annals of Tourism Research, Vol. 11.

제2장 (관광개발계획)

박석희(2001) 신관광자원론. 서울 : 명보문화사

정환용(2009) 계획이론. 서울 : 박영사

김신복(1999) 발전기획론. 서울 : 박영사

최신용 외(2011) 행정기획론. 도서출판 학림

유훈(1992) 정책학원론. 서울 : 법문사

안해균(1992) 정책학원론. 서울 : 다산출판사

한국관광연구원(2000) 제2차 관광개발계획(안).

한국관광공사(2009) 관광자원개발매뉴얼 2010.

문화관광부(2012) 제3차 관광개발기본계획.

Campbell, S. and Fainstein, S.(2003) Reading in Planning Theory. Oxford : Blackwell

Faludi. A.(1973) Planning Theory. Oxford : Pergamon

Inskeep, E.(1991) Tourism Planning : An Intergrated and Sustainable Development Approach. N.Y. : Van Nostrand Reinhold.

Sarley, R.(1972) The Planning Process. London : School of Environmental Studies, UCL

제2편 관광개발계획과정

곽 노 엽

01. 기획단계

1. 서론
2. 기획의 개념과 방향
3. 사전환경검토
4. 과제도출 및 컨셉개발
5. 실행전략 구상 및 계획

1. 서론

관광개발사업에서 기획단계는 프로젝트를 창출하는 과정으로 관광개발사업의 시작이자 기반이다. 이 기획단계는 F · S(feasibility study)라고 하는 사업타당성분석 혹은 예비타당성분석(preliminary feasibility study)과는 다른 개념의 과정이다.

국가재정이 투입되는 대형 공공투자사업은 의무적으로 예비타당성조사를 실시하게 되어 있다.* 그러나 이러한 예비타당성조사는 제안된 사업에 대한 경제적 타당성분석과 개발파급효과분석이 주업무이다. F · S 역시, 경우에 따라서는 개발프로그램이 제안되기도 하지만 재정계획과 경제적 타당성분석이 주내용이다.

* 대통령령이 정하는 500억 원 이상의 사업이나 국가재정 지원규모 300억 원 이상의 신규사업(국가재정법 제38조 및 동법 시행령 제13조)

그러나 관광개발계획과정에서의 기획단계는 이러한 재정적 내용 외에 개발의 배경과 필요성, 개발의 컨셉, 실행계획구상이 포함된 과정으로 어떻게 보면 관광개발계획 전 과정의 압축적인 단계라고 볼 수 있다. 따라서 기획단계는 본질적으로 계획과정의 일부분이라기 보다는 자체로의 계획과정을 지니는 계획이라고도 할 수 있다.

2. 기획의 개념과 방향

기획은 계획과 유사한 개념이지만 엄연한 차이가 있다. 기획은 '기'와 '획'으로 구성되어 있다. 기(企)는 '도모할 기', 획(劃)은 '그을 또는 계획할 획'이다. 즉 기획이란 '계획을 도모하는 것' 그래서 영어로는 기획을 'plan'이라고 하지 않고 'planning'이라 한다. 한마디로 기획은 'Why to do?'와 'What to do?'를 명확히 하는 것이다. '왜 할 것인가?' '무엇을 할 것인가?'를 결정하는 것이다. 이에 비해 계획은 'How to do?', '어떻게 할 것인가?'를 정하는 것이다. 왜 할 것인가, 무엇을 할 것인지를 결정하는 것이 기획이고, 어떻게 할 것인지를 생각하는 것이 계획이다(길영로, 2012: 36).

* 기획과 계획

자료 : 김영민, 2012: 20

따라서 기획과정에서는 Why?, For What?에 대한 질문을 끊임없이 던져야 한다. 이 일이 현 시점에서 왜 존재해야만 하는지를 명확히 밝혀야 하고, 구체적이고 현실적으로 정리되어야 한다.

관광개발에서 기획단계는 특정의 관광자원을 어떻게 개발할 것인가, 특정의 재원을 어떻게 효율적으로 투자할 것인가에서 출발하기도 하고, 특정의 니즈를 어떻게 만족시킬 것인가에서 출발하기도 한다.*

관광사업은 사업주체가 공공이든 민간이든 어느 정도의 수익성이 확보되어야 추진되고 지속되는 사업이다. 따라서 어떠한 경제적 이익을 볼 것인가와 사회·문화적, 환경적 이익은 어떤 것인가에 대한 사전 검증 절차는 반드시 필요하다. 관광사업은 다른 산업과 달리 사회, 경제적 여건 변화에 민감하고 투자에 대한 회수기간이 길다. 또 주변 지역 및 주변 자원에 미치는 환경적 영향이 큰 사업이다. 따라서 인허가 과정이 쉽지 않고 투자재원조달 등 사업추진방식을 결정하기가 쉽지 않다. 더구나 대부분의 관광개발사업이 매력도가 높은 관광 자연자원이나 문화자원을 대상으로 하고 있어 한 번 파괴되면 회복하기가 힘들다. 과연 이 사업이 공공이든 민간이든 사업자에게 수익성을 확보해주고 주변지역이나 국가적으로 긍정적인 영향을 미칠 것인가에 대해 충분히 고려되어야 한다.

관광개발사업이 이러한 기획단계에서 배경과 목적, 기대효과 등 기획방향에 대해 명확히 설정되지 못하고 또 컨셉이나 각종 실행계획에 대해 정립되지 않은 채 진행되면 중도에 사업내용이 변경되거나, 사업주체가 바뀌거나 혹은 사업이 중단될 수밖에 없다.

따라서 관광개발사업에서의 기획은 사업의 유형과 내용에 따라 다소 차이가 있으나 대체로 그림 1.1과 같은 프로세스로 진행하게 된다.* 그러나 이러한 기획의 프로세스는 2장의 그림 2.11과 같은 관광개발사업의 전체적인 추진절차에 대한 이해를 전제로 한다.

* 관광개발사업에서 기획단계는 현실적으로는 땅, 돈, 콘텐츠 중 하나나 그 이상이 있어야 출발이 가능하다.

* 그림 1.1에서의 사전환경검토는 환경정책기본법상의 사전환경성검토가 아니라, 향후 개발계획수행시의 본격적인 환경분석에 앞서 주로 정책적 타당성을 파악하기 위한 개략적인 환경분석을 말한다.

그림 1.1 기획 프로세스

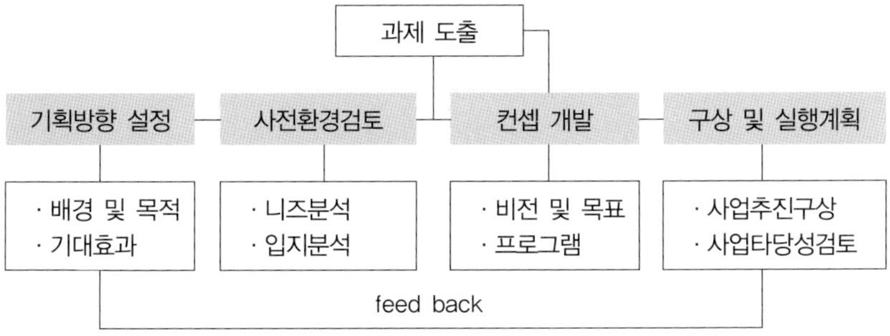

3. 사전환경검토

3.1 니즈분석

니즈(needs)분석은 기획의 경제적 근거를 마련하는 과정으로 내부환경분석과 외부환경분석으로 이루어진다. 외부환경분석은 관광시장 환경변화에 관한 분석으로 기획의 대전제가 되고 내부환경분석은 사업주체의 내부자원과 역량에 대한 분석으로 기획의 목적을 구축하게 된다.

1) 내부환경분석

앞에서 거론된 바와 같이 우선 이 개발사업을 왜 해야 하는지, 기획목적에 대한 정립이 필요하다. 토지, 자금, 인력 등의 내부자원 활용이든 새로운 수익원 창출이든 아니면 기업홍보나 이미지 개선이든, 개발사업 목적에 대해 정립되어야 한다. 개발주체가 국가나 지자체, 정부투자기관 등의 공공인 경우에도 마찬가지이다.*

* 공공이 개발주체인 경우 의사결정권자의 변화에 따라 개발목적이 바뀌어 애로를 겪는 일이 있을 수 있다. 따라서 개발목적을 명확히 정립함은 공공부문 개발사업인 경우 특히 중요하다.

이를 위해서는 개발주체가 누구냐에 관계없이 현재 상황의 파악으로부터 시작되어야 하는데 특히 개발주체가 민간인 경우는 기업의 내부환경에 대한 분석으로부터 개발 목적이 정립되어야 한다.

기업의 내부환경이란 기업이 보유하고 있는 유형 · 무형의 경영자원과 인적 자원, 그리고 최근에 부각되고 있는 핵심역량을 의미한다. 핵심역량은 기업의 성공 여부를 잘 설명해주는 경쟁우위의 원천이기도 하며 기업성장의 근원이기도 하다.

기업의 내부환경분석을 위해 어떤 기법을 사용하든 다음의 네 가지 사항에 관한 분석은 반드시 이루어져야 한다.

그 첫째는 사업주체의 비전(vision), 미션(mission), 가치(value)에 대한 개념을 분석하고 새롭게 정의해야 하는 비전분석, 둘째는 비전을 달성하기 위한 사업과제들이 무엇인지를 분석하는 과제분석, 셋째는 사업과제를 해결하기 위해 어떤 사업전략을 추진해야 하는지를 검토해야 하는 전략분석, 그리고 마지막으로 사업주체의 강점과 약점을 분석하고, 경쟁사들의 강점과 약점을 교차·분석함으로써 핵심역량을 도출해 볼 수 있는 핵심역량분석 등이다.

2) 외부환경분석

외부환경분석은 관광개발사업에 영향을 미치는 외부요소들을 파악하고, 그 요소들이 사업에 미치는 영향을 예측하여 사업의 진행 여부나 사업의 방향을 결정하기 위해 실시한다.

관광개발사업에서의 외부환경은 주로 관광시장에 대한 분석으로 시장규모와 추이, 시대적 트렌드와 소비자 욕구, 그리고 경쟁관계 등을 분석하는 데 거시적 환경과 미시적 환경으로 나누어 볼 필요가 있다.

거시적 환경은 기존의 데이터나 관련정보를 이용하여 분석하고 해석하여 관광시장을 전망하고 예측한다. 미시적 환경은 주로 유사 사례의 성공 또는 실패 요인을 파악하고 시사점을 도출하는 사례분석과 경쟁환경분석으로 이루어지는데 경쟁환경분석은 고객지향, 마케팅지향, 자원지향 혹은 지리적 기준 등에 따라 경쟁집합을 규정하여 분석한다.

외부환경분석은 관광개발사업에서 중요한 과정이기는 하지만 기획단계에서는 현실적인 제약으로 조사분석 내용보다는 기획가의 경험과 지식을 바탕으로 한 통찰력과 의사결정권자의 예지력과 결단이 요구되는 과정이기도 하다.

3.2 입지분석

관광개발사업 기획에는 두 가지 경우가 있을 수 있다. 우선은 사업대상지가 개략적으로 정해진 경우이다. 훌륭한 관광자원이 있어 이를 어떻게 보존·관리하고 잘 활용할 수 있을 것인가를 결정하는 경우와 훌륭한 관광자원은 아니더라도 가용할 만한 토지가 있는 경우이다.

그 다음은 좋은 콘텐츠와 가용재원이 있어 이를 어디에 어떻게 담을 것인가를 결정해야 하는, 즉 사업대상지가 결정되지 않은 경우가 있다. 사업대상지가 결정되지 않은 경우에는 적절한 후보지를 몇 곳 선정한 후 이를 사전에 마련된 평가기준에 의해 각 후보지를 비교·분석하여 결정하는 과정을 거치게 된다.

후보지의 평가기준은 경제성, 개발용이성, 접근성, 환경성 등등 기본적인 사항들을 중심으로 사업의 특성에 맞도록 평가항목을 추가하여 적용한다. 그러나 대부분의 경우 개발이 용이하고 접근성이 좋으면 지가가 높아 사업의 재무적 타당성이 떨어지고, 지가가 낮은 곳은 접근성과 개발여건이 나쁘고, 또 지가도 낮고 지형적으로 개발이 용이한 곳은 각종 공간규제에 묶여 있기 쉽다. 입지선정 과정에서 최선의 장소는 없다. 문제점이 없는 곳, 적은 곳을 찾기보다는 해결할 수 있는 문제점이냐 아니냐를 판단하는 것이 더 실천적이다.

기획단계에서 입지분석은 기본계획단계에서의 환경분석에 대한 사전적(事前的)인 분석과정으로, 별도의 현장조사 없이 기존의 공개된 자료만으로 사업대상지와 주변을 포함한 일정구역에 대한 입지 가능성을 분석하는 과정이다. 따라서 이 과정에서 제반 환경에 대한 전반적인 여건을 조사·분석함은 효율적이지 못하다. 주로 정책적 측면에서 관광지 입지에 직접적인 영향을 미치는, 즉 생태적 여건, 지형적 여건, 공간규제 여건 등이 중요하다.

1) 생태적 여건

관광개발이나 관광지 입지 결정시 고려해야 할 최우선적 환경요소는 생태적 여건이다. 이를 파악하기 위한 자료는 생태자연도, 녹지자연도*, 환경용도지역지구도, 그리고 국토환경성평가지도 등이 있는데, 모두 환경부 사이트에서 열람이 가능하다. 그러나 이들 자료를 일일이 열람하여 파악할 수도 있지만 환경부의 환경영향평가지리정보시스템(www.eiass.go.kr)을 이용하여 해당지역의 개발가능성을 총괄적으로 판단해 볼 수도 있다.

* 자연환경보전법에 따라 녹지자연도를 제작하여 운영하였으나, 2009년 1월 생태자연도 작성지침이 개정·고시됨에 따라 더 이상 녹지자연도를 갱신 관리하지 않는다. 따라서 이제는 녹지자연도는 참고자료일 뿐 법적 효력은 지니지 않는다. 기존의 녹지자연도는 국가공간정보유통시스템(www.nsic.go.kr)에서 열람이 가능하다.

생태자연도는 자연환경을 생태적 가치, 자연성, 경관적 가치 등에 따라 등급화한 지도로, 1등급, 2등급, 3등급 권역과 별도관리지역 등 4등급으로 구분되어 있다. 여기서 1등급권역과 별도관리지역은 개발이 어려운 지역으로 관광개발사업이나 기타 개발사업이 불가하다.

* 생태자연도와 녹지자연도에 대한 자세한 내용은 제2장 환경분석단계를 참조

녹지자연도는 녹지의 자연성을 나타내는 하나의 지표이며, 식물군락의 종 조성을 인위적으로 0~10으로 등급화하여 5만분의 1 지형도에 표시한 지도이다. 현재 8등급 이상 지역은 자연환경보전법에 의해 녹지보전지역으로 개발을 제한하고 있다.

환경용도지역지구도는 개별 필지에 대한 법률에 의한 규제 사항, 즉 습지보호지역, 국립공원, 특별대책지역(수질), 배출시설설치제한지역, 생태경관보전지역, 특정도서, 오염행위제한지역, 야생동식물특별보호구역,

대기보전특별대책지역, 수변구역, 폐기물매립시설 설치제한지역 등을 종합적으로 지도화해 놓은 자료이다. 그리고 국토환경성평가지도는 국토를 친환경적·계획적으로 보전, 개발, 이용하기 위하여 환경적 가치를 종합적으로 평가하여 '보전해야 할 지역'과 '개발해도 될 지역'을 구분하고, 이를 지형도에 표시하여 알기 쉽게 작성한 지도이다.

* 국토환경성평가지도

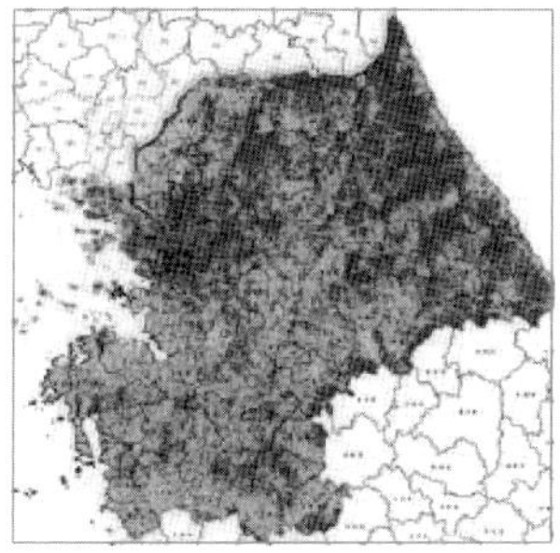

자료 : 환경공간정보서비스 (www.egis.me.go.kr)

표 1.1 국토환경성평가 등급별 관리기준

구분	관리기준
1등급	최우선 보전지역으로 원칙적으로 개발 비대상지
2등급	보전을 우선으로 하되 법령이 허용하는 범위 내에서 소규모 개발은 부분 허용
3등급	개발과 보전의 완충지역으로 계획적인 개발 수용
4등급	개발 수요의 관리를 전제로 친환경적인 개발 유도
5등급	체계적인 개발

자료 : 환경부, 2008: 50

2) 지형적 여건

계획구역에 대한 개략적인 지형지세는 우선 인터넷 포털사이트의 위성사진을 이용하면 쉽게 파악할 수 있다. 그러나 표고, 경사와 백두대간 및 정간 존재 여부에 대해서는 좀더 구체적으로 파악해야 한다.

(1) 표고 및 경사

표고와 경사는 계획구역과 주변지역의 고도 변화와 능선체계 및 계곡 분포 등의 지형지세를 알 수 있는 기본적인 자료이다. GIS를 이용하여 간단히 분석해 볼 수도 있고 개략적인 상황은 국토교통부나 산림청 등의 정부기관 홈페이지에서 열람할 수도 있다.

관광지 단지 등의 구역지정 자체에 표고와 경사가 문제되는 것은 아니다. 단지 개발 범위나 시설 입지에 제한을 주는 요소이므로 주요 도입시설이 무엇이냐에 따라 분석 및 검토의 기준이 달라짐을 유념하여야 한다.

(2) 백두대간 및 정간

백두대간은 자연환경 측면에서 보면 동서의 지리적 구분, 큰 강의 울타리 역할, 역사·문화의 구분선, 야생동·식물의 생태적 연결통로, 생물다양성 공급원으로서의 역할을 하고 있다고 볼 수 있다.

* 백두대간 및 정간의 위치정보에 대해서는 산림청 산림공간정보서비스에서 열람이 가능하다.

* 백두대간보호지역도

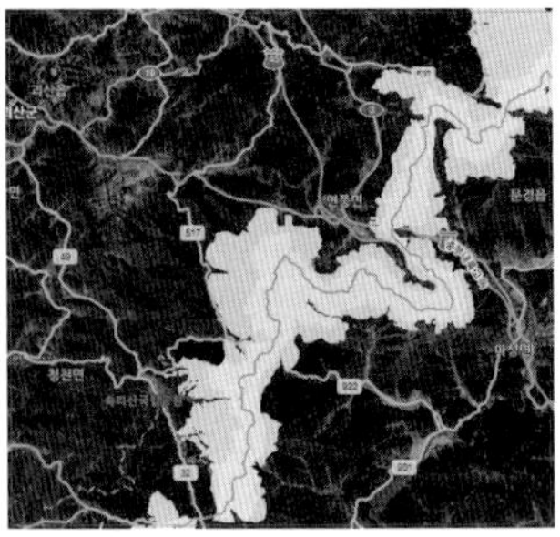

자료 : 산림공간정보서비스 (www.kfri.go.kr)

백두대간, 13정간, 그리고 이와 연결된 능선축들도 같은 역할을 하는 주요 생태축이다. 능선축들은 생태적 통로이며 물길의 경계가 된다. 이러한 백두대간, 정간 및 각각의 능선축은 환경중심 시각과 인간(개발) 중심 시각이 대립하는 지점이기도 하다(김지영 외, 2005: 65).

백두대간, 정간은 보존이 전제된 곳이고 능선축도 능선에서 일정폭까지는 개발이 불가한 지역이다. 능선축으로부터 충분한 이격거리를 확보하고 능선축이 단절되지 않고 보존되도록 하여야 한다. 결론적으로 입지 선정시 지형적 여건에서 고려해야 할 사항은 다음과 같다.

① 생태계의 연결성을 단절하지 않는다. 산지의 능선이나 계곡의 수계, 습지의 생태계를 단절하거나 훼손하지 않는 입지를 선정한다.
② 식생이 양호한 지역을 피한다. 식생이 양호한 지역, 녹지자연도 7~8등급 또는 생태자연도 1등급 해당지역, 그리고 생태계가 전반적으로 안정되고 인위적 간섭에 민감한 상태이고 야생동물 서식지의 훼손가능성이 있는 지역에의 입지를 피한다.
③ 지형의 경사가 심한 곳은 생태계 훼손과 직접적으로 관련 있으므로 피한다. 경사가 20° 이상인 지역이 부지의 반 이상이며 식생이 2차림 이상인 곳은 피한다. 이러한 지역에 개발할 경우 육상생태계뿐 아니라 육수(陸水)생태계에도 비가역적 훼손을 유발할 수 있다.
④ 상류 청정지역은 피한다. 운영시 하류수계에 누적 영향을 주고 육수생태계 훼손이 클 수 있으므로 가급적 피하는 것이 좋다.
⑤ 원형보존지역의 면적을 감안한다. 종의 다양성, 동물의 이동, 서식공간 확보, 먹이사슬이 건전하게 유지되기 위해서는 적정면적의 원형보존지역이 필요하다. 원형보존지역의 면적이 최소한 전체면적의 20% 이상을 확보할 수 있는 부지를 정해야 한다.

3) 공간규제

우리나라 토지는 여러 가지 법규에 의해 개발이 규제 또는 제한되고 있다. 이를 공적 규제 혹은 공간규제라고 한다.

사업자 소유의 토지라 하더라도 의도대로 개발하기가 쉽지 않으므로 사전에 사업예정지에 대한 토지제한사항에 대하여 살펴보아야 한다.

표 1.2 기초토지분석에 필요한 규제기준

구 분	규 제 기 준
진입도로	국도, 지방도, 시 · 군도로부터 최소 8m 이상 도로 확보 가능성 여부
산지높이	5부 능선 이상 개발 불가 * 최고 봉우리와 최고 임경지간 높이차(100m 이상인 경우) 5부 능선을 넘을 수 없음
평균경사도	평균 경사도 25° 이상 개발 제한
국유림	국유림(공익용 산지) 개발 제한
임상도	5영급 이상 개발 제한(산림청 : www.forestland.go.kr)
생태자연도 상위등급	생태자연도 1등급 및 별도관리지역 개발 불가 녹지자연도 8등급 이상 원칙적으로 개발 제한(환경지리정보 : www.egis.go.kr)
수질환경	상수원보호구역으로부터 상류 인근거리 입지 제한(상수원하천자료 : www.wamis.go.kr)
토지이용계획	자연환경보전지역, 농림지역 개발 제한(국토지리정보 : www.onnara.go.kr)
저수지	30만m^3 저수지 만수위 300m 이내 개발 제한
표고차	단지내 표고차 300m 이상 개발 제한
문화재	문화재보호구역

자료 : 한국관광공사, 2009: 16

4) 토지적성평가

* 본 절은 국토연구원(2003)의 '토지적성평가매뉴얼'상의 평가방법을 정리해 놓은 것이다. 본 장에서의 입지분석과정과 연관되어 있고, 향후 본격적인 사업시행시에는 반드시 제출되어야 하는 도서의 일부이기 때문에 기획단계에서 개략적으로라도 알 필요가 있다. 따라서 그 내용을, 관광지 등의 개발과 관련있는 '평가체계II'를 중심으로 요약 · 정리하였다.

토지적성평가는 개발사업을 하고자 할 경우 사전에 토지의 적성을 평가하여 개발하기에 적합한 토지인지를 알아보기 위해 시행되는 제도이다. 2003년 국토의 난개발방지를 위하여 제정된 '국토의 계획 및 이용에 관한 법률'에 의해 계획이 없으면 개발할 수 없는 '선계획 후개발'의 개념하에 상기법에 따른 도시관리계획 입안을 위한 기초조사 중 하나이다.

토지적성평가는 관리지역을 보전관리지역, 생산관리지역 및 계획관리지역으로 세분하는 등 용도지역이나 용도지구를 변경하는 경우, 일정한 지역·지구 안에서 도시계획시설을 설치하기 위한 계획을 입안하고자 하는 경우, 도시개발사업 및 정비사업에 관한 계획 또는 지구단위계획을 수립하는 경우에 이를 실시하도록 되어 있다.

* **토지적성평가 절차**

(1) 우선등급 분류(보전)
(2) 평가지표 대체 선정
(3) 지표별 평가기준 설정
(4) 지표별 평가점수 산정
(5) 특성단위별 적성값 산정
(6) 종합적성값 산정
(7) 적성등급 분류(3개 등급)

(1) 평가방법

가. 평가주체 및 단위

토지적성평가는 해당 도시관리계획 입안권자가 실시한다. 다만, 도시관리계획 입안권자 이외의 자가 법 규정(제26조)에 의하여 도시관리계획의 입안을 제안하는 경우에는 도시관리계획 입안권자와의 협의를 통하여 제안자가 토지적성평가를 실시할 수 있다. 토지적성평가는 필지단위로 실시하되 필지면적이 1만 제곱미터 이상이고 필지 내에 두 가지 이상의 환경, 물리적 특성 및 토지이용 상황이 존재할 경우에는 동일한 물리적 특성 및 토지이용 상황을 지닌 부분 등으로 세분하여 평가함을 원칙으로 한다.

나. 구분 및 대상

토지적성평가는 다음과 같이 관리지역세분을 위한 '평가체계 I'과 기타 도시관리계획 입안을 위한 '평가체계 II'로 구분하여 실시한다.

표 1.3 평가체계 I·II의 적용

평가체계 I	· 관리지역을 보전관리, 생산관리 및 계획관리지역으로 세분하는 경우 · 농림지역 또는 자연환경보전지역을 보전관리, 생산관리 및 계획관리 지역으로 세분하는 경우
평가체계 II	· 용도지역, 용도지구, 용도구역의 지정 · 변경에 관한 계획을 입안하는 경우(평가체계 I 이 적용되는 경우를 제외)) · 도시계획시설의 설치, 정비 또는 개량하기 위한 계획을 입안하는 경우 · 도시개발사업 또는 정비사업에 관한 계획을 입안하는 경우 · 지구단위계획구역을 지정 · 변경하거나 지구단위계획을 입안하는 경우

(3) 평가지표 및 등급

가. 평가지표 종류

평가대상 토지의 인문·사회·환경적 현황을 적절히 파악할 수 있도록 해당 토지에 대하여 물리적 특성, 지역특성 및 공간적 입지특성을 평가하기 위한 지표는 표 1.4와 같다.

표 1.4 평가지표군

평가특성	평가지표군
물리적 특성	경사도, 표고, 재해발생위험지역
지역특성	도시용지비율, 용도전용비율, 도시용지인접비율, 경지정리면적비율, 전 · 답 · 과수원면적비율, 농업진흥지역비율, 생태자연도 상위등급비율, 공적 규제지역면적비율, 녹지자연도 상위등급비율, 임상도 상위등급비율, 보전임지비율, 지가수준
공간적 입지특성	기개발지와의 거리, 공공편익시설과의 거리, 경지정리지역과의 거리, 공적규제지역과의 거리, 도로와의 거리, 하천 · 호수 · 농업용 저수지와의 거리

나. 평가등급 부여

토지적성평가는 평가체계 I 의 경우는 제1등급부터 제5등급까지 5개

등급으로, 평가체계Ⅱ의 경우는 A등급(보전적성등급), B등급(중간적성등급), C등급(개발적성등급)의 3개 등급으로 구분하여 부여한다.

(4) 평가체계 Ⅱ의 실시방법

가. 우선등급 분류

우선등급 분류절차는 대상토지의 객관적 상황에 비추어 토지적성평가를 실시하지 않더라도 보전적성의 판별이 명백한 경우에 이를 실시하지 않고 대상토지에 대하여 보전등급을 부여하는 과정이다.

보전대상지역 판정기준에 따라 먼저 보전대상지역을 식별하고, 당해 지역 안에 있는 평가대상 토지는 우선적으로 보전적성등급(A등급)을 부여하며, 도시관리계획 입안구역에서 제외함을 원칙으로 한다.

나. 지표별 평가기준

평가지표별 평가기준은 표 1.5의 개발가능지역 평가기준의 급간기준을 사용하되, 지역현황을 고려하여 급간기준을 조정할 필요가 있는 경우에는 제시된 급간기준의 ±30% 범위 내에서 도시계획위원회의 심의를 거쳐 조정하여 사용할 수 있다. 자연환경과 지형·지세에 의존하여 개발·설치하는 도시계획시설(골프장, 스키장, 유원지, 공원 등)이나 관광휴양형 지구단위계획 및 관광휴양형 개발진흥지구를 위한 경우에는 특수시설을 위한 평가기준을 적용한다.

표 1.5 보전대상지역 판정기준과 기초자료

보전대상지역 판정기준	기초자료
생태자연도 1등급, 별도관리지역	생태자연도
임상도 4영급 이상인 지역	임상도
국가하천, 지방1급 하천의 양안경계로부터 500m 이내인 지역	하천현황도
상수원보호구역 경계로부터 1km 이내 집수구역	상수원보호구역현황도, 집수구역도
호소·농업용 저수지 만수위선으로부터 500m 이내인 집수구역	저수지현황도, 집수구역도

다. 종합적성등급 산출

도시관리계획의 입안구역에 대해서는 평가대상 토지별 적성값을 평가대상 토지별 면적으로 가중평균하여 종합적성값(S)을 산출하고, 다음의 구분에 의해 종합적성등급을 부여한다.

- 종합적성값(S)이 만점의 40% 미만 : 보전적성등급(A)
- 종합적성값(S)이 만점의 40% 이상 60% 미만 : 중간적성등급(B)
- 종합적성값(S)이 만점의 60% 이상 : 개발적성등급(C)

라. 종합적성등급 판단

종합적성등급이 보전적성등급(A등급)인 경우는 도시관리계획을 입안할 수 없으며, 개발적성등급(C등급)인 경우는 도시관리계획을 입안할 수 있다. 그리고 중간적성등급(B등급)에 해당하는 도시관리계획 입안구역이 다음의 경우 입안권자는 해당 도시계획위원회의 심의를 거쳐 도시관리계획을 입안할 수 있다.

- 당해 지역의 도시기본계획 등에서 결정된 시설로서 다른 지역에 입지가 사실상 곤란한 경우
- 당해 지역의 토지수급상 공급이 부족한 경우, 골프장, 묘지 등 광역적 이용시설인 경우에는 시·도단위의 수급을 고려하여 판단한다.
- 도시계획시설 중 보건위생시설과 환경기초시설의 경우

4. 과제도출 및 컨셉개발

4.1 기획과제 도출

현황파악의 최종 결과물은 과제 도출이다. 니즈분석과 입지분석의 결과, 문제를 찾아내고 그 원인을 밝혀내고 비전과 목표를 설정했지만, 해결이라는 과제에서는 또 다른 견해를 보일 수 있다. 이러한 상황에서 그 문제를 해결하기 위한 중요 과제를 무엇으로 보느냐에 따라 그 결과는 완연히 달라질 수 있다. 결국 '무엇을 과제로 보는가' 하는 것이 기획에서의 가장 중요한 과정이고 기획가에게는 이러한 통찰이 소중한 덕목이다. 이렇듯 분석과 목표설정을 통해 나타난 현상간의 차이(Gap)를 도출하여 일정 기간 내에 반드시 해야 하는 일이나 문제가 기획과제이다.

기획과제 도출을 위해서는 먼저 문제에 대한 파악이 필요하다. 문제는 크고 작은 문제가 있고 당장 나타난 문제와 잠재된 문제가 있다. 또 문

제간의 위계도 있어 서로 영향을 주고받기도 한다. 따라서 문제를 분류하고 정리하여 문제그룹화하고 원인분석에 들어가야 한다. 원인 역시 자세히 들여다보면 하나의 원인이 여러 문제를 파생시킬 수도 있으며, 몇 개의 원인이 중복되어 하나의 문제를 낳기도 한다.

원인파악이 끝나면 원인별로 과제를 찾아야 한다. 하나의 좋은 과제가 몇 개의 원인을 제거할 수도 있고 하나의 원인을 제거하는데 여러 가지 과제를 부여해야 할 때도 있다.

과제가 설정된 후에는 그 과제를 수행하기 위해 어떤 대책이 필요한지를 정리하고 각 대책별로 효율적인 수행전략을 개발하면 기획부문에서의 중요한 부분은 거의 마무리된다.

그림 1.2 과제도출 프레임

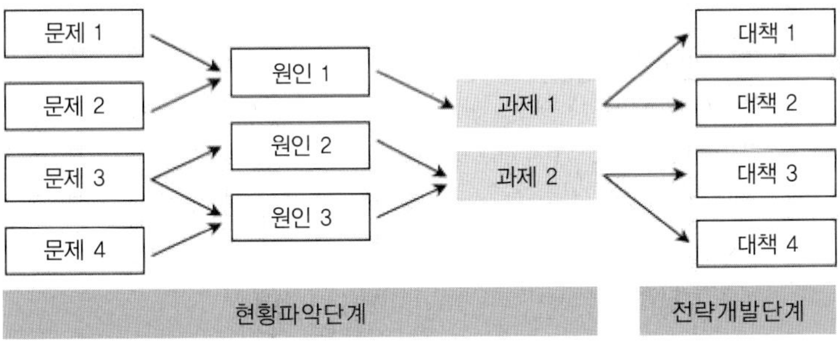

자료 : 김영민, 2012: 135를 토대로 재구성

4.2 컨셉개발

현황파악을 통하여 문제의 원인을 분석하고 과제를 도출하였다면 이제는 그 과제를 어떻게 수행해 나갈 것인가를 결정해야 한다. 이러한 문제해결방법 혹은 과제수행방법을 한마디로 표현한 것이 '컨셉(concept)'이다. 문제해결의 핵심이 컨셉에 있기 때문이다.*

모든 기획에는 이 컨셉이 있어야 한다. 컨셉이 없다는 것은 기획안에 핵심이 빠졌다는 뜻이다. 기획에 등장하는 모든 아이디어는 서로 밀접한 연관성을 가지고 유기적으로 통합되어야 하는데 이를 가능하게 하는 것 역시 컨셉이다. 따라서 컨셉은 기획가의 의도로, 기획과제를 어떻게 풀 것인가에 대한 답이며, 클라이언트의 생각과 기획가의 생각을 공통으로

* "사람들은 직접 보여주기 전까지는 자신이 무엇을 원하는지 모른다. 아직 적혀 있지 않은 것을 읽어내는 게 우리의 일이다." 월터 아이작슨이 쓴 스티브 잡스의 전기에 나오는 말이다. 관광개발사업에서의 컨셉 개발도 관광객들이 아직 인지하지 못한 니즈를 분석하고 통찰하는 일로, 관광객들이 요구하기 전에 무엇을 원할 것인가를 파악하는 일이다.

묶어주는 역할을 한다. 그러기 위해서 컨셉은 현실인식이 결여되어서는 안 되며 실천 가능해야 한다.

그림 1.3의 사례처럼 관광개발사업에서의 컨셉은 추상적인 용어 나열보다는 사업의 비전, 목표, 주요시설의 유형 등 무엇을 하고자 하는지 알 수 있도록 표현하는 것이 바람직하다. 구상의 전단계이기 때문에 일반적으로 언어적 표현에 의해 정리되는데 쉽게 이해되도록 이미지와 같이 정리하기도 한다.

결국 컨셉은 '무엇을 담을 것인가'하는 콘텐츠가 압축적으로 보여주어야 한다. 구체적인 시설내용이나 규모가 아니더라도 주제(thematic)시설이나 유인(attractive)시설에 대한 내용만큼은 담겨질 필요가 있다. 통상 시각적으로 쉽게 알 수 있도록 유사한 사례사진이나 이미지스케치를 첨부할 수도 있다.

그림 1.3 상암동개발계획 컨셉맵

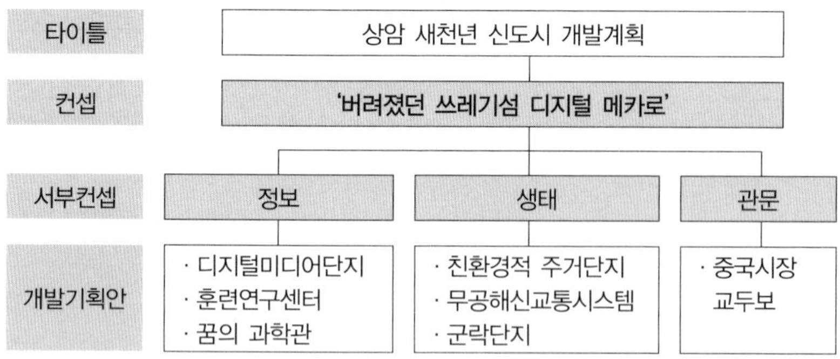

자료 : 길영로, 2012: 155에서 재인용

5. 실행전략 구상 및 계획

5.1 전략 구상

기획과제를 해결하기 위해 컨셉이 개발되었으면 이를 현실적으로 실행할 수 있는 전략이 마련되어야 한다. 이 전략이 전략으로서의 가치를 발휘하려면 전략수립의 기본적인 원칙에 충실해야 한다.

먼저 경쟁의 원천과 범위를 정하는 것이 필요하다. 전략은 경쟁의 원천과 범위에 따라 다양하게 개발되고 구사될 수 있다. 경쟁의 원천이 입지인지, 자원과 시설인지, 마케팅인지를 판단하고, 경쟁 범위를 세계적으로 넓게 가져갈 것인지, 지역적으로 좁게 가져갈 것인지 결정해야 한다. 이의 선택은 내부자원의 역량이나 질적 수준에 따라 결정된다.

선택이란 선택하지 않는 나머지를 포기한 대가로 주어지는 것으로 선택할 때는 항상 기회비용이 발생한다. 따라서 포기한 대안에 대한 미련이 남지 않도록 명확한 기준을 세워 선택함이 필요하다.

선택한 후 중요한 것은 실행에 집중하는 것이다. 일반적으로 집중은 시간의 집중과 공간의 집중으로, 시간은 단기적 집중과 장기적 집중으로, 공간은 지역집중과 고객집중으로 나누어 볼 수 있다.

＊ 전략수립의 기본원칙

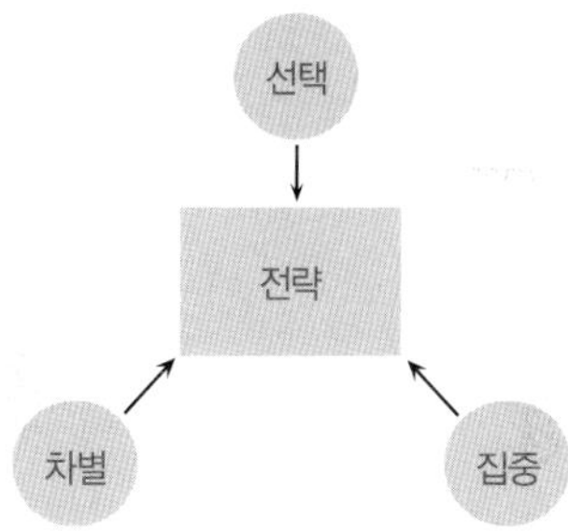

선택한 전략에 따라 경영자원을 투입하고 진행 정도에 맞추어 수시로 피드백하면서 목표를 향한 전략활동을 집중적으로 전개해 나가야 한다. 그리고 전략의 차별화가 필요하다. 컨셉의 차별화도 중요하지만 전략에서도 차별화가 필수적이다. 전략의 차별화란 '남과 다르게 하는 것'이라는 의미와 함께 '남으로부터 다름을 인정받는 것'이라는 의미도 포함된다. 이 차별화는 기능의 차별화와 상징성의 차별화, 그리고 컨셉의 차별화로 자기만의 고유가치로 상징되는 'Only One'을 만들어낼 수 있어야 한다.

5.2 실행계획

실행계획은 어떻게 할 것인지 'How to do'를 풀어가는 것으로 구체적인 스케줄과 예산, 추진주체를 결정하는 과정이다. 사업내용과 주체에 따라 다르지만 관광개발사업에서는 일반적으로 다음의 네 가지 사항이 반드시 포함되어야 한다.

첫째는 앞선 과정에서 설정된 컨셉과 주제시설들을 어떤 법을 근거로 개발할 것인가? 하는 개발근거법 결정이다. 관광진흥법에 의한 관광(단)지개발인지, 국토계획법에 의한 도시개발사업인지, 아니면 개별법에 의한 관광객이용시설업인지 등 개발의 근거법을 무엇으로 할 것인지에 대한 검토가 있어야 한다.* 적용법에 따라 허용시설이 규정되어 있기 때문에 개발근거법을 미리 설정해야 한다. 그리고 그 법에서 허용하는 시설

＊ 예를 들면 주거지가 포함된 관광개발사업을 할 경우라면 관광진흥법상에서는 주거지 입지가 불가하므로 관광진흥법보다는 도시개발법이나 국토계획법(복합형 지구단위계획 등)을 적용해야 한다. 그러나 개발 콘텐츠가 우선인 경우에는 여러 개발법을 복합적으로 적용할 수도 있으나 인·허가 과정이 복잡해지고 기간도 길어질 수 있다.

내에서 개발되어야 하고 그 법의 절차에 따른 토지확보 방안과 관리처분 방안이 수립되어야 한다. 그러나 기획단계에서는 한 가지의 개발법을 결정하기 보다는 여러 개발법을 대안으로 설정한 후 계획단계에서 심도있게 검토하여 결정하는 것이 오히려 바람직할 것이다. 기획단계에서는 콘텐츠가 더 중요하기 때문이다.

둘째는 사업비 추정이다. 개략적인 토지매입비와 공사비 등이 추정되어야 한다. 구체적인 토지권리조사와 시설계획도 없이 이를 추정한다는 것은 어려운 일이지만 어떠한 형태든 반드시 제시되어야 한다. 이 수치는 향후에 목표금액이 될 수도 있다. 토지매입비는 공시지가와 현지가를 기준으로 가감하여 추정하고, 공사비는 유사 사례지의 건설공사비를 참조하거나 정부기관의 예산산정 기준상의 면적당 공사비를 적용하여 추정한다.

셋째는 투자형태 및 재원조달에 대한 전략이 마련되어야 한다. 즉 개발방식의 결정이다. 사업 주체는 누가 될 것이고, 누가 어떻게 투자할 것인지, 어떻게 회수할 것인지, 대부분의 투자사업이 자기자본으로 모든 사업을 완결할 수 없으므로 투자유치와 투자비 회수방안 등에 대한 전략이 수립되어야 한다. 사업의 내용에 따라 간단할 수도 있고 복잡한 투자유치의 과정이 필요하기도 하다. 관광개발사업의 전제라고 할 정도로 중요한 사항이다.

넷째는 개략적이나마 사업타당성검토가 필요하다. 사업타당성검토는 기술적 타당성검토, 법·제도적 타당성검토, 경제적 타당성검토 등 3개 분야로 나누어 이루어지는데, 이 단계에서는 경제적 타당성검토 중 재무적 타당성검토가 필요하다. 위에서 산정된 사업비와 주요시설내용을 토대로 B/C분석이나 IRR, NPV분석을 할 수도 있지만 현 단계에서는 비할인모형으로 단순손익계산이나 현금흐름기준 손익계산 정도만으로도 무방하다. 이 과정에서 긍정적인 수치가 제시되지 않으면 피드백되어 시설내용이나 면적, 공사비를 줄이는 등 투자계획이나 회수계획을 조정하여야 한다.

* 실행계획 프로세스

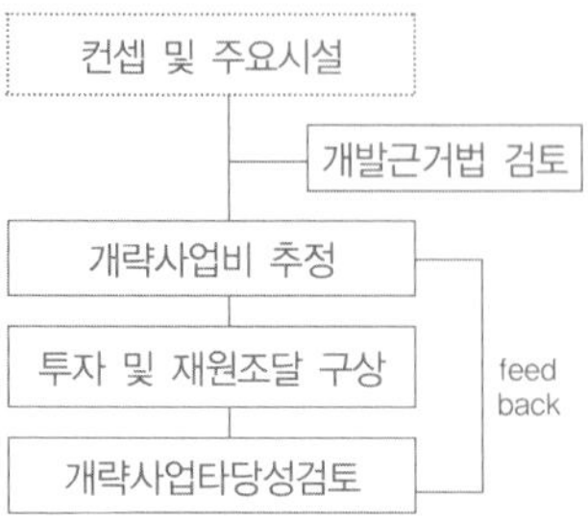

관광개발에서의 기획은 현재의 관광현실에 대한 문제의식과 미래의 관광시장을 보는 안목에서 출발한다. 앞으로의 관광개발은 자원을 효율적으로 활용하는 접근방법보다는 관광객의 욕구에서 출발하는 접근방법이 더 의미를 지닐 수 있다. 우리나라에서는 있는 자원을 어떻게 활용할 것인가의 자원지향적 접근은 이미 한계에 도달해 있기 때문이다.

02. 환경분석단계

1. 서론
2. 지역환경
3. 대상지환경
4. 관광환경
5. 관련계획 및 법규
6. 분석의 종합

1. 서론

관광개발사업 대상지는 도시지역 내의 단일 관광객이용시설로부터 도시지역 외의 대규모 복합리조트에 이르기까지 그 위치와 규모가 다양하다. 개발의 근거법도 다양하고 개발 근거법마다의 기준도 상이하다. 더구나 관광개발사업 특성상 택지나 산업단지개발 등과 같이 상위계획이나 관련정책에서 개발방향이나 규모 등을 구체적으로 결정해 줄 수도 없다.

결국 관광개발사업은 개발방향, 규모 등 개발의 지표부터 설정해야 하는 일이기 때문에 조사해야 할 내용 역시 지형지세 등 물리적인 것부터 인문적·사회경제적인 것까지 방대하고 계획내용 또한 하드웨어적인 플랜에 국한되지 않는다.

관광개발은 이러한 특성에 의하여 조사·분석부터 전 부문에 걸쳐 심도있게 진행되어야 하나 비용 및 시간 제한 등 현실적으로는 쉽지 않다. 조사범위를 계획목적과 내용에 비추어 한정하는 것이 필요하다.

환경분석은 대상지 및 대상지 주변의 환경을 구성하는 요소와 구성요소의 총체적 현황을 분석하고 그 결과를 해석함으로써 계획에 필요한 정보와 고려사항을 도출하는 과정이다. 따라서 관광개발계획에서 환경분석은 '자원분석'과 '시장분석'으로 두 개의 영역으로 구분하여 그림 2.1과 같은 체계하에 관련내용들이 조사된다.*

* 그림 2.1은 관광개발사업에서의 분석체계, 즉 process를 말한다. 일반적으로 자연환경, 인문·사회환경, 관광환경 등으로 구분하는 것은 분석체계라기보다는 결론 중심의 편집체계 혹은 논리(logic)체계이다.

일반적으로 물리적 계획의 환경분석은 '자원분석'이 대부분을 차지할

그림 2.1 관광개발계획에서의 환경분석 체계 및 내용

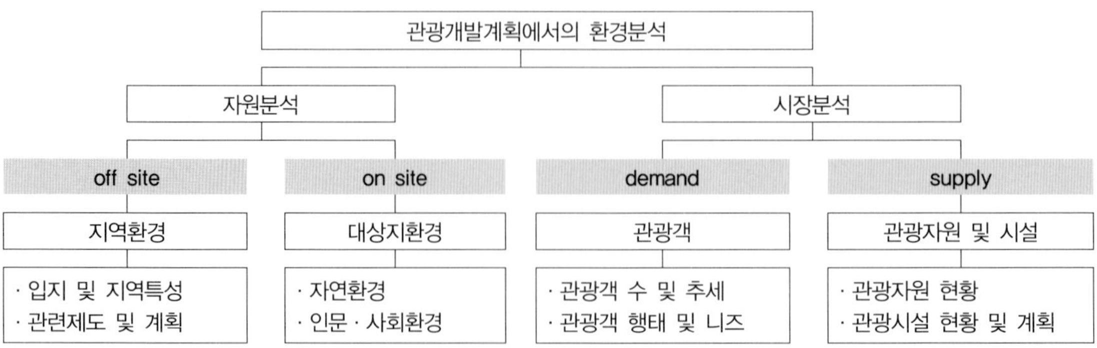

수도 있지만 관광개발계획에서는 '시장분석'이 더 중요할 수도 있다. 자원분석에서 조사해야 할 내용은 일반적인 용어로 지역환경, 대상지환경, 관련계획 및 법규 등으로 정리되고 시장분석은 관광환경으로 정리된다.

각 항목에 대한 조사·분석은 그 자체로도 중요하지만 항목들 간의 결합에 의해서도 의미를 지니기 때문에 반드시 종합분석과정을 통해서도 정리되어야 한다.

2. 지역환경

2.1 입지

관광개발에서의 입지는 사업성격이 어떻고 주요시설은 어떤 것인지를 개략적으로 알 수 있게 해주고 또 이 개발사업의 성공 여부와 향후 성장 가능성까지도 알아 볼 수 있게 하는 중요한 변수이다.

관광개발계획에서 대상지의 개략적인 위치만 있고 구체적인 경계는 계획가에게 맡기는 경우가 있는데 이럴 경우 특히 입지에 대한 분석이 중요하게 다루어진다.

입지분석은 계획대상지의 지리적·행정적 위치, 주표적시장과 잠재시장의 범위, 그리고 접근성 등이 분석되어야 한다. 접근성 분석은 단순히 주요 도시와의 거리나 본 대상지로의 접근체계뿐만 아니라 기개발지와의 거리와 고속도로 IC, 철도역사, 항만, 공항, 여객자동차터미널 등 공공교통시설과의 거리와 접근시간도 중요시 다루어져야 한다.

2.2 지역특성

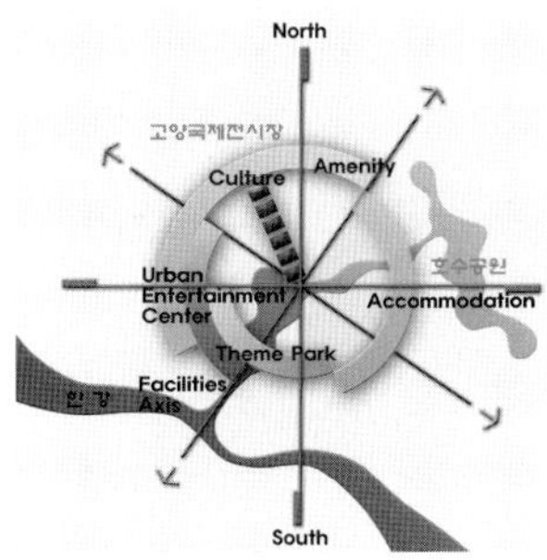

관광지가 주변지역과 격리된 채 개발되었든, 주변지역과의 긴밀한 관계 속에 개발되었든, 주변지역에 미치는 환경적, 사회·경제적 영향은 상당하다. 따라서 관광개발계획은 주변지역과의 연관성(regional context)에서 개발 방향이 결정되고 계획안이 만들어져야 한다.

주변지역과의 물리적, 사회적, 경제적 연관성을 파악하는 것이 지역특성 분석인데, 이 분석범위를 인접한 지역이나 배후도시만을 대상으로 할 것인지, 보다 광범위한 지역까지 포함시킬 것인지는 사업의 특성에 따라 달라져야 한다. 일반적으로 지역특성 분석에서 이루어져야 할 내용은 다음의 표 2.1과 같이 정리할 수 있다.

표 2.1 지역특성 분석내용

구분	조사항목
물리적 특성	지형지세, 수리수문, 기후기상, 토지이용 등
사회 · 경제적 특성	인구, 산업구조, 인프라시설, 용도지역, 공간규제, 관련계획 및 정책, 관련법규 등

1) 물리적 특성

계획대상지에 대한 지형지세, 식생, 수리수문 등의 자연환경이 단일하게 이루어지는 것이 아니라 주변지형의 맥락에서 형성된 것이며, 현재의 토지이용이나 시설현황 역시 자연과 결합된 지역적 맥락에서 형성된 것이다. 따라서 대상지 내의 물리적 특성을 정확히 파악하기 위해서는 대상지에 나타난 현상이 주변지역과의 연관성에서 전체의 일부분으로 이해되어야 하며, 대상지를 포함한 주변지역에 대한 거시적 조사·분석이 이루어져야 한다.

2) 사회 · 경제적 특성

주변지역과의 연관성은 지형지세, 식생, 수리수문 등과 토지이용 및 시설현황 등의 가시적 요소뿐 아니라 사회적 · 경제적 조건 등의 비가시 요소와도 관련이 있다. 더구나 구체적인 입지까지 결정해야 할 계획인 경우에는 이러한 주변지역에 대한 사회 · 경제적 특성분석이 필수적이다. 특히 대상지를 포함한 주변지역까지의 토지소유나 지가, 용도지역, 접근도로 등의 현황은 구체적인 입지를 결정하기 위한 결정적인 요소들이다.

주변지역에 대한 사회·경제적 특성분석은 그 범위와 내용이 포괄적이기 때문에 계획의 성격에 따라 범위와 내용을 정하는 것이 필요하다. 그러나 도로, 하수처리장, 상수도 등의 인프라시설 현황 및 향후계획, 그리고 공간규제 현황 등은 반드시 점검해 보아야 할 항목이다. 대상지에 대한 개발을 제어할 수 있고 개발여건 변화를 예측해 볼 수 있기 때문이다.

3. 대상지환경

대상지 환경의 조사·분석은 계획구역의 환경을 구성하는 지형지세, 기후, 물, 토양, 동식물 등의 자연적 요소부터 토지이용, 지가, 용도지역 등 인문·사회적 요소까지 대상지와 관련된 모든 항목이 대상이다. 따라서 가급적 많은 내용을 조사하고 분석하는 것이 필요하나 효율적인 조사가 되기 위해서는 계획단계에 맞게 합리적으로 조정할 필요가 있다.*

또한 관광개발계획은 법적 효력을 지닌 조성계획단계, 즉 계획의 완성단계까지 가기 위해서는 사전환경성검토는 물론 환경, 교통, 재해 등의 제반 영향평가가 병행되어야 하고, 각 과정에서는 각각의 목적에 부합되는, 법적으로 규정된 방대한 조사가 수반되므로 이들 과정에서의 조사내용을 이용한 간접조사를 할 수도 있다.

* 계획단계에서 조사 · 분석되어야 할 내용은 설계단계에서의 내용과는 분명히 다르다. 예를 들면 토질조사는 설계단계에서 부지계획고 결정이나 구조물설계를 진행하는데 중요한 조사항목이지만 계획단계에서는 그리 중요한 항목이 아닐 수도 있다.

3.1 자연환경

자연환경에 대한 조사는 직접조사든 간접조사든 일반적으로 표 2.2와 같은 내용을 정리·분석해야 하며 여기서 분석의 초점은 각각의 요소가 별개의 것이 아니라 서로 유기적인 관계를 가지는 자연현상의 과정으로 이해하는 것이 필요하다.

일반적 조사항목은 계획 목적과 대상지 특성에 따라 다소 달라질 수도 있고 중점을 두어야 할 항목이 달라질 수도 있는데, 관광개발사업의 경우는 지형지세, 수문, 식생, 경관 등의 내용이 필수적이다. 이들 항목은 토지적성평가에서도 필수적인 평가지표이다.

표 2.2 자연환경 분석내용

구분	조사항목
지형지세	표고, 경사, 경사향, 지질 등
기후기상	기온, 천기일수, 풍향 · 풍속, 강수량, 적설량 등
수리수문	수계, 하천, 호수 또는 저수지, 지하수 등
토양	토양, 토질 등
식생, 경관	식생, 임상, 생태자연도, 녹지자연도, 경관 등
야생동물	동물상, 서식처 등

1) 지형지세

계획대상지를 포함한 계획구역에 대한 지형지세를 파악하는 것은 관광개발계획에서 가장 기본적인 사항이다. 정확한 지형지세를 파악하기 위해서는 현장답사가 필수이지만 효율적 조사를 위해서는 지형도나 항공사진을 통한 사전조사가 중요하다. 특히 넓은 면적을 대상으로 하는 관광개발계획에서는 전 지역 현장답사만이 최선은 아니다.

요즘은 1/5,000 이상의 수치지형도가 제작되어 있어 지형지세에 대한 파악도 용이하고 컴퓨터를 통한 간단한 작업만으로도 경사나 표고 등 구체적인 내용까지도 파악할 수 있다.

(1) 표고분석

표고분석도는 대상지역 및 주변지역의 고도변화와 능선체계 및 계곡의 분포 등을 알 수 있는 자료이다. 표고는 평균 해수면으로부터 특정지점까지의 해발 높이로, 개발한계와 시설도입 가능성, 도로 등 기반시설 설치의 경제성을 판단하는 지표이다. 표고가 낮을수록 개발비용이 적게 들고 안정성도 유리한 반면 표고가 높을수록 조망성은 향상될 수 있으나 개발에 대한 경제적 부담이 크다. 더욱이 주능선을 훼손하는 개발행위를 금하고 있고, 산지관리법에서는 시설에 따라 일정 능선 이상의 설치를 제한하고 있기 때문에 표고는 개발범위를 정하는 중요한 지표이다.

(2) 경사분석

경사도는 지표면과 지평면이 이루는 각도를 말한다. 경사도는 개발의

그림 2.2 표고·경사·경사향분석도

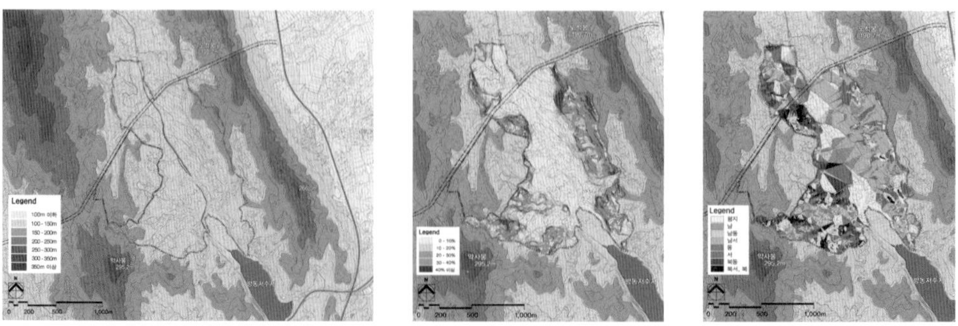

자료 : 대전광역시, 2009 : 21–22

한계와 개발의 용이성을 판단하는 지표로 경사도가 낮을수록, 즉 평탄할수록 개발 및 이용에 유리하다. 표고와 마찬가지로 산지관리법에서 평균 경사도에 따라 시설 설치 여부를 규정하고 있다.

경사는 일반적으로 '밑변 / 높이×100'에 의한 경사율(%)로 표현하는데 공공문서에서는 경사도(°)에 의해 표현·평가되고 있으므로 이 둘의 차이를 알아야 한다.

경사 혹은 경사율이 100%인 경우는 수평거리 : 수직거리가 1 : 1로, 경사도 45°를 말하고, 경사도 90°는 경사도의 최고값으로 경사율은 무한값을 가진다. 결국 경사율(%)은 경사도(°)에 100/45를 곱하면 산출된다.

* 경사(경사율) 계산식

$$G = \frac{D}{L} \times 100$$

G : 경사율(%)
D : 등고선 간격(수직거리)
L : 등고선간의 직각인 수평거리

(3) 경사향분석

경사향분석은 계획구역 내의 각 공간의 향을 알 수 있게 해주는 분석으로 계획구역이 넓어 대상지의 경사향을 한눈에 파악하기 어려운 경우에 필요하다.

이 분석은 주요시설배치에 중요한 자료가 된다. 호텔이나 콘도미니엄 등의 건축물은 가급적 남향으로, 스키코스는 북향으로, 그리고 체육시설은 남북방향으로 배치해야 하는 각 시설배치 기준에 부합해야 하기 때문에 대상지내 각 공간의 향을 알아야 한다.

평탄지를 비롯하여 일반적으로 8방위로 구분하여 표현하는데, 이 분석은 수작업으로 하기는 어렵고 표고나 경사분석도처럼 GIS에 의해 산출해 낼 수 있다.*

* GIS를 이용하여 분석도면 만들기

수치지형도 정리	lay정리, dwg를 dxf로 전환
Arc Map 실행	Contour 추출 (polyline 열기)
TIN 만들기	작업공간 만들기
DEM 만들기	수치고도모형만들기 (이미지의 Raster화)
필요도면 만들기	Arc Toolbox의 3D Analyst Tools를 이용 (Aspect, Contour, Curvature, Cut/Fill, Hillshade, Slope, Viewshed)
결과물 추출	도면형태, 범례, 방위, 면적 등

2) 수리수문

수문분석은 계획구역이 어디에 위치하고 있느냐에 따라 조사 범위가 달라질 수 있다. 대상지 내에 하천이나 저수지를 포함하고 있거나 하천을 끼고 있는 경우는 광역적 차원에서 상세조사가 필요하다.

우리나라에서는 물과 관련된 사항에 대해 상당히 엄격하게 통제하고 있으므로 기획단계에서부터 충분히 검토하고 가능하면 피하는 것이 좋다.* 그러나 불가피한 경우에는 다음과 같은 제반조사가 필요하고 이의 조사와 분석에는 전문가의 도움이 필요하다.

우량관측소 및 수위관측소 현황과 홍수위, 통수량, 강우량, 강우강도, 강우빈도 등 각종 관측자료가 기본적으로 조사되어야 하고, 저수지가 있

* 토지적성평가에서도 국가하천 및 지방1급 하천은 양안 중 해당 하천의 경계로부터 500m, 유효저수량 30만m^3 이상인 저수지에서는 만수위선으로부터 500m 이내는 보존 1등급으로 분류하고 있다.

을 경우는 유역면적과 특성, 저수량, 만수위, 호소의 수심과 유입·유출수량, 수질과 관련한 사항 등이 조사되어야 한다. 그리고 계획수립시에는 개발에 따른 영향예측 및 저감방안도 준비되어야 한다.

물은 강우, 하천수, 지하수, 증발 등을 통하여 일정한 생태적 균형을 이루고 있기 때문에 이러한 균형이 개발행위를 통하여 깨어지지 않도록 물의 흐름을 이해하고 존중할 필요가 있다. 특히 인공호수나 계류를 만드는 경우 단지의 생태적 허용용량 내에서, 수계의 흐름에 어긋나지 않아야 한다. 저류조의 경우도 계획수립시 반드시 개략적인 위치나 규모를 미리 설정하여 향후 환경 및 재해 관련 협의 등에 따른 대규모의 계획변경이 없도록 해야 한다.

3) 식생 및 경관

식생은 단지 고유의 분위기를 연출해주는 매력적인 관광자원으로서 섣부르게 판단하여 훼손해서는 안 될 자원이다. 따라서 식생에 대한 조사는 계획 및 설계의 매 단계마다 반복적으로 이루어질 필요가 있다.

계획의 식생조사는 녹지자연도조사, 생태자연도조사, 현존식생조사 등으로 나눌 수 있다. 개략적인 파악은 환경부나 산림청의 관련 홈페이지를 열람하면 가능하지만 자세한 식생분포와 구조를 파악하기 위해서는 계획단계별로 현지조사가 실시되어야 한다.

＊ 녹지자연도

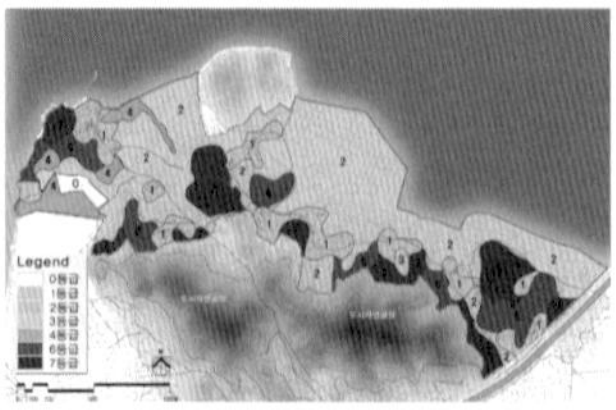

＊ 생태자연도

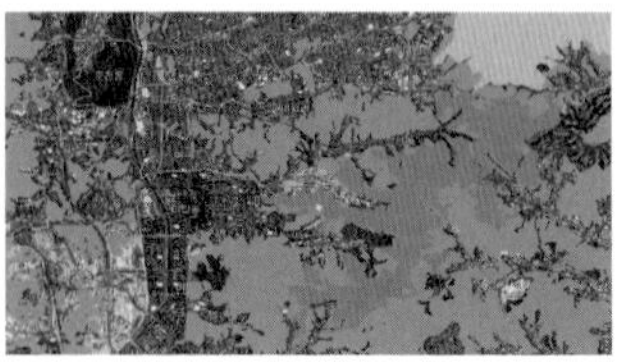

자료 : 환경공간정보서비스 (www.egis.me.go.kr)

(1) 녹지자연도

녹지자연도는 장기적으로 자연생태계를 보호하기 위해 표 2.3과 같이 전국토를 대상으로 식물군락의 자연성 정도에 따라 0등급에서 10등급으로 나누어 놓은 지도이다.

현재 8등급 이상 지역은 자연환경보전법에 의해 녹지보전지역으로 개발을 제한하고 있다. 그러나 1/50,000의 광역지형도상에 조사해 놓은 자료이기 때문에 현지조사를 통하여 재판정하기도 한다.

(2) 생태자연도

생태자연도는 전국토를 생태적 가치, 자연성, 경관적 가치에 따라 4등급으로 구분해 놓은 지도로, 녹지자연도가 식물상만을 대상으로 하였다면 이 생태자연도는 동물상까지 반영된 지도라 할 수 있다.

생태자연도는 1997년 자연환경보전법이 법제화되면서 1990년대에 제작한 녹지자연도와 2004년까지 전국 규모의 자연환경조사 결과를 바탕으로 2007년 4월 고시되었고, 이후에도 계속 보완·갱신되고 있다.

생태자연도 등급은 모두 4등급으로, 생태계가 우수하고 경관이 수려한 지역, 생물다양성이 풍부한 지역인 1등급권역과 역사적, 문화적, 경관적 가치가 있는 지역 등인 별도관리지역은 개발이 불가하다.

＊ 생태자연도 등급권역

- 1등급권역 : 자연환경의 보전 및 복원
- 2등급권역 : 자연환경의 보전 및 개발·이용에 따른 훼손의 최소화
- 3등급권역 : 체계적인 개발 및 이용
- 별도관리지역 : 해당 법률에 따른 행위 규제 적용

표 2.3 녹지자연도 판정기준

지역	등급	개요	해당식생형
수역	0	수역	수역(강, 호수, 저수지 등 수체가 존재하는 부분과 식생이 존재하지 않는 하중도와 하안 포함)
개발지역	1	시가지, 조성지	식생이 존재하지 않는 지역
	2	농경지(논, 밭)	논·밭·텃밭 등의 경작지, 녹지가 많은 주택지도 포함(녹피율 60% 이상)
	3	농경지(과수원)	과수원이나 유실수 재배지역 및 묘포장
반자연 지역	4	2차초원(키가 작은 초원)	이차적으로 형성된 키가 낮은 초원 군락
	5	2차초원(키가 높은 초원)	이차적으로 형성된 키가 높은 초원 군락
	6	조림지	인위적으로 조림된 삼림
	7	2차림(Ⅰ)	2차 천이의 삼림단계 초기이거나 지속적인 인간 간섭하에 놓인 식생
	8	2차림(Ⅱ)	2차 천이의 삼림단계 중기 또는 후기로서 자연림에 가까울 정도로 거의 회복된 상태의 식생
자연지역	9	자연림	성숙된 극상림 또는 그와 유사한 자연림
	10	자연초원, 습지	삼림식생 이외의 자연식생이거나 특이식생(자연초지, 습지, 자연암벽지, 고산황원 등)

표 2.4 생태자연도의 등급

구분	내 용
1등급	가. 멸종위기 야생 동·식물의 주된 서식지·도래지 및 주요 이동통로가 되는 지역 나. 생태계가 특히 우수하거나 경관이 특히 수려한 지역 다. 생물의 지리적 분포한계에 위치하는 생태계 지역 또는 주요식생의 유형을 대표하는 지역 라. 생물다양성이 특히 풍부한 지역 마. 기타 가목 내지 라목에 준하는 생태적 가치가 있는 지역으로서 대통령령이 정하는 기준에 해당하는 지역 – 자연원시림 또는 이에 가까운 산림 및 고산초원 – 자연상태 또는 이에 가까운 하천·호소·강하구·갯벌
2등급	상기 기준에 준하는 지역으로 분류된 지역 외의 지역으로서 개발 또는 이용 대상이 되는 지역
3등급	1등급권역, 2등급권역 및 별도관리지역으로 분류된 지역 외의 지역으로 개발 또는 이용의 대상이 되는 지역
별도 관리 지역	다른 법률의 규정에 의하여 보전되는 지역 중 역사적·문화적·경관적 가치가 있는 지역이거나 도시의 녹지보전 등을 위하여 관리되고 있는 아래와 같은 지역 – 산지관리법 제67조 제1항의 규정에 의한 산림유전자원보호림 – 자연공원법 제2조제1호의 규정에 의한 자연공원 – 문화재보호법 제6조의 규정에 의하여 천연기념물로 지정된 구역(그 보호구역을 포함한다) – 야생동·식물보호법 제33조 제1호의 규정에 의한 야생동·식물보호구역 – 국토이용관리법 시행령 제7조 제2호의 규정에 의한 수산자원보전지구

(3) 현존식생

＊ 임상도

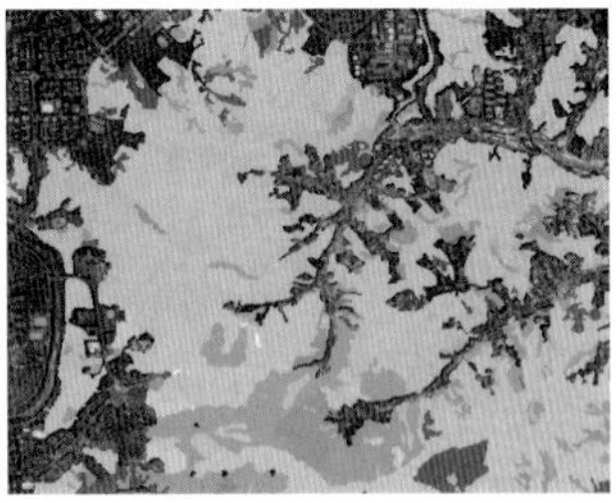

자료 : 산림공간정보서비스 (www.kfri.go.kr)

＊ 임상도 영급 정보의 평가기준

영급	내용
1영급	1년생~10년생 50% 이상
2영급	11년생~20년생 50% 이상
3영급	21년생~30년생 50% 이상
4영급	31년생~40년생 50% 이상
5영급	41년생~50년생 50% 이상
6영급	51년생 이상이 50% 이상

계획구역내 식생의 현황은 항공사진이나 환경부 발행의 현존식생도와 산림청, 산림과학원의 임상도를 통하여 개괄적인 내용을 파악할 수 있다.

현존식생도는 자연생태계 조사에 의해 조사된 각종 식생의 분포현황을 정리하여 지도화한 것으로 1 : 50,000의 지도상에 낙엽활엽수림, 침엽수림, 상록활엽수림, 식재림, 초지 등 5가지의 식생군락단위로 조사사항이 표시되어 있다.

임상도는 전국의 산림현황을 나타내는 지도로 영급, 경급, 그리고 산림의 윤곽, 수종, 혼효상태 등을 알아 볼 수 있도록 1 : 25,000 축척에 색채와 기호로 표시되어 있고 주제도 별도로 제작되어 있다. 개발한계를 정할 때는 임상도 영급 기준*이 주로 쓰이고 4등급 이상의 지역인 경우는 보존이 우선된다.

그러나 이러한 문헌자료는 1 : 25,000이나 1 : 50,000의 축척으로 제작된 것이기 때문에 계획구역내 식생의 윤곽이나 흐름을 판단할 정도이지 설계나 계획에 반영할 수 있는 정도는 아니다. 따라서 별도의 현지조사가 필요하고 계획단계에서는 현지식생의 개괄적인 흐름과 분위기를 판단할 정도의 조사로 다음과 같은 내용이 판단될 정도이면 충분하다.

- 먼저 전반적으로 어떤 분위기를 연출할 것인가
- 어느 지역을 보존하고 어느 공간을 살릴 것인가
- 보존해야 할 수종과 도입되어야 할 수종은 무엇인가
- 제거되어도 좋은 수종은 무엇이고 분포지역은 어디인가
- 이식해야 할 수종은 무엇이고 대상지역은 어디인가

이후 계획이 완성되고 부지정지설계, 도로설계, 조경설계 등 각 부문별 설계를 수행할 경우 각 단계에 맞는 정밀식생조사가 필요하다.

(4) 경관

관광지개발에 있어 경관은 중요한 자원이고 어트랙션이다. 경관적으로 우수한 관광지로 새롭게 연출하는 것도 필요하지만 기존의 경관을 잘 활용하는 것도 필요하다. 이 경관분석은 토지이용계획 및 시설배치계획과 세부 공간구성에도 좋은 근거가 된다.

경관을 분석하는 방법은 이용자들의 반응을 조사하여 그것을 근거로 이용자들이 선호하는 경관의 특성을 분석하고 그러한 특성을 새로운 공간

창조에 반영시키는 방법과 경관의 물리적 특성을 계획가 입장에서 분석하여 경관의 시각적 질을 향상시키는 방법 등 2가지로 대별할 수 있는데 일반적인 관광개발계획에서는 후자가 주로 사용된다.

* 경관분석기호의 예

- K. Lynch의 경관기호
  - : 도로
  - : 경계요소(edges)
  - : 결절점(nodes)
  - : 용도공간(districts)
  - : 경관인식물(landmark)
- Worskett의 경관기호
  - : 직접적인 조망
  - : 조망의 범위
  - : 전경에서 본 스카이라인
  - : 전경에서 조망이 가리는 부분
  - : 개방적으로 조망되는 부분

자료 : 박석희, 2012: 155

그림 2.3 경관분석도 사례

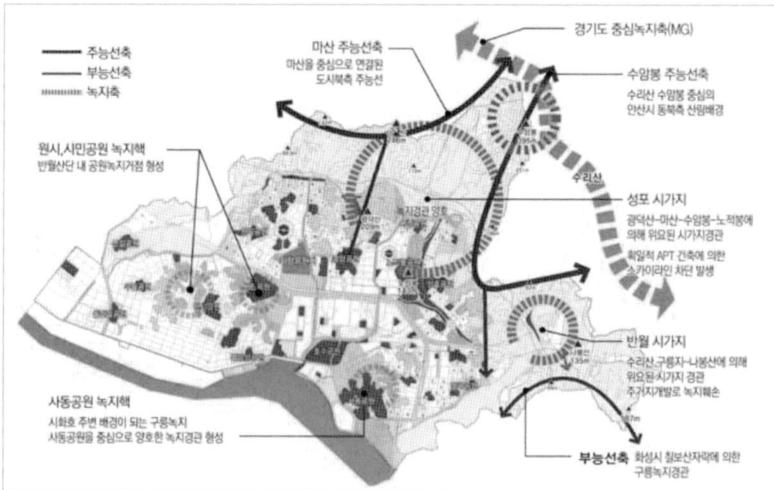

자료 : 안산시, 2011: 16

다른 방법으로는 Litton(1974)에 의한 시각회랑법으로, 표 2.5의 경관유형 구분에 의해 삼림경관을 분석한 예도 있다.

경관요소로 Litton은 형태(form), 선(line), 색채(color), 질감(texture) 등을 경관의 우세요소라 하고, 이 경관 우세요소를 좀 더 미학적으로 부각시키고 주변의 다른 대상과 비교될 수 있는 것들, 즉 대조(contrast), 연속성

표 2.5 Litton(1974)의 삼림경관 유형

기본적 유형	전경관(panoramic landscape)	넓은 초원과 같이 시야가 가리지 않고 멀리 트여 보이는 경관
	지형경관(feature landscape)	지형이 특징을 나타내고 있어 강한 인상을 받고 경관의 지표가 됨
	위요경관(enclosed landscape)	평탄한 중심공간이 있고 그 주위는 숲이나 산들로 둘러싸여 있는 경관
	초점경관(focal landscape)	시선이 한 지점으로 집중되는 경관
보조적 유형	관개경관(canopied landscape)	상층이 나무 숲으로 덮여 있고 나무줄기가 기둥처럼 들어서 있거나 하층은 관목이나 어린 나무들로 이루어져 있는 경관
	세부경관(detail landscape)	관찰자가 가까이 접근하여 나무의 모양, 잎, 열매 등을 상세히 보며 이를 감상할 때 이를 세부경관이라 함
	일시적 경관(ephemeral landscape)	대기권의 상황변화에 따라 경관의 모습이 달라지는 경우를 말하며, 설경이나 수면에 투영된 영상 등이 이에 속함

자료 : 이명우, 2008: 243

(sequence), 축(axis), 집중(convergence), 공동우세(codominance), 조형(enframement) 등을 경관의 우세원칙이라 하였다(이명우, 2008: 244).

4) 기타

이외에 조사·분석할 내용으로는 기후, 지질, 토양 등이 있다. 이러한 사항은 특별히 조사하지 않더라도 기존의 조사자료를 이용하면 되고 특이한 사항이 있더라도 기술적으로 해결할 수 있는 방법이 있기 때문에 계획단계에서는 고려하지 않아도 크게 무리없다.

그러나 계획구역이 바다에 접해 있거나 섬인 경우는 해양환경에 대한 조사가 필요하다. 해양환경에 대한 조사는 공유수면 매립 여부나 매립시 단지 및 방조제의 계획고 결정, 마리나 등의 시설 위치나 규모 결정에 중요한 인자이다.

해양관련조사도 대부분이 기존의 자료를 통하여 가능하다. 마리나 등 해양시설 설치시는 인접해역에 대한 부분적인 수심측량이 필요할 수 있으나 대부분 항만청 등 관련기관의 자료를 이용하여 파악할 수 있다.

기본적으로 밀물과 썰물시의 고저를 알 수 있는 조위표와 바닷물의 흐름과 깊이를 알 수 있는 조류도와 수심도가 필요하다. 그리고 태풍 등 바람의 방향을 알 수 있는 장미도도 필요하다.

＊ 조위도(영종도)

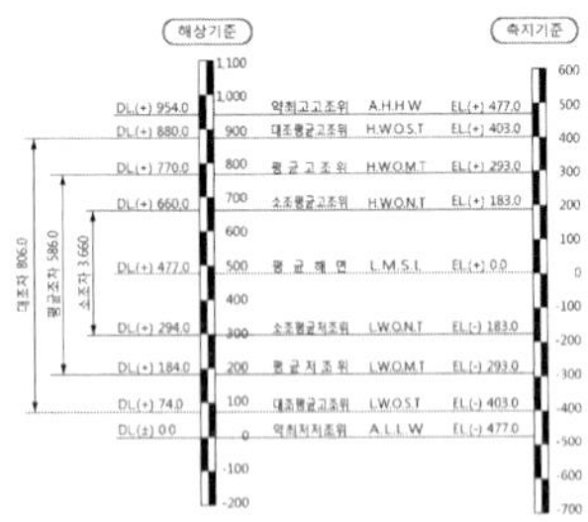

＊ 장미도

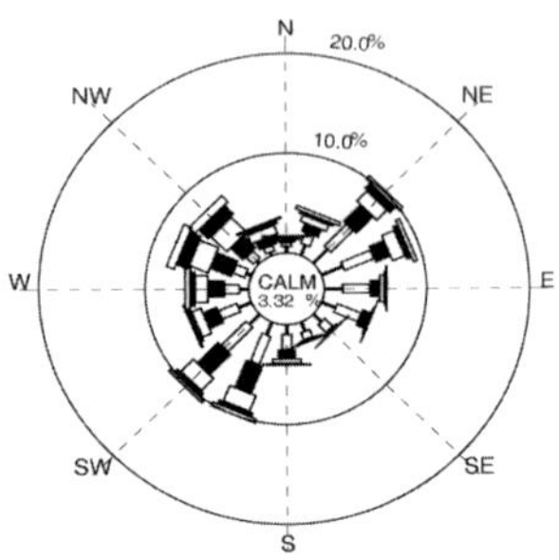

그림 2.4 조류도(영종도) 사례

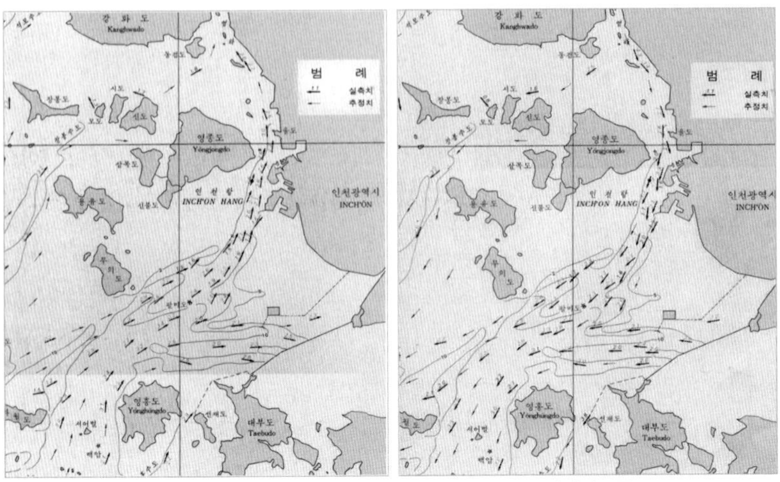

최강창조류 최강낙조류

자료 : 인천광역시도시개발공사, 2007: 16

3.2 인문·사회환경

인문·사회환경 분석에서 조사되어야 할 내용은 토지이용과 관련된 사항, 기반시설과 관련된 사항, 공간규제와 관련된 사항 등으로, 이에 대한 분석은 기술적인 해결을 필요로 하는 자연환경 분석과 달리 사회·경제적 해결을 필요로 하기 때문에 경우에 따라서는 개발사업의 진퇴를 결정하게 하는 경우도 있다. 따라서 인문·사회환경 분석은 자연환경 분석보다는 간단하지만 오히려 중요시되고 선행되기도 한다.

1) 토지이용

(1) 토지이용 및 시설

계획대상지 내의 토지이용과 시설에 대한 조사는 가옥, 묘지, 경작지 및 경작물, 기타 지장물 등에 대한 파악이다. 토지매입비와는 별도로 보상비 및 이주단지 조성 여부를 판단하는데 필요하다.*

토지매입비나 보상비 규모를 결정하기 위한 조사이지만 토지이용, 동선, 시설배치 등의 계획구상에 근거를 제시하기도 한다. 이 조사는 지형도나 항공사진을 통해서도 어느 정도는 가능하지만 구체적인 내용 파악을 위해서는 현지조사해야 한다.

* 공익사업을 위한 토지 등의 취득 및 보상에 관한 법률 시행령 제40조 2항에 의하면 이주희망가구수가 10호 이상이면 반드시 이주대책을 수립해야 한다.

(2) 용도지역 및 지목

용도지역은 '토지의 이용 및 건축물의 용도, 건폐율, 용적률, 높이 등을 제한함으로써 토지를 경제적, 효율적으로 이용하고 공공복리를 증진하기 위해 서로 중복되지 않게 도시관리계획으로 결정된 지역'으로 우리나라는 어디든 도시지역, 관리지역, 농림지역 및 자연환경보전지역의 4개 지역 중 어느 하나의 용도지역으로 지정되어 있다.*

대상지의 용도지역은 해당 지자체의 도시관리계획을 열람하거나 포털사이트 '지도'편에서도 알 수 있다.

관광지로 개발할 수 있는 지역은 도시지역이나 계획관리지역이지만 이들 지역은 지가가 높아서 특수한 경우를 제외하고는 개발의 재무적 타당성을 잃게 된다. 결국 용도지역 변경을 해야 하는데 대상지를 포함한 주변지역에 대한 용도지역 파악이 변경가능성을 판단하기 위한 자료

* **용도지구 · 용도구역**
용도지역이 전 국토에 대하여 빠짐없이 지정되어 있는데 반해 용도지구는 용도지역만으로 통제하기 어려운 일정규모 이상의 대상지에 선별적으로 지정된다. 예를 들면 미관지구, 경관지구, 개발진흥지구, 아파트지구 등이 있다.
용도구역은 지역의 특수성으로 용도지역과 용도지구에 의한 규제가 적절하지 않은 지역에 대해 중복 지정된다. 개발제한구역, 시가화조정구역, 수산자원보호구역, 지구단위계획구역 등이 있다.(국토계획법 제2조 16, 17항 참조)

이다.

지목상 '임야'인 토지는 산지관리법에 의해 관리되는데 이 중 보전산지, 특히 공익용 산지는 개발 및 토지이용을 엄격하게 제한하고 있어 관광지로의 개발을 위한 산지전용협의가 쉽지 않다. 농지 역시 농지법에 의해 관리되고 농지전용협의가 필요하다. 농업진흥지역 그 중에서도 농업진흥구역은 관광지로의 개발이 어렵다.

그림 2.5 국토의 계획 및 이용에 관한 법률상의 용도지역

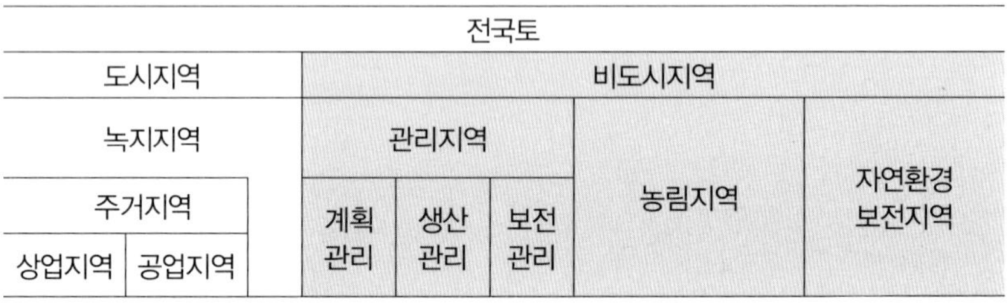

자료 : 한국관광공사, 2009: 29

그림 2.6 산지관리법상 용도지구

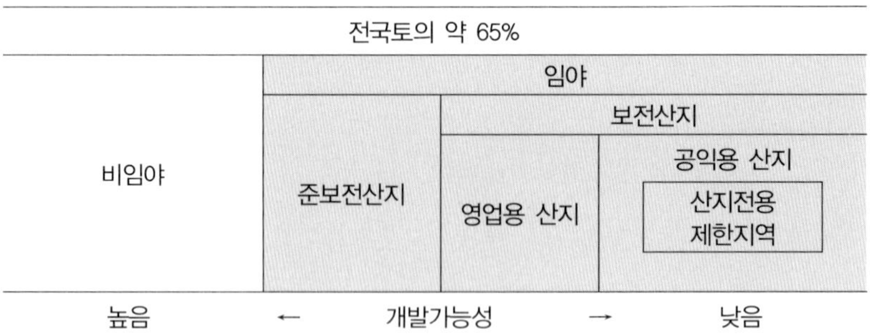

자료 : 한국관광공사, 2009: 30

그림 2.7 농지법상 용도지구

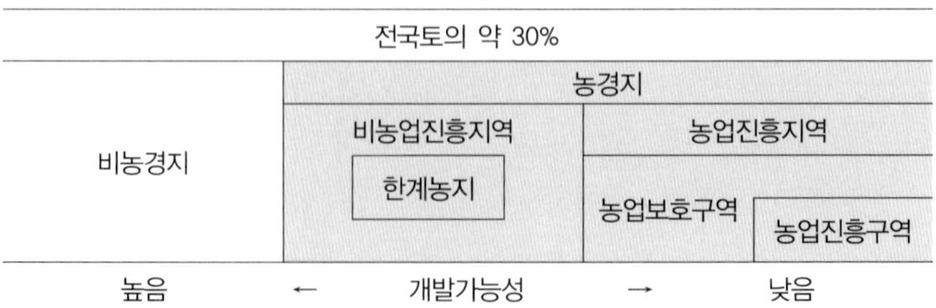

자료 : 한국관광공사, 2009: 31

(3) 지목

지목(地目)은 토지의 주된 사용목적에 따라 토지의 종류를 구분·표시하는 명칭으로, 전·답·과수원·목장용지·임야·광천지·염전·대(垈)·공장용지·학교용지·주차장·주유소용지·창고용지·도로·철도용지·제방·하천·구거·유지·양어장·수도용지·공원·체육용지·유원지·종교용지·사적지·묘지·잡종지로 구분하여 정한다.*

지목을 알기 위해서는 토지의 지번 확인 후 해당 등기소에서 토지등기부를 열람해야 한다. 지목은 용도지역과 함께 토지의 지가를 결정하는 인자이다.

* 측량, 수로조사 및 지적에 관한 법률 제67조

(4) 토지소유 및 지가

관광개발 등 개발사업을 할 경우 가장 우선적으로 조사해야 할 사항이다. 개발 가능성 여부를 결정하기도 하고 계획대상지 경계를 결정하기도 한다. 경우에 따라서는 개발방향이나 개발밀도를 제어하기도 한다.

토지소유현황은 토지대장을 일일이 열람해야 파악할 수 있으나 지가는 국토교통부의 '토지이용규제 정보서비스' 홈페이지를 통해 공시지가는 알 수 있다. 그러나 현시가는 인근지역의 부동산거래소를 통해 확인해야 한다. 민간사업자의 관광단지 개발인 경우 조성 대상 토지면적 중 사유지의 3분의 2 이상을 취득한 경우 남은 사유지에 대하여 수용이 가능하다.

2) 기반시설

(1) 교통시설

계획대상지로 접근할 수 있는 현재의 교통시설에 대한 조사와 향후 관광개발로 증가될 교통량에 대한 개선대책·시설이 조사분석되어야 한다.

구체적인 내용은 관광지조성계획 승인상 필요한 '교통영향분석 및 개선대책'이라는 별도의 과정에서 논의되겠지만 계획수립단계에서 필요한 사항에 대해 먼저 조사되어야 한다.*

* 교통영향분석 및 개선대책은 개발계획에서 제시된 내용을 근거로 대책을 수립하고 점검하는 과정이지 개발계획에서의 교통동선계획을 수립하는 과정은 아니다.

일반적으로 관광개발지까지의 도로는 국도이거나 지방도이므로 사전에 관련기관 및 지자체의 지원 또는 협의가 필요한 부분이다. 따라서 접근도로망의 노선 및 폭원현황과 관련계획 등이 조사되고 도로개선이나 확폭 가능성, 혹은 예정되어 있는 계획은 없는지 등을 파악해야 한다.

(2) 공급처리시설

공급처리시설은 개발에 필요한 지원시설로 전기, 통신, 가스, 오수처리, 용수공급 등의 시설을 말한다. 이중 전기, 통신, 가스 등은 관련기관에서 계획을 수립하여 공급해주지만, 오수처리와 용수공급은 사업자가 해결해야 한다. 특히 오수처리는 자체 처리 가능한 규모라면 관계 없지만 그렇지 않을 경우는 해당 지자체의 하수처리 허용용량 내에 있어야 하므로 사전협의가 필요하고 특히 오염총량제가 실시되는 지역인 경우는 필수적이다.

용수의 경우는 대상지역이 상수도 공급이 안 되는 오지(奧地)일 경우 반드시 대책 마련이 필요하다. 지자체의 용수공급능력이나 광역상수도계획을 참조하여 협의한다. 만약 어려울 경우는 지하수개발이나 중수 사용 등 각종 대책이 개발계획 수립시 마련되어야 하므로 대규모 관광개발인 경우는 한계를 지닐 수밖에 없다.*

* 오지개발이나 도서개발이 어려운 이유는 이러한 용수공급이 원만하지 않기 때문이다. 바닷물을 이용한 담수화기술이 어느 정도의 식수는 해결하고 있으나 아직은 관광 등 개발사업을 지원할 만큼의 경제적 타당성을 지니고 있지 못하다.

3) 공간규제

공간규제는 각 개별법에 의해 법·제도적으로 해당 지역의 개발을 규제 또는 제한하는 것으로, 표 2.6과 같은 사항이 조사되어야 한다. 그리고 개발 가능 범위와 한계, 완화조건은 무엇이 있는지 파악해야 한다.

표 2.6 공적 규제지역의 범주

분류	근거법
개발제한구역, 수산자원보호구역	국토의 계획 및 이용에 관한 법률
상수원보호구역	수도법
도시자연공원	도시공원법
수변구역	한강 등 수계상 상수원 수질개선 및 주민지원 등에 관한 법률 등
제한구역	원자력법
국/도/군립공원	자연공원법
보전임지 중 공익입지	산지관리법
문화재보호구역	문화재보호법
특별대책지역 I 권역	환경정책기본법
생태계보전지역, 야생동 · 식물 특별보호구역, 자연생태계 특별보호구역	자연환경보전법
습지보호구역	습지보전법

자료 : 채미옥 외, 2003: 56

4. 관광환경

관광환경에 대한 조사는 관광개발사업에 직·간접적으로 영향을 주는 사회적, 경제적, 문화적 환경에 대한 조사로, 설문조사나 전문가조사, 관광시설에 대한 직접조사 등이 필요한 경우를 제외하고는 주로 관련 문헌 및 기존 자료를 토대로 하는 간접조사가 일반적이다.

조사내용과 범위는 프로젝트의 성격에 따라 다르나 관광시장(market)에 대한 조사, 관광객(tourists)에 대한 조사, 관광자원(resource)에 관한 조사 등으로 구분하여 실시한다.

4.1 관광시장

관광시장은 세계 및 국내의 경제적 환경에 영향을 받기 때문에 조사되어야 할 내용 또한 세계 경제 흐름, 국내 경제환경, 관광산업현황 및 전망, 투자환경에 이르기까지 그 범위와 내용이 방대하다. 따라서 프로젝트의 성격에 따라 조사되어야 할 내용을 합리적으로 선택해야 하는데 최소한 다음의 내용에 대한 조사는 공통적으로 이루어져야 한다.

① 전체 관광시장 규모 파악으로 국내 내수시장 및 해외 전체시장에 대한 규모를 파악한다.
② 해당 관광지나 관광상품으로 인해 창출되는 예상시장 규모와 확보 가능한 시장점유율을 확인하고, 특히 향후 3년간 확보할 수 있는 시장 규모와 점유율을 파악한다.
③ 관광시장 특성 및 구조분석으로 관광시장의 일반적인 특성은 어떠하며, 주요 고객은 누구이고 고객의 특성, 고객의 변화추세와 유통경로상의 특성은 어떠한지를 확인한다.

이러한 내용은 단일 프로젝트를 위해 직접 조사한다는 것이 쉽지 않은 일이므로 정부나 한국관광공사 등 관련기관이나 관련연구원, 학계에서 발행한 기존의 연구 및 조사내용을 토대로 정리·분석함이 현실적이다.

4.2 관광객

관광개발사업을 성공으로 이끄는 1차적인 핵심은 관광객이 얼마나 많이 찾느냐에 달려 있다. 아무리 거대자본이 투입되고 시설이 우수한 관광지라도 관광객이 많이 찾지 않으면 실패한 관광지이다. 따라서 관광환경에 대한 조사는 관광객을 중심으로 이루어져야 한다.

수요계층의 지역, 소득, 나이 등 관광객에 대한 일반적 조사는 물론 관광객의 규모, 추이, 선호도, 관광목적, 행태 등등에 관한 사항이 조사되고 분석되어야 한다. 이러한 사항 역시 관광상품에 대한 직접조사를 제외하고는 한국관광공사 및 관련연구원 등의 연구조사 자료와 기타 학술연구 논문 등에서 계획에 도움을 줄 수 있는 내용을 정리·분석한다.

한국관광공사 홈페이지에 각종 관광통계와 '국민여행실태조사', '외래관광객실태조사' 등에 대해 정기적으로 게재하고 있으므로 참고해 볼 필요가 있다(표 2.7~2.13 참조).

＊ 2011년 국내 숙박여행 주요활동

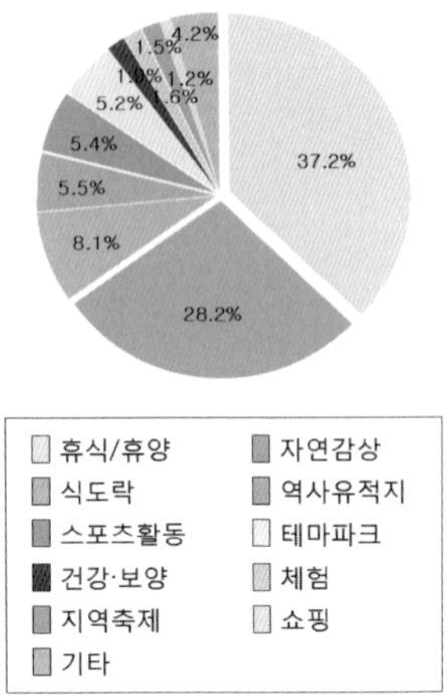

자료 : 문화체육관광부(2012)

표 2.7 국민여행 총량

구분		단위	2011년			2010년	2009년
			전체	숙박여행	당일여행		
국내여행 참가자수		명	35,013,090	27,651,266	26,233,868	30,916,690	31,201,294
	관광여행	명	27,812,951	20,101,681	17,570,031	25,391,104	23,913,365
	기타 여행	명	26,889,519	17,311,025	18,178,396	21,025,137	22,465,659
국내여행 참가횟수		회	156,594,347	71,622,386	84,971,961	168,147,987	219,585,834
	관광여행	회	75,218,970	34,404,806	40,814,164	68,019,219	73,163,643
	기타 여행	회	81,375,377	37,217,580	44,157,797	100,128,767	146,422,191
국내여행 총 비 용		백만 원	20,205,430	13,850,041	6,355,389	16,859,774	16,364,538
	관광여행	백만 원	11,272,337	8,385,939	2,886,398	8,761,348	8,731,353
	기타 여행	백만 원	8,993,093	5,464,102	3,468,991	8,098,426	7,633,185
국내여행 이동총량		일	286,947,961	201,976,000	84,971,961	339,607,551	375,340,664
	관광여행	일	132,812,880	91,998,716	40,814,164	129,618,652	131,111,085
	기타 여행	일	154,135,081	109,977,284	44,157,797	209,988,899	244,229,579

표 2.8 여행경험률

(단위 : %)

구분		2011년			2010년			2009년		
		전체	숙박	당일	전체	숙박	당일	전체	숙박	당일
국내여행		81.6	64.4	61.1	72.8	61.3	47.1	75.1	63.6	54.8
	관광여행	64.8	46.8	40.9	59.7	46.5	32.0	57.6	44.3	34.5
	기타 여행	62.6	40.3	42.4	49.5	38.4	29.8	54.1	44.1	36.4

표 2.9 여행횟수

(단위 : 회/인)

구분			2011년			2010년			2009년		
			전체	숙박	당일	전체	숙박	당일	전체	숙박	당일
국내여행		만15세 이상 전국민	3.65	1.67	1.98	3.96	2.17	1.79	5.29	2.72	2.57
		여행경험자	4.47	2.59	3.24	5.44	3.54	3.80	7.04	4.27	4.69
	관광여행	만15세 이상 전국민	1.75	0.80	0.95	1.60	0.82	0.78	1.76	0.88	0.88
		여행경험자	2.70	1.71	2.32	2.68	1.77	2.44	3.06	1.99	2.56
	기타 여행	만15세 이상 전국민	1.90	0.87	1.03	2.36	1.35	1.01	3.53	1.84	1.69
		여행경험자	3.03	2.15	2.43	4.76	3.51	3.39	6.52	4.16	4.64

표 2.10 1인 평균 여행일수

(단위 : 일/인)

구분			2011년			2010년			2009년		
			전체	숙박	당일	전체	숙박	당일	전체	숙박	당일
국내여행		만15세 이상 전국민	6.69	4.71	1.98	7.99	6.20	1.79	9.04	6.47	2.57
		여행경험자	8.20	7.30	3.24	10.98	10.12	3.80	12.04	10.22	4.69
	관광여행	만15세 이상 전국민	3.09	2.14	0.95	3.05	2.27	0.78	3.16	2.28	0.88
		여행경험자	4.78	4.58	2.32	5.10	4.89	2.44	5.48	5.14	2.56
	기타 여행	만15세 이상 전국민	3.59	2.56	1.03	4.94	3.93	1.01	5.88	4.19	1.69
		여행경험자	5.73	6.35	2.43	9.99	10.24	3.39	10.89	9.61	4.64

표 2.11 여행경험자 1회 평균 숙박여행일수

(단위 : 일/회)

구분		2011년	2010년	2009년
국 내 여 행		2.88	2.89	2.51
	관 광 여 행	2.72	2.81	2.67
	기 타 여 행	3.03	3.01	2.37

표 2.12 숙박시설

(단위 : %)

구분	2011년	2010년	2009년
1위	펜션(26.0)	펜션/민박(27.8)	펜션/민박(28.4)
2위	콘도미니엄(21.4)	콘도미니엄(19.7)	콘도미니엄(21.8)
3위	가족/친지집(11.3)	가족/친지집(17.5)	가족/친지집(16.3)
4위	호텔(9.7)	모텔/여관(13.4)	모텔/여관(13.1)
5위	모텔/여관(9.3)	호텔(9.3)	호텔(7.2)

표 2.13 1인 평균 여행지출액

(단위 :원/인)

구분			2011년	2010년	2009년
국 내 관광여행		만15세 이상 전국민	262,612	206,170	210,272
		여행경험자	405,291	345,056	365,124
	숙박여행	만15세 이상 전국민	195,368	161,327	155,234
		여행경험자	417,176	347,267	350,355
	당일여행	만15세 이상 전국민	67,245	44,843	55,038
		여행경험자	164,280	140,225	159,739

자료 : 문화체육관광부(2012), 2011 국민여행실태조사

4.3 관광자원

관광자원조사는 단순히 주변지역의 관광자원이나 시설의 존재를 파악하는 것이 아니라 이들의 경쟁 또는 보완관계를 파악하는 것이다.

동일한 성격의 관광지는 물론 유사 혹은 대체 관광자원이나 관광시설까지에 대한 시설의 내용과 특징, 가격, 판매방법, 방문객 규모 및 구성 등을 직접조사한다. 그 범위는 계획대상지와 연계되거나 영향을 줄 수 있는 세력권 내로, 개발방향에 따라 1시간권 내일 수도 있고, 해당 시군·도, 전국권일 수도 있고, 아니면 동북아시아권, 아시아권일 수도 있다.

그리고 기존 자원이나 시설 외에 주변지역의 유사한 개발예정사업에 대한 내용도 파악해야 한다. 개발예정사업의 시설과 기능이 상호보완관계인지, 경쟁관계인지를 살펴볼 필요가 있다. 이는 포지셔닝전략 수립의 기본자료이기도 하다.

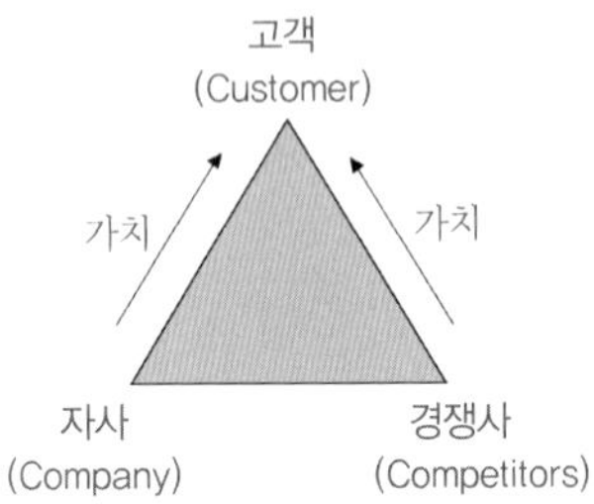

그림 2.8 주변지역의 개발방향 및 내용분석 사례

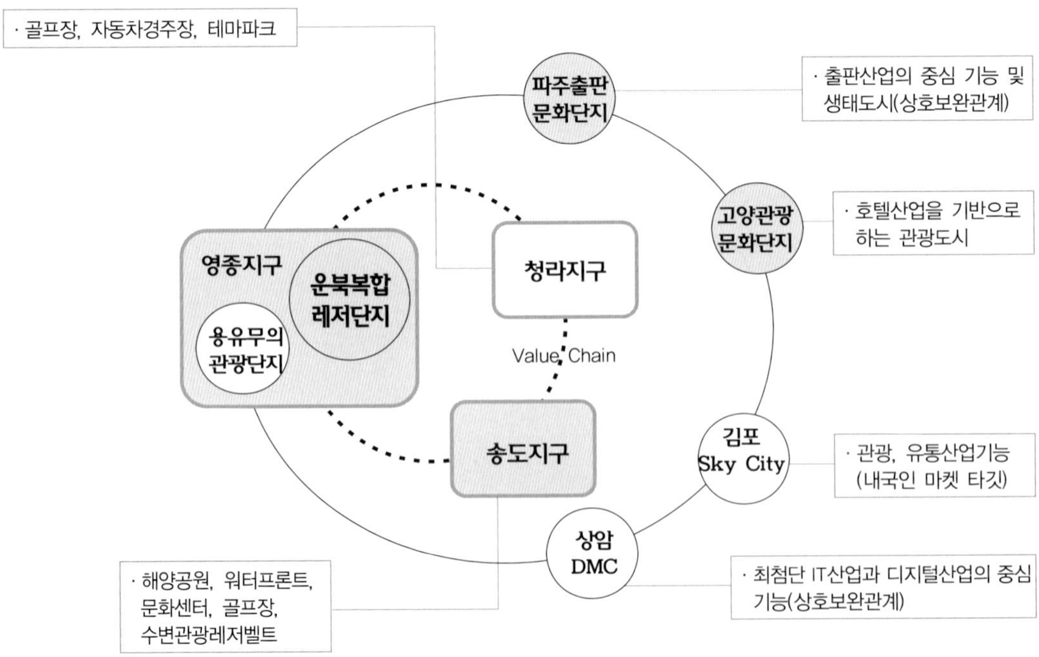

자료 : 인천광역시도시개발공사, 2007: 59

5. 관련계획 및 법규

5.1 관광개발 관련계획

우리나라의 국토관리 및 공간계획체계는 전국, 지역 및 도시, 지구, 그리고 개별필지 단위로 위계화되어 있다. 전국단위의 국토종합계획을 비롯하여 지역단위의 도건설종합계획, 수도권정비계획 등과 도시단위의 도시기본계획, 도시관리계획 등이 있으며 지구단위는 지구단위계획을 비롯하여 택지, 산업단지, 관광(단)지, 유원지, 공원 등 다양한 형태의 계획이 있다. 그리고 개별필지단위의 단위시설계획이 있다(그림 2.9).

관광개발사업의 경우는 표 2.14에서와 같이 주로 지구 또는 개별필지 레벨의 사업이나 상위의 전국, 지역, 도시레벨의 계획과 법규에 제어를 받는다.

그림 2.9 우리나라의 공간계획체계

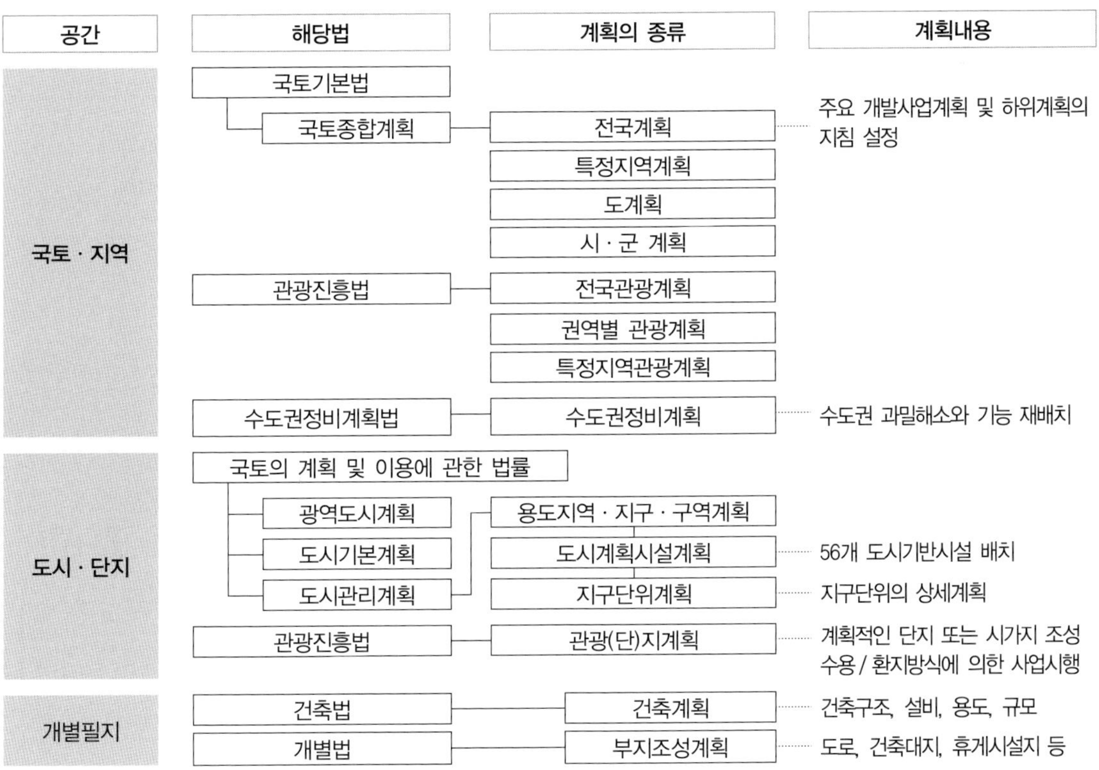

자료 : 한국관광공사, 2009: 27

표 2.14 관광개발 관련 계획체계

구분	계획의 종류	근거법
전국 Level	· 국토종합계획	국토기본법
	· 관광개발기본계획	관광진흥법
지역 Level	· 도 · 군건설종합계획, 특정지역건설종합계획	국토기본법
	· 수도권정비계획	수도권정비계획법
	· 권역별관광개발계획	관광진흥법
	· 국 · 도 · 군립공원 조성계획	자연공원법
도시 Level	· 도시기본계획, 도시관리계획 · 유원지, 공원, 운동장 지정 및 계획	국토의계획및이용에관한법률
	· 도시공원조성계획	도시공원및녹지등에관한법률
지구 Level	· 지구단위계획	국토의계획및이용에관한법률
	· 관광(단)지조성계획, 관광특구 지정	관광진흥법
	· 청소년수련시설/수련지구 조성계획	청소년기본법
	· 골프장, 스키장 등 각종 체육시설조성계획	체육시설설치및이용에관한법률
	· 관광농원, 농어촌관광휴양단지 조성계획	농어촌정비법

5.2 관광개발 관련법규

관광개발사업에 관련된 법규로는 국토의 계획 및 이용에 관한 법률을 비롯하여 여러 분야에 걸쳐 많은 법이 있다. 계획대상지의 입지와 개발방식에 따라 관련 법규가 다르지만 대체로 그림 2.10과 같이 구분할 수 있고 사업추진단계별로 정리하면 그림 2.11과 같다.

그림 2.10 관광개발과 관련된 법규

상위계획관련법

· 국토기본법, 국토의 계획 및 이용에 관한 법률
· 수도권정비계획법, 국가균형발전특별법, 관광기본법 등

개발관련 장려법

· 관광진흥법, 관광진흥개발기금법
· 지역특화발전특구에 대한 규제 특례법
· 지역균형개발 및 지방중소기업 육성에 관한 법률
· 체육시설의 설치 및 이용에 관한 법률
· 도시개발법, 청소년활동진흥법, 농어촌정비법
· 임업 및 산촌진흥촉진에 관한 법률
· 경제자유구역의 지정 및 운영에 관한 특별법
· 제주특별자치도설치 및 국제자유도시조성 특별법 등

개발관련 규제법

· 자연환경보전법, 환경정책기본법
· 환경영향평가법, 자연재해대책법
· 대도시권역 교통관리에 관한 특별법
· 농지법, 산지관리법, 문화재보호법, 수도법
· 습지보전법, 자연공원법
· 한강(금강, 영산강, 섬진강) 등 수계상 상수원수질 개선 및 주민 지원 등에 관한 법률
· 집단에너지사업법, 에너지이용합리화법 등

그림 2.11 관광개발사업 추진단계별 검토법령

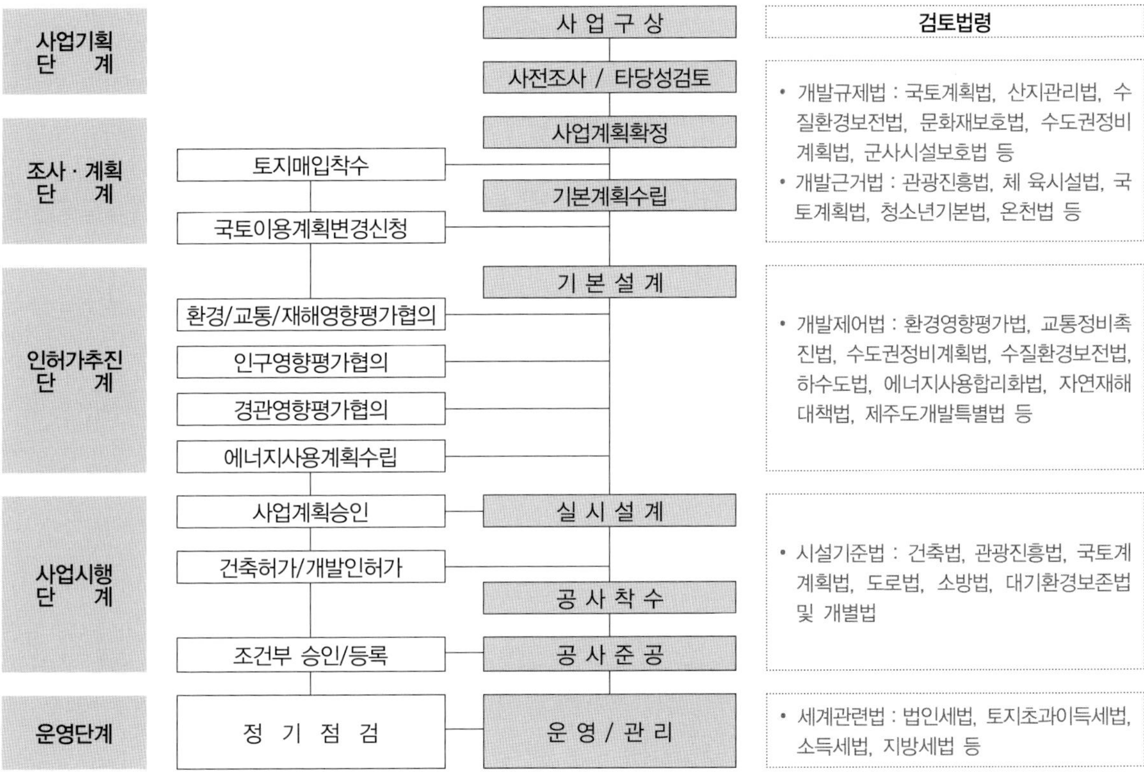

6. 분석의 종합

6.1 종합분석

이상적인 관광개발계획안을 만들기 위해서는 계획대상지 및 주변지역에 대해 수집·분석된 자료들을 종합적으로 파악하는 단계가 필요하다. 먼저 조사된 자료를 중요도별로 나열하여 대상지의 특성을 일목요연하게 파악할 수 있는 종합분석표와 위치정보까지 표현된 종합분석도가 작성되어야 한다.

종합분석표는 개별 항목의 조사내용과 함께 항목들 간의 연관성이 제시되어야 하고, 대상지가 가지는 약점과 문제점, 장점과 잠재력 등이 파악될 수 있어야 한다. 그리고 종합분석도는 주로 대상지의 물리적 특성을 종합적으로 표현한 도면으로 다음 단계인 기본구상이나 계획의 내용을 염두에 두지 말고 객관적인 사실을 표현해야 한다.

계획의 목적에 따라 일반적인 종합분석도와는 별도로 공간특성분석도와 가용지분석도, 시설적지분석도가 작성되기도 하는데 공간특성분석도는 대상지 각 공간의 특성을 분석한 도면으로 예상시설이 갖는 요구사항(space requirement)을 고려하여 작성되며, 향후 공간 및 시설배분구상의 과정을 쉽게 진행할 수 있게 해 준다. 그리고 가용지분석도나 시설적지분석은 넓은 면적을 대상으로 하는 개발의 경우 어디까지 개발할 것인지, 중심시설은 어디에 배치할 것인지에 대한 객관적인 지표가 되는 도면이다. 이 도면들은 GIS가 보편화되면서 유의한 성과물을 얻을 수 있게 되었다. 이러한 분석의 종합 과정을 통해 각 조사항목의 중요도와 항목간의 연관성을 파악하고 대상지의 특성을 이해하여야 합리적인 계획안을 도출할 수 있다.

그림 2.12 종합분석도

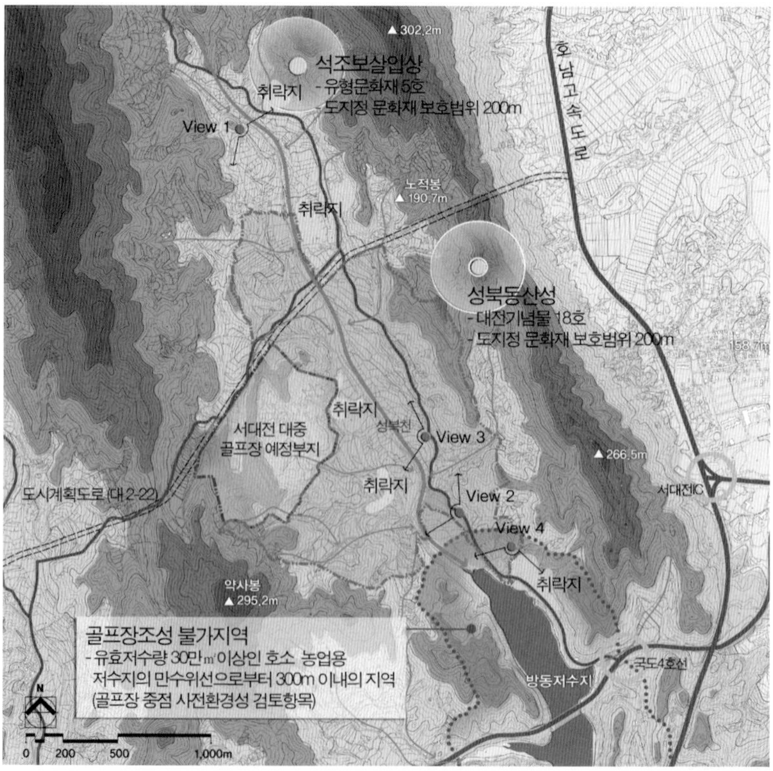

자료 : 대전광역시, 2009: 28

6.2 SWOT분석

SWOT분석이란 원래 '적을 알고 나를 알자'는 개념에서 출발한 경영 전략기법으로, 기업의 내부환경과 외부환경을 분석하여 강점, 약점, 기회요인, 위협요인을 규정하고 이를 토대로 전략을 수립하는 기법이다.

SWOT분석의 가장 큰 장점은 기업의 내·외부환경 변화를 동시에 파악할 수 있다는 것이다. 기업의 내부환경을 분석하여 강점과 약점을 찾아내며, 외부환경 분석을 통해서는 기회와 위협을 찾아낸다. 외부로부터 온 기회는 최대한 살리고 위협은 회피하는 방향으로 자신의 강점은 최대한 활용하고 약점은 보완한다는 논리에 기초를 두고 있다.

SWOT분석에 의한 전략은 통상 4가지로 이루어진다. 표 2.15와 같이 SO(강점-기회)전략은 시장의 기회를 활용하기 위해 강점을 사용하는 전략이고, ST(강점-위협)전략은 시장의 위협을 회피하기 위해 강점을 사용하는 전략이다. 또 WO(약점-기회)전략은 약점을 극복함으로써 시장의 기회를 활용하는 것이고, WT(약점-위협)전략은 시장의 위협을 회피하고 약점을 최소화하는 전략이다.

- SO전략(강점-기회 전략) : 강점을 살려 기회를 포착
- ST전략(강점-위협 전략) : 강점을 살려 위협을 회피
- WO전략(약점-기회 전략) : 약점을 보완하여 기회를 포착
- WT전략(약점-위협 전략) : 약점을 보완하여 위협을 회피

표 2.15 SWOT분석 Matrix

내부요인 \ 외부요인	기회 Opportunity	위협 Threats
강점 Strength	Maxi-Maxi	Maxi-Mini
약점 Weakness	Mini-Maxi	Mini-Mini

관광개발사업의 경우는 내부요인으로 대상지 및 투자자 등 사업주체의 내부환경 등을 생각할 수 있고, 외부요인으로 주변지역의 물리적 환경부터 국내경제상황, 투자환경, 경쟁시설, 관광수요 및 트렌드, 공적 규제, 관련계획, 관련법 등 대상지를 둘러싸고 있는 제반 사회, 경제, 문화 및 법제도적 환경 등을 생각할 수 있다.

6.3 적지분석

1) 적지분석의 개념

적지분석은 사회적 가치에 근거하여 토지가 가지는 잠재력과 수용력을

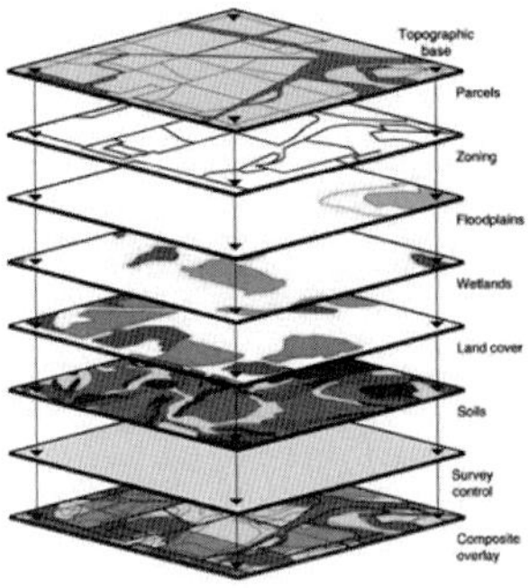

평가하여 최적의 토지이용을 결정하기 위한 방법으로, Ian McHarg가 일종의 토지이용계획기법으로 사용한 도면중첩에 의한 결과물을 적지분석도(suitability analysis map)라고 지칭한데서 유래되었다(Steinitz & Carl, 1979: 4).

적지분석을 위한 방법으로는 서로 다른 특성과 장단점을 갖고 있어 적용가능성이 다르지만 총체적 분석법(Gestalt Analysis), 투명도 중첩법(Transparent Overlays), 수제작 도면칠법(Hand-drawn Datafiles), 수치중첩법(Numerical Overlays), 컴퓨터이용법(Computer-assisted Technique) 등의 5가지 유형으로 구분될 수 있다(박재홍, 1997: 135).

적지분석은 한정된 토지를 안정적이고 효율적으로 이용함을 목표로 하기 때문에 중요하다. 특히 McHarg에 의한 도면중첩법(Overlay Method)은 종래의 사회·경제적 인자만을 고려하던 것에서 생태적 인자까지를 고려한다는 점에서 개발과 보전을 추구하는 방법이라고 할 수 있다.

그림 2.13 적지분석의 일반적인 과정

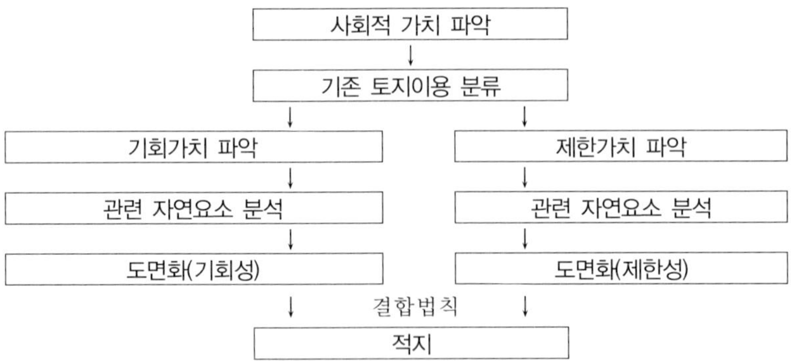

자료 : 임승빈 외, 2008: 232

2) 관광개발계획에서의 적지분석

관광개발에서의 GIS활용은 기획 또는 계획단계부터 건설, 마케팅, 관리·운영단계에 이르기까지 광범위하고 어디에 응용하느냐에 따라 다를 수 있다. 그러나 개발계획단계에서는 지리적 자료구축과 기본적 자료분석으로부터 입지분석, 가용지분석, 시설적지분석 등에 활용될 수 있다.

입지분석, 가용지분석, 시설적지분석 모두 GIS의 핵심분석기능인 도면중첩법에 의해 진행된다. 단지 어떤 주제도를 어떤 기준에 의해 중첩하여 분석하였는가의 문제이다. 예를 들면 입지분석의 경우는 자연적 혹은 생태적 요인보다 토지소유, 지가, 용도지역, 공간규제 등 사회·경제적 요인 등의 상대적 중요도가 높고 가용지나 시설적지분석은 대상지 내의 자연적 혹은 생태적 요인이 주로 사용된다는 점이 다를 뿐이다.

본 장에서 소개하고자 하는 적지분석은 경주관광개발공사의 '감포관광단지 기본설계'에서 수행하였던 내용이다. 그 당시는 지금과 같이 지형도와 주제도들이 수치화되어 있지 않아 항공측량성과를 이용하여 필요도면들을 수치화하여 사용하였다.

지형도에서 추출한 표고, 경사, 경사향과 주제도로 토양, 임상(경급, 영급), 현지조사와 항공사진을 통하여 토지이용, 현존식생, 수문 등의 자료를 지도화하여 사용하였다. 각 요소는 상대적 중요성에 따라 가중치를

그림 2.14 자료의 처리 및 분석과정

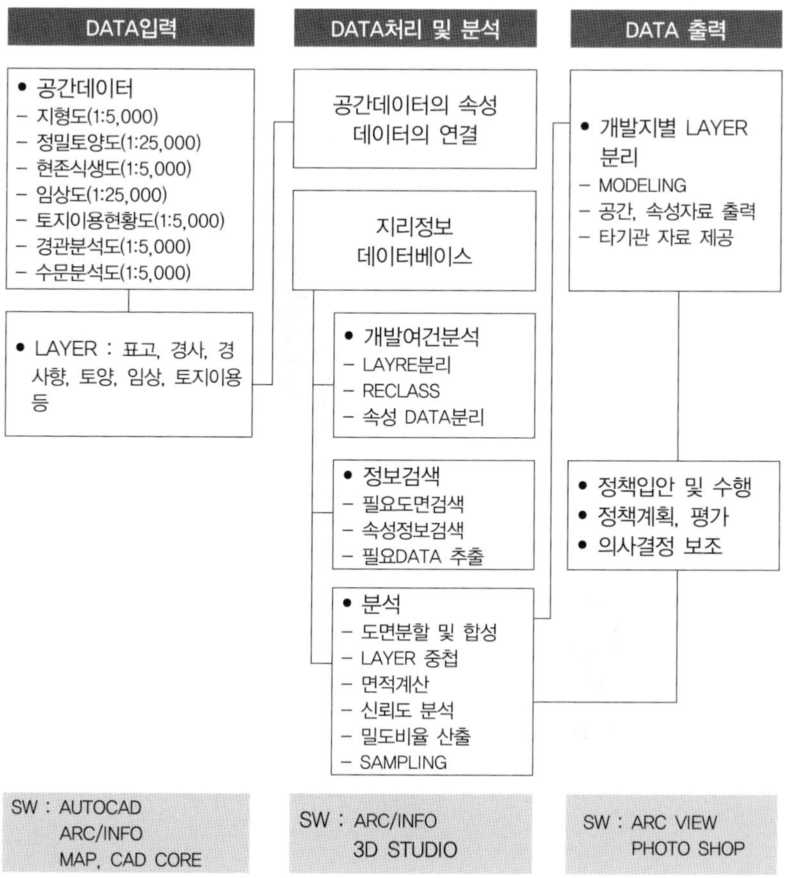

자료 : 경주관광개발공사, 1996: 21

＊ 분석자료의 종류

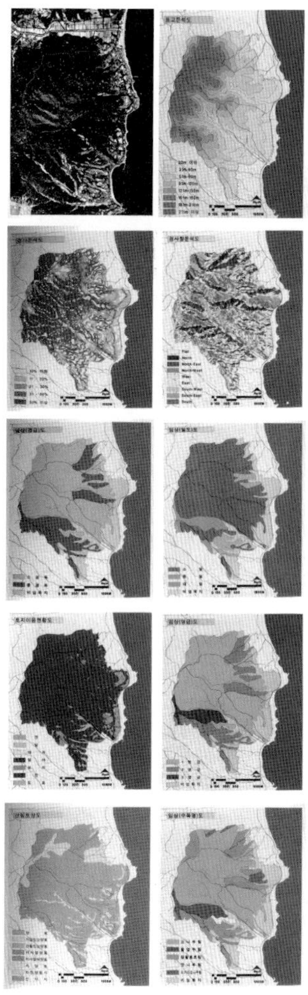

설정하여 분석하였고 가중치는 객관성을 높이기 위해 관련 전문가그룹의 Likert척도상의 평가를 바탕으로 산정하였다.

그림 2.14와 같은 과정을 거쳐 진행되었고, 그림 2.15와 같은 결과를 도출하였다. 이중 개발가용지분석은 '적극적 개발지', '소극적 개발지', '선택적개발지', '보존지' 등 4등급으로 나누어 분석하였고 시설별 적지 선정은 관광단지 특성상 각 시설물의 성격과 입지공간의 특징이 명확히 구분될 수 없으므로 상대적인 시설특성과 공간요구도에 따라 3개의 시설군으로 그룹핑하여 분석하였다.

이러한 분석결과물이 토지이용구상에 적확한 근거를 제시하는 데는 한계가 있었지만 계획안에 대한 의사결정과정이나 환경영향평가, 관련기관협의나 주민설명회 등에 유용하게 사용되었다.

그림 2.15 개발가용지 및 시설적지분석도

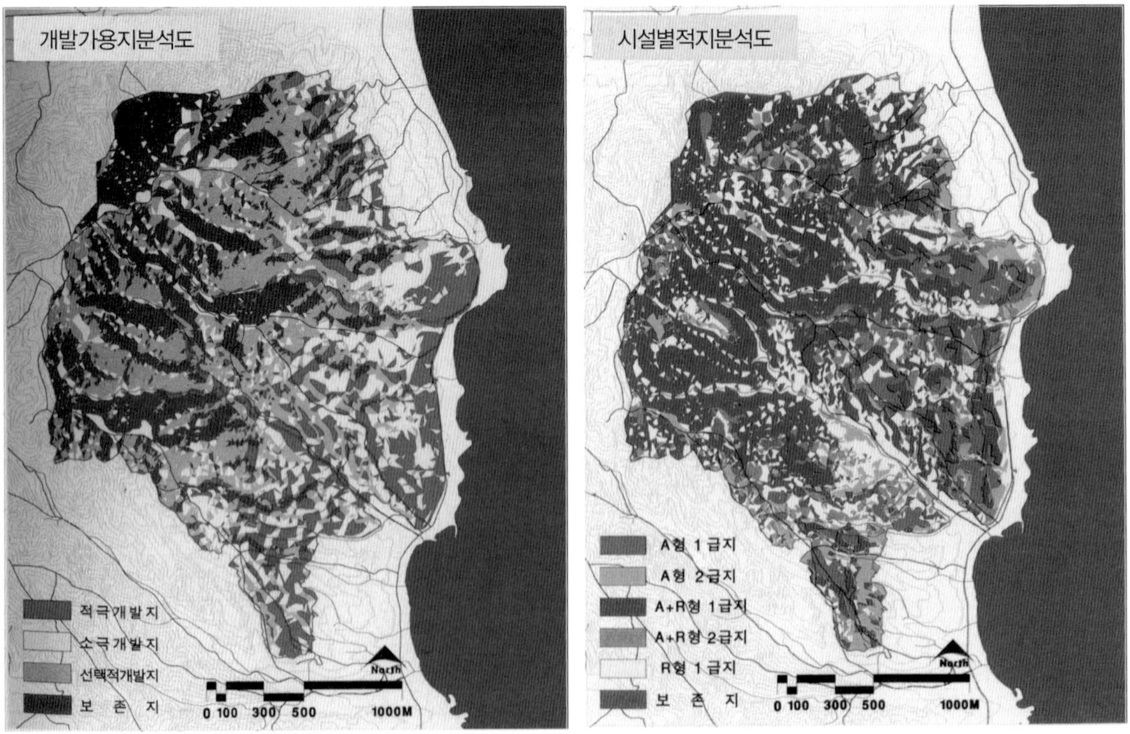

자료 : 경주관광개발공사, 1996: 23

03. 기본구상단계

1. 서론
2. 목표체계
3. 시설프로그램
4. 대안 작성 · 평가

1. 서론

기본구상은 상황분석과 미래예측을 통해 목표를 설정하고 대안을 작성하여 최적안을 선택하는 과정으로, 계획과정 중 가장 핵심적인 단계이다. 또한 추상적, 계량적인 과정에서 서서히 구체적, 공간적으로 전환되어가는 과정으로 소프트웨어 측면의 프로그램 작성과 하드웨어 측면의 구상안 작성이라 두 가지 측면의 결합단계이기도 하다.

프로그램 작성은 계획의 목표설정, 수요예측, 시설프로그램 작성 등으로 주로 서술적 내용인 반면 구상안 작성은 계획컨셉, 대안 설정 및 평가, 최적안 마련 등으로 공간적 형태를 취하게 된다. 따라서 사업의 경제적 타당성을 중시하지 않을 수 없는 관광개발계획에서는 가장 중요하고 논의도 많이 되는 단계로 소프트웨어를 담당하는 컨설팅팀과 하드웨어를 담당하는 엔지니어링팀의 협업으로 진행된다.

그러나 무엇보다 중요한 것은 각 팀이 다 우수해야 하지만, 두 팀의 내용을 결합하고 결정해야 하는 프로젝트 매니저가 이 두 가지에 대한 깊은 이해가 있어야 한다는 점이다. 계획의 특성을 잘 파악하여 체계적인 과정을 미리 설정하고, 이에 따른 절차적 합리성을 확보해야 향후 기본계획단계에서 지속적인 번복을 막을 수 있다.

기본구상단계는 계획유형에 따라 세부적인 차이는 있으나 본 서에서는 목표체계 정립, 시설프로그램 작성, 대안제시·평가의 순으로 정리하고자 한다.

2. 목표체계

2.1 목적과 목표

기본구상에서의 첫 번째 과정은 개발방향 설정으로, 개발방향은 목적과 목표, 전략과 과제, 필요에 따라서는 개발주제까지로 정리된다.

먼저 목적과 목표를 분명히 해야 한다. 목적(goals)과 목표(objectives)는 비전(vision)과 미션(mission)과 같이 사용되기도 하고 전략(strategy)

과 전술(tactics)까지 거론되기도 한다.

목적(goals)과 목표(objectives)는 한 글자 차이지만 실로 많은 차이가 있다. 우선 목적은 가고자 하는 방향을 추상적인 수준에서 제시한다. 반면에 목표는 달성하고자 하는 바를 매우 구체적인 수준에서 설정한다. 따라서 목표는 목표가 달성되었는지를 객관적으로 관찰·측정 가능하나 목적은 그것이 달성되었는지를 직접 관찰하고 측정할 수 없다.

목적은 일반적인 방향성이라는 범주 내에서 어느 정도의 개연성과 융통성을 발휘하지만 목표는 일단 설정되면 이를 달성하는 최적의 합리적인 방법 또는 수단을 동원하여 효율적으로 달성해야 한다. 따라서 목표는 달성해야 하는 구체적인 지향점이라고 볼 수 있다. 물론 목적도 달성하지 않아도 되는 것은 아니다. 다만, 목적은 목표보다 불확실한 상황적 변수가 만들어내는 외부 환경변화를 인정하고 수용하면서 여러 번의 궤도수정을 인정한다.

다르게 표현하면 목적은 '존재의 이유'이고* 본질이고 출발점이다. 기업의 존재 이유가 이윤추구이듯이 기업의 목적 역시 이윤추구이다. 따라서 기업의 여러 가지 목표는 당연히 이윤추구를 달성하기 위한 내용들일 수밖에 없다. 즉 목표는 '도달 또는 달성해야 할 바람직한 수준'이다.

* 아리스토텔레스는 목적을 존재인(存在因)이라고 하였다. 존재인은 사물의 존재 이유를 말한다.

마찬가지로 관광지의 존재 이유는 너무 자명하다. 그것은 '관광욕구의 충족'이다. 이것이 관광지의 목적이고 이러한 맥락에서 관광지 개발의 목적은 '관광욕구를 충족시킬 수 있는 장소를 만드는 것'이다. 따라서 관광욕구를 충족시키기 위한 구체적인 내용들이 관광지개발의 목표로,

표 3.1 목적과 목표의 차이

목적	목표
가고자하는 방향을 추상적인 수준에서 제시	달성하고자 하는 바를 구체적인 수준에서 설정
광범위하고 추상적인 개념으로 직접적인 측정 곤란	객관적으로 관찰, 측정 가능
일반적인 방향성이라는 범주 내에서 어느 정도의 개연성과 융통성을 발휘	최적의 합리적인 방법 또는 수단을 동원하여 효율적이고 효과적으로 달성, 구체적인 지향점
하고 싶은 것	해야만 되는 것
비전(vision)과 유사	미션(mission)과 유사
불확실성 내포	확실성 추구

자기자원을 분석하고 시장을 조사하고 규모와 변화를 예측하는 일련의 과정을 통해 달성하고자 하는 수준들이다. 경우에 따라서는 이러한 관광지의 목적, 혹은 관광개발의 목적이 너무 당연하고 오히려 서술 자체가 진부할 수 있기 때문에 종종 목적에 대한 논의 없이 목표를 바로 제시하거나 목적을 배경이나 필요성으로 대신하는 경우도 있다. 또 목적 대신 비전으로 표현하기도 한다.

그러나 중요한 것은 목적에 대한 규명 없이 목표가 먼저 결정되어 진행하게 되면 번복과 시행착오를 겪게 되고 심지어는 중도에 포기할 수도 있다는 점이다. 과연 '관광객의 관광욕구 충족'을 목적으로 관광지를 만들려고 했는지를 점검해 볼 필요가 있다.

2.2 목표설정

목표에는 반드시 두 가지 개념이 들어가야 한다. '기간'과 '수준'이다. 즉 목표는 '일정기간 내에 도달 또는 달성해야 할 바람직한 수준'이다.

'세계 유일의 테마파크를 만들겠다'는 것은 목표가 아니다. 목적도 아니다. 단지 꿈이고 희망사항일 뿐이다. 기간도 없고 수준도 없기 때문이다. 또한 목표에는 '바람직한'이란 개념이 포함되어야 한다. 개발자든, 계획가든 자신이 만족스러워야 하고 또 사회가 만족스러워야 한다. 이러한 의미에서 '차별성, 친환경성, 쾌적성, 수익성 등' 추상적인 용어는 관광개발 혹은 관광지개발의 목표일 수는 없다.

목표설정을 위한 방법으로 'Brian Tracy의 목표설정을 위한 SMART기법'을 참고할 필요가 있다. 이제는 보통명사화된 'SMART기법'은 관광개발계획의 목표설정에도 유용하다.

1. Specific : 목표는 구체적이어야 한다. 구체적인 목표를 선정해야 구체적인 결과를 가져 올 수 있다. 기대되는 결과와 실천해야 할 행동까지 구체적으로 정하는 자세가 필요하다. 구체적인 목표를 정하기 위해서는 목표에 대한 충분한 이해가 선행되어야 한다.

2. Measurable : 목표는 측정 가능한 것이어야 한다. 측정할 수 있는 것이어야만 목표 달성 여부를 판단할 수 있기 때문이다.

3. Action Oriented : 목표는 실천적이어야 한다. 실천 항목을 염두에 두

지 않은 목표는 진정한 목표라 할 수 없다. 행동 지향적이고 실천적인 목표일수록 실현 가능성이 높으며, 실천해 갈수록 그 변화를 스스로 느낄 수 있어 더욱 진취적으로 나아갈 수 있다.

4. Realistic : 목표는 현실적이어야 한다. 목표가 망상이나 공상과 다르게 여겨지는 것은 목표가 가진 실현 가능성 때문이다. 현실적으로 적절하고 실현 가능한 목표를 세워야만 목표를 달성할 수 있다.

5. Time limited : 목표는 시간설정을 해야 한다. 목표는 시간과 연결되어야 한다. 목표를 이루었다고 하더라도 적합한 시간에 달성하지 못한다면 그 가치를 인정받을 수 없다.

S	Specific
M	Measurable
A	Action-oriented
R	Realistic
T	Time limited

2.3 전략 및 과제

목적은 비전(Vision)에 가깝고 목표는 미션(Mission)에 가깝다. 비전은 미래에 달성하고 싶은 이상적인 모습이지만 현실적으로 구현이 가능한 것이어야 하고, 미션은 반드시 해야 하는 구체적인 추진과제를 명시적으로 진술해놓은 것이기 때문이다. 물론 정확히 일치하는 의미는 아니지만 본질적 의미와 개념이 내포하는 뉘앙스가 비슷하다. 관광지개발에서 비전은 관광지의 미래상 또는 이상상과 이를 달성하기 위한 개발방향을 제시하고 그 방향으로 나아가기 위한 역량을 집중시키는 역할을 한다.

개발전략은 개발의 비전을 선택하고, 비전에 이르게 하는 목표를 정의하고, 여러 단계의 전술을 이용하여 목표를 달성하기 위한 방법이다. 이 전략의 구조적 절차와 순서는 일반적으로 Vision·Objective·Strategy·Tactics의 프로세스를 거친다. 즉 미래의 지향점(Vision)으로 가기 위해서는 구체적인 목적(Goal)이 있어야 하는데, 이를 이루기 위한 중간지점들(Objectives)이 있고, 미래의 지향점을 올바로 추구하기 위해서 택해야 할 방향성(Strategy)은 그 안의 작은 부분(Tactics)들의 합이다.

자료 : 식품의약품안전평가원 홈페이지

그림 3.1은 단지개발에서의 목표체계가 정리된 예이다. "자연과 건강의 메카"로 만든다는 비전 하에 이를 달성하기 위한 3가지 개발목표를 정의하고 이를 달성하기 위해 "Refresh Resort, Multiplex Resort, Wellness Resort"의 3가지 개발전략과 전략별로 과제, 즉 Tactics을 3가지씩 설정하였다.

그림 3.1 개발의 목표체계 사례

Refresh Resort	• 휴식 · 휴양기능을 강조한 다양한 숙박시설 도입 • 지역성 발굴을 통한 관광시설화 및 상품화 • 생태 · 환경중심의 Edutainment시설 도입
Multiplex Resort	• 건강 · 미용테마의 Attraction시설 및 웰빙프로그램 도입 • 가족중심 프로그램 및 고급화된 스포츠 시설 • 창의적이고 매력적인 건강테마 이벤트 개발 및 유치
Wellness Resort	• 쇼핑, 식음 등과 엔터테인먼트가 복합화된 시설 도입 • 생태, 문화교류 및 학습의 장 조성 • 국립공원 배후지원형 시설 도입

자료 : 정읍시 · 한국관광공사, 2011: 80

2.4 개발의 주제

개발의 주제는 개발사업 전반에 걸친 중심적 아이디어이다. 개발의 목적·목표를 지키면서 개발전략을 이해한 채 정립되어, 계획컨셉을 잡고 계획대안을 설정하는 내내 영향을 미치게 된다.

일반적으로 개발의 주제는 지역의 맥락과 장소적 특성, 시설프로그램의 객관적 이해를 통해 구체화된다. 따라서 목표체계와 같이 앞부분에서 거론되기도 하지만 실제로는 시설프로그램이나 구상안이 어느 정도 정리되었을 때만 가능하기 때문에 개발컨셉과 같이 정리되기도 하고 계획안이 구체화되면서 수정되고 보완되기도 한다.

개발주제의 언어체계가 독창적이고 차별화된 것이라면 단지의 성격을 규정짓는 이름이 될 수도 있고 그 사업의 캐치플레이어가 될 수도 있다.

그림 3.2 개발의 주제 사례

자료 : 하이파개발, 2007: 34

3. 시설프로그램

3.1 도입활동 및 시설

1) 도입활동

(1) 도입활동의 선정

무엇을 담을 것인가? 도입활동 및 시설 과정은 계획대상지에 어떤 활동을 담을 것이고 그 그릇의 크기는 어떠해야 하는지를 결정하는 과정이다. 이중 먼저 검토되어야 할 부분이 담을 내용인 도입활동이다.

관광지에서의 도입활동은 주제(thematic)활동과 비주제(athematic)활동으로 구분할 수 있다. 주제활동은 그 단지의 성격을 규정하는 활동으로 계획의 목적·목표, 개발의 방향과 계획컨셉으로부터 나온다. 스키장에서는 스키가, 골프장에서는 골프가 주제활동이다. 힐링리조트는 힐링과 관련된 활동이 주제활동이고 해양리조트는 해양스포츠 및 해양레저 활동이 주제활동이다. 반면 어느 관광지나 사람이 사는 곳에는 반드시 있어야 하는 활동, 즉 숙박, 식음, 휴게활동 등은 비주제활동으로 기본활동, 보완활동이라고 할 수도 있다.

관광객의 만족도는 주제활동과 비주제활동이 잘 구비되고 균형을 이루어야 높게 나타나지만 관광객을 오게 하는 활동(attractive activity)은 주제활동이다. 이러한 관점에서 도입활동 선정은 주제활동을 중심으로 이루어져야 한다. 비주제활동이 대상지의 자원조건, 시장조건, 이용행태 등에 대한 분석적 접근을 필요로 한다면 주제활동은 창의적 접근을 필요로 한다.

일반적으로 도입활동 선정은 그림 3.3과 같이 계획의 목적·목표, 대상지의 조건, 표적시장의 요구 등의 3가지 측면에서 검토된다.

그림 3.3 도입활동의 선정과정

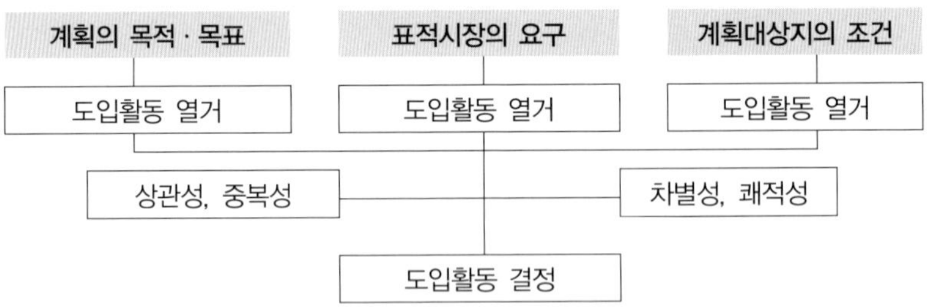

표 3.2 도입활동의 검토 사례

계획목적 · 목표에 따른 도입활동	대상지 조건에 따른 도입활동	표적시장의 요구에 따른 도입활동
· 해양관광지 : 해양 및 해양역사 체험 · 해양스포츠 활동 : 해수욕, 유람선, 보팅 · 해양특성부각 : 이벤트, 만남/모험/오락 · 동적 여가활동 : 어촌생활체험 및 위락 · 단지활성화 : 해안가로변 식음/오락/휴식 · 기존 관광지와의 연계 : 역사유적지 탐방 해수욕, 캠핑 · 지역경제부문 활성화 : 관광어촌 활동 특산물 식음, 구매활동	· 바다, 해변 : 보트타기, 해수욕 · 산, 계곡 : 모험놀이, 조망, 잔디스키 · 자연녹지 : 휴식, 야외위락, 골프 · 주변 사적지 : 사적 탐방, 역사교육 · 주변 마을 : 어촌생활체험, 캠핑 특산물 식음, 구매활동 · 주변 해수욕장 : 해수욕, 보트 · 기후조건 : 실내활동	· 1차 표적시장(영남권 당일 · 1박관광객) – 숙박, 식음/관람, 휴식, 위락, 자연체험, 수변활동, 해수욕활동 · 2차 표적시장(가족/단체관광객) – 휴양, 캠핑, 모험활동, 스포츠, 동적체험, 학습활동 · 3차 표적시장(외국인관광객) – 어촌생활체험, 만남, 휴양 · 지역민 : 문화, 오락/위락, 생활편의

자료 : 경주관광개발공사, 1996: 48를 토대로 재구성

(2) 표적시장의 요구 분석

표적시장은 지리적 특성이나 인구통계적 특성 혹은 관광욕구에 따라 세분화된 관광잠재시장 중에서 집중적으로 공략해야 할 시장이다. 따라서 도입활동을 결정할 때 표적시장의 요구나 추구편익을 분석해야 한다.

상황적 분석이나 직관적 판단도 중요하지만 설문조사를 하여 직접 묻거나 요인분석 등의 조사방법을 사용하여 유추하는 것도 필요하다.

표적시장은 대부분 위치를 기준으로 접근거리 혹은 시간으로 표적시장을 구분하는 데 프로젝트의 특성에 따라 좀더 연구할 필요가 있다. 표 3.3은 '감포관광단지기본설계' 수행시 제시되었던 표적시장별 요구편익을 정리한 것이고, 그림 3.4는 표적시장의 구조적 특성을 나타낸 것이다. 이러한 구분은 표적시장별로 요구하는 편익이 다를 것이고 원하는 활동도 다를 것이라는 전제에 의한 것이다.

* 표적시장을 포함한 자세한 STP전략에 대해서는 4장 6절의 관광마케팅계획을 참조

*** 관광마케팅전략수립과정**

시장세분화(Segmentation)

1. 시장세분화를 위한 기준 파악
2. 세분시장별 특성 기술

▽

표적시장 선정(Targeting)

3. 세분시장별 타당성분석
4. 표적시장 선정

▽

포지셔닝(Positioning)

5. 표적시장별 위치 파악
6. 표적시장별 마케팅믹스(4P)

표 3.3 표적시장 선정 및 요구편익

구분	표적시장의 선정	요구편익
1차 표적시장	· 영남권 단기(당일 · 1박) 관광객	· 탈일상성과 새로움 · 휴식과 기분전환
2차 표적시장	· 관광과 휴가목적의 방문객 · 가족, 수학여행 등 단체 방문객	· 교육적인 기회 · 휴양과 동적 활동의 복합적 체험
3차 표적시장	· 경주권 방문 외국인 관광객	· 복합적이고 쾌적한 편의시설 · 이국적인 풍경

그림 3.4 표적시장의 구조

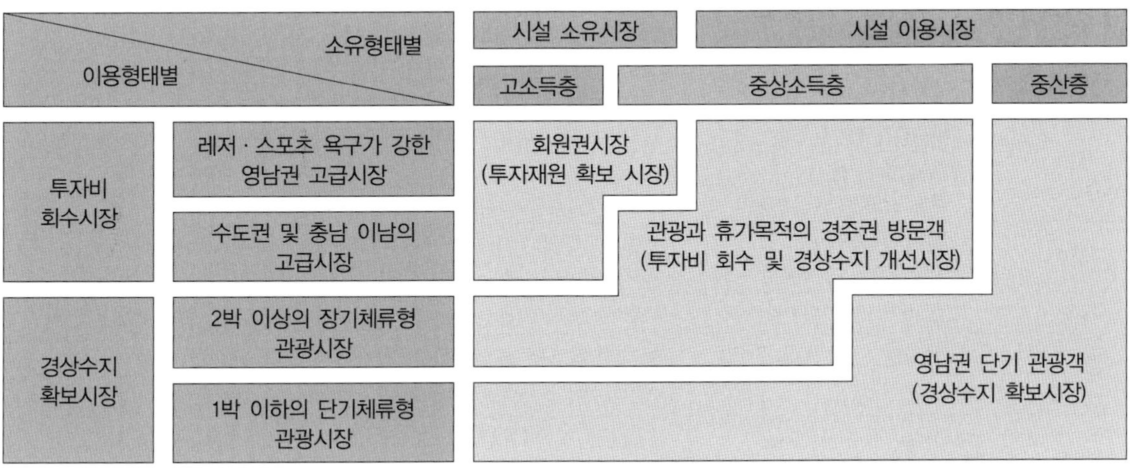

자료 : 경주관광개발공사, 1996: 49–50

2) 도입기능 및 시설

(1) 도입활동에 따른 도입시설

앞서 검토된 도입활동이 담을 내용에 관한 사항이었다면 도입시설은 담을 그릇에 관한 사항이다.

관광객의 활동은 대상지의 환경적 공간특성뿐만 아니라 연중 계절변화와 하루 중 시간대별로도 영향을 받는다. 따라서 도입시설은 선정된 도입활동을 근거로 하되 계획대상지의 조건과 이용자의 예상 흐름, 이를 토대로 한 시설배치계획, 그리고 투자계획과 관리운영계획까지도 염두에 두어야 한다.

* 도입시설의 결정과정

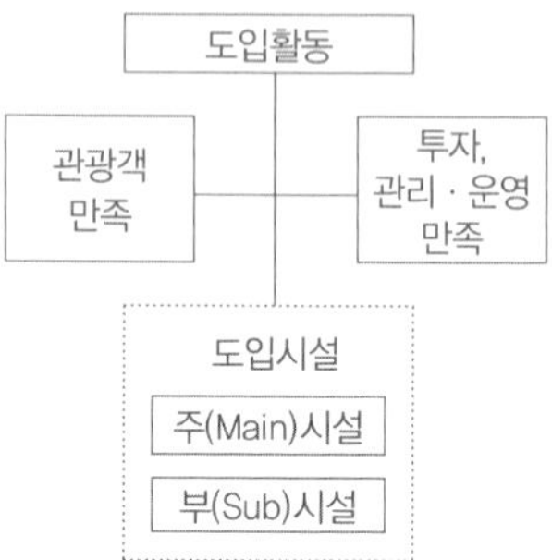

도입시설은 주시설과 부시설로 구분할 수 있다. 주시설은 앞서 설명한 주제활동을 위한 시설로 핵심시설, 집객시설이란 의미로 앵커시설(anchor)이라고도 하며 부시설은 주시설에 연계된 활동을 담거나 지원하기 위한 시설을 말하는 데 주수익은 여기서 발생하는 경우도 있다.

표 3.4 도입활동에 따른 도입시설

도입활동	도입시설	활동 및 시설 도입근거
해양스포츠	· 윈드서핑, 스킨스쿠버, 선착장	· 동적인 해양스포츠 활동 욕구를 충족
육상스포츠	· 골프장, 잔디볼링장 · 번지점프장, 마장, 산악자전거로	· 산악자원을 바탕으로 다양한 스포츠시설과 서비스시설을 도입, 방문객의 모험적이고 적극적인 신체활동 욕구 충족
실내스포츠	· 실내수영장, 해수풀장 · 볼링장, 라켓볼장, 테니스장	· 기후조건을 고려하여 실내에서도 활발한 스포츠활동이 가능하도록 하고 비수기 때 주변 도시민들 이용 유도
숙박	· 콘도미니엄, 호텔 · 야영장, 청소년휴양촌 · 기업휴양촌, 노인휴양촌	· 다양한 표적시장의 욕구를 고려하여 가족의 주말, 휴가시 이용을 위한 가족호텔, 청소년을 위한 유스호스텔, 하계 휴가시의 야외 숙박요구를 충족 · 캠프장 및 독특한 분위기의 휴양촌 등 숙박시설을 다양화
식음	· 식당, 특산물상가 · 카페테리아, 전망휴게소	· 해안가로를 따라 이국적 분위기로 통일된 이미지를 주어 방문객들에게 탈일적인 즐거움을 주고 단지에 활기를 부여
위락 · 오락	· 위락시설, 해수풀 및 사우나 · 옴니맥스영화관, 해양수족관	· 청소년, 어린이들에게 모험과 꿈을 주는 해양 주제시설 · 해양을 이해하고 체험할 수 있는 옴니맥스 영화관과 해양수족관, 야외무대
휴양	· 관광농원, 기업휴양촌 · 청소년휴양촌, 노인휴양촌	· 주변 농경지를 이용하여 가족휴양 및 자녀교육공간 제공 · 배후도시의 기업을 유치하여 근로자들의 휴양욕구를 충족
학습	· 스포츠 아카데미, 해양훈련센터	· 청소년단체의 교육과 훈련의 장으로 해양관련교육 등으로 제공
문화 · 교양	· 해양문화센터, 문화예술공연장	· 실내이벤트장이면서 지역민의 문화, 행사공간으로서의 역할 담당
구매	· 특산품점, 쇼핑몰	· 방문객에게 추억거리를 제공하고 지역수입 증대에 기여
관리 · 지원	· 서비스플라자, 주차장 등	· 주활동을 보완해주면서 방문객의 기본적인 편의시설 제공

자료 : 경주관광개발공사, 1996: 52

(2) 도입기능 및 시설 믹스

관광지내 각 시설들은 하나의 관광지가 완성되는데 필요한 기능이 모두 갖추어져야 하고 또 중복되지 않아야 한다. 따라서 관광지내 필요한 기능을 모두 열거하여 누락과 중복을 방지해야 한다.

기능을 열거, 분류하는 방법은 관광지의 특성과 계획의도에 따라 다양하게 제시될 수 있다. 일반적으로는 관광진흥법상의 시설분류를 기준으로 하는 데, 경우에 따라서는 계획의 주제에 따라 분류하기도 한다. 그러나 중요한 것은 도입기능을 어떻게 분류했느냐가 아니라 활동과 기능과 시설을 어떤 원칙에 따라 균형있게 믹스(mix)하였는가에 있다.

＊ 기능 연계도

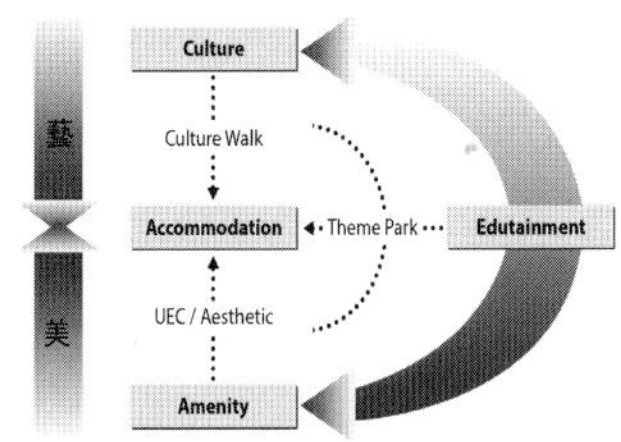

자료 : 경기관광공사, 2004: 89

그림 3.5 도입기능 및 시설의 연계도 사례

자료 : (재)세계도자기엑스포, 2002: 111

표 3.5 계획의 주제에 따른 시설믹스 사례

주제	주요시설	시설특징 및 세부시설	기능
Culture	관광비지니스센터	· 한국관광의 시발지 역할 수행, 동북아문화 및 관광교류의 장 제공	관광업무
	문화의 거리 (Culture Walk)	· 호텔 및 관련시설을 지원하는 공간이자 관광문화의 핵심공간 · 거리와 광장을 중심으로 오픈퍼포먼스가 행해지는 문화장터 · 호텔종사자 및 외국근무자, 장기체류객을 위한 복합거주공간	
Amenity	에스테틱센터 (Aesthetic Center)	· 건강과 뷰티를 주제로 한 시설공간이 체계적으로 집적화 · 미용성형센터, 헬스케어, 뷰티케어, 스파테라피, 한방센터, 쇼핑몰 등	
	UEC	· 호텔을 중심으로 하는 도심형 엔터테인먼트 공간 및 쇼핑 · 위락시설 · 테마레스토랑, 멀티플렉스, 판매시설, 재즈바, 카페 등	교육 · 위락
Edutainment	Edutainment Park	· 교육과 오락이 결합된 가족형 테마파크 · City Walk, 사이언스/디스커버리센터, 라이드시설 등	
Accommodation	호텔	· 다양한 테마와 이용가격별로 차별화된 숙박시설	관광숙박

자료 : 경기관광공사, 2004: 90

3.2 수요추정

1) 수요추정방법

담을 내용이 결정되었으면 그 다음은 담을 양과 크기를 결정해야 한다. 이것이 결국 관광수요의 추정으로, 추정방법은 정성적 기법과 정량적 기법으로 구분되며, 두 가지 이상의 계량분석 모형을 복합하여 적용하는 결합기법이 있다.

정성적 예측방법(quantitative technique)은 유용한 양적 자료가 존재하지 않거나 충분하지 않을 때에 사용된다. 구체적인 수치를 제시할 수 있는 방법은 아니므로 본질적으로 주된 양적 예측을 보완하는 방안으로 활용되며 단기보다는 장기적 예측의 성격이 강하다. 자주 적용되는 방법으로는 델파이기법과 시나리오 설정법이 있다.

정량적 예측방법(quantitative technique)은 충분한 양적 정보화 자료가 활용 가능할 경우에 양적 예측을 수행하기 위해 사용되며 널리 사용되는 분석방법이다. 분석대상이 되는 변수와 과거 변화해온 패턴이 미래에도 계속 지속될 것이라는 가정하에, 그 장래 값을 예측하는 시계열 예측과 인과관계적 함수관계에 근거하되 설명변수 값을 통해 종속변수 값을 예측하는 인과관계적 예측으로 구분할 수 있다.

결합예측방법(combined technique)은 인과형 모형과 시계열 모형에

표 3.6 관광수요추정방법의 유형

구분	유형	세부종류	예측기간	이용비용
정성적 기법	델파이기법(Delpi Techniques)		장기	보통 · 높음
	전문가판단모형(Judgement Aided Models : JAM)		중 · 기	보통
	시나리오설정법(Scenario Writing Methods)		중 · 기	낮음
정량적 기법	시계열모형 (Time-Series Methods)	평균증가율법(Average Methods)	단기	낮음
		추세분석법(Traditional Trend Methods)	단기	낮음
		이동평균법(Moving Average Methods)	단기	낮음
		지수평활법(Exponential Smoothing Methods)	단 · 중기	낮음
		분해법(Decompostion Analysis)	단기	낮음 · 보통
		박스-젠킨스법(Box-Jenkins Methods)	단 · 중기	보통 · 높음
	인과모형 (Casual Models)	단순회귀모형(Simple Regression Models)	중 · 장기	낮음 · 보통
		다중회귀모형(Mutiple Regression Models)	단 · 중기	보통 · 높음
	중력모형(Gravity Models)		단 · 장기	낮음 · 보통

내재되어 있는 방법론상의 한계를 극복하고 예측결과의 정확성을 제고하기 위해 두 방법을 복합한 것으로 두 가지 이상의 상이한 모형을 통해 미래예측을 수행함으로써 불확실성을 감소시키려는 방법이다.

2) 정성적 수요추정방법

(1) 델파이기법

델파이기법(Delphi Method)은 장기 수요예측방법의 하나로 관련 분야 전문가들의 경험있는 의견을 조합하는 방법이다. 비교적 신속한 처리가 가능하고 낮은 비용이 소요되며, 기본적인 데이터가 부족하거나 계량화하기 어려운 문제에 대해 유용하다는 장점이 있다.

일반적으로 델파이기법은 3라운드를 기본으로 미래에 대한 예측 및 결론을 도출하는 과정으로 진행하는데 충분한 사전 지식없이 잘못 적용될 때는 전혀 다른 결론을 초래할 우려가 있다.

＊ 델파이기법의 운용과정

- 예비조사 : 주요 연구주제의 정의, 문헌연구, 예비설문지 준비, 전문가 패널의 선정 등의 과정을 진행한다.
- 1라운드 : 완전히 구조화되지 않은 설문지를 배부하여 전문가 각 자신의 의견을 자유로이 기술토록하여 2라운드 설문지 작성의 기초로 삼고 별로 중요하지 않은 사항은 누락시킨다.
- 2라운드 : 수정된 2라운드 설문지를 배부, 회수해 예측을 구체화시키고 2라운드 설문지의 내용을 기반으로 3라운드 설문지를 작성한다.
- 3라운드 : 3라운드 설문지를 배부, 회수해 이를 요약하고 분석하여 미래에 대한 예측 및 결론을 도출한다.

(2) 전문가판단모형

전문가판단모형(Judgement-Aided Model : JAM)은 어느 한 개인의 의견보다는 다수의 전문가 집단의 의견이 더 좋은 예측치를 낸다는 가정하에 상호 자유롭게 의견을 제시함으로써 예측치를 구하는 방법이다. 주로 위원회, 세미나와 같은 형태를 취하는데 합의된 예측에 도달하기 위하여 가능한 한 많은 토론과 사고를 교환하기 위한 것이다.

JAM을 이용하여 장래의 관광수요를 예측하기 위해서는 우선 가장 많은 영향을 미치는 중요 변수를 정하여야 한다. 그리고 각 개별 변수들을 차례로 분석하여 각 변수들이 수요에 미치는 영향을 평가하고 결합한다. 결과적으로 각 개별 변수들에 관한 상이한 가정하에 다양하게 도달할 수 있는 변수와 관련된 수요의 수준을 추정하게 되고 이 수준이 어떻게 도달될 수 있는가를 평가하게 된다.

(3) 시나리오 설정법

시나리오 설정법(Scenario Writing Method)은 알려진 상황과 경향을 전개하여 향후 상황을 파악하는 것으로서 다양한 인과요인에 의해 수요가 어떻게 영향받을 수 있는가를 보여주고자 하는 방법이다.

시나리오는 하나의 특별한 미래상황이 어떻게 나타날 것인가를 설명하기 위한 것으로 적어도 다음 세 가지 요소가 포함되어야 한다. 첫째, 현재 상황에 대한 설명(base analysis), 둘째, 미래에 일어날 잠재적 상황에 대한 설명, 셋째, 어떻게 현재상황이 구체적인 미래 이미지로 발전될 수 있는가에 대한 미래 경로(future path)를 나타내 주어야 한다(임주환 외, 2001: 170). 이 방법은 미래 환경에 대한 시나리오를 설정한 후 이에 근거한 환경을 고려하여 추정하지만, 연구자의 주관적인 판단에 크게 좌우되는 한계가 있다.

3) 정량적 수요추정방법

(1) 시계열방법

시계열(time-series)이란 시간에 따라 변화하는 어떤 현상을 일정한 시간 간격으로 관찰할 때 얻어지는 일련의 관측치를 말한다. 과거의 시간에 따른 관측치가 미래에도 유사한 형태로 변화할 것이라는 가정하에 과거의 형태를 분석하여 미래를 예측하는 방법이 시계열방법이다.

시계열방법(Time-series Methods)은 시계열 구성요소의 특성에 따라 분석방법을 선택하게 되며 자료의 형태, 분석의 용이성, 분석자료 해석의 이해 정도에 따라서도 주의깊게 선택되어져야 한다.

가. 평균증가율법(Average Method)

가장 많이 이용되어 왔던 예측방법으로 쉽고 단순해서 유용성이 높은 예측법이라고 할 수 있다. 과거 및 현재 추세의 비율만을 이용하여 장래를 예측하는 방법으로, 시간변수 한 가지만 선정하여 과거와 현재의 비율을 미래로 연장시켜 산출하는 방법이다. 따라서 개략적인 예측은 할 수 있지만 장기예측은 물론 정확도 높은 예측을 기대하기는 어렵다.

나. 추세분석법(Traditional Trend Methods)

과거 및 현재의 추세치만 가지고 장래를 예측하는 방법으로, 기본가정은 현재의 추세는 과거 추세의 함수로, 과거와 현재의 추세가 시간이 지남에 따라 미래에도 지속될 것이라는 것이다. 이 방법에서는 따로 독립변수를 설정할 필요 없이 시간변수 한 가지만을 과거와 현재의 추세를 미래로 연장시키면 된다. 따라서 추세분석법(trend analysis) 또는 성장곡

선분석법(growth curve analysis)이라고 불리어진다.

다. 이동평균법(Moving Average Method)

이동평균법은 여러 기간의 관측치를 더하고 그 합계를 기간의 수로 나누어 산출된 이동평균(moving average)을 이용하는 방법이다. 다음 기간의 관광객수가 파악되면 최초의 통계는 제외되고 다시 평균을 구하여 대체한다. 평균증가율법을 보완하고 있지만 기간에 관계없이 같은 가중치를 활용하기 때문에 시간에 따라 증가되는 수요를 계산하지 않음으로써 실제 수요보다 낮게 예측될 수 있다.

라. 지수평활법(Exponential Smoothing Method)

평활(smoothing)이란 불규칙한 패턴을 가진 시계열에 포함된 확률오차를 적절한 평준화방법을 통하여 제거시켜 시계열 패턴을 쉽게 인식할 수 있도록 매끄러운 곡선을 구하는 작업을 말한다. 즉 과거 시계열의 관측값들을 단순평균 또는 가중평균을 이용하여 시계열에 포함된 확률오차를 평준화시킴을 말한다.

지수평활법은 이처럼 과거의 관측값을 지수적으로 가중평균하여 미래의 관광수요를 예측하는 방법이다. 여기서 가중치는 최근의 값에 많이 부여하고 자료가 오래될수록 가중치는 지수적으로 감소하게 된다. 이 방법을 통해 예측된 수치는 상당히 정확할 수도 있으나 기하급수적으로 복합적 성장을 하는 성질 때문에 중장기 수요예측에는 적당하지 않다.

마. 분해법(Decomposition Analysis)

시계열이란 시간순으로 나열된 과거자료를 의미하며 일반적으로 4가지의 영향, 즉 추세변동(장기변동), 계절변동(주지변동), 순환변동(경기변동), 불규칙변동(잔차변동)의 결과라고 할 수 있다.

분해법은 이러한 시계열을 구성하는 중요패턴인 계절패턴(seasonal pattern), 추세패턴(trend pattern), 순환패턴(cycle pattern), 확률오차(random error)를 시계열로부터 분해시켜 각 패턴을 개별 예측한 후 이들을 재합산해 미래계열을 예측하는 방법이다. 따라서 이 방법은 이러한 미래 계열의 예측뿐 아니라 계절성, 순환성과 같은 시계열 구성 요인들에 대한 정보 및 이들 영향에 대한 분석이 가능하다는 점에서 중요한 기법이다. 특히 특정기간, 월 혹은 분기의 관측치가 기타 기간에 비해 매우 크거나 작을 때 유용하게 활용될 수 있다.

* 분해법의 종류는 각각의 세부 패턴을 더하느냐 곱하느냐에 따라 가법적 분해법과 승법적 분해법으로 나눌 수 있다. 예를 들면 가법적인 계절적 변동에서는 추세치가 얼마가 되든 계절적 변동치는 언제나 일정하다고 보는 것이고 계절적 변동이 승법적이면 추세에 계절지수를 곱한 값이 된다.

바. 박스-젠킨스법(Box-Jenkins Method)

시계열방법 중 비교적 정교한 기법이 박스-젠킨스법이다. 이 방법은 자기회귀이동평균법(Autoregressive Intergrated Moving Average : ARIMA)을 지칭하는 것으로 계절변동이나 우연변동 등을 감안할 수 있는 방법이다. 다시 말하면 여러 형태의 단일변량 시계열자료를 확률과정모형, 즉 AR, MA, ARMA, ARIMA 및 계절ARIMA에 접목시켜 효과적으로 시계열을 분석하는 것을 말한다. 단기간을 정확히 예측하며 시계열의 구성요소가 시간의 흐름에 따라 빠르게 변동하는 경우에 효과적이다. 그러나 상대적으로 다량의 자료를 필요로 하여 만족할 만한 모형을 구축하기 위해서는 시간과 비용이 많이 소요된다는 단점이 있다.

* 관광 분야에서 ARIMA모형의 적용은 Raymond BarOn에 의해 시도되었는데 BarOn은 미국센서스국의 X-11-ARIMA라는 시계열분석 프로그램을 이용하여 관광의 계절적 요인의 본질, 영향 및 중요성을 분석하였다.

(2) 인과모형

인과모형(Causal Model)은 한 변수와 관련된 다른 변수들에 대한 데이터를 분석하여 주요 변수에 대한 수요를 예측하는 것을 말한다. 이러한 인과모형 중의 하나가 회귀분석모형(Regression Models)이다.

회귀모형(Regression Models)은 1개 또는 그 이상의 독립변수들과 1개의 종속변수와의 관계를 파악하기 위한 수요예측기법이다. 예를 들면 어떤 지역의 관광수요(D)가 관광객의 소득수준(Y)과 여행경비(C), 그리고 환율(E) 등의 변수로 설명된다면 그 지역의 관광수요는 'D = f(Y, C, E)'와 같은 함수로 표현될 수 있다는 것이다.

그러나 중요한 것은 종속변수(수요)와 관련이 높은 설명(독립)변수를 찾는 일이 쉬운 일이 아니라는 것이다. 따라서 회귀모형을 이용한 예측을 수행하고자 할 경우에는 먼저 예측하고자 하는 변수에 어떤 변수가 가장 큰 영향을 미치는가를 먼저 파악해야 하고 파악된 독립변수 중에서 종속변수에 영향력이 있다고 판단되는 적절한 회귀식을 설정해야 한다. 그리고 도출된 회귀식의 잔차를 분석하여 이들 회귀식들이 기본적인 제 가정상의 문제들을 충족하고 있는가를 검토해야 한다.

* 회귀방정식을 이용한 관광수요예측이 자료 및 시간상의 제약으로 중요한 변수를 포함하지 않거나 검토되어야 할 가정상의 문제에 대한 적절한 보완 없이 부적절한 함수형태를 취하게 될 경우 예측력이 낮아짐은 물론 이분산성, 다중공산성, 자기상관성과 같은 문제가 발생할 수 있다.

(3) 중력모형

회귀모형은 하나의 종속변수와 하나 이상의 독립변수들 사이의 함수관계로 설명되고 각각의 독립변수가 미치는 영향을 절대값 및 상대적인 정도로 나타내는 것이다. 하지만 중력모형(Gravity Model)은 더 고정된 형태로 표현된다. 즉 관계상의 특성, 특히 거리가 구체적으로 명기된다. 중력모형의 가장 단순한 형태는 다음의 산식과 같이 만유인력 방정식과 유사하다. 즉 관광발생지(i)에 사는 사람들의 목적지(j)로의 관광수요(D_{ij})는 발생지의 인구(P_i), 목적지의 인구(P_j), 출발지와 목적까지의 거리(D_{ij})에 의해 결정된다. 여기서 α와 β는 실제분석을 통하여 결정되는 값이다.

$$D_{ij} = \alpha \frac{P_i\, P_j}{d_{ij}^{\beta}}$$

중력모형은 크게 여행발생모형과 여행배분모형으로 구분된다. 여행발생모형(trip generation model)은 주로 인과론적인 입장에서 발생지-목적지간 여행량의 원인이나 결정요인을 설명하고자 하는 모형이고, 여행배분모형(trip distribution model)은 발생된 여행량이 각 목적지에 어떻게 배분되는가에 관심을 둔 방법으로서 주로 각 지역별 여행량의 예측목적에 많이 사용되는 기법이다.

기본적인 가정은 공간단위인 지역(region)은 물리학의 물체 질량(mass)과 같다는 것이다. 그래서 지역과 지역 간에는 그 지역의 크기(인구수 등)나 성격(자원의 매력도 등)에 따라 물질과 같이 서로 끌고 끌리는 상호작용관계가 존재한다는 것이다. 이 방법은 발생지가 불분명하여 인구 데이터를 수집할 수 없거나 신규 관광지인 경우에 적용할 수 없고, 지역별 관광수요를 단기적으로 예측하는 데 유용하다.

표 3.7 관광수요예측기법의 장 · 단점 비교

예측기법		장점	단점
정량적 방법	시계열모형	추세, 순환, 계절변동, 불규칙 변동으로 구성되며, 단기예측에 유용	자료의 형태분석 용이성, 분석자료 해석의 이해 정도에 따라 주의깊게 선택해야 함
	지수평활법	적용이 쉽고 계산이 간단하여 분기별 관광수요 예측, 상품재고예측 등 간단한 예측에 유용	초기 예측치가 필요함
	박스-젠킨스법	단기간을 정확하게 예측하는 데 유용	다량의 자료가 필요, 시간과 비용이 많이 소요
	회귀모형	중장기 예측에 유용	중요변수를 포함하지 않거나 부적절한 함수형태를 취함으로써 이분산성, 다중공선성, 자기상관문제가 발생할 수 있음
정성적 방법	델파이기법	기본적인 데이터가 부족하거나 계량화하기 어려운 문제에 대해 유용	전문가들의 책임감이 적어지고 좋은 의견과 잘못된 의견이 혼재되어 해석의 난해함이 발생
	시나리오 설정법	미래 특정상황이 일어날 가능성을 제시하고 이를 체계화	연구자의 주관적 판단이 개입될 수 있음

자료 : 최혜경, 2001: 231

3.3 계획지표 설정

앞서 말한 바와 같이 일반적으로 신도시개발이나 택지개발 등 도시계획사업 수행시에는 수용인구, 인구밀도, 시설기준 등 시설공급지표가 상위계획 또는 정책적으로 미리 정해져 있다. 그러나 관광개발사업의 경우는 그렇지 않은 경우가 대부분이다. 일반화할 수 없는 관광활동의 특성 때문이기도 하지만 사업 자체가 사회·경제적 상황변화에 민감하기 때문이다. 따라서 공공사업이든 민간사업이든 관광개발사업은 사업별로 그 시대적 상황에 맞는 계획지표를 설정하여야 한다.*

* 계획지표란 '계획을 통하여 달성하고자 하는 목표 척도'로, 규모 산정을 위한 기준만을 의미하는 것은 아니지만 본 서에서는 관광개발계획 수립 절차상 필요한 시설공급지표인 '년·일·시의 이용객수'의 의미로 사용하고자 한다.

1) 연이용객수

연이용객수는 관광공급의 규모를 산정하기 위한 일차적 지표이다. 그러나 이를 정확히 추정한다는 것은 어려운 일이다. 따라서 신뢰할 만한 데이터를 바탕으로 논리적이고 체계적인 과정을 통하여 타당성을 인정받을 수 있어야 한다.

연이용객수는 앞서 설명한 수요추정방법 중 계획의 특성에 부합되는 방법을 선택하여 추정한다. 특별한 경우를 제외하고는 대부분 시계열모형이나 회귀분석모형 등이 사용되지만 기존의 데이터가 없는 신규 개발지의 경우는 중력모형을 사용하거나 다음과 같이 세분시장별 혹은 권역별 목표연도의 인구데이터에 방문참여율을 곱하여 집계하는 방식을 쓰기도 한다.

그림 3.6 연이용객수 추정 사례

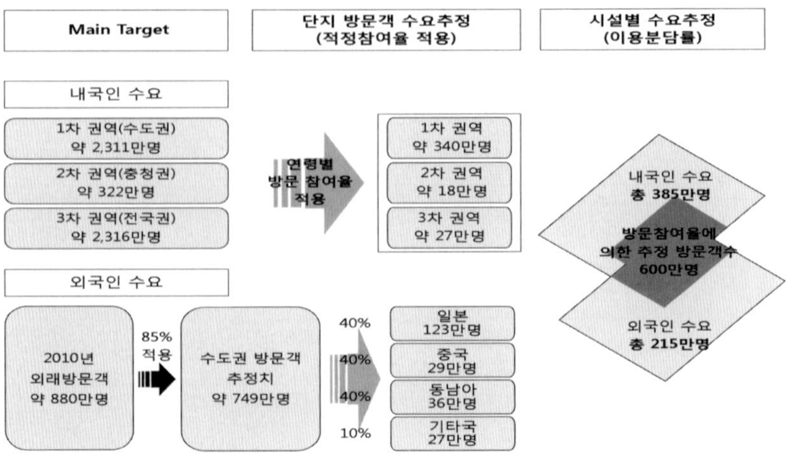

자료 : 경기관광공사, 2004: 77

2) 계획기준일 이용객수

관광객들은 관광지를 연중 고루 방문하는 것이 아니라 자원의 특성에 따라 특정 계절에 집중하는 경향이 있다. 예를 들면 해수욕장은 여름, 스키장은 겨울 등으로 한 계절에 집중하고 자연공원이나 유원지 등은 주로 봄, 가을에 두루 방문한다. 온천이나 실내관광시설처럼 계절에 관계 없는 경우도 있다. 이를 관광지의 계절형이라 하고 이 중 관광객이 최고로 집중되는 날을 최대일*이라고 한다.

* 최대일이라고는 하더라도 어린이날이나 오프닝이벤트 등과 같은 날(상위 3~4일 정도)의 관광객수는 통계적으로 유의하지 않기 때문에 제외한다.

이 최대일 이용객수의 연이용객수에 대한 비율을 최대일률이고 최대일 집중률, 피크(peak)율이라고도 한다. 따라서 해수욕장이나 스키장은 최대일률이 높게 나타나고 온천 등은 최대일률이 낮게 나타난다. 이 최대일률을 알면 연이용객수에 곱함으로써 최대일 이용객수를 산출할 수 있다.

최대일률은 관광지의 특성에 따라 조사된 자료수치를 이용하는데 계절형별로 표 3.3과 같은 기준들이 있다. 그동안은 국내 관련연구가 없어 일본기준을 적용해 왔으나 2007년 문화관광부에서 우리나라의 실태조사를 토대로 제시되어 이 수치를 적용하고 있다.

그러나 시설규모 산정시에는 이 최대일 이용객수를 기준으로 하면 최대일 이외는 시설과잉이 되므로 일반적으로 서비스율*을 감안하여 최대일 이용객수의 60~80% 정도를 기준으로 설정한다(일본관광협회, 1974: 55). 이를 계획기준일 이용객수라고 하며 다음과 같은 산식으로 정리한다.

* 서비스율은 관광지의 입지와 규모, 자원의 특성, 시설의 성격에 따라 적용을 달리한다.

최대일 이용객수 = 연간 이용객수 × 최대일률

계획기준일 이용객수 = 최대일 이용객수 × 서비스율(60~80%)

여기서 서비스율이란 엄밀히 얘기하면 관광지에 전체적으로 동일하게 적용되는 것이 아니라 관광지 내의 시설에 따라 다르다. 따라서 개별 시설규모 산정시에는 최대일 이용객수에 각 시설별로 서비스율을 직접 곱하여 산정하기도 한다.

그런데 굳이 계획기준일 이용객수를 추정해야 하는 이유는 이 숫자는 단순히 시설규모를 산정하기 위한 숫자가 아니라 관광지의 규모를 판단하는 지표 숫자이기 때문이다.* 단지 전체의 용수공급, 우·오수처리 등 인프라시설계획시의 기본수이기도 하고 환경 등 영향평가 수립시의 지침이 되는 숫자이며, 재무적 타당성분석을 위한 기초자료가 되기 때문이다.

* 계획기준일 이용객수가 관광지개발시 지표숫자이기 때문에 실제보다 많게 설정되면 관계기관 협의시 인프라시설 투자부담이 증가될 수 있고 또 제반 영향평가 협의가 어려워 질 수 있다. 반면 적게 설정되면 사업의 재무적 타당성이 부정적으로 나타날 수 있다.

* 계절형과 최대일률과의 관계

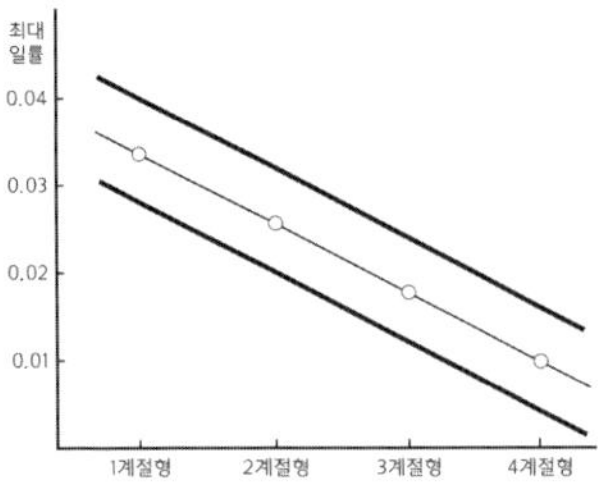

자료 : 일본관광협회, 1974: 55

표 3.8 최대일률

구분	1계절형	2계절형	3계절형	4계절형
일본관광협회[*1]	1/30	1/40	1/60	1/100
문화관광부(2001)[*2]	1/8	1/15	1/30	1/60
문화관광부(2007)[*3]	1/29.4(0.034)	1/58.8(0.017)	1/83.3(0.012)	1/100(1.01)

주1) 일본의 기준(일본관광협회, 1974)으로, 그동안 국내연구가 없어서 사용되어 왔다.
주2) 제2차 관광개발기본계획에서 나온 교통 분야의 연구결과를 토대로 제시한 기준으로 일본기준에 비해 너무 높아 도로등 기반시설의 부담이 많아지는 문제가 있었다.
주3) 우리나라의 실태조사 내용을 토대로 2007년에 발표된 수치로, 위의 표와 같이 단일값으로 제시되기도 하였고, 1계절형 : 0.028~0.04, 2계절형 : 0.01~0.024, 3계절형 : 0.008~0.015, 4계절형 : 0.007~0.012 등과 같이 범위값으로도 제시되었다.

* 시(時)이용객수를 '최대시이용객수'란 용어로 사용하여 어의(語義)상의 혼돈이 있었다. 따라서 본서에서는 문광부(2007)에서와 같이 '동시체재이용객수'란 용어를 사용하고 또한 같은 의미로 '회전율' 대신 '동시체재율'이란 용어를 사용하고자 한다.

3) 동시체재 이용객수*

관광지의 방문객이 연중 고루 분포되지 않고 일정기간에 집중하는 것처럼 관광지의 일방문객도 일정시간에 집중된다. 관광지의 특성에 따라 다르지만 일반적으로 오후 2시부터 오후 4시에 집중된다. 이 중 방문객이 가장 집중되는 시각의 방문객수가 최대시 이용객수이다. 이 최대시이용객수가 그 관광지계획의 시설규모 산정의 지표가 되는데 정확히 표현하면 '시간 최대 이용객수'이다. 다른 말로 '동시체재 이용객수'이다.

동시체재 이용객수의 그날 총이용객수에 대한 비율을 동시체재율이라 하고, 시간집중률 또는 회전율이라고도 한다. 동시체재 이용객수를 알기 위해서는 동시체재율을 알아야 하며 다음의 산식으로 산출된다.

* 시간별 입퇴장객비율

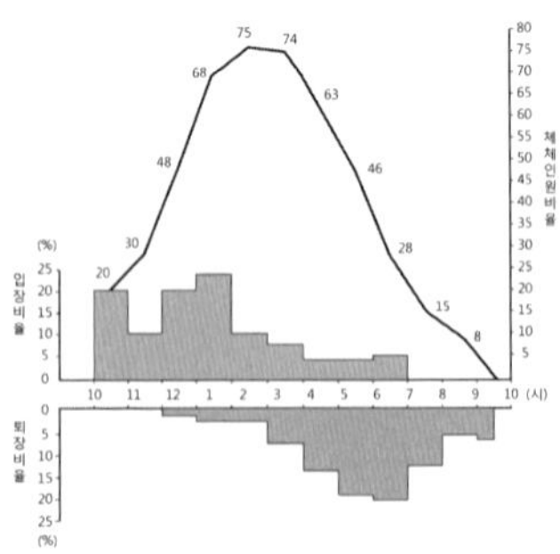

$$\text{동시체재 이용객수} = \text{계획기준일 이용객수} \times \text{동시체재율}$$

동시체재율은 체재시간을 기준으로 시간대별로 조사된 자료를 이용한다. 최대일률과 마찬가지로 그동안의 일본기준을 사용하였는데 문화체육관광부(2007)에서 새로운 기준을 제시하여 이를 적용하기도 한다.

* 시간별 체재인원

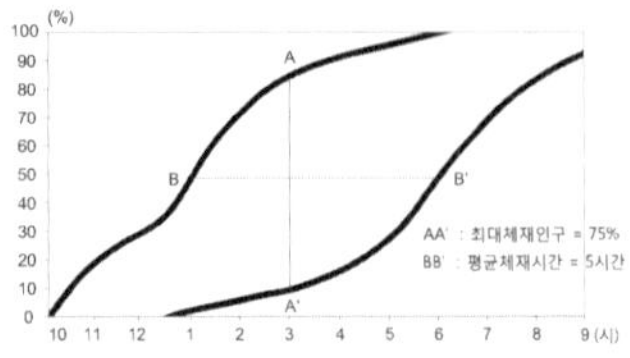

자료 : 곽노엽, 1986: 81

표 3.9 동시체재율

구분	1시간	2시간	3시간	4시간	5시간	6시간	7시간	8시간
일본관광협회	1/4	1/2.5	1/2	1/1.7	1/1.5	1/1.4	1/1.3	1/1.2
	0.25	0.2	0.5	0.56	0.67	0.71	0.77	0.83
문화관광부(2007)	0.16	0.31	0.47	0.62	0.77	0.92	–	–

* 우리나라의 경우는 최대체재시간이 6시간을 넘지 않아, 6시간 이상인 경우는 숙박객으로 가정하여 1.00으로 처리

표 3.10 시설별 동시체재율

시 설	동시체재율	시 설	동시체재율
동물원	0.4	마리나	1.0
식물원	0.25	승마장	0.3
수족관	0.3	스카이스포츠	1.0
미술관	0.25	온천	0.5
박물관	0.15	캠프장	1.0
테마파크	0.65	유원지	0.8
페스티벌마켓	0.4	해수욕장	1.0
어시장	0.3	피크닉장	0.6
공예촌	0.4	야외게임장	0.4
골프장	1.0	스포츠시설	0.4
스키장	1.0	휴양소	1.0

* 일본관광협회(1974) 관광계획의 수법, 일본관광협회(1974) 관광레크리에이션지구 및 관광시설의 기준에 관한 연구Ⅱ에서 발췌·정리

* 평균체재시간 – 회전율(동시체재율)

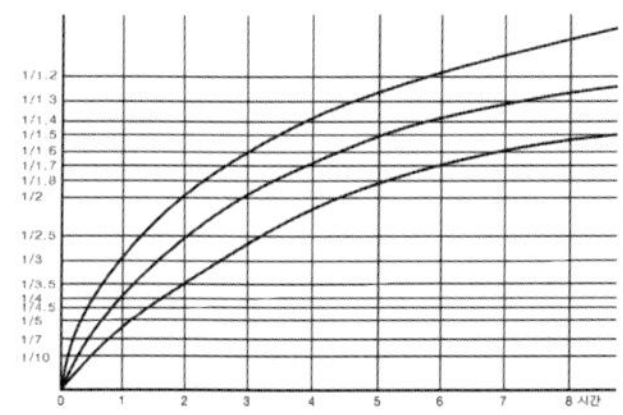

자료 : 일본관광협회, 1974: 55

3.4 시설규모 산정

1) 시설규모 산정방법

도입될 활동과 시설이 결정되었고, 계획지표가 설정되었으며, 그 다음 과정은 도입될 시설에 대한 구체적인 공급규모를 결정하는 일이다.

시설의 규모는 단지내 관광활동이 불편하지 않고 쾌적하게 수용될 수 있도록 산정되어야 한다. 그러나 개발 초기의 공사비와 향후 유지관리비는

* 시설규모산정방식의 적용

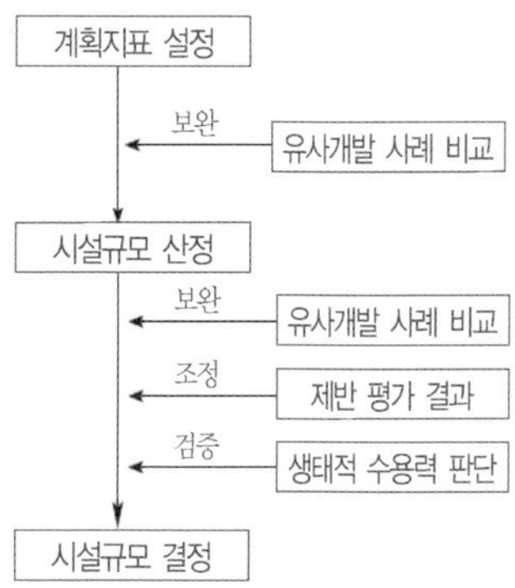

표 3.11 시설규모 산정방식별 특징 비교

구분	산정방식	장단점
계획지표에 의한 산정법	수요예측에 의한 연관광객수와 계획기준일 관광객수, 최대시 관광객수에 시설별 원단위를 적용하여 산정	· 계량적 수치로, 의사결정에 유리하고 시설규모 산정 적용에 편리 · 예측과 가정을 통한 추정치로 신뢰성에 한계
유사 사례 비교에 의한 산정법	기존의 유사개발 사례 비교 분석을 통하여 관광객 규모 및 시설의 규모를 산정	· 실증적, 객관적으로 설득력 있음 · 다양하고 많은 관련 자료 축적이 있어야 가능
제반 평가방법을 통한 산정법	환경영향평가 등 제반 평가과정을 통하여 시설의 규모를 판단	· 여러 측면에서 비교적 자세히 판단할 수 있음 · 초기안을 제시하지는 못하고 검증만 가능
생태적 수용력에 의한 산정법	대상지의 생태적 수용능력을 판단하고 이 범위 내에서 가능한 시설의 규모를 산정	· 대상지의 친환경성, 쾌적성 유지에 필요 · 관련 자료 부족으로 시설별 규모 산정에는 한계, 전체 규모의 판단에만 적용

자료 : 문화관광부, 2007: 103

물론 사업 전체의 재무적 타당성을 좌우하므로 부족한 것도 문제이지만 지나친 것도 문제가 될 수 있다. 가급적 정확한 예측에 의해 산정되어야 하지만 사회·경제적인 상황에 크게 좌우되는 관광산업 특성상 단계별 시설조성을 염두에 두고 산정하는 것이 합리적이다.

일반적으로는 계획지표를 활용한 규모 산정방법이 주로 쓰이지만 추정치의 신뢰성 때문에 유사 사례 비교에 의한 산정방법으로 보완하기도 하고 대상지의 친환경성과 쾌적성 유지를 위해 생태적 수용력에 의한 방법으로 전체 규모를 검증하기도 한다. 혹은 환경 및 교통, 재해 영향평가 과정상에서 제시된 대안에 따라 조정되기도 한다.

2) 시설규모 산정

필요한 공간 및 시설의 규모는 앞서 설명한 계획지표, 즉 연이용객수, 계획기준일 이용객수, 동시체재 이용객수를 토대로 산정한다. 어떤 지표를 사용할 것이냐는 시설의 성격에 달려 있는데 대부분의 시설은 계획기준일 이용객수를 적용하여 산정한다.

다만, 규모 산정의 process가 다른 숙박시설은 연이용객수를 적용하여 산정하고, 화장실이나 관광안내소 등과 같이 체재시간이 짧은 시설들은 동시체재 이용객수를 적용하는 것이 이해하기 쉽다.

따라서 시설규모 산정을 위한 산식은 다음의 3가지로 정리되는데 (산식 1)은 연이용객수를, (산식 2)는 계획기준일 이용객수를, (산식 3)은 동시체재 이용객수를 적용하여 필요면적을 산정하는 식이다.

(산식 1) 연이용객수 × 최대일률 × 서비스율 × 동시체재율 × 시설원단위 = 필요면적

(산식 2) 계획기준일 이용객수 × 동시체재율 × 시설원단위 = 필요면적

(산식 3) 동시체재 이용객수 × 시설원단위 = 필요면적

그리고 시설원단위는 개별 시설의 1인당 필요면적(㎡/인)으로 각 시설의 수용력을 기준으로 생태적 측면, 법·제도적 측면, 쾌적성 측면 등을 감안하여 연구된 결과와 조사결과, 그리고 유사 사례와의 비교를 통하여 마련된 기준을 활용한다(표 3.17 참조).

시설원단위의 유사개념으로 '공간원단위'가 있는데 공간원단위는 표

3.12와 같이 유원지, 수목원, 자연휴양림 등 단위관광지 개발에 필요한 총 공급규모, 즉 전체 볼륨을 이해하는 데 도움을 주는 지표로 주로 기획단계에서 필요로 하는 지표이다.

그림 3.7 시설규모 산정 과정

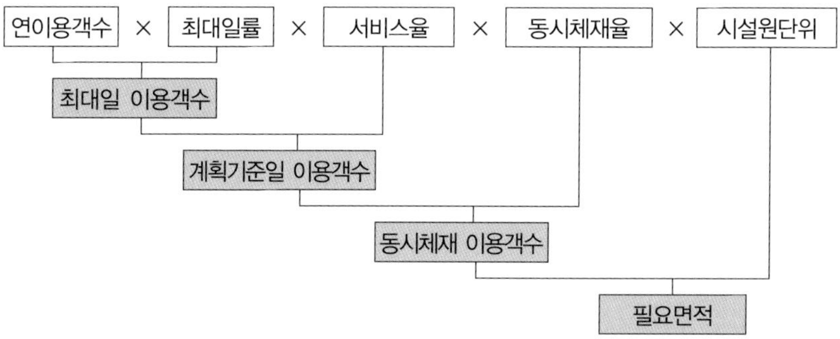

표 3.12 공간원단위

(단위 : m^2/인)

<table>
<tr><th>이용행태 / 보유자원</th><th colspan="2">위락·체험</th><th colspan="2">관 람</th><th>휴 양</th><th>비 고</th></tr>
<tr><td>산악형</td><td colspan="2">50
40~60</td><td colspan="2">250
230~270</td><td>300
280~320</td><td>녹지를 제외한 관광지내 시설지구 면적</td></tr>
<tr><td>내수면형</td><td colspan="2">75
65~85</td><td colspan="2">140
130~150</td><td>–</td><td>호수면적을 제외한 개발이 이루어진 면적</td></tr>
<tr><td>해안형</td><td colspan="2">15
10~20</td><td colspan="2">50
40~60</td><td>–</td><td>해안체험형은 해안 백사장 면적</td></tr>
<tr><td>동굴형</td><td colspan="2">–</td><td colspan="2">35
30~40</td><td>–</td><td>동굴자원을 제외하고 개발이 이루어진 면적</td></tr>
<tr><td>온천형</td><td colspan="2">10
5~15</td><td colspan="2">–</td><td>40
35~45</td><td>위락·체험형은 온천시설만, 휴양형은 숙박시설이 있는 온천</td></tr>
<tr><td>문화유적형</td><td colspan="2">120
110~130</td><td colspan="2">140
130~150</td><td>70
60~80</td><td>녹지를 제외한 관광지내 시설지구 면적</td></tr>
<tr><td rowspan="5">단일공간형</td><td>스키장</td><td>60
50~70</td><td>수목원</td><td>120
110~130</td><td rowspan="2">25</td><td>스키장은 슬로프면적 기준</td></tr>
<tr><td>골프장
(m^2/hole)</td><td>4만5천
4만~5만</td><td>식물원</td><td>210
190~230</td><td>골프장은 pubic 골프장의 홀당 면적 기준</td></tr>
<tr><td>유원시설</td><td>25
15~35</td><td>민속촌</td><td>75
65~85</td><td rowspan="3">20~30</td><td rowspan="3">–</td></tr>
<tr><td>문화
테마파크</td><td>40
35~50</td><td>동물원</td><td>25
20~30</td></tr>
<tr><td>생태
테마파크</td><td>50
40~60</td><td></td><td></td></tr>
<tr><td>복합형</td><td colspan="2">–</td><td colspan="2">–</td><td>135
125~145</td><td>리조트 전체 면적</td></tr>
</table>

자료 : 문화관광부, 2007: 281

(1) 숙박시설 규모 산정

숙박시설은 관광진흥법상의 관광호텔(특1급, 특2급, 1급, 2급, 3급)*과 휴양콘도미니엄, 관광펜션, 공중위생관리법상의 일반호텔과 여관으로 구분된다. 그리고 청소년활동진흥법상의 유스호스텔 등이 이에 해당된다.

* 관광진흥법상의 관광숙박업은 호텔업과 휴양콘도미니엄업으로 구분되며 호텔업으로는 관광호텔, 수상관광호텔, 한국전통호텔, 가족호텔, 호스텔 등이 있고 관광펜션은 관광객편의시설업에 속한다.(법 제3조1항, 시행령 제2조 1항)

숙박시설 규모를 산정하기 위해서는 먼저 숙박객수를 알아야 한다. 숙박객수는 관광지의 입지와 특성에 따라 다르기 때문에 수요예측 과정에서 연이용객수와 별도로 숙박객수가 산출되어야 정확한 숙박시설의 규모를 산정할 수 있다. 도심형 관광(단)지나 유원지는 해당 관광지 방문객만이 숙박대상객이 아니기 때문이다. 그렇지 않으면 연관광객수에 숙박시설이용률과 평균숙박일수를 곱하여 숙박객수를 산정해야 하는데 숙박시설이용률과 평균숙박일수를 별도로 예측하거나 기존의 자료를 이용해야 하므로 신뢰도가 낮을 우려가 있다.

따라서 숙박시설 도입이 예상되는 관광지 계획시는 반드시 수요예측 과정에서 숙박객을 별도로 산출하는 것이 좋다. 그러나 그렇지 못한 경우는 다음과 같은 과정에 의해 먼저 숙박객수를 산정한 후 다음 단계로 넘어가야 한다.

* 국내숙박여행 주이용시설

구분	2011년	2010년	2009년
1위	펜션 (26.0)	펜션/민박 (27.8)	펜션/민박 (28.4)
2위	콘도미니엄 (21.4)	콘도미니엄 (19.7)	콘도미니엄 (21.8)
3위	가족/친지집 (11.3)	가족/친지집 (17.5)	가족/친지집 (16.3)
4위	호텔 (9.7)	모텔/여관 (13.4)	모텔/여관 (13.1)
5위	모텔/여관 (9.3)	호텔 (9.3)	호텔 (7.2)

(단위 : %)

* 국내숙박여행 평균일수

구분		2011년	2010년	2009년
국내여행		2.88	2.89	2.51
	관광여행	2.72	2.81	2.67
	기타여행	3.03	3.01	2.37

(단위 : 일/회)

자료 : 문화체육관광부, 2012: 81, 195

① 연숙박객수 산정

$$\text{연숙박객수(인·일)} = \text{연이용객수(인)} \times \text{숙박시설이용률(\%)} \times \text{평균숙박일수(일)}$$

여기서 '숙박시설이용률'과 '평균숙박일수'는 관광지 입지 및 특성에 따라 다르고 관광지 운영방침과도 관계 있다. 문화체육관광부의 전국자료나 기타 기관의 지역자료 혹은 인접관광지 사례를 참고하여 예측하여야 한다.* 그리고 단지 내의 숙박시설을, 관광지의 성격과 관광트렌드, 투자계획, 재무적 타당성 등을 종합적으로 검토하여 어떻게 배분하고 분담할 것인지를 결정한다.*

이에 따른 숙박시설 유형별 소요객실수 산정은 다음과 같다.

* 대부분의 초기투자비를 콘도미니엄 분양으로 회수하려고 하기 때문에 콘도의 객실수 산정이 관광객의 행태나 트렌드 기준이라기 보다 투자비 기준으로 설정되는 경우가 많다.

② 유형별 필요객실수 산정

$$\text{유형별 필요객실수(실)} = \frac{\text{연숙박객수(인·일)} \times \text{유형별 분담률(\%)}}{\text{365일} \times \text{객실당 수용인원(인/실)} \times \text{연평균숙박률(\%)}}$$

일반적으로 관광지의 숙박시설은 비수기가 있어서 연중 100%의 가동이 어렵다. 해수욕장 주변의 호텔은 연간 40~50% 정도만 정상 운영되는 실정이다. 이러한 실정을 반영한 것을 연평균 숙박률이라고 한다. 사업주 입장에서 가동률, 계획가의 입장에서 경제적 이용률이라고 표현하기도 하고 영어로는 occupancy로 표현한다.

필요규모 산정은 객실수를 기준으로 시설원단위와 유형별 공용면적률을 곱하여 건축연면적으로 산출한다. 그러나 계획단계에서의 시설규모 산정은 전체적인 시설의 볼륨을 파악하기 위한 작업이지 절대적인 기준은 아니다. 구체적인 면적은 설계단계에서 결정되어야 한다.

③ 유형별 필요면적 산정

유형별 필요연면적(m^2) = 필요객실수(실)×객실당 기준면적(m^2/실)×(1+공용면적률)
유형별 필요부지면적(m^2) = 필요연면적(m^2) ÷ (층수×건폐율)

표 3.13 호텔 각부 면적비

구분		리조트호텔	시티호텔	레지던스호텔
객실면적(m^2)		60~91	28~50	70~100
객실면적/연면적(%)		41~56	49~73	32~48
공용면적	공동사용면적/연면적(%)	22~38	11~30	35~58
	로비면적/연면적(%)	3~6.2	1.9~3.2	5.3~8.5
	관리부면적/연면적(%)	6.5~9.3		
	설비부면적/연면적(%)	5.2		

자료 : 정구영 외, 1997: 382

표 3.14 숙박시설 유형별 면적 산정기준

구분		실당 인원	실당 면적	연평균숙박률	공용면적률
호텔	특급호텔	1.2인/실	60~90m^2/실	40~70%	50~70%
	일반호텔	2.0인/실	40~60m^2/실	60~80%	40~60%
휴양콘도미니엄		3.0인/세대	80~120m^2/세대	50~70%	50~70%
여관		2.0인/실	20~50m^2/실	60~80%	20~30%
유스호스텔		4.0~6.0인/실	40~80m^2/실	45~70%	40~50%
관광펜션		2.0~4.0인/실	30~60m^2/실	30~50%	20~30%

* 일본관광협회(1974) 관광계획의 수법, 한국토지공사(1992) 관광지개발 사례 조사연구, 문화체육관광부(2007) 관광공급지표개발연구, 이명우(2008) 조경계획론1, 정구영 외(1997) 건축계획각론 등을 참고하여 정리.

(2) 상가시설 규모 산정

상가시설은 상업시설과 다른 개념으로 주로 판매, 식음시설을 말한다. 관광진흥법에서는 접객시설이라 하며 '관광공연장, 외국인전용관광기념품판매점, 관광유흥음식점, 관광극장유흥업점, 외국인전용유흥음식점, 관광식당 등'(시행규칙 별표 18)을 말한다. 이 중 관광지에서 총괄적인 규모가 파악되어야 하는 시설은 필수적인 시설인 식음시설이다.

식음시설이 단독시설로 식당이나 매점 등으로 구성되든, 호텔의 부대시설로 구성되든 관계 없이 단지 내에 필요한 적정 총량을 알 필요가 있다. 식음시설 규모는 건축연면적으로 산정되는데 다음의 산식에 의한다.

$$C = P_d \times R \times U \times A$$

여기서, C : 필요연면적(m^2)
P_d : 계획기준일 이용객수(인)
R : 동시체재율
U : 시설이용률(%)
A : 시설원단위(m^2/인)

동시체재율은 시설별로 체재시간을 감안하여 산정하는데 (표 3.9 참조) 대부분 1시간 이내이므로 0.16을, 1인당 필요면적은 5~10m^2을 기준으로 산정한다(표 3.17 시설원단위 참조). 그러나 문제는 시설이용률인데, 이는 관광지의 성격에 따라 예측하거나 설정하여야 한다. 가격과 서비스 수준에 따라 달라지겠지만 기존의 조사자료를 토대로(표 3.15 참조) 30~40% 정도를 적용하면 무난하다.

표 3.15 여행지출액 구성

(단위 : %)

구분	국내관광여행		
		숙박여행	당일여행
여행상품구입비	4.1	5.3	0.8
숙박비	13.3	18.2	–
교통비	24.2	23.4	26.5
식/음료비	35.7	33.0	43.2
문화오락시설이용료 등	7.0	5.2	12.2
기념품 및 쇼핑비	9.2	9.0	9.8
여행 관련 용품구입 등	2.9	3.3	1.9
기타	3.4	2.6	5.6

자료 : 문화체육관광부(2012), 2011 국민여행실태조사

(3) 공공편익시설 규모 산정

공공편익시설은 '화장실, 도로, 주차장, 전기시설, 통신시설, 상하수도 시설 또는 관광안내소 등'이나 시설규모 산정 대상은 주로 주차장과 화장실이다.

① 화장실 규모 산정

화장실은 상가시설과 마찬가지로 단독시설이든 관광시설의 부대시설이든 필요한 총규모를 알 필요가 있다. 화장실의 규모 산정은 동시체재 이용객수를 기준으로 다음의 산식에 의한다. 일반적으로 시설이용률은 0.05%, 1인당 필요면적은 3.3m^{2}을 적용한다.

$$C = P_h \times U \times A$$

여기서, C : 필요연면적(m^2)
P_h : 동시체재 이용객수(인)
U : 시설이용률(%)
A : 1대당 필요면적(m^2/인)

② 주차장 규모 산정

주차장은 계획기준일 이용객수를 기준으로 다음의 산식에 의하며 필요한 주차대수를 산정한다.

$$C = P_d \times U \times R \times D \div A$$

여기서, C : 필요주차대수(대)
P_d : 계획기준일 이용객수(인)
D : 교통수단분담률(%)
R : 동시체재율
U : 시설이용률(%)
A : 1대당 수용인원(인/대)

주차대수 산정은 먼저 교통수단분담률을 판단해야 하는데 기존의 조사자료*를 기준으로 적용하거나 관광지의 지리적 위치와 가용면적 등을 감안하여 설정할 수도 있다.

그리고 동시체재율은 관광지의 평균 체재시간을 감안하여 산정한다(표 3.9 참조). 예를 들어 평균체재시간이 4시간인 관광지인 경우 0.62를 적용한다. 시설이용률은 통상 100%로 가정하는 데 기존의 조사자료를 토대로 문광부(2007)에서 제시한 소형 64%, 대형 58%을 적용할 수도 있다.

대당 수용인원은 일반적으로 소형이 3.0인/대, 대형이 30.0인/대를 적

＊ 교통수단분담률

(단위 : %)

지역		소형	대형	기타
내륙지역	경기·충청지역	67.7	23.1	9.2
	전라지역	78.2	15.7	6.1
	경상지역	68.6	21.2	10.2
	강원지역	70.1	17.3	12.6
	평균	70	20	10
제주지역		55	5	40

자료 : 문화체육관광부, 2007: 297

용한다. 여기서 나온 필요주차대수에 소형은 20~30m^2/대, 대형은 60~80m^2/대를 적용하여 필요한 주차장 면적을 산출한다.

그러나 여기서 산출된 주차장 필요면적은 주차장계획을 어떻게 하느냐에 따라 많이 달라지기 때문에 의미를 지니는 것은 주차장면적이 아니라 주차대수이다. 더구나 이러한 산식에 의한 주차대수나 필요면적 산정은 단일공간형이나 관람형 관광지에의 적용에는 의미가 있으나 건축물이 많은 관광지나 복합리조트의 경우는 총량 파악이라는 의미만을 지닌다.

법적으로 필요한 주차대수는 주차장법상의 주차장 설치기준, 공용주차장 규모는 지자체의 주차장법 조례에 의한다.

표 3.16 부설주차장의 설치대상 시설물 종류 및 설치기준

시설물	설치기준
1. 위락시설	· 시설면적 100m^2당 1대
2. 문화 및 집회시설, 종교시설, 판매시설, 운수시설, 의료시설, 운동시설, 업무시설, 방송국, 장례식장	· 시설면적 150m^2당 1대
3. 근린생활시설, 숙박시설	· 시설면적 200m^2당 1대
4. 단독주택	· 시설면적 50~150m^2당 1대 · 시설면적 150m^2 초과시 : [1+{(시설면적−150m^2)/100m^2}]대
5. 다가구주택, 공동주택, 오피스텔	· 주택건설기준 등에 관한 규정 제27조 제1항에 따름
6. 골프장, 골프연습장, 옥외수영장, 관람장	· 골프장 : 1홀당 10대 · 골프연습장 : 1타석당 1대 · 옥외수영장 : 정원 15명당 1대 · 관람장 : 정원 100명당 1대
7. 수련시설, 공장, 발전시설	· 시설면적 350m^2당 1대
8. 창고시설	· 시설면적 400m^2당 1대
9. 그 밖의 건축물	· 시설면적 300m^2당 1대

자료 : 주차장법 시행령 별표 1

(4) 기타 시설 규모 산정

기타 시설로는 운동·오락시설과 휴양·문화시설, 지원시설 등이 이에 해당된다. 관광진흥법에 의한 운동·오락시설은 '골프장, 스키장, 요트장, 조정장, 카누장, 빙상장, 자동차경주장, 승마장, 종합체육시설, 경마장, 경륜장 또는 경정장', 휴양·문화시설은 '민속촌, 해수욕장, 수렵장, 동물원, 식물원, 수족관, 온천장, 동굴자원, 수영장, 농어촌휴양시설, 산림휴양시설,

박물관, 미술관, 활공장, 자동차야영장, 관광유람선 또는 종합유원시설', 그리고 지원시설은 '관광종사자 전용숙소, 관광종사자 연수시설, 물류·유통 관련 시설'을 말한다.

이러한 시설들은 대부분 단독운영시설이므로 시설규모는 개별 건축설계기준에 의하지만 총량적인 규모는 다음의 산식에 의한다.

$$C = P_d \times R \times U \times A$$

여기서, C : 필요연면적 또는 부지면적(m^2)
P_d : 계획기준일 이용객수(인)
R : 동시체재율
U : 시설이용률(%)
A : 시설원단위(m^2/인)

표 3.17 시설원단위

(단위 : m^2/인)

구분	시설명	시설원단위	비고	구분	시설명	시설원단위	비고
공공편익시설	비지터센터	1.5~3.0m^2/인	건축연면적	운동오락시설	테니스코트	800m^2/면	23.77×10.94m
	화장실	3.8m^2/인	〃		배구장	400m^2/면	9×18m
	주차장(대형)	60~80m^2/대	부지면적		농구장	700m^2/면	15×28m
	주차장(소형)	20~30m^2/대	〃		배드민턴장	200m^2/면	6.1×13.4m
	광장	15m^2/인	〃		풋살장	1,125m^2/면	20×40m
	공동취사장	2.5m^2/인	건축연면적		인라인스케이트장	4,300m^2/면	42.48×100.91
접객시설	공연장	3m^2/인	〃	휴양문화시설	민속촌	75m^2/인	부지면적
	전시판매장	3~5m^2/인	〃		동물원	25m^2/인	〃
	일반식당	5m^2/인	〃		식물원	200m^2/인	〃
	관광식당	12m^2/인	〃		해수욕장	15~20m^2/인	〃
	페스티벌마켓	5m^2/인	부지면적		수렵장	3.2ha/인	〃
운동오락시설	골프장	4.5만m^2/홀	〃		활공장	90m^2/인	〃
	스키장	60~100m^2/인	〃		박물관, 미술관	10m^2/인	건축연면적
	마리나(수역)	70m^2/척	수역면적		수족관	15m^2/인	〃
	마리나(계류장)	25m^2/척	부지면적		청소년수련시설	20m^2/인	부지면적
	승마장	120m^2/인	〃		워터파크	10m^2/인	〃
	눈썰매장	15~20m^2/인	〃		테마파크	40~50m^2/인	〃
	다목적운동장	10~20m^2/인	〃		수영장	10m^2/인	〃
	야외게임장	25m^2/인	〃		야영장	50m^2/인	〃
	활터	30m^2/인	〃		자동차야영장	150~200m^2/인	〃
	축구장	9,000m^2/면	68×105m		피크닉장	15~30m^2/인	〃
	야구장	14,000m^2/면	최대 400ft		휴게소	1.5m^2/인	건축연면적

* 문화관광부(2007) 관광공급지표개발연구, 일본관광협회(1974) 관광계획의 수법, 이명우(2008) 조경계획론 1, 한국조경공사(1976) 조경설계기준, 산림청(1990) 자연휴양림설계기준 등을 참고하여 정리.

4. 대안 작성·평가

시설프로그래밍을 통해 담겨질 내용의 종류와 규모가 정리되었으면 그 다음은 어떻게 담을 것인가를 결정해야 한다. 이에 대해서는 여러 가지 안이 있을 수도 있으나 계획의 목적·목표, 대상지의 공간적 특성, 중심기능과 시설 등을 이해하면 반드시 그런 것만은 아니다.

우선 중심이 되는 것, 없어서는 안 될 것, 수익이 되는 것, 변화되는 것 등 근간을 이루는 내용에 대한 개념을 정립해야 한다. 즉 대안 작성에 앞서 계획안의 기조를 이루는 계획개념이나 전제가 되는 사항에 대해 정리하거나 합의를 이루어 놓을 필요가 있다.* 그래야 대안이 대안으로서 의미를 지니지 그렇지 않으면 대안(alternatives)이 아닌 수많은 변형안(variation)으로 오히려 의사결정을 어렵게 할 수도 있다.

* 이러한 과정을 본 서에서는 구상의 기조라고 표현하였다. 계획의 개념이나 구상의 전제 혹은 구상의 원칙 등 어떤 용어로 표현해도 무방하지만 중요한 것은 반드시 이러한 과정이 있어야 한다는 것이다.

4.1 구상의 기조

1) 계획개념의 정립

여기서의 계획개념은 그동안의 추상적이며, 계량적인 내용들이 공간적인 형태로 전환된 것이다. 이는 계획안 전체에 대한 구상체계로, 언어체계에 의한 다이어그램 형태로 표현될 수도 있고, 위치정보가 포함된 공간적인 그림의 형태로 표현될 수도 있다. 그러나 계획안에 대한 통합된

그림 3.8 계획개념도 사례

자료 : 대전광역시, 2009: 133

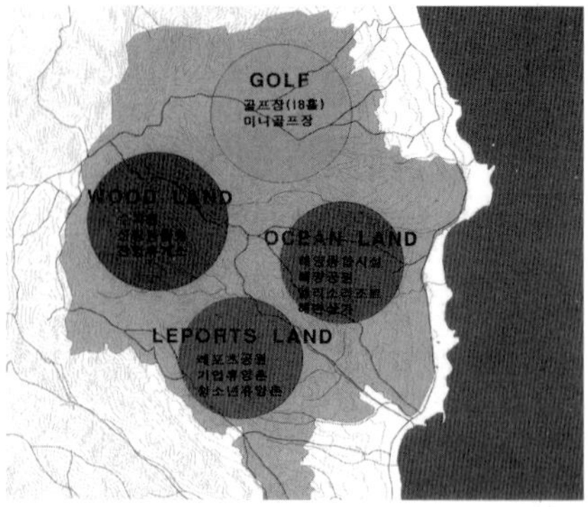

자료 : 경주관광개발공사, 1994 : 63

아이디어이기 때문에 간결할수록 좋다. 간결할수록 문제의 핵심이 뭔지를 명확히 알고 있다는 뜻이기 때문이다.

사고체계를 단순화함으로써 이해가 용이해지고 메시지 전달이 가능해진다. 이 계획개념만 보고도 그 계획의 전반적인 윤곽이 파악될 수 있어야 하고 계획의 의도가 전달되어야 한다.

그림 3.8은 계획개념도에 대한 사례로 특히 우측의 그림은 위치정보까지 포함된 형태이다.

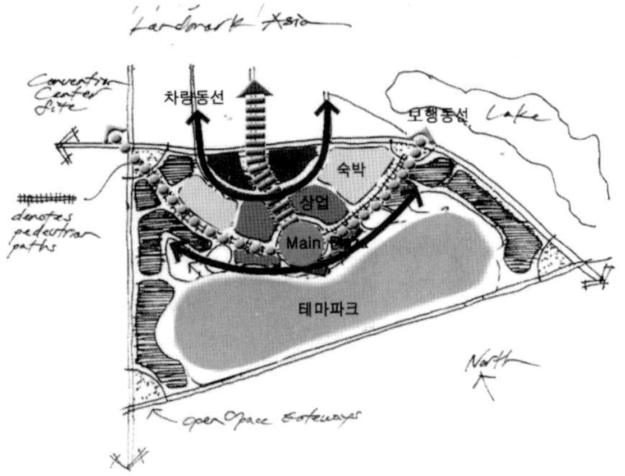

2) 계획의 원칙 설정

계획의 개념이 확정되었다고 하여 바로 공간구성에 대한 대안을 마련하고 계획안을 확정하는 것은 아니다. 같은 개념하에서도 여러 가지 안이 나올 수 있기 때문이다. 따라서 대안작성의 원칙이 설정되어야 하는데 계획여건에 따라 다르겠지만 관광개발계획에서는 수익성 확보방안이나 앵커시설 혹은 기반시설의 위치와 형태에 관한 내용이 될 경우가 많다. 계획내용이 단순하거나 사이트가 작은 경우는 제시되는 대안들과 연동되어 함께 논의될 수도 있다. 하지만 그렇지 않을 경우, 예시도의 성격이 강한 관광개발계획안에서는 상기의 내용과 같이 근간을 이루는 사항에 대해서 별도로 논의되는 것이 효율적이다.

여러 가지 예가 있을 수 있으나 우측의 그림은 기반시설 중 하나인 하수처리장의 위치를 미리 결정하여 계획의 원칙으로 삼은 예이다.

하수처리장의 위치에 따라 호텔, 콘도, 위락시설 등 집중오수발생시설의 위치 결정에 영향을 미치고, 또 처리장 주변에는 냄새로 인하여 관광시설의 배치가 제한되므로 그 위치를 미리 정함이 필요했다. 처리장 위치에 대한 검토는 단순히 계획적인 차원이 아니라 처리 시스템, 방류관 위치 및 길이, 그리고 공사비 등 다소 설계적인 차원의 검토를 필요로 하지만 상기와 마찬가지로 미리 결정하지 않으면 너무 많은 변수를 가진 채 대안제시의 과정으로 넘어가야 하기 때문이다.

이러한 계획원칙을 사전에 정리하는 것이 모든 프로젝트에 꼭 필요한 과정은 아니다. 다만, 면적이 넓거나 시설내용이 복잡하여 계획안에 대한 변수가 많을 경우 구상의 틀을 미리 설정하여 대안을 어느 정도 한정

＊ 계획의 원칙 설정 사례 : 하수종말처리장 위치

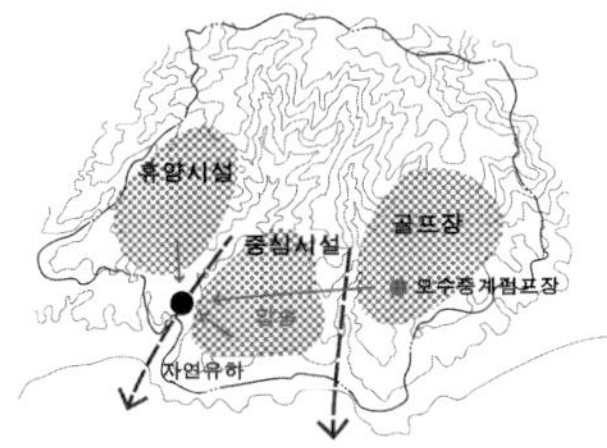

대안1 : 남측계곡 하단부 위치

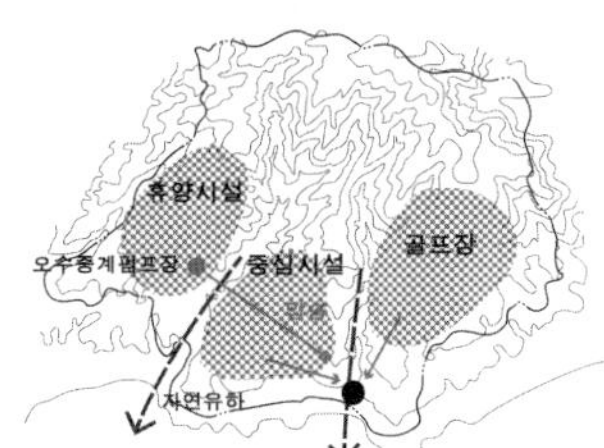

대안2 : 북측계곡 하단부 위치

짓기 위해 필요한 과정이다. 따라서 이러한 계획의 원칙은 반드시 사전에 합의된 사항이거나 누구나 공감할 수 있는 내용으로 정리되어야 한다.

4.2 대안의 제시·평가

계획안의 좋고 나쁨은 보는 사람들의 입장에 따라 다르다. 사업주나 투자자, 인허가관청, 지역주민 및 관광객, 그리고 계획가 등, 보는 시각이 다르고 추구하는 바가 다르기 때문이다.

절대적으로 우수한 계획안을 만든다는 것은 매우 어려운 일이다. 따라서 현재의 여건에서 바람직하다고 생각되는 몇 개의 안을 만들어 여러 측면에서의 상호 비교를 통하여 최선의 안을 택하는 과정을 거치는 것이 합리적이다.

∗ 대안제시의 사례

대안 1

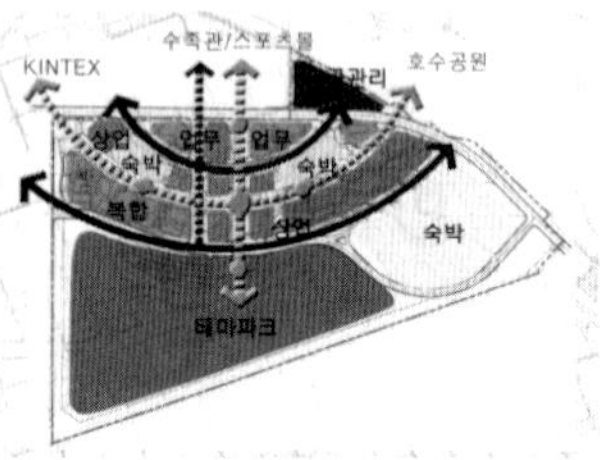

대안 2

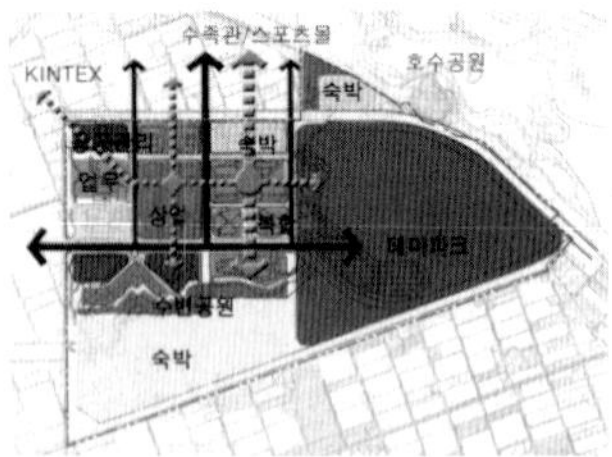

대안 3

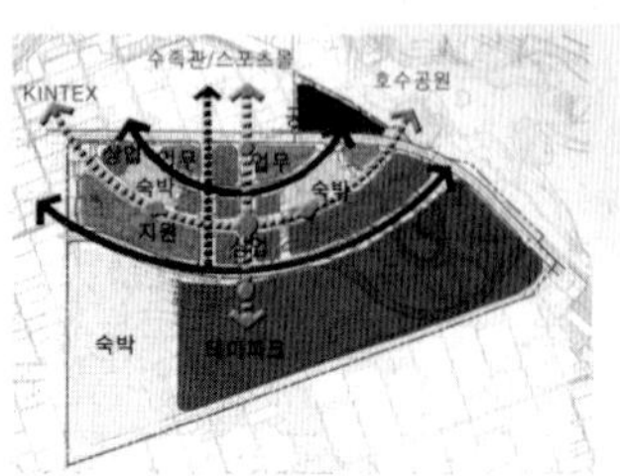

자료 : 경기도, 2004: 103

계획개념 등 구상의 기조가 올바르게 정리되었다면 대안은 주로 토지이용체계나 동선체계, 경우에 따라서는 시설배치체계 등 공간구성체계를 달리하는 것을 대안으로 설정하게 된다. 그러나 계획안 수립과정에도 위계가 있듯이 대안에도 위계가 있음을 잘 이해하여야 한다. 많은 대안을 제시했다는 것이 노력을 많이 했다는 의미는 결코 아니다. 계획의 흐름이 유지되도록 사소한 내용들은 부문별 계획이나 세부설계 과정에서 논의되도록 계획과정상에서의 포지션(position)을 잘 파악해야 한다.

각 대안은 대안마다의 장단점을 지니고 있다. 평가기준을 세우고, 이를 기준으로 비교·평가하여 최종안을 선정하는 과정이 필요하다. 이때의 평가기준은 주로 계획의 목적·목표를 비롯한 시설프로그램과 계획개념과의 적합성 등이 되겠지만 관광개발계획에서는 이외에도 투자비, 인허가의 용이성, 지역주민의 요구, 수익성 등 비물리적 요소까지도 포함된다.

최종안은 대안 중 하나의 안을 선택할 수도 있지만 각 안의 장점들을 종합한 새로운 절충안이 마련될 수도 있다. 여기서의 최종안은 전체적인 공간의 이용에 관한 윤곽을 보여주는 안으로, 향후 기본계획단계를 통해 부분적으로 세밀하게 다듬어지며 추상적이며 계량적인 자료들까지도 공간적으로 탈바꿈하는 과정을 통하여 완수된다.

04. 기본계획단계

1. 서론
2. 토지이용계획
3. 교통동선계획
4. 시설배치계획
5. 공급처리시설계획
6. 관광마케팅계획

1. 서론

기본구상은 계획의 기본골격을 짜는 단계로, 상황분석과 미래예측을 통하여 목표에 적합한 개념들을 도출하고 대안을 만들어 각각의 장·단점을 검토하고 최적의 안을 선정하는 과정이다. 여기서 선정된 안은 기본계획을 수립하는 기본이 되는 안으로 마스터플랜이라고도 하는데 주로 토지이용 및 동선을 중심으로 이루어진다.

이 기본구상안이 부문별로 나누어져 구체적으로 설명되고 보완되는 과정이 기본계획단계로, 일반적으로 시설계획인 토지이용계획, 교통동선계획, 시설배치계획, 공급처리시설계획, 조경계획 등과 집행계획인 투자계획, 재원조달계획, 관리운영 및 마케팅계획 등으로 나누어져 작성하게 된다(그림 4.1 참조).

각 부문별 계획시에도 위계는 다르지만 일반적인 계획과정과 마찬가지로 세부적인 여건 검토와 계획개념 정립, 대안작성 등의 과정을 거치게 된다.

통상적으로 사업집행계획은 시설계획을 실행하기 위한 계획으로 판단하여 시설계획 결정 후에 수립하게 되는데 관광개발계획에서는 반드시 병행하여 진행되어야 한다. 편의상 사업집행계획이 시설계획 후에 기술될 뿐이지 후순위는 아니다. 관광개발사업에서는 사업집행계획이 오히려 더 중요한 비중을 차지할 수도 있다. 시설계획은 잘못되면 수정할 수 있으나 사업집행계획은 잘못되면 사업 자체가 무산될 수도 있기 때문이다.

* 관광시설계획 등의 작성 (관광진흥법 시행규칙 제60조)
  1. 관광시설계획
     - ·시설지구가 구분 · 표시된 토지이용계획
     - ·건축연면적이 표시된 시설물 설치계획
     - ·조경시설물, 조경구조물 및 식재계획이 포함된 조경계획
     - ·그 밖의 전기, 통신, 상수도 및 하수도 설치계획
  2. 투자계획
     - ·재원조달계획
     - ·연차별 투자계획
  3. 관리계획
     - ·시설물의 관리계획
     - ·관리를 위한 인원 확보 및 조직에 관한 계획
     - ·그 밖의 관광지 등의 효율적 관리 방안

집행계획은 사업자의 내·외부환경에 따라 많이 다르기 때문에 일반화하기는 어렵다. 따라서 본 서에서는 집행계획 중 관광마케팅계획과 시설계획을 중심으로 다루되, 시설계획 중 건축계획이나 조경계획 역시 일반화하기 어려운 별도의 전문 분야이므로 생략하고자 한다.

그림 4.1 관광개발기본계획의 내용

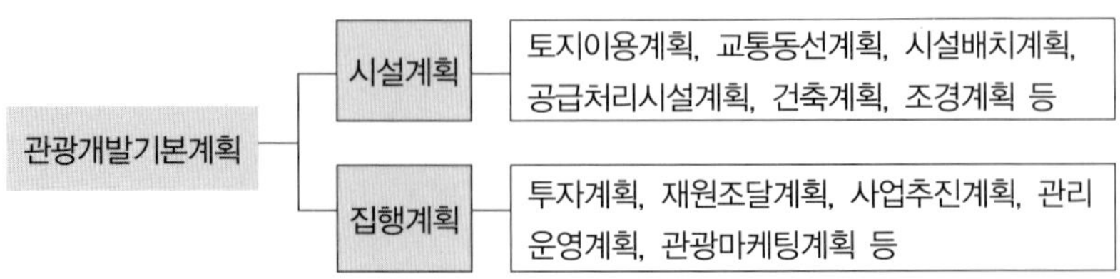

2. 토지이용계획

* 토지이용계획의 방향

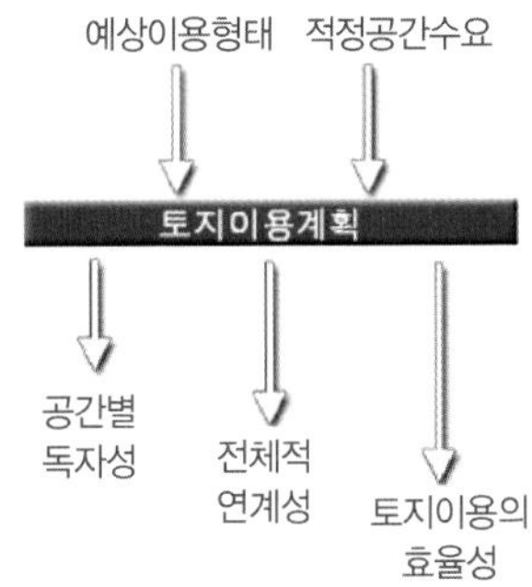

토지이용계획은 관광지 등 제반 개발사업계획의 기본이 되는 계획으로 장래의 용도별 이용행태를 예측하고 적정수요에 맞는 공간을 배분함에 있어 각 공간의 독자성과 전체적인 연계성을 높이고 아울러 토지이용효율의 극대화를 꾀할 수 있어야 한다.

관광개발계획에서의 토지이용계획은 관광지의 현재 및 장래의 공간구성과 토지이용 형태를 결정하며 시설배치계획과 함께 법적·행정적 의미를 지니는 계획이다. 따라서 한 번 결정되면 바꾸기가 쉽지 않기 때문에 미래예측과 함께 재원조달, 마케팅 측면에서의 검토가 병행되어야 한다. 어느 곳을 개발할 것인가를 판단하는 것도 토지이용계획의 중요한 역할이지만 어느 곳을 남겨 놓을 것인가를 결정하는 것 또한 토지이용계획의 중요한 역할 중 하나이다.

토지이용계획에서는 지금까지 논의된 시설프로그램과 계획컨셉을 토대로 작성된 최종대안, 즉 기능과 활동 중심의 공간배분 구상안을 시설중심의 토지용도 구분안으로 전환하는 과정이다. 따라서 토지용도 측면에서 최종대안을 다시 검토하는 것이 필요하다.

일반적으로 기본방향 설정, 토지용도 분류, 토지용도 배분의 순서로 이루어지나 관광개발계획은 도시계획처럼 보편적으로 정해진 내용이나 틀이 있는 것은 아니다. 사업의 내용과 특성에 사례를 참고하거나 창의력을 발휘하여 수립되어야 한다.

2.1 토지용도의 구분

토지용도의 구분은 해당 관광개발사업을 어떤 법을 근거로 개발할 것

관광휴양형 지구단위계획 중 토지이용계획 수립기준

1. 구역내 토지는 관광휴양시설용지, 공공시설용지, 녹지용지로 구획하되, 필요한 경우 용지구획을 추가할 수 있다.
2. 관광·휴양시설용지는 관광휴양시설의 특성, 입지여건, 지형여건을 고려하여 구획한다.
3. 구역의 면적은 지역적 특성, 입지여건, 경사도, 표고 등의 지형여건, 시설의 특성 등을 감안하여 정하도록 한다.
4. 녹지용지는 원지형 보전면적과 용지 사이에 설치하는 완충용 녹지, 기타 녹지로 계획하되, 원칙적으로 구역 면적의 30% 이상으로 한다.
5. 공공시설용지는 도로, 주차장, 환경오염방지시설 등을 위한 부지로 구획한다.

인가에 따라 달라진다. 즉 용도구분 기준은 개발에 관련된 법이나 각종 지침 등에서 규정하는 항목에 준하여 설정되어야 한다.

관광단지나 관광지 등은 관광진흥법을 근거로 하기 때문에 표 4.1의 시설 구분과 같이 토지의 용도를 구분하면 되지만 유원지인 경우는 국토계획법*에서 규정한 유희시설, 운동시설, 휴양시설, 특수시설, 위락시설, 편익시설, 관리시설 등으로 구분하여야 하고 농어촌관광휴양단지인 경우는 농어촌정비법에서 규정한 농림어업전시관, 학습관 등의 기본시설과 지역특산물 판매시설, 체육시설, 휴양시설 등으로 구분해야 한다. 또 국공원내 시설지는 자연공원법에서 규정한 공원자연보존지구, 공원자연환경지구, 공원마을지구, 공원문화유산지구 등으로 구분해야 한다. 그러나 경제자유구역의 지정 및 운영에 관한 특별법(이하 '경제자유구역법')이나 기타 개별법에 의한 개발과 같이 특별히 정해진 바가 없는 경우는 사업의 내용과 특성에 따라 별도로 정해야 하는데 관광진흥법상의 시설 구분을 참고로 하되 세부적으로 나누지 않는 것이 좋다.

* 국토의 계획 및 이용에 관한 법률 중 도시·군계획시설의 결정·구조 및 설치기준에 관한 규칙

일반적으로 관광단지나 관광지의 토지용도 구분은 설치될 예정인 시설의 유형에 의해서만 결정된다. 도시계획의 용도 구분처럼, 즉 주거지역, 상업지역, 공업지역, 녹지 등의 구분에 따라 용적률이나 건폐율이

표 4.1 관광관련법상의 용도 및 시설기준

구분	용도 및 시설기준	관련법
국토	도시지역, 관리지역, 농림지역, 자연환경보전지역	국토의 계획 및 이용에 관한 법률
시·군	주거지역, 상업지역, 공업지역, 녹지지역	
유원지	유희시설, 운동시설, 휴양시설, 특수시설, 위락시설, 편익시설, 관리시설, 기타	
관광(단)지	공공편익시설, 숙박시설, 상가시설, 운동오락시설, 휴양문화시설, 기타 시설	관광진흥법
국·도·군립 공원	공원자연보존지구, 공원자연환경지구, 공원마을지구, 공원문화유산지구	자연공원법
도시공원	조경시설, 휴양시설, 유희시설, 운동시설, 교양시설, 편익시설, 공원관리시설, 기타시설	도시공원 및 녹지에 관한 법률
수련지구	수련시설, 체육시설, 문화시설, 자연탐구시설 또는 환경학습시설, 모험활동시설, 녹지 등	청소년활동 진흥법
농어촌관광 휴양단지	기본시설(농림어업전시관, 학습관), 지역특산물 판매시설, 체육시설, 휴양시설, 그 밖의 시설	농어촌정비법
관광농원	기본시설(영농체험시설), 지역특산물 판매시설, 체육시설, 휴양시설, 음식제공시설, 기타 시설	
자연휴양림	숙박시설, 편익시설, 위생시설, 체험·교육시설, 체육시설, 전기·통신시설, 안전시설 등	산림문화·휴양에 관한 법률

달라지는 것이 아니기 때문이다. 관광지에서의 용도 구분은 단지 설치시설의 유형 구분을 위한 것이지 용적률, 건폐율과는 관계가 없다. 도시개발법이나 경제자유구역법에 의한 개발과 같이 도시관리계획상 용도지역지구 변경을 수반하는 개발사업인 경우를 제외하고는 대부분 사업대상지의 용도지역지구가 이미 정해져 있기 때문이다.

표 4.2 관광지 등의 시설지구 안에 설치할 수 있는 시설

시설지구	설치할 수 있는 시설
공공편익시설지구	도로, 주차장, 관리사무소, 안내시설, 광장, 정류장, 공중화장실, 금융기관, 관공서, 폐기물처리시설, 오수처리시설, 상하수도시설, 그 밖에 공공의 편익시설과 관련되는 시설로서 관광지 등의 기반이 되는 시설
숙박시설지구	공중위생관리법 및 이 법에 따른 숙박시설, 그 밖에 관광객의 숙박과 체재에 적합한 시설
상가시설지구	판매시설, 식품위생법에 따른 업소, 공중위생관리법에 따른 업소(숙박업은 제외한다), 사진관, 그 밖의 물품이나 음식 등을 판매하기에 적합한 시설
운동 · 오락시설지구	체육시설 설치 및 이용에 관한 법률에 따른 체육시설, 이 법에 따른 유원시설, 컴퓨터게임장, 케이블카(리프트카), 수렵장, 어린이놀이터, 무도장, 그 밖의 운동과 놀이에 직접 참여하거나 관람하기에 적합한 시설
휴양 · 문화시설지구	공원, 정자, 전망대, 조경휴게소, 의료시설, 노인시설, 삼림욕장, 자연휴양림, 연수원, 야영장, 온천장, 보트장, 유람선터미널, 낚시터, 청소년수련시설, 공연장, 식물원, 동물원, 박물관, 미술관, 수족관, 문화원, 교양관, 도서관, 자연학습장, 과학관, 국제회의장, 농 · 어촌휴양시설, 그 밖에 휴양과 교육 · 문화와 관련된 시설
기타 시설지구	위의 지구에 포함되지 아니하는 시설

자료 : 관광진흥법 시행규칙 별표 19.

그림 4.2 관광진흥법에 의한 토지용도 구분 예

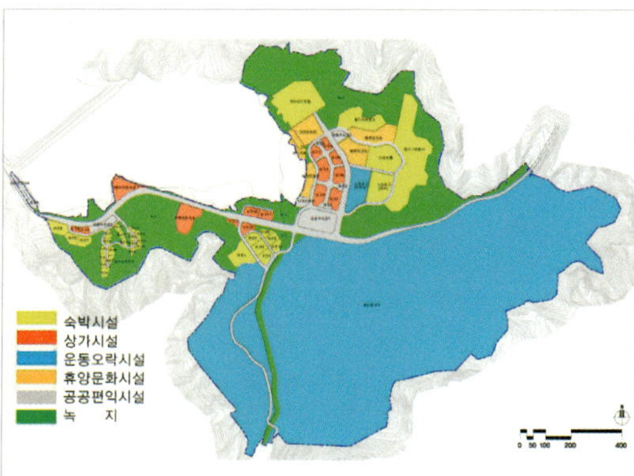

자료 : 한국관광공사, 2011: 103

그림 4.3 경제자유구역법에 의한 토지용도 구분 예

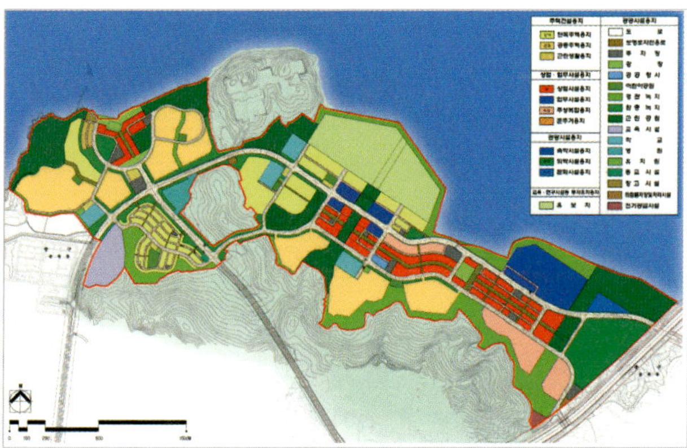

자료 : 인천광역시도시개발공사, 2007: 113

2.2 토지용도의 배분

1) 용도배분 기준

* 토지용도배분 기준도 사례

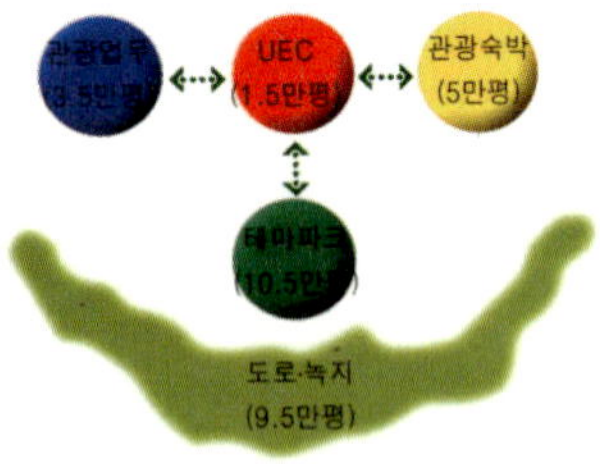

토지용도 배분은 단지 구성에 필요한 제반 기능이 원만히 수용될 수 있도록 각 용도의 조화를 이루어 구성되어야 하겠지만 사업 실현성을 위해 재무적 측면에서도 최소한의 기준을 설정해야 한다.

다음의 사례는 최소한의 공공 부문 투자비 회수를 위해 수익원인 가처분면적을 얼마로 해야 할 것인가를 먼저 산정하여 이를 토지용도 배분의 기준으로 삼은 예이다. 세부적인 공간구상체계나 계획안이 어떤 형태를 띠든 최소한 여기서 설정된 면적기준은 맞추어야 사업추진이 가능한 사업이기 때문이다.

그림 4.4 토지용도 배분기준 설정 process

수익원 결정	토지분양 또는 임대
▽ 공공투자비 추정	토지매입비 + 기반시설공사비
▽ 가처분면적 산정	호텔 등 토지임대면적 + 관광업무 등 토지분양면적
▽ 토지용도배분기준 설정	그림 4.5 참조

그림 4.5 토지용도 배분기준 설정 사례

구분		시설	연면적(평)	부지면적(평)	계(평)
필수시설	공공	도로, 주차장, 광장	–	30,000	95,000
		녹지/하천	–	45,000	
		관리, 문화시설, 기타	9,000	20,000	
	분양	관광업무(1단계)	35,000	10,000	25,000
		UEC 및 상업	19,000	15,000	
	소 계		47,500	120,000	120,000
선택시설	분양	관광업무(2단계)	–	25,000	25,000
	임대	호텔	60,000	50,000	155,000
		테마파크	–	105,000	
	소 계		215,500	180,000	180,000
계			278,500	300,000	300,000

자료 : 경기관광공사, 2004: 97

(······ 가처분면적)

그림 4.4는 이를 위한 프로세스이고 그림 4.5는 결론적으로, 본 단지 조성시의 가처분면적을 예상하고 이 중 단지조성 목적 달성을 위해 필수적으로 해야 할 면적 외에 어느 정도의 면적을 추가로 토지분양면적으로 확보해야 하는지 파악하기 위한 것이다.

2) 용도배분계획

＊ 용도배분구상

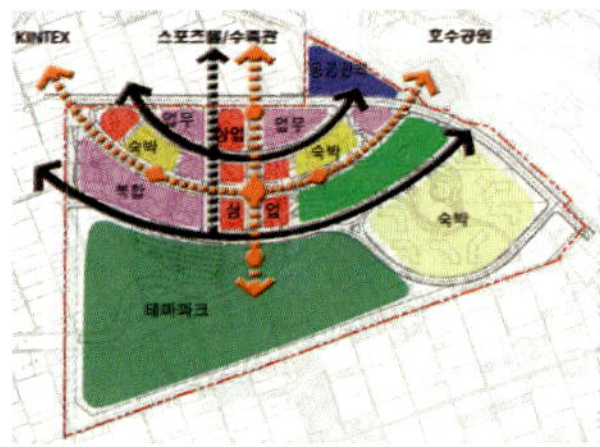

토지용도배분 기준이 설정되면 각 공간에 용도를 배분하게 된다. 이 토지의 용도배분을 표현한 도면이 토지이용계획도로, 이 토지이용계획도는 기본구상의 최종안, 즉 마스터플랜을 토대로 작성되는데 마스터플랜은 일종의 예시도로 향후의 설계과정과 개별 건축설계를 통하여 바뀔 수 있다. 그러나 토지이용계획은 바꾸기가 쉽지 않다. 따라서 이용자의 욕구 변화 및 투자여건 변화에 대처할 수 있도록 상세한 구획보다는 융통성을 갖도록 계획하는 것이 필요하다.

그리고 2차원적으로 표현되는 토지이용계획이지만 지형적 여건, 전체적인 경관, 건축물의 형태, 주변 교통과의 접합 등을 고려한 3차원적 사고가 담겨 있어야 한다.

＊ 그림 4.6은 도시개발법에 의한 토지이용계획도로, 이 토지이용계획도에 의거하여 용도지역 변경이 수반되었다.

그림 4.6 토지이용계획도 사례

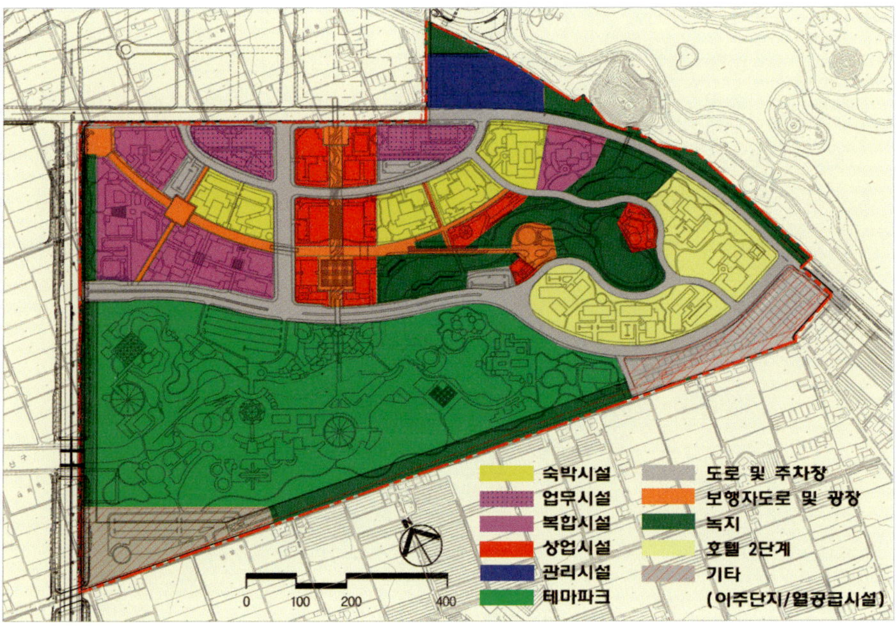

자료 : 경기관광공사, 2004: 109

3) 가구 및 획지계획

가구 및 획지계획은 관광개발계획 과정에서 꼭 필요한 내용은 아니나 토지이용계획 수립시부터 어느 정도 정리가 되어야 향후 지구단위계획 수립 과정에서 계획개념의 변화 없이 진행될 수 있다.

(1) 가구계획

가구계획은 토지이용의 효율을 높이고 부근의 통행과 각 필지로의 접근 및 서비스가 잘 이루어지도록 하며, 장래변화에 적응할 수 있는 방향으로 계획한다.

보조간선도로 이상의 도로에서는 교통소통에 방해가 되지 않도록 도로에 인접한 대지로 직접 차량이 진출입되는 것을 피하고, 뒷면에 차량 진입을 위한 도로를 따로 계획하여야 하며, 가구의 길이가 길어질 때에는 필요한 곳에 가구를 횡단하는 보행자전용도로를 계획하여 보행자가 편리하게 다닐 수 있도록 한다.

(2) 획지계획

건축물의 용도에 맞게 적정한 규모가 되도록 획지규모를 정하되 숙박시설의 경우는 편익시설과 공급처리시설의 이용편의, 효율성, 경제성 및 교통량 분산 등을 고려하여 적정한 규모가 되도록 한다.

조화로운 가로경관조성을 위하여 가구별로 비슷한 규모로 획지를 정함으로써 가로를 따라 고른 규모의 건축물이 건축되도록 하고 지반에 높낮이의 차이가 있는 경우에는 계단식 배치 등을 통하여 단지의 전체 경관이 유지될 수 있도록 하되 조망 및 일조권 등에 문제가 없도록 유의한다.

그림 4.7 가구 및 획지계획의 흐름

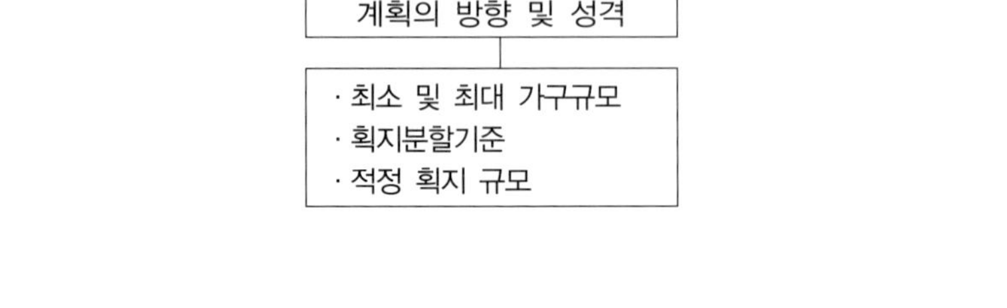

3. 교통동선계획

교통동선계획은 일반적으로 자동차를 중심으로 한 가로망을 단지의 공간질서와 관련지어 계획하는 것으로써 공간 간의 상호연관성에 의해 계획되지만 사업대상지의 전체적인 교통 및 동선체계를 고려하여 결정된다. 전체적인 체계를 구성하면서 차량을 중심으로 자전거, 보행 등의 서로 다른 동선이 상호연결과 분리가 적절히 이루어져야 한다.

관광지에서의 교통동선계획은 주변지역에서의 이용자 접근을 안전하고 쾌적하게 처리하는 진입동선계획과 관광지 내에 주요 시설 간의 공간이동을 위한 내부동선계획으로 구분할 수 있다.

이 중 내부동선계획은 우배수체계와 가스, 전기 등 인프라시설과 관련이 있고 토지이용계획과 함께 대상지의 지형변화를 유도하게 되므로 단지의 전체 경관과 쾌적도를 좌우한다는 점을 유념해야 한다. 또한 내부동선은 퍼레이드 등 이벤트나 휴게활동을 담는 관광활동공간으로도 사용될 수 있으므로 신속한 공간이동만을 목적으로 해서는 안 된다.

* 접근 및 내부동선 흐름도

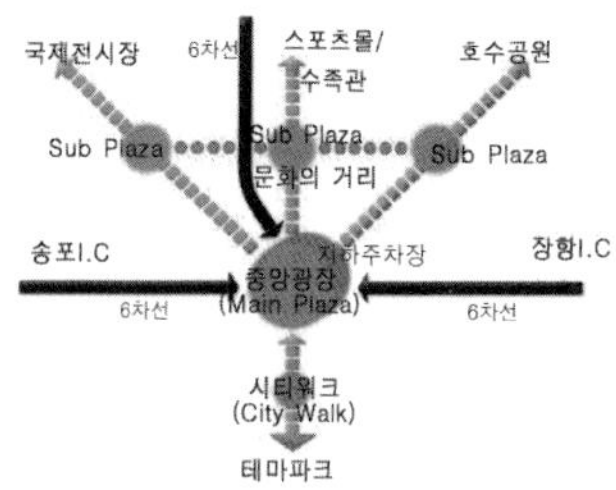

그림 4.8 교통동선계획도 사례

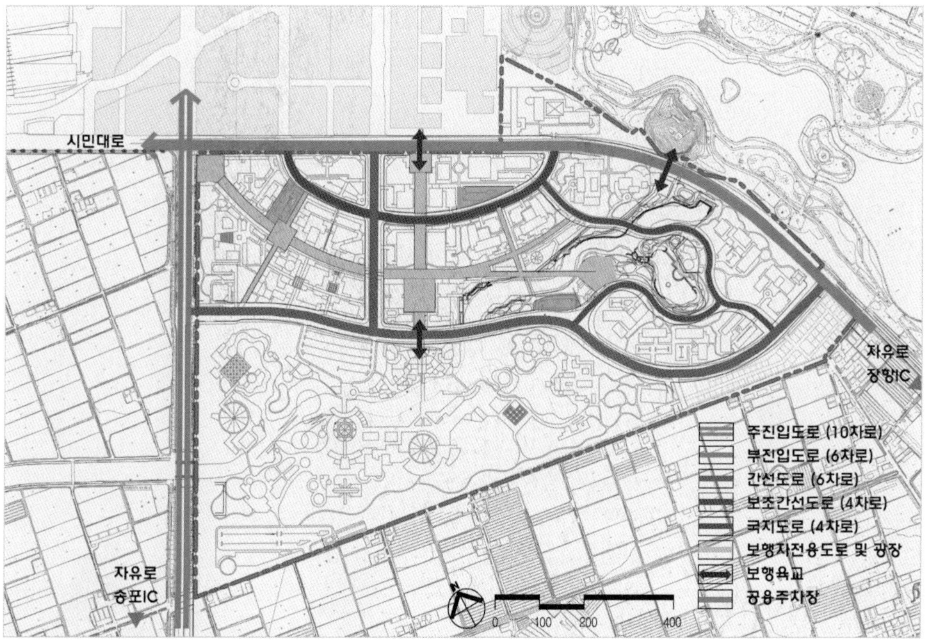

자료 : 경기관광공사, 2004: 115

3.1 도로계획

1) 도로의 유형

관광지에서의 도로 유형이나 구분에 대하여 정해진 규정은 없다. 관광지의 규모와 성격에 따라 별도로 정의를 해야 한다. 그러나 도로에는 위계가 있고 수행해야 할 기능이 있으므로 보편적으로 사용되고 있는 도로의 유형과 개념에 대해 이해하고 이를 준용할 필요가 있다.

도로에 대한 규정은 '도로법'을 비롯하여 '도시·군계획시설의 결정·구조 및 설치기준에 관한 규칙', '도시관리계획수립지침' 등이 있다.

도로법에서 도로는 고속국도, 일반국도, 특별시도 및 광역시도, 지방도, 시도, 군도, 구도 등으로 구분하고 있다. 여기서 도로는 통상 폭 4m 이상의 도시계획도로를 대상으로 하며 보행자전용도로의 경우는 폭 1.5m 이상을 대상으로 한다. 일반도로인 경우에는 보도가 설치되고 한 차선의 폭은 3m를 기준으로 한다.

도로의 폭원이 40m 이상이면 광로, 25m 이상이면 대로, 12m 이상이면 중로라 하고, 12m 미만이면 소로라 한다. 그리고 각 도로의 폭원을 세분하여 1류, 2류, 3류로 구분한다.*

* 도로의 규모별 구분

구분		폭원
광로	1류	70m 이상
	2류	50m 이상 70m 미만
	3류	40m 이상 50m 미만
대로	1류	35m이상 40m 미만
	2류	30m 이상 35m 미만
	3류	25m 이상 30m 미만
중로	1류	20m 이상 25m 미만
	2류	15m 이상 20m 미만
	3류	12m 이상 15m 미만
소로	1류	10m 이상 12m 미만
	2류	8m 이상 10m 미만
	3류	8m 미만

자료 : 도시·군계획시설의 결정·구조 및 설치기준에 관한 규칙 제9조

도로의 기능에 따라서는 주간선도로, 보조간선도로, 집산도로, 국지도로와 특수도로로 구분한다(표 4.3 참조). 주간선도로와 보조간선도로는 단지 외곽의 진입도로로서 시·군내 주요지역이나 시·군 상호 간을 연결하여 대량 통과 교통을 처리하는 도로이고 집산도로는 근린주거구역내 교통의 집산기능을 위해 조성되는 내부를 구획하는 도로이며 국지도로는 가구를 구획하는 도로로 개별 주차장에 접근하는 기능을 갖는다.

그림 4.9 간선도로, 보조간선도로, 국지도로 단면 예

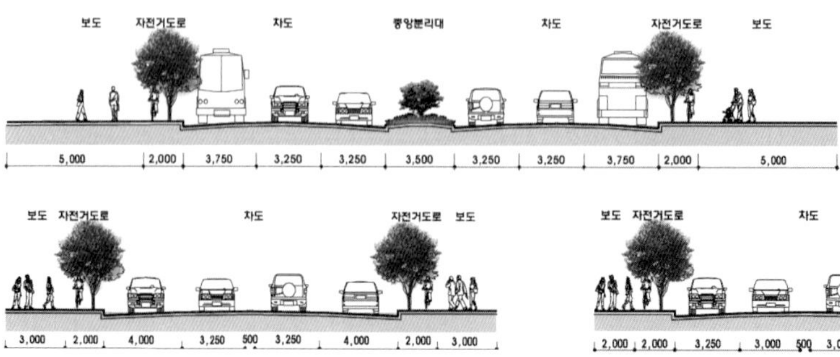

2) 가로망의 구성

가로망은 가로망을 구성하는 각 가로에 대하여 장래 교통수요를 예측하고 각 가로의 장래 교통량이 해당 가로의 교통처리능력과 균형을 이루도록 계획하며 가로의 기능을 고려, 상호 유기적인 연결이 이루어지도록 구성한다.

간선가로망 구성은 일반적으로 방사환상형·격자형·선형 및 혼합형을 기본형식으로 하지만 관광지의 대부분이 평탄지가 아닌 지역에 입지한다는 점을 감안해야 한다. 따라서 관광지에서의 가로망 구성시에는 원활한 교통류의 흐름과 함께 단지 전체의 경관성 향상 및 지형적 특성 유지라는 점도 중시되어야 한다.

집산도로 구성은 관광지의 규모와 시설지의 내용에 따라 다르다. 규

표 4.3 도로의 기능별 구분

구분	기능
주간선도로	시·군내 주요지역을 연결하거나 시·군 상호 간을 연결하여 대량 통과교통을 처리하는 도로로서 시·군의 골격을 형성하는 도로
보조간선도로	주간선도로를 집산도로 또는 주요 교통발생원과 연결하여 시·군 교통의 집산기능을 하는 도로로서 근린주거구역의 외곽을 형성하는 도로
집산도로	근린주거구역의 교통을 보조간선도로에 연결하여 근린주거구역내 교통의 집산기능을 하는 도로로서 근린주거구역의 내부를 구획하는 도로
국지도로	가구를 구획하는 도로
특수도로	보행자전용도로·자전거전용도로 등 자동차 외의 교통에 전용되는 도로

표 4.4 도로의 사용 및 형태에 의한 구분

구분	사용 및 형태
일반도로	폭 4m 이상의 도로로서 통상의 교통소통을 위하여 설치하는 도로
자동차전용도로	시·군내 주요 지역간이나 시·군 상호 간에 발생하는 대량교통량을 처리하기 위한 도로로서 자동차만 통행할 수 있도록 하기 위하여 설치하는 도로
보행자전용도로	폭 1.5m 이상의 도로로서 보행자의 안전하고 편리한 통행을 위하여 설치하는 도로
보행자우선도로	폭 10m 미만의 도로로서 보행자와 차량이 혼합하여 이용하되 보행자의 안전과 편의를 우선적으로 고려하여 설치하는 도로
자전거전용도로	하나의 차로를 기준으로 폭 1.5m(부득이한 경우는 1.2m) 이상의 도로로서 자전거의 통행을 위하여 설치하는 도로
고가도로	시·군내 주요지역을 연결하거나 시·군 상호 간을 연결하는 도로로서 지상교통의 원활한 소통을 위하여 공중에 설치하는 도로
지하도로	시·군내 주요지역을 연결하거나 시·군 군 상호 간을 연결하는 도로로서 지상교통의 원활한 소통을 위하여 지하에 설치하는 도로

자료 : 도시·군계획시설의 결정·구조 및 설치기준에 관한 규칙 제9조

* 간선가로망구성의 기본형

방사환상형

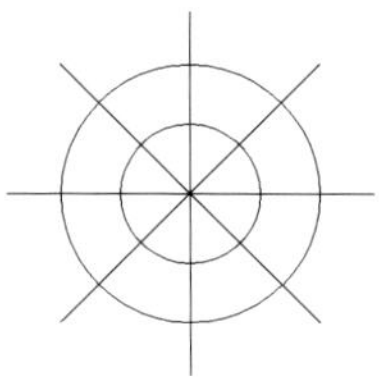

격자형

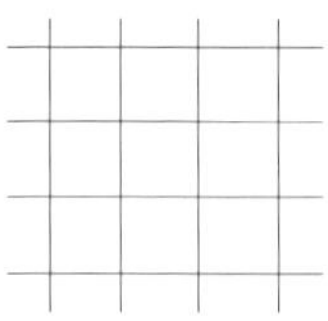

선형

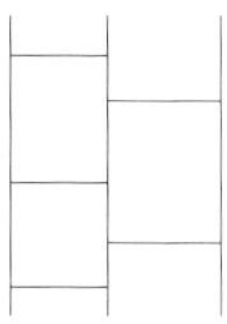

모가 큰 경우는 집산도로가 필요하지만 그렇지 않은 경우는 간선도로에서 시설접근로인 국지도로로 바로 연결될 수도 있다. 집산도로는 간선도로와 국지도로를 연결하는 중간적 성격의 도로로 교통의 흐름을 위한 공간이기도 하지만 산책, 휴식 등 기타 레크리에이션활동을 담는 관광공간이기도 하다. 시설배치의 방향을 결정하고 주변 지형의 변화를 제어하므로 반드시 입체적 관점에서 접근해야 한다.

그림 4.10 국지도로의 구성형식

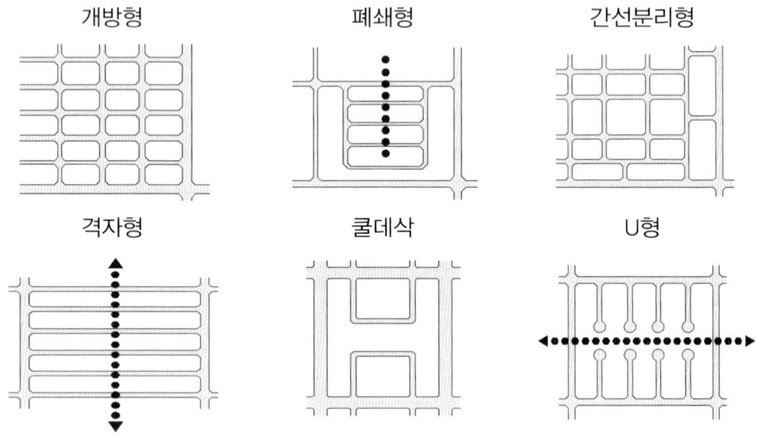

자료 : 국토해양부(2011), 도시관리계획수립지침

* 가로의 배치간격

구분	배치간격
주간선도로간	1,000m 내외
보조간선도로간	500m 내외
집산도로간	250m 내외
국지도로	장축 : 90~150m 내외 단축 : 25~60m 내외

자료 : 국토해양부(2011), 도시관리계획수립지침

관광지에서 시설접근로인 국지도로 구성은 일반적으로 보조간선도로 또는 집산도로와의 연결 상태에 따라 격자형, 쿨데삭형, U형 등을 기본형식으로 구상한다. 유기적인 차량 소통도 중요하지만 쾌적성 유지, 보행환경 보호 또는 보행공간과 연계성 등도 중시되어야 한다.

일반적으로 가로의 배치간격은 주간선도로가 1,000m 또는 그 이상, 보조간선도로 또는 보조간선도로와 주간선도로는 500m 내외, 그리고 보조간선도로 또는 보조간선도로와 집산도로는 250m 내외를 기준으로 하나 관광지에서는 입지나 단지 성격에 따라 다소 다를 수 있다.

관광휴양형 지구단위계획 중 도로계획 수립기준

1. 구역의 경계에서 국도 · 지방도 · 시도 · 군도, 기타 12m 이상 도로에 연결되는 진입도로를 다음 각목의 1에서 정한 기준에 따라 계획한다.
   ① 구역면적이 30만m^2 미만인 경우에는 폭 8m 이상
   ② 구역면적이 30만m^2 이상 60만m^2 미만인 경우에는 폭 10m 이상
   ③ 구역면적이 60만m^2 이상인 경우에는 폭 12m 이상
2. 구역내 도로는 폭 6m 이상으로 하되, 보도를 설치하여야 한다.

3.2 주차장계획

1) 주차장의 유형 및 설치기준

주차장은 주차장법에 따라 노상주차장, 노외주차장, 부설주차장으로 구분된다. 일반 관광지의 경우에는 노상주차장이나 노외주차장이 발생하지 않으나 대규모 관광단지나 도시개발법 혹은 국토계획법 등 관광진흥법 외의 개발법에 의한 관광사업인 경우는 발생할 수도 있다.

노상주차장은 도로의 노면 또는 교통광장의 일정한 구역에 설치되고, 노외주차장은 도로의 노면 및 교통광장 이외의 장소에 설치되는 주차장이며, 부설주차장은 주차수요를 유발하는 시설에 부대하여 설치된 주차장으로서 해당 시설의 이용자 또는 일반의 이용에 제공되는 주차장이다.

노상주차장은 주간선도로나 6미터 미만의 도로, 또한 종단경사도가 4퍼센트를 초과하는 도로에 설치해서는 안 된다. 그리고 주차대수 규모가 20대 이상인 경우에는 장애인 전용주차구획을 한 면 이상 설치하여야 한다.

노외주차장 출구 및 입구는 교차로, 횡단보도로부터 5미터 이내, 유아원, 유치원, 초등학교, 특수학교, 노인복지시설, 장애인복지시설 및 아동전용시설 등의 출입구로부터 20미터 이내에 설치해서는 안 되고 너비 4미터 미만의 도로와 종단경사도가 10퍼센트를 초과하는 도로에 설치하여서도 안 된다. 출입구 너비는 3.5미터 이상으로, 규모가 50대 이상인 경우에는 출구와 입구를 분리하거나 너비 5.5미터 이상의 출입구를 설치하여야 한다. 또한 주차대수 50대마다 한 면의 장애인 전용주차구획을 설치하여야 한다.

부설주차장은 건축물·시설내나 부지 안에 설치하여야 하며, 직선거리 300미터, 도보거리 600미터 이내에 공동주차장을 설치할 수 있다. 부설주차장 설치기준은 주차장법 및 지자체 관련 조례에서 시설면적을 기준으로 정해져 있다(표 3.16 참조).

2) 주차장 계획

주차장 계획은 3장의 '시설규모 산정'에서 추정된 총괄 수요와 시설별 법정 수요를 근간으로 한다.

예상되는 주차장 부지의 지형적 조건과 진입로의 상황을 고려하여 주차배치방식을 결정한 후 단위주차구획의 너비와 길이, 차로의 너비를 결정하고 이에 기준치수를 적용하여 전체 부지를 주차공간, 차로 및 주변 녹지대로 구획한다.

주차장의 주차구획은 일반적으로 소형은 너비 2.3미터, 길이 5.0미터 이상을, 대형은 너비 3.25미터, 길이 13.0미터 이상을 기준으로 하되 주차형식과 차량의 형태에 따라 다소 차이가 있다.

* 주차형식에 따른 차로의 너비

주차형식	출입구 수	
	2개 이상	1개
평행주차	3.3m	5.0m
직각주차	6.0m	6.0m
60도 대향주차	4.5m	5.5m
45도 대향주차	3.5m	5.0m
교차주차	3.5m	5.0m

자료 : 주차장법시행규칙

표 4.5 주차장 구획기준

주차형식	구분	너비	길이
평행주차 형식	경형	1.7m 이상	4.5m 이상
	일반형	2.0m 이상	6.0m 이상
	보도와 차도의 구분이 없는 주거지역 도로	2.0m 이상	5.0m 이상
평행주차 형식외	경형	2.0m 이상	3.6m 이상
	일반형	2.3m 이상	5.0m 이상
	확장형	2.5m 이상	5.1m 이상
	장애인전용	3.3m 이상	5.0m 이상

자료 : 주차장법시행규칙

그림 4.11 주차장 배치계획 기준

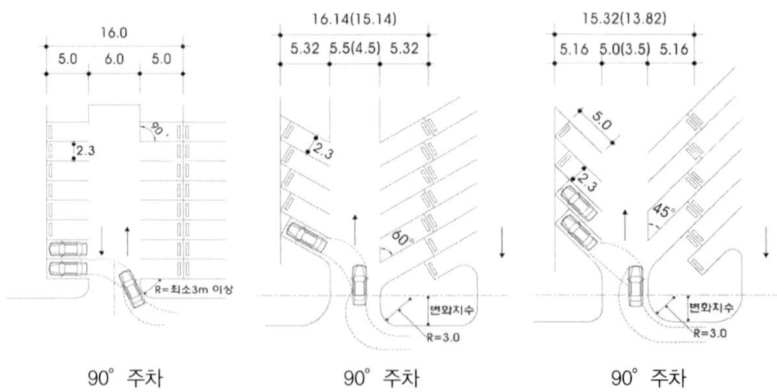

3.3 보행동선계획

1) 보행공간의 유형

단지내 도로는 차량과 보행자의 관계에 따라 보차혼용, 보차병행, 보차분리 등 다양한 방식으로 구성된다. 그러나 관광지의 경우는 진입도로를 제외하고는 도로위계와 관계 없이 대부분 보차혼용의 개념을 갖고 있다.

관광지내 보행공간은 보도(sidewalk)와 보행자전용도로, 보행광장, 산책로 등 다양하게 구성될 수 있는데 그중에 중요한 보행공간은 보행자전용도로이다. 보행자전용도로는 차량과의 분리를 통한 보행자의 안전성 및 접근성을 제고하고, 쾌적한 보행환경을 조성하기 위해 공공시설, 보행집결지, 오픈스페이스 등과의 연계체계를 구축하고 노선별, 구간별 특성화를 목적으로 조성된다.

2) 연결형 보행자전용도로

보행자동선은 전 단지를 순환할 수 있는 체계로 구축하는 것이 바람직하다. 그중 연결형 보행자전용도로는 보행동선 연결의 중심기능을 수행하는 시설로 차량동선과 같이 위계를 가지고 계획해야 한다.

진입부나 중심시설지를 연결하는 간선과 각 시설지를 연결하는 지선으로 구분하여 계획되어야 하고, 주변 시설의 특성과 향후 개발 잠재력에 따라 이용행태, 공간의 형태 등을 고려하여 구간별, 노선별로 특성 있는 보행공간이 되도록 계획되어야 한다. 특히 보행자전용도로가 서로 교차하는 결절점 주변에는 소광장 등의 오픈스페이스를 설치하여 다양한 관광활동이 이루어지도록 하고 가급적 주변의 시설과 연계시켜 일체화된 보행자공간이 되도록 한다.

보행자전용도로의 내부구조, 폭원, 구배 등은 보행에 의존하는 공간이므로 인간척도를 고려하여 양호한 시계 확보, 적정 보행밀도의 유지 등 보행밀도 및 속도에 따라 적절한 폭원을 확보하여야 한다.

3) Mall형 보행자전용도로

Mall형 보행자전용도로는 상가시설이나 단지내 중심시설이 밀집되어 있는 지역의 일정구간에 대하여 몰(mall)의 개념을 도입하여 많은 보행인구를 수용하고 활발한 상행위를 유도하는 보행자전용공간이다.

다양한 활동을 수용하는 공간으로 광장이나 시장의 성격을 띤 공간이므로 인접된 시설과 연계하여 융통성 있는 공간이 되도록 계획되어야 하며, 단지의 규모가 큰 경우는 택시나 버스 등의 공공교통수단은 통과하고 기타의 차량 통행을 금지시키는 트랜싯 몰(transit mall) 형태도 검토해 볼 필요가 있다.

4. 시설배치계획

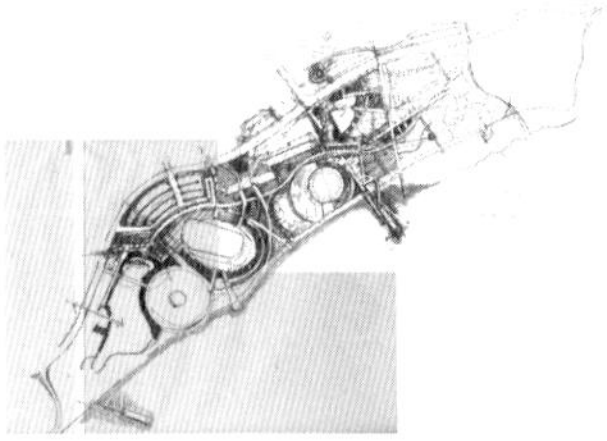

시설배치계획은 정해진 토지의 용도 안에서 어떤 종류의 건축물 또는 시설물이 어떤 규모로 어떻게 배치될 것인가를 정해주는 과정으로, 토지이용계획이나 교통동선계획과 함께 기본구상에서 제시된 최종안을 토대로 각 시설의 위치, 부지면적과 연면적, 층수와 형태 등을 정의하는 과정이다.

이 과정에서 나온 시설배치계획도는 개발사업의 특징과 계획의 컨셉, 그리고 개별 시설의 내용 등을 전달해주는 도면이기도 하면서 시설물의 위치와 규모를 한정하는 법적 의미를 지닌 도면이기도 하다.* 법적 요건으로는 '건축연면적이 표시된 시설물배치계획'이지만 지구단위계획을 병행할 경우는 시설의 규모뿐만 아니라 시설의 용도, 건축선, 벽면선 등 시설의 배치에 관한 사항 등이 함께 검토되어야 한다.

* 간혹 향후를 대비하여 시설프로그램 이상으로 규모를 크게 설정해 놓기도 하는데 이럴 경우 교통처리 및 기반시설에 부담을 주게 될 수도 있다는 점에 주의해야 한다.

그림 4.12 시설배치계획도 사례

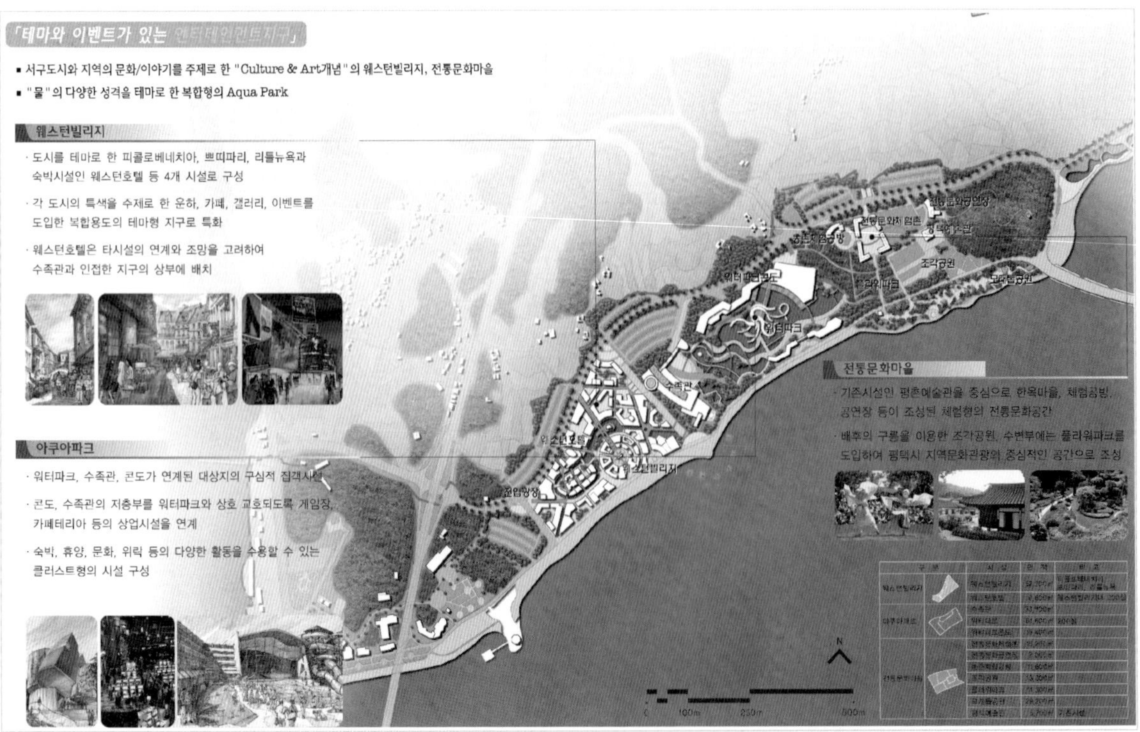

자료 : 하이파개발, 2006: 76

4.1 시설의 배치

1) 배치컨셉 정립

시설배치는 각 시설들이 독립성을 유지하면서 활동과 기능이 전체적으로 상호 연계가 되도록 하는 것이 중요하다. 따라서 선정된 시설이나 시설군이 어떠한 체계에 의해 배치되어야 하는지를 정립할 필요가 있다. 이를 시설배치의 컨셉이라고 할 수 있는데 기본구상단계에서 정리되기도 하지만 경우에 따라서는 이 시설배치의 과정에서 점검하고 구체화하는 것이 효율적일 수도 있다.

간혹 계획안에 대한 설명용으로 나중에 만들어지기도 하지만 이 시설배치 컨셉이 일목요연하게 정리되었을 때 좋은 배치가 되었다고 할 수 있다. 배치컨셉도는 주요시설과 공간들이 주제와 기능에 따라 어떻게 연계되는 것이 바람직한지를 보여주는 도면으로 단지 전체에 대해 작성되기도 하지만 필요에 따라서는 지구별로 혹은 시설별로 작성되기도 하고, 이해를 돕기 위해 보완적으로 언어 표현을 추가하기도 한다.

* 시설배치컨셉(언어적 구성 사례)

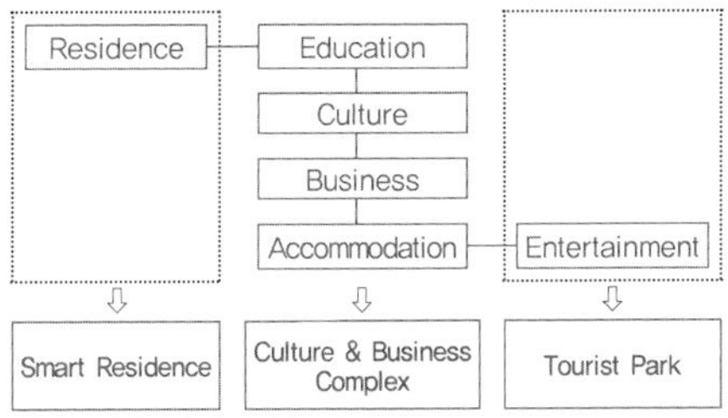

그림 4.13 시설배치컨셉도 사례

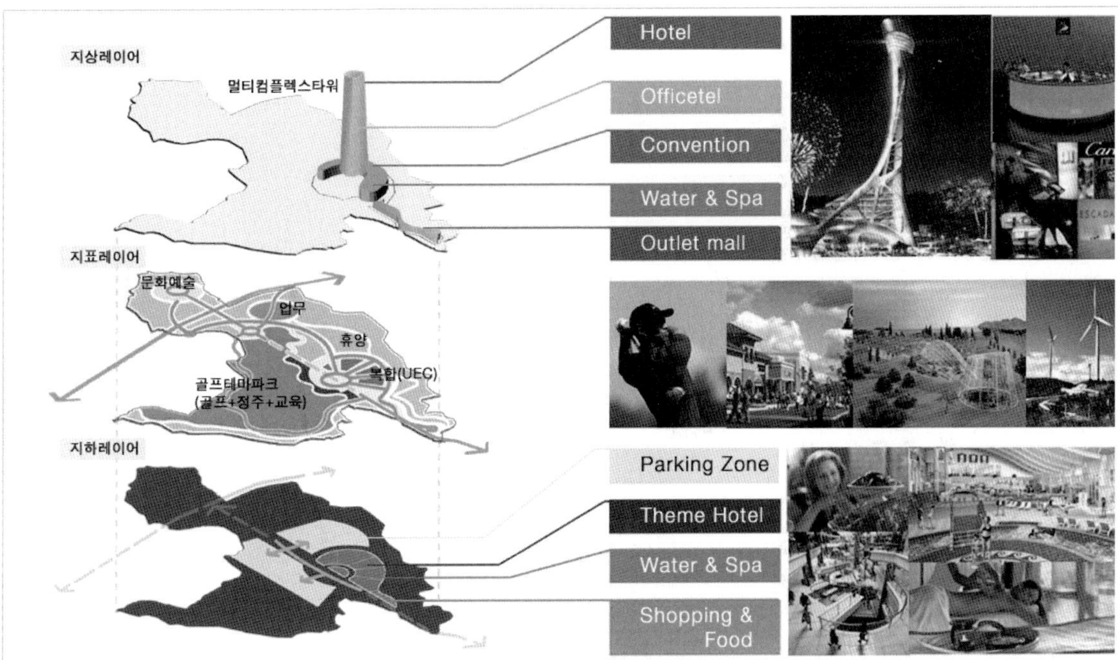

자료 : 대전광역시, 2009: 133

＊ 시설상관성 검토 예

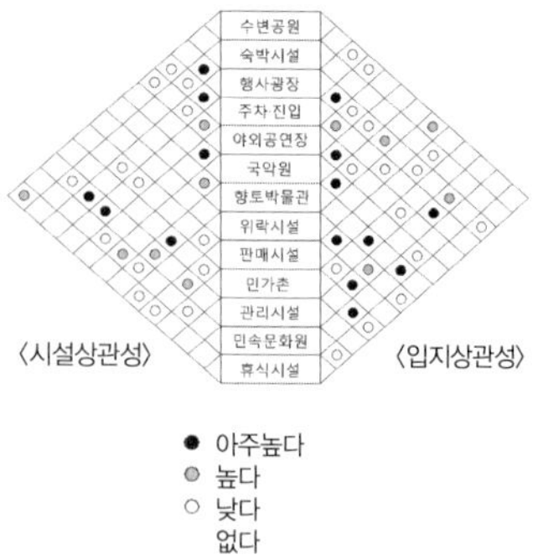

2) 시설상관성 검토

시설배치의 큰 윤곽이 그려지면 다음은 시설들이 가지고 있는 특성과 기능을 중심으로 각 시설들 간의 관계 검토가 필요하다. 이 시설을 보이는 위치에 할 것인지, 숨길 것인지 등은 물론 이 시설들을 근접시킬 것인지, 띄울 것인지, 그리고 관리상 어떻게 위치시키는 것이 좋은지 등에 대해 검토되어야 한다.

시설상관성분석은 어떤 형태가 되든 상관 없으나 단지 내의 도입시설이 많을 경우 또는 복잡할 경우 꼭 필요한 작업이다. 종종 너무 당연시하여 생략하는 경우가 많은데 단지 내의 관광활동 흐름이 원활하지 못한 것은 이를 간과했기 때문이다.

＊ 시설배치 개념 사례

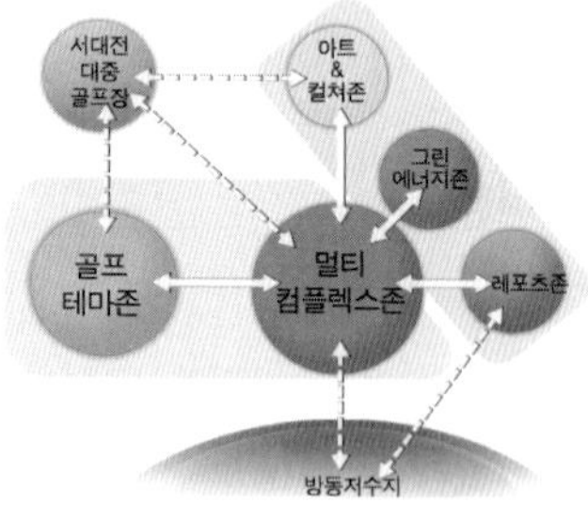

자료 : 대전광역시, 2009: 131

3) 시설배치

시설상관성 검토 내용을 토대로 그림 4.14와 같이 시설배치의 원형(proto type)을 제시할 수 있고, 위치정보와 결합시켜 정리할 수 있다.

여기서는 규모가 포함되지 않은 상태의 다이어그램으로 표현되지만 향후 이를 토대로 토지이용이나 동선체계구상, 지형조건 등과 결합하여 점차 구체적인 모습으로 나타나게 된다.

그림 4.14 시설배치의 원형

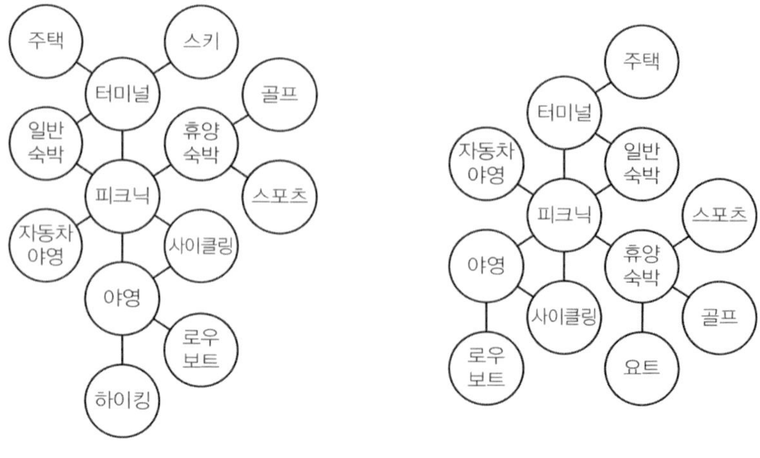

내륙형 관광지　　해안형 관광지

자료 : 인봉원 외, 1984: 59에서 재인용

4.2 시설의 용도 및 규모

1) 시설의 용도

관광지나 관광단지를 개발할 경우에는 관광진흥법상 시설지구 안에서의 허용시설이 규정되어 있어 토지이용계획에서 시설지가 지정되면 각 시설물에 대한 용도를 별도로 지정할 필요가 없다. 그러나 지구단위계획에 의한 사업이거나 지구단위계획을 수립해야 하는 사업인 경우에는 구체적인 시설의 용도를 지정하게 되어 있기 때문에 이를 감안한 시설배치계획이 수립되어야 당초의 개발목표와 계획개념이 유지될 수 있다.

지구단위계획에서는 구역의 지정목적, 용도지역, 용도지구의 특성 등을 고려하여 적절한 건축물의 용도를 지정할 수 있도록 되어 있는데 지정용도, 권장용도, 불허용도 등이 있다.

지정용도는 당해 구역의 미관을 아름답게 하거나 구역의 기능활성화를 도모하기 위하여 특정용도의 건축물만 입지시킬 필요가 있는 경우에, 권장용도는 당해 구역의 개발방향에 따라 특정용도를 갖는 건축물의 건축을 유도하는 것이 바람직하다고 판단될 경우에, 불허용도는 구역의 지정목적과 계획목표에 부합하지 않는 경우에 지정한다.

개발기본계획과의 상충 없이 지구단위계획에서 건축물에 대한 합리적인 용도 지정이 되기 위해서는 시설배치계획 수립시에 지구단위계획의 절차와 내용을 이해하고 각 건축물에 명확한 성격과 방향을 부여해 주는 것이 필요하다.

표 4.6 지구단위계획상 건축물 용도제한의 종류

구 분		적용대상	성격
불허	전층 불허	구역의 지정목적과 계획목표에 부합하지 않는 용도의 입지 불허	규제
	1층 불허	가로의 성격을 해치는 용도의 1층 입지 불허	
지정	지정	공공적 성격이 강하여 특별히 확보해야 하는 시설의 경우, 특화거리 또는 단지조성의 경우 등	규제+권장
권장	전층 권장	구역 위상에 부합하는 용도의 입지를 통한 기능 강화가 필요한 경우 등	권장
	1층 전면	가로활성화와 보행지원이 필요한 경우 등	
	지하층	공공지하공간과의 연계가 필요한 경우 등	

2) 시설의 규모

시설의 규모는 기본구상단계에서 설정된 도입시설 규모를 기준으로 작성된다. 그러나 기본구상에서 제시된 시설규모는 적정규모이다. 따라서 법적 의미를 지니는 시설배치계획에서는 목표와 컨셉이 훼손되지 않고 기반시설의 부담이 없는 한 최대허용용량으로 지정될 필요가 있다.

시설규모는 용적률과 건폐율, 건축물의 높이로 지정되는데 가급적 최대한도의 용적률을 지정하여 개별사업 시행시에 제한되지 않도록 해야 하고 건폐율은 대지내 공개공지 확보 및 인접대지경계선에서 띄어야 할 거리, 전면 건축선 후퇴, 조경 확보 면적의 기준, 옥외주차장 확보 규정 등에 따라 제한되므로 이들 조건을 함께 고려하여야 한다. 건축물의 높이는 구체적인 높이 산정방법은 건축법령에 따르지만 입지적 특성과 단지 전체의 스카이라인, 주변환경과의 조화 등을 고려하여 층수와 같이 지정한다.

표 4.7 용도지역별 건폐율, 용적률 기준

용도지역의 세분에 따른 분류				건폐율	용적률
도시지역	주거지역	전용주거지역	제1종 전용주거지역	50% 이하	50% 이상 100% 이하
			제2종 전용주거지역	50% 이하	100% 이상 150% 이하
		일반주거지역	제1종 일반주거지역	60% 이하	100% 이상 200% 이하
			제2종 일반주거지역	60% 이하	150% 이상 250% 이하
			제3종 일반주거지역	50% 이하	200% 이상 300% 이하
		준주거지역		70% 이하	200% 이상 500% 이하
	상업지역	중심상업지역		90% 이하	400% 이상 1,500% 이하
		일반상업지역		80% 이하	300% 이상 1,300% 이하
		근린상업지역		70% 이하	200% 이상 900% 이하
		유통상업지역		80% 이하	200% 이상 1,100% 이하
	공업지역	전용공업지역		70% 이하	150% 이상 300% 이하
		일반공업지역		70% 이하	200% 이상 350% 이하
		준공업지역		70% 이하	200% 이상 400% 이하
	녹지지역	보존녹지지역		20% 이하	50% 이상 80% 이하
		생산녹지지역		20% 이하	50% 이상 100% 이하
		자연녹지지역		20% 이하	50% 이상 100% 이하
관리지역	보존관리지역			20% 이하	50% 이상 80% 이하
	생산관리지역			20% 이하	50% 이상 80% 이하
	계획관리지역			40% 이하	50% 이상 100% 이하
농림지역	-			20% 이하	50% 이상 80% 이하
자연환경보전지역	-			20% 이하	50% 이상 80% 이하

* 지자체별로 건폐율과 용적을 적용에 다를 수 있으므로 해당 자치법규를 확인하여야 한다.

3) 건축선 등 지정

시설배치계획시 해당 시설지구 안에서 건축물이나 시설물 위치, 주차장 위치, 주출입구 위치, 전면도로와의 관계, 인접시설과의 관계, 주요활동의 수용장소 등을 세부적으로 검토하게 된다. 건축물 배치와 관련하여 다음과 같은 경우에 건축지정선·벽면지정선·건축한계선·벽면한계선 등을 지정하여 배치되도록 할 수 있다.

- 가로경관이 연속적으로 형성되지 않거나 벽면선이 일정하지 않을 것이 예상되는 경우
- 건축물 전면에 생기는 공지(空地)가 일정하지 않아 외부공간이 효율적으로 이용되지 못할 것이 예상되는 경우
- 가로경관에 일정한 특성을 부여할 필요가 있는 경우 등

건축선은 인접가로의 폭, 특성과 관련하여 건폐율, 용적률, 개발 규모 등을 종합적으로 검토하여 지정하며, 공공시설을 확보하고 보행환경을 개선하는데 적극 활용되도록 한다. 이 중 건축지정선은 가로경관이 연속적인 형태를 유지하거나 구역내 주요 가로변의 건축물을 가지런히 할 필요가 있는 경우에 사용할 수 있으며 벽면지정선은 특정지역에서 상가의 1층 벽면을 가지런하게 하거나 고층부의 벽면 위치를 지정하는 등 특정층의 벽면 위치를 규제할 필요가 있는 경우에 지정할 수 있다. 또 건축한계선은 도로에 있는 사람이 개방감을 가질 수 있도록 건축물을 도로에서 일정거리 후퇴시켜 건축할 필요가 있는 곳에 지정할 수 있고, 벽면한계선은 특정한 층에서 보행공간(공공보행통로 등) 등을 확보할 필요가 있는 경우에 사용할 수 있다.

관광휴양형 지구단위계획 중 건축계획 수립기준

1. 배치계획은 설치하고자 하는 시설의 종류별로 수립한다.
2. 건축물과 시설물의 배치는 구역의 특성을 감안하여 수립하되, 특별한 사유가 없는 한 다음의 기준에 적합하도록 한다.
   (1) 산지에 건축물을 배치하는 경우에 건축물을 배치하고자 하는 부지는 경사도는 25도 이하이고, 입안 지역 안에서 표고가 가장 낮은 지역인 산자락 하단으로부터 높이 250m 이하인 지역으로 한다.
   (2) 기존 지형을 고려하여 건축물을 배치하되 양호한 조망을 확보할 수 있도록 한다.
   (3) 건축물의 길이는 경사도가 15도 이상인 산지에서는 100m 이내, 그 밖의 지역에서는 150m 이내로 한다.
   (4) 경사도가 15도 이상인 산지에 2개 이상의 건축물 등을 설치하는 경우에는 길이가 긴 건축물을 기준으로 그 건축물 길이의 1/5분 이상을 이격하도록 한다.
3. 원칙적으로 건축물의 높이는 10층 이하, 시설물의 높이는 40m 이하로 제한한다. 다만, 사전경관분석을 통해 랜드마크 등 관광휴양지에 필요한 경우로서 도시계획위원회가 인정하는 경우 층수 또는 높이를 완화할 수 있다.
4. 2 및 3의 기준을 적용함에 있어 표고·경사도는 계획 입안 당시의 지형을 기준으로 산정한다.
5. 녹지용지에는 특별한 사유가 없는 한 시설물 또는 공작물 등을 설치할 수 없다.

5. 공급처리시설계획

공급처리시설은 단지내 시설에 공급되고 처리되어야 하는 상수도, 하수도, 전기통신, 가스 등의 인프라시설로 계획대상지의 입지나 규모에 따라 검토되어야 할 사항이 다르다. 예를 들면 대상지가 해당 지자체의 상수 및 하수처리권역 내에서 허용용량 범위 내인 경우는 관계 없으나 그렇지 않은 경우는 별도로 상수원 조달방법, 하수처리방법에 대해 검토해야 한다.

앞 장에서도 논의되었듯이 공급처리시설은 계획의 근간을 결정하는 경우가 많으므로 주활동시설 배치를 결정한 후에 잔여부지에 입지시키는 우를 범하지 말아야 한다.

일반적으로 공급처리시설은 도시기반시설로 해당 지자체의 지원을 받지만 그렇지 못한 상황인 경우는 건설비 부담 증가로 중도에 사업을 포기하는 경우가 있을 수 있다. 따라서 기본계획단계에서 여러 가지 상황변수에 대한 검토와 판단도 필요하지만 기본적으로 공급처리시설에 대한 효율적이고 경제적인 계획수립이 필요하다.

＊ 공급처리시설계획의 내용

항목	주요내용
상수도	급수량, 수원, 수질, 급수시설, 배관시설 등
하수도	처리량, 처리방식, 처리시설, 방류량, 방류수질, 방류수계, 배수체계, 방수량 등
전기	조명, 전력수요, 안전시설, 배선, 가로등, 배전방식 등
통신	전화시설, 전화수요량, 방송시설, 방송시설배치 등
가스	가스수용량, 공급방식 등

자료 : 한국관광공사, 2009: 68

5.1 상수도시설

상수도시설계획은 해당 지자체의 수도정비기본계획과 환경부의 상수도시설기준에 의거하여 수립한다.

용수 수요는 단지 이용객 및 종사자의 생활용수와 공공시설에 대한 공공용수를 확보토록 계획하고, 용수 공급은 수질, 수량, 시공성, 공사비, 유지관리의 편의성 등 다각적인 측면을 비교·검토하여 계획하며, 균등급수, 안정급수, 경제급수가 되도록 한다.

먼저 단지에 필요한 용수 수요량을 추정해야 한다. 각종 시설기준과 다른 유사시설지에서 적용된 자료를 토대로 원단위를 채택하고 여기에 시설별 건축연면적과 이용객수를 적용하여 추정한다. 그리고 추정된 용수를 어떻게 확보하여 공급할 것인지 용수공급원 및 공급계통을 설정한 후 단지내의 각 시설별 필요용량을 기준으로 상수도관망계획을 한다.

다음은 고양관광문화단지 기본계획 수립시의 상수공급계획 사례이다.

표 4.8 시설별 계획급수량

구 분	건축연면적 (m^2)	계획인구 (인/일)	급수량 원단위	일평균급수량 (m^3/일)	일최대급수량 (m^3/일)	시간최대급수량 (m^3/일)
관리시설	30,000	–	20~25ℓ /㎡	675	844	1,097
숙박시설	475,190	7,952	350ℓ /인	2,783	3,480	4,523
UEC/상가시설	140,530	–	25~35ℓ /㎡	3,162	3,952	5,138
복합시설	519,330	–	20~30ℓ /㎡	11,684	14,605	18,986
업무시설	155,850	–	20~30ℓ /㎡	3,507	4,383	5,698
테마파크	64,500	–	20~25ℓ /㎡	1,451	1,814	2,358
이주단지	–	276	350ℓ /인	97	121	157
계	1,418,400	–	–	23,359	29,199	37,957

주1) 급수원단위 : 상수도시설기준
주2) 일최대급수량=일평균급수량×1.25
주3) 시간최대급수량=일최대급수량×1.30

그림 4.15 용수공급처리계통도

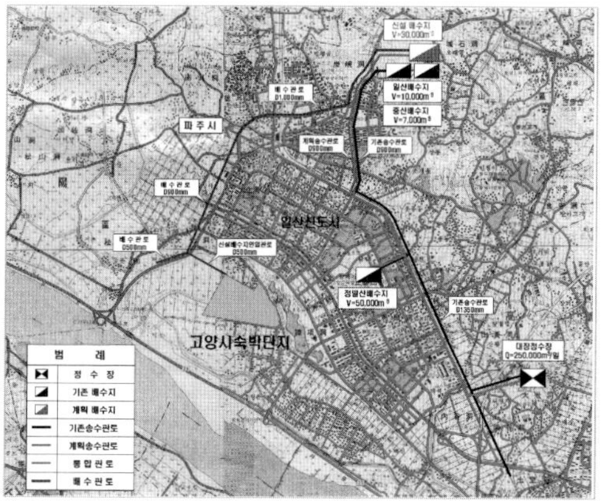

그림 4.16 상수계획평면도

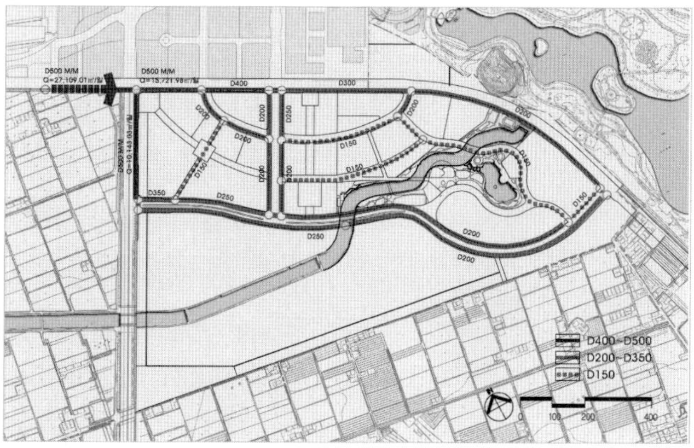

자료 : 경기관광공사, 2004: 151

5.2 하수도시설

하수도시설계획은 해당 지자체의 하수도정비기본계획과 환경부의 하수도시설기준에 의거하여 수립하며, 자연유하를 원칙으로 우·오수분리배제방식으로 계획한다.

우·오수관망계획은 기존 배수체계에 대한 조사 결과를 토대로 기존 지형과 방류유역을 고려하여 배수유역을 설정하고, 지형여건과 도로계획 및 시설배치계획을 고려하여 수립한다.

오수처리는 일반적으로 해당 지자체의 하수종말처리장 간선에 연결하도록 계획해야 하지만 그렇지 못한 경우는 자체 오수처리장을 설치하여 규정 수질기준 이하로 처리하여 인접 하천에 방류하여야 한다.

1) 우수시설

(1) 계획우수량 산정

먼저 대상지 및 주변 지형여건을 감안하여 우수유역을 설정하고, 유역별로 계획우수량을 산정한다(그림 4.12 참조).

계획우수량 산정은 일반적으로 합리식으로 다음의 공식을 사용한다.

$$Q = \frac{1}{360} \cdot C \cdot I \cdot A$$

여기서, Q : 계획우수유출량(m^3/sec)
C : 유출계수
I : 평균강우강도(mm/hr)
A : 유역면적(ha)

여기서 유출계수는 지표의 경사 및 지표상태, 강우강도, 지속시간, 배수면적, 배수시설, 도로의 포장상태 등에 따라 다르므로 표 4.9, 4.10의 토지이용별 기초 유출계수와 총괄유출계수를 기준으로 대상지 특성에 부합되게 별도로 산정하여 적용한다.

표 4.9 토지이용별 기초 유출계수 표준치

표면형태	유출계수(C)	표면형태	유출계수(C)
지붕	0.85~0.95	공지	0.10~0.30
도로	0.80~0.90	잔디, 수목이 많은 공원	0.05~0.25
기타 불투수면	0.75~0.85	경사가 완만한 산지	0.20~0.40
수면	1.00	경사가 급한 산지	0.40~0.60

표 4.10 토지이용별 총괄 유출계수 표준값

용도별 지역구분	유출계수(C)
부지 내에 공지가 아주 적은 상업지역 또는 유사한 주택지역	0.80
침투면의 야외작업장, 공지를 약간 가지고 있는 공장지역 또는 정원이 약간 있는 주택지역	0.65
주택, 공업단지 등 중급주택지 또는 독립주택이 많은 지역	0.50
정원이 많은 고급주택이나 밭 등이 일부 남아 있는 교외지역	0.35

자료 : 환경부(2011), 하수도시설기준

강우강도공식은 합리식에 의한 유출량계산에 사용되는 배수구역의 최상단에서 하류지점까지 우수가 유하하는 시간에 대응하는 계속시간의 강우강도를 취해 최대유출량을 산정한 것으로 공식의 형태는 Talbot형, Sherman형, Japaness형 등을 들 수 있다. 이 중 해당 시·군의 하수도정비 기본계획에서 제시한 공식을 적용한다. 다음은 Talbot형 강우강도공식을 적용한 고양시의 예이다.

표 4.11 강우강도 공식

재현기간	강우강도 공식	비 고
5년	$I_5 = \dfrac{544.3}{\sqrt{t}+1.003}$	D 600㎜ 이하
10년	$I_{10} = \dfrac{651.1}{\sqrt{t}+1.014}$	D 1,200㎜ 이하
20년	$I_{20} = \dfrac{753.8}{\sqrt{t}+1.023}$	D 1,300㎜ 이상

자료 : 고양시 하수도정비기본계획 변경보고서(1999)

(2) 계획관거의 유량계산

우수유역별로 단지내 가로망을 기준으로 우수배제계획을 수립하고 계획우수량 산정결과에 의해 각 관로의 계획통수단면으로 결정한다.

우수관거는 자연유하가 되도록 하고, 유속은 점차 증가하며, 구배는 하류로 갈수록 원만하도록 계획한다. 이때 자연유하관로에서 관거 내 평균유출량 산정은 Kutter공식과 Manning공식을 적용하는데 Manning공식의 산정식은 다음과 같다.

$$Q = A \cdot V$$

여기서, Q : 우수관 통수유량(m^3/sec)
A : 계획관거의 단면적(m^2)
V : 관거 내의 유속(m/sec)

표 4.12 우수유속

구분	최소	최대	이상적 유속
우수	0.8m/sec	3.0m/sec	1.0m/sec~1.8m/sec

자료 : 환경부(2011), 하수도시설기준

그림 4.17 우수유역도

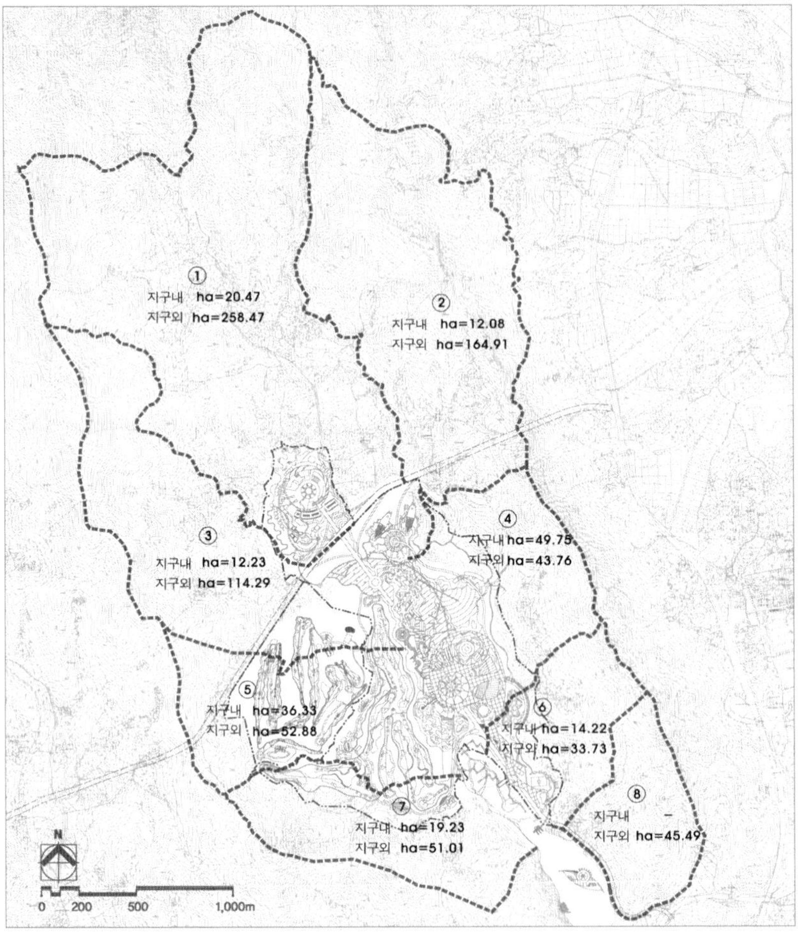

자료 : 대전광역시, 2009: 179

＊ 관로별 유출량 및 관규격

유역	면적 (ha)	유출량 (㎥/sec)	관규격
1유역	278.9	78.622	2@3.0×3.0
2유역	177.0	50.333	2@2.5×2.5
3유역	126.5	35.711	1@3.0×3.0
4유역	93.5	26.764	1@2.5×2.5
5유역	89.2	25.261	1@2.5×2.5
6유역	48.0	13.743	1@2.0×2.0
7유역	70.2	20.075	1@2.5×2.5
8유역	45.5	13.012	1@2.0×2.0
계	928.8	263.521	

2) 오수시설

관광지에서 발생하는 오수는 공공편익시설지에서 발생되는 공공오수와 숙박시설지 등에서 발생되는 생활오수, 상가 및 기타 유사시설지에서 발생되는 영업오수 등으로 구분할 수 있다.

오수발생량은 표 4.13과 같이 관련 규정상의 원단위를 사용하여 추정되며 오수배제는 자연유하식을 원칙으로 하지만 대상지가 넓고 지형상 불가능한 경우는 중계펌프장을 설치하여야 한다.

관거는 수밀구조로 계획하여 주변 토양오염을 방지하고, 지하수 유입에 따른 오수처리장의 처리용량에 부담을 주지 않는 구조체를 선정하여야 한다. 시설지별 발생오수는 오수관로를 통해 별도의 오수차집관로를 통해 단지내 오수처리장 또는 해당 시·군의 하수종말처리장의 간선으로 유입토록 계획한다.

표 4.13 계획오수량

구 분	건축연면적 (m^2)	계획인구 (인/일)	오수량원단위	일평균오수량 (m^3/일)	일최대오수량 (m^3/일)	시간최대오수량 (m^3/일)
관리시설	30,000	–	15ℓ/m^2	450	540	810
숙박시설	475,190	7,952	250ℓ/인	1,988	2,386	3,5784
UEC/상가시설	140,530	–	20ℓ/m^2	2,811	3,373	5,059
복합시설	519,330	–	20ℓ/m^2	10,386	12,463	18,694
업무시설	155,850	–	15ℓ/m^2	2,338	2,805	4,208
테마파크	64,500	–	15ℓ/m^2	968	1,161	1,742
이주단지	–	276	200ℓ/인	55	66	99
계	1,418,400	–	–	18,996	22,794	34,190

주1) 오수원단위 : 환경부고시 2001–168
주2) 일최대오수량＝일평균오수량×1.20
주3) 시간최대오수량＝일최대오수량×1.50

그림 4.18 오수처리계통도

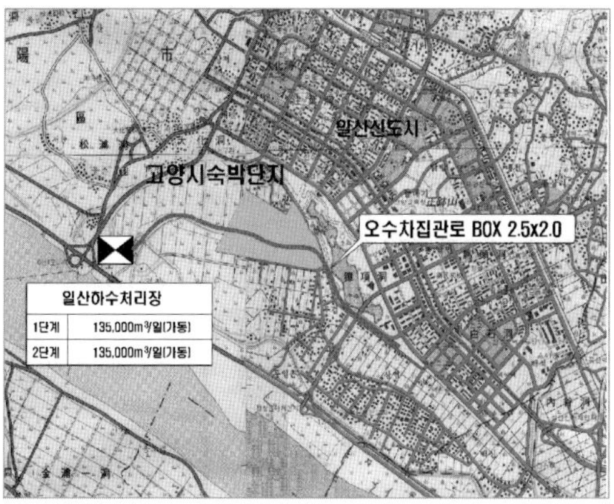

그림 4.19 오수계획평면도

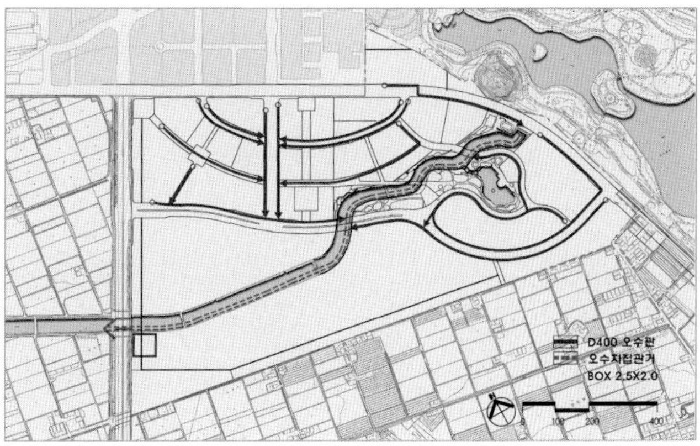

자료 : 경기관광공사, 2004: 151

5.3 전력시설

전력공급 대상은 숙박시설, 상가시설, 휴양문화시설, 운동오락시설 등 전력을 필요로 하는 단지내 모든 시설로써 전력수요는 냉방용, 동력용, 조명 및 전열용 등으로 구분한다.

필요전력은 주위의 변전소에서 공급받거나 단지의 규모가 큰 경우는 별도로 변전소를 설치하여 '수전·변전설비 → 배전반 → 분전반 → 분기회로 → 부하설비'의 순서로 각 시설물에 공급하며, 단지의 모든 배전선로는 부득이한 경우를 제외하고 지중관로를 원칙으로 한다.

단지내 필요한 전력수요량 산정은 각 건축물의 건폐율, 용적률 등을 고려하여 건축물별 부하밀도를 기준으로 다음의 산식에 의해 산정한다.

$$수요량(KVA) = \frac{건축연면적(m^2) \times 부하밀도(VA/m^2) \times 수용률(\%)}{1,000}$$

여기서 부하밀도란 건축물 용도에 따른 단위면적당 추정 설비용량으로 기본계획단계에서는 설치부하의 세부용량을 알 수 없으므로 과거의 실적을 참고하여 제시된 기준을 적용하여 산출한다.

표 4.14 건물용도별 부하설비용량 추정

(단위 : VA/m^2)

건물용도	조명	일반동력	기타 동력	계
대형사무실	37	59	37	133
점포(대형)	62	72	43	177
호텔	38	53	27	118
주택	28(51)	14	28	70(93)
학교	27	15	18	60
종합병원	47	64	48	159
체육관	32	34	23	89
연구소	60	108	53	221
대형창고	18	45	33	96
대형전산센터	33	92	60	185
공공건물	32	41	31	104

자료 : 한국조명설비전기설비학회(2011). 건축전기설비설계기준

그리고 수용률(demand factor)은 각각의 전기설비가 동시에 얼마 만큼 사용되는지를 백분율로 표시한 것으로, 최대수용전력을 수용부하용량으로 나눈 값이다. 따라서 수용률은 건물의 성격이나 용도, 규모에 따라 달라지는 데 예를 들면 아파트의 경우 내선 규정에서는 40세대 이상이면 수용률을 46% 적용하며 주택건설기준에서는 100세대 이상이면 40%를 적용한다. 수용률은 표 4.15를 기준으로 건축법과 주택건설기준 등을 고려하여 적용한다.

표 4.15 빌딩의 수용률

(단위 : %)

구분	판매용 빌딩(백화점, 쇼핑몰 등)		사무용 빌딩	
	범위값	중앙값	범위값	중앙값
전동부하군	74.1~100	87	43.2~78.4	61
동력부하군	38.0~63.3	51	41.0~53.8	47
공조부하군	44.7~57.5	51	56.3~89.2	73
종합수용률	47.9~62.9	55	41.1~56.1	49

자료 : 한국조명설비전기설비학회(2011). 건축전기설비설계기준

표 4.16 전력수요량 추정

용도별		연면적(m^2)	부하밀도(VA/m^2)	전력부하(KVA)	수용률(%)	총 수요량(KVA)
상업시설	근린생활	17,172	130	2,232	60	1,339
	상업	715,897	140	100,226	60	60,136
	준주거	13,998	130	1,820	60	1,092
	업무	278,640	130	36,223	50	17,365
	소계	1,025,707	–	140,501	–	79,932
관광시설	숙박	270,5550	130	35,172	50	17,586
	문화	28,774	130	3,741	50	1,871
	위락	248,209	130	32,267	60	19,360
	소계	547,538	–	71,180	–	38,817
공공시설	학교	46,857	60	2,811	40	1,124
	병원	54,148	130	7,039	50	3,520
	공용청사	8,060	100	806	50	403
	종교시설	2,745	60	165	50	83
	주유소	1,789	100	179	40	72
	공원 및 광장	400,825	0.25	100	100	100
	도로 및 주차장	422,734	1.25	583	100	583
	소계	113,599	–	11,683	–	5,885
계		1,686,844	–	223,364	–	124,634
변압기용량(KVA)		124,634KVA / 1.5 (부등률) = 83,089				
최대전력부하(KW)		83,089KVA × 0.9 (역률) = 74,780				

주1) 도로, 주차장, 공원, 광장은 부지면적

주2) 변압기용량을 산정할 경우는 일반적으로 여기에 부등률* 1.3~1.5를 곱하여 산정하고, 최대전력부하는 여기에 역률* 0.9를 곱하여 산정한다.

* 부등률(diversity factor) : 최대수용전력을 각 부하에 대해서 산출했어도 최대수용전력의 합이 될 수 있는 것은 아니다. 이유는 각 부하가 최대부하를 나타내는 시간대가 각각 다르기 때문이다. 다시 말해 부등률은 동시에 각 부하가 최대가 되지 않는 정도를 나타낸다. 즉 부등률은 각 부하의 최대수용전력/합성최대수용전력이다.

* 역률(power factor) : 직류회로에서는 전압과 전류와의 곱이 전력이 되지만 교류회로에서는 반드시 그렇지 않다. 이러한 교류회로에서의 전압과 전류와의 곱을 피상전력이라 하고, 이는 역률을 곱해야 전력이 된다. 따라서 피상전력에 대한 유효전력의 비율을 역률이라 하고, 이는 전기기기에 실제로 걸리는 전압과 전류가 얼마나 유효하게 일을 하는가 하는 비율을 의미한다.

6. 관광마케팅계획

관광마케팅계획은 개발계획안이 완료된 후 이루어지는 과정이라고 이해하기 쉽다. 개발계획안이 어느 정도 확정되어야 진행할 수 있는 부분이 있기는 하지만 기본적으로는 환경분석단계, 기본구상단계, 기본계획단계 등 계획의 전 단계에 걸쳐 병행되어야 하는 부문이다.

이는 '최대의 편익을 얻으려는 관광조직의 목적에 부합하기 위해 관광수요 측면에서 시장조사, 예측, 선택을 통하여 자사의 관광상품을 시장에서 가장 좋은 위치를 차지하도록 노력하는 경영철학(WTO)'이 관광마케팅이기 때문이다.

관광마케팅계획은 일반적으로 기업환경분석, 마케팅목표설정, 마케팅전략구상, 실행계획수립 등의 과정으로 진행된다. 그러나 본 장에서는 앞 장에서 논의되었던 부분과의 중복을 피하고자 STP 및 4P Mix를 중심으로 마케팅전략과 그 실행계획만을 다루고자 한다.

＊ 관광마케팅과정

마케팅계획
목표, 예산, 환경분석

↓

마케팅실행
시장세분화, 포지셔닝, 마케팅믹스

↓

마케팅통제
마케팅평가와 수정, 피드백

자료 : 우경식, 2005: 35

6.1 관광마케팅의 STP

관광마케팅전략을 수립할 때 가장 중요시하는 부분이 시장세분화이다. 이는 환경분석단계의 관광시장조사에서부터 동질적 욕구를 보이는 집단별로 분석하여 그룹핑하는 것에서 출발한다.

모든 관광객을 만족시킬 수 있는 관광시설이나 상품을 만든다는 것은 실로 어려운 일이다. 따라서 전체 관광시장을 공략하는 대량 마케팅(mass marketing) 대신 가장 성공적으로 공략할 수 있는 시장을 선택하는 표적시장 마케팅(target marketing)으로 이동하게 된다.

관광시장에 대한 마케팅전략 수립은 우선 전체시장 혹은 잠재시장을 서로 유사한 욕구를 보여주는 구별된 집단으로 나누는 세분시장화의 단계와 세분화된 시장을 비교·분석하여, 하나 혹은 복수의 표적시장을 결정하는 단계, 그리고 표적시장의 고객의 마음속에 경쟁상품과 구별되는 분명한 위치를 차지하는 포지셔닝 단계로 구분된다.

＊ 관광마케팅전략 수립과정

시장세분화(Segmentation)

1. 시장세분화를 위한 기준 파악
2. 세분시장별 특성 기술

▽

표적시장 선정(Targeting)

3. 세분시장별 타당성분석
4. 표적시장 선정

▽

포지셔닝(Positioning)

5. 표적시장별 위치 파악
6. 표적시장별 마케팅믹스(4P)

이를 STP라고도 하는 데 'S'는 Segmentation으로 시장을 세분화하는 것, 'T'는 어디에 목표를 둘 것이냐는 Target를 말하며, 'P'는 고객에게 어떻게 구별되게 인식시킬 것이냐는 Positioning를 말한다.

1) 시장세분화

(1) 시장세분화의 필요성과 요건

시장세분화란 전체시장을 구성하고 있는 잠재고객을 동질적인 하위시장으로 나누어 분리하는 과정을 말하며, 그 나누어진 그룹을 세분시장 또는 부분시장이라고 한다.

시장세분화는 시장수요에 따라 이루어지는 것으로 기업의 제품과 마케팅 노력을 소비자 또는 사용자의 요구에 효과적으로 적응시키고자 수행하는 작업이다. 이러한 시장세분화는 마케팅전략 과정에서 표적시장 선정 및 포지셔닝 전략 수립과 이에 따른 마케팅 믹스의 구사를 위한 기초가 되기 때문에 중요한 과정이다.

표적시장이란 마케팅활동의 대상이 되는 특정 고객집단을 의미하는 것으로, 표적시장으로서의 자격을 갖추기 위해서는 측정가능성(measurability), 접근가능성(accessibility), 실용성(substantiality), 유효성(validity), 신뢰성(reliability) 등의 5가지 시장세분화 요건*이 구비되어야 한다(최병용, 1996: 19-31).

* 시장세분화의 요건
① 측정가능성 : 세분시장의 규모나 구매력 등 정보 유무 및 측정 가능성 여부
② 접근가능성 : 세분시장에 적은 비용과 노력으로 접근 가능한지 여부
③ 실용성 : 세분시장이 규모나 수익성 측면에서 별도의 마케팅프로그램을 적용할 만큼 가치 있는지 여부
④ 유효성 : 소비자의 개별적 특성, 촉진활동의 탄력성 정도
⑤ 신뢰성 : 세분시장의 특성이 일정기간 동안 일관성을 가지고 유지될 수 있는지 여부

(2) 시장세분화의 기준

시장세분화를 위해서는 먼저 기준을 설정한다. 그러나 시장세분화 기준은 프로젝트의 성격에 따라 달리 할 필요가 있는 데 크게 보면 그림 4.20과 같이 소비자 반응과 소비자 특성의 두 범주로 나눈다.

이 중 소비자 특성에 의한 기준은 일반적으로 성별, 연령, 소득, 직업, 교육수준 등의 인구통계적 기준과 거주지의 위치와 특성 등 지리적 기준, 생활양식, 라이프스타일, 개성, 취미 등의 사이코그래픽스 기준, 그리고 관광

그림 4.20 시장세분화 기준

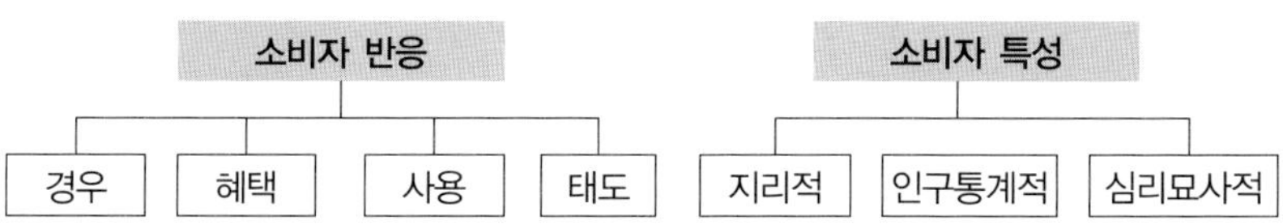

자료 : Kotler, 1991: 286

참여빈도, 경험 여부 등의 관광행태적 기준을 기본으로 한다.

표 4.17 소비자 특성에 의한 시장세분화 기준

구분	주요변수	내용
인구통계적 기준	성별, 연령	남·여 유아, 청소년층, 중장년층, 노년층
	단위	연인, 청소년단체, 소그룹, 기업단체, 가족 등
	소득 수준	월평균소득, 연봉 등
	가족생활주기	미혼자, 기혼자(6세 미만 자녀 여부 등), 노인부부
	기타	국적, 직업, 종교, 가족구성원수, 장애인 등
지리적 기준	거주지 위치	도보권, 1~2시간대, 3시간 이상 등
	거주지 특성	시·군, 농어촌, 대도시 등
사이코그래픽스 기준	생활양식	라이프스타일, 소비행동양식 등
	개성	관광태도, 가치관, 관심 등
관광행태적 기준	참여빈도	연평균 횟수, 체재일수 등
	참여목적	휴식, 자연감상, 교육, 체험 등
	기타	경비지출 규모, 이동수단, 주이용 숙박시설, 정보획득방법 등

자료 : 엄서호, 1990: 191을 토대로 재구성

2) 표적시장

(1) 표적시장의 평가기준

시장세분화가 끝나면 각각의 세분시장을 평가하고 분석하여 가장 큰 마케팅효과를 거둘 수 있는 표적시장을 설정한다. 세분시장은 세분시장의 규모와 성장도, 세분시장의 매력도, 목표와 자원적합성 등의 요인들을 기준으로 평가한다.*

* 표적시장의 평가기준
① 세분시장의 규모와 성장도 : 현재 세분시장의 수요, 매출액, 성장률, 기대수익성 등
② 세분시장의 매력도 : 세분시장 내의 경쟁강도, 대체상품의 위협, 구매자 교섭력 증대의 위협, 공급자 교섭력 증대의 위협 등
③ 목표와 자원적합성 : 자사의 목표와 기업문화, 자원과 능력의 적합성 등

(2) 평가시 고려사항

표적시장 평가의 목적은 결국 이에 대응할 수 있는 적절한 마케팅전략을 수립함에 있다. 따라서 내·외부 환경조건에 감안할 경우 다음의 3가지 전략 중 어떤 전략을 수립할 것인지가 동시에 고려되어야 한다.

① 비차별적 마케팅전략(undifferentiated marketing)

세분시장의 차이를 무시하고 전체시장을 공략하는 전략으로 소비자의 행동, 구매동기 등이 비슷하다는 가정하에 가장 평균적인 부분이나 공통

점에 중점을 둔다. 대량생산과 대량광고방식을 채택하므로 비용절감 효과는 크지만 목표고객을 모두 만족시키기는 어렵다.

② 차별적 마케팅전략(differentiated marketing)

세분화된 시장의 특성에 맞도록 각각 다른 마케팅전략을 개발하여 사용하는 방법이다. 다양한 고객을 만족시킬 수 있는 장점이 있으나 비용이 많이 들어 자금력이 충분하지 않으면 수행하기 어려운 단점이 있다.

③ 집중적 마케팅전략(concentrated marketing)

큰 시장에서 작은 점유율을 누리기보다 하나 혹은 소수의 작은 시장에서 높은 점유율을 누리기 위한 전략으로 기업의 자원이 부족하여 전체 시장을 지배하기 어려울 때 선택하는 전략이다. 특정 세분시장에만 의존하는 전략이므로 시장의 기호 변화나 강력한 경쟁자의 출현에 따라 위기에 빠질 수 있는 위험성이 있다.

3) 포지셔닝

포지셔닝(positioning)은 소비자들의 마음 속에 주어진 위치를 차지하기 위하여 기업의 제품과 마케팅전략을 조사·고찰하는 활동으로(Kotler, 1989), 관광에서의 포지셔닝이란 관광사업에서 제공하는 관광상품에 대한 이미지를 경쟁업체의 그것과 차별화시켜 관광자의 마음 속에 위치시키는 제반 활동이다(김홍철, 1988: 105). 예를 들어 포지셔닝 진술에서 '세계 최대의', '동양 유일의', '최첨단의' 등과 같은 문구는 잠재고객들이 다른 경쟁상품과 구별하는 데 유용한 판단 근거가 되고 그 상품을 오랫동안 기억하도록 만든다.

(1) 포지셔닝의 유형

일반적으로 포지셔닝 전략은 제품의 특성이나 경쟁관계에 초점이 맞추어져 이루어지는데 소비자 포지셔닝은 제품이나 서비스를 소비자 욕구와의 연관을 통해 경쟁적 포지셔닝은 제품과 서비스 혜택을 경쟁업체와 비교함으로써 소비자에게 자신의 제품을 소구(appeal)하는 전략이다.

가. 소비자 포지셔닝 전략

소비자 포지셔닝 전략(consumer positioning strategy)은 소비자의 편익측면과 제품의 특성이 직접적으로 연관되어져 있는 특별한 필요성에 의해 제품을 연상시키거나 더 나아가서는 소구되는 이미지나 그들의 합치에 의해 수립된다.

① 제품의 외형적 특성을 이용한 포지셔닝

일반적으로 많이 사용되는 방법으로서 '최첨단의 놀이기구, 전망 좋은 호텔룸' 등과 같이 특별히 눈에 띄는 편익이거나 추상적인 편익으로도 가능하다. 많은 특성을 설명하기보다는 고객이 이해하기 쉬운 단순정보를 강조하여 머리 속에 위치시킬 필요가 있고 신상품의 경우에는 기존의 상품에서 소구되지 않은 특성을 이용하는 것도 효과적이다.

② 품질과 가격에 의한 포지셔닝

품질과 가격의 서열이 소비자에게 인식되어 있는 제품군에서 품질이나 가격으로 포지셔닝하는 방법이 있다. '50만 원에 필리핀 4박5일, 입장권으로 모든 놀이기구 이용' 등 기존의 품질-가격의 관계서열이 강하게 인식되어 있는 시장에서는 새롭게 포지셔닝하는 전략이다. 그러나 고품질 저가격이라는 소구가 소비자가 바라는 것임에도 불구하고 실패로 끝날 우려도 있다.

③ 소비자 편익을 이용한 포지셔닝

제품특성 포지셔닝과 더불어 많이 사용되는 수법이지만 구체적인 이익을 강조한다는 점에서 제품특성에 의한 포지셔닝보다는 효과적이다.

일반적으로 관광패키지 상품을 판매할 때 많이 사용되며 혹은 '칠성급 호텔 숙박, 북극여행' 등과 같은 상품의 경험을 통해 특정한 계층과의 사회적 일치를 소구하는 방법 등이 있다.

④ 제품 사용기회에 의한 포지셔닝

상품을 사용기회와 결부시키는 포지셔닝으로 '추석여행, 구정 골프여행' 등과 같이 주말, 휴가철 등의 생활상황에 결부시키는 방법이다.

⑤ 제품 사용자에 의한 포지셔닝

상품을 사용자 또는 사용자 집단에 연결시키는 포지셔닝으로 광고의 수법으로는 유명인이나 실제 사용자로 상정되는 모델을 기용하는 방법을 사용하는 경우가 많다. 이는 사용자들의 개인적 특성, 연령대, 건강의식, 그리고 집단의 취미에 따라 윤곽을 잡을 수 있다.

⑥ 이미지 상징에 의한 포지셔닝

이 포지셔닝의 근본적 목표는 다른 경쟁자들이 사용하고 있지 않은 상징적 도구에 의해 소비자들에게 의미있는 확신을 심는 것이다. 지역의 특정 문화나 음식, 역사적 유물 등을 이용하여 지역관광의 이미지를 부각시키는 것이 그 예이다.

나. 경쟁적 포지셔닝 전략

경쟁적 포지셔닝 전략(competitive positioning strategy)은 제품의 특성이 경쟁사 제품의 특성과 관련시켜 상대적으로 포지셔닝하는 데 여기에는 2가지 접근방법이 있다.

① 제품부류에 의한 포지셔닝

이는 기존에 정립된 제품의 카테고리에서 대표적인 제품과 구분할 수 있는 신제품을 소개할 때 특별히 효과가 있다. 제품특성에 의한 포지셔닝과 유사하지만 제품의 부류, 타입을 강조하는 점이 다르다. 전형적인 예로 세븐업의 Uncola캠페인을 들 수 있다.

② 경쟁상대에 의한 포지셔닝

이 전략은 뚜렷하게 인식된 경쟁상대 제품포지션과의 절대비교로 이루어진다. 경쟁상대에 의한 포지셔닝은 그 제품군에 누구라도 인정하는 리더가 있고, 자사제품이 따라가는 입장일 때 유효하다. 펩시콜라마케팅이 대표적인 예이다.

표 4.18 표적시장별 포지셔닝 전략 사례

구 분		1차 표적시장	2차 표적시장	3차 표적시장
프로파일	시장특성	· 수도권의 고소득층 · 자영업, 전문직 종사자 · 골프/콘도 등의 회원권 보유자	· 수도권의 중상층 · 사무, 기술, 전문직 종사자 · 콘도회원권 소유 또는 이용자	· 배후 대도시의 중상층 · 가족 및 20, 30대 · 단체, 기업체 연수객
		· 투자재원조달을 위한 시장	· 투자비회수, 경상수지 개선 시장	· 경상수지 확보시장
	이용행태	· 체재형 및 사계절형 · 가족단위 고급휴양리조트 이용 · 레저의 전문화, 고급스포츠 참여	· 단기체재 및 사계절형 · 시간절약형 휴양, 휴식 · 주변인과의 친목도모형 관광추구	· 당일 및 야간이용형 · 단시간내 많은 레저경험 · 교육, 오락, 식음료시설 관심
	상세욕구	· 다양한 활동을 위한 종합리조트 · 회원권 소유에 따른 시설 충족 · 개인독점시설 선호 · 안락한 시설, 요리, 레저, 쇼핑	· 다양한 레저, 스포츠 및 문화공간 · 가족이 즐길 수 있는 시설, 이벤트 · 시간, 노력 측면에서 접근 용이 · 가벼운 스포츠와 야간오락	· 창조적 모험의 스포츠시설 · 오락시설 및 식음료 서비스 · 이벤트 프로그램 · 경제적 시설이용
포지셔닝전략		· 고급숙박시설, 개인소유 숙박 · 골프장, 골프연습장 · 고급사우나, 문화시설	· 소형 숙박시설 · 주제공원, 야외문화공간 · 레저/스포츠, 물놀이시설	· 캠핑장 · 주제공원 · 레저/스포츠시설

자료 : 임청규, 1998: 115

다. 리포지셔닝 전략

리포지셔닝 전략(repositioning strategy)은 기존의 상품이 판매 침체나 감소로 인해 매출액이 감소했을 때 이를 분석하여 소비자들의 마음속에 다시 포지셔닝시키는 전략이다.

이는 첫째, 시장에서 바람직하지 않은 위치를 갖고 있을 경우 둘째, 이상적인 위치를 달성하고자 하였으나 실패한 경우 셋째, 경쟁자가 진입해 기존의 차별적 우위유지가 힘들어졌을 경우 넷째, 유망한 새로운 틈새시장이나 기회가 발견되었을 경우 다섯째, 기존의 위치가 진부해져 매력적이지 못할 경우 등에 소비자가 갖고 있는 브랜드 이미지를 새롭게 바꾸려는 시도를 하게 된다.

대부분의 과정은 포지셔닝과 동일하나 리포지셔닝은 현재의 정확한 위치나 이미지를 파악하는 것으로부터 시작되어야 한다.

(2) 포지셔닝 맵

＊ 포지셔닝 맵의 작성 목적
· 지각상 시장의 공백 규명
· 자사제품의 현 위치 파악
· 경쟁자 및 경쟁상황 파악
· 이상점 파악(Ideal point)
· 마케팅 효과 측정

포지셔닝 맵(positioning map)이란 소비자들의 마음 속에 있는 자사제품과 경쟁제품의 위치를 2, 3차 공간에 작성한 지도로, 통상 소비자들의 인지를 기준으로 하여 작성되기 때문에 지각도(perceptual map)라고도 한다.

포지셔닝 맵을 작성하기 위해서는 여러 가지 방법이 이용되는데 다차원척도법과 요인분석법이 주로 사용된다. 이들 분석방법은 모두 다변량 자료분석을 위한 기법으로서 주요변수를 종속변수와 독립변수로 구분짓지 않고 여러 변수 사이에 존재하는 상호의존성을 발견하려는 것이 목적이다.

가. 요인분석에 의한 지각도 작성

요인분석(factor analysis)은 변수들 간의 상관관계를 이용하여 서로 유사한 특성을 지닌 변수들을 집단화하는 방법으로, 요인분석에 의한 지각도 작성은 속성의 가치에 근거한 인식구조를 밝힘으로써 지각도를 구성하는 방법이다.

이 방법에 있어서 주요관심은 기본인식구조가 어떤 것인가에 있으므로 속성 간의 상관관계가 상품과 고객들에 걸쳐 계산되며, 상품의 인식도상 위치는 요인 점수에 의해 측정된다.

나. 다차원척도법에 의한 지각도 작성

다차원척도법(Multi-Demensional Scaling : MDS)은 1차원 척도에 의해서 측정하고자 하는 개념을 충분히 측정할 수 없는 경우에 사용되는 분석방법이다. 즉 평가대상들 간의 유사성 또는 선호도 평가기준을 발견하고, 각 기준에 따라 평가대상들의 측정값을 추정하는 것이 주목적이다.

따라서 다차원 척도법은 각 대상의 종합적 순위평가에 의한 자료를 이용하여 평가의 기준이 되는 차원을 찾아내고 각 차원에서 평가대상들의 위치를 규명함으로써 평가자의 심리적 평가공간을 가시적으로 나타내는 기법이다.

6.2 관광마케팅믹스

마케팅믹스는 기업이 마케팅 목표에 따라 설정한 표적시장에 마케팅 활동을 집중시키기 위해 사용하는 모든 투입변수들을 기업의 환경과 상황에 맞게, 그리고 마케팅 효과가 최대화되도록 배합하는 마케팅 전략이다. 이러한 마케팅믹스는 고객의 욕구 충족을 목표로, 시장에 직접 영향을 미치는 마케팅 수단이라는 점에서 관광마케팅믹스와 그 본질에서는 동일하다.

마케팅믹스를 기본적인 구성요소를 토대로 4P Mix라고도 하는데, 우선 제품믹스, 판매경로믹스, 가격믹스, 프로모션믹스 등 하부 믹스를 먼저 형성하고, 이들 하부 믹스를 통합·구성하여 가장 효율적인 마케팅믹스를 실현하게 된다. 실제로 이러한 믹스는 기업의 종류, 상태에 따라 전략적으로 달라지며 표적시장에 따라 달리 형성된다.

1) 관광마케팅믹스의 구성요소

마케팅믹스의 기본적인 구성요소는 McCarthy에 의해 제안된 상품이나 서비스(product), 판매장소(place), 가격(price), 판매촉진의 형태(promotion) 등 4P's이다. 그러나 이들을 그대로 관광 분야에 적용시키는 것은 다소 무리가 있다고 보고 관광기업의 특성을 고려하여 여러 가지로 구성요소들이 새롭게 제안되고 수행되고 있다.

Renaghan은 관광상품은 제품과 서비스의 결합체이라는 점을 고려하여 기존의 4P's에 제품과 서비스(product-service), 표상(presentation), 커뮤니케이션(communication)을 추가하여 제시하였고, Booms와 Bitner는 관광객들이 원하는 관광상품과 서비스 판매를 제고할 수 있는 마케팅믹스의 조합으로 기존의 4P's에 서비스 수행에 효과적 도구인 참가자(participants), 물적 증거(physical evidence), 서비스과정(process of service assembly)의 3P's를 추가·보완하자는 이론이 설득력을 얻고 있다. 이외에도 Morrison은 기존의 4P's에도 종사원(person), 패키징(packaging), 프로그래밍(programming), 그리고 제휴(partnership)가 추가된 8P's를 관광마케팅에 확대하여야 한다고 제시하고 있다(이광원, 2004: 243).

표 4.19 관광마케팅믹스의 구성요소

제안자	특징	구성요소
E. McCarthy	4P	4P : 제품(product), 유통(place), 가격(price), 촉진(promotion)
L. M. Renaghan	4P+3P	4P+제품 · 서비스(product · service), 표상(presentation), 커뮤니케이션(communication)
B. H. Booms & M. J. Bitner	4P+3P	4P+참여자(participant), 물적 단서(physical evidence), 과정(process)
A. M. Morrison	4P+4P	4P+패키지(packaging), 프로그래밍(programming), 제휴(partnership), 종사원(person)

2) 관광마케팅믹스 전략

(1) 제품 · 서비스믹스(Product Mix)

제품은 고객의 욕구를 만족시키기 위해 기업이 판매하고 제공하는 것이다. 제품의 특성은 유형적·무형적 측면의 확인과 잠재고객에게의 소구(appeal)를 기초로 하여 결정되며, 여기서 제품에는 통상 서비스가 동반된다. 그러나 관광상품은 유형의 상품보다 추상적 무형의 상품이 더 많은 것이 특징이며, 제고란 개념도 없고 경쟁성 또한 강하다. 그러므로 관광기업이나 관광지가 지속적으로 성장하기 위해서는 다양한 기능을 가진 상품들이 효과적으로 결합되고 끊임 없는 수정을 통한 제품믹스전략 개발이 이루어져야 한다.

* 관광마케팅믹스 모델

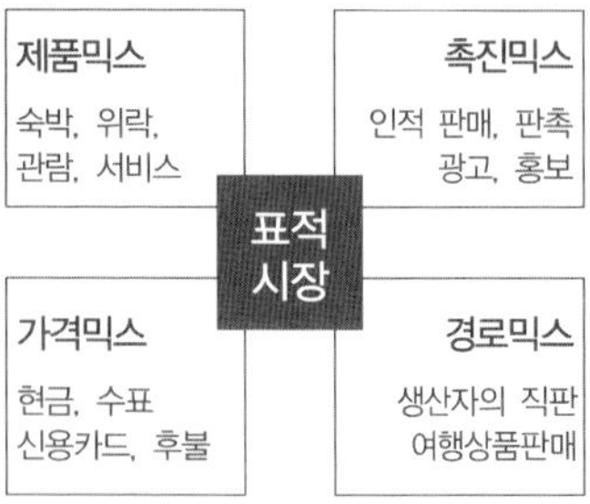

상품수명주기(Product Life Cycle : PLC)에 따른 각 단계별 적절한 마

케팅전략이 필요하며, 상호 관련되거나 보완관계에 있는 서비스를 단일 가격 체계 내에서 결합하거나 이질적인 여러 요소가 결합된 상품으로 판매하는 패키지전략이나 기업 및 제품의 품질을 인식시키는 브랜드전략이 수립되어야 한다.

(2) 가격믹스(Price Mix)

가격은 소비자의 선택에 중요한 영향을 미치는 결정적 요인이다. 더구나 관광상품의 가격은 수요의 높은 탄력성에 비해 비탄력적 공급구조를 가지고 있기 때문에 성수기, 비수기 등 시기에 따라서도 크게 반응한다.

관광가격의 전략은 시장침투용인 저가전략과 잠재경쟁자가 당분간 없다고 판단되거나 상품이 차별화되어 있을 때 사용하는 고가전략, 일괄구매로 가격을 싸게 유지하는 패키지전략, 그리고 미미한 가격 차이지만 고객이 심리적으로 싸게 느껴지도록 하는 심리지향적 가격전략 등이 있다. 또한 시기나 계절에 따라 수요변화가 심한 특성을 이용하여 '시기에 따른 가격차별화 전략'과 호텔객실이나 항공기 좌석과 같이 '상품등급에 따른 가격차별화 전략' 등으로 구매욕구를 촉진시키기도 한다.

(3) 경로믹스(Place Mix)

경로는 서비스 또는 제품을 고객에게 전달하는 과정에 수반되는 모든 과정을 말한다. 경로의 개념에는 두 가지가 사용되는데 그 하나가 입지(place)의 개념이고, 다른 하나가 유통(distribution)의 개념이다. 따라서 판매자는 제품이나 서비스를 판매할 방법과 장소를 결정해야 한다. 특히 관광상품은 마케팅 목표에 따라 어떤 경로를 경유하여 적절하게 유통시킬까가 중요하다.

일반상품은 대체로 생산, 유통, 구매행동, 소비의 경로를 지니고 있으나 관광상품은 대부분 입지상품으로 생산과 소비가 동시에 행해진다. 따라서 별도의 유통과정 없이 고객의 직접 이동을 기다리는 경우가 많다. 그러나 구매행동이나 구매결정은 관광상품의 종류와 특성에 따라 그 유형이 다르므로 상품의 종류에 따라 어떠한 경로로 판매하는 것이 효율적인가를 결정해야 한다. 즉 고객의 접근을 쉽게 하기 위해 여행사, 항공사, 숙박업체, 외식업체 등을 통하여 유통시킬 수도 있고 할인권 발행이나 패키지 판매 등을 통하여 구매결정을 용이하게 할 수도 있다.

(4) 촉진믹스(Promotion Mix)

촉진믹스는 소비자로부터 강력하고 빠른 반응을 얻기 위한 판매기법으로써 상품에 대한 소비자의 인지, 관심, 구매를 자극하도록 계획하는 활동으로 광고, 홍보, 인적 판매, 판매촉진 등이 있다.

우선 '광고(advertisement)'는 텔레비전, 라디오, 신문, 잡지, 광고지, 간판, 교통광고 등의 유료매체를 이용하여 광고주의 메시지를 시청각적으로 제시하는 것이고, 반면 '홍보(publicity)'는 Public Relation으로 PR이라고도 하는데, 보도기관 주관으로 인쇄 또는 방송의 매체에 무료로 메시지를 주는 것으로 각종 정보매체에 대량 전달되는 활동이다.

그리고 '인적 판매(personal selling)'는 판매원이 고객 또는 잠재고객에게 직접적으로 접촉하여 구매를 유도하는 활동이고 '판매촉진(sales promotion)'은 인적 판매, 광고나 홍보 이외에 마케팅의 여러 가지 활동으로 전시, show, 전람회 및 demonstration 등에 의해 고객의 구입이나 유통업자를 자극하는 방법이다.

그림 4.21 4P Mix 전략 구성 사례

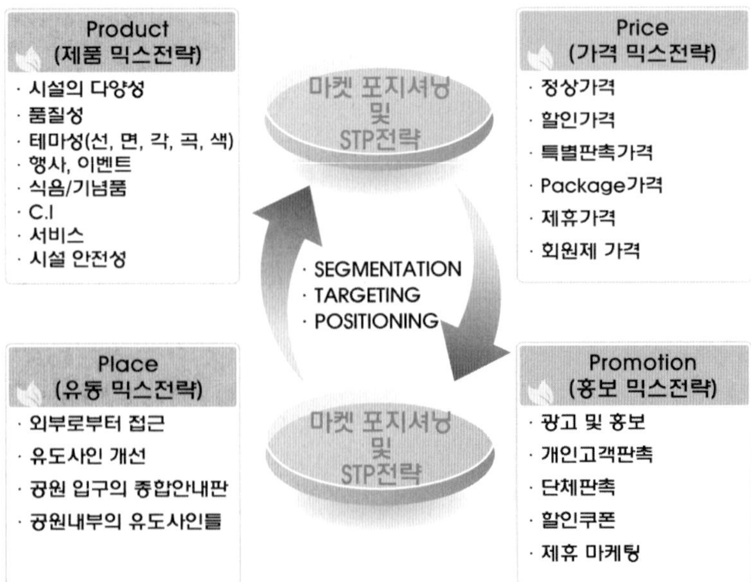

자료 : 정읍시 · 한국관광공사, 2011: 183

05. 사업타당성검토단계

1. 서론

2. 기초개념

3. 재무적 타당성분석

4. 개발파급효과

1. 서론

관광개발사업은 일반 부동산개발사업에 비해 대상시장의 규모가 작고 경기변동에 따른 변동폭이 큰 사업이다. 따라서 객관적인 계량적 작업을 통해 사업의 안전성과 목표달성 가능성을 사전에 점검하고 사업의 추진 방향과 전략을 수립하는 것이 필요하다.

사업타당성 검토는 개발사업에 대한 내용을 수치화, 금액화하여 제시함으로써 개발사업의 적합성을 판별할 뿐만 아니라 한정된 투자재원하에서의 투입요소배분 효율을 극대화하기 위한 작업이다. 또한 적절한 투자규모 및 시기를 결정하는데 필요한 정보를 제공하고 단지조성 후에 객단가, 분양가, 임대료 및 관리운영비 산정의 기초자료를 제공한다.

사업타당성 검토는 일반적으로 법·제도적 타당성, 기술적 타당성, 경제적 타당성 검토 등으로 구분되어 실시되는데 본 장에서는 중복을 피하고자 경제적 타당성, 특히 재무적 타당성 검토만을 다루고자 한다.

2. 기초개념

2.1 이자율과 할인율

이자(interest)란 화폐 또는 신용의 사용에 대하여 지급하는 대가이며, 이자율(rate of interest)이란 자금을 빌려 주는 것에 대한 대가로 받는 이자의 비율을 말한다. 이자율은 자본재에 대한 수익률로, 조달하는 차입금의 성격에 따라 다소 차이가 있다.

할인율(rate of discount)은 미래의 돈의 가치를 현재의 돈의 가치와 같게 하는 비율이다. 일반적으로 돈의 가치는 시간이 지남에 따라 하락하는데 미래의 1만 원이 현재의 1만 원보다 가치가 낮다고 할 수 있다. 이와 같이 하락하는 돈의 가치를 현재의 가치로 환산하기 위하여 할인율이 사용된다. 이 할인율로 미래에 발생하는 입장료 등 운영수익이 오늘의 많은 투자비를 정당화할 수 있는지 파악할 수 있다.

이자율과 할인율은 자금의 이용에 대한 비용을 표현하기 때문에 이들을 혼용하는 경우도 있다. 그러나 할인율은 사업주체가 운용하는 자금에 대한 기회비용의 성격을 가지기 때문에 구분해서 사용되어야 한다. 재무분석에서 이자율은 타인의 자금을 빌리는 것에 따른 사용대가 산정비율이며, 할인율은 사업주체 혹은 투자자 관점에서 투자에 따른 현금흐름의 최저수익률을 나타낸다(이석호 외, 2012: 134).

할인율 가운데 공공사업에 적용할 할인율을 사회적 할인율(social discount rate)이라 하고, 민간자본시장에서 형성된 시장이자율(market rate of interest)을 중심으로 결정되는 할인율을 민간할인율(private discount rate)이라 하는데, 이 민간할인율은 투자자가 요구하는 최소한의 기대수익률, 목표수익률, 요구수익률로 자금의 투자에 따라 발생하는 기대손실과 자금조달과정에서의 금융비용, 투자위험 등을 종합적으로 고려하여 결정한다.

2.2 현재가치와 미래가치

현재가치(present value)는 미래의 화폐가치를 현재시점의 화폐가치로 환산한 것이고, 미래가치(future value)는 현재의 화폐가치를 미래의 특정시점을 기준으로 그 시점에서의 화폐가치를 계산한 것이다.

앞서 설명한 이자율과 할인율을 이용하여 현재가치를 미래가치로, 미래가치를 현재가치로 환산할 수 있다. 즉 이자율과 할인율 i라고 표현할 때, 다음과 같이 현재가치와 미래가치의 관계를 표현할 수 있다.

$$PV = FV/(1+i)n$$
$$FV = PV \times (1+i)n$$

여기서, FV : 미래가치
PV : 현재가치
i : 이자율, 할인율
n : 기간

예를 들면, 현재의 만 원은 연이자율이 10%일 때 1년 후에는 만천 원의 가치를 가지고($10,000 \times (1+0.10)^1 = 11,000$원), 반대로 할인율이 10%일 때 1년 후 만원의 현재가치는 구천구십 원이다($10,0000 \div (1+0.10)^1 = 9,090$원).

2.3 현금흐름

관광개발사업처럼 장기간에 걸쳐 이루어지는 사업은 사업진행과정상에 물가상승이 발생하고 투자 및 회수시기에 차이가 있어 정확한 분석을 위해서는 시간별로 자금흐름을 예측하고 이를 현재가치화하여 살펴 볼 필요가 있다.

현금흐름은 투자로부터 발생하는 모든 현금의 움직임으로 현금유입과 현금유출, 그리고 그 차이인 순현금흐름으로 구성되는데, 물가상승분을 반영한 경상가격*을 기준으로 분석해야 한다. 이 현금흐름은 사업주체가 미래의 현금흐름을 현재의 기준으로 판단할 수 있게 해주고 투자자나 금융기관이 자금투입을 결정할 때에도 필수적으로 사용된다.

* 경상가격은 투자-회수시기에 따른 물가상승분을 포함한 가격이고, 반대로 불변가격은 물가상승률을 감안하지 않은 현재가격이다.

2.4 경제적 분석과 재무성 분석

사업의 수익성은 경제성과 재무성으로 구분된다. 경제성은 비용·편익의 귀속 주체에 관계없이 전체적으로 사업시행과정에서 발생되는 편익 및 비용을 이용하여 계산되는 수익성을 말하며, 재무성은 사업시행주체의 입장에서 평가된 편익과 비용을 바탕으로 계산된 사업의 수익성이다.

따라서 경제성 분석은 주로 공공사업의 경우로 국가 전체적인 입장에서 측정하고 이에 따른 경제적 수익성을 계산하여 사업타당성 여부를 결정하는 것이고, 재무성 분석은 사회 전체의 입장이 아닌 개별 사업주체의 입장에서 실제의 금전적 비용과 수익을 추정하고, 이에 따른 재무적 수익성을 분석한다.

표 5.1 경제적 분석과 재무성 분석

구 분	경제성 분석	재무성 분석
평가의 관점	국가 전체적 입장	사업주체의 입장
측정가격	잠재가격	시장가격
세금 및 금융비용	비용에서 제외	비용에 포함
보조금	사회적 비용으로 포함	수익에 포함
적용할인율	사회적 할인율	시장이자율

3. 재무적 타당성분석

3.1 개념과 목적

어떠한 사업이든지 사업을 추진함에 있어 추상적인 컨셉과 수익을 창출할 것이라는 막연한 믿음에만 의존할 수는 없다. 더구나 자기자금 외에 타인의 자금을 필요로 하는 사업이라면 자금의 흐름은 물론 예상수익률과 그 근거가 명확히 제시되어야 한다. 이를 위해 사업에 소요되는 비용과 수익을 객관적 근거를 기반으로 수집하고 사업주체와 투자자가 원하는 수익률을 만족시킬 수 있는지 분석하는 것이 재무적 타당성 분석이다.

재무적 타당성 분석(financial feasibility analysis)의 기본적인 목적은 사업주체가 그 사업을 추진할 타당한 경제적 근거를 객관화된 구체적 수치로 표현하여 확인시켜 주는 것으로 사업의 추진 여부는 물론 추진 방법 및 시기 등을 파악하고자 하는 것이고, 또 다른 목적은 투자자나 금융(finance)의 자금을 안정적으로 회수할 수 있을지, 그 사업의 수익이 얼마나 보장될지 등을 확인시키고자 하는 것이다.

3.2 비용 · 편익 산출

재무적 타당성 분석을 위해서는 우선 개발계획에서 제시된 모든 비용과 예상편익을 정확히 산출하여야 한다. 일반적으로 관광개발에서의 비용은 토지매입 및 보상비, 설계감리비, 건설공사비 등과 부대비용 등으로 구성되며, 편익은 분양수익과 운영수익으로 구성된다.

분양수익은 시설부지 분양과 콘도미니엄이나 골프회원권 등의 분양수익금으로 자본수익(capital gain)이 되어 초기의 투자비용을 완화시키는 수단으로 사용된다. 그리고 운영수익은 입장료나 시설이용료와 시설임대료, 그리고 시설운영에 따른 수익 등으로 산정된다.

비용은 편익에 대응할 수 있는 총사업비 관점에서 산출되어야 하는데 재무적 분석인 경우는 사업주체 외 정부나 해당 지자체가 부담하는 기반시설투자비 등은 제외되며, 자본에 대한 이자비용과 단위시설의 감가상각비, 그리고 취득세, 법인세 및 개발부담금 등 제세공과금이 포함된다.

3.3 분석방법 선정

비용과 편익이 산출되고 적용될 할인율이 결정되고 나면 그 다음에는 수익성을 측정할 적정한 방법을 선택하여야 한다. 수익성을 분석하는 방법 선택은 사업주체나 개발사업의 내용에 따라 달라질 수 있다. 높은 수익률을 강조할 수도 있고 높은 수익률보다는 안정적인 자금회수나 수익에 관심을 둘 수도 있다. 또는 무엇보다 자신의 투자가 얼마나 빠르게 회수될 수 있는지에 중점을 둘 수도 있다.

이와 같이 선택기준에 따라 여러 가지 분석방법이 사용되는 데 일반적으로 회수기간법과 비용편익비율법, 순현재가치법, 내수수익률법 등이 많이 사용된다.

표 5.2 재무적 수익성 지표 비교

<table>
<tr><th colspan="2">수익성 지표</th><th>개 념</th><th>장 점</th><th>단 점</th></tr>
<tr><td rowspan="4">비할인 모형</td><td>ARR</td><td>회계적 이익률 평가
(Average Rate of Return method)</td><td>· 분석 및 이해가 용이
· 재무제표상 자료 사용 가능
· 투자의사결정과 성과평과 일관성</td><td>· 화폐시간 가치 미고려
· 목표 ARR 설정의 자의성
· 발생주의 회계상 문제에 노출</td></tr>
<tr><td>단순 회수기간</td><td>경상회수=경상투입에 소요되는 기간</td><td>· 분석 및 이해가 용이
· 기업유동성 고려</td><td>· 수익성 미고려 (손익분기 이후 무시)
· 목표회수 기간의 자의성
· 화폐시간 가치 미고려</td></tr>
<tr><td>단순손익</td><td>총회수−총사업비</td><td>· 분석 및 이해가 용이
· 수익규모 파악 가능</td><td>· 실제 현금흐름과 괴리
· 화폐시간 가치 미고려
· 수익률 미고려</td></tr>
<tr><td>현금흐름 기준손익</td><td>총회수−총투입비</td><td>· 실제 현금수익에 근접
· 수익 규모 파악 가능</td><td>· 화폐시간 가치 미고려
· 수익률 미고려</td></tr>
<tr><td rowspan="4">할인 모형</td><td>NPV</td><td>할인회수−할인투입
NPV ≥ 0</td><td>· 현금흐름 및 화폐시간 가치 고려
· 수익 규모 파악 가능
· 대안 선택시 명확한 기준 제시</td><td>· 수익률 미고려
· 할인율 설정의 자의성</td></tr>
<tr><td>IRR</td><td>할인회수=할인투입을 충족하는 할인율
IRR ≥ r</td><td>· 사업 외 수익성 측정 가능
· 화폐 시간가치 고려
· 평가과정과 결과외 이해가 용이</td><td>· 수익규모 파악 불가
· 기준 할인율 설정의 자의성</td></tr>
<tr><td>B/C</td><td>편익 ÷ 비용
B/C ≥ 1</td><td>· 이해 용이, 사업 규모 고려 가능
· 비용편익 발생시간 고려</td><td>· 편익과 비용의 명확한 구분이 곤란
· 상호배타적 대안선택의 오류발생 가능</td></tr>
<tr><td>현가 회수기간</td><td>할인회수=할인투입에 소요되는 기간</td><td>· 분석 및 이해가 용이
· 기업유동성 고려
· 화폐시간 가치 고려</td><td>· 수익성 미고려 (손익분기 이후 무시)
· 목표회수 기간의 자의성
· 할인율 설정의 자의성</td></tr>
</table>

자료 : 한국토지주택공사, 2011: 269를 토대로 재구성

1) 회수기간법(Payback Period method : PP)

회수기간법은 투자자금 전액이 회수되는 시점에 도달하기까지 소요되는 기간이 얼마인가로 사업을 평가하는 방법이다. 이는 임대사업이나 운영사업 같은 장기투자사업에 유용한 기법으로 사업운영에 따른 수익들의 합이 자기자본을 넘어서는 시점을 손익분기점(break even point, BEP)*이라 하여 회수기간법의 주요 지표로 사용한다.

* 손익분기점(BEP)
= 투자자본 ÷ 매년 순수익의 합

관광시장은 사회·경제적 환경변화에 민감하게 반응하는 특징이 있으므로 미래의 불확실성을 줄이기 위해 개별 관광시설사업이나 1단계 사업 선정시에 투자비의 회수기간이 가장 짧은 시설사업을 우선적으로 고려한다. 그러나 이 방법은 회수기간 이후의 현금흐름에 대해서는 고려하지 않기 때문에 투자의 수익성을 파악하기는 어렵다.

2) 비용편익비율법(Benefit-Cost ratio : B/C)

비용편익비율법은 편익의 현재가치 합을 비용의 현재가치 합으로 나누어 그 비율이 1보다 클 경우에 타당하다고 평가하는 방법이다. 여러 개의 사업 대안을 비교하는 경우에는 이 값이 큰 사업이 우선적으로 선택될 가능성이 높다. 대체로 분석기간이 긴 경우에는 비용과 편익을 현가가치(PV)로 환산해야 하므로 할인율을 이용하여 현재가치로 비용과 편익을 환산하여 적용한다.

재무성 분석에서의 할인율은 시장할인율 또는 민간할인율로 사업의 성격에 따라 이자율, 채권수익률, 도매물가상승률 등 경제지표를 이용하여 산정한다.

$$B/C=\sum_{t=0}^{n}\frac{B_t}{(1+r)^t}\Big/\sum_{t=0}^{n}\frac{C_t}{(1+r)^t}$$

여기서, B_t : t시점에서의 편익
C_t : t시점에서의 비용
r : 평가기간 동안의 할인율

3) 순현재가치법(Net Present Value : NPV)

순현재가치법은 서로 다른 시점에서 발생하는 편익과 비용을 현재가치로 환산하여 순편익의 합계를 통해 해당 사업안을 평가하는 방법이다. 따라서 총편익에서 총비용을 차감한 총순현재가치(NPV)가 0.0보다 큰 경우에 사업은 경제적으로 타당하다고 보며, 복수사업의 경우는 총순현재가치가 큰 사업을 전체적인 투자수익면에서 보다 경제적으로 가치 있는 사업으로 판단한다.

$$\begin{aligned} \text{NPV} &= \frac{B_0 - C_0}{(1+r)^0} + \frac{B_1 - C_1}{(1+r)^1} + \frac{B_2 - C_2}{(1+r)^2} + \cdots\cdots + \frac{B_t - C_t}{(1+r)^t} \\ &= \sum_{t=0}^{n} \frac{B_t - C_t}{(1+r)^t} \end{aligned}$$

이 방법의 장점은 시간의 가치를 반영하여 사업의 전체적 이익을 평가한다는 데 있으나 이 기준은 투자의 효율보다는 양적 효과만을 반영하기 때문에 이익금액이 큰 대규모사업이 항상 소규모의 사업보다 유리하게 평가되는 단점이 있다. 또한 선택된 할인율에 따라 평가결과가 달라질 수 있으므로 적정 할인율을 선택하는 것이 매우 어렵다.

4) 내부수익률(Internal Rate of Return : IRR)

내부수익률이란 순현재가치(NPV)를 0으로 만드는 할인율을 의미한다. 내부수익률이 적정한 할인율보다 높은 경우에 그 사업은 타당성이 높다고 할 수 있으며 여러 가지 대안 사업 중 하나를 선택하는 경우에는 내부수익률이 가장 높은 사업을 선택한다.

내부수익률법은 일련의 편익과 비용이 같아지도록 하는 이자율 또는 할인율을 계산하는 방법이 되기도 한다. 앞서 설명한 바와 같이 순현재가치(NPV)는 할인율에 따라 크게 달라진다. 할인율을 규정하는 것 자체가 매우 어려운 일이며 주관적 관점이 개입될 가능성이 높기 때문이다. 그런데 내부수익률을 이용하면 할인율을 규정할 어려움도 없고 주관적 관점을 축소시킬 수도 있다.

내부수익률을 이용하는 또 다른 장점은 이것이 하나의 비율이라는 데에 있다. 투자가치를 나타내는 비율로 사용됨으로써 시장이자율 및 다른 투자 대안들과 쉽게 비교할 수 있다.

3.4 민감도 분석

민감도 분석(Sensitivity Analysis)은 미래의 불확실한 요인을 사업계획에 반영함으로써 보다 건실한 계획을 세움은 물론, 타당성 평가에 신중을 기하는 데 그 목적이 있다.

투자비나 수익성에 영향을 미칠 수 있는 중요한 변수, 예를 들면 건설공사비가 당초 예상보다 늘었거나 줄었을 때, 또는 사업기간이 연장되거나 수요나 할인율이 급격히 변화했을 때를 가정하여 사업수익이 어떠한 양상으로 변하는가를 검토하는 것이 민감도 분석이다.

그러나 여러 가지 변수를 극단적으로 조작하게 되면 어떤 수익률도 긍정적인 결과를 보일 수 없으므로 상식적인 범위 내에서 최선의 시나리오와 최악의 시나리오로 구분하여 불확실성을 반영하여야 한다. 다른 변수를 고정하고 개별 위험요소들만 변화시켜 수익성과 현금흐름의 변화치를 구하고 최종적으로는 분석대비표를 만들어 비교·평가한다. 당연히 민감도 분석에서 불확실성을 반영한 결과값과 당초 분석값과의 변화폭이 적은 것이 재무적 타당성이 높다고 판단할 수 있다.

4. 개발파급효과

개발사업은 경제, 사회, 산업 등 여러 부문에 걸쳐 직·간접적인 파급효과를 가진다. 그중 관광개발사업은 무형재와 서비스를 포함한 사업이라는 점에서 여타 개발사업과는 다른 파급효과를 지니는 데 고용창출과 지역경제 증진이라는 긍정적 효과와 더불어 자연경관 및 지역문화 훼손, 문화적 일탈 등의 부정적 효과도 우려되는 사업이다.

본 장에서 다루고자 하는 개발파급효과 분석은 이 사업으로 인한 다른 산업에 미치는 경제적 파급효과를 측정하는 것으로, 이를 측정함으로써 지역내 사업 간의 투자우선순위를 결정하거나 관광개발사업의 필요성이나 당위성을 설명하는 데 적용된다.

경제적 파급효과는 산업연관표를 이용한 산업연관분석(Input-Output Analysis)의 다부문승수(Multi-sector multiplier)를 통해 분석한다. 이는 전체적인 파급효과의 크기를 계량화하기 위해 사용되기도 하고, 투자의 영향이 어느 분야에서 어떤 크기로 발생되는지 등을 분석할 때 사용한다.

파급효과분석은 조성단계의 투자소요액에 의한 경제적 파급효과와 운영단계의 관광소비액에 의한 경제적 파급효과 분석으로 나누어진다(한국관광공사, 2009: 78-80).

1) 투자소요액에 의한 경제적 파급효과

투자소요액에 의한 경제적 파급효과는 산업연관분석 중 각종 개발사업 추진과정에서 투입되는 자금으로 인한 파급효과를 나타내는 건설업의 제반 승수를 이용하여 측정한다. 우선 관광개발에 투자되는 연도별 총 소요액을 추정한 후 연도별 투자비에 산업연관표로부터 구해진 건설업 승수를 곱하여 파급효과를 추정한다.

토지와 건축물, 구조물 등을 설치하는 관광개발사업의 경우는 건설사업이 주를 이루고 있기 때문에 일반적 관례에 따라 건설업승수를 적용한다.

- 생산파급효과 = 투자비 × 건설업의 산출승수(2.023699)
- 고용파급효과 = 투자비 × 건설업의 고용승수(0.025770)
- 소득파급효과 = 투자비 × 건설업의 소득승수(0.442391)
- 부가가치파급효과 = 투자비 × 건설업의 부가가치승수(0.856639)
- 조세파급효과 = 투자비 × 건설업의 조세승수(0.081133)

2) 관광소비액에 의한 경제적 파급효과

관광소비액에 의한 경제적 파급효과는 산업연관 분석에 의한 관광산업의 제반 승수를 이용하여 측정한다. 관광소비에 의한 파급효과 추정 역시 관광지출액을 추정하고 추정된 관광지출액에 산업연관표에서 도출된 관광산업승수를 곱하여 산출된다.

- 생산파급효과 = 관광지출액 × 관광산업의 산출승수(2.023699)
- 고용파급효과 = 관광지출액 × 관광산업의 고용승수(0.025770)
- 소득파급효과 = 관광지출액 × 관광산업의 소득승수(0.442391)
- 부가가치파급효과 = 관광지출액 × 관광산업의 부가가치승수(0.856639)
- 조세파급효과 = 관광지출액 × 관광산업의 조세승수(0.081133)

참고문헌

제1장 (기획단계)

김재호(2009) 창의적 기획법. 서울 : 이코북

김영민(2012) 기획특강. 서울 : (주)새로운 제안

길영로(2012) 기획이란 무엇인가. 서울 : 페가수스

한국관광공사(2009) 관광자원개발매뉴얼 2010.

채미옥·오용준(2003) 토지적성평가매뉴얼. 국토연구원

환경부(2008) 국토환경성평가지도 백서(2001-2008). 환경정책평가연구원

김지영 외(2005) 지형·지질을 고려한 개발사업의 입지선정에 관한 연구. 한국환경정책·평가연구원

웹월드컨퍼런스(2012) 소셜미디어 관점에서 본 2012년 인터넷 마케팅 동향 및 2013년 전망

제2장 (환경분석단계)

이명우(2008) 조경계획 1. 서울 : 기문당

임승빈·주신하(2008) 조경계획·설계. 서울 : 보문당

한국관광공사(2013) 관광시장동향.

한국관광공사(2009) 관광자원개발매뉴얼 2010.

문화체육관광부(2012) 2011국민여행실태조사.

채미옥·오용준(2003) 토지적성평가메뉴얼. 국토연구원

박재홍 외(1997) 토지적합성 분석을 위한 지리정보시스템 활용방안. 대한국토도시학회 제32권 제1호

경주관광개발공사(1996) 감포관광단지 기본설계. (주)금호엔지니어링

인천광역시도시개발공사(2007) 운북복합레저단지 조성사업 기본계획. (주)동호

대전광역시(2009), 종합관광레저스포츠단지 타당성조사 및 기본계획. (주)PDI엔지니어링

안산시(2011) 2020 안산시 기본경관계획. (주)도화·건화엔지니어링

여주군(2011) 이포보주변 관광단지조성 타당성조사 (주)건화·(주)PDI엔지니어링

Steinitz, C.(1976) Hand-Drawn Overlays : Their Histoty and Prospects. Landscape Architecture, Vol9.

제3장 (기본구상단계)

임주환 외(2001) 관광지개발론. 서울 : 백산출판사

김성기(2005) 관광개발계획론. 서울 : 한올출판사

일본관광협회(1974) 관광계획의 수법.

일본관광협회(1994) 관광시설의 공간과 경영지표.

길영로(2008) 기획이란 무엇인가. 서울 : 페가수스

임승빈·주신하(2008) 조경계획·설계. 서울 : 보문당

안봉원 외 공역(1984) 관광시설조경론. 일본관광협회. 서울 : 신학사

이명우(2008) 조경계획론 1. 서울 : 기문당
정구영 외(1997) 건축계획각론. 서울 : 건우사
한국조경공사(1976) 조경설계기준.
문화관광부(2007) 관광공급지표개발연구. 한국문화관광연구원
한국토지공사(1992) 관광지개발 사례 조사연구.
문화체육관광부(2012) 2011 국민여행실태조사.
산림청(1990) 자연휴양림설계기준.
일본관광협회(1974) 관광레크리에이션지구 및 관광시설의 기준에 관한 연구 Ⅱ
사하려(1961), 관광지계획에 있어 계량적 문제에 대하여. 일본관광협회 관광사업연구논문집
최혜경(2001) 관광수요예측기법에 관한 연구. 관광품질시스템연구 7권 3호
김사헌 외(1994) 질적 예측방법에 관한 연구 : 델파이·JAM 및 시나리오 설정법을 중심으로. 여가생활 연구 5호
곽노엽(1986) 남원민속관광지개발계획. 서울대학교 환경대학원 석사학위논문
하이파개발(2007) 평택호관광단지사업계획. (주)PDI엔지니어링
경주관광개발공사(1996) 감포관광단지기본설계. (주)금호엔지니어링
경기도(2004) 고양관광문화단지조성사업기본계획. (주)금호엔지니어링
(재)세계도자기엑스포(2002) 곤지암문화관광특구조성사업기본계획. (주)금호엔지니어링
여주군(2011) 여주군 이포보주변 관광단지조성 타당성조사. (주)건화·(주)PDI엔지니어링
대전광역시(2009) 종합관광레저스포츠단지 타당성조사 및 기본계획. (주)PDI엔지니어링
한국관광공사(1993) 해남화원관광단지기본설계. (주)금호엔지니어링
완주군(2009) 고산지역 토지개발조성사업기본계획. (주)토우·(주)PDI엔지니어링
정읍시·한국관광공사(2011) 내장산리조트 관광지 개발사업 조성계획 및 설계. (주)동호

제4장(기본계획단계)

이광원(2004) 관광학의 이해. 서울 : 기문사
우경식(2005) 관광마케팅. 서울 : 기문사
최병용(1996) 최신소비자행동론. 서울 : 박영사
홍성준(2007) 마케팅. 서울 : 새로운 제안
김홍철(1988) 관광마케팅관리. 도서출판 두남
임주환 외(2001) 관광지개발론. 서울 : 백산출판사
이명우(2008) 조경계획론 1. 서울 : 기문당
안봉원 외 공역(1984) 관광시설조경론. 일본관광협회. 서울 : 신학사
임승빈·주신하(2008) 조경계획·설계. 서울 : 보문당
김성기(2005) 관광개발계획론. 서울 : 한올출판사
일본관광협회(1974) 관광계획의 수법.
일본관광협회(1994) 관광시설의 공간과 경영지표.
정구영 외(1997) 건축계획각론. 서울 : 건우사
길영로(2008) 기획이란 무엇인가. 서울 : 페가수스

임청규(1998) 스키리조트계획의 이론과 실무. 서울 : 누리에
문화관광부(2007) 관광공급지표개발연구. 한국문화관광연구원
한국토지공사(1992) 관광지개발 사례 조사연구.
문화체육관광부(2012) 2011 국민여행실태조사.
산림청(1990) 자연휴양림설계기준.
한국조경공사(1976) 조경설계기준.
일본관광협회(1974) 관광레크리에이션지구 및 관광시설의 기준에 관한 연구 Ⅱ.
사하려(1961) 관광지계획에 있어 계량적 문제에 대하여. 일본관광협회 관광사업연구논문집
곽노엽(1986) 남원민속관광지개발계획. 서울대학교 환경대학원 석사학위논문
최혜경(2001) 관광수요예측기법에 관한 연구. 관광품질시스템연구 7권 3호
엄서호(1990) 국민관광시장 세분화모형의 비교분석. 교통연구 1(1)
한국관광공사(1993) 해남화원관광단지기본설계. (주)금호엔지니어링
경주관광개발공사(1996) 감포관광단지기본설계. (주)금호엔지니어링
(재)세계도자기엑스포(2002) 곤지암문화관광특구조성사업기본계획. (주)금호엔지니어링
경기도(2004) 고양관광문화단지조성사업기본계획. (주)금호엔지니어링
하이파개발(2007) 평택호관광단지사업계획. (주)PDI엔지니어링
대전광역시(2009) 종합관광레저스포츠단지 타당성조사 및 기본계획. (주)PDI엔지니어링
완주군(2009) 고산지역 토지개발조성사업기본계획. (주)토우·(주)PDI엔지니어링
여주군(2011) 여주군 이포보주변 관광단지조성 타당성조사. (주)건화·(주)PDI엔지니어링
정읍시·한국관광공사(2011) 내장산리조트 관광지 개발사업 조성계획 및 설계. (주)동호
Kotler, P.(1983) Principles of Marketing. Englewood Cliffs N. J. : Prentice-Hall Inc.
Kotler, P.(1991) Marketing Management Analysis Planning Improvement and Control. Englewood Cliffs N. J. : Prentice-Hall Inc.

제5장(사업타당성검토단계)

이석호 외(2012) 관광개발론. 한국방송통신대학교출판부
한국토지주택공사(2011) 산업단지 업무편람.
한국관광공사(2009), 관광자원개발매뉴얼 2010.
정읍시·한국관광공사(2011) 내장산리조트 관광지 개발사업 조성계획 및 설계. (주)동호

제3편 관광시설계획

01. 마리나리조트

곽노엽

1. 서론
2. 마리나의 구조와 시설
3. 마리나리조트의 개발유형
4. 마리나시설계획
5. 전망 및 과제

1. 서론

* 항만법 제2조 5항. 라. 항만친수시설 : 낚시터, 유람선, 낚시어선, 모터보트, 요트, 윈드서핑용 선박 등을 수용할 수 있는 해양레저용 시설

그동안 마리나는 항만이 아닌 항만의 종속시설로 인식되었고 항만친수시설의 일부*로 여겨져 왔었다. 그러나 2010년 '마리나항만의 조성 및 관리 등에 관한 법률'(이하 마리나항만법) 제정과 2011년 '제1차 마리나항만 기본계획'이 확정됨에 따라 마리나는 독자적인 항만시설로, 본격적인 개발과 이용에 대한 기반을 갖게 되었다.

최근 들어 해양레저에 대한 관심과 수요가 증대되고 해양레저활동 또한 전통적인 해수욕, 낚시, 해상유람 등에서 세일링요트, 모터요트, 수상스키, 서핑 등으로 다양화되고 있어 해양레저활동의 중심시설인 마리나는 관광시설계획에서 필수적인 시설 분야가 되고 있다.

마리나를 구성하는 방파제 등의 외곽시설이나 수역시설, 그리고 잔교나 부잔교 등의 계류시설에 대한 상세한 설계는 항만 분야에서 다루어져야 할 내용이다. 따라서 본 서에서는 기본계획시 필요한 마리나에 대한 기본구조나 공간 및 시설 수요, 공간구성체계 등을 중심으로 시설계획시 알아야 할 필수시설에 대한 개념과 계획원칙, 설계기준 등과 배치계획에 대해 다루고자 한다.

그림 1.1 해남화원관광단지 마스터플랜

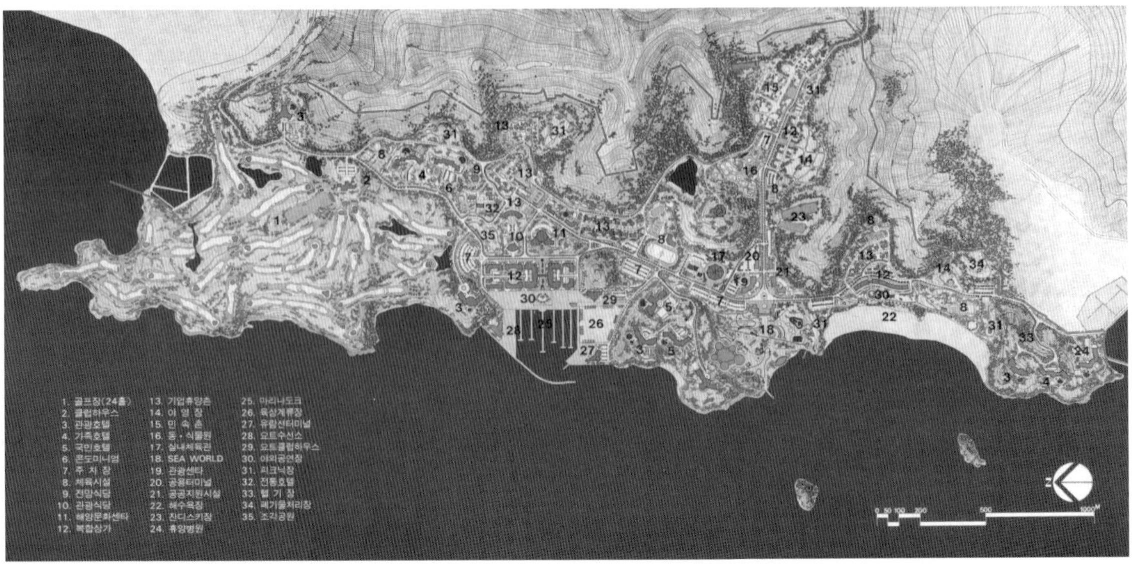

자료 : 한국관광공사, 1993: 65

2. 마리나의 구조와 시설

2.1 마리나의 개념과 정의

Marina는 이탈리아어로 '작은 항구'라는 뜻이나 원래는 라틴어의 '해안의 산책로'에서 유래된 말로, 일반적으로 요트나 보트 등 다양한 종류의 레저선박을 위한 계류시설, 수역시설 등과 관련 서비스기능·시설을 갖춘 일종의 항만시설을 의미한다. 그리고 마리나리조트란 이러한 시설을 주축으로 숙박시설, 상업시설, 휴양문화시설 등을 포함한 폭넓은 개념의 마리나라고 할 수 있다.

* 마리나를 흔히 요트하버(yacht harbor)라고도 하나 요트만을 계류하는 곳은 아니고 모터보트 등 각종 해양레저 관련 선박을 계류하는 곳이므로 레저항 혹은 플레저하버(pleasure harbor)라고도 한다.

마리나항만법에 의하면 '마리나항만'이란 마리나선박의 출입 및 보관, 사람의 승선과 하선 등을 위한 시설과 이를 이용하는 자에게 편의를 제공하기 위한 서비스시설이 갖추어진 곳으로서 관련 규정에 의해 지정·고시한 마리나항만 구역이라고 정의하고 있다.

2.2 마리나의 기능과 시설

1) 마리나의 기능

'마리나항만시설'이란 마리나선박의 정박시설 또는 계류장 등 마리나선박의 출입 및 보관, 사람의 승선과 하선 등을 위한 기반시설과 이를 이용하는 자에게 편의를 제공하기 위한 서비스시설을 말한다(마리나항만법 제 2조). 따라서 마리나가 담아야 할 기능은 계류, 보관, 수리·점검, 보급·처리, 정보제공, 안전관리를 비롯하여 휴식, 숙박, 교육, 용품판매 등 다양하나 주요 기능은 다음과 같이 4가지로 정리할 수 있다.

* 마리나의 기능

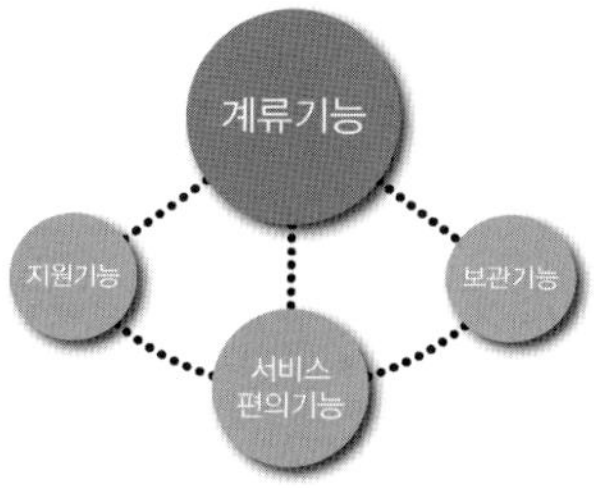

가. 계류기능

마리나의 기능 중 가장 핵심을 이루는 기능으로 안벽, 잔교, 브이 등의 시설과 조수간만의 차가 있는 곳에서는 부잔교 등의 시설이 필요하다.

나. 보관기능

마리나의 본질을 이루는 기능으로 계류시설에 보트를 계류한 채 보관하는 해상보관과 육상에 보트를 끌어올려 보관하는 육상보관이 있다. 육상보관일 경우는 별도의 보트야드나 보트보관소 등의 시설이 필요하다.

다. 지원기능

마리나의 주기능인 계류기능과 보관기능을 지원하기 위한 기능으로, 보트를 수면에서 올리거나 내리기 위한 상하가시설과 수리·점검시설, 그리고 식수, 연료 등을 제공하고 쓰레기 등을 처리하는 보급·처리시설, 기상·해상정보와 기타 필요한 정보를 제공하는 정보제공시설, 입·출항 신고 등 이용자의 안전관리를 위한 안전관리시설이 필요하다.

라. 서비스 편의기능

이용자에게 다양한 서비스를 제공하는 기능으로 마리나의 성격과 규모에 따라 선택적으로 수용된다. 이 기능 유지를 위한 시설로는 휴게소, 식당, 콘도 및 호텔 혹은 주택 등의 휴식·숙박시설과 강습, 연수, 그리고 보트임대를 위한 연수·교육 및 임대시설, 해양박물관, 공연장 등 다양한 해양 및 지역문화를 수용할 수 있는 문화교류시설 등이 있다.

그림 1.2 마리나항만시설 조성개념도

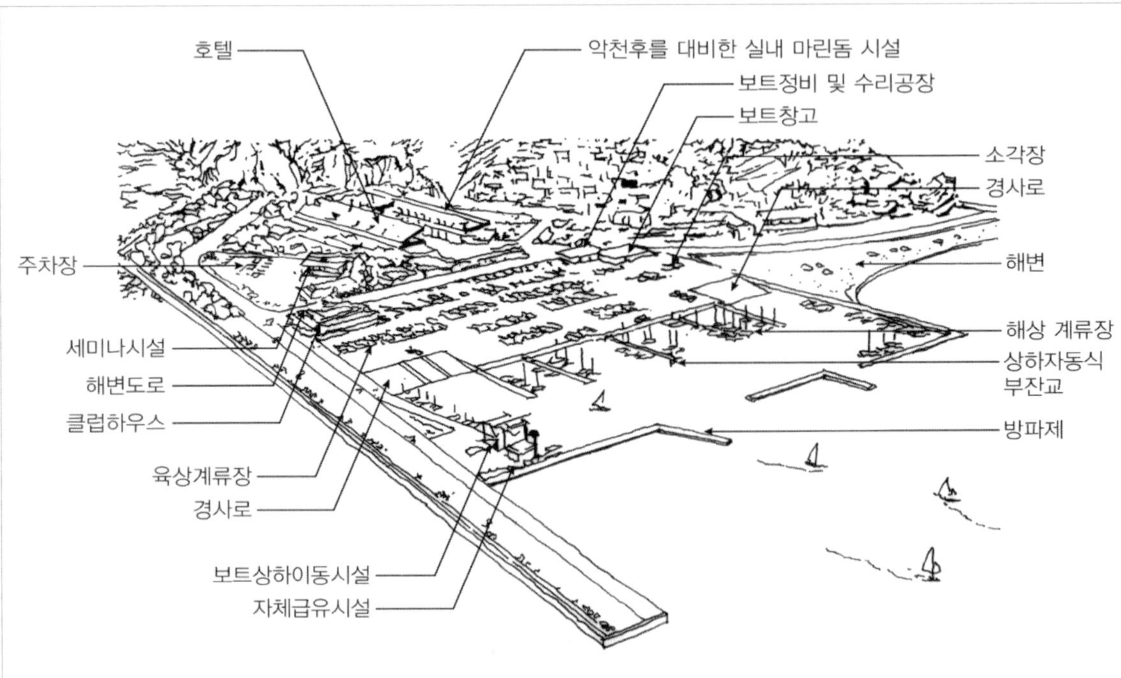

자료 : 염곡소부외, 1992: 92

2) 마리나의 시설

마리나의 시설 명칭과 분류에 대해서는 여러 가지 형태가 있으나 마리나항만법에 의하면 표 1.1과 같이 외곽시설, 수역시설, 계류시설, 임항교통시설 등의 기본시설군을 비롯하여 기능시설군, 서비스 편의시설군으로 구분된다.

표 1.1 마리나항만 시설의 종류

구분	세부시설
기본시설	· 외곽시설 : 방파제, 방사제, 파제제, 방조제, 도류제, 갑문, 호안 등 · 수역시설 : 항로, 정박지, 선류장, 선회장 등 · 계류시설 : 안벽, 물양장, 계선말뚝, 계선부표, 잔교, 부잔교, 돌핀, 선착장 · 임항교통시설 : 도로, 교량, 철도, 궤도, 운하 등
기능시설	· 보관시설 : 주정장, 보트창고 등 · 상하가시설 : 경사로, 램프, 크레인, 리프트 등 · 선박보급시설 : 급유시설, 급수시설, 급전시설 등 · 선박작업용 시설 : 전기시설, 수리시설, 세정시설 등 · 업무용 시설 : 공공서비스, 시설관리 등 항만관련 업무용 시설 · 관리운영시설 : 클럽하우스, 회의장 등 · 안전시설 : 항로표지, 방화시설, 관제통신시설 등 · 보안시설 : 출입문, 울타리, 초소 등 · 환경정화시설 : 쓰레기처리장, 오수 · 폐수처리시설, 폐유처리시설 등 · 연구시설 : 마리나항만 관련 산업의 기술개발 또는 벤처산업 지원시설 등
서비스 편의시설	· 복지시설 : 진료시설, 복지회관, 체육시설 등 · 휴게시설 : 숙박시설, 목욕시설, 위락시설 등 · 편익시설 : 매점, 음식점, 쇼핑센터, 주차장 등 · 문화 · 교육시설 : 수족관, 해양박물관, 공연장, 캠프장, 학습장 등 · 공원시설 : 해양전망대, 산책로, 해안녹지, 광장, 조경시설 등 · 주택 및 오피스텔, 기타 시설을 조성하기 위한 부지와 수역

자료 : 마리나항만의 조성 및 관리 등에 관한 법률 시행령 제2조

2.3 마리나선박의 유형

마리나선박은 마리나항만법에서도 규정하고 있는데* 일반적으로는 크루저보트(Cruiser Boat), 모터보트(Motor Boat), 크루저요트(Cruiser Yacht)와 딩기요트(Dinghy Yacht) 등이 주를 이룬다(그림 1.3 참조).

해양스포츠와 마리나에 이용되는 선박은 주로 요트와 보트로써 주된 추진 힘이 바람인 경우는 요트, 동력인 경우는 보트라고 구분한다. 그러나 선박건조기술의 발달에 따라 이의 구분이 모호해져 편의상 '보트'라고 통칭하고 관습적으로 적절히 혼용하고 있다.

* 마리나항만법 시행령 제3조에 의하면 마리나선박은 모터보트, 고무보트, 요트, 윈드서핑용 선박, 수상오토바이, 호버크래프트, 카누, 카약, 기타 유람, 스포츠 또는 여가용으로 사용되는 선박 등으로 정의하고 있다.

* 구체적인 표준선형은 '해양수산부(2005), 항만 및 어항 설계기준', p.1292를 참조

마리나시설계획을 위한 보트의 표준규격은 표 1.2와 같다*. 이 표에서 돛의 높이는 범선인 경우의 예이다.

표 1.2 플레저보트의 표준치수

전장(m)	전폭(m)	중량(ton)	흘수(m)	돛의 높이(m)
4	2.0	0.4 ~ 0.8	0.9	6.2
6	2.5	1.1 ~ 2.8	1.2	8.6
8	2.9	2.6 ~ 6.5	1.6	11.0
10	3.3	5.4 ~ 12.9	1.9	13.4
12	3.8	9.3 ~ 21.4	2.3	15.8
14	4.3	15.1 ~ 32.2	2.6	18.2

자료 : 일본관광협회, 1974: 273

그림 1.3 마리나선박의 유형과 특징

분류	종류	특징	
모터보트	크루저보트	엔진을 주된 추진기관으로 하고 선실을 가지고 있음 (전장 7.0~16.0m)	
	모터보트	수면을 항주하는 플레저보트로서 흘수가 얕고 엔진을 주된 추진기관으로 함 (전장 4.0~12.0m)	
	유틸리티보트	갑판이 없는 선체에 선외기만 부착한 심플한 형태 (전장 4.0~6.0m)	
	조립식 고무보트	사용할 때 조립 또는 공기주입에 의해 선체를 형성해서 선외기를 부착한 배 (전장 3.5~4.0m)	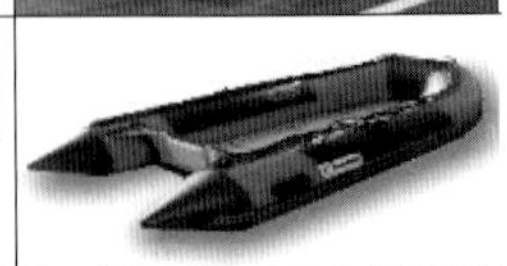
	피싱보트	소형 어선에서 많이 볼 수 있는 배로 낚시, 그물을 쉽게 끌어올리는 배 (전장 24.0m이하)	
요트	크루저 요트	캐빈이 있으며 대부분은 보조동력 엔진을 구비한 배 (전장 6.0~18.0m)	
	딩기요트	캐빈 및 보조동력으로서 엔진이 없는 배 (전장 3.5~7.5m)	

자료 : APCEO 홈페이지

3. 마리나리조트의 개발유형

3.1 마리나의 개발유형*

항구는 육지(land)와 수공간(water area)으로 이루어져 있고 이 육지와 수공간의 관계를 결정하는 핵심은 항구의 지리적 특성이다. 이 지리적 특징에 따라 항구는 기본적으로는 다음의 그림 1.4와 같이 반도형, 굴입형, 수로형, 위요형 등 4가지 타입으로 분류될 수 있으나 이 외에 이러한 형태들이 혼합되거나 혼재된 형태가 존재할 수도 있다.

이러한 항구의 지리적 특성은 인접지역과 결합하면서 다양한 유형의 개발형태를 보이는 데 개략 다음과 같이 7가지 유형으로 정리해 볼 수 있다(그림 1.5 참조).

* 이 글은 Akio Kuroyanagi+플레저하버연구회(1994) Town Planning with Pleasure Harbor, Process Architecture Co., Ltd p.p.145~158을 정리한 내용이다. 여기서의 항구는 pleasure harbor를 의미한다.

그림 1.4 마리나항의 기본유형

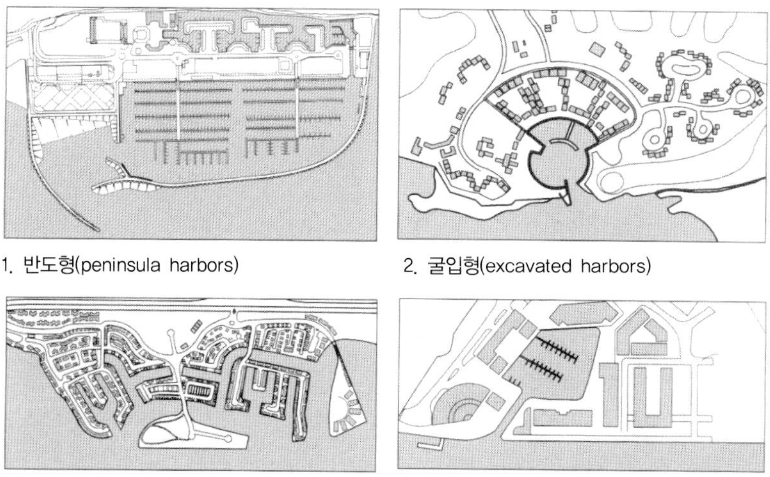

1. 반도형(peninsula harbors)
2. 굴입형(excavated harbors)
3. 수로형 (harbors connected by canel)
4. 위요형 (harbors surrounded by land)

자료 : Akio Kuroyanagi 외, 1994: 146

(1) 시설정비형

시설정비형(The Regional Mooring Facility)은 도시내 오래된 항구의 계류 및 정박시설을 정비하는 형태로써 대체로 상업과 문화시설은 항구의 뒤쪽에 위치한 기존 시설로 집중화되고 여기에서는 클럽하우스, 크레인, 주차장 등의 직접 서비스시설만을 제공한다.

* 대표적인 예로 도쿄의 Yumenoshima Metropolitan Marina, 마르세유의 Vieux Port을 비롯하여 Westhaven Marina, Oostende, Bullando Island, Otaru-ko Marina, and Marina Kawage 등이 있다.

주로 공공에 의한 개발형태로 도시지역에서 해양 레크리에이션시설을 대중화시키고 활기있는 휴식공간 제공을 목적으로 한다.

(2) 자연진화형

자연진화형(The Naturally Evolving Facility)은 대부분 어촌의 항구에 계류된 배가 증가하면서 발전된 형태이다. 자연적으로 생성된 만과 곶 혹은 섬을 이용하여 진화하는데 비교적으로 작은 크기로 자연적인 조건과 조화된 계류방식을 갖는다. 고요한 분위기의 매력적인 워터프런트 환경이 되도록 지역적 특성을 보존하고 유지하는 것이 중요하다.

* 자연진화형의 항구로는 Sete, Bell Ile, Santa Margherita Ligure와 Portofino 등이 있다. 이 중 Portofino는 자연적으로 진화한 대표적인 항으로, 3면이 산으로 둘러싸인 채 어선과 보트가 평화로이 조화를 이루며 크레인과 같은 시설은 보이지 않는 곳에 숨겨져 있는 평온한 풍경을 유지하는 곳으로 유명하다.

(3) 도심개발형

도심개발형(The Downtown Development Facility)은 지역발전을 위하여 인공항이나 유휴항구 주변의 미개발지를 중심으로 개발하는 형태로 워터프런트 지역에 최대이익을 내기 위해 만들어진다. 이러한 목적으로 개발된 항구가 그 기능을 충분히 수행하면서 요트가 정박하게 되고 관련 시설들이 항구 주변에 위치하거나 다른 항구와 공동으로 사용하게 된다. 정박하는 배는 일반적으로 mega yacht와 모터 크루저선 등이 대부분이다.

* 주목할 만한 사례로는 North Cove Yacht Harbor가 있다. 이 항구는 St. Katherine's 부두의 New York's Battery Park의 일부로 개발되었으며, 런던 Docklands 재개발 프로젝트의 일환이었다.

(4) 도시리조트형

도시리조트형(The Urban Resort Facility)은 목적이 모호해진 항구를 회복시키고 그 지역의 이미지를 개선하기 위해 개발하는 형태이다. 기존의 페스티벌 마켓이나 엔터테인먼트센터를 중심으로 범위를 확장하여 개발된다. 여기서 레스토랑과 상점, 마켓 등은 워터프런트에 드라마틱한 효과와 활력을 주고 부두에 정박·정렬된 요트의 모습은 도시의 분위기를 강화하는데 기여한다. 그리고 건축물들은 장소의 매력성을 연출하게 되고 높은 구조물과 항구는 지역을 상징하는 랜드마크로 작용하게 된다.

* 도시리조트형의 대표적인 예로는 Downtown Shoreline Village and Marina, Bayside Marketplace and Mia Marina, Jacksonville Landing 그리고 인공섬에 건설된 San Diego Marriot Hotel and Marina 등이 있다.

(5) 주거공간개선형

주거공간개선형(The Residential Improvement Facility)은 주거를 편리하게 하기 위해 디자인된 항구로 Marina Village형이라고도 한다. 이러한 형태는 기본적으로 좋지 않은 이미지를 지닌 지역에 워터프런트 환경과 마리나항을 조성함으로써 지역 이미지를 새롭게 하기 위해 계획된다. 주로 대도시에서 가깝고 편리한 위치에 개발되어 바다와 요트를 사랑하는 사람들에게 새로운 라이프스타일을 제공한다.

* 대표적 예로 Rover City, Hythe Marina Village, Port Liberte, Port Saint Louis, Port Lannion, 그리고 Port D'herblay 등이 있다. 특히 남런던의 사우스톤에 위치한 Hythe Marina Village는 약 60에이커의 크기에, 230개의 주택과 520여 대의 요트가 계류할 수 있으며, 마켓과 레스토랑이 있다.

(6) 리조트형

리조트형(The Resort Community Facility)은 일반적으로 교외의 개발되지 않은 곳에 조성되며, 대부분의 경우 해안의 늪지대나 재해지역을 가치 있고 아름다운 환경으로 탈바꿈시키기 위해 만들어진다.

이러한 형태에서는 마리나항과 주택 혹은 숙박시설이 통합적으로 만들어지면서 지역의 가치를 증대시킨다. 각각의 거주시설에 계류시설을 확보하여 직접 바다와 요트를 즐기고 물의 매력을 느낄 수 있도록 되어 있고 통상 중앙의 서비스지역에는 커뮤니티활동을 지원하는 관련시설이 건설된다.

* 리조트형의 대표적 사례로는 Ampuriabraya Marina, Port Grimaud, Sanctury Cove, Puerto del Rey, Wakayama Marina Ciry, Southern Island, Harbortaown, Coronado Cays 등이 있다.

(7) 종합형

종합형(The Comprehensive Facility)은 주거, 상업, 산업시설 등이 산재해 있는 저개발 어촌지역에 실시하는 신항만 도시개발 프로젝트로 비교적 스케일이 크다. 이 형태는 초기에 해양레저에 중점을 두다가 점진적으로 지역개발의 일환으로 진행되며, 점차 주변지역으로 확산된다. 항구에서 요트를 이용하는 사람들뿐만 아니라 다양한 이용객과 지역주민을 위한 서비스와 시설을 제공함으로써 종합형은 결과적으로 모두에게 이득이 되는 형태가 된다. 이러한 의미에서 주변지역과의 조화는 주요 고려사항이지만 다양한 시설의 서로 다른 기능들 간의 상충 여부는 지역개발계획단계에서 좀 더 상세히 검토할 필요가 있다.

* 대표적 예로는 Marina Del Ray, Carillon Point, Redondo Beach Marina, Port Cergy, Brighton Marina가 있다.

그림 1.5 마리나항의 개발유형

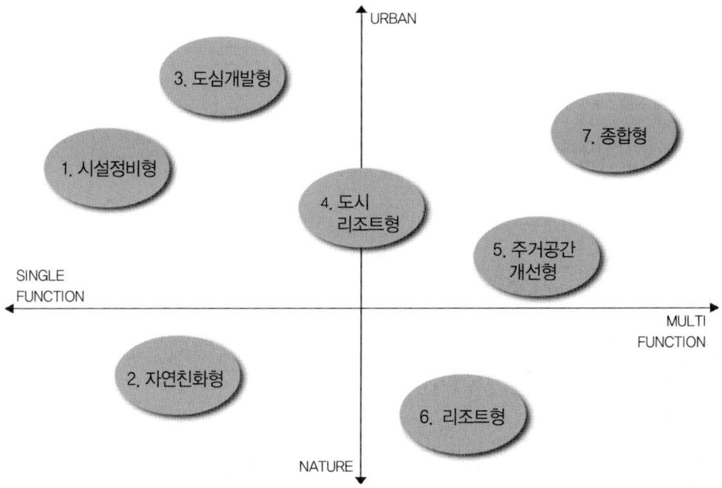

자료 : Akio Kuroyanagi외, 1994: 147

3.2 마리나리조트 개발 사례

(1) 로얄 파인 리조트(Royal Pine Resort)

- 위치 및 면적 : 호주 퀸스랜드주 골드코스트 서쪽, 약 1.87km²
- 주요시설 및 특징

Surfers Paradise로부터 Nerang 강을 끼고 서쪽으로 약 10분 거리에 있는 종합레저타운이다. 마리나는 항해 수심이 2.5m로 비교적 얕고 수상 80척, 육상 40척의 정박이 가능하다. 3,496m² 규모의 클럽하우스와 테니스코트, 헬스장비와 건강진료시설을 받을 수 있는 실내체육관과 실내해수풀장 등이 있고, 27홀의 골프장이 있다. 숙박시설은 관광호텔을 비롯하여 2인용 침실의 소규모부터 초호화의 골프빌라 등 다양한 규모로 조성되어 있다.

(2) 센튜리 코브(Sanctuary Cove)

- 위치 및 면적 : 호주 퀸스랜드주 골드코스트, 약 4.7km²
- 주요시설 및 특징

330척 규모로 호주 제1의 마리나시설로 유명하다. 골프장은 퍼블릭인 Palms Course와 회원제인 Pines Course 등 2개의 골프코스로 되어 있고, 스포츠시설은 테니스코트 9면, 스쿼시볼코트, 수영장, 트랙경기장, 잔디 볼링장, 에어로빅센터, 컴퓨터 건강진료센터 등이 있으며, 100여 개가 넘는 쇼핑센터와 병원, 레스토랑, 예술회랑 등과 같은 편익시설들이 골고루 갖추어진 종합 리조트이다.

(3) 랑그독 루시옹(Langudoc Roussillon)

- 위치 및 면적 : 프랑스 지중해안에 위치한 180km의 해안선 일대

그림 1.6 마리나리조트 개발 사례

로얄 파인 리조트

센튜리 코브

• 주요시설 및 특징

불모지 개발의 대표적인 사례로 마리나를 중심으로 6개의 레저단위지역을 개발하고 주변의 기존 해변촌락을 재정비하여 조성된 프랑스 최대의 공공리조트이다. 6개의 개발지구는 모두 고속도로와 연계하여 17개 항구를 개발하고 마리나항으로 조성하여 하계 200만 명의 휴양객을 유치하기 위한 아파트, 별장, 호텔군이 건설되었다.

(4) 델 레이 마리나(Marina Del Ray)

• 위치 및 면적 : 미국 로스앤젤레스 연안, 320만m²

• 주요시설 및 특징

세계 최대의 마리나시설지로 임해복합개발형, 공공주도형 개발방식에 의해 개발되었다. 마리나와 맨션을 중심으로 한 대규모 임해개발로 약 6,000호에 이르는 아파트가 숙박시설지에 근접 배치되어 주도시를 형성하고 있고 요트, 낚시, 사이클링, 테니스, 조깅, 윈드서핑 등 해양 스포츠를 종합적으로 경험해 볼 수 있다. 요트하버는 약 8,400척을 수용할 수 있고, 연중 마린 스포츠를 즐길 수 있는 것이 특징이다.

(5) 미션 베이 파크(Mission Bay Park)

• 위치와 면적 : 미국 캘리포니아주 샌디에이고, 1,861만m²

• 주요시설 및 특징

세계 최대의 복합 수상레크리에이션 기지로 요트 1,500척, 보트 2,500척, 해수욕장 9개소, 골프장 18홀, 녹지공원과 캠프장, 32만m²의 Sea World, 호텔 등과 수상스키용 보트슬로프, 요트, 낚싯배 등 모든 보트가 완비되어 있다. 공공사업이면서 수입원을 확보하고 대도시 근교의 레크리에이션 기지로서 대량집객이 가능하다.

그림 1.6 마리나리조트 개발 사례

랑그독 루시옹

델 레이 마리나

미션 베이 파크

4. 마리나시설계획

4.1 계획의 기본방향*

＊ 이 글은 Akio Kuroyanagi 외(1994), pp.161~173에서의 'Design Element'를 토대로 하였다.

세계적으로 뛰어난 마리나의 사례를 살펴보면 활기참, 풍요로움, 매력적임, 평온함과 같은 항구의 개발과정에 기여하는 공통된 디자인 요소를 발견할 수 있다. 이를 바탕으로 마리나시설계획의 기본방향을 파악해 볼 수 있는데, 본 서에서는 연속성, 친수성, 자연성, 심미성, 편리성 등 다섯 가지로 정리하고자 한다.

(1) 연속성(Continuity : The link with the town)

연속성은 항구가 주변지역과의 시각적 연계성을 지녀야 하고 지형적, 역사·문화적으로 융합되는 것을 의미한다.

시각적 연계는 항구와 주변지역을 융합하는 기본조건이다. 우선 건물들이나 시설들로 인해 물로의 접근과 시야를 방해받지 말아야 하고, 주변 건물이나 시설들이 수공간의 지형적 조건에 적합하게 디자인되어 지역 전체가 부드럽게 융화되어야 한다.

항구는 대부분 지역의 독특한 문화와 유산들이 축적되어 있다. 이러한 유산들, 즉 버려지거나 더 이상 사용되지 않는 시설을 복구하거나 다른 용도로 재건축함으로써 항구의 지역적 경관성, 이미지, 정체성 등을 강화할 수 있다.

연속성	· 지역과의 융합 · 시각적 연계 · 역사 · 문화성 활용
친수성	· 호안의 디자인 · 방파제의 디자인 · 수공간으로의 접근
자연성	· 기후의 고려 · 수질생태계의 고려
심미성	· 랜드마크의 형성 · 수면의 표정
편리성	· 편의시설 · 어메니티 · 엔터테인먼트시설

(2) 친수성(Familiar waters : An accessible waterfront)

모든 항구에서 사람들은 수공간으로 쉽게 접근하기를 원하며, 안전하고 친숙한 해변을 요구한다. 이러한 이유로 항구는 입지적 여건에 적합한 방어시설을 갖추어야 하며, 이 방어시설은 주변환경, 특히 자연경관과 어울리도록 디자인되어야 한다.

먼저 호안은 항구의 물과 육지의 경계를 형성하며 전체적인 항구 경관과 워터프런트 지역의 분위기에 많은 영향을 끼친다. 노출된 방파제와 sheet pile로 구성된 호안은 얼마나 뛰어난 작용을 하고 안전한지를 떠나서 결코 친근한 구조물이 될 수는 없다. 계단이나 부드러운 슬로프가 있는 호안은 수공간으로의 접근을 용이하게 하며, 방문객을 바다에 더욱 가깝게 가도록 해주며 호안 상단까지 놓인 계단은 방문객들에게 물리적 안정감을 준다.

그리고 파도나 조수로부터 해안을 보호하는 방파제는 배후지역에 생기를 불어넣어 주는 역할을 한다. 따라서 방파제는 주변 환경을 개선시키고 사람들이 지역에서 편안함을 느낄 수 있도록 디자인되어야 한다. 특히 인공섬은 기능적이고 매력적인 방파제로 파도를 조절하고 조수를 원활하게 하는 것은 물론 항구에서 물을 정화시키는 역할을 한다.

항구로 사람들을 끌어들이기 위해서는 배후지역에서부터 수공간까지 시각적으로 연결되어 있어야 하고, 쉽게 접근할 수 있는 대중교통수단과 시설이 있어야 한다. 항구에 계류 중인 보트나 요트에 접근 가능토록 설치되어 있어야 하고 보행 프로미나드(promenade)와 휴게공간은 항구와 조화된 매력적인 요소로 작용하도록 디자인되어야 한다.

(3) 자연성(Naturalness : A proper regard for the natural environment)

항구를 건설하는 데 있어 수질과 지역환경에 미치는 영향을 최소화하기 위해 노력하는 것은 매우 중요하다.

항구에서의 생활은 기후에 큰 영향을 받기 때문에 항구의 디자인은 비, 바람, 눈, 조수 등과 같은 기상조건 및 해양상태로부터 보호받을 수 있어야 한다. 예를 들면 햇살이 강하거나 비나 눈이 오는 기간이 긴 지역에서는 보트창고를 충분히 갖춰야 하나 바람이 강한 항구에서는 방풍림 조성이 경관성 향상을 위해서도 효과적일 수 있다.

수질 또한 중요한 이슈이다. 깨끗하고 투명한 물이 있는 항구는 매우 매력적인 반면에 더럽고 표면에 기름이 떠있는 수질의 항구는 해양레저 분위기를 격하시킨다. 따라서 인공해변이나 파쇄된 돌로 만들어진 호안 조성을 통해 수질과 지역생태계를 유지하고 경관성을 향상시키는 방법도 고려해 볼 수 있다.

(4) 심미성(Beauty : Designing the scenery)

항구의 경관은 해안의 형태와 보트가 계류하고 있는 모습에 의해 결정된다. 보트가 난잡한 형태로 계류중이라면 전체 항구의 경관이 좋게 보일 수 없다. 매력적인 항구가 되기 위해서는 반드시 계류방식과 형태,

규모 등이 주변과의 자연스런 흐름 속에서 결정되고 디자인되어야 한다.

항구는 단순히 수송하고 머무는 역할 이상으로, 지역적 랜드마크로서의 의미도 가져야 한다. 이를 위해 바다와 육지에서의 항구 모습, 야경, 인접 마을과의 조화, 지형적 특성 등이 충분한 고려되어야 하고, 지역적이거나 역사적 요소들이 표준적 해양요소들과 융화되도록 디자인되어야 한다.

(5) 편리성(Convenience : The reconstruction of comfort)

매력적인 항구는 편안한 워터프런트 생활을 제공한다. 항구는 사용하기 쉽고 편리해야 한다. 다시 말하면 충분한 서비스 시설과 시스템이 공급되어야 하며, 옥외휴게시설과 공간들 역시 충분해야 한다.

또한 여가의 질을 향상시키기 위해 지속적인 이벤트와 엔터테인먼트가 제공되어야 하고, 다양한 계층의 이용객이 이곳에 와서 여가시간을 보내고 클럽라이프와 마켓과 음식을 즐길 수 있도록 해야 한다.

4.2 입지조건

마리나계획에 있어 가장 중요한 요소는 위치, 규모, 성격이라고 할 수 있다. 이들 요소는 대체로 입지조건에 따라 결정되는 데 어느 요소에 중점을 두느냐에 따라 계획의 내용이 달라진다.

입지조건은 바다의 상태, 기상, 지형 등의 자연적 조건과 시장성, 접근성, 이용성 등의 인문·사회적 조건 등 여러 가지 검토항목이 있지만 이 중 중요한 항목만을 거론하면 다음과 같다.

1) 자연적 조건

수심은 항만시설 건설에 가장 큰 영향을 미치는 항목으로 방파제나 호안의 건설 등 전체 사업비를 좌우한다. 또한 조석간만의 차이 역시 건설비 부담을 가중시키는 요소로 특히 수위차가 1.5m 이상이 되면 잔교식의 Pier는 어려워진다.

요트타기에 적당한 파고는 1m 내외이고, 이와 함께 중요한 요소인 조류는 추진방향이 범선인 소형 요트인 경우에는 1~2knot*가 한계이고 대형

* 노트는 선박의 속력을 나타내며 단위는 kn 또는 KT라고 쓴다. 1시간에 1해리(1,852m)의 속력이 1kn이다.

기계선은 6~8knot가 한계이다. 그리고 보트를 계류하는 곳의 파고는 0.3m 이내가 적당하다.

표 1.3 플레저보트 전장별 필요수심

전장(m)	흘수(m)	필요수심(m)
~ 5.0	~ 1.0	2.0
~ 8.0	1.0 ~ 1.6	2.5
~ 12.0	1.6 ~ 2.3	3.5
~ 20.0	2.3 ~ 3.5	4.5

자료 : 일본관광협회, 1974: 269

요트타기에 있어 바람은 5~10m/sec가 적당하고 온도는 20~30℃가 적당하나 요트타기는 비교적 사계절에 구애받지 않는다.

표 1.4 요트타기와 바람과의 관계

구분	쾌적한 바람	한계
소형 요트	5m/sec	12 ~ 15m/sec
대형 요트(25ft 정도)	10m/sec	20 ~ 25m/sec

자료 : 일본관광협회, 1974: 271

마리나항 입지에 적당한 지형은 우선 바람과 조류에 영향을 받지 않는 지형이어야 하고, 항의 입구가 주풍향에 대해 45° 각도를 유지하는 것이 이상적이다. 또한 항구 부근에 암초 등의 장애물이 없어야 하고 주변의 지형변화가 많아 즐길 수 있는 경승지인 곳이 바람직하다.

그리고 다음의 표 1.5와 같은 수역공간과 육지공간을 확보할 수 있어야 하는데 기본적으로 수역면적만큼의 육상면적을 확보할 수 있는 곳이어야 하고 보트 정박공간은 척당 $100m^2$ 이상을 확보할 수 있어야 한다.

표 1.5 마리나시설 면적기준

구분			기준	비고
육상면적 : 수상면적			1 : 1 ~ 1 : 2	
수역내 보트계류면적			20 ~ 50%	
육상계류면적 : 수상계류면적			1 : 1 ~ 0.25 : 1	
1척당 계류면적	정박공간	수상	$100m^2$	
		육상	$50m^2$	
	회전공간	수상	$80m^2$	
		육상	$30m^2$	
	소 계	수상	$180m^2$	
		육상	$80m^2$	

자료 : 한국관광공사, 1993: 108

* 마리나공간의 비율

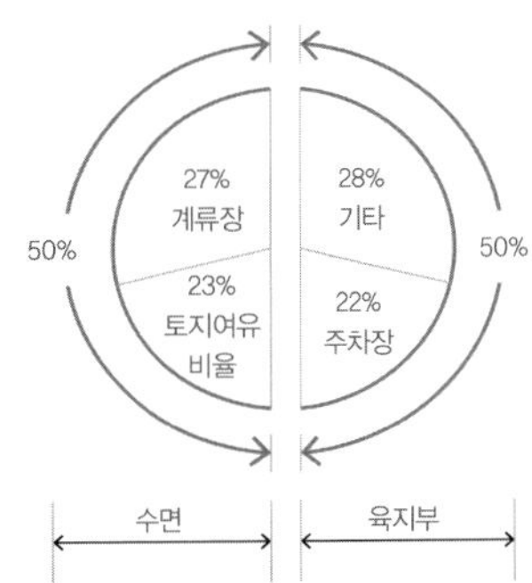

자료 : Donald W. Adie, 1988: 188

2) 인문 · 사회적 조건

＊ 마리나항의 입지분석 항목

구분		항목
자연적 조건		· 기상, 기온, 바람, 시계 · 파랑, 조위, 조류 · 지형 및 토질 등 · 경관 및 생태계
인문 · 사회적 조건	접근성	· 접근용이성 · 접근수단과 접근도로
	시장성	· 인접도시 인구분포 · 지역 연간 관광객수요 · 관광지개발 상태 · 육 · 해상레저개발 상태
	이용성	· 인프라 확보 · 기개발 항만 이용 · 주변 레저수역 분포 · 사용가능한 수역 · 어업권
	타당성	· 관련계획 · 관련산업 파급효과 · 인센티브

자료 : 국토해양부, 2010: 17

연안에 입지한 마리나리조트는 대부분 도시지역에서 멀리 떨어진 곳에 위치하여 접근성이 불량한 경우가 많다. 따라서 표적시장인 대도시나 수도권에서의 접근체계나 접근도로망이 중요한 판단요소이다.

이를 위해서는 항로나 도로, 해로 등의 접근경로와 교통기반시설 현황, 그리고 장래교통계획 등이 분석되어야 하는데 대체로 마리나가 대도시 입지형이면 자동차로 2시간 정도의 거리로, 간선도로까지 거리가 짧은 것이 바람직하다.

또한 배후도시의 인구와 관광객 규모, 해수욕장 등의 관련 관광시설과 주변 관광시설과의 연계성, 인근 어항의 분포 현황, 인접 기지간의 거리 등이 조사 · 분석되어야 하며, 사용 가능한 수역 및 어업권, 지역어촌계의 협조 여부 등이 판단되어야 한다.

해상교통 측면에서는 대형선의 선로 또는 일반 선박의 출입이 많은 항구 근처는 가급적 피하는 것이 좋으며, 주변의 지형 및 해안경관이 우수하고 해수욕, 낚시, 수상스키, 스킨다이빙, 뱃놀이 등의 해양레저활동과 연계될 수 있는 곳이 바람직하다.

4.3 공간 및 시설 규모 추정

마리나시설의 수요, 즉 계류척수는 대체로 상위계획과 대상지의 물리적 조건에 따라 결정되는데, 그렇지 않고 자체적으로 추정해야 하는 경우는 본 서의 2편 3장의 수요추정과정에 의해 산출할 수 있다.

다만, 지역별 보트 보유척수나 인과관계가 있는 변수, 즉 대형 승용차 보급률, 조종면허취득자수, 기타 사회경제지표 등의 시계열자료가 있을 경우는 단순회귀나 다중회귀분석방법을 이용하고 시계열자료가 없는 경우는 해당 지역이나 전국의 보트보유율에 배후지역의 인구수를 곱하여 예측할 수 있다.

마리나시설의 공간 및 시설 규모 추정은 많은 면적을 차지하는 주요 시설을 중심으로, '해양성 레크리에이션시설(1999)'을 참조하여 다음과 같이 정리하였다.

1) 규모 산정 전제

① 최대일 집중률*

전체 보관척수에 대한 최대일에 활동하는 척수의 비로 보통 0.3~0.5를 사용한다. 통상 대형 위주의 마리나는 0.3, 소형 위주의 마리나는 0.5, 그리고 혼재형의 마리나는 0.4를 적용한다.

* 최대일 집중률 = 계획기준일 가동척수 / 전체 보관척수

② 최대시 집중률

최대일에 활동하는 전체 척수에 대한 최대시에 집중하는 척수의 비율이다. 최대일의 집중률과 같은 값을 사용한다.

③ 방문객률

최대일에 평상시 보관하고 있는 척수에 대한 다른 곳으로부터 유입되는 척수의 비율이다. 마리나를 이용하는 보트는 '평상시에 보관되는 배' 이외에 '트레일러를 이용하여 육로로 반입되는 배'나 '기항하는 배' 등 방문객의 배가 있다. 이를 방문객률이라고 하는데 통상 0.1정도를 적용하며 이중 육로로 반입되는 비율을 0.9로 한다.

④ 척당 이용자수

배의 종류와 크기에 따라 다르지만 일반적으로 딩기요트는 2인/척, 크루저요트는 5인/척, 소형 모터보트는 3인/척, 중형 모터보트는 5인/척, 대형 모터보트는 7인/척을 적용한다.

2) 공간 및 시설 규모 산정

(1) 수역시설

계류시설의 면적을 포함한 전체 필요수역 면적은 다음의 산식으로 산출한다.

(평상시 계류 Berth수×1척당 면적)+(일시계류 Berth수×1척당 면적)+(방문객 Berth수×1척당 면적)

* 수역시설 산정기준에서의
- 1척당 면적 :
  - 대형(8m 이상) 140~200m²
  - 중형(6~8m) 100~140m²
  - 소형(6m 이하) 70~100m²
- 평상시 계류 버스수 : 평상시 수면계류 척수
- 일시계류 버스수 : 육상보관척수×최대일 집중률×최대시 집중률
- 방문객 버스수 : 방문객 배의 계류척수

(2) 육상보관시설

육상보관시설인 보트야드의 규모는 이동용 차량의 회전반경을 고려하여 산출하여야 하는데 최소 필요면적은 다음의 산식으로 산출한다.

육상보관척수 × 1척당 면적

* 육상보관시설 산정에서의
- 1척당 면적 :
  - 대형(8m 이상) 90~140m²
  - 중형(6~8m) 50~90m²
  - 소형(6m 이하) 30~50m²

(3) 수리시설

수리시설은 수리공장과 수리야드, 세척야드로 구성되는데, 수리야드는 수리공장면적의 1.3~1.5배를 계산하고 세척야드는 수리야드와 같은 면적으로 계산한다.

따라서 필요한 수리시설 규모는 '수리공장면적+(수리야드면적 : 수리공장면적×1.3)+(세척야드면적 : 수리공장면적×1.3)'로 산출한다. 수리공장의 면적 산정은 다음의 산식에 의한다.

* 수리시설 산정에서의
· 연평균 이용횟수 : 2~3회/척 · 년
· 수리일수 : 3~5일/척 · 회
· 수리공장가동일수 : 300일/년
· 필요면적 : 50~70m²/척

(엔진부착척수 × 1척당 연평균 이용횟수 × 1회당 수리일수)÷(수리공장 가동일수 × 1회당 필요면적)

(4) 주차장

주차장이용자수는 평상시 보관선박 이용자와 방문객선박 이용자 및 일반 내방객으로 구성된다. 이 중 일반 내방객은 서비스편의시설의 종류에 따라 다르지만 기본시설 위주의 마리나인 경우 선박이용자의 20%를 적용하여 각각 다음의 산식으로 산출된다.

* 주차면적 산정에서의
· 1척당 필요대수 :
 – 소형위주의 마리나 1.0대/척
 – 혼형마리나 1.5대/척
 – 대형위주의 마리나 2.0대/척
· 육로방문율 : 방문객율(0.1)×육로로 반입되는 비율(0.9)
· 1대당 주차면적 :
 – 보관용 선박 25~30m²/대
 – 방문객 선박 50m²/대

보관선박이용자 주차면적 = 보관척수 × 최대일집중률 × 1척당 필요대수 × 1대당 주차면적

방문객선박이용자 주차면적 = 방문객척수 × 육로방문율 × 1척당 필요대수 × 1대당 주차면적

일반 내방객 주차면적 = (보관선박이용자 주차면적 + 방문객선박이용자 주차면적) ×20%

4.4 시설별 계획

1) 방파제 및 호안

(1) 방파제

방파제는 마리나시설 중 가장 건설비가 많이 차지하는 시설이므로 안전성과 함께 가급적 비용이 적게 들도록 계획하여야 한다.

방파제의 평면배치는 대상지역의 설계파고, 토질조건 및 지형여건을 고려하여 계획하되 항입구의 방향과 위치가 보트가 안전하게 입·출항할 수 있도록 풍향, 파랑, 조류 등과 주변을 항행하는 선박, 표사(漂砂) 등을 충분히 배려하여야 한다. 대체로 주풍향과 90° 각도를 갖도록 배치하는 것이 바람직하다.

방파제의 마루높이는 일반적으로 항만 및 어항설계기준에 의한 방법* 과 인근지역시설의 마루높이를 조사·비교하여 결정하는데 이상 시에도 파랑에 대해 정온도(靜穩度)가 확보되도록 해야 한다.

* H.W.L+($0.6H_{\frac{1}{3}}$~$1.25H_{\frac{1}{3}}$)
여기서 H.W.L는 삭망평균만조위로 설계조위를 말하고 $H_{\frac{1}{3}}$는 이용한 계파고를 말한다.

(2) 호안

호안은 보트의 수상계류 공간과 육상계류 및 지원시설의 공간 확보를 위하여 계획한다. 우선 보트의 안전한 계류와 회전공간, 그리고 원활한 조선을 위하여 고요하며 충분한 수심과 면적을 갖는 수면이 확보되도록 이상조위, 파랑 등 자연조건과 지반침하, 인근지역의 사례 등을 충분히 고려하여 마루높이를 설정하여야 한다.

마루높이는 삭망평균만조위(H.W.L)에 여유고를 더하여 결정하고 전면 수심은 일반적으로 대상보트의 흘수 이외의 요소가 명확하지 않는 경우에 흘수에 0.6~1.0m 여유를 더하여 설정한다. 예를 들어 계획대상 선박 중 최대급인 크루저보트 100ft급의 흘수 2.01m와 크루저요트 59ft급의 흘수 2.60m에 여유를 고려하여 3.0~3.5m로 계획한다.

구조형식은 항내의 정온도나 항내 정화를 확보하기 위하여 필요에 따라 경사형, 소파형, 투과형 등을 고려한다.

2) 계류시설

(1) 계류시설의 형식

계류시설의 형식 및 규모는 보트의 종류, 척수, 조위차, 계류 목적 등을 고려하여 선정해야 하고, 계류시설의 배치는 계류시 보트의 길이방향과 주풍향이 일치하도록 배치하는 것이 바람직하다.

계류시설로는 빗살형 부잔교가 일반적이지만 간만의 차가 비교적 적은 수역에서 사용되는 고정식 잔교형과 간만의 차가 비교적 큰 수역에서 사용되는 부잔교(浮棧橋)형, 간만의 차가 비교적 적은 수역에서 일시계류 목적으로 사용되는 계선말뚝 및 계선부표형이 있다.

* 잔교의 분류

- 구조에 따라
  - 고정식 잔교 : 말뚝으로 고정
  - 부잔교 : 수위의 상·하 움직임에 연동
- 기능에 따라
  - 주잔교 : 보행, 화물의 운반 등에 이용
  - 보조잔교 : 보트의 계류에 이용
- 형상에 따라
  - 단잔교
  - 빗살형 잔교 : 주잔교에 보조잔교를 연결

그림 1.7 계류시설 형식

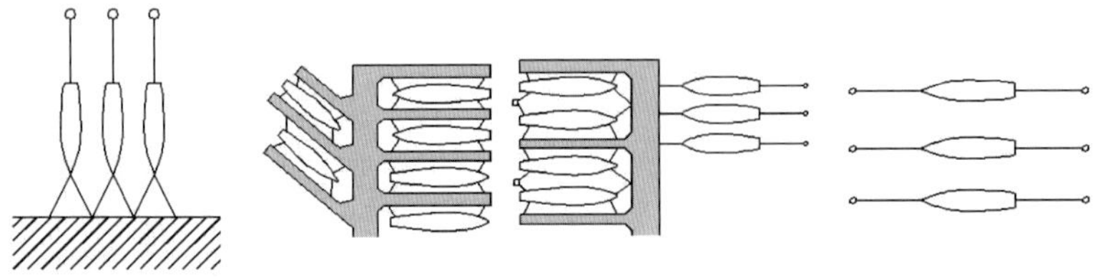

자료 : 해양수산부, 2005: 1297

(2) 계류시설의 제원

계류시설의 제원은 그림 1.8과 같다. 여기서 주잔교폭(b′)은 1.5~3.0m, 보조잔교폭(b)은 1.0~1.5m을 기준으로 하며, 슬립(S)은 플레저보트의 전장(L)의 1.5~2.0배를 기준으로 한다.

잔교간 거리(W)는 보트와 보조잔교 또는 보트가 서로 접촉하는 것을 피하기 위하여 잔교 간의 계류하는 보트 척수에 따라 적절히 정하며 크루저요트를 계류시키는 경우에는 바람에 의한 마스트끼리의 접촉에도 유의하여 정하는 것이 바람직하다.

그림 1.8 계류시설의 제원

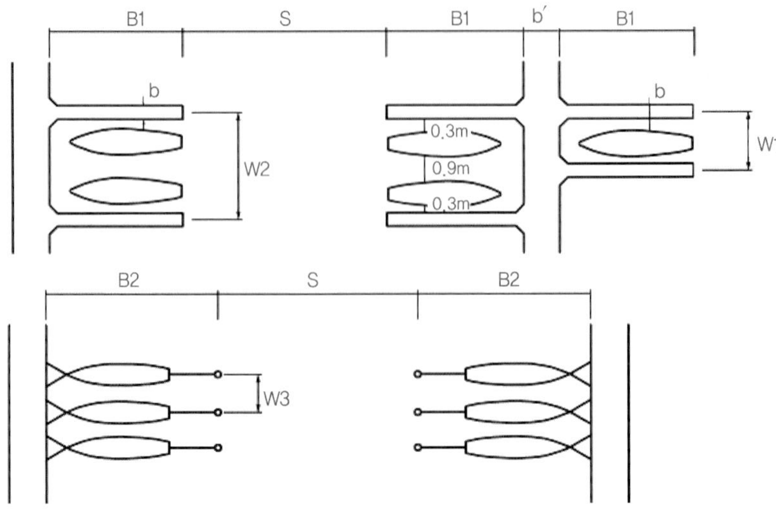

- Berth 길이
  B1 = (0.7~1.2) L
  B2 = (1.5~2.0) L
- Slip 길이
  S = (1.5~2.0) L
- 잔교간 (최소)거리
  W1 = (선폭)+b+(0.3~0.6m)
  W2 = (2×선폭)+b+(1.5~2.0m)
  W3 = (선폭)+(1.0~2.0m)

자료 : 해양수산부, 2005: 1298

(3) 부잔교

마리나의 계류시설로서 부잔교의 형상이나 배치에 대하여 마리나시설의 지리적 조건, 기상 및 해상조건, 보트의 활동형태나 성능 등을 고려하여 결정한다.

부잔교 형태에는 단잔교와 주잔교에 보조잔교를 연결한 빗살형 잔교가 있는데, 단잔교형은 단일의 부체만으로 구성된 것으로 보트를 횡접안시키는 형태와 계선말뚝이나 계선부표를 이용하여 종접안시키는 형태가 있다. 그리고 빗살형 잔교형은 주잔교의 양측 또는 한쪽에 직각방향의 보조잔교를 연결한 것으로, 보조잔교의 양측에 보트를 계류시키는 형태로 보조잔교 간격에 따라 Single Berth와 Double Berth로 구분된다.

그림 1.9 부잔교의 형태

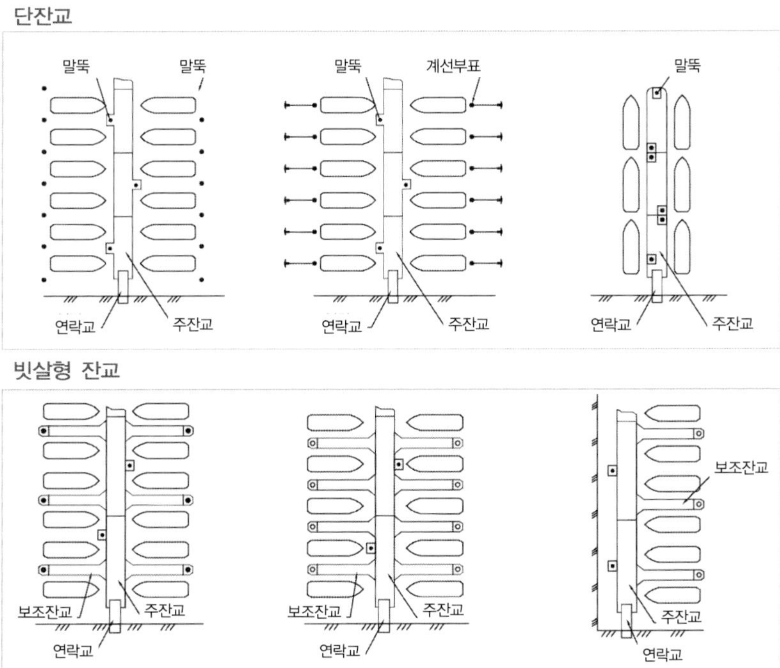

자료 : 해양수산부, 2005: 1303

(4) 연락교

연락교는 육지와 잔교를 연결하는 다리로, 구조형식에는 조위변동에 대응하기 위해 상하로 이동할 수 있는 형식과 선박의 동요를 고려하여 상하좌우로 이동할 수 있는 형식이 있다.

연락교의 구조형식이나 폭원, 연장, 경사 등은 잔교의 조위변동이나 동요 등을 고려하여 결정하되 폭원은 75cm 이상, 경사는 1 : 4보다 완구배로 하고 미끄럼방지기구가 있는 구조로 하는 것이 바람직하다.

3) 상하가시설

상하가시설은 육상에서 보관 또는 수리하기 위하여 보트를 박지 또는 선류장과 육상부 사이에 들어 올리거나 내리는 시설로 램프, 포크리프트, 크레인 등이 있다.

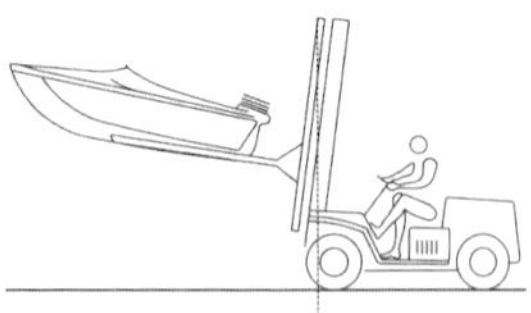
이동식 포크리프트

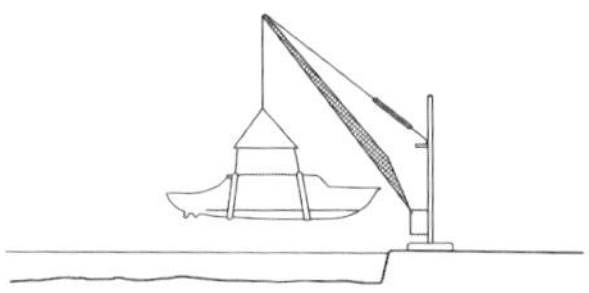
고정식 크레인

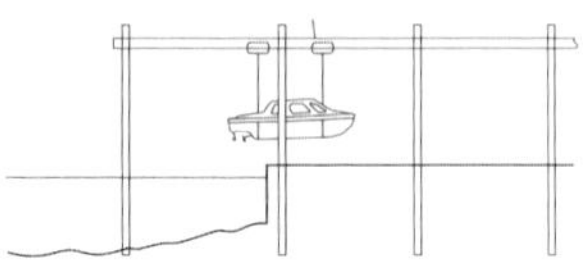
주행식 크레인

램프(ramp)는 선양장이라고도 하는데, 가장 간단한 형태의 경사로인 slope형과 레일을 설치한 railramp형이 있다. 슬로프형은 10~15%의 구배로, 전동윈치에 의한 인양이 일반적이지만 소형 선박인 경우는 인력으로도 가능하고 레일램프형은 특히 대형 선박인 경우에 편리하다.

포크리프트(forklift)는 고정식과 이동식으로 구분되며 능률적인 상하가시설로 특히 겹쳐 쌓아 올리는 식의 보관방식인 경우에 반드시 설치해야 한다.

크레인(crane)은 고정식, 주행식, 이동식이 있다. 고정식 크레인은 호안벽에 기저부를 고정시키고 붐과 와이어로프를 사용하여 상하가시키는 형태로 다목적 이용이 가능하다는 장점이 있으나 사용횟수 면에서 마리나용으로는 비능률적이다. 주행식 크레인은 지주에 의해 상부에 설치된 레일에 따라 주행하는 형태로 상하가와 운반을 겸할 수 있으나 고정시설로써

그림 1.10 계류시설 표준배치도

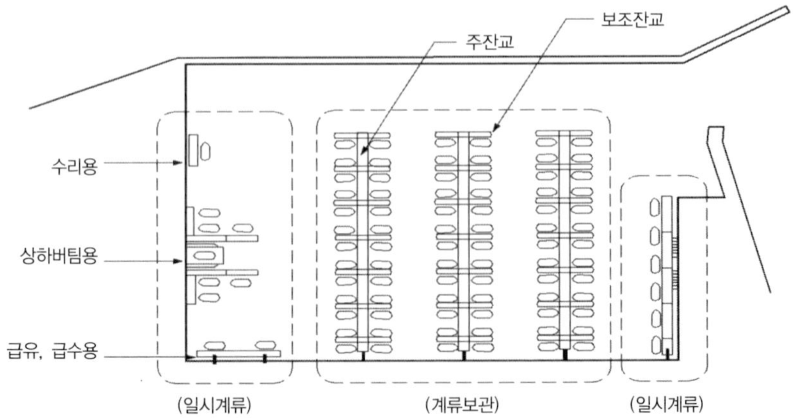

자료 : 일본마리나 · 비치협회, 1998

미관에 불리하다. 그리고 이동식 크레인은 자주식 크레인이라고도 하는데, 수면 위에 그대로 자주(自走)하여 상하가 및 이동할 수 있는 시설로 작업이 없을 때 별도의 장소에 보관이 가능하다.

4) 육상보관시설

육상보관시설은 Boat Yard, 정고(艇庫), Rack, 입체보관시설 등으로 이들의 형식과 규모는 보트의 종류를 고려하여 결정한다.

보트야드는 육상의 옥외에 평면보관하는 형태로, 비교적 건설비가 싸고 시설의 유지관리, 보트의 반출입 및 이동 등이 용이하지만 넓은 면적을 필요로 하는 단점이 있고 반면 옥내에 평면 또는 단적 보관하는 형태인 정고는 비교적 건설비가 높으나 보트의 보수 및 보관이 양호하여 경기정, 임대요트 등의 보관에 적합하다.

옥외에 단적 보관하는 Rack은 정고보다는 건설비도 싸고 딩기요트나 소형 모터보트 등을 좁은 부지에 다수 보관하는데 적합하며 Rack의 단적 보관시설에 상·하가, 반송시스템이 조합되어 있는 입체보관시설은 소형 모터보트를 많이 보관하는데 적합하다.

그림 1.11 계류시설계획 사례

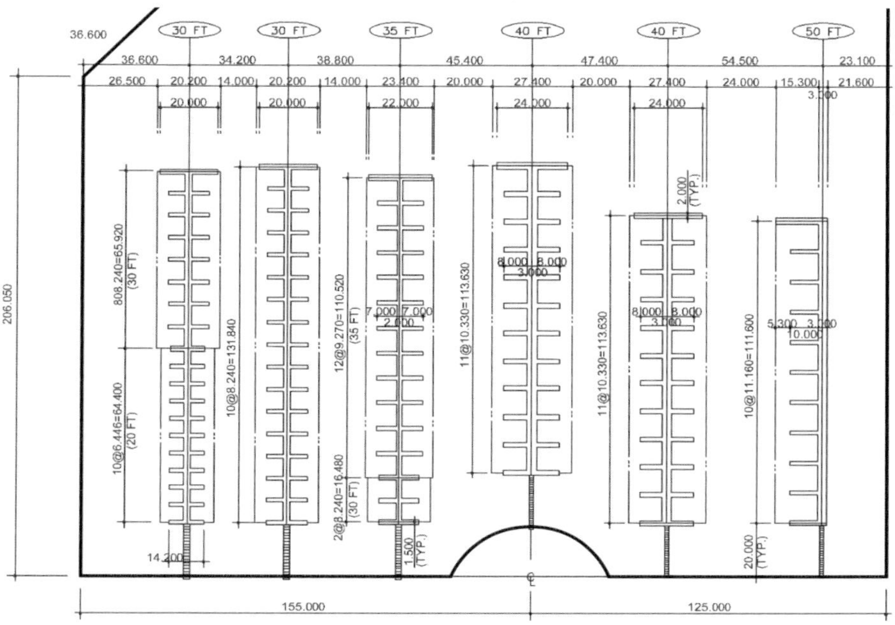

자료 : 한국관광공사, 1993: 78

4.5 시설배치계획

마리나시설은 전술된 바와 같이 외곽시설, 수역시설, 계류시설 등의 기본시설군과 보관시설, 상하가시설, 관리운영시설 등의 기능시설군, 그리고 휴게·편익시설 등의 서비스 편의시설군으로 구성되어 있다.

서비스 편의시설의 종류는 마리나의 성격과 규모에 따라 다르겠지만 기본시설군과 기능시설군은 마리나의 기능 유지를 위한 필수시설로 시설배치시 우선 고려되어야 할 시설들이다. 이들 시설의 배치는 이용동선 흐름과 시설의 상호관계에 따라 그림 1.12와 같은 배치 패턴을 갖는다.

1) 외곽시설

- 방파제는 파랑의 접근 방향, 조류의 흐름, 보트 항행의 편의성, 해저지형 및 퇴적이나 침식 현상 등을 고려하여 배치한다.
- 호안은 이상조위, 파랑, 지반침하 등을 고려하고 주변지형과 조화되도록 계획하되 필요한 수역 및 육상공간이 충분히 확보되도록 계획한다.
- 평면배치시 방파제나 호안의 급격한 굴곡은 유지관리상 불리하므로 되도록 피해야 한다.

그림 1.12 마리나시설배치의 기본패턴

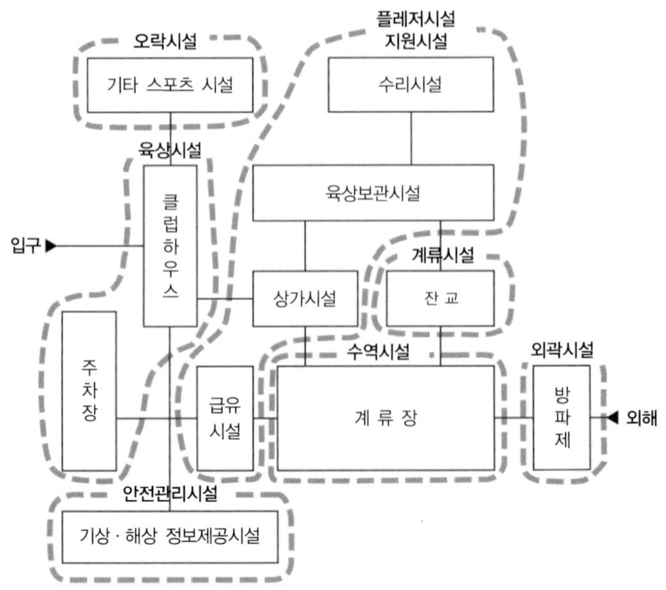

자료 : 안봉원 외 역, 1984: 280

2) 수역시설

- 항로는 자연적인 조류의 흐름과 주풍향을 고려하여 주방향을 설정하는 것이 바람직하다. 따라서 안전한 항해와 정박을 위해 곡선항로는 가급적 피해야 하고, 어쩔 수 없는 경우 점진적인 곡선형태가 되도록 해야 하며, 충분한 선회공간이 확보되도록 해야 한다.
- 계류시설은 배의 규모에 따라 구획·정리하되 큰 보트와 요트는 되도록 주접근 항로와 항 입구의 가까운 선석에 배치하도록 한다. 그러나 엔진부착 보트와 딩기요트는 항행상 한꺼번에 한 곳으로 몰려들지 않도록 배려한다.
- 일시계류시설은 상하가시설에 인접시켜 배치하고 일시계류시설이나 상하가시설에서 항 바깥까지 항행할 때 가능하면 크게 S자의 항해 흔적이 되지 않도록 배치한다.
- 보트정박공간(boat slip)은 보트 크기보다 10~12% 늘어난 직사각형 수면적을 확보해야 하며, 부두나 옆 보트와의 충돌방지를 위해 각 1m씩의 여유공간을 추가로 두도록 한다.
- 정박되어 있는 보트 열과 반대편 보트 열 사이의 거리를 나타내는 Fairway 폭은 안전한 정박과 운항할 수 있도록 보트길이의 1.5~1.75배를 확보하고 같은 크기의 보트는 같은 Fairway를 사용하도록 하는 것이 바람직하다.

3) 육상시설

- 보트야드와 상하가시설은 가능하면 인접시켜 배치하고, 급유시설도 상하가시설에 인접시켜 상하가시에도 급유할 수 있도록 한다.
- 수리공장 및 수리야드는 배의 이동성을 고려하여 상하가시설에 인접시켜서 배치해야 하나 이용빈도가 낮은 시설이기 때문에 주요 동선과는 다소 떨어져도 무방하다.
- 보관창고는 소형 요트 위주로 이용이 예상되므로 될 수 있으면 경사로에 인접시켜서 배치한다. 그리고 항만시설과 보트의 유지관리를 위해서는 소형 보트일지라도 가급적 해상 계류·보관하지 않고 육상의 선반에 쌓아 보관하는 건식보관방식을 채택하는 것이 바람직하다.
- 급유시설은 화재위험과 연료유출로 인한 오염 가능성을 고려하여 마

리나시설로부터 떨어진 곳에 배치하고 또한 외부파랑으로부터 보호되며 교통흐름을 방해하지 않는 외항 또는 항 입구의 적절한 곳에 배치하도록 한다.

- 클럽하우스는 마리나시설 전체를 한눈에 볼 수 있고 주차장 등 각종 보관시설로의 이동이 용이한 장소에 배치한다.
- 클럽하우스와는 별도로 관리시설을 설치하여 관리의 용이성, 이용자의 편의성을 향상시킬 필요가 있다. 따라서 관리시설은 마리나 입구와 방문선석(visiting berth)에서 가까운 마리나 중앙에 위치시켜 지원, 경비, 유지관리, 창고, 항만관리 등의 기능을 발휘할 수 있어야 한다. 경우에 따라서는 마리나 전체의 조망이 가능하고 통제를 효율적으로 할 수 있는 관제탑과 관리동을 별도로 배치할 수도 있다.
- 관제탑은 6~8m 높이와 15~25m^{2}의 넓이를 가져야 하며, 관리동은 150~300m^{2}의 넓이를 갖는 것이 좋다.
- 화장실, 샤워실, 세척실로 이루어진 위생시설은 20척의 보트마다 1개소씩 200~300m의 거리를 두고 배치한다.

그림 1.13 마리나 토지이용계획 사례

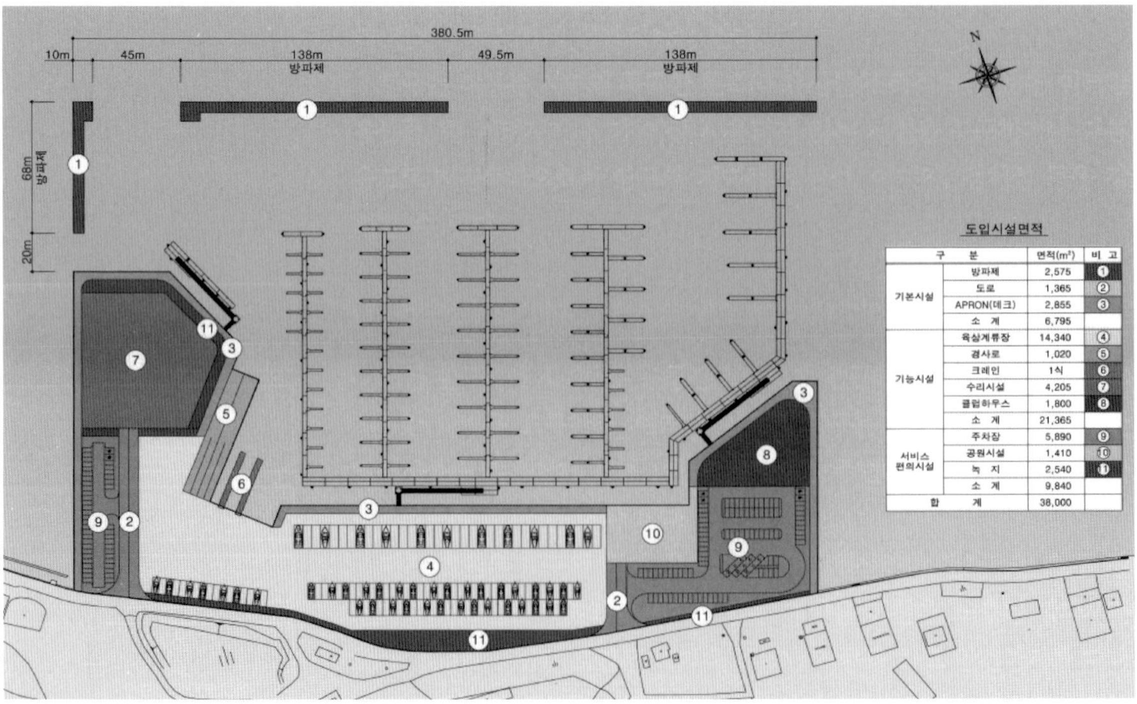

자료 : 경기도, 2012: 109

5. 전망 및 과제

전술한 바와 같이 현재 우리나라에 운영 중인 마리나 11곳에서의 수용 가능척수는 1,028척에 지나지 않으나 '제1차 마리나항만 기본계획'에서는 2019년에는 5,600척에 이를 것으로 예상하고 있다.

마리나는 해양레저활동의 핵심적인 역할을 하는 장소이기도 하지만 가까운 워터프런트에서 활동적으로 여가를 즐기는 장소이기도 하다. 이는 마리나가 주변지역 일대를 매력적인 장소로 만드는 많은 어메니티요소를 가지고 있기 때문이다. 고요한 수면과 정연하게 계류되어 있는 배의 실루엣, 항을 에워싼 주변 풍경과 거기에 맞게 새롭게 디자인된 건축물, 그리고 그 안에서의 활기찬 군중의 모습 등. 이러한 것들이 마리나항 창조의 동기로, 리조트나 도시개발 등 주변지역개발의 촉진요인이면서 주변지역 지가상승의 요인이기도 하다.

우리나라에서의 마리나건설은 사업비를 상당히 많이 요구하는 해양조건을 가지고 있다. 따라서 정책적 기반시설의 투자없이 민간의 힘만으로 마리나를 건설하는 것은 매우 어려운 일이다. 결국 마리나가 고급스포츠라는 인식에서 벗어나 국민 건강레포츠 활동의 다양화, 지역개발 촉진, 관련산업 육성 등을 위한 기초적 사회간접시설의 투자라는 측면에서 제도적 개선과 사회적 지원이 이루어져야 한다.

마지막으로 마리나항 조성시 계획단계에서 유념해야 할 사항(지삼업, 2008: 72) 몇 가지를 인용함으로써 본 장을 끝맺고자 한다.

① 마리나가 광역 또는 거점기지인 경우에는 배후인구가 100만 명 이상인 도시권이 최적이다.

② 광역기지간 거리가 약 50km 내외인 가운데 보트수용 규모는 최소 300척 수준이 되어야 경영상 손익분기점을 웃도는 경영이 가능하며, 또한 이웃에 경쟁기지가 있어야 경영에 도움이 된다. 그리고 광역기지 좌우에 보조역할을 하는 지역권기지는 약 15km 내외에 있어야 한다.

③ 해상계류장의 최소수심은 약 2.5~3.0m를 확보해야 하고 여유수심도 조석간만의 차이가 가장 클 경우에도 0.5~1.0m 이상을 확보해야 하므로 결국 수심은 약 3.0~4.0m가 필요하다. 기지내 파고는 30cm 이내가 적당하지만 최대 50cm를 넘지 않아야 폰툰(pontoon)의 안전관

리에 무리가 없다.

④ 비수기 극복 전략이 반드시 수립되어야 하고, 지역사회와의 커뮤니케이션을 강화할 각종 문화시설 확충에 관심을 가져야 한다.

⑤ 어떤 유형의 고객을 마케팅 대상으로 할 것인지 표적시장을 명확히 하고 이에 따른 시설유형이 선정되어야 한다.

⑥ 기지 조성사업비는 거액인 반면 투자비 회수기간은 10~20년 정도의 기간이 소요된다는 점을 염두에 두어야 한다.

⑦ 해상계류지 배후부지는 가급적 넓게 확보하여 보트수리 등 관련사업 유치를 통해 부가가치를 창출하는 등의 불황기를 극복할 대안을 마련하는 것이 바람직하다.

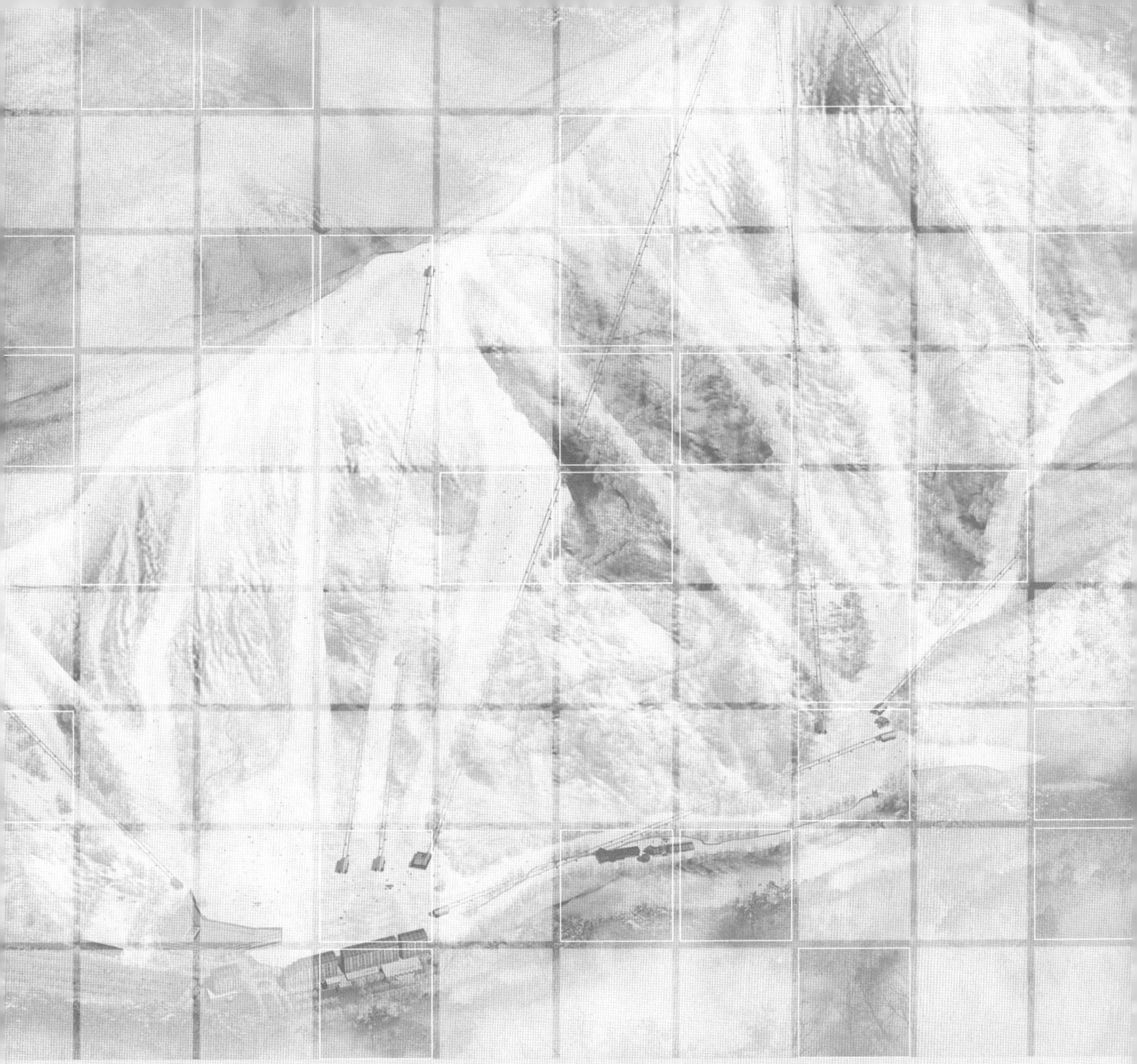

02. 스키리조트

유만재
최영석

1. 서론

그동안 고급스포츠로 인식되었던 스키는 90년대 중반 이후 국민소득 수준 향상과 여가시간 증대, 이에 따른 스키장 증가 등으로 급속히 대중화되면서 겨울철 대표적인 스포츠로 자리잡았다. 또한 1998년 나가노동계올림픽에서 정식종목으로 스노보드(snow board)가 채택되면서 젊은층을 중심으로 그 인기가 점차 높아짐에 따라 대형 스키리조트에서는 일반 스키코스와 더불어 모굴스키코스, 스노보드 전용코스 등 다양한 코스를 조성하기도 하였다.

1990년대 초반까지의 스키장은 콘도미니엄을 분양하기 위해 함께 개발되는 단순한 스키리조트에 불과했으나 그후 대기업과 강원랜드 등에 의한 대규모 스키리조트가 탄생하면서 스키리조트는 이제 다양한 레저시설을 갖춘 복합리조트로 개발되고 있다.

국내 스키장은 2013년 말 기준으로 휴업중인 서울리조트, 알프스리조트를 포함하여 총 19개소로, 대부분 적설량이 풍부하고 수도권에서 가까운

* 본 장에서의 스키코스란 스키 주행면 일체를 지칭하는 것으로, 스키트레일(Ski Trail), 스키런(Ski run), 스키슬로프(Ski slope), 겔렌데(Gelande) 등과 같은 의미로 사용하고자 한다.

표 2.1 국내 스키장 조성현황

스키장명	위치	슬로프(면)	슬로프 연장		리프트(기)	면적(m^2)	최초등록일
			최장	전체			
용평리조트	강원, 평창	29	5,600	24,436	14	3,436,877	75.12.21
양지리조트	경기, 용인	8	1,500	4,980	6	368,638	82.12.07
스타힐리조트	경기, 남양주	4	700	3,350	6	502,361	82.12.20
알프스리조트	강원, 고성	6	2,200	6,860	5	470,710	84.12.22
베어스타운리조트	경기, 포천	7	2,500	11,900	8	698,181	85.12.19
덕유산리조트	전북, 무주	34	4,386	21,443	14	4,037,600	90.12.20
사조마을리조트	충북, 충주	9	880	3,755	4	547,225	90.12.29
서울리조트	경기, 미금	4			3	278,182	93.01.28
대명비발디파크	강원, 홍천	12	900	6,525	10	1,322,380	93.12.24
휘닉스리조트	강원, 평창	21	2,400	16,070	9	1,637,783	95.12.15
웰리힐리파크	강원, 횡성	18	2,600	12,300	9	1,210,019	95.12.15
지산포레스트리조트	경기, 이천	7	1,500	6,080	5	347,785	96.12.23
엘리시안 강촌	강원, 춘천	10	1,500	7,481	6	609,674	02.12.07
한솔오크밸리	강원, 원주	9	1,610	6,368	3	797,659	06.11.27
에덴밸리	경남, 양산	7	1,495	6,221	3	1,052,012	06.11.27
하이원스키장	강원, 정선	18	2,328	22,780	10	4,991,751	06.12.07
오투리조트	강원, 태백	19	3,256	13,197	6	4,799,000	08.12.11
서브원곤지암리조트	경기, 광주	13	1,429	6,361	5	1,341,179	08.12.17
알펜시아리조트	강원, 평창	7	1,276	4,194	3	676,180	09.11.24

자료 : 한국스키장경영협회, 2014

경기, 강원권에 집중되어 있으나 자연발생형 스키코스라기 보다는 인공조성형 코스에 가깝고 조성목적 또한 경기용이라기 보다는 레저용에 가깝다고 할 수 있다.

따라서 본 장에서는 레저용의 인공조성형 스키리조트를 주 대상으로, 최근 수행된 스키리조트 프로젝트 사례를 중심으로 우리나라에서의 스키리조트 계획과 설계에 대한 방향과 기준에 대해 기술하고자 한다.

2. 스키리조트의 구성

스키리조트의 땅가름(zoning)은 크게 스키 슬로프 위주의 '스키지구'와 교육, 체험, 숙박 등 애프터스키(after ski)를 위한 '시설지구'로 구분된다. 이 중 스키지구는 스키슬로프가 시작되는 스키 정상부(top area)와 중간베이스(concourse), 슬로프가 끝나고 합류되는 스키베이스(ski base)로 세분되며, 스키베이스와 연계된 시설지구는 숙박시설, 휴양문화시설, 상업시설, 서비스시설, 공공기반시설로 세분될 수 있다.

스키리조트의 구성은 당일형이냐 체류형이냐에 따라 스키지구와 시설지구의 구성비율이나 형태가 달라질 수 있다. 하지만 스키리조트는 이용특성상 슬로프를 주행하고 다시 스키베이스로 돌아와야 하는 동선을 가져야 하기 때문에 접근성과 이용성을 중시할 수밖에 없다. 이를 결정하는 가장 중요한 물리적 공간요소가 스키베이스 에어리어(ski base area)이다. 스키베이스 에어리어는 스키지구의 스키베이스와 시설지구가 연결되는 공간 전체를 통칭하며, 스키장을 형성하는 가장 중요한 핵심 공간요소라 할 수 있다.

2.1 스키베이스 에어리어

베이스 에어리어(base area)란 스키어가 쾌적한 스키활동을 즐길 수 있도록 여러 가지 서비스나 영업 및 관리를 지원하는 장소로, 각종 서비스 기능이 집적되며 레크리에이션 활동의 중심이 되기 때문에 스키리조트 전체의 수준이나 이미지를 결정지을 정도로 중심적인 시설이 된다.

이 베이스 에어리어는 진입공간, 숙박공간, 서비스공간으로 구분되는데 일반적으로 롯지형, 몰형, 복합형으로 구분하지만 중앙집중형, 분산형, 복합형 또는 면형, 선형, 복합형으로 구분할 수도 있다. 이는 스키슬로프의 집중에 따른 이용밀도, 리프트 수송능력, 경관성, 유지관리성, 이용성에 따라 현장여건에 맞게 적용되어야 한다.

베이스 에어리어의 주요 공간 및 시설은 크게 스키 자체를 위한 스키베이스와 이를 둘러싼 시설지구로 구성된다(표 2.2). 그러나 이 베이스 에어리어는 스키베이스를 중심으로 한 보행권 안에서 이루어질 수 있도록, 스키어가 스키 장비를 지니고 평평한 곳에서 걸을 수 있는 거리의 한계가 450m이고 표고차가 25m를 넘을 때마다 보행 가능거리가 100m씩 줄어든다는 점을 감안하여 계획하여야 한다.

표 2.2 베이스 에어리어의 주요 공간 및 시설

구분		세부시설
스키베이스		로딩존, 랜딩존, 슬로우존, 믹스드존
시설지구	숙박시설	호텔, 콘도미니엄, 유스호스텔 등
	휴양문화시설	체험시설, 운동시설, 테마파크, 골프장, 워터파크 등
	상업시설	식음시설, 판매시설, 유희시설, 리테일 등
	서비스시설	스키센터, 스키스쿨, 에이프런, 매표소, 휴게소 등
	공공기반시설	진입도로, 진입광장, 주차장, 운영시설, 보안 및 관리시설 등
	리프트시설	곤돌라, 리프트 등 삭도 및 기계실 등

스키베이스는 크게 로딩존, 랜딩존, 슬로우존, 믹스드존(통칭 에이프런으로 불림)으로 구성되며 슬로프를 이용하고자 하는 다양한 이동행태를 감안하여 안전하고 편리한 이용자 중심의 공간이 되어야 한다.

표 2.3 스키베이스 구성

구분	공간규모	공간개념
로딩존 (Loading Zone)	지름 40m (500명 기준)	리프트 탑승을 위한 대기공간으로 해당 리프트의 목표 수요를 수용할 수 있는 충분한 공간 확보가 필요
랜딩존 (Landing Zone)	지름 25m	리프트 하차공간으로 타지역과의 동선이동 및 안전과 자율성을 보장
슬로우존 (Slow Zone)	지름 50m	스키어의 안전과 원활한 소통을 위해 속도를 제한할 수 있는 공간, 스키어의 수준이나 기술에 관계없이 평지에 가까운 경사로 스키어의 속도가 저절로 줄게 되는 공간
믹스드존 (Mixed Zone)	시설지구와 스키지구 사이의 전이공간으로 스키어들의 이동편의성을 고려하여 규모 산정, 스키스쿨공간으로 활용 가능	

자료 : 강원랜드, 2002: 88를 토대로 재구성

그림 2.1 콘코스 1(중간 베이스 역할)의 공간구성 개념도

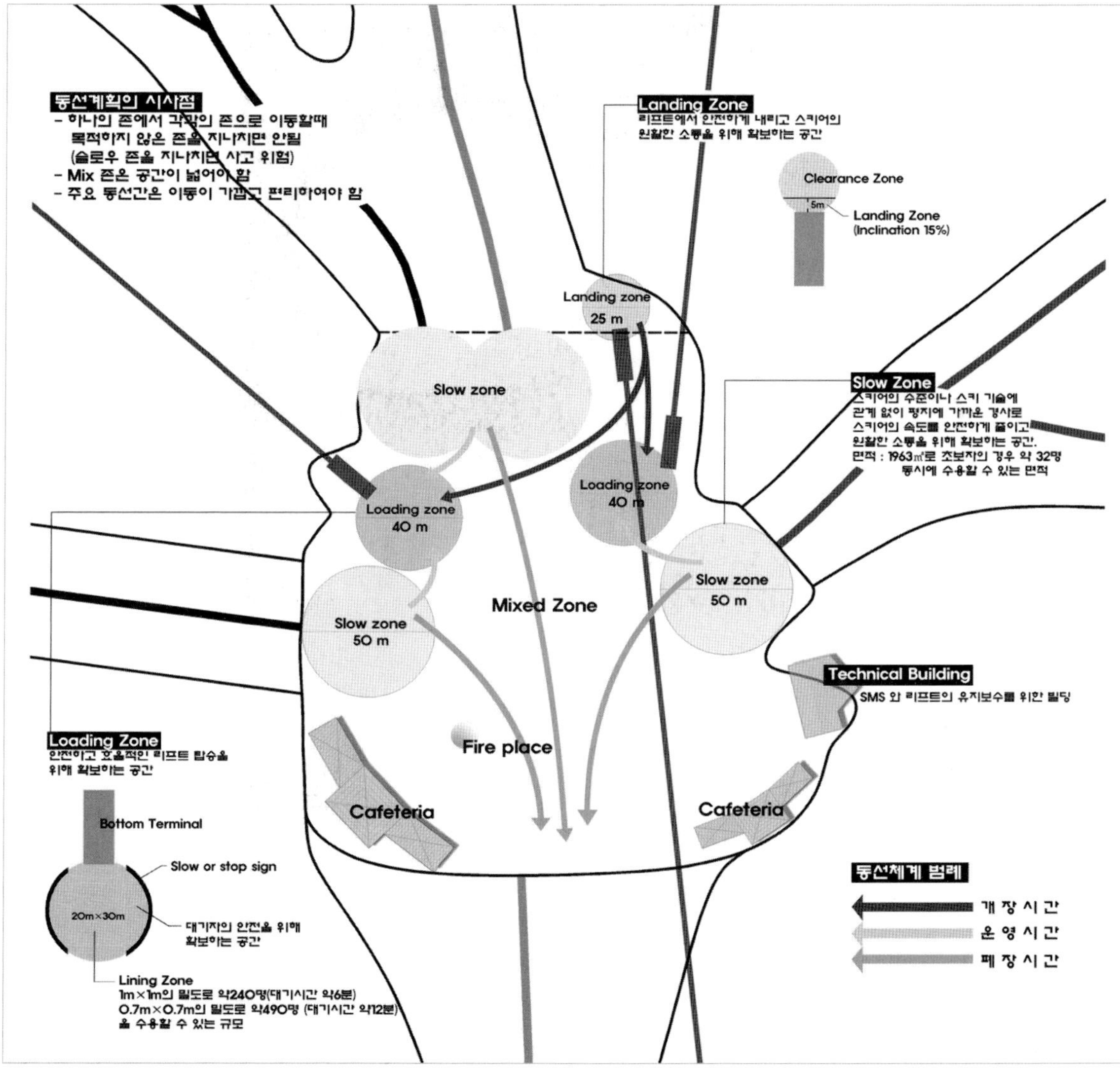

자료 : 강원랜드, 2002: 88

그림 2.2 기존 스키장 베이스 에어리어 공간구성도

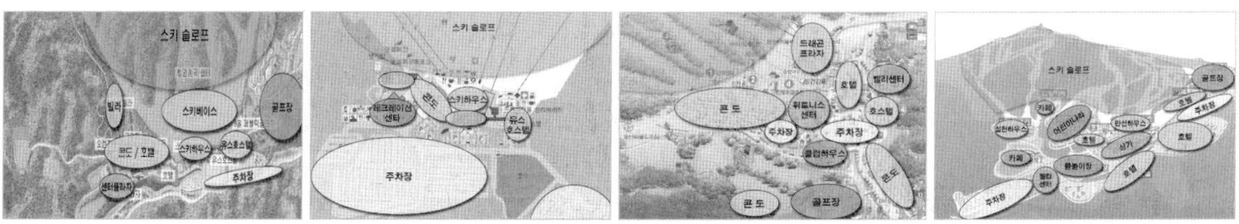

휘닉스파크 성우리조트 용평리조트 무주리조트

자료 : 김인배, 2006: 215-222

2.2 스키코스

1) 스키코스의 유형

스키코스의 유형은 구성형태, 리프트와 코스 배치, 지형에 따라 다음의 표 2.3과 같이 구분할 수 있다.

표 2.3 스키장의 유형

구분	유형	특징
스키코스 구성형태	면형	표고차 작고, 입목이 적은 넓은사면에 설치
	선형	경사면의 삼림을 벌개하여 코스 조성
	조합형	면형과 선형의 조합으로 가장 이상적
리프트와 코스배치	횡형	슬로프나 리프트가 횡방향으로 전개
	종형	슬로프나 리프트가 종방향으로 전개
지형	능선형	횡풍의 영향 많으나 전망 양호
	골짜기형	풍부한 적설과 비교적 적은 토공
	조합형	능선형과 골짜기형의 조합
이용형태	당일형	접근성 양호, 숙박 없이 스키만 이용
	숙박형	숙박 등 다양한 레저환경 보유
규모	인터내셔널형	국제대회 개최가 가능한 스키장
	내셔널형	국내 스키어들에게 널리 인정받는 수준
	메트로폴리탄형	도시근교형 스키장
	로컬형	근교 이용객들을 위한 소규모 스키장

2) 스키코스의 구성 및 슬로프 등급

스키코스는 스키 정상부(top area)와 중간 베이스(concourse), 슬로프가 끝나고 합류되는 스키베이스(Ski Base)로 세분화되며, 이 세 구성요소를 연결하는 슬로프의 등급에 따라 코스의 성격이 정해진다.

스키 정상부는 해당 스키장의 최정상부를 의미하기도 하지만, 해당 코스별 최정상 출발지점을 의미한다. 지나치게 많은 스키정상부 조성시 리프트가 과다 설치될 수 있으므로 가급적 1, 2개의 스키정상부가 바람직하며, 스키 정상부는 향후 비수기시 전망공간으로 활용될 수 있으므로 주변 전망이 양호한 곳으로 향후 스키코스의 확장성을 고려하여 입지를 선정하는 것이 좋다. 그리고 중간 베이스는 스키어들의 수준에 맞는 주행거리 및 표고차(vertical demand) 확보, 응급상황, 스키어들이 다양한 코스선택을 할 수 있는 중간기착지 역할을 수행하며, 스키베이스는 베이스 에어리어와 연계되는 출발점이자 종착지가 되는 지역으로, 리프트와 주변 시설지구와의 보행접근성에 대한 고려가 필요한 지역이다.

스키는 중력에 기반한 스포츠로 경사가 속도에 가장 큰 영향을 주는 요소로 슬로프의 등급을 결정한다. 스키코스의 등급은 크게 초급자, 중급자, 상급자로 구분되는데, 5~7개로 세분화되기도 한다. 스키코스의 등급표시는 각 스키장마다 다르지만, 통상 유럽과 미국 스타일로 구분된다.*

다음의 표는 스키코스 등급에 관한 구분 사례들이다. 그러나 국가별 및 스키리조트별로 슬로프의 특성에 따라 조금씩 다르게 구분하기도 하여 하향조정하거나 상향조정하기도 한다.

*** 슬로프 표기방식은 국가별로 상이**
① Yellow : 스키스쿨 Bunny slope
② Green(녹색 원, 더블 녹색원) : 초급자
③ Bule(사각형) : 중급자
④ Red(유럽 원, 미국 블랙다이아몬드) : 상급자
⑤ Black(유럽 원, 미국 더블 블랙다이아몬드) : 최상급자

표 2.4 스키 슬로프의 표준

구분	기술수준	길이	W1(상부폭), W2(하부폭)	A(평균경사도), M(최대경사도)	소요면적(m^2/인)
연습용 슬로프	초중급자용	200~400m	W1 : 20~30m, W2 : 60~80m	A : 8~12도, M : 12~15도	100~150
	상급용	300~350m 이상	W1 : 30~40m, W2 : 50~60m	A : 15~18도, M : 25~30도	150~200
초보자용 슬로프	초급용	20~50m	길고 넓은 것이 필요	A : 5~10도 (상하부 평탄)	60~80
	초급용	표고차		A : 6~9도, M<15	
활강용 슬로프	중급용	100~150m 이상	W : 15~30m	A : 8~12도, M<22~25	150~200
	상급용			A : 12~25도, M<33~35	

자료 : 서천범, 2012: 290

표 2.5 스키코스의 등급별 구분과 특성

구분	초급		중급			상급	
7단계 등급	초보자	초급	초중급	중급	중상급	상급	최상급
	Beginner	Novice	low-intermediate	Intermediate	High- intermediate	Advanced	Expert
경사도 범위	8~15%	15~25%	25~30%	30~40%	35~45%	45~60%	60~70%

자료 : 임청규, 1997: 303에서 재구성

표 2.6 스키코스의 등급별 구분과 요구조건

구분			슬로프(%)	필요면적(m^2/인)	낙하고도(Vertical Demand)	
					시간당(m/hr)	일당(m/day)
스키	초급자	연습코스	0~5%	30	160 이하	800 이하
		주행코스	5~15%	60	160	800
	중급자		15~25%	100	320	1600
	상급자		25~40%	150	520~1,000	2,500~6,000
	전문가		40~60%	300	1,330	6,000이상
스노보드			15~40%	60	–	–

자료 : 강원랜드, 2002: 5

＊ 리프트의 구성품

• 리프트터미널

(승객의 승하차를 위한 승하차장)

• 터미널장치 및 이송장치

(타이어식 컨베이어 장치)

• 그립

(로프와 반기를 고정하는 장치)

• 타워

(콘크리트 기초에 앵커볼트로 고정)

• 반기적치

(반기의 보관장소/하부스테이션에 설치)

• 주원동장치

(Lift를 작동시키는 원동력)

• 리프트 터미널

(견인 Rope의 구동을 지지, 안내장치)

• 전장품과 제어장치

(동력공급 전기장치 및 운전제어장치)

최대 경사도와 평균 경사도와의 차이가 큰 경우는 최대 경사도에 따라서 등급을 높이기도 하고, 난(難)코스가 있는 경우도 등급을 높게 산정하기도 한다. 국내 스키코스의 경우 일반적인 기준보다 국내 스키어의 수준에 맞추어 약간 하향조정하여 구분하고 있는데, 경사도 15~25%까지 중급자코스로, 25~45%를 상급자 코스로 하향조정·운영함으로써 스키어들에게 자신감을 고취시키기도 한다.

스키코스를 계획할 때 고려해야 할 사항은 목표수요를 고려한 스키코스 등급배분, 코스 이용시 등급간 상충성 검토, 동일 등급에 상위 등급의 코스 배제, 스키코스의 폭, 합류부 시거 확보, 스노보드와 일반스키의 주행특성 반영, 자연환경 훼손 최소화, 토공균형 등이 있다.

2.3 리프트

국내에서도 일부 리프트 설계 및 시공이 이루어지고 있지만 대부분 외국산 자재를 수입하는 대리점 형태이며, 전세계 리프트 시장은 유럽 및 미주 일부 회사가 과독점하고 있는 상태이다. 따라서 본 장에서는 리프트 설계기준보다는 스키코스를 계획함에 있어 리프트 계획에서 고려해야 할 사항에 초점을 두고자 한다.

스키코스를 계획함에 있어 가장 중요한 고려 사항 중 하나가 리프트 설계이다. 리프트는 스키코스에 따른 수송범위, 수송능력, 등반각도, 승하차

표 2.7 리프트 종류별 특징

구분	선로길이 · 속도	운송력	비 고
로프토우	100~400m (2.0m/sec)	500인/시	· 적당한 설치 비용, 운송이 간단 · 사업면허도 불필요
텔리스키	900~1,000m (4.0~4.5m/sec)	1인승 600인/시 2인승 1,000인/시	· 바람과 관계 없이 활주 가능
체어리프트	500~2,000m (2.0~4.0m/sec)	4인승 1,000~2,000인/시	· 운송력 큼, 승강장 장소가 필요 · 고속을 요구하는 스키어들 선호 · 건설비가 상대적으로 비쌈
곤돌라	2,000m 이상 (10~12m/sec)	8인승 약 3,000인/시	· 승차감과 안정감이 뛰어남 · 장거리용으로 적당
케이블카	2,000m 이상 (10~12m/sec)	8인승 약 3,000인/시	· 비용이 비쌈 · 장거리, 선수용으로 적당

자료 : 임청규, 1997: 315

장 대기공간 확보, 선로 및 지주설치로 인한 코스 간섭, 스키코스 등급별 접근성 및 이동편의성 등을 고려하되 초기 설치비, 유지관리비 등 사업성을 고려하여 최소화하여야 한다.

중간 베이스 지점에서 리프트 연계이용시, 이동동선을 고려하여 하차장으로부터 다음 승차장까지의 이동구간에 경사를 두는 것이 바람직하며, 하차장은 정체가 없도록 5% 이상의 경사를 두고 리프트는 슬로프를 가로지를 경우는 최단거리로 횡단하는 것이 좋다. 또한 폭이 넓은 스키코스의 경우는 경제성을 고려하여 지주를 최소화하여 설치하되 지주 주변에 충분한 안전장치를 마련해야 한다.

3. 개발절차

3.1 입지조건

1) 기후조건

스키코스 개발에 있어 눈은 매우 중요한 요소이므로 해당 지역의 최심적설심도, 최심신적설심도 등 적설량, 적설기간, 설질(雪質) 등을 충분히 파악하여야 한다. 스키장 조성을 위해서는 통상 50cm 이상의 적설량이 필요하나 스키 슬로프에 대한 벌개제근 등 평탄화작업이 양호한 상태인 경우는 30cm 정도로도 가능하다.

적설일수는 최저 90일 이상 스키장 영업이 가능한 적설상태를 유지해야 하는데 12월~3월에는 평균 15~20일 정도로 강설량은 10~20cm가 15일 이내, 50cm 이상이 1~2일 정도면 적당하다.

기온은 12~3월인 동계기간에 월평균 기온이 −10°~0°가 적당하며, 바람은 추위와 더불어 스키 주행에 위험요소가 될 수 있고 리프트 운행중지 요소가 될 수 있으므로 평균풍속은 약 5m/sec 이내가 적당하다. 풍속의 경우는 현장조사, 주민탐문 등을 통해 기상청 통계자료를 보완하여 설계에 적용해야 하며, 필요에 따라 풍동 시뮬레이션을 통해 국지적인 약풍, 무풍지역에 우선적으로 코스를 배치하는 것이 바람직하다.

일반적으로 스키장의 설질은 가루눈이 가장 좋으며 자연설은 표고가

＊ **설질 표기방법**
+ 신설(new snow) : 새로 내린 눈의 결정이 그대로 남아 있는 상태
／신설~단단한눈 중간단계(ightly compacted snow)
● 단단한 눈(compacted snow)
○ 싸라기 눈 1(granular snow) : 둥근형 태. 고운 설탕 같음
□ 싸라기 눈 2(solid type depth hoar) : 네모 형태
∧ 싸라기 눈 3(depth hoar) : 둥근 형태나 굵음. 굵은 설탕 같음.
∨ 표면서리(surface hoar) : 날씨 때문에 눈 위에 서리가 생기는 경우
∀ 단단한 얼음 설면(crust)
— 빙판(ice)

높을수록 가루눈(乾雪)이 많고, 낮을수록 습기가 많은 설질이 많다. 최근 스키리조트는 스키 주행감을 위해 자연설이 충분하더라도 인공제설로 가루눈을 살포하는 것이 일반적이다.

2) 지형

스키리조트 조성에 있어 지형은 스키슬로프의 구성뿐만 아니라 리조트시설의 배치를 결정하는 가장 중요한 설계요소로 지형요소는 주로 향, 표고차, 경사도 등이 주요 인자이다.

향은 북동향이 가장 바람직하고 유역계가 포곡형으로 산정상에서 넓게 퍼졌다가 산자락 하단부에서 한 곳으로 몰리면서 능선형과 계곡형 코스개발이 가능한 형상이 이상적이다.

표고차는 스키코스의 규모에 따라 다르지만 중상급자의 시간당 낙하고도차를 고려해볼 때 최소 300~500m가 되어야 종합리조트로서의 스키리조트 개발을 기대할 수 있을 것으로 판단된다.

경사도는 스키등급별 특성을 고려할 때 능선부와 계곡부 사이의 평균경사도가 30% 내외인 곳이 다양한 등급의 코스개발에 유리하다. 그리고 지질, 토양 등은 슬로프 개발시 과도한 사면보강 등이 발생되지 않는 지역이면 바람직하다.

3) 수자원

스키장 운영에 있어 제설용수 확보 역시 매우 중요한 문제이다. 광역상수도를 이용한 제설은 막대한 유지관리비가 필요하므로 일반적으로 제설연못, 하천수 등을 이용하여 자체적으로 공급해야 한다. 따라서 스키장 조성시에는 제설용량에 부합하는 수자원 확보가 가능한지를 확인해야 한다.

3.2 법적 시설기준 및 개발절차

스키리조트의 경우 스키장과 더불어 대규모 복합관광시설이 필요하기 때문에 대부분 관광진흥법에 의해 시행되는 경우가 많다.

국내 스키장 관련법규 중 스키코스와 관련된 시설기준은 '체육시설의 설치 및 이용에 관한 법률'과 '도시 · 군계획시설의 결정 · 구조 및 설치기준에 관한 규칙'에서 규정하고 있다. 그 중 체육시설의 설치 및 이용에 관한 법률 시행규칙상 스키장 시설기준은 표 2.8과 같다.

스키리조트 개발절차는 앞의 총론에 기술된 일반적인 관광개발사업 추진절차와 유사하다. 다만, 개발 규모 및 부지의 용도현황에 따라 개발 근거법과 세부 인허가절차에서 다소 차이가 있을 뿐이다.

스키장 자체는 '체육시설의 설치 및 이용에 관한 법률'에 의거한 스키장으로 개발이 가능하지만, 통상 스키리조트는 다양한 관광시설을 포함해야 하므로 관광진흥법상의 관광지나 관광단지로 개발되는 경우가 많다. 물론 지역균형개발 및 지방중소기업 육성에 관한 법률이나 신발전지역 육성을 위한 투자촉진 특별법 등 관광(단)지 지정에 대한 의제처리가 포함된 특별법으로도 개발 가능하다.

그러나 인허가상에서 주로 문제가 발생되는 산지전용 협의 및 환경영향평가 협의에 대해 충분히 고려하여 기본구상안 및 사업계획을 미리 수립하고 관련기관과 사전협의를 통해 개발의 방향을 정하는 것이 바람직하다. 특히 조사사항이 많으므로 문화재, 지하수, 산림, 환경, 교통, 재해 등에 관한 업무는 미리 진행시켜 기본구상단계부터 병행할 필요가 있다.

표 2.8 스키장 및 썰매장의 시설기준

구분		시설기준
스키장	운동시설	· 슬로프는 길이 300m 이상, 폭 30m 이상이어야 한다(지형적 여건으로 부득이한 경우는 제외한다). · 평균 경사도가 7° 이하인 초보자용 슬로프를 1면 이상 설치하여야 한다. · 슬로프 이용에 필요한 리프트를 설치하여야 한다.
	안전시설	· 슬로프내 안전사고를 당할 위험이 있는 곳에는 안전시설(안전망 · 안전매트 등)을 설치하여야 한다. · 구급차와 긴급구조에 사용할 수 있는 설상차(雪上車)를 각 1대 이상 갖추어야 한다. · 정전 시 이용자의 안전관리에 필요한 전력공급장치를 갖추어야 한다.
	관리시설	· 절토지 및 성토지의 경사면에는 조경을 하여야 한다.
썰매장	운동시설	· 슬로프 규모에 적절한 썰매와 제설기 또는 눈살포기(자연설을 이용할 수 있는 지역만 해당한다) 등을 갖추어야 한다.
	안전시설	· 슬로프의 가장자리에는 안전망과 안전매트를 설치하여야 한다.

자료 : 체육시설의 설치 및 이용에 관한 법률 시행규칙상의 체육시설업의 시설기준 (별표 4)

4. 스키리조트 시설계획

4.1 입지검토

입지검토는 대상지가 정해지지 않은 상태에서 스키코스의 적지를 찾고자 하는 입지 대안검토 단계와 부지가 결정된 상태에서 스키장 구성요소의 최적입지를 찾고자 하는 부지내 적지검토 단계로 구성된다. 각 인자별 중요도에 따라 가중치를 결정하고 점수를 부과하여 입지 대안을 결

표 2.9 스키리조트의 기본적 구성요소와 제반인자별 상관관계

항목	스키장의 기본적 구성요소 / 제반인자		상관도	스키장 건설및운영	스키장구성요소				종합휴양지 가능성	개발제한 요소
					슬로프	에이프런	중심시설	제설능력		
상관도			–	I	III	III	III	II	I	×
지형 여건	개발규모	개발가능면적	III	–	–	–	●	–	●	×
		코스길이	III	–	●	–	–	–	–	×
		코스면수	II	–	●	–	–	–	–	×
		에이프런면적	III	–	–	●	–	–	–	×
	지형형태	표고차	III	–	●	–	–	–	–	×
		경사도	III	–	●	–	–	–	–	×
		사면방위	III	–	●	–	–	–	–	×
기상	눈	적설량	III	–	–	–	–	●	–	×
		적설기간	III	–	–	–	–	●	–	×
	일조	일조시간	II	●	–	–	–	–	–	×
	기온	결빙기	III	–	–	–	–	●	–	×
		동계온도	III	–	–	–	–	●	–	×
	기상변이	우박진눈개비	III	●	–	–	–	–	–	×
	바람	동계풍속	III	–	●	–	–	–	–	×
		동계주풍향	III	–	●	–	–	–	–	×
수자원	상수	광역상수원	I	●	–	–	–	–	–	–
	수원	저수지	II	–	–	–	–	●	–	–
		지표수	III	●	–	–	–	●	–	–
		지하수	II	●	–	–	–	●	–	–
식생	천연기념물	천연기념물	III	–	–	–	–	–	–	×
	수림	수림현황	I	●	–	–	–	–	–	–
기타	경관	경관(View)	I	–	–	–	–	–	●	–
경제	이용권 및 개발편익	접근성)	I	●	–	–	–	–	–	–
		배후도시	I	●	–	–	–	–	●	–
		기존관광자원	I	–	–	–	–	–	●	–
사회	제도적 제한	문화재 여부	III	–	–	–	–	–	–	×
		개발제한구역	III	–	–	–	–	–	–	×
		군사보호구역	III	–	–	–	–	–	–	×
		국토이용계획	III	–	–	–	–	–	–	×

자료 : 임청규, 1997: 71

정하는 가중치 산정방식이 일반적이지만 해당 항목별로 절대 입지불가 기준을 선정하여 종합점수는 높더라도 결정적인 입지불가능요소를 걸러 낼 수 있다. 구체적인 사례로 강원랜드(1999)에서는 다음과 같은 스키장 입지기준을 제시하고 있다.

① 기존 지형 및 자연조건에 순응한 입지 선정으로 자연환경을 최대한 보존하고 절·성토가 적은 스키장계획이 가능하도록 유도한다.

② 타 지역 시설과 경쟁우위를 확보할 수 있는 시설 규모로 입지 가능한 부지가 확보되는 지역으로 설정한다.

③ 이용자를 초급, 중급, 상급으로 구분·계획하여 각 이용자의 편의 및 안전성을 도모할 수 있도록 기준을 설정한다.

④ 부지면적은 100만 평 이상으로 표고차 500m 이상, slope 8~70% 경사인 400~800m를 확보할 수 있는 지역으로 계획한다.

* 스키장 현황

구분		베어스타운	용평리조트	무주리조트
면적(천 m^2)		198	2,455	1,369
슬로프	수	10	16	36
	총연장(m)	16,888	21,430	34,140
	최장길이(km)	3.5	1.8	3.2
리프트	기	9	16	13
	총연장(m)	6,814	10,250	13,219
표고차(m)		300	708	600

표 2.10 스키장 입지검토 기준

구분	계획기준	비고
기준면적	· 법적기준 : 총 슬로프 연장×50m×4배 이내 – 200만 평 이상 : 양호 – 100~200만 평 : 보통 – 100만 평 미만 : 제한 · 부지면적 원단위 – 초급 : 100~150m^2/인 – 중급 : 130~700m^2/인 – 고급 : 100~150m^2/인	최소 100만 평 이상 확보
표고차	· 500m 이상 : 양호 · 1,700m 이상 : 곤란	최저 70m 이상 확보
경사	· 슬로프 : 8~70% · 시설지 : 15% 이내 · 일반기준 – 초급 : 10~20% – 중급 : 20~30% – 고급 : 30~60%	
향	· 북동향이 가장 적합 · 북향, 동향도 양호	
슬로프길이	· 일반기준 – 초급 : 800m 이상 – 중급 : 500m 이상 – 상급 : 400m 이상	
슬로프폭원	· 슬로프당 15~30m	

자료 : 강원랜드, 1999: 102

이러한 스키장시설의 입지기준을 적용·선정하여 스키베이스 위치에 따라 대안을 설정하였고, 평가인자를 설정하여 각 대안별 평가를 실시하였다. 평가인자 중 스키장의 이미지 제고를 위해 중요하다고 판단되는 항목에 상대적인 가중치를 부여하여 평가하였고, 각 항목별 평점을 합산하여 최적의 입지를 결정하였다.

결론적으로 스키베이스의 위치에 따라 다음 그림과 같이 박심지구, 물한리지구, 더덕지구로 입지대안을 설정하였고, 이를 스키장 입지의 면적, 표고차, 경사, 향, 슬로프 길이를 기준으로 평가하였다. 이 중 가용부지 면적, 향, 슬로프 길이 항목에 가중치를 부여하여 표 2.11과 같은 결과를 도출하였다.

그림 2.4 스키코스 입지대안

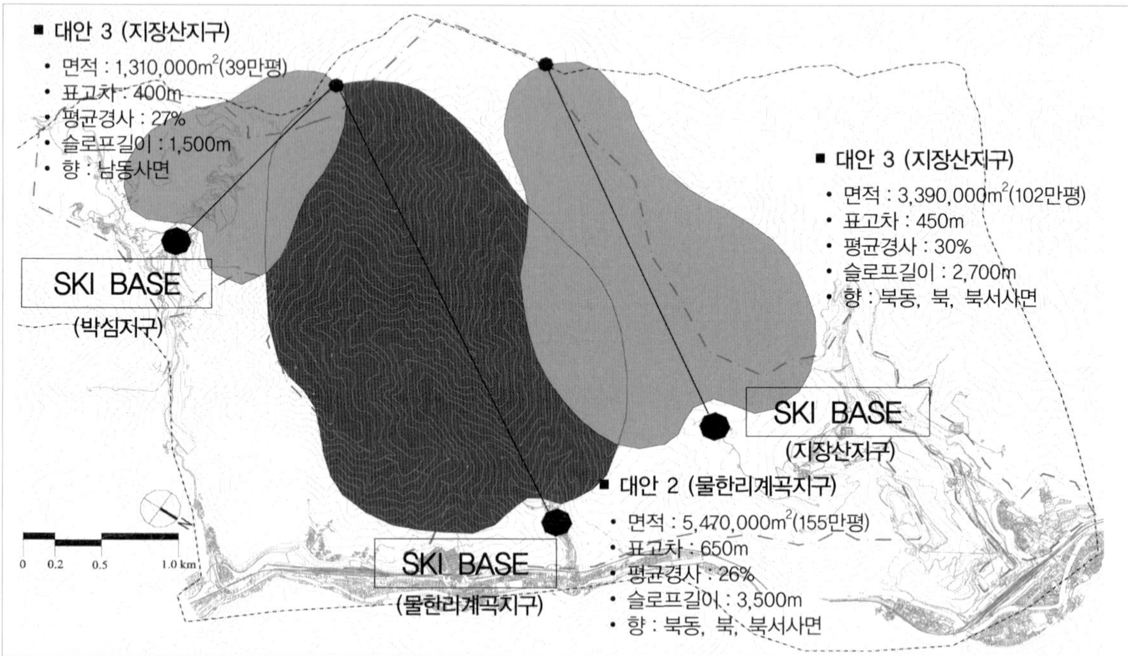

자료 : 강원랜드, 1999: 107

표 2.11 스키코스 입지대안 평가

구 분	대안 1 (박심지구)	대안 2 (물한리지구)	대안 3 (더덕지구)
주요내용	· 박심지역에 스키베이스 설치 · 백운산 정상부까지 슬로프 연결	· 물한리계곡에 스키베이스 도입 · 백운산 정상부까지 슬로프 연결	· 더덕밭지역에 스키베이스 도입 · 백운산 우측 능선부까지 슬로프 연결
부지면적	○ 2 (1,200,000m²)	● 6 (5,440,000m²)	◓ 4 (2,760,000m²)
표고차	◓ 2 (400m)	● 3 (650m)	◓ 2 (450m)
경 사	● 3 (27%)	● 3 (26%)	● 3 (30%)
향	○ 2 (남동 사면)	● 6 (북동-북서 사면)	● 6 (북동 사면)
슬로프길이	○ 2 (1,500m)	● 6 (3,500m)	◓ 4 (3,000m)
평점	10	24	19
종합평가	· 적지분석 결과 국내 최고의 스키장으로 조성하기 위해서는 물한리계곡부 및 더덕밭지역에 스키베이스를 도입하고 백운산 정상까지 스키슬로프를 배치하는 것이 가장 적합		

주 : ○ 1점, ◓ 2점, ●3점에 해당 항목별 가중치 적용(부지면적, 향, 슬로프 길이 : 2점) (표고차, 경사 : 1점)

자료 : 강원랜드, 1999: 108

4.2 스키코스

스키코스 계획은 보통 크게 3단계로 구분된다. 먼저 조사된 지형에 대한 경사분석과 Fall-Line을 근거로 이루어지는 POD분석이 그 첫 단계이다. 다음으로 POD분석을 토대로 스키코스 계획이 이루어진다. 스키코스 계획은 전체 스키리조트의 스키공간에 POD분석 내용을 근거로 스키코스와 리프트의 전체 배치계획을 수립하고, 수용능력에 맞는 리프트를 선정하는 단계를 거친다. 이러한 과정이 끝나면 개개의 스키코스를 조성·정비하고 리프트를 설치하는 설계단계로 이어진다.

그림 2.5 스키코스의 설계과정

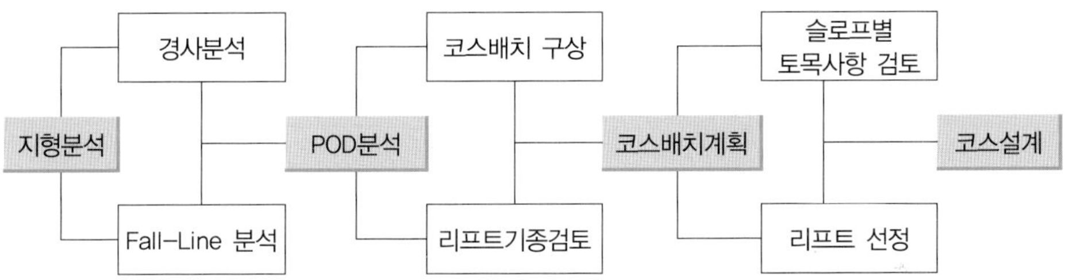

자료 : 임청규, 1997: 323

최근 GIS 및 AutoCad을 기반으로 한 Civil 3D 등을 통해 보다 효율적인 적지분석이 가능해졌다. 특히 Civil 3D는 삼각망 표고망(TIN) 형성을

그림 2.6 Civil 3D를 활용한 Falline 및 POD분석

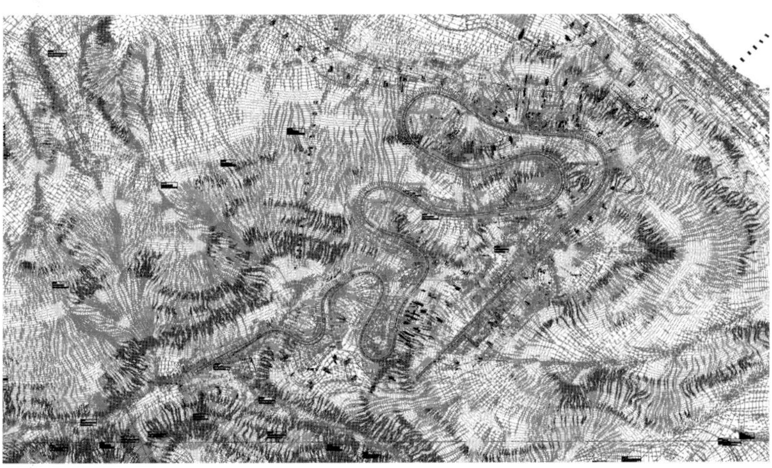

자료 : (주)유신, 슬라이딩센터(봅슬레이, 스켈레톤, 루지) 건설공사 기본설계 중 대상지 분석자료

통해 입지분석, 설계, 3D 시뮬레이션이 가능하여 도로, 단지뿐만 아니라 스키장코스 설계에도 충분히 적용 가능하다. 과거에는 도면 검토를 통한 Fall-line, POD분석을 시행한 반면, Civil 3D에서 제공하는 유역분석을 통해 한 번에 동시분석이 가능해졌다. 또한 코스를 코리더로 설정하면, 실시간 종평면도 및 횡단작성이 가능하여 코스 검토의 시간이 크게 단축되었다. 즉 기존에 이글포인트(EP) 등의 프로그램은 한 번에 하나의 종평면 및 횡단을 제공하여 계획안 수정시 하나씩 재작성한 반면, 코리더 시스템은 평면 및 종단 수정시 자동으로 횡단작성이 가능하다.

그림 2.6은 스키와 같은 설상종목인 봅슬레이 슬라이딩 센터 선형검토시 적용했던 Civil 3D를 통한 유역 및 경사분석 사례이다.

그림 2.7 스키코스 조성계획 기준

<table>
<tr><th>능선형 슬로프 조성</th><th>계곡형 슬로프 조성</th></tr>
<tr><td>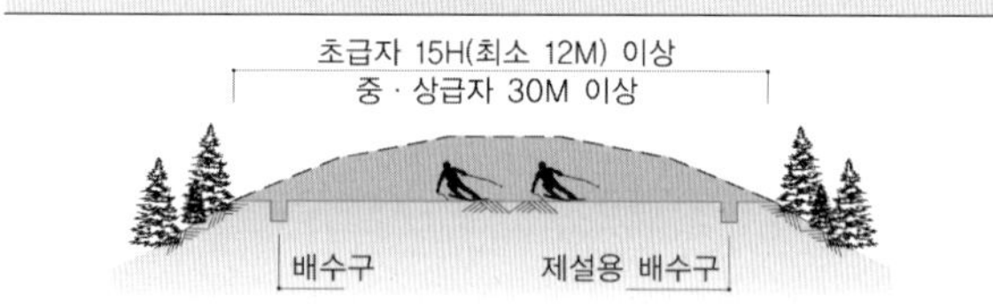
</td><td>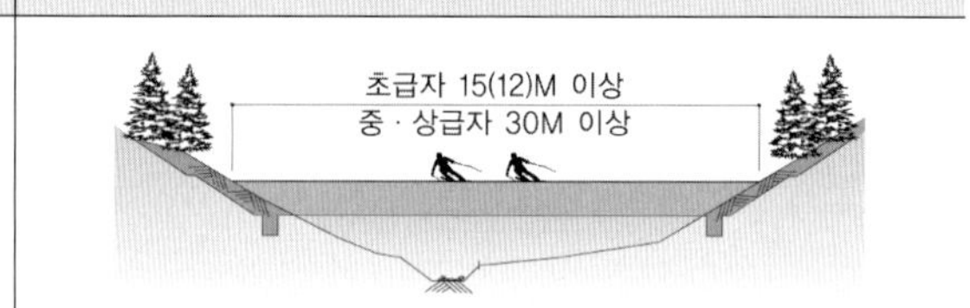
</td></tr>
<tr><td>· 최소한의 방향을 예측한 슬로프조성 계획
· 슬로프 폭원은 슬로프 등급별 최소폭 이상 확보
· 눈의 흩날림 방지를 위하여 좌 · 우측에 수림대 존치 및 조성</td><td>· 계곡 부위는 양쪽에서 절취된 암석을 이용하여 배수층 개념의 성토로 평탄한 슬로프 조성
· 종단상으로 배수구를 설치, 폭원은 등급별 최소폭 이상</td></tr>
</table>

자료 : 강원랜드, 2003: 7, 212

그림 2.8 스키코스 설계 사례

<table>
<tr><th>산정부 원지형을 보전한 코스 개발</th><th>Natural glade Skiing Area 조성</th></tr>
<tr><td>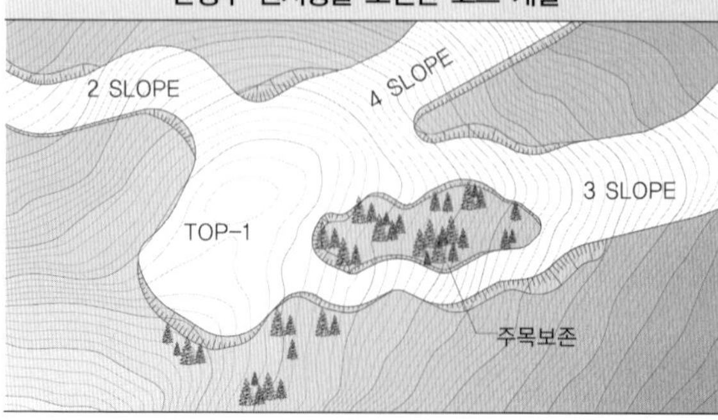
</td><td>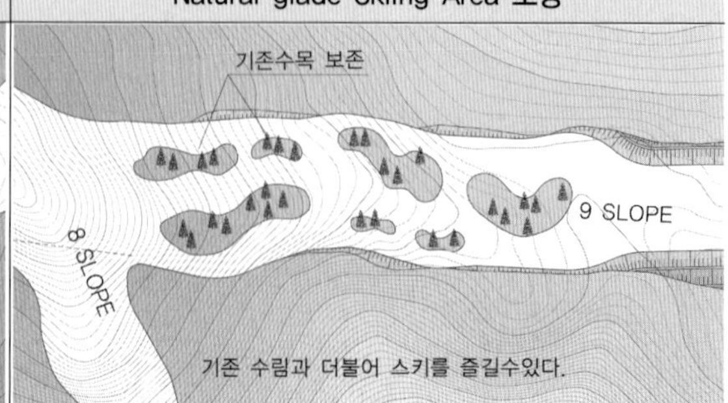
</td></tr>
<tr><td>· Top-1 부지면적 조정, 원지형에 주목 42주 보호 존치
· 주목 보존을 위한 Y자형 슬로프 조성계획</td><td>· 원지형을 보존하며 환경친화적인 Natural glade Skiing Area 조성으로 스키어의 흥미 유도</td></tr>
</table>

자료 : 강원랜드, 2003: 7, 208

스키코스 계획시에는 스키어들의 이용특성(동선, 선호도, 수준, 방문형태)을 고려한 스키코스 매력도 확보, 안전성(코스 합류부 속도 고려, 등급별 배분, 안전시설, 스키코스 폭, 비상동선 등), 유지관리성(리프트 수송능력, 유지관리비, 제설면적) 등을 복합적으로 고려하여야 한다.

그림 2.9는 강원랜드 스키코스의 공간구성 사례이다.

그림 2.9 스키코스 공간구성 사례

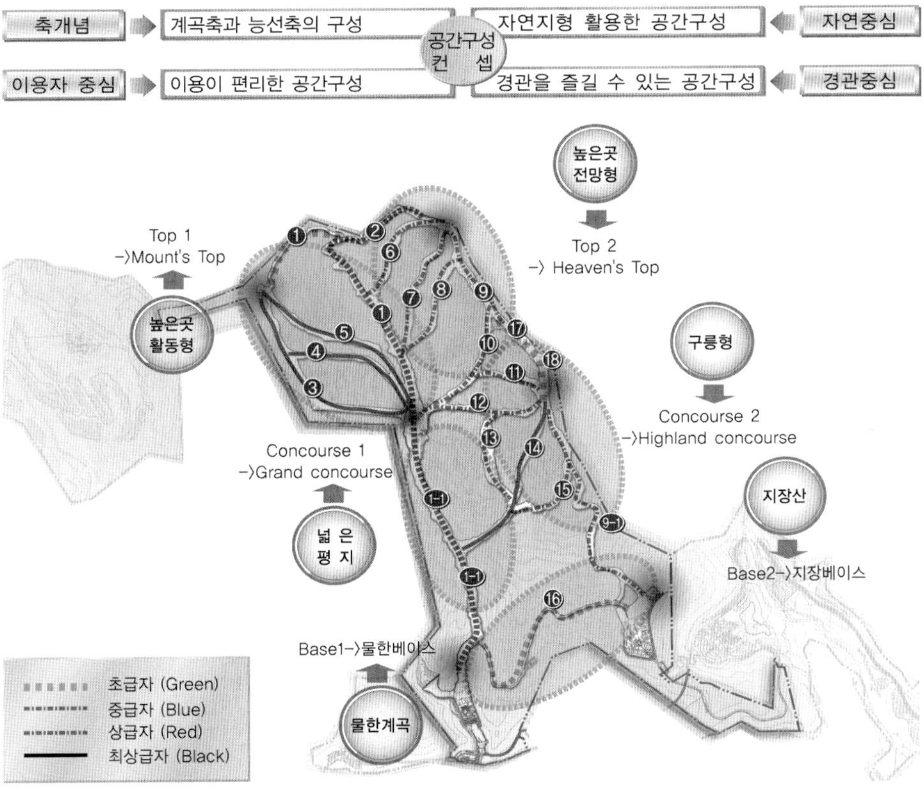

공간구분		공간현황	도입시설	공간성격		주제 부여 방향
Axls-1	Top1	· 물한리계곡형 지형 · 많은 이용자가 사용하는 대중적 공간 · 골프장과 근접 위치	페트롤스테이션	전문스키공간, 활력	▶	활동적인 공간
	Concourse1		카페,테크니컬	메인 콘코스, 만남, 휴식공간	▶	계곡형 콘코스
	Base1		테크니컬, 콘도, 스키하우스	대중적 공간, 다양성	▶	공간특성을 드러내는 지역명 부여
Axls-2	Top2	· 지장산 구릉형 지형 · 타 스키장과 차별화된 고급스러움, 고품격 · 숙박형, 체류형	카페, 레스토랑	good view, 낭만	▶	전망공간성격부여
	Concourse2		카페, 스키스쿨	good view, 배움	▶	산악형 콘코스
	Base2		콘도	체류형, 고품격	▶	공간특성을 드러내는 지역명 부여

자료 : 강원랜드, 2003: 7, 40

그림 2.10 강원랜드 스키장 마스터플랜

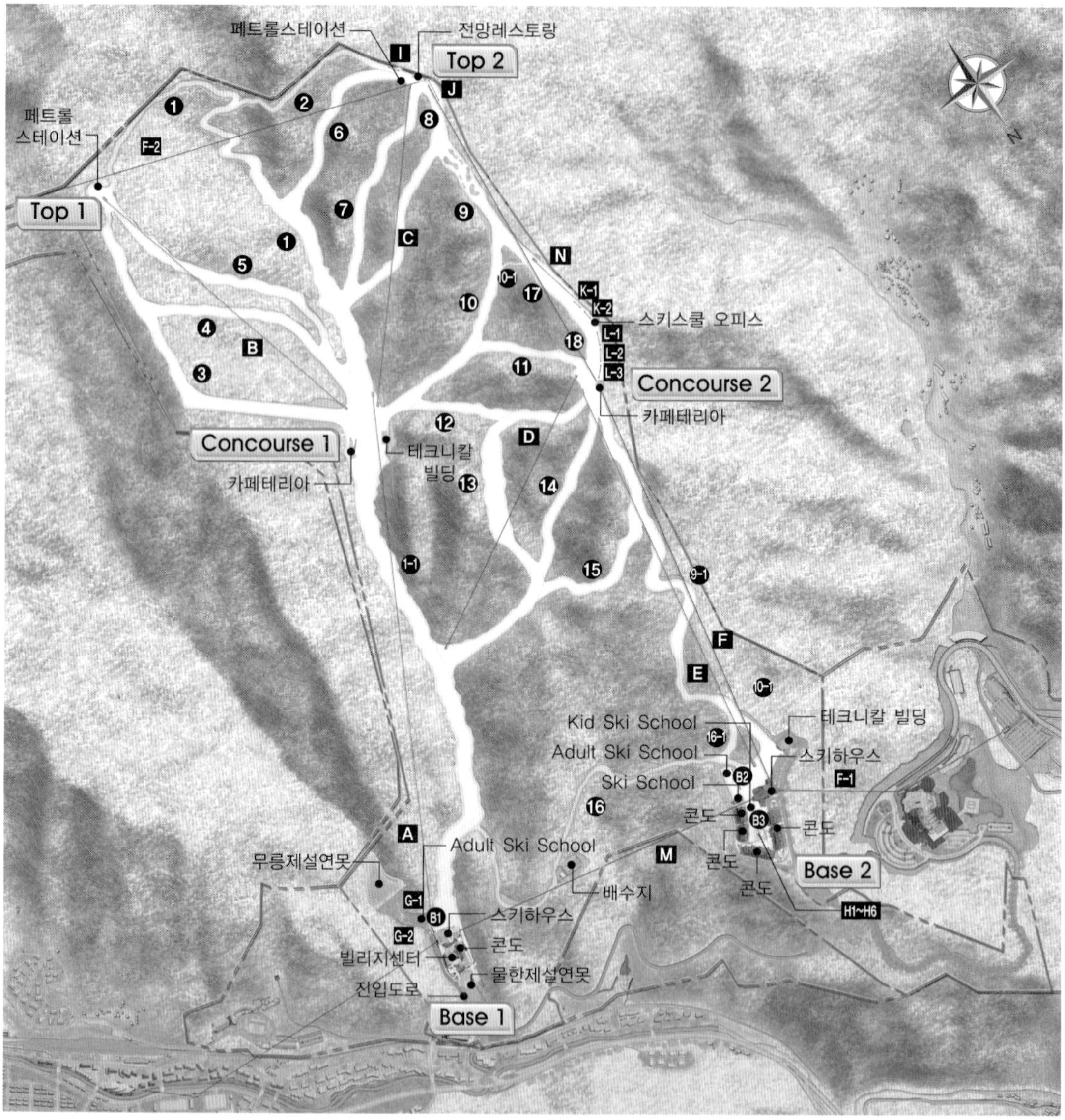

슬로프 구성표

번호	범 례	슬로프타입	활 동	번호	범 례	슬로프타입	활 동
1	● 녹색	쉬운슬로프	스키, 스노우보드	11	■ 파랑	조금어려운슬로프	스키, 스노우보드
1-1	● 녹색	쉬운슬로프	스키, 스노우보드	12	◆ 검정	가장어려운슬로프	스키, 스노우보드
2	● 녹색	쉬운슬로프	스키, 스노우보드	13	■ 파랑	조금어려운슬로프	스키, 스노우보드 / 터레인파크
3	◆ 검정	가장어려운슬로프	스키전용	14	◆◆ 검정	전문가전용	스키, 스노우보드
4	◆ 검정	가장어려운슬로프	스키전용	15	◆ 검정	가장어려운슬로프	스키, 스노우보드
5	◆◆ 검정	전문가전용	스키전용	16	○ 노랑	가장쉬운슬로프	스키, 스노우보드
6	■ 파랑	조금어려운슬로프	스키, 스노우보드	16-1	■ 파랑	조금어려운슬로프	스키, 스노우보드
7	■ 파랑	조금어려운슬로프	스키, 스노우보드	17	○ 노랑	가장쉬운슬로프	스키스쿨
8	◆ 검정	가장어려운슬로프	스키, 스노우보드	18	○ 노랑	가장쉬운슬로프	스키스쿨
9	● 녹색	쉬운슬로프	스키, 스노우보드	B1	Ski school Zone Slow	스키스쿨존	스키스쿨
9-1	■ 파랑	조금어려운슬로프	스키, 스노우보드	B2	Ski school Zone Slow	스키스쿨존	스키스쿨
10	◆ 검정	가장어려운슬로프	스키, 스노우보드	B3	Ski school Zone Slow	스키스쿨존	스키스쿨
10-1	■ 파랑	조금어려운슬로프	스키, 스노우보드				

리프트 구성표

번호	연결 슬로프	종 류	번호	연결 슬로프	종 류
A	Slope1	Detachable Grip Lift	H1	Adult Ski School Area	Conveyor Belt
B	Slope1,3,4,5	Detachable Grip Lift	H2	Adult Ski School Area	Conveyor Belt
C	Slope2,6,7,8,9	Detachable Grip Lift	H3	Kid Ski School Area	Conveyor Belt
D	Slope9~15	Detachable Grip Lift	H4	Kid Ski School Area	Conveyor Belt
E	Slope9~15	Detachable Grip Lift	H5	Kid Ski School Area	Conveyor Belt
F	Slope2~15	Gondola	H6	Kid Ski School Area	Conveyor Belt
F-1	Slope1,2	Gondola	I	Private Ski School	Conveyor Belt
F-2	Slope2,6~9	Gondola	J	Tubing Area	Conveyor Belt
M	Slope16	Gondola	K1	Snow Board	Conveyor Belt
N	Slope9,10,11~15	T-Bar Lift	K2	Ski School Area	Conveyor Belt
스키스쿨			L1	Ski School Area	Conveyor Belt
G1	Adult Ski School Area	Conveyor Belt	L2	Ski School Area	Conveyor Belt
G2	Adult Ski School Area	Conveyor Belt	L3	Ski School Area	Conveyor Belt

태백관광공사(2004)에서는 스키코스 공간구성 및 스키코스 등급을 다음과 같이 제시하고 있다.

- 초·중급자가 많은 국내 여건을 고려하여 설정
- 이용자의 안전을 고려하여 세분화하여 조정
- 연결 슬로프와의 관계, 최대경사 구간, 폭원, 접근성 등을 종합적으로 검토하여 등급 판정

표 2.12 스키코스 등급기준

구분	초급		중급			상급	
	초심	초급	초중급	중급	중상급	상급	최상급
대명비발디	10% 이하	10~20%	–	20~30%	30~40%	40~45%	45% 이상
지산포레스트	–	20% 이하	–	20~30%	30~40%	45% 이상	–
베어스타운	12% 이하	14% 이하	15~20%	20~25%	25~35%	35~40%	40% 이상
휘닉스파크	–	22% 이하	–	15~30%	–	30~40%	–
성우리조트	–	15% 이하	15~20%	12~40%	–	30~45%	45% 이상
자체등급기준	–	12.3~25%	–	25~35%	35~45%	45~55%	55% 이상

여기서는 스키코스에 주제를 부여하여 기존 스키장들의 슬로프 명칭과 달리 한 가지 이미지로 통일하여 안정적이고 고급스런 이미지를 추구하였다. 대중의 공감을 얻을 수 있는 신화를 적용하여 친숙한 이미지로 이용객들에게 접근하였고, 슬로프 명칭만으로 난이도 및 특징까지 간단하고 압축적으로 전달하고자 하였다.

표 2.12 오투리조트의 스키코스 조성계획 원칙

정상부 콘도와 직접 연결되는 슬로프 계획	초·중급자에게 코스선택의 다양성 제공
· 콘도에서 Base 1로의 이동 – 스키장비 착용 스키어(초급 이용 가능) ⇒12, 13 slope를 이용, Base 1로 이동 – 스키장비 미착용 스키어, 초보스키어 ⇒Lift 1(양방향)로 이동 · 정상부 콘도에서 전경 감상	· 스키어 분포상 이용밀도가 높은 초·중급자 코스에 다양한 코스 선택의 기회 제공 · 3개의 정상부에서 2개의 베이스로 활강할 수 있는 다양한 코스 제공
주요 조망점별 경관을 고려한 슬로프 계획	**정상부 최장구간의 초급자 슬로프 조성**
· 정상부 콘도에서 슬로프와 베이스 지역의 활기차고 역동적인 경관을 조망 · 베이스에서 타워콘도의 랜드마크 경관 조망	· 초급자를 포함한 모든 스키어가 최정상에서 활강 가능 · 초급자의 안전을 위해 넓은 폭원(40~50m)과 최장구간(3.2㎞)의 슬로프 조성

* **스키코스 안전시설(stop over area)**
· 스키어가 안전 또는 슬로프의 선택을 위하여 일시적으로 휴식을 취하는 지역
· 스키어의 예상 진행 방향을 감안하여 충분한 면적 확보
· 스키어의 안전과 활강의 만족감을 동시에 충족하도록 계획

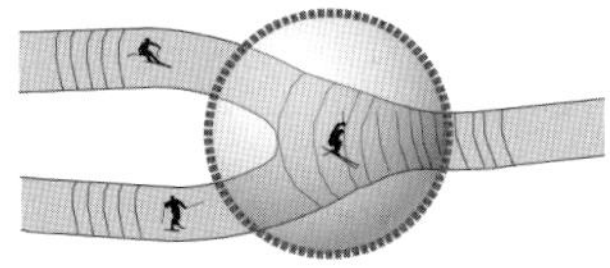
슬로프 분기점

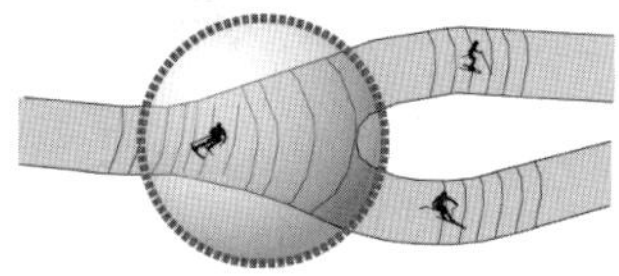
슬로프 합류점

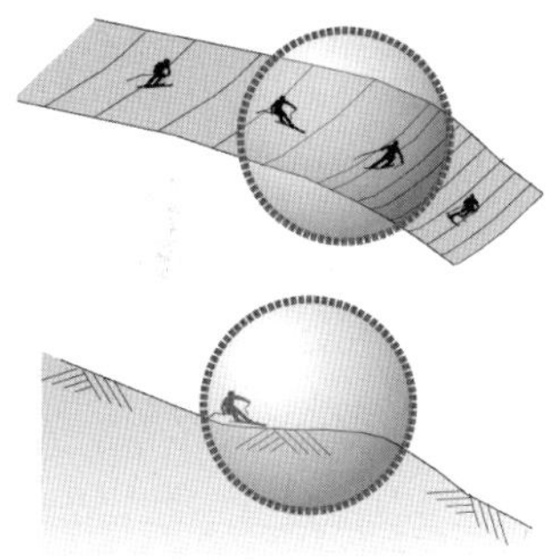
슬로프 경사의 변곡점

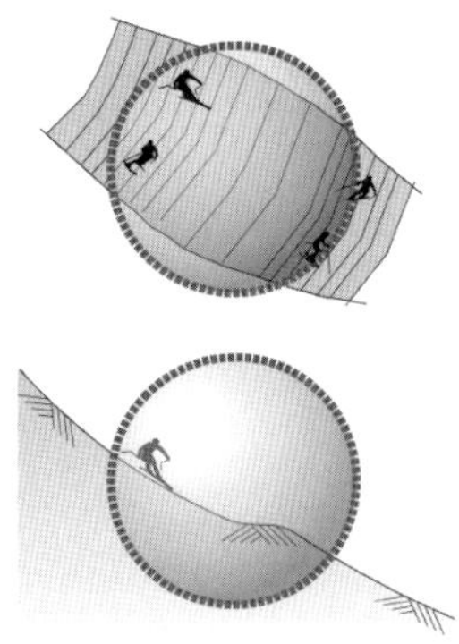
계속되는 급경사 구간 중의 완화구간 또는 중간지점

자료 : 강원랜드, 2003: 7, 227

그림 2.11 오투리조트 슬로프 등급계획

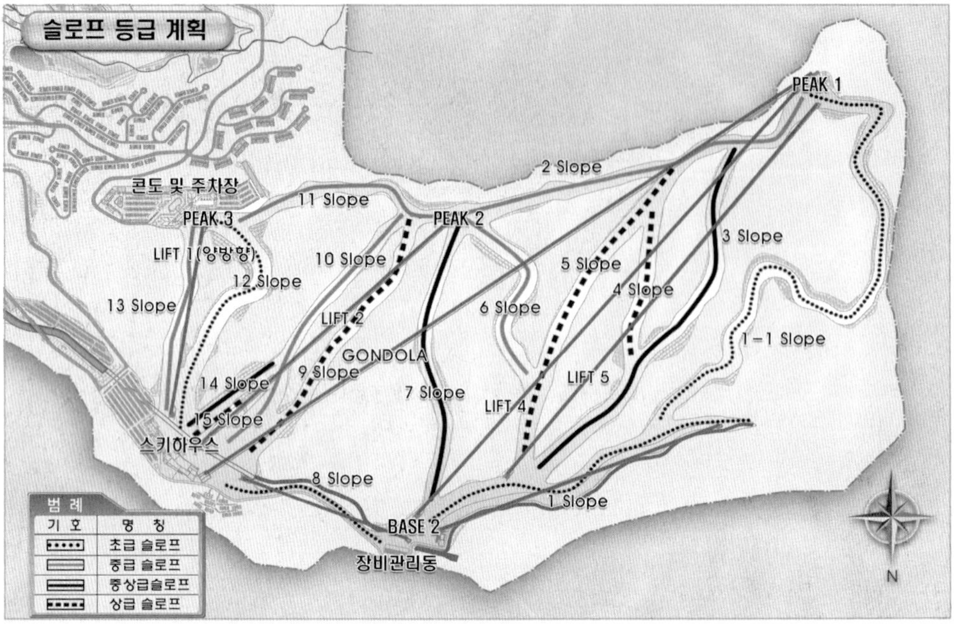

자료 : 태백관광공사, 2004: 7, 40

그림 2.12 스키코스 조성계획 기준

능선형 슬로프 조성	계곡형 슬로프 조성
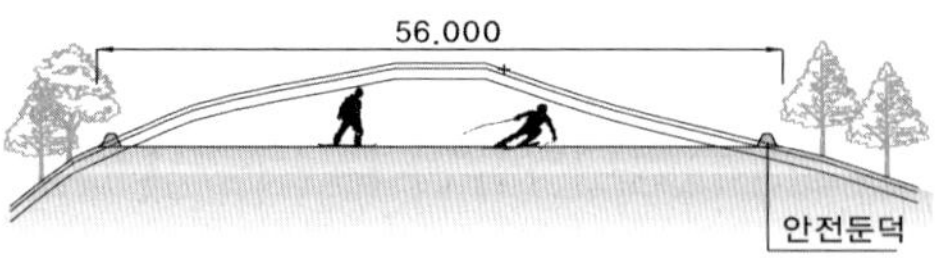	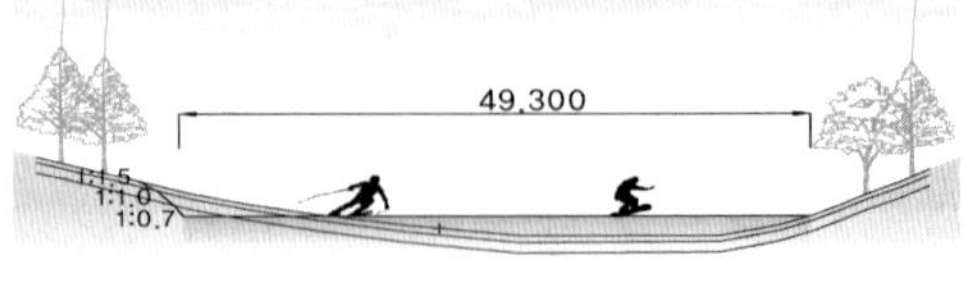
· 방향을 예측한 슬로프 조성, 최소 30m 이상 폭원 확보 · 눈의 흩날림 방지를 위한 좌 · 우측 기존 수림 존치	· 종단상 좌 · 우측 측구 설치 · 전석 및 암석 활용, 배수층 개념 성토로 평탄한 슬로프 조성

그림 2.13 스키코스 토공 특화

	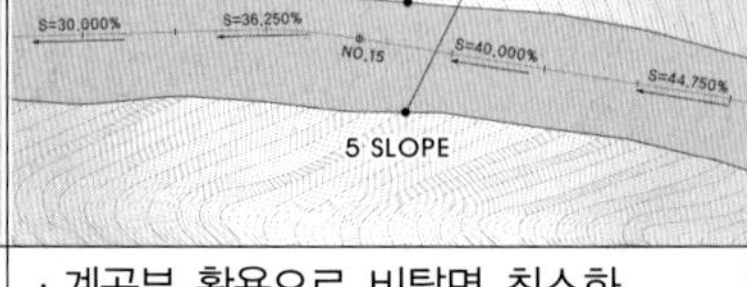	
· 정상부에서 활강 가능한 초급자 슬로프(peak 1~1-1 슬로프)	· 계곡부 활용으로 비탈면 최소화 (1, 5 slope)	· 슬로프의 종단계획고 완급 조절로 토공량 및 비탈면 최소화(10 slope)

자료 : 태백관광공사, 2004: 7, 132, 133

반면 문경레저타운(2012)에서는 스키코스 공간구성 및 스키코스 등급을 다음과 같이 제시하고 있다(그림 2.14 참조).

- 각각의 슬로프에 대한 특성을 부각시키고 상호연계 이용이 가능하도록 구상하여 스키어들의 활주만족도를 높이도록 계획
- 최소한의 환경변화로 코스 조성이 가능하도록 계곡과 능선을 이용
- 이용객 동선과 서비스 동선을 분리, 이용객의 편리·편의성을 확보
- 초·중급자들을 위한 코스를 우선 배치하고 최정상부 접근이 가능하도록 조성하여 전체적인 리조트의 경관을 감상할 수 있도록 계획

그림 2.14 문경레저타운 스키코스계획

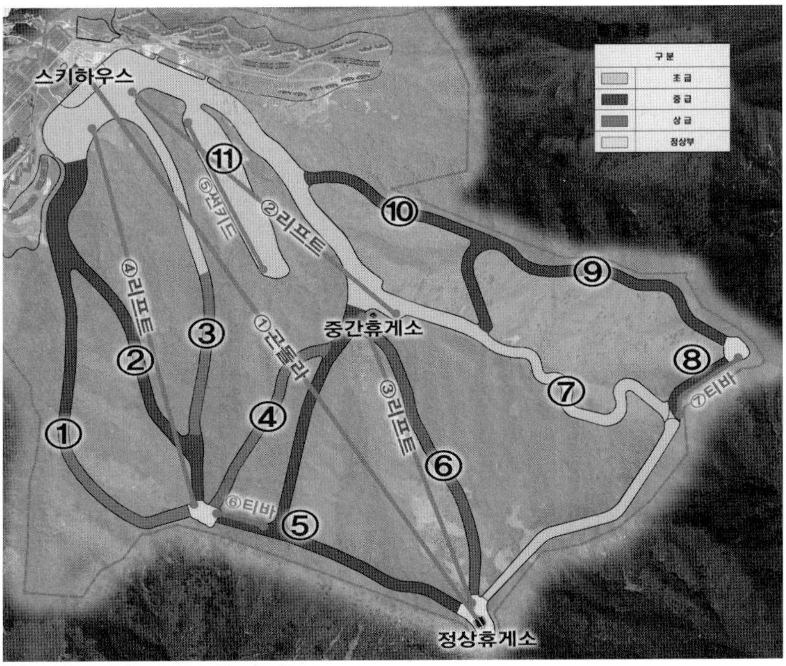

4.3 베이스 에어리어

강원랜드 스키코스에서의 베이스 에어리어 계획은 베이스 구성체계에서부터 이용 특성 및 지형 특성을 고려한 2Top-2Concourse-2 Base 시스템을 도입하였다.

2Base 시스템 도입을 통해 고한지역과 연계된 당일 스키베이스 개발로 고한지역 경제에 미치는 영향을 증대시키는 효과를 가져왔고, 국도

38호선과 인접한 BASE 1에 당일 스키 중심기능 부여로 교통량이 분산되어 접근성이 향상되었다. 또한 숙박시설 분산배치에 따른 공기단축 효과로 전면 임시개장이 가능하게 되었다. 이는 각 Base가 충분히 각 베이스 에어리어로서의 기능을 충족시킬 수 있을 때 적용 가능한 방식이라 판단된다. Base 분리에 따른 동선의 불편함을 해소하고자 곤돌라를 추가 설치하였고, 초급자 코스를 통해 스키어 이동이 가능하도록 계획하였다.

＊ 하이원스키장 Base area 계획(안)

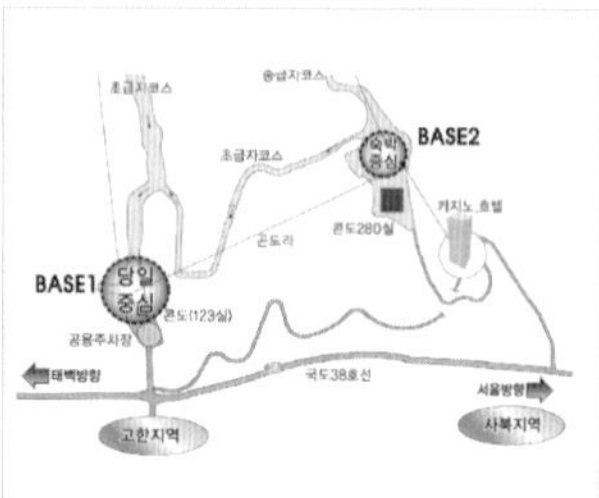

표 2.14 하이원스키장 베이스 개발여건 검토

구분	베이스 인접지역 경제여건	베이스별 입지적 특성
BASE 1	· 고한지역과 인접 · 강원랜드로 인한 경제적 효과 적음	· 많은 수용이 가능한 계곡슬로프와 인접 · 배후도시(고한)에서 보행접근 가능 · 국도38호선에서 차량접근 용이
BASE 2	· 사북지역과 근접 · 고한지역에 비해 메인카지노가 위치, 지역경제 활성화 효과	· 전망이 좋은 능선슬로프와 인접 · 고급 카지노, 호텔과 인접 · 넓은 가용지 확보 가능

자료 : 강원랜드, 2003 : 10

BASE 1지역은 세장형 계곡부지로서, 하저상고 형상으로 입구부 저류지로부터 평균 5% 구배로 스키하우스까지 형성하였고, 콘도부지와 BASE 1과의 5m 단차는 스키하우스에서 흡수·극복하도록 설계하였다. 시설부지는 자연스럽게 흘러내리는 둔덕형의 정지계획이 되도록 설계하였다.

BASE 2지역은 완만한 능선에 입지한 부지로써 카지노 방향에서 평균 8%, 연장 1.8km의 진입도로로 접근하며, BASE 2에서 자연스럽게 스키하우스나 콘도로 진입할 수 있도록 계획하였다.

그림 2.16 하이원스키장 베이스 공간구성 개념도

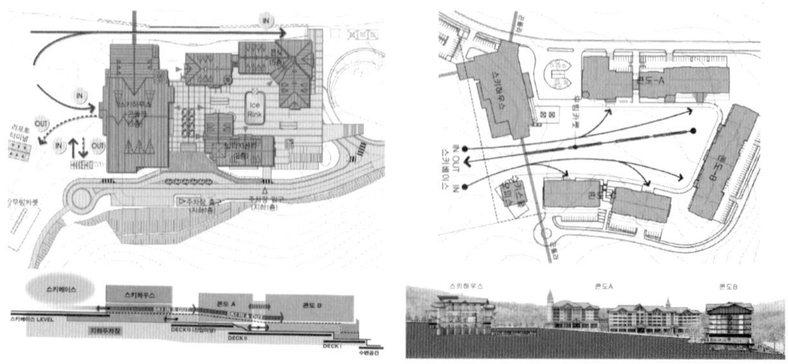

하이원스키장 베이스 1　　하이원스키장 베이스 2

자료 : 강원랜드, 2003: 43, 44

반면 오투리조트의 경우에는 2 BASE-3 PEAK로 스키코스를 구성, 등급별 수준에 맞게 이동거리를 최소화하였으며, 스키어의 원활한 리프트 탑승·하차를 고려하여 조성하였다.

그림 2.17 오투리조트 베이스 에어리어 계획(안)

PEAK 3	PEAK 2	PEAK 1
· 콘도 이용객 및 모든 스키어가 이용 가능한 공간 · Lift 1(양방향) 및 초급자 슬로프의 Base 1과 연계	· 주로 중급 및 상급자가 이용 가능한 공간 · 중급 및 상급자의 이용률 향상을 위한 전용 공간	· 스키장의 최정상부로서 모든 스키어가 이용 가능 · 사계절 관광곤돌라 운영을 통한 전망휴게소 설치

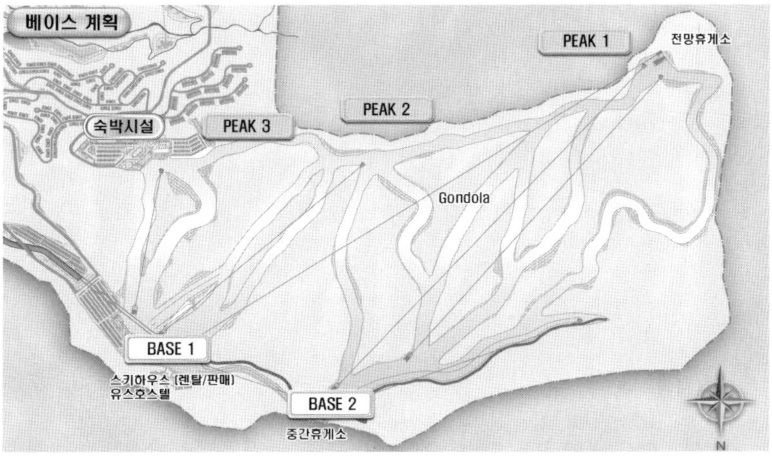

BASE 1	BASE 2
· 당일 스키어가 주로 이용하는 베이스 · 스키하우스(렌탈/탑승권 판매, 식/음료, 곤돌라 탑승장) 및 유스호스텔 입지 · 모굴, 하프파이프 슬로프, 스키스쿨	· Base 1의 역할을 분담하는 보조베이스로서 모든 스키어가 이용하는 베이스 · 비시즌 계곡부 공간과 레크리에이션공간 · 제설을 고려 Base 2 인접에 장비고 배치

자료 : 태백관광개발공사, 2004: 59

* 하이원 스키장 베이스 설계사례

• BASE 1

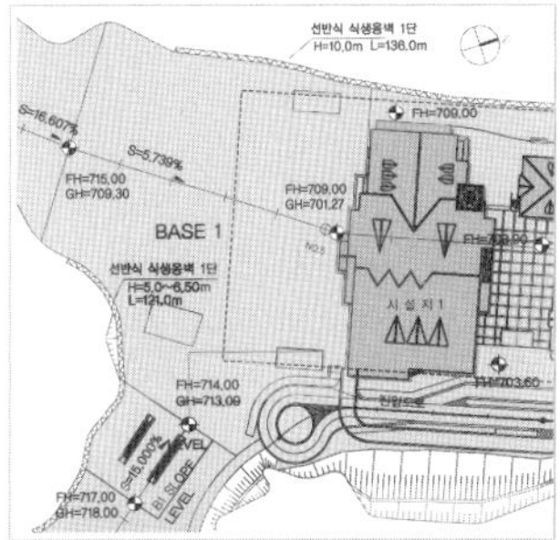

• BASE 2

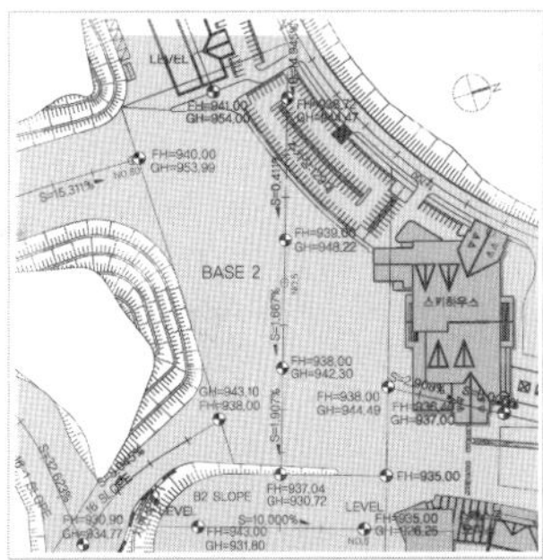

자료 : 강원랜드, 2003: 217

그림 2.18 오투리조트 스키장 베이스 설계 사례

BASE 1	스키스쿨 존

베이스 길이 : 350m, 베이스 슬로프 면적 : 34,100m^2	표고차 6m, 평균폭 40m, 경사연장 80m

자료 : 태백관광개발공사, 2004: 133, 134

4.4 용수

1) 제설용수

제설용수의 안정적 공급과 수질 확보는 스키장 입지조건을 결정하는 주요 요소이자 유지관리 측면에서도 매우 중요한 항목이다.

강원랜드 하이원 스키장의 경우는 타 스키장의 사례와 사업대상지의 기상 여건을 분석하여 타 스키장과의 경쟁에서 선점효과를 거둘 수 있도록 조기에 제설을 실시하는 제설계획을 수립하였다. 이에 초기개장 슬로프는 계곡부 슬로프 위주로 베이스 1지역의 슬로프 1번 등 총 311,000m^2로 계획하였다. 이는 전체의 33%에 해당하는 면적이다.

그림 2.18 제설용수계획의 고려인자

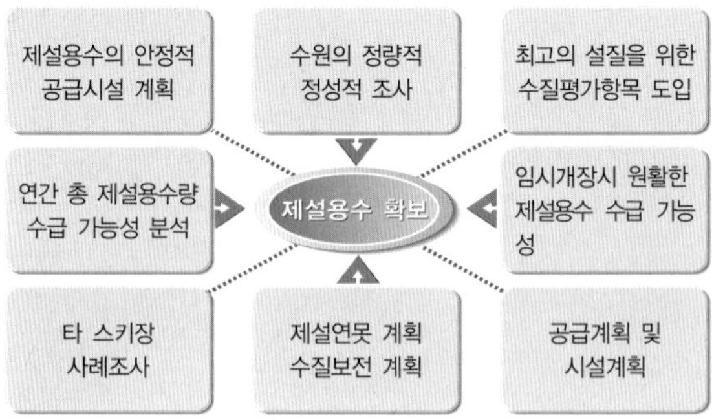

표 2.15 제설용수 기준 수립 및 제설용수량 산정

구분	내용
기준 필요성	· 수질기준은 국내 · 외에 없는 실정 · 스키어들에게 최상의 설질 제공 · 제설 장비에 무리가 가지 않는 제설용수의 적정한 수질기준 작성 · 제설용수와 관련 국내 수질기준 조사 · 제설용수 수질기준과 비교 · 분석
수질 기준	· 수질기준은 국내 · 외에 없는 실정 · 타 스키장의 제설용수 조사결과 · 제반 생활, 공업용수기준 등 고려 – 생활용수 2급수 이상으로 설정

필요 제설용수량 산정	
제설면적	991,029m^2
평균제설깊이	0.6m
총제설량	594,617m^3
유효수분율	50%
연간 제설수량	297,309m^3
용수손실(증발률)	20%
연간 총제설용수량	356,771m^3
용수손실(증발량)	20%
연간 총제설용수량	355,000m^3

국내 · 외 수질기준 조사	제설용수 수질기준 적용분석	제설용수 수질기준 수립
· 환경부, 문화관광부 · 입찰 안내서 기준 · 국외(일본 공업용수협회)	· 생활환경 수질기준 · 먹는 물, 방류수 수질기준 · 공업용수 관련 수질기준	· 고객의 인체에 미치는 영향 고려 · 수질상태에 따른 제설장비의 안정성 감안 · 경제성 및 유지관리성 고려

표 2.16 제설용수 수질기준

pH	DO (mg/l)	BOD (mg/l)	COD (mg/l)	SS (mg/l)	Pb (mg/l)	Cd (mg/l)	Hg (mg/l)
6.5~8.5	5 이상	3 이하	2 이하	0.5 이하	0.1 이하	0.01 이하	불검출
Cr^{+6} (mg/l)	Cn (mg/l)	Fe (mg/l)	As (mg/l)	PCB	유기인	T-N (mg/l)	T-P (mg/l)
0.05 이하	불검출	0.3 이하	0.05 이하	불검출	불검출	0.4 이하	0.03 이하
Mn (mg/l)	ABS (mg/l)	탁도 (mg/l)	전기전도도 (μohm/cm)	M-알칼리도 (mg/l)	경도 (mg/l)	증발잔류물 (mg/l)	Cl- (mg/l)
0.2 이하	0.5 이하	20 이하	5 이하	7 이하	120 이하	50 이하	80 이하

자료 : 강원랜드, 2003 : 89

※ 기존 스키장 제설용수 사례

용평 스키장	· 수질기준 국내 없음 · 제설용수 : 계곡수 이용 · 저류지 : 104,000m^3 · 생활용수 2급수 기준 · 제설용수 공급 원활
무주 리조트	· 수질기준 국내 없음 · 제설용수 : 계곡수 이용 · 저류지 : 580,000㎥ · 갈수시 남대천 이용 · 민원발생으로 하천수 이용 곤란
성우 리조트	· 수질기준 국내 없음 · 제설용수 : 계곡수 이용 · 저류지 : 100,000m^3 · 갈수시 둔내천 이용 · 둔내천이용 : 5,000m^3/일 · 취수거리 : 10km
강촌 리조트	· 수질기준 국내 없음 · 제설용수 : 계곡수 이용 · 저류지 : 31,500m^3 · 갈수시 북한강 이용 · 유수이용 곤란 · 초기 제설용수 부족

자료 : 강원랜드, 2003: 91

2) 상수

급수량은 사업지구의 특성과 시설별 원단위를 고려하여 산정한다. 강원랜드 스키장의 경우는 일최대 급수량을 콘도 숙박이용객, 당일이용객, 종업업 상근인원별로 각각 500ℓ/인·일, 63ℓ/인·일, 100ℓ/인·일로 적용하였다. 강원랜드 스키장의 용수공급 개요와 상수계획도는 표 2.17, 그림 2.19와 같다.

표 2.17 용수공급 개요

용수공급량(일최대)		2,600m^3/일(사용수량 2,300m^3/일)
관로공	송수관로	φ250mm, L=1.57km
	배수관로	φ50~φ250mm, L=7.81km
구조물공	가압장	3개소
	배수지	1개소, V=5200φ
부대공	제수변실	2개소
	이토변실	6개소
	공기변실	2개소
	유량계실	1개소

자료 : 강원랜드, 2003: 237

4.5 우 · 오수

스키코스는 사업특성상 산지의 경사지를 개발할 수 밖에 없으므로, 슬로프 및 절성토 사면에 대한 유실 최소화, 계곡부 우수 침투수처리계획,

집중호우에 의한 침수방지, 사면유실 대비를 고려하여 우배수계획을 수립해야 한다.

강원랜드 스키장에서는 다음의 원칙에 의거, U형 측구 및 산마루 측구뿐만 아니라 횡배수로(water bar), 도수로, 방수로, 집수정, 배수암거 등 다양한 우배수 설계기법을 도입하였다. 또 집중호우시 표면우수를 신속 배제하여 사면유실, 성토부 지반침하, 침수 등 재난을 사전에 방지토록 하였으며, 단지 내의 우수는 측구 및 자연형 하천 등을 통해 1차적으로 제설연못에 저류된 후 방류되어 제설연못이 단기 집중호우 시 재난방지용 저류지로서의 역할을 수행하도록 하였다. 우수계획 수립의 원칙은 다음과 같다.

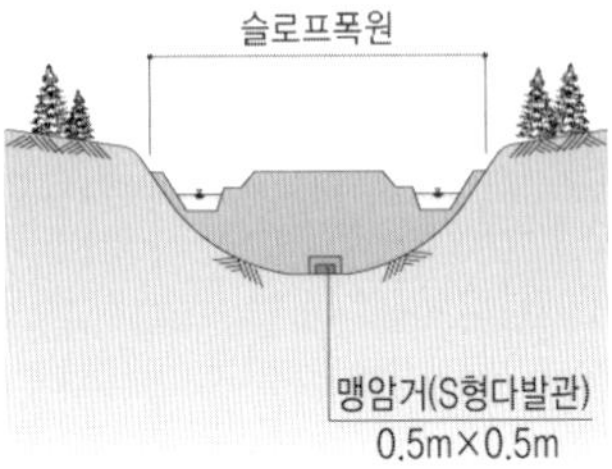

- 슬로프 유역면적, 유출계수 등을 고려하여 슬로프의 좌·우측에 U형 측구 설치
- 유량산정에 맞는 충분한 통수단면 결정
- 슬로프 저부에 침투수를 고려, 맹암거를 매설하여 침투수 대책 수립

그림 2.19 상수계획도

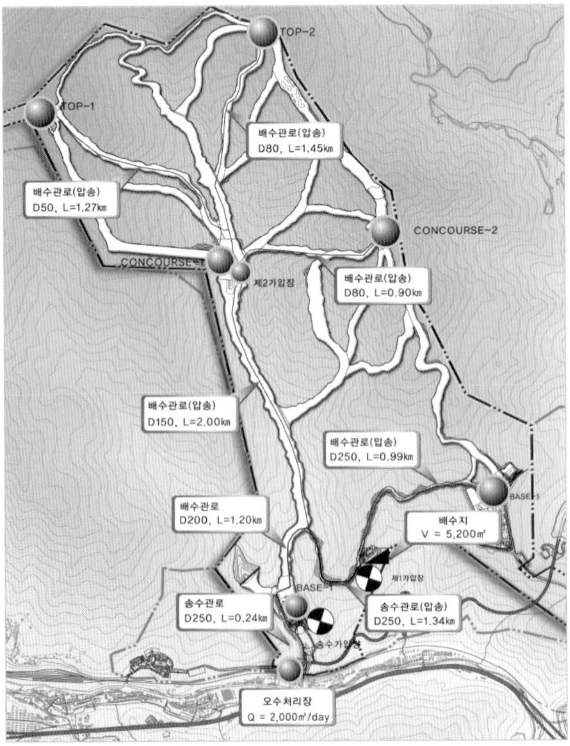

그림 2.20 오수계획도

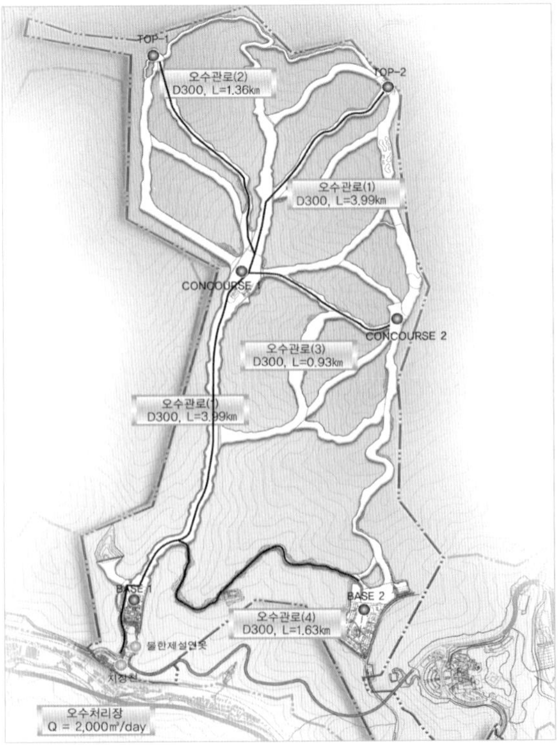

자료 : 강원랜드, 2003: 237, 253

4.6 리프트

현재 국내 스키장 내의 리프트 등 삭도시설은 해외 전문설계시공사와 협업하는 것이 일반적이다. 강원랜드 스키장 역시, 주요 장비인 반기, 삭도, 강선 등은 발주처에서 직접 체결공급하는 방식을 채택했다. 그러나 해외설계사 자문시 리프트 선로계획에 따른 지주위치 검토, 성능확인서, 시운전, 전력용량 등에 대한 확인이 필요하다. 리프트시설에 대한 구체적 내용은 다음 그림 2.21과 같다.

그림 2.21 리프트 및 곤돌라 계획 및 제원표

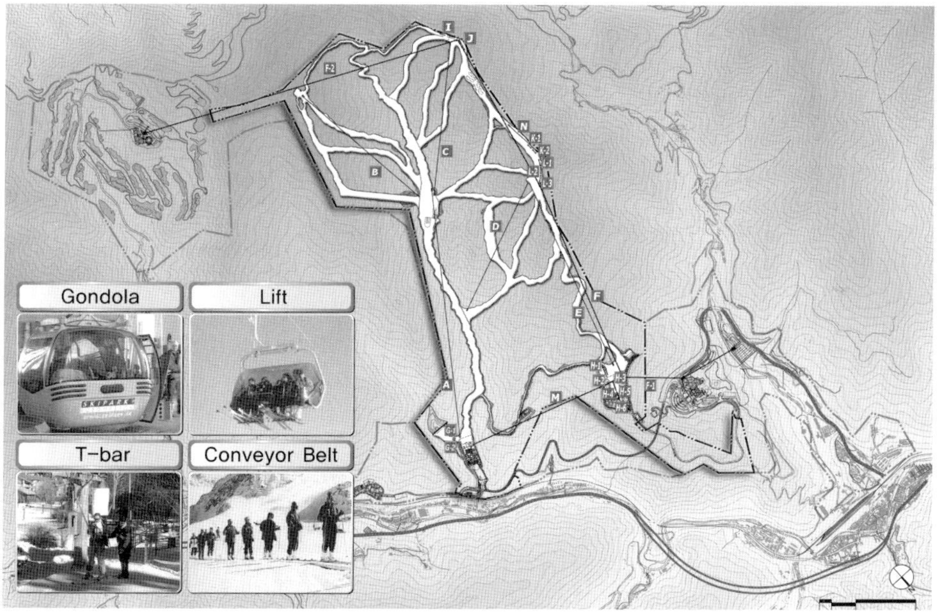

No.	종 류	고저차(m)	수평길이(m)
A	Detachable chair lift	286	1,404
B	Detachable chair lift	381	1,162
C	Detachable chair lift	348	1,179
D	Detachable chair lift	401	1,085
E	Detachable chair lift	314	1,481
F	Gondola	406	2,830
F-1	Gondola	157	902
F-2		218	2,480
M	Gondola	233	1,182
N	T-bar Lift	32	310
G-1	Conveyor Belt	3	20
G-2		3	20

No.	종 류	고저차(m)	수평길이(m)
H-1	Conveyor Belt	4	18
H-2		4	18
H-3		2	36
H-4		3	30
H-5		2	30
H-6		2	30
I	Conveyor Belt	9	30
J	Conveyor Belt	12	100
K-1	Conveyor Belt	3	30
K-2		2	30
L-1	Conveyor Belt	7	50
L-2		5	50
L-3		5	50

자료 : 강원랜드, 2003: 347

오투리조트에서의 리프트 선로계획은 그림 2.22와 같다. 여기서는 다음의 식에 따라 리프트 적정 수용량을 산정하였다. 여기서 V.T.M요구량이란 스키어가 이용하고자 하는 1일 평균 수직거리를 말하고, SCC란 스키어들이 혼잡 없이 안전하게 스키를 즐기는 수요능력, AR은 Access Reduction, 즉 진입감소율을 말한다.

$$SCC = \frac{\text{리프트 최대수송능력} \times \text{이용효율} \times \text{운영시간} \times \text{표고차} \times (1-AR)}{\text{평균 V.T.M요구량}}$$

$$VR = \frac{\text{상부 Slope의 스키어수}}{\text{리프트 최대수송능력} \times \text{이용효율} \times \text{운영시간}}$$

그림 2.22 오투리조트 리프트 선로계획

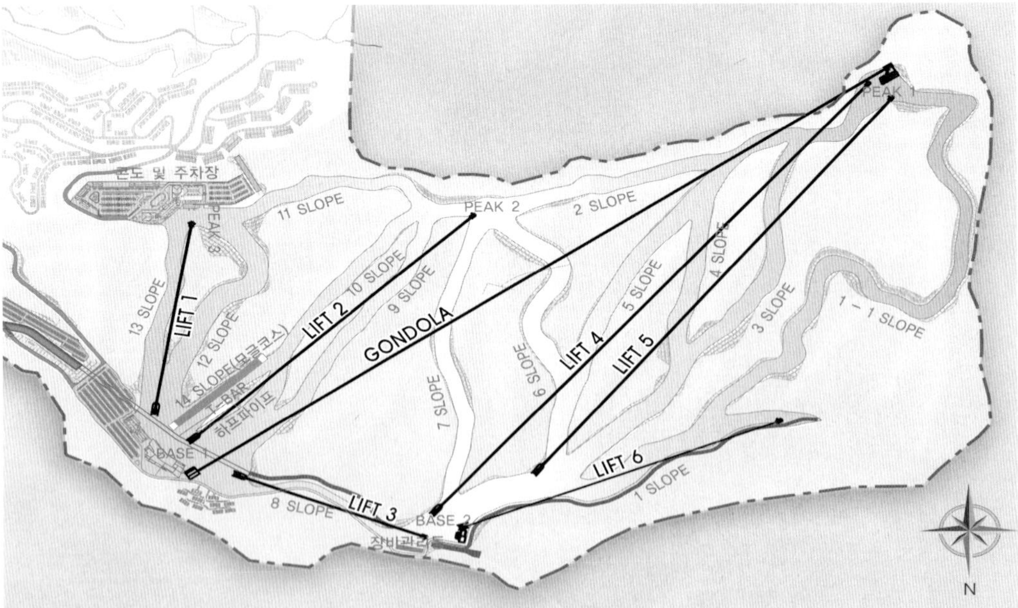

ITEM / No.항목	단위	Lift						T-bar	Gondola
		L1	L2	L3	L4	L5	L6	T1	G1
수평거리	m	667	1,130	601	1,849	1,588	982	335	2,234
고저차	m	168	384	410	519	481	117	117	563.5
용량	인/hr	3,200	3,200	2,400	3,200	2,400	2,400	900	2,400
로프 스피드	m/s	5.0	5.0	5.0	5.0	5.0	5.0	3.0	5.0
승객수/대	인	6	6	4	6	4	4	–	8
리프트 사양	–	자동	자동	자동	자동	자동	자동	–	자동

자료 : 태백관광개발공사, 2004: 295, 296

4.7 제설(snow making)

제설장치의 기본원리는 급수관에 의해 공급된 물이 급기관을 통해 배기되는 공기에 의해 차가운 공기 중에 잘게 분사되어 단열·팽창됨으로써 급속 냉각되어 눈을 형성하는 것이다. 냉각 가능한 물입자 크기는 0.3㎜정도이며, 실제 제설기를 통해 분사되는 물의 입자 크기는 100~700㎛ 정도이다. 물 입자가 크면(주로 Fan Type 제설기) 제설량이 많게 되고, 물 입자가 작으면(주로 Gun Type 제설기) 설질이 고운 눈을 생산한다.

제설을 위한 적정 대기온도 조건은 −2℃~−5℃ 정도이며, 이 이하로 내려갈수록 제설효율은 증가되고, 습도가 낮을수록 제설효율이 높다.

제설장비는 크게 건타입과 팬타입으로 구분되는데, 장비 선정시 대상지 여건 등을 감안하여 선정한다.

* 측정온도는 습구온도와 건구온도로 나누어지며 백엽상으로 측정된 건구온도에 습도가 반영된 실제 체감온도가 습구온도이며, 제설시 적용되는 온도는 습구온도이다.

그림 2.23 제설계통도

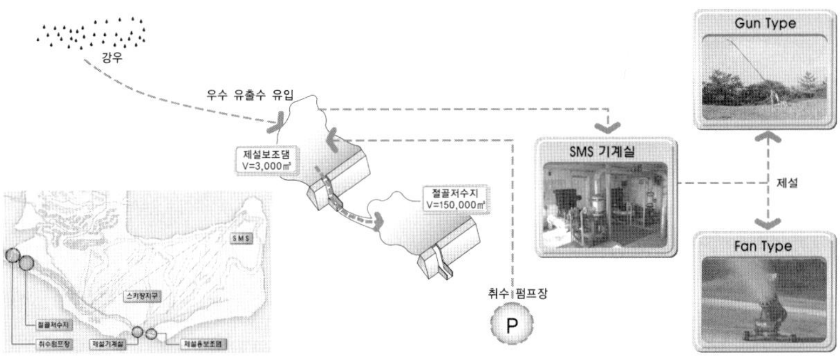

그림 2.24 제설계획 평면도

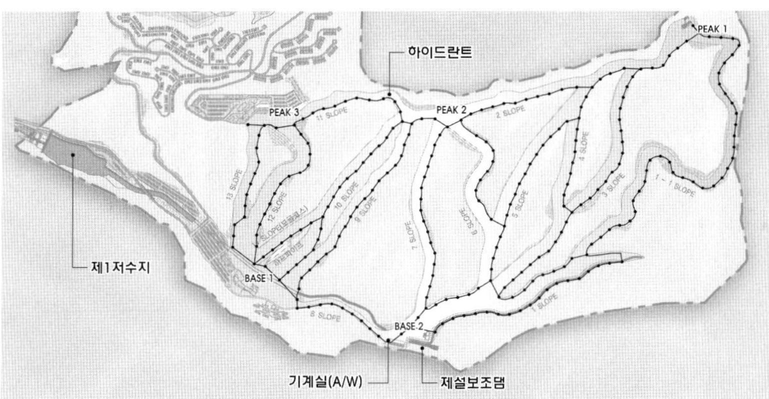

자료 : 태백관광개발공사, 2004: 289

5. 전망 및 과제

현재 우리나라의 스키리조트는 초기의 스키코스만 보유하던 단순 리조트에서 벗어나 스파, 워터파크, 스포츠시설 등 다양한 엔터테인먼트 요소를 구비한 4계절형 복합 스키리조트로 변모하고 있다. 하지만 2009년 알펜시아 리조트 개장 이후 스키장 개발에 대한 움직임이 다소 정체된 상태이다. 이는 스키코스 개발에 필요한 초기 투자비, 즉 토지보상비를 포함한 공사비 등의 제반 사업비가 주로 콘도 및 호텔 분양 수익만 의존하고 있기 때문이고 더욱이 제설, 리프트 운영, 비수기 인건비 등 유지관리비의 비중이 점점 높아지기 때문이라고 볼 수 있다.

이를 해결하기 위한 방법은 여러 가지가 있겠지만 우선은 스키코스 레이아웃, 토공, 우수공, 오수공 등 기반시설 설계는 대부분 국내기술로 가능하므로 필수장비인 리프트나 제설장치 등에 대한 국산화가 이루어져 이에 대한 시설비 부담을 낮추어야 한다. 시장의 폐쇄성 및 희귀성으로 인한 기술개발 부재가 가져온 폐해는 과독점 글로벌기업의 횡포로 이어지고 있기 때문이다.

지구온난화로 인한 기온상승에 따라 스키장 개발적지 역시 점차 북상하고 있다. 경우에 따라서는 자연설이 풍부한 지역에도 인공제설을 통한 설질 개선이 이루어져야 하지만 기후조건과 접근성은 스키장 유지관리 및 고객유입에 있어 가장 중요한 요소임은 두 말할 나위가 없다.

향후 통일시대가 도래한다면 아스펜(Aspen), 비버 크릭(Beaver Creek)과 같은 국제적 수준의 스키리조트나 스키빌리지 개발이 충분히 가능할 것이다. 지금까지 어려운 국내 관광환경 속에서도 스키리조트를 개발·운영하고 있는 많은 주체들이 지금까지의 경험과 지식을 지속적으로 축적시킨다면 앞으로 백두산과 금강산에 우리 기술로 만들어진 로프웨이와 제설시스템이 갖춰진 국제적 수준의 스키리조트 개발이 가능할 것으로 예상된다.

03. 골프리조트

이정호
조대현

1. 서론
2. 골프리조트의 개념과 개발절차
3. 골프코스의 구성과 계획
4. 골프리조트 시설계획
5. 전망 및 과제

1. 서론

지구촌 200개국에 골프장이 있고, 코스는 33,236개인 것으로 조사되었다. 그 중 미국이 약 16,000개로 세계 코스의 절반 가까이를 보유하고 있고, 영국이 2,756개, 일본이 2,440개, 캐나다가 2,100개, 호주가 1,520개로 5개국의 골프장이 24,776개에 이른다. 이밖에 중국이 430개, 한국이 316개, 태국이 250개, 필리핀이 70개, 베트남이 19개, 북한이 3개를 보유하고 있는 것으로 조사되었다(골프다이제스트 2009년 5월호).

한국골프장경영협회에 따르면 우리나라의 2013년 내장객은 3,100만 명으로 전년 대비 8.6% 성장하였고, 2014년 1월 현재 운영 중인 골프장은 460개, 건설 중 39개, 미착공 46개를 포함하면 전체 545개에 이른다.

그동안 빠르게 성장하던 골프시장 규모에 맞추어 급증하던 골프장은 2010년을 고비로 일부지역에서는 공급과잉 현상을 보이며 회원권 분양률 저조와 수익성 악화로 심하게는 파산 위기 등으로 이어지는 곳도 있다. 2009년부터 시작된 세계적인 금융위기로 골프장 건설과 경영은 어려워지고 있으나 그래도 우리나라의 골프시장 규모는 줄지 않고 있고 내장객도 꾸준히 늘고 있다.

일본 골프장업계는 이러한 세계적인 경제 위기를 반영하여 골프장 사업을 철수하는 경우도 있지만 오히려 골프장 수를 늘려 지속적으로 골프장의 그룹화를 진행하는 곳도 예상 외로 많다. 그룹화를 이용해 골프장 수를 늘리면서 그 규모를 이용한 스케일 메리트를 통해 수익률을 올릴 수 있다는 것이 그룹화의 주요한 이유이기 때문이다. 기존의 골프장에 리조트 기능과 시설을 추가하거나 리조트 지역과의 체인화 등 복합화를 통하여 악화일로의 골프장 수익성을 개선하고자 노력하고 있다. 그 대표적인 예가 골프장의 복합리조트화로 각광받고 있는 리소루그룹이다.

리소루그룹은 골프장을 개별적인 것이 아니라 복합리조트라는 인식에서 출발한다. 그렇기 때문에 내장객을 골프플레이어로만 보지 않고 호텔에 숙박하고 거기서 즐거움을 찾기 위한 하나의 방법으로 골프가 있다는 것을 홍보하고 있다. 골프뿐만 아니라 온천도 즐길 수 있고 쇼핑이나 관광도 할 수 있는 복합적인 시설로써의 골프장 활용에 주안점을 두고 있다.

이러한 배경에서 본 장에서 다루고자 하는 주제는 골프장에 관한 시설계획이 아니라 골프리조트에 관한 시설계획이다. 골프리조트는 간단히 말해 골프장을 가지고 있는 복합형 또는 휴양형의 리조트로, 현재의 우리나라 골프시장에서 관심을 가지고 접근해야 할 필요가 있는 관광시설 부문이다.

우리나라의 리조트는 특수한 경우를 제외하고는 대부분 골프장을 포함하고 있다. 따라서 본 장의 주제는 설계의 접근방식에서 보면 일반적인 리조트에 관한 시설계획과 별반 다를 바 없겠으나 일반적인 복합리조트나 온천리조트, 스키리조트, 마리나리조트 등과는 분명 다른 프로세스와 설계기준 및 원칙을 가지고 있다.

골프장이 있는 리조트이기 때문에 가장 많은 면적을 차지하는 골프코스에 대해 다루지 않을 수 없지만 이에 대해서는 기존 참고도서가 많기 때문에 가급적 지양하고 특성화된 리조트라는 측면에서 설계의 방향과 기준 등에 대해 프로젝트 사례를 중심으로 담고자 한다.

2. 골프리조트의 개념과 개발절차

2.1 골프리조트 개념

리조트(resort)라는 개념에 대해서는 견해에 따라 차이가 있으나 사전적으로는 '휴가·건강회복 등을 위해 사람들이 찾아가는 곳(옥스포드 사전)'으로, '장기간 체류하며 스포츠 또는 놀이를 즐기고 휴양하기에 알맞도록 꾸민 곳으로 휴양지라고도 한다(네이버지식백과)'라고 정의하고 있고, 일본의 종합보양지역정비법에서 '양호한 자연조건을 가진 토지를 포함한 상당한 규모의 지역으로, 국민이 여가 등을 이용하여 체재하면서 스포츠, 레크리에이션, 교양·문화활동, 휴양, 집회 등의 다양한 활동을 할 수 있도록 종합적인 기능이 정비된 지역'으로 정의하고 있다. 또 엄서호(1998)는 '현대적인 시설을 갖추고 자연경관이 수려한 곳에 입지하며 하나의 마스터플랜에 의해 개발된, 활동 중심의 체류형 종합휴양지'이라고 리조트를 정의하고 있다.

이를 정리하면 리조트란 '일상의 생활권을 벗어나 일정 규모의 지역에 단일 주체에 의해 숙박시설을 포함한 레크리에이션, 스포츠, 문화, 교양 등의 시설을 복합적으로 갖추어 진 곳'이라는 포괄적인 개념으로 해석할 수 있다. 따라서 골프리조트란 글자 그대로 골프장이 있는 리조트로, 좋은 자연경관에서 골프코스와 클럽하우스를 주요시설로 하고 콘도·골프텔·골프빌리지 등 체재와 휴양을 위한 숙박시설과 문화·레포츠·오락시설 등 각종 부대시설을 갖춘 곳이라고 할 수 있다.

2.2 골프리조트의 개발유형

우리나라의 리조트는 대부분 스키장을 중심으로 막대한 자금과 인력을 보유하고 있는 대기업에 의해 개발되었고, 그 안에 골프장이나 온천 등이 있는 경우가 대부분으로 리조트하면 이런 종합화된 시설을 생각하지 골프리조트라고 특별히 분리하여 생각하기 쉽지 않다. 오히려 골프장 개발의 재무적 타당성을 높이기 위해 골프장에 콘도미니엄 등의 숙박시설을 두어 골프회원권이나 콘도회원권을 동시에 분양하는 방식의 골프장이 개념적으로는 골프리조트에 가깝다고 할 수 있다.

골프장의 개발유형은 표 3.1과 같이 회원제 골프장(private golf course)과 대중제 골프장(public golf course)로 구분되지만 골프리조트의 개발유형은 표 3.2와 같이 관광진흥법에 의한 관광지형과 국토계획법에 의한 지구

그림 3.1 지구단위계획형 골프리조트 개발 사례

자료 : 남해힐튼리조트 홈페이지

단위계획형으로 구분된다고 할 수 있다. 물론 체육시설법에 의해 개발된 골프장의 경우에도 부대시설로 게스트하우스 형태의 숙박시설이 있는 경우가 있지만 이를 골프리조트라고 하기에는 다소 부족한 감이 있다.

관광지형의 골프리조트는 관광진흥법에 의해 관광지 또는 관광단지로 지정하고 개발된 유형으로, 그 안에 숙박, 상가, 운동오락, 휴양편익 등의 시설이 복합적으로 구성되어 있으나 개념적으로는 휴양형의 리조트로 중심시설이 골프장과 숙박·휴양시설인 경우를 말한다.

또 다른 개발유형인 지구단위계획형 골프리조트는 관광지로 지정·개발하기에 절차상 어렵거나 주민제안에 의해 진행될 경우 시행하는 방식의 리조트로 국토계획법에 의해 지구단위계획구역으로 지정하고 관광휴양형 지구단위계획에 의해 골프장과 휴양시설을 개발하는 유형이다.

두 가지 유형 모두 법적으로나 절차상 크게 다르지 않지만 통상적으로 지구단위계획형은 골프장 외의 휴양시설로 가족호텔이나 콘도 등의 숙박시설과 스파, 휴게소 등의 부대시설이 대부분이다.

표 3.1 골프장의 유형과 특성

구분		개념 및 주요특성
이용형태별	회원제	회원을 모집해 회원권을 발급하고 예약에 의해 이용하는 골프장
	대중제	회원을 모집하지 않고 도착순서나 예약에 의해 이용하는 골프장
운영형태별 (회원제)	입회금제	회원이 경영회사에 입회비를 예탁하고 그 시설을 우선적으로 이용할 권리와 일정한 거치기간이 지난 후 입회금의 반환을 청구할 권리를 가진 골프장
	사단법인제	골퍼들로 구성된 조직체가 건설·운영하고 그 회원인 골퍼들이 시설을 이용하는 골프장
	주주회원제	골프장을 경영하는 주식회사의 주식을 전회원이 소유하고 이들의 총회에 의해 회사가 운영
규모별 (대중제)	정규대중제	18홀 이상의 정규 대중제 골프장
	일반대중제	9홀이상의 대중제 골프장
	간이골프장	3홀이상 8홀 이하의 골프장

자료 : 한국골프장경영협회 홈페이지

표 3.2 골프리조트의 개발유형

구분	개발방식 및 특성	개발근거법
관광지형	· 관광지 또는 관광단지로 지정 · 개발 · 골프코스를 관광지내 운동오락시설로 개발 · 숙박, 상가, 휴양문화시설 등과 복합구성	· 국토의 계획 및 이용 등에 관한 법률 · 관광진흥법
지구단위계획형	· 지구단위계획구역으로 지정 · 개발 · 골프장과 연계되는 2가지 이상의 관광휴양시설로 조성 · 골프장은 체육시설로, 휴양시설은 개별법에 의해 개발	· 국토의 계획 및 이용 등에 관한 법률 · 체육시설의 설치 및 이용에 관한 법률 · 건축법 등 개별법

2.3 골프리조트 개발절차

골프리조트 개발은 대규모 면적에 장기간에 걸쳐 막대한 투자비가 요구되는 사업이다. 따라서 개발절차를 이해하고 그에 따른 전략을 수립함이 필요하다. 더구나 골프리조트는 골프장 외에 숙박시설, 휴양시설, 기타 부대시설 등이 다양하게 도입될 수 있으므로 각각의 시설이 개별 프로젝트로 운영주체와 사업목적이나 성격 등에 따라 다양하게 진행될 수 있다.

골프리조트 개발사업은 기획단계, 준비단계, 시공 및 분양단계, 운영 및 관리단계로 구분되며, 각각의 세부절차와 업무는 표 3.3과 같다.

표 3.3 골프리조트 사업추진절차

사업 단계	주요업무	세부절차	세부업무
개발기획	타당성조사 및 분석	입지조건분석	· 교통 및 환경여건 분석 · 지형 및 지리적 위치 분석
		사업성 조사	· 사업주체 구성의 적정성 분석 · 사업규모에 따른 투자분석 · 자금조달 및 비용계획 분석, 사업투자환경 분석
		시장환경분석	· 주변 골프리조트의 경쟁력 분석 · 세재 및 금리정책변화에 따른 불안정성 검토 · 법률, 규제의 검토, 거시적 경제 동향 예측 · 소비자 선호도 및 투자동향 분석
		사업특성분석	· 개발 유형의 적정성(회원제/퍼블릭) 분석 · 개발기간 및 사업규모 검토 · 적정분양가 및 사업수익 분석
개발준비	사업성평가 및 인허가	토지분석	· 환경/교통/재해분야, 토지적성평가 · 용도, 가치, 권리, 입지 분석
		사업성 검토	· 최적 개발방향 검토 · 법률 분석을 통한 시행 가능성 검토 · 철거 및 보상비용 검토
		사업계획수립	· 개발계획수립과 기본설계, 공통사업 주체의 확인
		자금조달	· 총사업비 규모의 검토, 자금조달계획 결정
		토지계약 및 매입	· 개발 대상 부지의 소유권자 파악 · 토지 매입 및 사용권 계획
		인허가	· 부지 및 건축 관련 인허가 · 사업 및 영업 관련 인허가
시공 · 분양	시공분양	시공 및 준공	· 실시설계 및 토목, 건축, 조경, 전기통신공사
		회원권 분양	· 분양 승인 · 회원권 분양, 골프텔 분양, 마케팅계획 수립
운영 · 관리	운영	운영 · 마케팅	· 개장 및 운영, 마케팅 전략수립
		관리	· 하자보수 및 관리

자료 : 김민형, 2005: 21

표 3.4 관련법규상의 입지 및 설치기준

구분	내용
도시계획시설의 결정·구조 및 설치기준	제101조(체육시설의 구조 및 설치기준) 1. 산지의 형질을 변경하는 경우 · 경사도 30도 미만, 표고가 산자락 하단을 기준으로 300m 이하인 지역으로 할 것 · 산정 부근에서는 토질형질을 변경 불가 · 발생 법면의 높이는 30m 이하로 하되, 5m 이하의 소단(폭 1m 이상)을 조성 2. 체육시설 부지기준 다만, 필요한 경우 용도구획을 추가할 수 있음 · 체육시설용지는 전체 면적의 60% 미만, 건축시설용지는 전체 면적의 5% 미만으로 할 것 · 녹지용지는 전체 면적의 40% 이상
골프장의 입지기준 및 환경보전 등에 관한 규정	〈골프장 입지불가 지역〉 1. 상수원보호구역 · 광역상수원 보호구역 상류방향 유하거리 20km, 일반상수원 보호구역 상류방향 유하거리 10km · 취수장의 상류방향 유하거리 15km 이내, 하류방향 유하거리 1km 이내 · 특별대책지역(환경정책기본법 제22조 규정) 안에 위치 2. 원형보전지 확보율이 100분의 20 미만
골프장의 중점 사전환경성 검토항목 및 검토방법 등에 관한 규정	1. 지형 및 경관 · 과도한 지형변화로 인한 경관훼손의 우려가 있는지 검토 · 경사도 25° 이상(25m×25m)인 지역의 면적이 40% 이상인 지역 2. 녹지 및 생태 · 생태·자연도 1등급 권역 등 자연환경이 양호한 지역(원형 보전을 원칙) · 야생동·식물보호법 제2조제2호의 규정에 의한 멸종위기 야생동식물이 서식하고 있는 지역 3. 수질환경-하천, 호소의 수변지역 훼손으로 인한 동 지역의 환경적 기능 상실 여부를 검토 · 유효저수량 30만m^2 이상인 호소·농업용저수지의 만수위선으로부터 300m 이내인 지역 · 국가하천 및 지방 1급 하천의 양안 300m 이내인 지역, 수변구역 경계로부터 300m 이내인 지역
체육시설의 설치 이용에 관한 법률	〈숙박업 설치가능 요건〉 1. 환경정책기본법에 의한 특별대책지역, 수도권정비계획법에 의한 자연보전권역, 자연공원법에 의한 자연공원 구역이 아닐 것 2. 광역상수원보호구역 상류방향으로 20km 이내 지역, 일반상수원보호구역 상류지역으로 10km 이내지역, 취수장 상류방향으로 15km 이내지역, 하류방향으로 1km 이내 지역이 아닐 것 3. 수질기준 1등급 하천으로부터 상류방향 유하거리 20km 이내의 지역이 아닐 것 4. 설치 예정부지가 환경영향평가 협의시 녹지를 보전하도록 협의된 지역이 아닐 것 5. 골프장 규모가 9홀(부지면적 50만m^2) 이상일 것
산지전용허가기준의 세부검토기준에 관한 규정	1. 집단적인 조림성공지 – 2만m^2 이상 또는 평균입목축적의 150% 이상인 산지비율이 100분의 20초과 불가(대중골프장은 100분의 30) 2. 산지 형태 및 임목구성 · 전용하고자 하는 산지의 평균경사도 25도 이하 일것(원형보전 제외) · ha당 임목축적이 임업통계연보상의 임목축적의 150% 이하일 것 · 전용하고자 하는 산지안에 50년생 이상인 활엽수림의 비율이 50% 이하일 것 3. 자연경관 및 산림훼손 · 산지전용으로 발생되는 경사면의 수평투영면적이 100분의 50 초과 불가 · 전용하고자 하는 산지는 당해 산지의 표고의 100분의 50 미만에 위치하여야 함 · 산지전용 후 발생되는 절·성토면의 수직높이는 15m 이하, 건축물의 높이는 16m 이하로 할 것 4. 보전산지 편입 – 편입되는 보전산지면적 비율 50% 이상시 회원제골프장 불가(대중골프장은 가능) 다만, 산지면적의 비율이 전국 평균 이상인 경우 보전산지 추가편입 가능 5. 요존국유림 · 요존국유림 편입 불가(국가, 지자체 3만m^2) · 불요존국유림, 공유림은 합한 면적이 부지면적의 100분의 30 미만으로 30만m^2 미만 6. 원형 보전 – 편입되는 산지의 100분의 20을 원형으로 존치

3. 골프코스의 구성과 계획

3.1 골프코스의 구성

1) 골프 홀의 구성

각 홀은 크게 나누어 티(teeing ground), 스루더 그린(through the green), 해저드(hazard), 그린(green) 등 4개 구역으로 구성되어 있으며, 스루더 그린은 러프(rough)와 페어웨이(fairway)를 포함한 지역을 말한다. 해저드는 연못, 벙커(bunker), 수로 등과 같은 경기 전략상의 모든 장애물을 뜻하며, 경기를 재미있고 흥미있게 하는 역할을 한다.

각각의 홀은 티그라운드 중심에서부터 페어웨이의 중앙을 따라 그린 중심까지의 수평거리를 기준으로 par3의 short hole, par4의 middle hole, par5의 long hole로 구분되며 거리상으로는 short hole은 250yds 이하, middle hole은 251yds에서 470yds까지, long hole은 471yds 이상으로 구분할 수 있다.

파의 배열은 일반적으로 18홀의 경우 short hole 4개, long hole 4개 middle hole 10개 등 총 72par를 기준으로 구성하나 지형적인 조건과 난이도 조정을 위해 간혹 70이나 71par로 한, 두 개 정도의 홀의 par수를 조정하는 경우도 있다.

2) 골프코스의 설계기준

골프코스는 골퍼가 골프경기에서 즐겁고, 안락하며, 샷을 구사하는 능

그림 3.3 홀의 구성

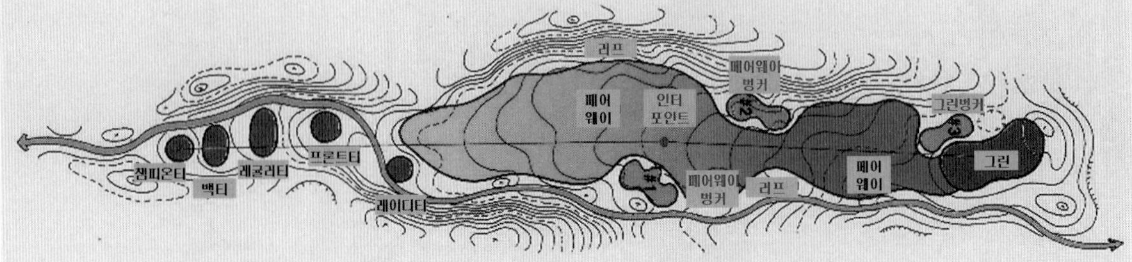

자료 : 김명길, 2000: 11

력을 공정하게 시험할 수 있는 코스가 되도록 해야 한다. 코스설계의 원칙이나 방향은 코스설계자나 골퍼의 기량에 따라 다르지만 객관적인 설계기준은 다음과 같다.

(1) 안전성(Safety)

골프코스에서의 안전은 다른 어떤 항목보다 가장 중요하게 취급되어야 할 기준이다. 플레이어나 관리자가 골프공이나 골프채로부터 안전한 설계를 하여야 한다.

(2) 거리의 다양성(Flexibility)

어떠한 기량을 가진 골퍼들이라도 모두 수용할 수 있도록 각 홀마다 코스 길이의 변화를 주어 설계하여야 한다. 골프코스의 전체 거리는 약 1,800m이다. 이 차이를 전체 홀에 걸쳐 적절히 배분하여 거리의 다양성을 높이는 것이 좋다.

(3) 샷 밸류(Shot Value)

샷 밸류는 주어진 샷에 대한 거리, 목표지역, 공이 놓인 조건에 따라 허용되는 실수의 범위를 나타낸다. 즉 샷 밸류는 샷의 거리, 목표지역의 크기, 해저드의 위험 정도, 그리고 샷을 할 지점에 따라 달라지므로 이상적인 골프코스가 되기 위해서는 골프백에 있는 모든 클럽과 생각 가능한

그림 3.4 코스의 안전요소와 거리의 다양성

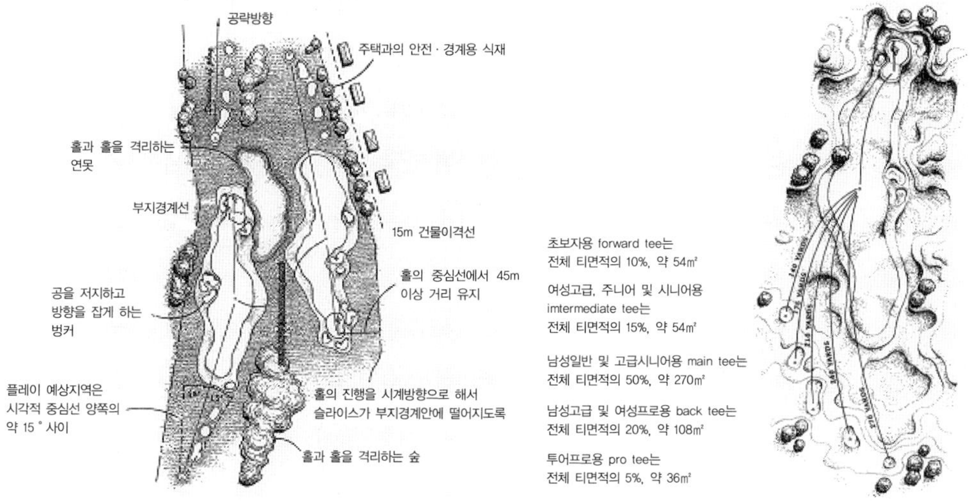

자료 : Michael J. Hurdzan, 1996: 25, 31

모든 샷을 구사할 수 있도록 샷 밸류의 다양성을 높여야 한다.

목표지역의 크기는 핸디가 없는 골퍼와 일반 골퍼가 페어웨이의 낙구 지역이나 그린에 안착할 확률이 66%인 경우를 기준으로 정해진다.

(4) 공정성(Fairness)

골프코스는 이용하는 모든 골퍼에게 공정해야 한다. 해저드의 종류와 난이도, 그리고 각 홀까지의 어프로치 방법 등이 다양해야 하고 골퍼들의 능력에 따라 위험과 보상(risk and reward)이 주어지도록 해야 한다.

(5) 점진성(Progression)

점진성은 홀의 순서와 관련된 샷 밸류를 설명하는 것으로 대부분의 골퍼는 서너 홀이 지나야 안정된 플레이를 할 수 있기 때문에 골프코스는 부담 없는 샷 밸류에서 시작하여, 점점 어려워지면서 7, 8, 9번 홀에서 절정을 이루고, 마지막 세 홀은 순서와 관계없이 파3, 파4, 파5의 홀로 조성하여 전략적인 선택이 가능한 코스로 구성하는 것이 이상적이다.

(6) 골퍼의 이동성(Flow)

골퍼의 이동성은 골프코스의 공략 루트에서 골퍼의 원활한 움직임을 나타낸 것으로 한 라운드를 마치는데 걸리는 소요시간으로 알 수 있다. 통상 18홀 라운드를 마치는데 걸리는 시간이 4시간 이내가 되도록 설계하여야 하므로 지나치게 깊은 러프, 매끄러운 그린 또는 덤불이 자란 해저드 등은 유지관리는 물론 플레이에도 불필요한 지연 요인이 되기 쉽다.

(7) 균형성(Balance)

균형성은 기준 타수, 샷 밸류, 그리고 코스 길이의 고른 분포를 말한다. 골프코스는 두 개의 나인 홀 루프(nine hole loop)로 되어 있으므로 코스를 파와 길이로 따져 두 개의 동일한 부분으로 나누는 생각을 할 수 있게 한다. 두 개로 나누어진 인워드(inward) 나인과 아웃워드(outward) 나인이 균형을 이루도록 하는 것이 바람직하다.

(8) 지속적 유지관리(Long-term Maintenance)

골프코스를 어떻게 설계하느냐에 따라 향후 유지관리의 내용과 비용이 결정된다. 유지관리 절차, 유지관리 장비의 효율성과 사용 범위, 그리고 지속적 유지관리를 어렵게 하는 요소들을 파악하여 설계한다.

(9) 공사계획(Construction Plannings)

투입되는 예산과 시간을 고려하고 자연지형적 조건을 최대한 활용하여 합리적이고 효율적인 설계가 되어야 한다.

(10) 미적인 요소(Aesthetics)

골프코스는 정상적이고 공정하며 재미있는 샷으로 플레이를 할 뿐 아니라 추억의 장소로 기억될 수 있도록 코스 전체적인 미적 가치가 높아야 한다.

(11) 대회 개최 능력(Tournament Qualities)

토너먼트 대회를 개최할 수 있는 시설의 규모를 가져야 한다. 코스의 전반적인 기능과 갤러리를 위한 시설이 갖춰져야 하고 남성대회를 위해서는 약 6,200m(6,800yds) 이상, 여성대회를 위해서는 약 5,500m(6,000yds) 이상의 길이에, 비교적 좁지만 좋은 낙구지역, 각 그린마다 4개 이상의 홀 컵자리와 넓은 연습 지역을 갖추어야 한다.

3.2 구성요소별 계획

1) 티잉 그라운드(Teeing Ground)

티잉 그라운드는 홀의 출발장소로 흔히 티(tee)라고 부른다. 티는 주변보다 조금 높은 사각형 혹은 원형의 공간으로 1개의 홀마다 4~5개의 티로 구성되는 데 뒤에서부터 챔피언 티(champion tee) 혹은 백 티(back tee), 레귤러 티(regular tee), 프런트 티(front tee), 레이디스 티(ladies tee) 등으로 구분한다.

면적은 보통 챔피언티 144m^2, 레귤러티 225m^2, 프런트티 225m^2, 레이디스티 25m^{2}로 하고 있으나 우리나라의 경우 모두 합하여 600m^2~900m^2 정도로 하고 있다. 이는 사용 후에 잔디 회복이 얼마나 빨리 되느냐 문제와 관련되므로 토질, 배수, 잔디의 성장속도와 경기 빈도 등에 달려 있어서 코스의 성격에 따라 그 구분이나 면적이 유동적이다.

2) 그린(Green)

3~4mm 높이의 고운 잔디를 식재하여 퍼팅하는 장소로 골프코스에서 가장 중요한 위치를 차지한다. 그린 면적은 최소 14개의 홀컵을 설치할

수 있는 면적 400m²(홀컵 1개당 28m² 소요)와 그린내 전략적인 경사면적, 그린 가장자리에서 홀컵까지 4.6m의 이격거리 면적을 합하여 500~600m²을 기준으로 하되 전략적 측면과 유지관리, 공사비를 감안하여 조성한다. 또한 그린은 여러 방향으로 경사를 두어 표면의 원활한 배수와 함께 퍼팅에서 전략적인 계획을 세우도록 홀컵 자리를 만들어야 한다.

그림 3.5 그린 조성계획도

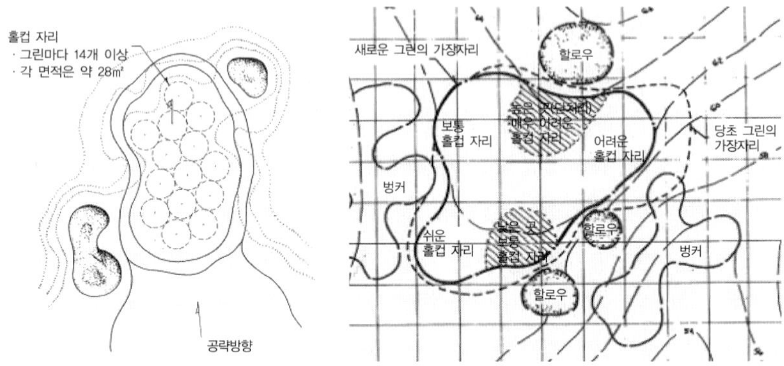

14개의 홀컵 설치도 전략적인 홀컵자리 계획도

자료 : Michael J. Hurdzan, 1996: 98, 108

그린의 단면 구성은 그림 3.6와 같이 캘리포니아 그린 방식, USGA의 그린방식, 표토그린방식 등의 3가지로 구분하고 있으며 우리나라에서는 USGA의 그린방식을 많이 사용하고 있다.

3) 해저드(Hazard)

해저드는 경기의 흥미나 전략적인 코스 조성을 위하여 홀 내에 두는 장애물로서 벙커나 워터 해저드가 대표적인 것이다. 이 중 벙커는 보통

그림 3.6 그린의 단면구성방식

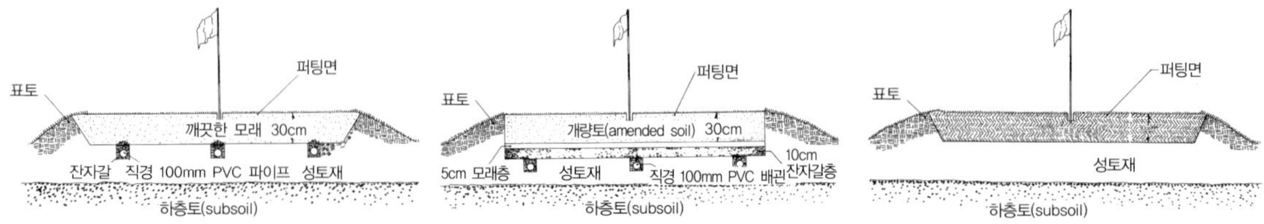

캘리포니아 그린방식 USGA의 그린방식 표토그린방식

자료 : Michael J. Hurdzan, 1996: 60, 61

모래로 이루어져 있는데 잔디나 풀로 덮어져 있는 잔디벙커도 있다.

벙커는 배치된 위치에 따라 페어웨이 벙커, 어프로치 벙커, 그린사이드 벙커로 나눌 수 있으며 전략성, 보호성, 안전성, 방향지시, 미학적 기능을 가지고 있기 때문에 목적에 따라 알맞은 형태로 설치된다. 또한 워터 해저드는 인공연못, 저류지, 수로 등과 바다, 호수, 계류 등으로 수원 제공, 수질 정화의 기능을 가지고 전략적인 측면과 미적인 측면을 감안하여 조성되는 홀 구성상 중요한 요소이다.

그림 3.7 벙커의 목적

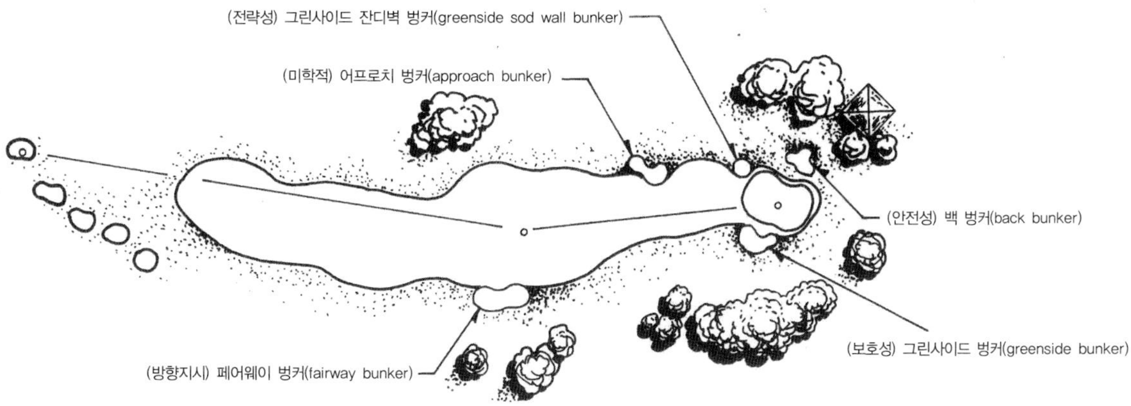

자료 : Michael J. Hurdzan, 1996: 75

4) 스루더 그린(Through the Green)

골프 규칙에서는 페어웨이와 러프 구분 없이 다 같이 스루더 그린이다. 티와 그린 사이의 잔디높이 20mm 정도로 잘 깎여져 플레이하기에 좋은 지역을 페어웨이라 하고, 그린이나 페어웨이 등의 주변에 잔디가 5cm 내외로 길게 자라고 있는 지역으로 방향이 잘못되었거나 너무 짧은 샷을 다소 불리하게 하는 장애물의 성격을 가진 부분을 러프라고 한다.

페어웨이의 폭은 티에서의 위치나 지형 여건과 홀의 성격에 따라 다소 달라지나 최소 20m 정도에서 30m~60m 정도가 일반적이다.

5) OB(Out of Bound)

경기가 허용되지 않는 스루더 그린 이외의 지역이다. 경계는 말뚝을 막아 구분하거나 울타리를 설치하며 이때 내측의 지상선이 경계가 된다.

4. 골프리조트 시설계획

4.1 계획의 기조

1) 적지 선정

골프리조트의 입지는 리조트에서 대부분의 면적을 차지하는 골프코스의 입지가 관계법령상 타당한지가 먼저 판단되어 결정되지만 리조트의 입지가 미리 확정되어 있거나 사업부지가 넓을 경우는 그 안에서 별도의 과정을 거쳐 골프장의 적지를 선정하여야 한다.

골프장의 적지 선정은 앞서 기술된 표 3.4의 관련 법규상의 입지 및 설치기준에 적합해야 하지만 그 외에도 조망권, 절성토의 균형, 진입조건, 인접토지의 이용성 등이 감안되어야 한다.

그림 3.10 적지선정 결정요소

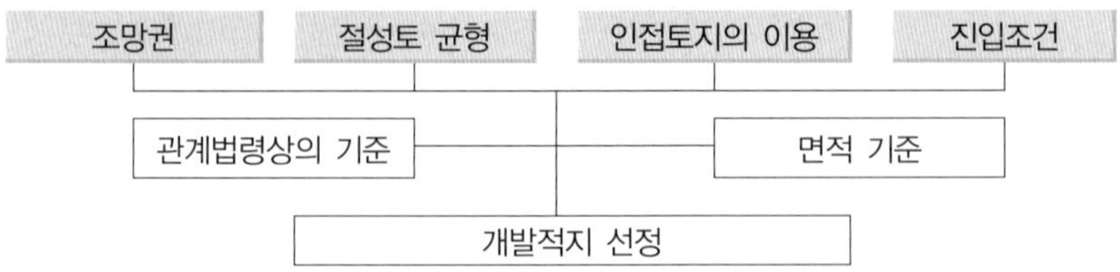

표 3.5 골프장의 적지 검토사항

구 분	적지 검토사항
자연조건	· 영업일수 200일 이상의 온난한 지역으로 연중 적설기간 40일 이하 지역 · 습지, 암석지가 많지 않고 배수가 양호한 사질토양인 지역으로 가급적 남북방향의 경사지형 · 생태자연도, 녹지자연도 등이 등급이 낮은 지역
면적	· 8홀 기준으로 표고차 50m인 경우는 약 85만m^2, 표고차 180~250m는 약 120~150만m^2 정도의 면적이 필요
방향	· 북사면은 지양하고 북으로 열린 계곡, 특히 북사면으로 열린 계곡을 포함한 용지는 겨울철 북서풍을 막지 못해 전체 코스가 바람의 영향과 잔디관리에 많은 문제를 야기시킬 수 있으므로 배제
지형지세	· 가능하면 경사 15% 이하, 표고차 10~20m 이내의 지형으로 작은 능선 여러 개로 구성된 지역이 최적이나 지형변화 한계는 200m 이내가 적합 · 클럽하우스 주위에 4열의 홀 배치, 코스 중간에 4열 또는 2열의 홀 배치가 가능한 지형 · 한 홀의 면적은 거리 400m×폭 100m가 적당하므로 폭 60m 미만의 병목형 용지나 각이 진 용지는 지양 · 용지 형상은 정방형보다 장방형 또는 불규칙한 지형이나 부채꼴형이 무난
수문·수계	· 18홀 기준, 한발이 심할 경우 관리용수로서 1일 1,500톤 정도의 물이 필요 · 기존 호수나 연못, 기타 수자원이나 수체계를 검토, 호수나 연못은 수원 확보뿐만 아니라 경관적인 측면에서도 가치를 지니지만 농약이나 살충제의 장기적인 사용으로 인한 수질오염 문제를 고려 · 수자원 검토시 수질조사를 통해 잔디 등의 식생에의 적합성 여부와 음용수로서의 가능성 여부를 판단

3) 공간 및 시설배분 구상

공간 및 시설배분 구상에 앞서 담을 내용, 즉 도입기능과 시설에 대한 파악이 이루어져야 한다. 골프리조트의 경우는 대부분 골프코스와 숙박시설, 기타 휴양시설들이 주를 이루므로 다각적 측면에서의 시설에 대한 검토보다 오히려 재무적 타당성 측면에서 시설의 유형과 규모가 결정되는 경우가 많다. 그러나 일반적인 숙박시설이라도 세부적인 시설내용이 파악되어야 하는 경우나 관광지형과 같이 복합형의 골프리조트인 경우에는 앞 편에서 거론된 바와 같은 과정을 통해 도입기능과 시설이 선정되어야 한다(2편 3장 그림 3.3 참조).

그러나 면적이 큰 복합형의 골프리조트인 경우는 다양한 시설이 도입될 수 있으므로 대상지의 지형지세나 경관조건, 각 공간의 장소적 특성을 토대로 시설 간의 기능상관성과 연계성, 토지이용의 효율성 등을 고려하여 배분한다. 이러한 구상의 과정이 본 골프리조트계획에 있어 가장 핵심적인 과정이라 할 수 있는데, 부지조건과 시설내용이 단순한 경우는 최적의 구

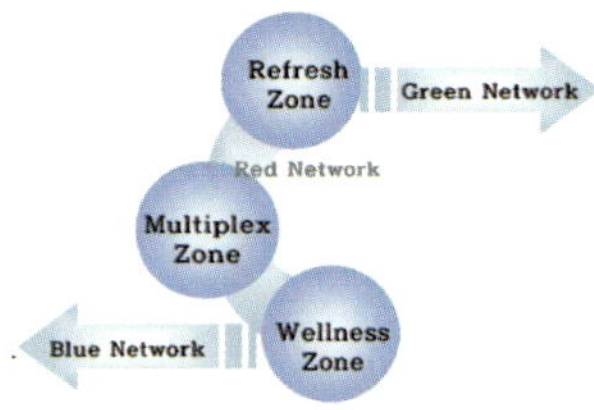

표 3.6 도입시설 선정 사례

Concept	Contents	Theme	Commodities	
Refresh Zone	휴양/휴식	동화 소나무 색채	하이랜드호텔	· 산악휴양형의 고품격 호텔
			엘리시움빌라	· 동화테마형 Retirement House
			리조트홈	· 전원주거 빌라식 House
			레인보우펜션	· 다양한 색주제의 테마펜션
	문화/예술	단풍 소리 정읍사	기업연수원	· 국내외 기업체의 전문적 교육, 연수공간
			공연장	· 영화관람 및 공연, 야외공연/전시
			전통문화체험방	· 전통문화 체험공방의 집합체
Wellness Zone	건강/미용	스파 황토 테라피	스킨&스파파크	· Thrillride와 스파가 결합된 복합스파
			건강식레스토랑	· 유기농 건강식 레스토랑
			아로마테라피	· Aroma를 통한 Refresh시설
			메디컬테라피	· 미용, 성형 등을 위한 휴양 치료시설
	스포츠	내장산 용산호	골프장	· 프로토너먼트 개최 가능한 골프코스
			수상스포츠시설	· 용산호를 활용한 수상 스포츠시설
			하이킹로드	· 내장산 국립공원의 Base Camp
Multiplex Zone	식음	한우 전라도음식 복분자	F&C Mall	· Entertainment가 강조된 복합 식음상가
			오가닉카페	· 유기농과 관련된 다양한 음식 전시판매
			단풍미인한우관	· 정읍 전통한우 식음 및 판매시설
			전통문화의 집	· 전라도한정식, 산채비빔밥, 복분자주 제조체험
			수변카페	· 용산호와 내장산을 조망하며 휴게 · 식음
	엔터테인먼트	단풍 우도농악	블루밍가든	· 각국의 단풍나무 Little Wild 정원
			빌리지센터	· 정읍시 관광안내 및 정보교류 커뮤니티

자료 : 정읍시 · 한국관광공사, 2011: 86

상의 기조를 설정하여 접근하기도 하지만(그림 3.12 참조) 다음 그림과 같이 여러 가지의 대안을 제시하고 평가하는 방식으로 접근하기도 한다.

그림 3.11 대안 제시 및 평가 사례

구분	I 안	II 안
계획 개념	· 시설지구 분리, 토지이용 효율 제고 · 코스길이 : 6,800yard 이상	· 골프장을 특화한 리조트단지 조성 · 코스길이 : 7,000yard 이상
공간 구상		
토지 이용 구상	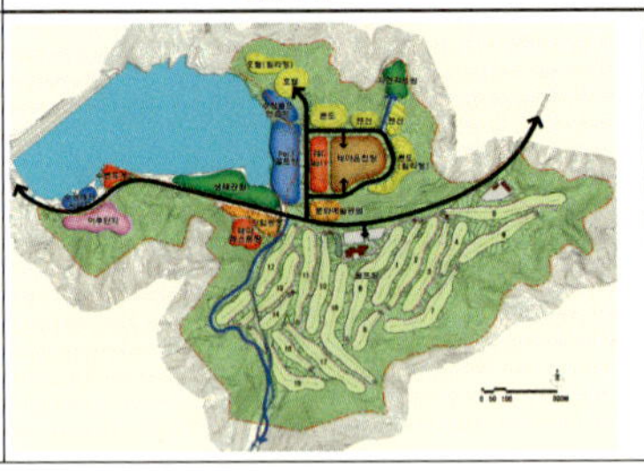	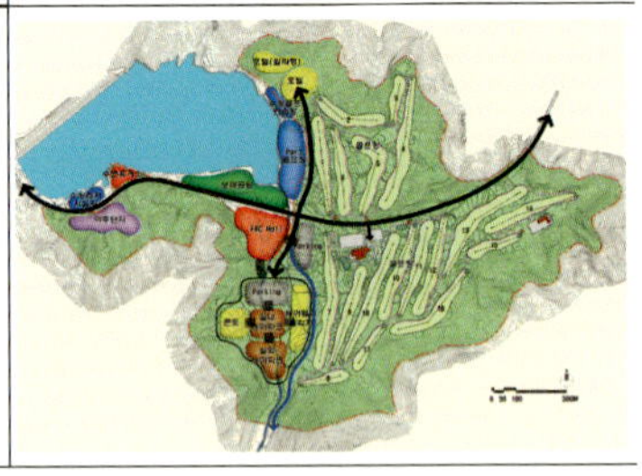

자료 : 정읍시 · 한국관광공사, 2011: 93

그림 3.12 골프장의 개발적지 및 토지이용구상도 사례

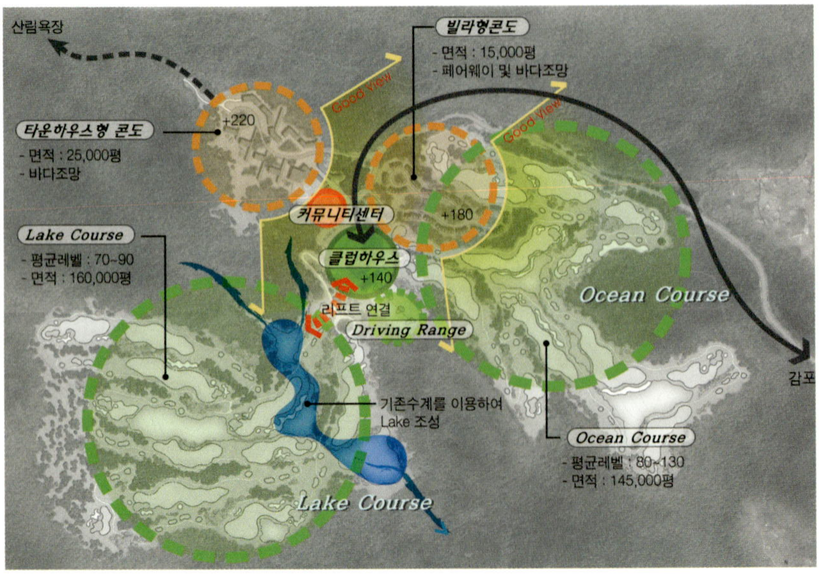

자료 : (주)피디아이엔지니어링, 2007

4.2 골프코스계획

1) 파(par)의 배열과 코스 길이

- 클럽하우스로부터 시작하여 스타트 홀과 도착 홀을 클럽하우스 인접부에 배치하여 동선상에 무리가 없도록 한다.
- 가장 이상적인 파 배열로 플레이어의 경기 리듬을 순조롭게 연결시켜 경기 운영의 묘를 살리도록 배열한다.
- 18홀, 72파를 만족시키는 7,000yds 이상으로 계획하며, 홀과 홀과의 연결은 현 지형여건을 감안하여 배치하여 전체 코스 진행을 순조롭게 한다.

2) 티잉 그라운드

- 멀티플 티 시스템을 채택하여 챔피언티, 레귤러티, 프론트티 등으로 구분·배치하여, 골퍼의 취향과 능력에 적합한 티를 선택하도록 하며, 티잉 그라운드에서 페어웨이가 잘 보일 수 있도록 계획한다.
- 티잉 그라운드에서 플레이어가 대기할 수 있도록 충분한 대기공간을 계획하며 티의 모양은 자유형으로 홀별 지형 여건에 맞추어 계획한다.
- 티의 잔디종류는 유지관리가 용이한 켄터키블루그라스로 하되 상토재료포설 단면과 잔디식재는 상세설계시 반영한다.

3) 페어웨이와 러프의 폭

- 챔피언 티에서 낙구지점까지는 250yds를 기준으로 하며, 이 지역에서 폭은 50m 이상 확보하고, 낙구지역은 I.P.에서 전후로 40m 정도로 한다.
- 러프의 폭은 클수록 좋으나, 여건상 10m~20m 이내로 하며 각 홀 사이인 separate green 지역은 최소 20m 이상으로 하여 위험성을 배제한다.

4) 그린

- 그린의 잔디종류는 벤트그라스류의 펜크로스로 선정하되 상토재료 포설 단면과 잔디식재는 상세설계시 반영한다.
- 골프장 조성의 핵심지역으로서 홀 크기와 모양에 따라 설계하며, 모양은 해저드 배치를 고려, 자유형으로 변화를 주어 핀의 이동에 따른 퍼팅의 난이도가 변하도록 하고, 1개의 그린으로 계획한다.

5) 해저드 위치

- 해저드로는 벙커 이외에 물과 수목을 적극 이용한다. 해저드의 위치는 은폐된 장소를 피하여 드러나 보이는 장소에 배치하여 부정확한 플레이에 대한 벌타를 정확히 부여할 수 있도록 한다.

6) 도로 및 주차장

- 골프카트를 주행할 수 있는 카트도로를 설치하여 각 홀간을 연결하며, 또한 관리도로와 겸용으로 사용할 수 있도록 계획한다.
- 진입도로는 폭 10m로 상·하행선으로 구분되게 계획하여 클럽하우스 현관에서 회차할 수 있는 공간을 확보하여 주차장 진입을 원활히 하며, 주차장은 관련규정 이상의 주차면적을 확보하도록 계획한다.

표 3.7 골프코스 홀 배치 기준

구 분			내 용
홀의 조합	변화 있는 조합	홀의 변화	· 파5홀은 파3홀과 파4홀에 연결된 배치로 변화감 제공 · 모든 클럽을 사용할 수 있도록 배치하고 파3홀은 가급적 하향 배치 · Start홀은 파5홀이나 파4홀로 배치
		방향 변화	· 시계방향, 반시계방향
		성질 변화	· 오르내림, 좌우이동, Dog-Leg
	경쟁을 유발할 수 있는 조합		· Out Course와 In Course 중 In Course를 경쟁 가능 코스로 배치
	경기가 지연되지 않는 조합		· Start의 2~3개 홀은 페어웨이가 넓고 해저드도 적어 경기를 빠르게 진행할 수 있게 배치 · 파3홀은 3~4번째에 배치하여 경기지연을 방지하고 상향 홀이 연속되지 않도록 배치
홀의 넓이와 변화	홀의 넓이		· 페어웨이 폭 : 40~55m, 러프 폭 : 50~65m
	Dog-Leg		· 홀 플레이선의 방향 변화를 위한 각도 변화 · I.P의 구부러진 각도는 둔각으로 배치하고 수목 등으로 표식, Start 홀에서는 지양
	구배		· 종단구배 기준(최대 : 하향 20%~상향 10%, 평균 : 하향 10%~상향 5%) · 9개 홀 중 2개 홀 이상이 평균 범위를 넘지 않아야 함 · 페어웨이 양측의 고저차 : 5m 이내
인접 홀과의 관계	종방향 관계		· 전 홀 그린과 다음 홀 티간의 수평거리 : 40m · 보경로의 종단구배 : 10~15% 이내
	횡방향 관계		· 홀 중심에서 50m씩 100m 이상 확보, 러프 최소폭은 20m 이상 확보 · 인접 보경로는 홀 중심에서 30m 이격
	인접 홀고저차		· 경기의 안전성, 샷의 성질을 고려하여 배치
가시선			· 티에서 페어웨이 시작점이 보여야 하고 티에서 I.P1이, I.P1에서 I.P2가 보여야 함 · 파3홀 : 티에서 그린 앞 15~30m가 보여야 함 · 파4홀 : I.P1에서 그린이 보여야 함 · 파5홀 : I.P2에서 그린이 보여야 함 (그린이 보이지 않을 경우 깃발이 보여야 함)

그림 3.12 골프코스 계획개념 및 배치계획 사례

■ 골프장계획 개념

친환경적 코스	전략적 코스	고품격 골프코스
▼	▼	▼
자연의 재창출	즐거운 플레이	휴양과 골프
그린네트워크	아름다움의 전략	전략과 아름다움
친환경 생태골프장	매력적인 골프장	리조트형 골프장

· 기존지형을 살리고 자연경관을 활용한 친환경 코스 · 생태적 흐름에 순응하는 그린&블루 네트워크 구현	· 홀별 특성과 장소성, 다양한 경관이 연출되는 코스 · 난이도 조정을 통한 전략적 플레이와 흥미 유발	· 골프를 중심으로 여가활동이 강화된 골프리조트 · 골프장과 골프빌리지의 조화로 쾌적한 환경조성

* 골프코스 제원

홀번호	길이(m)	PAR
1	351	4
2	381	4
3	367	4
4	216	3
5	474	5
6	333	4
7	391	4
8	137	3
9	493	5
OUT	3,143	36
10	369	4
11	315	4
12	360	4
13	310	4
14	140	3
15	435	5
16	191	3
17	395	4
18	540	5
IN	3,055	36
합계	6,198	72

■ 골프장 코스배치계획도

자료 : 정읍시 · 한국관광공사, 2011: 113-115

4.3 시설배치계획

골프리조트내 시설의 종류는 개발 유형에 따라 그 규모나 종류가 다를 수 있다. 통상적으로 지구단위계획형인 경우는 앞에서 언급한 바와 같이 숙박시설과 기타 휴양시설 위주이지만 관광지형인 경우는 리조트의 성격에 따라 관광진흥법 내의 허용시설인 숙박시설, 상가시설, 운동오락시설, 휴양문화시설 등을 다양하게 배치할 수 있다. 그러나 어떤 유형의 골프리조트이든 시설프로그램 결정, 공간 및 시설배분 구상의 과정 등 계획과정은 동일하다. 단지 중점을 두는 시설의 내용이 다를 뿐이므로 관광지형의 사례로 '내장산리조트' 외에 '안면도 지포 관광단지'와, 지구단위계획형의 사례로 '남해 썬비치리조트', '코스타밸리리조트'의 시설계획 내용을 소개하면서 비교하고자 한다.

1) 관광(단)지형 골프리조트

앞서 내장산리조트도 마찬가지이지만 관광지형 골프리조트는 골프코스 외의 관광휴양시설이 다양하게 구성될 수 있다. 안면도 지포 관광단지는

그림 3.13 안면도 지포 관광단지 공간구상도

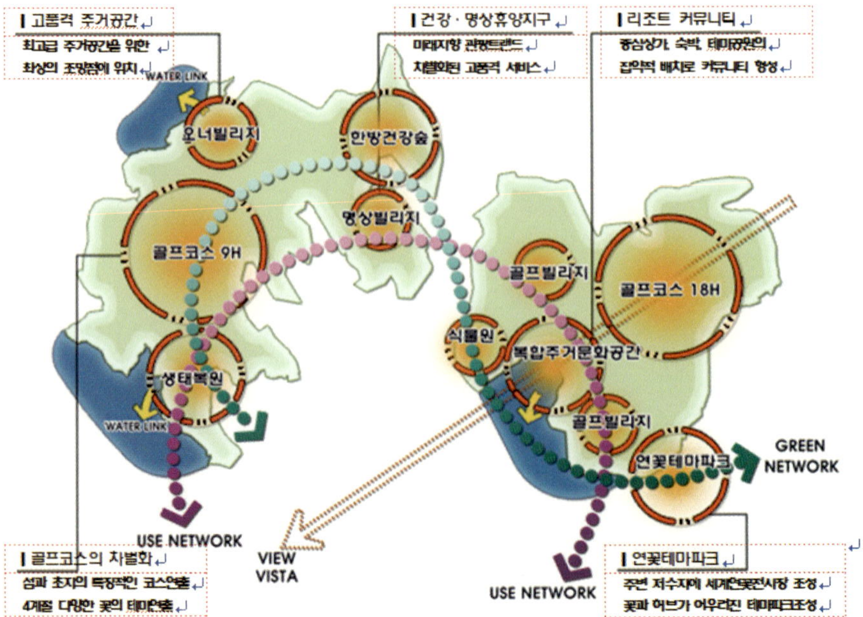

복합형 골프리조트로 골프코스가 주요시설인 체육시설지구와 각종 휴양·오락시설, 상가시설 및 숙박시설이 배치된 관광휴양시설지구로 구분하여 배치하였다. 이중 골프코스는 안면도 지포지구의 유럽형 자연능선을 바탕으로 지형·산림의 훼손 및 생태계의 영향을 고려하여 환경친화적 골프장으로 27홀을 조성하였다.

표 3.8 안면도 지포 관광단지 시설구성

지구	시설		면적(m²)	세부시설
관광휴양시설 지구	숙박시설	콘도미니엄	12,304	1동, 10층
		페어웨이빌라	18,691	46획지, 3층
	테마상가시설		26,392	특화상품 상가 등
	도로 및 주차장, 녹지		82,906	
골프코스	27홀		2,223,282	회원제
계			2,363,574	

그림 3.14 안면도 지포 관광단지 마스터플랜

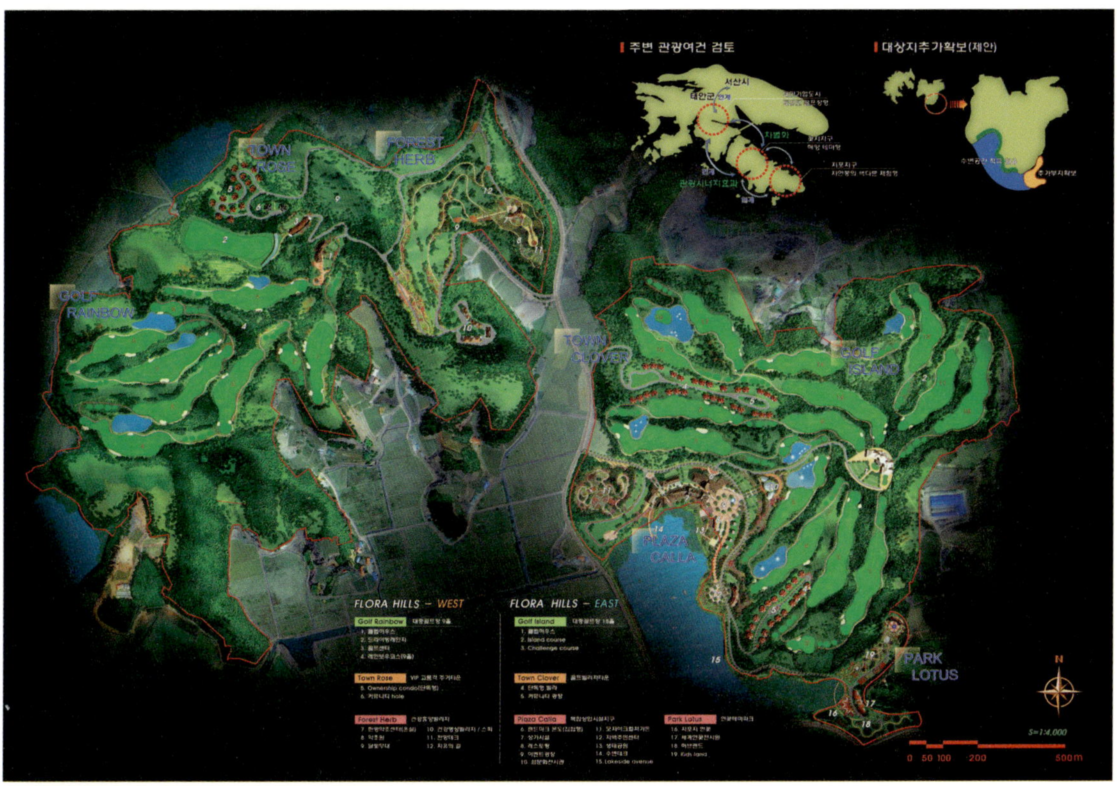

자료 : (주)한국종합기술공사, 2010

2) 지구단위계획형 골프리조트

지구단위계획형은 일반적으로 체육시설로 골프장과 관광휴양시설로 휴양콘도미니엄 등의 숙박시설과 부대휴양시설로 구성된다.

남해 썬비치리조트의 경우는 전체 면적 중 약 90% 이상이 18홀 골프코스이고, 나머지 면적에 관광휴양시설로 휴양콘도미니엄과 게스트하우스가 배치되었다.

표 3.9 건축물의 용도 및 규모에 관한 계획내용

구분	지정용도	건폐율(%)	용적률(%)	층수
관광휴양시설용지	휴양콘도미니엄	60% 이하	200% 이하	3층 이하
	게스트하우스	60% 이하	200% 이하	2층 이하
	관리사무소	60% 이하	100% 이하	1층 이하
체육시설용지	클럽하우스	60% 이하	150% 이하	2층 이하
	티하우스	60% 이하	100% 이하	1층 이하
	관리동 및 창고	60% 이하	150% 이하	1층 이하

그림 3.15 남해 썬비치리조트 토지이용계획도

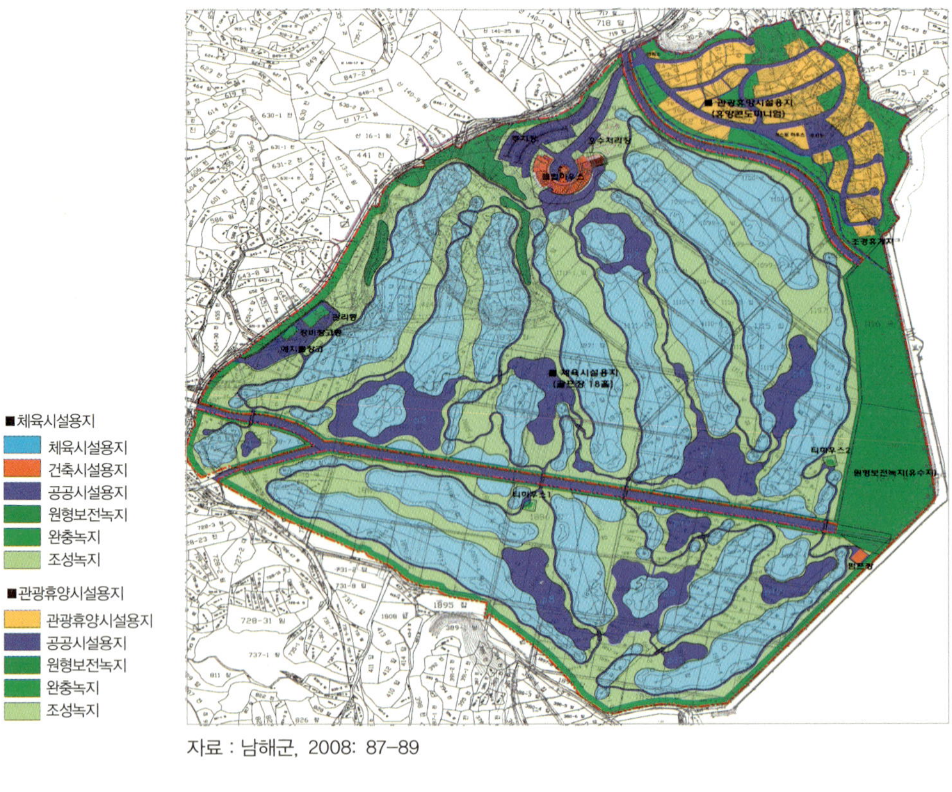

자료 : 남해군, 2008: 87-89

또 다른 예인 코스타밸리리조트는 동해가 보이는 경사형 지형에 입지한 휴양형 리조트로 18홀의 골프코스와 콘도미니엄형태의 숙박시설과 실내·외 수영장 등이 계획된 사례이다.

바다로의 조망이 양호하고 주변 수림이 우수한 지역에 2종의 콘도시설을 배치하고 바다가 보이면서 골프코스가 보이는 지역에는 고급형의 빌라형 콘도를 단독형으로 60세대 배치하고 골프코스가 보이지 않는 정상부 지역은 가족형의 타운하우스 형태의 연립형 콘도를 120세대 배치하였다.

표 3.10 코스타밸리리조트 관광휴양시설 구성

구분	시설명	면적(m^2)	내용
숙박시설	빌라형 콘도	11,500	40평형, 60세대
	타운하우스형 콘도	19,000	30평형, 120세대
부대시설	커뮤니티센터	2,500	실내외수영장, 슈퍼마켓, 오락장 등
	휴양시설	4,700	야외공연장, 오락장 등

그림 3.16 코스타밸리리조트 마스터플랜

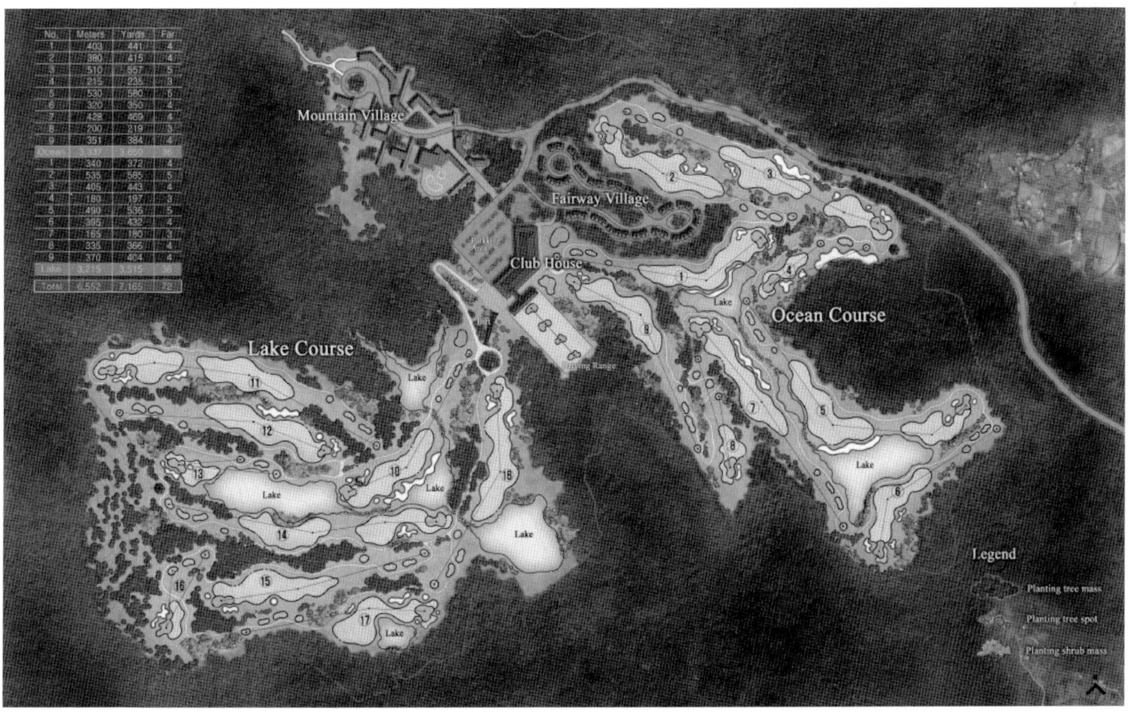

자료 : (주)PDI엔지니어링, 2007

5. 전망 및 과제

국내 골프장산업은 골프인구가 증가하였음에도 골프장 공급이 과잉되고 경제불황이 지속되면서 회원권 가격의 급락 등 전반적인 골프장 운영이 어려워지고 있다. 이는 골프 단일 프로그램의 한계에 의한 것으로 기존 골프장의 리모델링을 포함한 골프장 운영의 패러다임을 혁신하는 신개념 골프문화를 만들어 나갈 필요성을 부각시키고 있다.

서론에서 거론된 바와 같이 일본의 경우 골프인구가 고령화됨에 따라 의료기관과 건강관리 서비스를 제휴하거나, 젊은 여성 골퍼 수요에 대응하기 위한 미용, 건강 등과 연계된 프로그램을 운영하는 등 서비스의 다양화 및 복합화를 추진하고 있다.

그동안 우리나라의 골프장은 일부 제한된 부유층의 전유물로, 주변지역의 사회적·환경적 문제를 야기시키는 시설로만 인식되어 가능하면 골프장을 주변과 격리시키는 정책이 우선되어 왔다. 그러나 이제는 골프장이 단일 스포츠의 장이 아니라 주변지역과 어우러지면서 숙박이나 휴양 혹은 주거와 함께 하는 복합휴양의 장으로 방향전환이 필요한 때이다.

골프장이 대중성이 있고 사업성이 있는 골프리조트로 변모되거나 신설되기 위해서는 골프 외에 지역의 강점을 특화하거나 수요자의 니즈를 반영한 다양한 프로그램이 개발되어야 할 것이며, 이것이 골프여행, 골프관광으로 이어져 지역경제와 주민에 도움이 되는 선순환구조가 되어야 할 것이다.

건전하고 성숙된 골프문화를 선도해 나가는 대안으로 골프 뿐 아니라 숙박과 각종 레저시설을 갖춘 리조트형 골프장이 경쟁력을 발휘할 것으로 전망된다. 이를 위해서는 관련 세금을 조정하여 투자비를 효율적으로 줄이고 이용료를 낮추어 가족이 함께 즐길 수 있는 대중 스포츠로서의 골프가 되도록 인식을 바꾸는 노력이 필요하다.

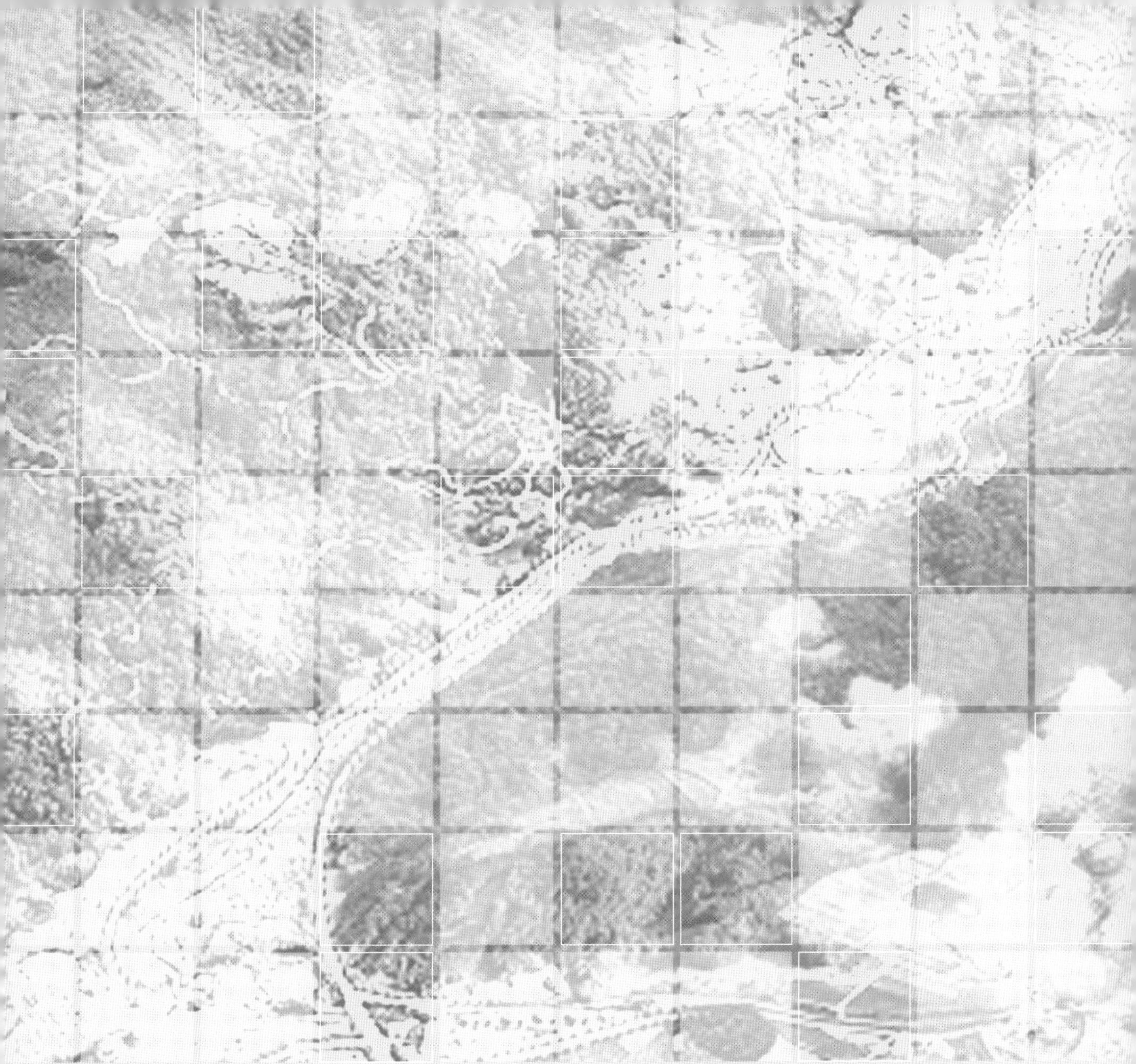

04. 수목원

정경아

1. 서론
2. 수목원의 개념 및 유형
3. 목표체계 및 설계기준
4. 시설배치계획
5. 전망 및 과제

1. 서론

수목원은 16세기에 처음 등장한 이후 많은 변화를 거듭해 왔다. 특히 최근 30년 동안은 식물을 체계적으로 보전하는 식물보전 분야의 중요한 기관일 뿐만 아니라 식물에 대한 대중의 이해를 증진시키고 보전 및 지속가능성이라는 근본적인 이슈들을 탐구하는 장소로서의 인식과 더불어 다양한 방문객 서비스, 전시 및 교육 프로그램 개발과 마케팅으로 식물의 중요성에 대한 일반대중의 관심을 연결시키는 훌륭한 매개체가 되고 있다.

우리나라는 1909년 창경궁에 관상 목적의 유리온실을 조성하여 일반인에게 관람하게 한 것을 시작으로 1922년 현 국립산림과학원 내에 있는 홍릉숲이 최초로 기본적인 요건을 갖춘 수목원으로 개원하였으며, 1987년에는 현 국립수목원의 전신인 광릉수목원이 개원되었다. 이후 전국 각지에 수목원이 설립·운영, 대중들의 다양한 요구를 만족시키기 위한 특성화된 수목원 조성과 차별화된 전략으로 수목원의 질적 향상을 위한 시도가 증가하고 있다(강신구, 2012: 29).

본 장에서는 최근 이러한 수목원 발전에 기여하고 있는 국가수목원의 사례를 중심으로 수목원의 계획과 설계에 대한 방향과 기준을 제시하고자 한다.

* 수목원의 고전적 Paradigm

자료 : Kuzevanov & Sizykh, 2006

그림 4.1 국립광릉수목원

자료 : http://blog.naver.com/sunglys?Redirect=Log&logNo=220029252083

2. 수목원의 개념 및 유형

2.1 수목원의 개념

수목원(arboretum)과 식물원(botanical garden)은 그 개념과 역할이 시대의 조류에 따라 변화되어 왔다. 일반적으로 수목원을 목본류에 집중하여 수집·재배하는 연구기관으로, 식물원은 초본류를 중심으로 수집·전시하는 공간이라는 측면에서 다소 차이를 두고 있으나 넓은 의미에서 수목원과 식물원을 구별하는 것은 큰 의미가 없으며, 최근 세계적으로도 식물원과 수목원의 개념을 구분 없이 사용하고 있다(김태진 외, 2005).

* 본 장에서는 식물원과 수목원을 구분하지 않고 수목원으로 통칭해서 사용토록 하겠으나 해외수목원의 경우만 Botanical garden을 식물원으로 명명하고자 한다.

수목원은 1838년 영국의 식물학자이며 원예학자인 J.C Loudon에 의해 '수목을 육성하고 전시하는 정원이나 공원의 한 부분'으로 정의되면서 사용되기 시작했으며, 1960년대 Wyman은 '여러 종류의 가치 있고 장식적인 교목, 관목, 만경목 또는 어떤 지역에서 잘 자랄 수 있는 다른 식물들을 재배하고 전시하며 연구목적으로 활용하기 위해 조성하였으며 적절한 유지·관리가 이루어지는 곳'으로 정의하면서(국립백두대간수목원기본계획, 2011) 출처가 분명한 식물을 보유한 상태로 다양한 연구행위가 이루어진다는 측면에서 공원이나 개인정원과는 크게 구별된다고 얘기한 바 있다(강신구, 2012).

그 외 세계 식물원·수목원 네트워크인 세계식물원기구(BGCI)에서는 '일반시민이 이용하는 공원과 비교하여 학술연구, 보존, 전시 및 교육목적으로 사용하기 위해 살아 있는 식물을 정확한 수집기록과 함께 보관하는 기관'으로 정의하고 있으며, 그 판단 기준을 표 4.1과 같이 제시하고 있다.

* 우리나라에서는 수목원을 수목원 조성 및 진흥에 관한 법률에 의하면 '수목을 중심으로 수목유전자원을 수집, 증식, 보존, 관리 및 전시하고 그 자원화를 위한 학술적, 산업적 연구를 수행하는 시설' 로 정의하고 있다.

표 4.1 세계식물원기구(BGCI)의 수목원을 규정하는 주요 기준

- 학술적 측면에 바탕을 둔 수집
- 수집한 식물의 적절한 문서화
- 수집한 식물을 대상으로 한 주기적인 모니터링
- 식물에 적정한 라벨 부착
- 식물원의 일반인 공개
- 다른 식물원 및 연구소 등과의 정보소통
- 식물원, 수목원 또는 연구소와 종자를 포함한 재료 교환
- 수집한 식물을 대상으로 학술적·기술적 연구 수행
- 석엽표본실과 연계한 식물분류학적인 연구 프로그램 유지

자료 : 김용식(2009) 새만금자생식물에 관한 포럼

2.2 수목원의 기능

수목원의 보편적인 고유기능은 크게 5가지로 수집, 전시, 교육, 연구, 보전 기능이라 할 수 있다. 그러나 대부분의 수목원이 5가지의 기능을 모두 수행하기에는 무리가 있다(김용식, 2009). 시대가 변하면서 수목원의 역할에 따라 중점되는 기능들이 달라져 왔는데 최근 여가활동 공간으로써의 휴양기능과 여타 식물관련 기관들과의 정보 공유를 위한 네트워크 형성 등의 부가적 기능들이 더해지는 추세이다. 그리고 고유의 5가지 기능 중 보전기능이 더욱 강화되어가고 있는 모습을 보이는데, 이는 생물다양성 보전의 중요성이 제기되면서 식물종 보전을 주요업무로 수행하는 수목원이 늘어나고 있고, 이러한 식물종다양성 확보가 곧 국가적 자원으로의 역할을 할 뿐 아니라 국가의 과학적 경쟁력 제고의 한 부분을 차지하기 때문이다. 따라서 앞으로 더욱 종보전의 기능을 강화해가려는 수목원들이 늘어갈 것이며, 그 밖에 이와 관련되어 생물 및 경관다양성을 기반으로 인간에 의해 만들어진 수없이 많은 삶의 방식과 풍습 즉, 문화다양성을 보전하는 부문까지 영역을 확장해 나가게 될 것이다(강신구, 2012).

＊ 수목원의 기능

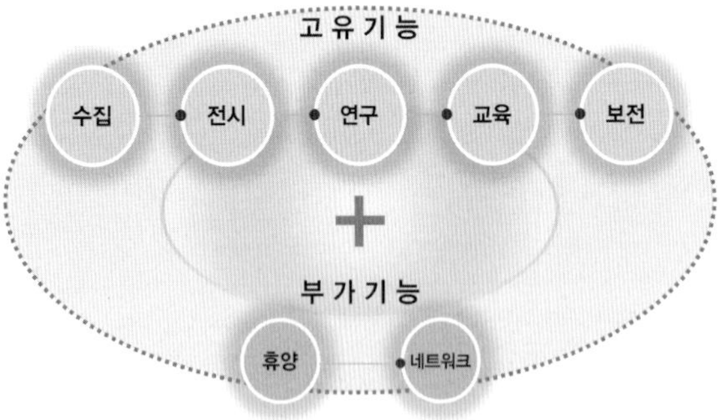

표 4.2 수목원의 주요기능

구 분	내 용
수집 (collection)	· 살아 있는 식물을 채집 · 수집하여 전시하는 것으로 수집방침에 따라 세분화
전시 (display)	· 다양한 성상과 색채를 가진 식물소재를 생육특성과 지형을 고려하여 전시함으로써 시각적, 감성적 즐거움을 제공
교육 (education)	· 시민들에게 식물과 그들의 생태, 중요성에 대해 배울 기회를 제공함으로써 환경에 대한 교육을 전인적이고 효율적으로 수행
연구 (research)	· 식물의 분류, 성질 개량, 재료 추출 등 식물 자체와 식물 이용에 대한 연구를 위해 실험 및 관찰 장소로 활용
보전 (conservation)	· 생태적, 문화적 가치가 있거나 희귀 및 멸종위기식물 등 인위적으로 보전해야 할 식물종을 안전하게 관리하고 번식시키는 식물종 보전의 현지 외 보전(ex situ), 현지 내 보전(in situ) 기관의 역할
여가 및 휴양 (recreation)	· 다양한 식물소재가 있는 녹색 휴식공간을 제공함으로써 시각적 즐거움을 비롯하여 정서적 안정과 심미적 만족을 제공하는 등 공공서비스 역할 수행
국제협력 (international cooperation)	· 관련 단체와 식물다양성 보전을 위해 필요한 정보 및 종자 교환 · 학술교류를 통해 연구과제를 공유하며, 세계 각국의 수목원과 식물종자 교환을 통해 국제적인 상호협력관계 구축

자료 : 박훈(2013) 수목원설계전략연구, 산림청(2013) 국립새만금수목원조성사업 기본계획을 토대로 재구성

2.3 수목원의 유형

현재 전 세계의 수목원은 거의 대부분 유럽 대륙과 미국, 중국, 인도 및 일본 등지에 집중되어 있으며, 그 수는 약 2,500여 개에 달한다.

이들 수목원에 대해 세계식물원기구(BGCI)에서는 각 수목원마다 그 고유의 기능에 따라 고전다목적 식물원(Classic' multi-purpose gardens), 관상식물원(Ornamental gardens), 역사식물원(Historical gardens), 보전식물원(Conservation gardens), 대학식물원(University gardens), 수목원 · 동물원 병설형 식물원(Combined botanical and zoological gardens), 농업식물 · 번식 전문 식물원(Agro-botanical and germplasm gardens), 고산 · 산악식물원(Alpine or mountain gardens), 자연 · 야생식물원(Natural or wild gardens), 원예식물원(Horticultural gardens), 테마식물원(Thematic gardens), 지역사회 식물원(Community gardens) 등 12개 범주로 구분하고 있다(김용식, 2009).

그림 4.2 수목원의 유형

보전식물원 / 대학식물원 / 수목원 · 동물원 병설

왕립큐식물원(The Millennium Seed Bank) / 달렘식물원(Dahlem Botanic Garden) / 알아인식물원(Al Ain Zoo)

그리고 우리나라의 경우는 '수목원 조성 및 진흥에 관한 법률'에 의해 수목원을 조성 및 운영주체에 따라 국립, 공립, 사립, 학교수목원 등으로 구분하고 있다.

표 4.3 우리나라 수목원의 조성 및 운영주체에 따른 분류

구분	기 준
국립수목원	산림청장이 조성 · 운영하는 수목원
공립수목원	지방자치단체가 조성 · 운영하는 수목원
사립수목원	법인 · 단체 또는 개인이 조성 · 운영하는 수목원
학교수목원	초 · 중등교육법 및 고등교육법에 따른 학교 또는 다른 법률에 따라 설립된 교육기관이 교육지원시설로 조성 · 운영하는 수목원

2.4 관련제도

1) 국제협약

수목원과 관련한 국제협약은 크게 생물종다양성과 직접적으로 관련된 생물다양성협약(CBD), 세계식물보전전략(GSPC), 멸종위기야생 동·식물종의 국제거래에 관한 협약(CITES)이 있으며, 그 밖에 기후변화에 따른 서식처 보존과 관련하여 사막화방지협약(UNCCD), 기후변화협약(UNFCCC), 국제습지보호협약(Ramsar Convention) 등이 있다(강신구, 2012). 그 중 실질적인 지침이 되는 것은 세계식물원기구(BGCI)가 제정한 세계식물보전전략(GSPC)이다.

세계식물보전전략(GSPC)은 생물다양성의 원천이 식물다양성 확보에 있다는 전제에 따라 많은 식물종의 상실을 막기 위해 세계식물원기구(BGCI)에서 2000년 4월에 5가지 목적(Objectives)과 16가지 세부 실천목표(Target)로 구성된 세계식물보전전략(GSPC)을 채택했다(김용식, 2011). 이후 2010년 10월 나고야회의에서는 2단계 세계식물보전전략(GSPC)을 마련, 2011년부터 2020년까지 이행토록 하고 있는데, 이는 이전 보다 더욱 강화된 내용으로 이행을 촉구하고 그에 따른 보고서를 제출하도록 되어 있다(강신구, 2012).

2) 국내 관련법규

수목원 조성에 관련된 법률로는 '수목원 조성 및 진흥에 관한 법률', '산림기본법', '산림문화·휴양에 관한 법률', '자연환경보전법', '생물다양성 보전 및 이용에 관한 법률', '야생생물 보호 및 관리에 관한 법률' 등이 있다.

그러나 그 중에서도 수목원을 조성하는데 직접적인 기준이 되는 법률은 '수목원 조성 및 진흥에 관한 법률'로 1990년대 이후 수목원 조성이 활발해지면서 수목원의 조성·운영 및 육성에 필요한 사항을 규정하기 위하여 2001년 3월 제정되었다. 구체적으로는 수목원에서 수행하는 사업, 수목원의 운영주체에 따른 구분, 수목원 진흥 기본계획 수립, 수목원 조성, 수목원의 등록·운영, 교육과정 인증 등에 관한 사항을 규정하고 있어 수목원의 조성 및 운영에 대한 기준이 되고 있다.

3. 목표체계 및 설계기준

수목원을 조성하는데 우선적으로 생각해야 하는 것은 왜 이곳에 수목원이 조성되어야 하는지에 대한 당위성과 목적을 명확히 해야 한다는 것이다. 그리고 조성될 수목원이 오늘날과 같이 급속한 환경변화 속에서 식물과학 분야 발전에 어떠한 역할을 할 것인지, 또 수목원을 방문하는 사람들뿐만 아니라 지역사회의 지속가능한 미래를 위해 어떻게 기여할 것인가(Maunder, 2012)에 대해 생각해 보아야 한다. 이러한 것이 여건분석을 통해 도출되는 조성 방향과 함께 수목원의 조성 철학을 담은 미션으로 제시되어야 한다.

3.1 목표체계

수목원계획에서 가장 중점을 둘 부분은 기본구상단계에서 이루어지는 수목원의 독자성 확보를 위한 특성화와 수목원계획 및 운영 전반의 가이드라 할 수 있는 미션을 설정하는 것이다.

이때 가장 우선적으로 생각해야 할 것은 수목원 조성의 목적을 명확히 파악해야 하며, 또 하나는 목표체계의 객관성이 확보될 수 있도록 해야 한다. 이는 특성화와도 맥을 같이 하는 것으로 당초 조성의도에 맞는 각각의 역할을 충실히 하기 위함이다.

그림 4.3 목표체계 수립과정

단 계		내 용
분석	목적규명	● 수목원 조성의 주체에 따라 달라지는 수목원의 역할을 명확히 규명
구상	특 성 화	● 수목원과의 업무 유사성을 갖는 기관 또는 동일 유형의 수목원과의 포지셔닝을 통한 독자성 확보
구상	미션설정	● 수목원 전반의 향후 운영, 관리를 위한 가이드로 조성목적과 철학, 조성방향을 담아 구성 ※ 국립수목원의 경우 GSPC의 핵심적 수행 필요
구상	시설결정	● 수목원 조성목적, 특성화방안 등을 반영하고 법적 기준을 충족하는 시설 선정 수목원의 물리적 특성을 고려한 시설배치기준 가급적 준수
계 획		

그림 4.4는 국립새만금수목원의 목표체계 사례이다. 국립새만금수목원은 간척사업으로 황폐화된 새만금지역의 식물연구와 생태적, 문화적 환경 복원을 조성목적으로 두고 있다. 따라서 목표체계 수립에 주안점을 둔 것은 국립수목원으로서 누구나 동의할 수 있는 목표체계의 객관성을 확보하는 것이다. 이를 위해 키워드 도출방식의 tool을 활용하여 목적 달성에 대한 부합성, 국립수목원으로서 위상의 적정성 등에 대한 중요도를 파악하고, 최종키워드를 선정하여 목표체계에 반영될 수 있도록 하였다.

그림 4.4 국립새만금수목원의 목표체계

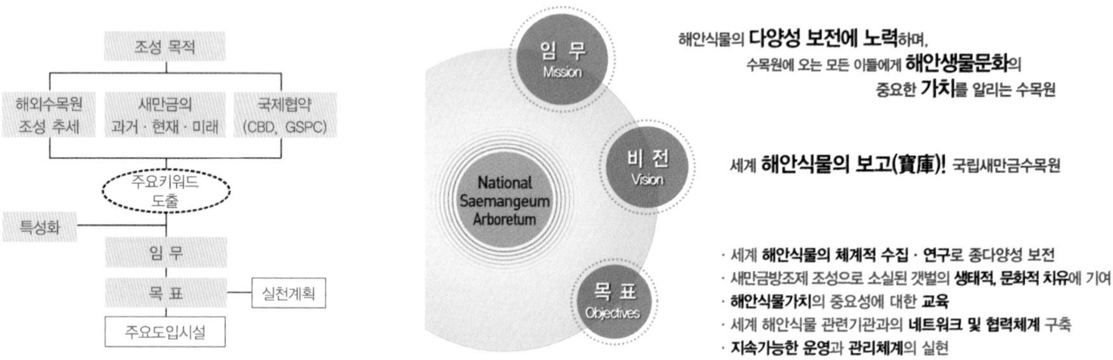

자료 : 산림청(2013) 국립새만금수목원기본계획

1) 수목원 특성화

* 포지셔닝 사례

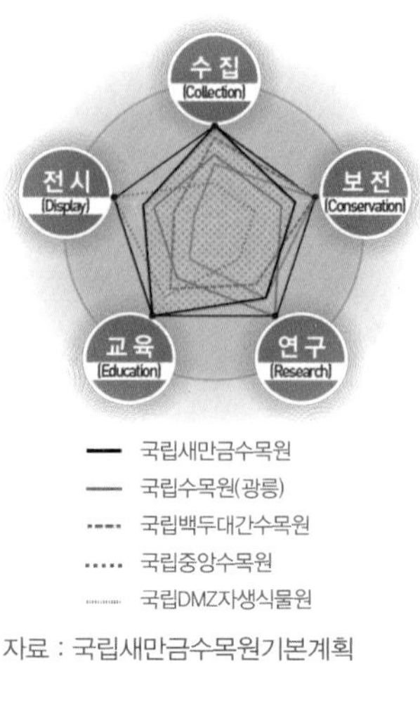

자료 : 국립새만금수목원기본계획

수목원의 특성화는 우선 조성되는 수목원의 목적에 따라, 그리고 운영주체에 따라 달라지는 수목원의 역할이 정리되면 수목원에 담아야 할 주요 기능이 정해지는데, 이때 조성되는 수목원과 업무가 유사한 기관이나 같은 유형의 수목원들과의 포지셔닝을 통해 수목원의 기능 선택과 집중하는 것이 필요하다.

수목원에서의 포지셔닝 목적은 각 기관이 갖는 미션과 수행 업무를 파악함으로써 동일한 식물연구를 위한 시간과 재원 낭비를 방지하고 동시에 조성되는 수목원의 독자성을 확보함으로써 각 수목원이 제 역할을 다하게 하기 위함이다.

해외 수목원들은 앞서 말한 바와 같이 수목원 기능의 세분화와 전문화 등을 통해 선진적 특성화를 지속하고 있다. 그 중에서도 보전기능을 특화한 영국의 왕립큐식물원, 오랜 세월을 통해 식물연구에 집중해 온 독일의 달렘식물원, 어린이 교육의 선도적 역할을 하는 미국의 모튼수목원, 그리고 예술적 주제전시원을 조성한 호주의 크랜번식물원이 수목원 특성화의 대표적인 사례라 할 수 있다.

표 4.4 수목원 역할 분담의 주요 내용

구분	국립	공립	사립	학교
생물다양성 유지 · 보전	●	●	●	●
식물수집	●	●	◎	◎
종자은행 설치	●	◎	○	●
석엽표본실 설치	●	◎	○	●
수목원 특성화	●	●	●	●
전문인력 양성	●	◎	○	●
식물자원화	●	◎	○	●
환경교육	●	●	●	●
상업적 이용	○	○	●	◎
정보화	●	◎	◎	◎
교류협력	●	◎	◎	●

※ 책임 및 참여 정도 : ●대, ◎중, ○소

자료 : 박훈(2013) 수목원 설계전략 연구

그림 4.5 크랜번식물원

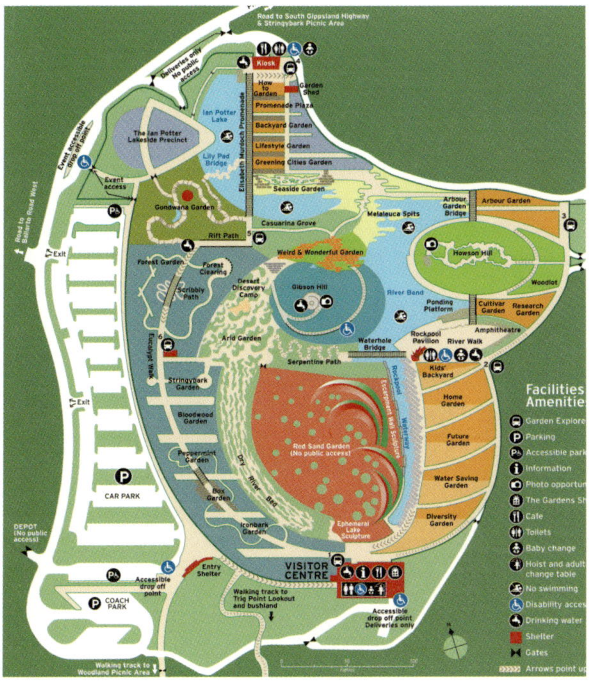

Australian Garden

자료 : 크랜번식물원 가이드북

Display Garden

Red Sand Garden

자료 : http://navercast.naver.com/magazine

2) 미션의 설정(Mission Statement)

수목원에 있어 미션은 학교의 교훈과 같은 것으로 기본적 목적을 강조하면서 수목원이 앞으로 무엇을 성취할 것인가에 대해 보다 명확히 밝히는 것이다. 따라서 전체 수목원을 장기적으로 계획·운영하는데 있어 주요 지향점을 문서로 제시하는 것이라 볼 수 있다. 수목원의 미션에 대해서는 운영자의 생각에 따라 다소 차이가 있을 수 있지만 설정된 미션 아래 목표를 설정하고, 이를 통해 전략계획(Strategic plan)과 실천계획(Action Plan)을 수립하여 그에 따른 활동을 수행하는데, 이는 다기능적이고 많은 인원이 관여된 수목원 운영에 있어 필수적 관리지침이라 할 수 있다. 현재 전 세계 주요 수목원은 목적(Goal)과 목표(Object)를 포함한 미션을 마련하여 그에 따른 실천계획을 수립·활동을 펼치고 있다(산림청, 2010).

미션은 수목원 운영에 관여하는 사람들뿐 아니라 수목원을 방문하는 방문객들과도 수목원의 지향점이 공유되어야 하는 만큼 작성에 신중해야 한다. 때문에 그의 작성에 대해 세계식물원기구(BGCI)는 수목원의 운영 지침서에 다음과 같은 기준을 마련해 두고 있다.

표 4.5 식물원기구(BGCI)에서 제시한 미션(Mission statement) 작성 기준

· 간결해야 함 : 한 페이지 이내로 작성(To be brief : ideally no more than one side of a page)
· 식물원의 목적, 철학 및 목표를 간결하게 서술(concisely state the special purposes, philosophy and objectives of the garden)
· 담당직원, 일반인 및 외부의 잠재적 지지자에게 이해될 수 있어야 함(be understandable to staff, the public, and to external bodies such as potential supporters)

자료 : 산림청(2010) 국립백두대간수목원 조성계획

표 4.6 운영주체에 따른 미션

구분		내 용
국립수목원	전제	업무의 지리적 범위는 전세계
	미션	생물다양성 보전(CBD)과 세계식물 보전전략(GSPC)을 토대로 한 식물다양성과 문화다양성 보전의 조화
공립수목원	전제	지역 내 식물학적 및 문화적 다양성 보전 추구
	미션	지역 내 경관, 식물 및 문화다양성의 체계적인 보전으로 지역민에게 서비스 제공
사립수목원	전제	방문객을 상대로 식물다양성을 활용한 영리 목적이 주 목표
	미션	생물학적 및 문화적 다양성을 기초로 한 국민의 여가활동 수준 향상

자료 : 산림청(2010) 수목원 · 생태숲 전국 권역별 장기발전방안 연구

* 해외수목원의 미션

Kew ROYAL BOTANIC GARDENS

왕립큐식물원
Royal Botanic Gardens KEW : 영국

● 미션

KEW' s mission is to inspire and deliver science-based plant conservation worldwide, enhancing the quality of life

- KEW의 미션은 과학에 기반하여 전 세계 식물의 보전을 고무하고 인도하며 삶의 질을 향상시키는 것이다

국립열대식물원
National Tropical Botaniccal Garden : 미국

● 미션

The mission of the National Tropical Botanical Garden is to enrich life through discovery, scientific research, conservation, and education by perpetuating the survival of plants, ecosystems, and cultural knowledge of tropical regions

- 국립 열대 식물원의 미션은 열대 지역의 식물 생존, 생태계 및 문화적 지식의 영속에 의한 발견, 과학 연구, 보존 및 교육을 통해 삶을 풍요롭게 하는 것이다

Botanic Gardens Trust SYDNEY

왕립시드니식물원
RBG Sydney : 호주

● 미션

To inspire the appreciation and conservation of plants

- 식물의 가치와 보존을 고무한다

3.2 주요시설 설계기준

1) 주요시설 기준

수목원의 목적과 미션, 특성화를 구현하기 위한 도구로써 수목원시설은 기본적 기능인 수집, 전시, 교육, 연구, 보전기능을 만족시키기 위해 해당되는 시설 중 수목원의 특성화방안이나 지향하는 유형에 따라 전문화 등 여러 가지 조성될 수목원이 갖는 변수를 고려하여 단계별로 선별 과정을 거쳐 도입시설을 선정한다.

* 도입시설의 선정과정

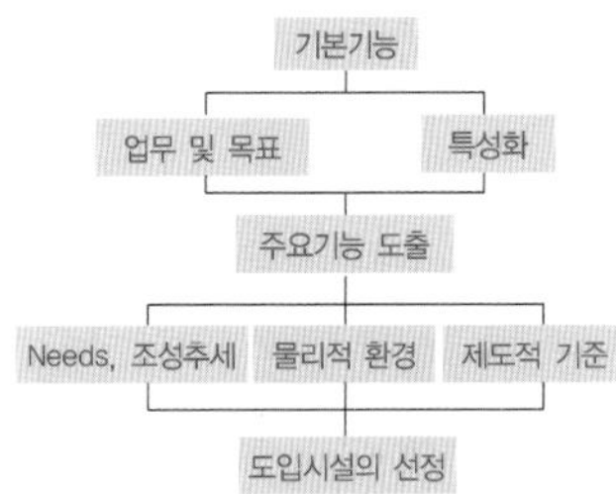

▶ 시설 선정시 고려사항

- 기본 기능 충족(단, 특성화에 따라 도입 기능 규모 조정)
- 수목원의 임무 - 목표 부합
- 특성화 반영
- 제도적 기준 적합
- 대상지의 물리적 여건 고려
- 수요자의 요구, 수목원의 세계적 추세

이 가운데 제도적 기준의 부합성은 일부 사립식물원의 경우 '박물관 및 미술관 진흥법'의 식물자료 수집, 관리, 보전, 조사, 연구, 전시, 교육 기관으로 등록되어 있지만 대부분의 수목원은 '수목원의 조성 및 진흥에 관한 법률'에 의한 수목원으로 등록되기 때문에 상기 법에 의한 기준을 준수해 시설을 도입해야 한다.

* 수목원의 조성 면적은 수목원이 자연상태하에서 수목유전자원의 증식·보존 등의 기능을 수행할 수 있도록 국·공립수목원의 경우에는 10ha 이상, 사립·학교수목원의 경우에는 2ha 이상이어야 한다.

표 4.7 수목원시설의 설치기준

구 분	국·공립수목원	사립·학교수목원
증식 및 재배시설	· 관수시설이 설치된 300m^2 이상의 묘포장 · 100m^2 이상의 증식 온실	· 관수시설이 설치된 100m^2 이상의 묘포장
관리시설	· 국가식물정보망네트워크 구축에 필요한 전산시스템이 설치된 50m^2 이상의 관리사 · 종자저장고 및 인큐베이터가 설치된 연구실	· 국가식물정보망네트워크 구축에 필요한 전산시스템이 설치된 20m^2 이상의 관리사 · 종자저장고 및 인큐베이터가 설치된 연구실
전시시설	· 수목해설판이 설치된 각 300m^2 이상의 교목전시원·관목전시원 및 초본식물전시원 · 자연학습을 위한 생태관찰로와 100m^2 이상의 전시온실	· 수목해설판이 설치된 각 300m^2 이상의 교목전시원·관목전시원 및 초본식물전시원 · 자연학습을 위한 생태관찰로와 100m^2 이상의 전시온실
편익시설	· 주차장·휴게실·화장실·임산물판매장·매점 또는 휴게음식점 등 산림청장이 수목원 운영에 필요하다고 인정하는 시설	· 주차장·휴게실·화장실·임산물판매장·매점 또는 휴게음식점 등 산림청장이 수목원 운영에 필요하다고 인정하는 시설

자료 : 수목원의 조성 및 진흥에 관한 법률 시행규칙(2조1항)

일반적으로 수목원의 주요시설을 기능에 따라 분류하면 다음의 표와 같다. 수목원 시설규모는 법적 기준 이외에 별도로 표준화나 규격된 것이 없기 때문에 조성하려는 수목원의 지향점, 물리적 환경여건, 운영주체의 요구에 따라 탄력적으로 산정하는 것이 필요하다.

＊ 수목원 주요시설

표 4.8 수목원의 주요시설

구 분		기 능
연구/관리	연구실(실험실)	· 식물분류학적 연구, 교육프로그램 및 교재개발 등
	생산온실	· 야외 증식이 불가능한 식물재배, 관리를 위한 시설
	묘포장	· 식물증식을 위한 시설
	장비보관소	· 트랙터, 제초기, 기계톱과 같은 식물관리를 위한 장비 보관
	기상관측시설	· 온도, 일조시간, 기압, 강수량 등을 기록하며, 자료를 식물관리에 이용
	식물관리사	· 식물의 기록, 동정관리 등 모니터링을 위한 시스템 공간
수집/보전	표본실(야외유전자보전원)	· 석엽표본의 보관 · 식물학 연구 및 유전자원 보전
	종자은행	· 식물종자의 생산 가능성을 유지하여 장기적으로 저장 · 주요식물의 현지 외 보전 수단
교육/전시	방문자센터(강의실)	· 수목원 이용안내 및 가이드투어 예약 · 식물에 대한 각종 정보 제공 · 각종 실내 강연 및 교육 프로그램 운영
	도서실(자료실)	· 각종 식물자료, 문헌수집, 보관, 전시
	전시온실	· 실외전시가 어려운 난대 및 열대식물의 전시 · 교육
	주제원	· 각 테마를 갖는 야외 식물 전시원
	표지판	· 수목원 이용객에 대한 안내, 식물해설, 유도, 규제를 위한 커뮤니케이션 도구 · 종합안내판, 유도판, 규제판, 식물표찰(lavel), 식물종 및 생태해설판 등
휴양/편익	휴게소	· 음료, 다과 및 간단한 식사 제공
	기념품판매소	· 수목원 관련 기념품 판매
	화장실	· 탐방로의 거리에 따라 화장실 및 휴게공간 마련

자료 : 산림청(2010) 국립백두대간수목원 조성사업 기본계획을 토대로 재구성

수목원의 주요시설이 갖추어야 할 조건 대해 세계식물원기구(BGCI)에서 마련한 '식물원운영지침(The Darwin Technical Manual for Botanic Garden)(장진성 역, 2000)'을 인용해 설명하면 다음과 같다.

(1) 온실

수목원의 핵심시설 중 하나인 온실은 효율적인 식물재배와 증식을 위해 적정한 온도, 습도, 광도 유지가 필수적 요구조건으로 수목원의 지리적 위치, 지역 기후, 예산에 따라 조성 유·무와 조성 규모가 달라진다.

온실은 크게 방문객 이용이 가능한 전시온실과 식물증식을 위한 생산 온실로 나눌 수 있으며, 전시온실은 식물의 전시와 교육적 역할이 주가 되며 조각품 전시나 방문객을 위한 식당, 기념품판매소, 강의실 등의 기능이 추가되기도 한다.

표 4.9 온실규모 비교

구 분			연면적(m^2)	기능 및 특징
국내	국립백두대간 수목원	알파인하우스	1,000	· 고산식물에 대한 연구 및 전시기능 수행
		연구온실4동	2,302	
		시험재배온실	9,216	
	국립생태원(Ecorium)		21,932	· 최대높이 : 35m · 열대관, 아열대관, 지중해관, 온대관, 극지관, 상설주제전시관, 기획 전시관, 영상관으로 구성
	여미지식물원		12,543	· 온실 전망탑 : 높이 38m · 화접원, 수생식물원, 다육식물원, 열대생태원, 열대과수원으로 구성
	신구대학식물원(에코센터)		1,000	· 제주도 또는 남부 도서지역 식물들을 식재
국외	큐식물원 (영국)	Palm House	2,400	· 주로 열대우림에 서식하는 식물을 전시
		Temperate House	4,800	· 세계에서 가장 아름다운 유리온실 · 아열대 식물을 수집 · 보존
	웨일즈국립식물원 (웨일즈)	The Great Glasshouse	4,500	· 세계 여섯 개 지역의 식물을 전시 · 크기는 가로 110m, 세로 60m로 단일스팬으로 세계에서 가장 큼
	가든스 바이 더 베이 (싱가폴)	Flower Dome	16,000	· 지중해기후와 건조한 아열대기후에 조성
		Cloud Forest	12,000	· 해발 1,000~3,500m 사이의 열대산 지역의 생물 전시 · 폭포가 있는 35m 인공산 조성

그림 4.6 전시온실 사례

국립생태원 에코리움 평면 안내도

국립생태원 에코리움 조감도

국립백두대간수목원 알파인하우스

큐식물원

웨일즈 국립식물원

(2) 주제전시원

식물의 전시는 수목원의 임무와 목표에 따른 식물 수집의 목표와 관련 있어 어떤 식물을 수집할 것인가에 따라 주제 전시원의 구성이 달라진다. 또 주제전시원은 일반인을 고려하여 호기심과 흥미를 유발할 수 있고 미적 측면을 고려해 식물을 전시하게 되는데 그렇기 때문에 많은 식물을 확보하거나 높은 유전다양성을 가질 필요는 없다.

국립새만금수목원의 주제전시원은 임무나 목표를 해안식물 수집과 연구에 두고 있기 때문에 그와 관련된 다양한 해안식물을 중심으로 대중성과 전문성을 3단계 범주로 나누어 구성하였다.

그림 4.7 주제전시원 구성 사례

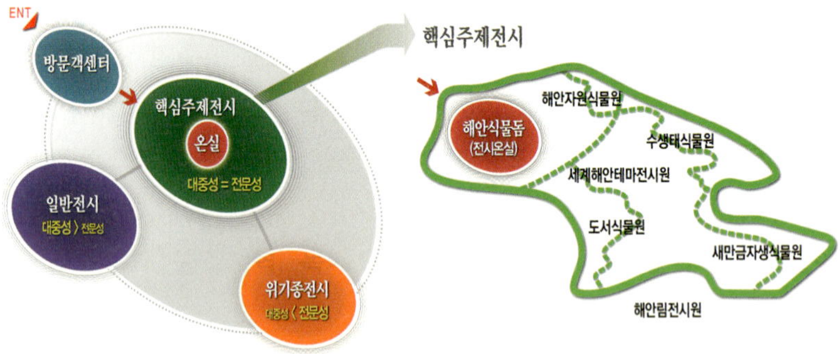

자료 : 산림청(2013) 국립새만금수목원 조성기본계획

자료 : 산림청(2013) 국립중앙수목원 조성기본계획

(3) 연구 · 교육동

식물에 대한 연구와 운영관리에 필요한 업무를 이행하는 공간으로 일반인들의 통제가 필요한 공간이다. 따라서 연구동에 전문가교육공간을 포함할 수 있지만 일반인들을 위한 교육프로그램 운영은 분리하는 것이 바람직하다. 주로 수집식물에 대한 연구와 실험, 그리고 보전공간으로 구성하며 식물관리를 위한 전산시스템이 운영된다.

국립백두대간수목원의 경우는 도출된 수목원의 주제인 '생명의 발원지 SEED'를 고려하여 대규모 종자저장고인 Seed Vault를 별도 조성하였다.

* 국가식물정보망네트워크 구축에 필요한 전산시스템이 설치된 관리사로 국 · 공립은 50m² 이상, 사립 · 학교수목원은 20m² 이상을 그리고 종자저장고 및 인큐베이터가 설치된 연구실을 갖추도록 규정. (수목원의 조성 및 진흥에 관한 법률 시행규칙 2조 1항)

표 4.10 연구 · 교육동 규모 비교

구 분		연면적(m²)	기능 및 특징
국립광릉수목원	연구시설(교육시설)	1,500 (3층) (바닥면적)	· 수목원 실무전문가 연수, 박사 후 연구과정, 인턴연수과정 등을 운영
국립백두대간 수목원	산림체험교육동	1,766 (2층)	· 강당, 전시실, 강의실, 방문자교육실, 사무실, 기념품점, 관찰장비, 기계실
	교육연수동	6,121 (3층)	· 체류형, 회의실, 강당, 레스토랑, 사무실, 객실, 여가활용실
	연구동	12,056 (2층)	· 이상기온 연구실, 연구 · 시청각실(Seed Vault–연면적 1,437m² 별도)
천리포수목원	생태교육관	1,880 (3층) (바닥면적)	· 매년 10명 선발 · 배출 · 수목원 조성 등 관련 업무를 익혀 실무전문능력 겸비

그림 4.8 국립백두대간수목원 연구동 계획 사례

자료 : 산림청(2010) 국립백두대간수목원 조성기본계획

(4) 묘포장

묘포장은 식물이 증식되어 더 이상 보호가 필요 없을 때까지 보호받는 곳으로 처음 1년간 어린식물이 생장하기에 가장 좋은 환경조건을 만들어 주어 생장에 저해가 없도록 하는 것이 중요하다.

포괄적으로는 개방된 땅, 용기, 온실, 피음실 등을 포함하여 환경조절

* 국 · 공립은 관수시설이 설치된 300m² 이상, 사립 · 학교수목원은 100m² 이상을 확보하도록 규정.(수목원의 조성 및 진흥에 관한 법률 시행규칙 2조 1항)

이 가능한 곳을 의미하는데 자동화시설 같은 적절한 관개시설 설치가 필수적이다.

그림 4.9 캔버라 국립 수목원 묘포장 조성사례

묘포식재모습

방풍장치

점적관수

(5) 표찰(lavel)과 표지(signs)

수목원에 있어 표찰, 표지 등 표식시설은 매우 중요한 시설 중 하나로 식물의 정보를 담는 표찰과 방문객에게 수목원에 대해 해설하는 안내표지로 구분할 수 있다.

먼저 식물의 표찰은 수집된 식물의 정확한 정보기록을 담아 식물 동정을 모니터링하는데 필수 요소로 플라스틱이나 금속판 등으로 간단히 제작하는데 최근에는 바코드를 도입하기도 한다. 표지시설은 방문객에게 수목원에 대한 전반적인 정보와 식물에 대한 해설기능을 제공하는데 1단계 : 입구/출구, 2단계 : 구역정보/위치안내, 3단계 : 식물에 대한 해설 등으로 단계를 구분하여 통일된 규격으로 제작하는 것이 바람직하다. 그리고 식물해설은 다음과 같은 사항을 유의하여 작성한다.

＊ 식물표찰

자료 : 장진성 역(2000) 식물원운영지침

＊ 식물안내표지

자료 : 국립백두대간수목원기본계획

그림 4.10 식물해설판 제작 사례

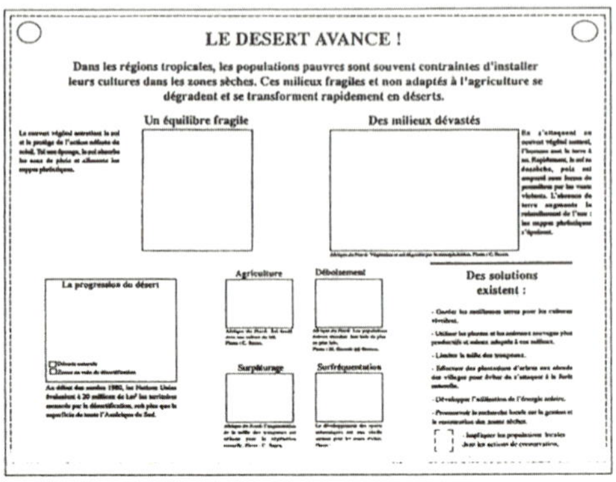

식물해설의 유의사항
· 주제를 분명히 한다. · 간결하게 작성한다. (1분 이내에 읽을 수 있게) · 제목은 주제를 함축한다. · 생동감 있고 쉬운 용어를 사용한다. · 그림을 이용한다.

자료 : 장진성 역(2000) 식물원운영지침

2) 시설배치기준

선정된 시설의 적정배치를 위해서는 수목원이 조성될 주변지역과의 관계와 대상지 내부의 물리적 여건을 고려한 공간구상의 기조를 형성하는 것이 바람직하다. 공간구상의 기조는 효율적인 토지이용과 동선체계 구축을 위한 원칙일 뿐 아니라 공간계획의 설득력을 제고시키기 위한 전제가 되기 때문이다.

수목원 계획은 기조 설정을 토대로 구체적인 배치구상을 하는데 세계식물원기구(BGCI)의 전문가들의 식물원운영지침(The Darwin Technical Manual for Botanic Garden)에는 시설배치시 참고가 될 몇 가지 사항을 다음과 같이 제시하고 있다.

① 수목원은 태양의 움직임과의 관계에 대해 고려해야 한다. 수목원내 각 전시정원에 떨어지는 빛과 그림자 패턴, 조성될 주변 숲의 수직적 구조가 모든 수목원에 영향을 주기 때문인데, 우리나라와 같은 북반구에서는 남쪽에서 수목원에 입장하게 하고 진행을 북쪽으로 하게 함으로써 한낮의 태양이 방문객 뒤쪽에서 진행방향의 전시정원쪽을 비추게

* 여기서 제시하고 있는 사항은 개념적인 패턴으로 이상적인 수목원의 모습을 제안하고 있어 현실적으로 조성되는 수목원의 입지와 대상지가 갖는 물리적 여건에 따라 적용이 곤란 할 수 있다. 따라서 실제 수목원을 계획할 때는 제안된 사항을 기본 원칙으로 삼아 탄력적인 적용이 필요하다.

* 이상적인 수목원의 관람 방향

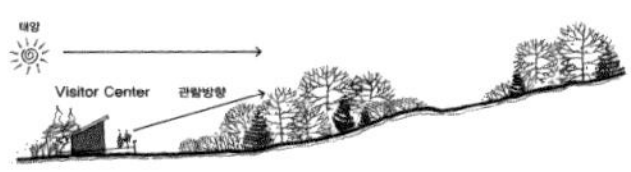

그림 4.11 이상적인 수목원 모식도

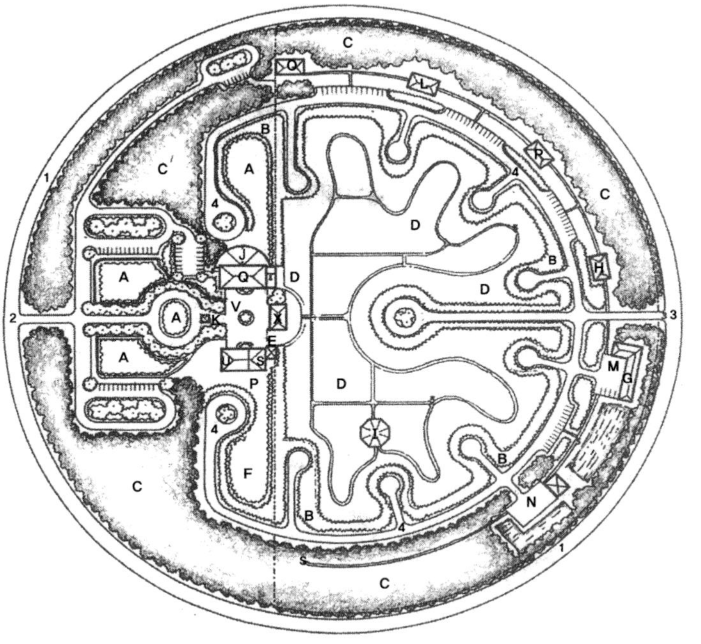

Legend

1 PUBLIC STREET
2 VISITOR ENTRANCE
3 SERVICE ENTRANCE
4 SERVICE ROAD
5 PATHWAY

A AUXILIARY DISPLAY GARDENS
B BUFFER ZONE PLANTINGS
C CONSERVATION HABITATS
D DISTPAY GARDENS
E ENTRANCE GATE AND TICKET BOOTH
F FESTIVAL SPACE FOR TENTS
G GARAGE AND INDOOR STORAGE
H HERBARIUM
I INDOOR GARDENS UNDER GLASS
J AUDITORIUM
K KIOSK DROP-OFF&BUS SHELTER
L LIBRARY
M MAINTENANCE AND STORAGE
N NURSERY WITH V FIELD
O ADMINISTRATIVE OFFICES
P PICNIC AREA
Q CLASSROOMS
R RESEARCH AND BOOKSHOP
S SOUVEIRS AND BOOKSHOP
T TOILETS
U REFRESHMENTS
V VISITOR ARRIVAL COURTYARD
W WEDDING GARDEN
X EXHIBITION/ORIENTATION CTR

자료 : 장진성역(2000) 식물원운영지침

＊ 진입의 구분

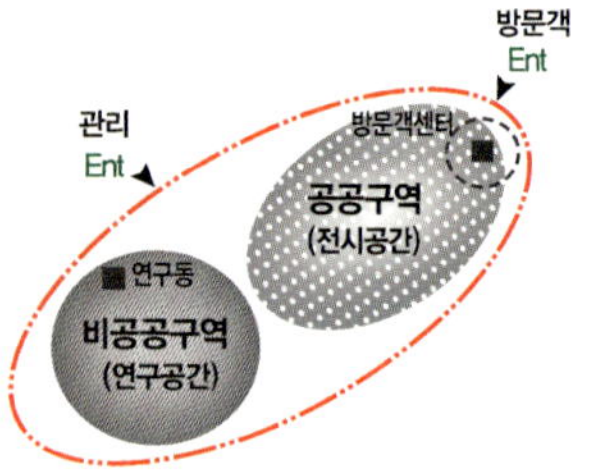

＊ 지형변화를 활용한 구역의 구분

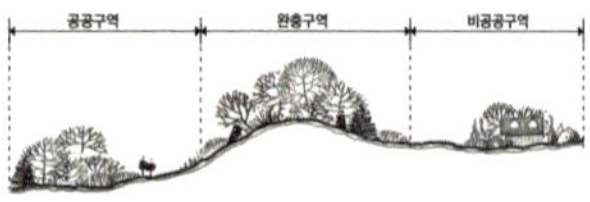

＊ 최근 일부에서는 일반인들의 식물에 대한 중요한 가치를 인식시키기 위해 의도적으로 공공구역의 일부를 공개해야 한다는 의견도 있는 만큼 조성되는 수목원이 지향하는 바에 따라 능동적일 필요가 있겠다.

하는 것이다.

② 수목원의 진입로는 가급적 최소 6.5m를 유지하도록 하며 수목원의 입장을 통제하는 것이 필요하다. 또 입구는 관리 측면을 고려하여 방문객의 입장을 일원화하도록 하되 관리인원의 입구를 별도로 조성하는 것이 바람직하다. 이는 식물연구의 집중도를 높이고 보안을 유지하기 위한 것으로 관리인원을 위한 입구는 가급적 수목원 중앙에 입지시켜 모든 설비관리가 용이하게 하며, 주변으로 연구동과 도서관, 표본관 등이 배치되도록 한다.

③ 방문객 모두가 이용하는 공공구역의 경우 주진입구에 가까이 입지함으로써 방문객의 이용을 용이하게 하는 반면 관리인원의 공간인 비공공구역은 공공구역에서 잘 보이지 않게 한다. 두 구역 사이에 지형을 활용한 언덕을 두어 물리적 경계물을 두거나 충분한 거리를 두어 볼 수 없게 하는 것이다.

④ 수목원이 조성되는 주변으로 수목원의 내부까지 연결되는 자연생육지가 있는 경우 그 자연생육지를 보전하는 것은 지역생태계의 생물다양성 증진에 기여가 가능해진다. 따라서 이러한 자연생육지에서 수목원의 주전시공간까지 그 사이에 한, 두 종의 외래식물을 식재한 전시원을 조성함으로써 완충공간이 형성될 수 있도록 하는 것이 바람직하다.

＊ 자연생육지 연계 보전 방안

⑤ 묘포장은 현재와 미래의 공간에 대한 요구도를 신중히 고려하여 다른 용도로 사용하지 않는 장소를 선택해야 하기 때문에 가급적 수목원의 외곽지역에 배치하는 것이 좋다. 그 밖에 다음과 같은 사항을 고려해야 한다. 배수가 용이한 곳, 개별 식물이 햇빛을 잘 받을 수 있고 관개시설 이용이 용이한 곳, 바람의 영향이 적은 곳으로 한다.

⑥ 동선체계는 차량도로와 보행로를 구분하는 것이 바람직한데, 일반적으로 방문객용 도로, 관리자용 차량도로, 방문객용 소로(관람로), 관리자용 소로로 구분된다. 수목원의 중앙에 위치한 소로의 경우는 폭 2.4m를 유지시켜 비상시에 대비할 수 있도록 해야 한다. 또 방문객의 이동방식은 수목원의 규모와 관련 있는데 도보로만 이동하게 할 것인가, 아니면 별도의 교통수단(전기미니카 등)을 이용하게 할 것인가에 대한 고려를 통해 동선체계를 구축해야 한다. 미니카를 위한 일방향 통행로는 3.2m 폭을 유지하는 것이 바람직하다.

＊ 왕립큐식물원 전기관람차

4. 시설배치계획

4.1 계획의 기조

1) 계획의 원칙

기본구상에서 수립된 미션과 목표, 특성화 등의 목표체계와 선정된 시설을 기준에 따라 실질적 배치계획을 수립하기 위해 먼저 계획의 원칙을 설정하고, 공간구성체계를 정립한 후 토지이용 및 동선체계를 구축하며, 필요에 따라 다양한 측면을 고려한 대안 검토 과정을 거쳐 기본계획 최종안을 작성하게 된다.

국립새만금수목원의 경우 주변용지와의 연계성과 간척지 내에 조성되는 수목원임을 감안하여 최대한 보전요소를 활용하되 제약요인을 극복하는 것을 계획의 원칙으로 설정하였다.

* 계획의 원칙

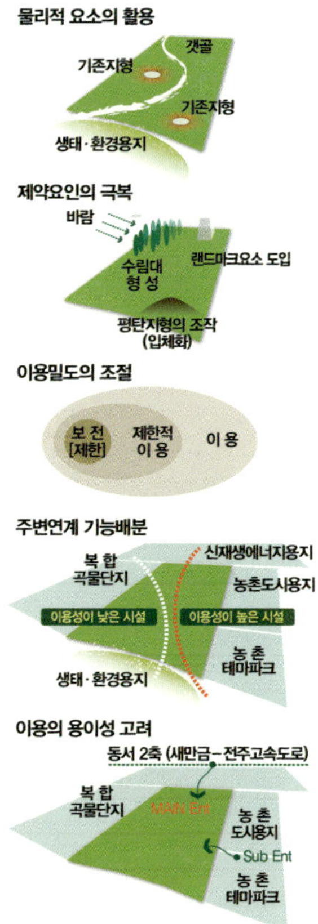

2) 공간구성체계

토지이용과 동선을 비롯한 공간구성체계는 설정된 계획의 원칙을 토대로 구축된다. 이때 앞서 제시한 시설배치 기준을 활용하여 구체적인 체계를 수립하는 것이 필요하다.

다음의 국립백두대간수목원이 설정한 공간체계는 조성의 기본방향을 토대로 각각의 체계를 설정하고 있는데, 국립백두대간수목원의 핵심기능을 발휘하는 중점조성지구는 대표기능을 중심으로 한 지구공간체계와 동선체계, 녹지 및 수체계, 공간 및 시설체계로 layer를 구분하여 공간체계를 완성하고 있으며, 이를 토대로 여러 가지 측면의 대안을 검토하여 최종계획안을 선정하였다.

그림 4.12 공간체계 구상도

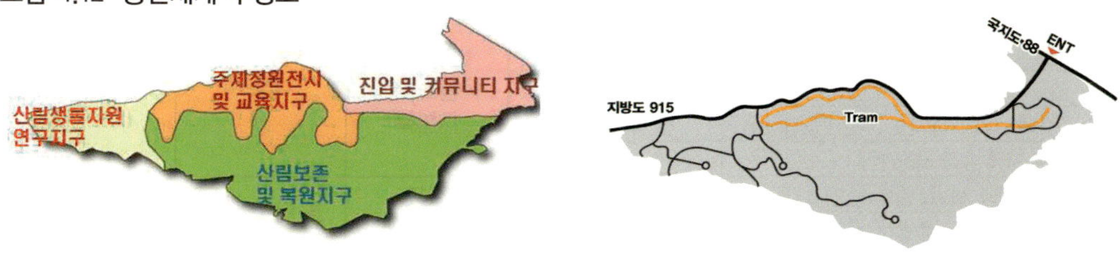

자료 : 산림청(2013) 국립새만금수목원 조성기본계획

4.2 토지이용 및 동선계획

토지이용계획은 수목원법의 시설기준에 따라 증식 및 재배, 전시, 관리, 편익, 공공, 녹지 등으로 구분하는 것이 바람직하다.

국립새만금수목원 조성계획시 제시된 토지이용 구분을 보면 수목원의 지향점인 미션과 목표에 따라 선정된 시설의 특성을 반영하여 증식 및 재배, 전시, 관리, 편익, 공공, 녹지 이외에 휴양·문화를 추가해 구분하고 있다. 이처럼 시설기준에 제시된 구분 이외에 수목원의 특수한 사항을 반영하여 유연성 있게 토지이용을 구분하는 것이 필요하다.

그림 4.13 국립새만금수목원 토지이용계획도

자료 : 산림청(2013) 국립새만금수목원 조성기본계획

그리고 동선계획은 시설배치기준에서도 언급된 것처럼 궁극적으로 수목원내 일반인의 관람과 연구, 관리가 효율적으로 공존할 수 있도록 연구, 관리와 탐방 동선을 구분하는 것이 중요한데, 국립백두대간수목원의 경우는 길게 늘어선 대상형의 부지형을 감안 2개의 방문객 입구와 1개의 관리자 입구를 두어 관리와 탐방을 구분하고 있으며, 204ha에 달하는 규모를 감안하여 방문객의 편익을 위한 트램 동선을 별도로 마련하고 있다.

4.3 시설배치계획

시설배치계획은 구축된 공간체계를 원칙으로 각 시설간 상호연계성 뿐아니라 주변 토지이용과의 연계성, 시설이용 및 관리 효율성을 고려하여 세부적인 배치계획을 수립해야 한다.

그림 4.15는 국립중앙수목원기본계획의 시설배치계획 사례로, 이 국립중앙수목원은 세종특별자치시내 65만m^2 규모로 조성되는 수목원으로 중앙의 호수공원과 중앙녹지와 인접된 도심형 수목원의 성격을 갖는다. 따라서 세종특별자치시라는 입지에 주안점을 두어 상징성을 부각시키고 도심주변과 연계된 휴양기능과 전시기능을 강화할 수 있도록 계획되어 있다.

그림 4.14 국립백두대간수목원 동선계획도

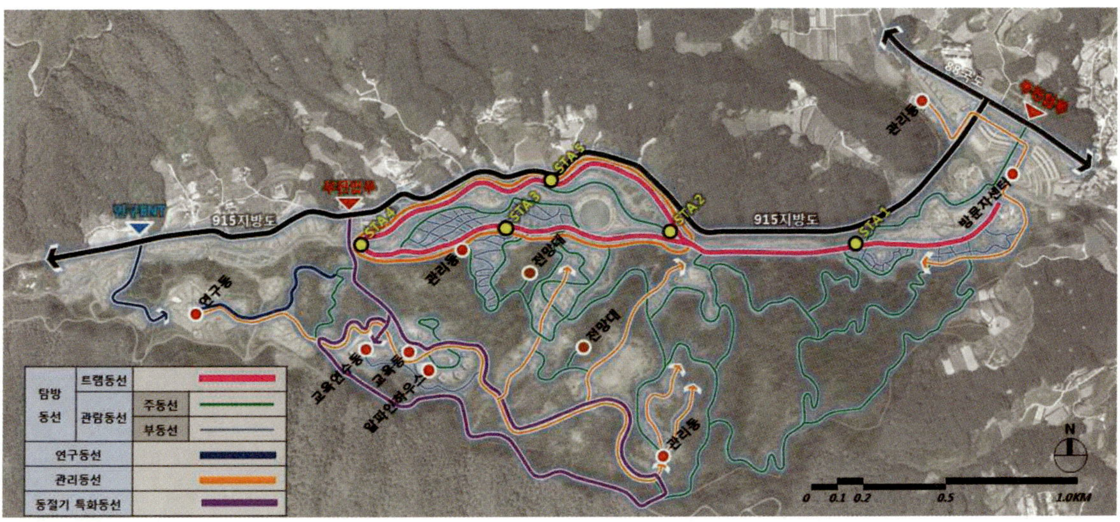

자료 : 산림청(2011) 국립백두대간수목원 조성기본계획

여기서 수목원은 세 개의 지구로 구분하며, 커뮤니티 · 참여활동지구, 정원전시 · 관람지구, 식물교육 · 체험지구로 나누어져 수목원의 주요기능을 분담하고 있다.

* 국립중앙수목원 공간구성체계

자료 : 국립중앙수목원 조성기본계획

표 4.11 국립중앙수목원 주요시설

구 분	주 요 시 설
수집, 전시	감각정원(색채원, 바람소리원, 촉감원, 향기원, 미각원), 한국전통정원(궁궐정원, 별서정원, 민가정원), 분재원(송백원, 상화원, 상엽원, 상과원), 세계정원, 유용식물원(식용식물원, 약용식물원, 염료식물원), 식물분류원(초본식물원, 소관목원), 습지원, 치유원(피톤치드원, 달빛정원, 사군자원), 온대중부도시림, 가로수원
교육	축제정원(공중정원, 수직정원, 생활정원), 어린이정원(까치호랑이원, 캐릭터전시원, 숲모험원, 미로원), 치산녹화원
연구, 보전	다차원 생물다양성동, 연구동, 증식온실, 증식원, 유보지 및 기타
관리	방문자센터, 그린에너지코어, 산림역사박물관, 관리사, 주차장

그림 4.15 국립중앙수목원 기본계획도

자료 : 산림청(2013) 국립중앙수목원 조성기본계획

그림 4.16은 경북 봉화군 춘양면에 입지한 국립백두대간수목원계획의 사례로 '백두대간 생물다양성을 활용하여 사람들에게 즐거움과 지식을 제공하는 수목원'을 미션으로 설정하고 진입 및 커뮤니티지구, 주제정원 전시 및 교육지구, 산림생물자원연구지구, 산림보전 및 복원지구로 나누어 지구별로 물리적인 여건과 지구간의 기능적 연계성을 고려하여 원활한 네트워크가 가능하도록 배치계획을 수립하였다.

표 4.12 국립백두대간수목원 주요시설

지 구	주 요 시 설
진입 및 커뮤니티 지구	방문자센터, 자원식물전시판매장, 자원식물원, 세계문화자원식물원, 민속자원식물원, 약용식물원, 동의보감식물원, 어린이정원, 모험의 숲, 수질정화원, 수변생태원, 참여의숲
주제정원 전시 및 교육지구	침엽수원, 보호수미래원, 꽃나무원, 야생화언덕, 오색정원, 경관초지원, 관상침엽수원, 단풍식물원, 사계원, 진달래원, 백두대간자생식물원, 식물분류원
산림보전 및 복원지구	알파인하우스(전시온실), 교육연수동, 백두대간생태숲, 호랑이숲, 기후변화지표식물원선(선태식물원, 화석식물원), 고산식물원(암석원, 석회암원, 고사초원, 돌담정원), 자작나무원
산림생물자원 연구지구	연구동, SeedVault, 장기저장고, 시험연구포지

그림 4.16 국립백두대간수목원 기본계획도

자료 : 산림청(2011) 국립백두대간수목원 조성기본계획

4.4 주요공간 상세계획

1) 진입공간

진입부는 관람객에게 수목원에 대한 인식과 정보습득에 유리하도록 하며 접근의 용이성을 고려해 주로 어린이나 가족을 위한 테마공간으로 구성하고, 이해하기 쉽고 흥미로운 시설 위주로 배치하는 것이 바람직하다.

국립새만금수목원의 진입공간은 문화서비스지구로 구분하여 수목원의 정보제공뿐 아니라 각종 편익, 일반인의 식물교육이 이루어지도록 방문객센터를 구성하고 있으며, 방문객센터 전면부는 수목원의 인상을 결정하는 공간임을 감안하여 새만금의 역사문화 요소를 스토리를 갖는 조형정원으로 조성함으로써 지역문화의 인식제고에 기여하는 국립수목원으로서의 역할이 가능하도록 하였다.

그림 4.17 국립새만금수목원 진입공간(문화서비스지구) 계획

문화서비스지구 상세계획도

어린이정원스토리텔링

방문객센터 조감도

자료 : 산림청(2013) 국립새만금수목원 조성기본계획

2) 주제전시공간

주제전시공간은 사실상 수목원내 방문객을 위한 핵심공간으로 테마를 갖는 주제전시의 거점 역할을 한다. 따라서 대부분의 수목원들이 가장 많은 주제원을 다양하게 조성함으로써 수목원의 수집과 전시를 위한 핵심공간 역할을 할 수 있도록 하는데, 여기서 중요한 것은 연구를 위한 수집공간과 방문객을 위한 전시원을 조화롭게 배치함으로써 연구와 관람의 균형을 이루도록 하는 것이다.

그림 4.18 국립백두대간수목원 주제전시공간 상세계획

▶보호수미래원
- 조성방향
  - 보호수, Bigtree, 천연기념물(식물) 등 국내 보존가치가 높은 우수 개체목의 무성 증식 또는 종자증식을 통한 수집 보전
- 대표수종
  - 창덕궁 뽕나무, 화성 전곡리 물푸레나무, 양평 용문사 은행나무, 봉화 550년생 철쭉나무 등
  - 청송 홍원리 오동나무, 거창 당산리 당송, 강진 성동리 은행나무, 금산 보석사 은행나무 등

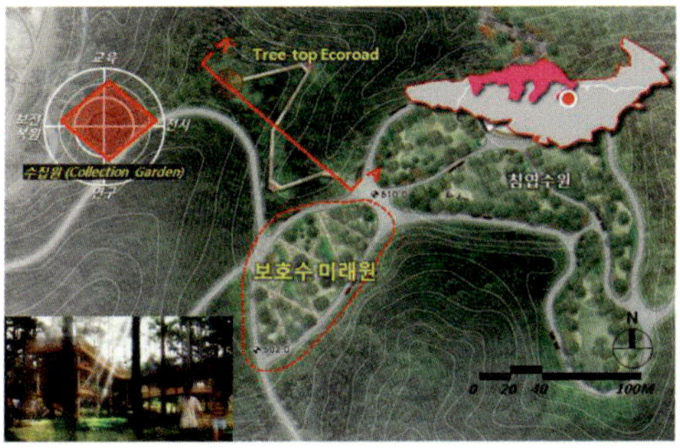

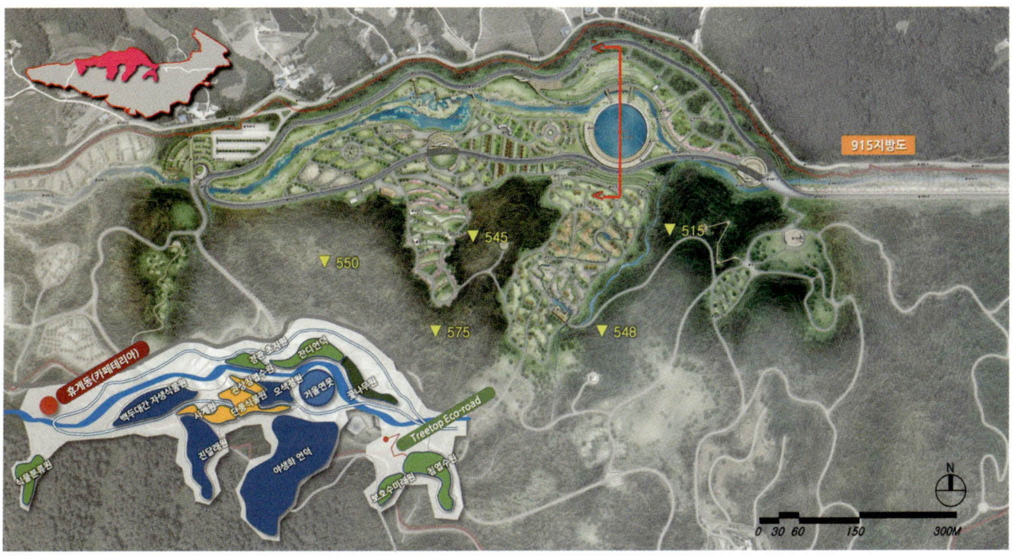

자료 : 산림청(2010) 국립백두대간수목원 조성기본계획

국립백두대간수목원의 주제전시공간은 보호수미래원, 꽃나무원, 거울연못, 잔디언덕, 야생화언덕, 오색정원, 경관초지원, 관상침엽수원, 단풍식물원, 사계원, 진달래원, 백두대간자생식물원, 식물분류원, 수생태전시원으로 구성되어 있으며, 관람뿐 아니라 교육의 테마를 갖는 중심거점지역으로 계획되어 있다. 또 주변의 연구지구와 서로 연계되도록 공간을 구성하고 있다.

국립중앙수목원의 주제전시공간은 정원전시·관람지구는 수목원 중앙부에 입지하여 한국전통정원, 분재원, 세계정원의 3개 주제원을 조성, 핵

그림 4.19 백두대간 자생식물원

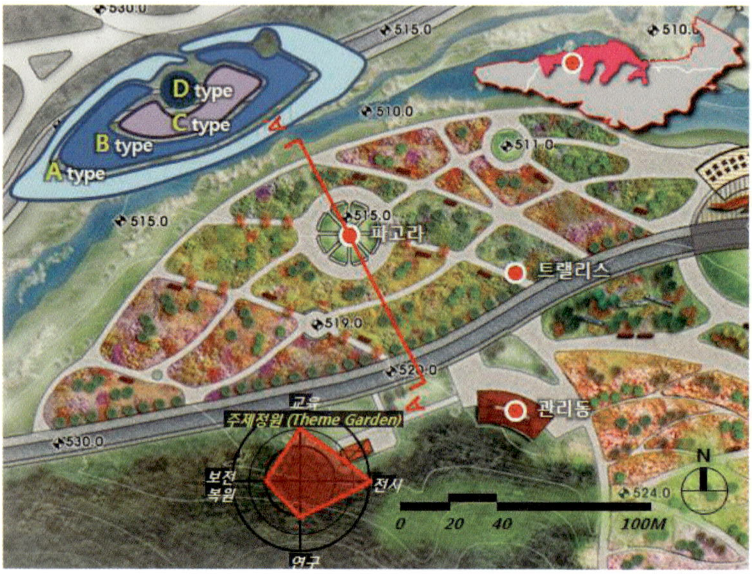

자료 : 산림청(2010) 국립백두대간수목원 조성기본계획

• 조성방향
- 백두대간 자생식물 전시로 백두대간의 생태적 가치와 생물다양성의 의미를 전달하는 공간
• 목표종
- 백두대간 자생식물의 수집 · 전시 (전체 자생종의 90% 수준)
A type (교목) : 물푸레나무, 말채나무 등
B type (관목) : 산앵두나무, 검노린재나무 등
C type (초본) : 용머리, 송장풀, 산속단 등
D type (희귀 · 특산) : 꼬리진달래, 노랑무늬붓꽃, 털댕강나무 등

그림 4.20 국립중앙수목원 축제정원 상세계획

자료 : 산림청(2013) 국립중앙수목원 조성기본계획

▶ 축제정원
• 공중정원
- 만경목 식물의 특성을 이용하여 주택의 테라스 등 도시경관 향상 방안 제시 : 약 120종의 목표종
• 수직정원
- 공간이 제한적인 도시내에서 수직정원의 다양한 연출기법 및 활용방안을 전시 · 관람하는 공간으로 조성 : 약 110종의 목표종
• 생활정원
- 생활공간에 어울리면서 실생활에 활용 가능한 정원을 소개, 정원 문화에 대한 관심 제고에 기여 : 약 200종의 목표종

심전시지구로서의 상징성을 부각시키고 있다.

국립중앙수목원은 전체 13개의 주제원을 3개의 지구로 구분하고 있으며 도심형의 성격을 갖는 수목원인 만큼 연구를 위한 수집·전시보다는 각 지구의 관람이용 비중을 각 지구에 고르게 두고 있다. 국립중앙수목원의 13개 주제원 중 축제정원을 보면 박람회 등 식물 관련 문화행사 개최를 위한 공간뿐 아니라 주택정원에 적용이 가능한 정원모델을 전시하고 있어 도심형 수목원의 모범적 형태를 제시하고 있다.

3) 연구공간

수목원의 연구공간은 시설배치기준에서 언급된 바와 같이 관람객 이용공간과의 분리를 통해 수목원에서 수집된 식물자원의 보안과 집중적인 연구활동이 가능하도록 하는 것이 바람직하다.

사례는 국립백두대간수목원의 산림생물자원 연구지구는 수목원 서쪽 끝에 입지시켜 탐방객과의 분리를 통해 독립적인 연구활동이 가능하도록 했으며, 다양한 실험 연구 분야나 국립백두대간수목원의 주 테마인 Seed Vault를 연계 배치시켜 수집과 연구의 기반환경이 조성되도록 하였다.

＊ Seed Vault의 기능

유전자원종합관리

지구종말대비

생물다양성확보

멸종위기식물 보호

그림 4.21 국립백두대간수목원 연구공간(산림생물자원연구지구) 상세계획

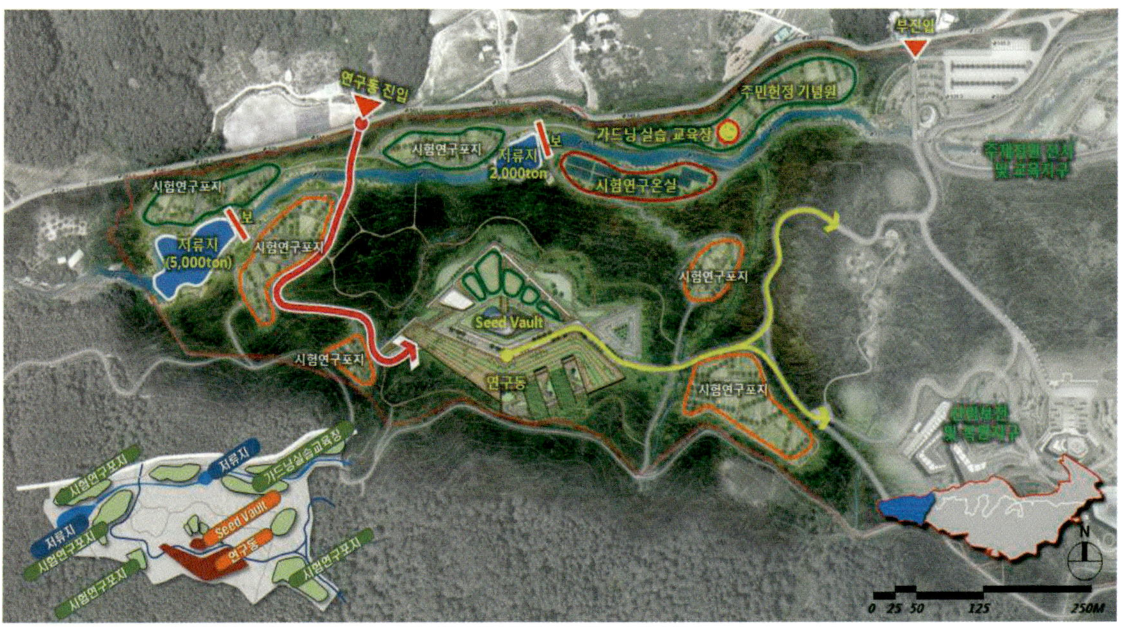

자료 : 산림청(2010) 국립백두대간수목원 조성기본계획

4.5 전시해설계획

전시해설계획의 목적은 방문객들에게 식물에 대한 가치를 효과적으로 인식하고 교육하기 위한 것으로 어떠한 흥미로운 구성으로 방문객들에게 식물해설에 관심을 갖도록 하고, 또 오랫동안 기억에 남도록 할 것인가가 주안점이라 할 수 있다.

그림 4.22 국립백두대간수목원 전시해설계획 스토리라인 제안

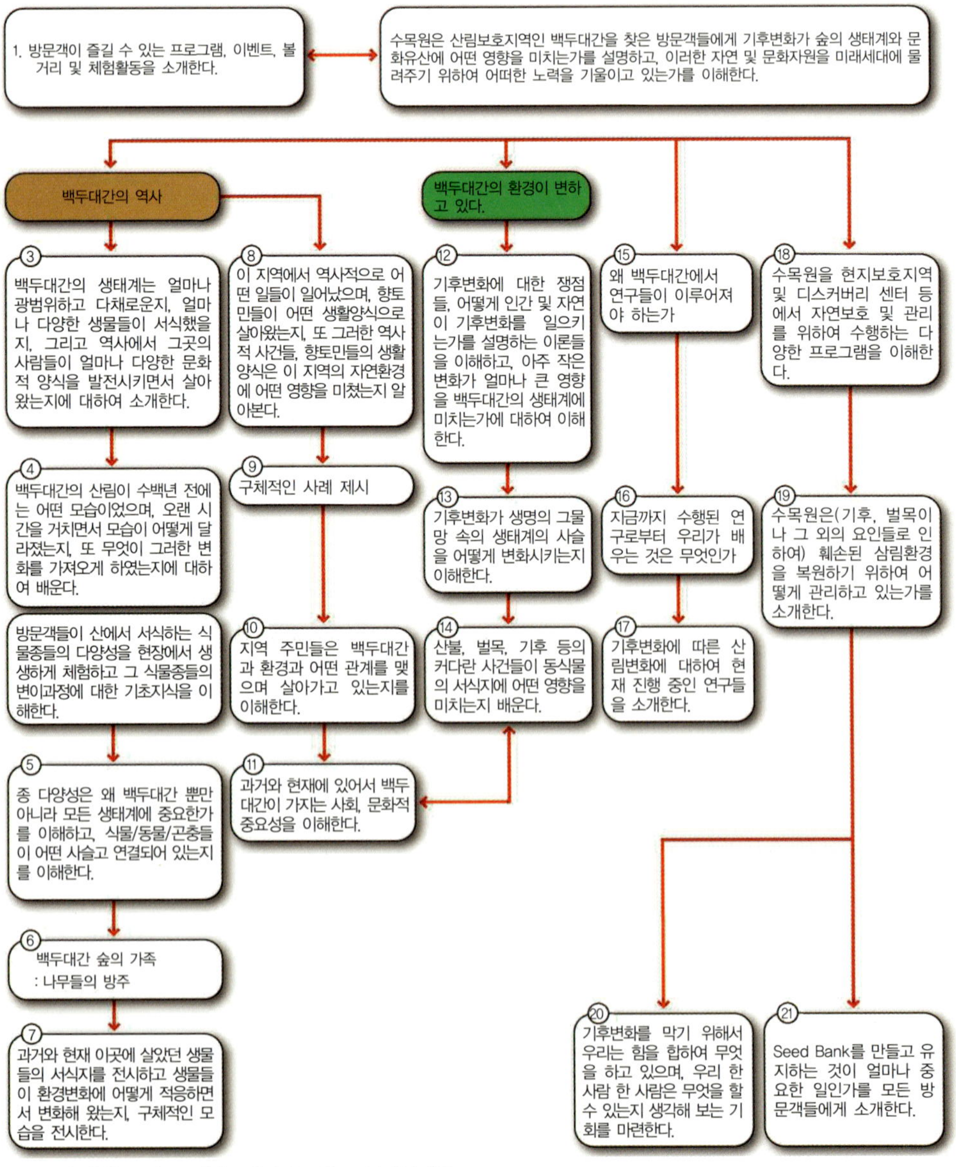

자료 : 산림청(2010) 국립백두대간수목원 조성기본계획

국립백두대간수목원에서는 기존 산림지역의 전시해설계획의 목적을 수목원에 오는 모든 방문객에게 백두대간과 관련하여 일상생활에서 산림자원의 역할에 대한 인식을 함양시키기 위한 것이고 주테마를 산림보존지역인 백두대간의 기후변화가 숲생태계나 백두대간과 연관된 문화자원에 어떠한 영향을 미치는지에 대해 이해하고, 자원을 관리하고 보전할 수 있는 방법에 대해 생각하자는 취지의 그림 4.22와 같은 스토리 라인을 형성 전시해설계획을 제안했다.

5. 전망 및 과제

21세기 삶의 질을 추구하는 사회적 패러다임 변화는 관광패턴에도 영향을 미쳐 과거 단순히 보고 즐기는 여행에서 자연을 향유하며 체험하는 헬스 투어리즘으로 변화되었다.

관광패턴의 변화는 수목원을 찾는 수요로 이어져 우리나라 전역에 걸쳐 국·공립을 비롯한 사립수목원 조성 여건을 마련하고 있는 데 이러한 양적 팽창은 여러 부문에서 고무적인 현상이다. 그러나 한편으로는 여러 전문가가 지적하고 있는 명확한 미션 및 특성화 부재와 전문인력 부족, 석엽표본실 미비, 실용화 연구 부재 등 여러 문제점이 상존하는 것도 사실이다.

1990년대 본격화된 환경변화대응에 대한 논의는 곧 생물다양성협약(CBD)을 발효시키며 세계생물다양성 보전, 생물다양성의 지속가능한 이용, 유전자원에서 발생하는 이익의 공평한 배분 목적을 달성하기 위해 다양한 전략계획을 수립했고, 시간이 지나면서 더욱 강력히 진화하고 있다. 결국 이러한 여러 가지 협약은 지구의 환경변화로 위협받는 생물종을 보전하려는 국제사회 생존 노력이지만 그 이면에는 생물유전자원에 대한 소유권을 지켜 국익을 챙기려는 정치적 계산도 내포되어 있다.

수목원은 그 보이지 않는 생물유전자원 전쟁의 전지기지이다. 아직까지 우리는 길지 않은 수목원의 역사와 여러 가지 시행착오로 많은 것을 준비하지 못한 상태에서 이 시대를 맞았다. 따라서 현재 수목원의 양적 팽창에 만족할 것이 아니라 질적 성장을 위한 노력을 통해 국제사회에 대응해야 한다.

본 장에서는 우리나라 수목원의 체계적 조성을 위한 한 단계로 실무에 적용할 수 있는 계획기준을 마련하는 데 의의를 두고 있지만 많은 부분을 외국의 설계기준을 인용하는 한계를 갖고 있다. 수목원은 무엇보다 시간의 미학이 만드는 공간인 만큼 오랜 시간을 갖고 수목원이 조성될 수 있도록 접근해야 많은 것을 얻을 수 있다. 따라서 앞으로 다양한 수목원 조성으로 축적될 기술을 반영함으로써 국내 수목원에 적용할 수 있는 최적의 기준이 마련되어야 할 것이다.

05. 동물원

김종국

1. 서론
2. 동물원의 개념과 사례
3. 조성기준 및 원칙
4. 동물원 계획·설계
5. 전망 및 과제

1. 서론

* 우리나라에서 2000년대 이후 대부분의 동물원 계획이나 설계는 신규 동물원 조성보다는 기존 동물원의 전체 또는 일부 구역에 대한 문제점을 개선 · 보완하는 경우가 많았다. 따라서 본 동물원편의 내용에서는 서울대공원 토종생태동물원 기본계획 및 실시설계, 서울대공원 재조성(Renewal) 기본계획 및 기본설계, 대전동물원 중장기 발전계획 등의 사례를 참고하여 동물원 조성에 있어 필수적으로 고려해야 할 계획기준과 원칙을 위주로 기술하고자 한다.

최초의 공공동물원인 런던동물원이 19세기에 설립된 이후 오늘날까지 생명의 모든 분야에 걸친 방대한 조사·연구를 통해 지식이 축적되어 생명과학의 비약적 발전을 이룩하였다. 그러나 이러한 발전과 동시에 발생되고 계속 증대되어 온 것이 있는데, 바로 인간 이외의 생물종과 그들의 서식지 및 그들이 포함된 생태계에 대한 위협이 그것이다.

그림 5.1 변화하는 동물원

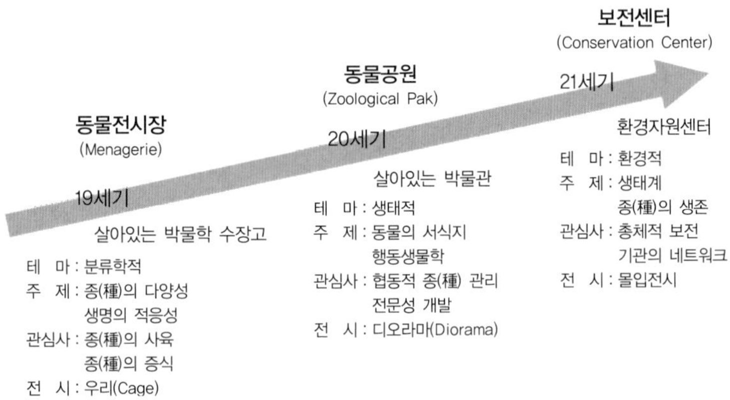

자료 : 동물원의 진화(세계동물원 보전전략)

이러한 위협은 전 세계에 걸쳐 현재까지도 계속 증대되고 있다. 이에 따른 자연환경과 생태계 및 보존에 대한 관심 증가는 인간사회와 환경에 중요한 영향을 미치게 되어 생물종을 보존하는데 있어 서식지내 및 서식지외 보전의 통합기관, 일반 대중과 보전 전문가, 보전기관 사이의 연결고리(Network)로서 동물원의 역할이 그 어느 때보다 중요하게 부각되고 있다. 또한 동물복지에 대한 사회의 관심과 요구도가 높아지고 동물학대에 대한 사람들의 거부감이 증대되면서 동물원 시설과 관리에 있어 동물복지가 최우선의 고려사항이 되고 있다.

오늘날 세계의 동물원들은 단순히 구경거리를 제공하는 곳에서 탈피하여 고차원의 복합적이고도 전문적으로 관리되는 '보전'을 중심주제로 하는 '보전센터'로 변모해가고 있다.

2. 동물원의 개념과 사례

2.1 동물원의 개념과 정의

과거의 동물원은 살아있는 동물을 수집하여 사육·번식시켜 이용객들에게 관람시키는 사회교육기능 위주였으나 현대에는 동물이 지닌 야생 본연의 삶을 보장하는 터전이 되도록 그 배열과 전시법에 있어서 생태적 연계성이 구현되어 동물원이란 것이 종래의 구경거리 위주만의 시설이 아니라 현대인들에게 동물을 통하여 자연의 일원으로서 자기 자신을 되돌아보게 하고 인간이 지닌 자연에의 갈망과 인간성 회복에의 강한 욕구를 충족시키는 장소로서 그 개념이 바뀌어가고 있다.

＊ 동물원 관련 법규

- 도시계획시설의 결정·구조 및 설치기준에 관한 규칙 제58조(유원지의 구조 및 설치기준) 2항 4호 특수시설에 해당
- 도시공원 및 녹지 등에 관한 법률 제2조(정의) 4호 "공원시설" 바목의 교양시설
- 도시공원 및 녹지 등에 관한 법률 시행령 별표 1 공원시설의 종류(제3조 관련) 3. 유희시설에 해당
- 관광진흥법 시행규칙 별표 15 관광지 등의 시설지구 안에 설치할 수 있는 시설(제55조 제2항 관련)로 휴양·문화시설지구 내에 설치할 수 있는 시설(동물원)

2.2 동물원의 역사

1) 세계 동물원의 역사

고대에는 동물원이 지배계급을 위한 시설이었으며, BC 1200년경 중국 주나라의 무왕이 정원에 호랑이, 사슴, 코뿔소 등 대형 동물과 새, 큰 뱀, 거북 등을 사육했으며 지식의 원(園)이라 불렀고, 고대 그리스에서는 학문적 견지에서 동물을 사육하였으며 아리스토텔레스(BC 384~322년)는 동물원에서 동물을 열심히 관찰하여 세계적으로 유명한 저서인 「History of Animal」을 저술하였다.

현존하는 세계 최고(最古)의 동물원은 마리아 테레사(Maria Theresa 1717~1780, 헝가리 보헤미아 女帝, 오스트리아 皇女)가 설립한 오스트리아 빈의 쇤브룬동물원(Tier Garten Sohon Brun)으로 처음에는 일반시민에게 공개되지 않았으며, 1765년 조셉 2세가 일반시민들의 요구와 과학교육의 중요성을 인식하여 시민에게 완전히 개방하였다. 이 역사적인 동물원은 현재도 옛 모습을 그대로 지닌 기념물처럼 보존되어 있다.

＊ 쇤브룬동물원(입구)

현존하는 세계 최고(最古)의 동물원

19세기 들어와 근대적인 동물원이 계속 등장했으며, 이들은 일반시민의 주도하에 설립되었고, 1828년 런던의 리젠트공원에 설치된 런던동물원(London Zoological Gardens, Zoological Society of London)이 그 예이

다. 1830년 이후 동물의 수가 급증하여 전시방식과 동물생태, 그리고 관람의 편리를 고려하여 세계 최초로 파충류관(1848년), 수족관(1853년), 곤충관을 만들었다. 'Zoo'라는 말은 런던 시민이 'The Zoological Garden'을 줄여서 즐겨 호칭한데서 유래한다. 이것은 동물원이 일부 특권계급의 전유물에서 시민의 것이 되었다는 표현이다.

19세기 전반에 등장한 동물원 9개 중 5개가 영국에 설치되었고, 기타는 네덜란드, 독일, 벨기에 등에 설치된 것으로 볼 때 런던동물원의 영향력을 알 수 있다. 19세기 후반 유럽에서 시작한 근대 동물원이 아시아, 미국, 남미, 오스트레일리아 지역으로 퍼져나갔으며, 미국은 19세기 후반에 집중적으로 발달했으며 웅대하고 자연친화적인 동물원으로 발전하였다.

2) 우리나라 동물원의 역사

우리나라 최초의 동물원은 순종 황제 때인 1909년 조성된 서울 창경원 동물원(서울대공원 동물원)으로 동양에서는 도쿄의 우에노동물원(1882년)과 교토동물원(1903년), 베이징동물원(1906년)에 이어 네 번째였다.

2.3 동물원의 기본 역할과 임무

1) 전시(Recreation & Exhibit)

동물원은 단순히 야생동물을 전시한다는 개념에서 벗어나 야생동물에 대한 이해와 생태학적 인식을 보여줄 수 있어야 하며, 이는 최대한 자연적 방법으로 동물들에 가장 적합한 생태적 기후환경을 만들어 주는 것이다. 따라서 동물원은 관람객에게 인간이 아닌 동물들의 세계에 대한 경험을 줄 수 있어야 한다. 이를 통해 동물원을 찾는 관람객에게 자신을 둘러싸고 있는 자연환경에서 도시생활로 인한 피로를 풀면서 즐길 수 있는 여가공간이 되어야 한다.

2) 교육(Education)

동물원은 동물의 가치와 아름다움을 보여줄 뿐 아니라 동물의 생태적·신체적 적응과정을 설명할 수 있는 생생한 교육장소이며, 동물과 그들의 서식환경 역할과 보존의 중요성에 대한 대중의 인식을 이끌어내고 이를 통해 생명체에 대한 경이와 감사를 배울 수 있는 곳이어야 한다.

3) 보전(Conservation)

급격한 서식지 파괴와 이로 인한 많은 종의 개체수 감소로 멸종위기 종들의 생존을 위해 서식지 외 장소인 동물원의 야생동물보전 역할이 증대되고 있다. 동물원의 종에 대한 증식 노력은 멸종위기에 있는 동물들을 구하고, 나아가 자연으로 되돌려 보내는 생태계 복원 프로젝트의 기반이 된다.

4) 연구(Research)

동물원은 동물의 분류학적, 형태학적, 행동학적 연구뿐 아니라 번식, 유전, 서식지 복원을 위한 연구활동을 지원하고 관리해 나가야 할 중요한 역할을 지니고 있다.

2.4 동물원 조성 사례

1) 브롱스동물원(Bronx Zoo, NY)

콩고 고릴라숲

바다새 전시장

- 위치 : 미국 뉴욕주 브롱스(Bronx)
- 면적 : 1,060,000m^2(약 320,649평)
- 특징 : 미국 내 가장 큰 동물원으로 멸종 직전의 동물들을 다수 보유하고 있으며 특히 콩고관, 타이거마운틴 등 Renewal사업에 꾸준히 투자하고 있다. 특히 동물원 내 동물병원은 뉴욕주 4개소 동물원의 중심(Hub) 동물병원 역할을 하고 있으며, 2005년에 약 100억 원을 투자하여 리모델링하고 있다.
- 주요 관람거리(Attractions)
  · 콩고 고릴라 숲(Congo Gorilla Forest), 타이거 마운틴(Tiger Mountain)
  · 히말라야 고지대 서식지(Himalayan Highlands Habitat)
  · 실내 아시아 열대우림(Indoor Asian Rain Forest)

2) 애니멀 킹덤(Animal Kingdom, Orlando, FL)

마하라자 정글트랙

다양한 공연

- 위치 : 미국 플로리다주 올랜도
- 면적 : 약 2,023,000m^2(약 611,954평)
- 특징 : 1998년 4월 Magic Kingdom, EPCOT, MGM Studio에 이어 4번째로 문을 연 월트디즈니월드(WDW)의 테마공원 중 하나로 사파리, 다양한 공연, 다양한 동물전시, 놀이시설 등으로 구성되어 있다.
- 주요 관람거리(Attractions)
  - · Discovery Island : 생명의 나무, 3D영화 등
  - · Camp Minnie-Mickey : 다양한 쇼(Show) 및 축제 등
  - · Dino Land U.S.A : 타잔 록(Tarzan Rocks), 공룡탐험 등
  - · 아시아존 : 마하라자 정글 트랙, 칼리강 급류타기 등
  - · Rafiki's Planet Watch : Conservation Station, Wildlife Express Train 등
  - · 아프리카 : 사파리, Pangani Forest Exploration Trail 등

3) 헨리 도얼리 동물원(Henry Doorly Zoo, Omaha, NB)

펭귄전시장

Desert Dome

- 위치 : 미국 네브래스카주 오마하
- 면적 : 약 445,000m^2(약 134,611평)
- 특징 : 네브래스카 주정부 지원을 거의 받지 않고 자원봉사, 회원가입, 기부금 등의 여러 제도를 통하여 이윤을 남기는 미국의 얼마 안되는 동물원 중의 하나로 자체 설계, 제작팀을 운영하고 있다. 동물종 보존센터와 식물종 보존연구소에서 종 보존 및 연구를 수행하며, 수족관에는 자체개발한 염수를 사용하고 있다.
- 주요 관람거리(Attractions)
  - · 허버드 고릴라 계곡(Hubbard Gorilla Valley)
  - · Desert Dome & Kingdoms of the Night
  - · 라이드 정글(Lied Jungle)
  - · 스코트 아쿠아리움(Scott Aquarium)
  - · 로지어 아이맥스 영화관(Lozier IMAX Theater)

4) 샌디에이고 야생동물원(San Diego Wild Life Animal Park)

황새섬

모노레일

- 위치 : 미국 캘리포니아주 샌디에이고
- 특징 : 아프리카 대평원을 연상하게 하는 광활한 면적에 동물들을 전시하고 모노레일을 타고 이동하면서 관람(운전자 겸 안내원이 설명)하도록 하였으며, 방사가 어려운 동물들은 동물원 입구부에 집중 전시하였다.
- 주요 관람거리(Attractions)
  - 사파리(모노레일로 1시간 소요, 운전자 겸 안내원의 설명이 인상적임)
  - 공룡서식지(Dino Mountain, 캘리포니아 콘돌 등 전시 : 입장권 별도)
  - 아프리카의 심장(치타, 여우 등 전시, 기린먹이주기 체험 등)

5) 우드랜드공원 동물원(Woodland Park Zoo)

- 위치 : 미국 워싱턴주 시애틀 59번가 우드랜드공원 내
- 설립년도 : 1899년
- 면적 : 92에이커, 보유동물 300종 1,000여 마리
- 특징 : 세계 최초로 생태동물원이라는 개념을 도입하여 동물사를 리노베이션하였다. 1976년 장기발전계획을 수립한 후 생물기후학적 구역으로 구분하여 동물을 전시중이며, 2002년 2차 장기발전계획을 수립하여 지속적으로 리노베이션을 진행하고 있다.

주동선(Main Loop), 구역별 이동동선, 동물사별 관람로로 명확한 동선의 위계가 구분되어 관람의 효과를 높이고, 이용자가 선택할 수 있는 융통성을 제공하며, 지역의 문화와 접목시킨 특화된 전시공간을 재현함으로써 관람객에게 그곳에 가 있는 듯한 느낌을 주어 관람효과를 극대화시키고 있다. 특히 사바나지역 관람구역에는 아프리카 원주민 학교 및 마을을 재현하고 열대아시아에는 태국의 전통마을을 조성함으로써 관람객들이 고유한 경관에 몰입하여 관람할 수 있도록 하고 가능한 사계절 내내 동물들을 야외에 전시할 수 있도록 온돌이나 바람을 막을 수 있는 쉘터를 설치하였다. 특히 로랜드고릴라 전시장은 우드랜드동물원 전체의 대표 동물사로 사계절 내내 옥외전시가 가능하다. 그리고 종보전을 위한 지역으로 보전지역(Conservation Yards)을 별도로 두고 관람로에서 떨어진 조용한 곳에 위치토록 하여 번식에 방해받지 않도록 배려하였다.

온도유지를 위한 천장의 특수조명

바닥온돌 및 쉘터

3. 조성기준 및 원칙

3.1 성공적인 동물원 계획 · 설계의 원칙*

* 본 글은 Zoo Design(2005년 3월) Jones & Jones Architects and Landscape Architects, Ltd.(Grant R. Jones, ASLA and David J. Matthews, AIA and Christopher L. Overdorf, ASLA, APA)의 주요 내용을 정리한 것이다.

* 현재 동물원에 대한 국내의 제도적 시설기준은 별도로 마련되어 있지 않다. 동물원은 살아 있는 생물자원을 바탕으로 동물원의 역할과 임무(전시, 교육, 보전, 연구)를 극대화하고 동물원 조성에 있어 가장 중요한 도입요소인 동물의 전시개체 수(암/수/새끼 포함) 결정, 증식(번식)을 위한 보유개체 수 결정, 전시방법 등의 결정 등을 할 수 있도록 관련 전문가(사육사, 큐레이터 등을 포함한 전문 종사자 포함)의 참여가 무엇보다도 중요한 시설이다.

1) 리얼리즘(Realism)

리얼리즘은 기본적으로 시뮬레이션을 할 이상적인 환경(동물서식지)에 대한 조사로부터 시작되며 어떤 환경(동물원 또는 동물 서식지)은 일상적으로 볼 수 있는 형태(디자인)와 다른 지역적 특색을 필요로 할 수 있다. 전시공간 내에 돌, 식물, 물과 같은 가장 기본적 요소와 소리, 냄새와 같은 것들을 재현함으로써 관람객으로 하여금 동물들의 우리 밖에 위치한 인간의 세상에서 그들을 바라보는 느낌을 주기 보다는 관람객이 실제로 동물들의 서식지에 들어와 그 일부가 된 느낌을 주도록 한다.

토속건축물처럼 문화적으로 독특한 요소나 원래 서식지의 고유 식물을 이용한 조경을 통해 재현하려고 하는 이상적인 환경을 모방해낼 수 있다.

그림 5.2 브롱스 동물원

콩고관 : 영화를 본 후 스크린 뒤편으로 고릴라 시장(공간) 연출

사실적으로 현지(콩고) 서식처 연출, 일부 재료는 현지에서 가져옴

2) 경관에의 몰입(Landscape Immersion)

동물을 직접 체험하는 것이 목적이라면 관람객은 그 환경의 일부가 될 필요가 있으며, 각각의 동물들은 그 각각 생태계의 일부이므로 경관뿐만 아니라 동물의 생활에 대해서도 알아야 한다.

경관에 몰입한다는 것은 동물의 환경을 동물의 시각으로 접근하는 것을 의미하며, 이는 관람객이 그들의 안전구역으로부터 벗어나 동물서식지의 경관이나 소리, 냄새, 심지어는 긴장감마저도 느끼게 하여 그들이 경관의 일부(구성요소)가 되게 하는 것이다. 이러한 몰입은 관람객들이 전시공간 밖의 환경을 보게 된다면 이루어질 수 없다.

몰입을 위해 식재지역, 보행로의 표면과 이의 경계선을 가려주는 자연적·동물행동학적 테마 등 모든 것을 조합하여 각 서식지 재현의 필수사항 내에서 작업함으로써 자연적 조화에 의해 동물과 식물 양쪽 모두를 조정할 수 있다. 이를 통하여 동물들은 생물기후학적으로나 동물지리학적으로나 유기적으로 구성된 적절한 토양과 식물을 갖춘 환경에서 사는 것이다. 따라서 교육적인 면이나 레크리에이션활동 등 모든 가능성이 무한하게 되며, 이렇게 해서 모방된 서식지들은 동물의 행동과 적응에 관련된 상호유기적인 테마를 제공하게 된다.

자연서식지와 같이 연출한 사슴전시장 (Bronx Zoo)

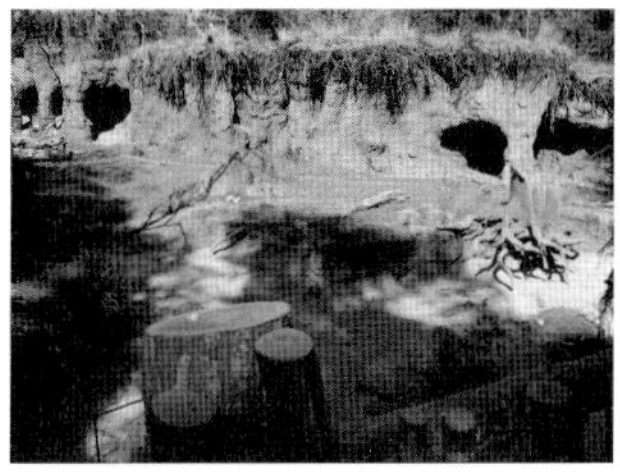

자연서식지와 같이 연출한 아프리카들 전시장(Woodland Park Zoo)

3) 문화적 공감대 형성(Native Cultural Resonance)

문화는 그 지역 고유의 토속적인 환경으로부터 형성되므로 환경을 조성할 때는 그 환경의 모든 필수요소들을 포함시켜야 한다. 특히 토속식물의 요소, 고유의 정신세계, 토속예술과 같은 토속문화들을 포함하여야 관람객들이 토속문화에 몰입하게 될 것이다.

현대의 것이 아닌 고유의 건축형태는 전통의 산물이며, 기후생태학적인 자연의 힘에 대한 적응 결과이기도 하다. 문화적 적합성을 충족시키기 위해 건축디자인은 입지 선정, 토공(부지정지), 조경 같은 모든 것들을 이용하여 건축물의 존재감을 최소화해야 한다.

경계를 피아노줄로 하여 의식하지 않도록 배려한 Snow Leopard 전시장 (Bronx Zoo)

놀이기구를 배치한 호랑이 전시장 (Bronx Zoo)

4) 행동 풍부화(Behavioral Enrichment)

동물의 일상은 먹이, 안식처, 물, 햇빛, 그늘, 은신처, 개인공간, 사회적 교류, 영역 혹은 포식자와 피식자의 상호작용과 같은 것들에 대한 관심으로 가득 차 있다. 낯선 환경에서는 자연(야생)에서의 행동이 그대로 나타날 수 없으며, 또한 인공적으로 번식된 동물들도 야생에 있는 같은 종이 나타내는 행동을 하지 않는다. 따라서 각각의 동물들에게 야생에서와 같은 자연적 자극을 주는 것이 계획 및 설계에 있어서 최대의 과제가 될 수 있다.

향수 등을 이용한 프로그램 운영 (Bronx Zoo)

3.2 동물원의 전시방법

1) 설계기준으로서의 전시관계(Exhibit Relationships as Design Criteria)

모든 가능성과 설계·계획의 제약에 대한 윤곽이 나온 상황에서 특정한(테마 결정에 의한) 전시로 인하여 변화될 수 있는 가능성은 동물원 형태를 결정짓는 중요한 고려사항이 된다.

생물기후학적 존(Zone)이 자연에서 여러 형태의 계층을 이루듯이 동물원에서도 여러 계층을 이룰 수 있다. 같은 지역이나 인접한 지역에서 사는 동물들이 전시될 경우 야생에서의 동물들 간의 생태가 동물원 설계의 틀짜기(기초작업) 안에서 재현될 수 있도록 하는 노력이 필요하다. 이러한 노력은 각각의 생물기후학적 존(Zone)들 사이에 동물지리학적으로 의미 있는 패턴을 낳게 된다.

생물기후학적/동물지리학적 단위 사이의 해석적 전이가 적절히 쌍방향으로 진행되도록 한다.

① 같은 생물기후학적 존(Zone)에 서로 다른 동물지리학적 지역 도입 (예 : 아프리카 열대우림, 남미 열대우림, 아시아 열대우림 등)

② 같은 동물지리학적 지역 내의 인접한 생물기후학적 존(Zone)과 다른 존(Zone)의 관계는 여기에 분류학적, 형태학적, 행동학적인 설명을 더하며, 이러한 내용들은 전시공간의 설계 레이아웃을 통해 풍부하게 표현된다.

2) 계통분류학적 전시

분류학적 견지에서 유사한 동물종을 모아 전시하는 방법으로 관람객들에게 동물의 분류 및 진화과정을 가장 쉽게 이해시킬 수 있으며, 사육(특히 급식 등) 및 관리하는 측면에서도 효율화를 기할 수 있는 장점이 있다. 예를 들면 맹수사, 유인원사, 조류사 등으로 분류하는 것이 해당되며 광의로는 수족관도 계통분류학적 전시에 해당된다고 할 수 있다.

3) 동물행태학적 전시

집단으로 행동하는 동물, 나무 위에서 생활하는 동물, 야행성 동물 등과 같이 동물들의 특징적 생활행동양식에 의하여 분류하는 방법으로 동물원 전체를 이러한 전시방법으로 배열하는 것은 어렵지만 부분적인 도입 및 연구를 목적으로 한 시설로서 도입을 고려할 수 있다.

4) 동물지리학적 전시

세계의 광역적 지리 구분에 의하여 각 구분에 서식하는 동물들을 모아서 전시하는 방법으로 동양, 아프리카, 남미, 오스트레일리아 등의 구분이 있으며, 동식물과 지역과의 관계성을 강조하는 것이 가능하지만 시설규모가 커지기 때문에 건설비 및 사육·관리 측면에서 비효율을 초래하기 쉽다.

5) 생물기후학적 전시

열대우림, 사막·건조지대, 고산지역, 초원·사바나, 한랭지 등의 서식환경 특징에 의하여 전시·구성하는 방법으로 동물지리학적 전시에 비하여 각각의 서식지 환경에서 공통적·근사(近似)적인 전시시설 및 사육관리를 집약시킬 수 있다는 장점이 있으며, 지형 및 식생 등을 충실하게 재현함으로써 관람객에게 사실적이고 현장감 넘치는 전시환경을 제공할 수 있다.

6) 전시방법 결정

동물의 전시구성 및 배치방법으로는 위의 4가지 방법이 있으며, 계통분류학적 전시 및 동물행태학적 전시는 어디까지나 동물을 중심으로 한 전시이지만 동물과 그 서식환경과의 관계에 대하여 관람객에게 충분히 설명하기에는 일반적으로 적정하지 않고 동물지리학적 전시는 시설규모가 커져 비효율을 초래하기 쉽다. 따라서 야생동물들의 서식지 및 상호간의 역동적 생태학적 관계를 가장 잘 유지하며, 전시·구성할 수 있고, 동물원이 담당해야 할 환경교육을 하는데 있어 가장 적합한 전시·구성 방법은 생물기후학적 전시방법이라고 할 수 있다.

서울대공원의 경우는 생물기후학적 전시·구성 방법에 의해 동물원 지역을 크게 7개의 존(Zone)으로 나누고 각각의 특성에 맞게 그림 5.5와 같이 조성하는 것으로 구상하였으며, 물(水)을 주요한 테마로 하고 동물원 전체의 상징동물은 '수달'로 정하였다.

그림 5.3 생물기후학적 Zone 배치에 의한 세부 배치계획(사막 Zone)

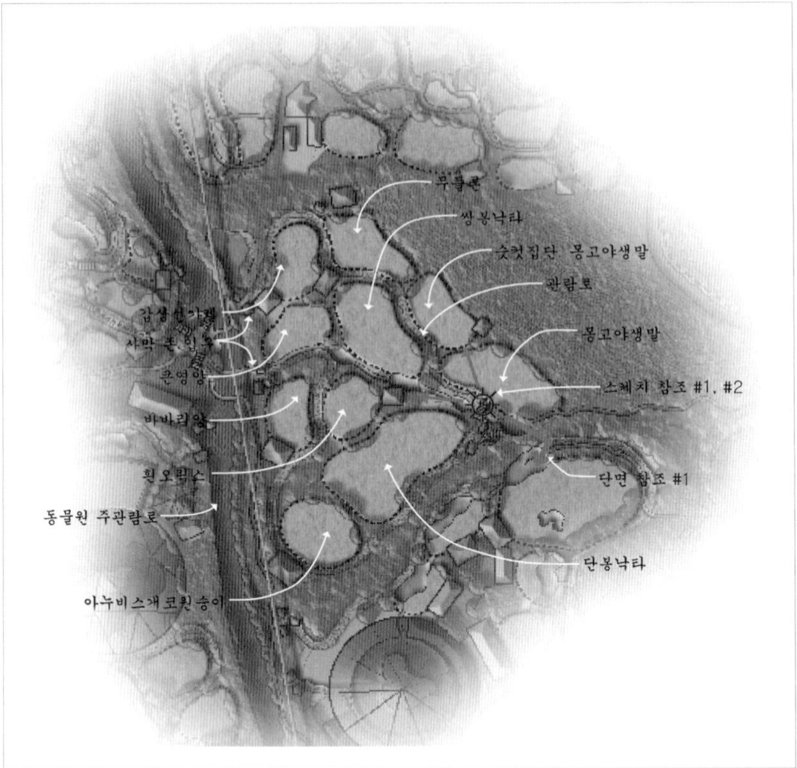

자료 : 서울대공원관리사업소, 2005: 172

그림 5.4 동물지리학적 전시방법의 예

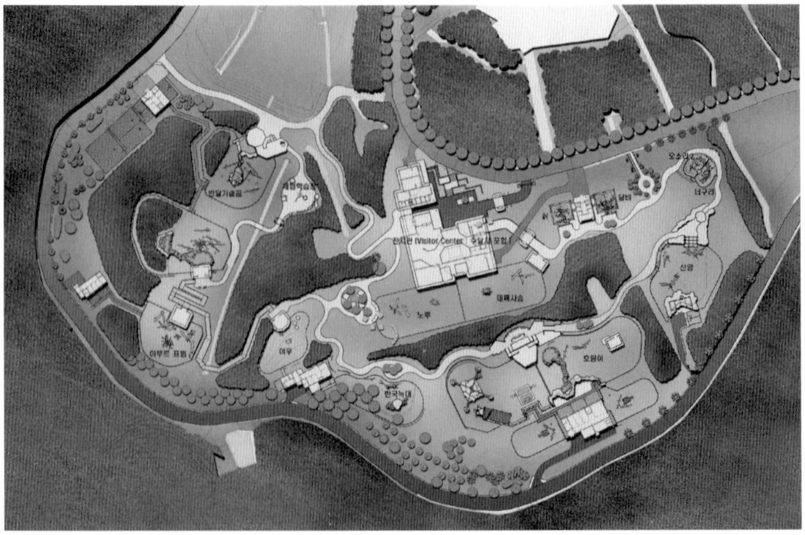

자료 : 서울대공원관리사업소, 2003: 27

그림 5.5 서울대공원 동물원 생물기후학적 존(Zone) 배치도

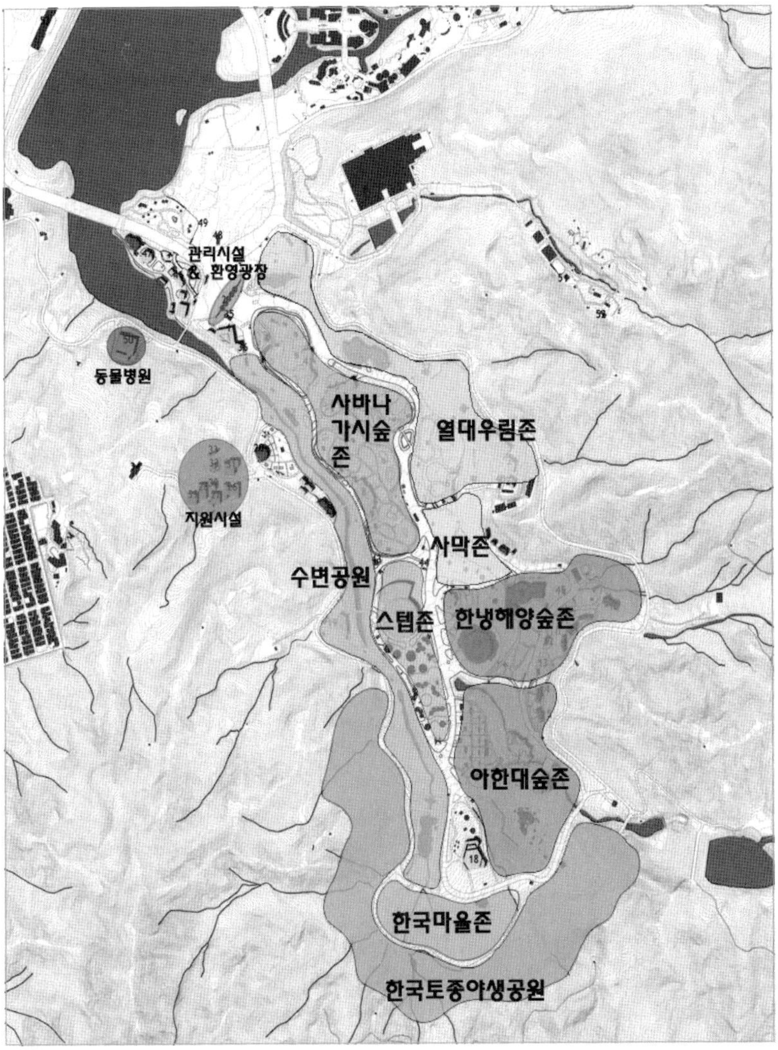

자료 : 서울대공원관리사업소, 2005: 115

3.3 동물원 계획·설계시 고려할 요소*

* 본 글은 Peter Karsten의 Seoul Grand-Park Workshop(2004. 10)에서의 주요 내용을 정리한 것이다.

1) 기존의 수집된 종에 대한 재검토

미래의 동물원은 최대한 많은 종의 동물을 보유하려는 추세에서 벗어나 더 적은 수의 종에 집중하되 자체 번식을 통해 개체수 유지를 할 수 있도록 종당 개체수를 늘리고, 각 종에게 특화된 생태환경을 조성하여

대중교육 및 동물종 보전에 충실하려고 하는 것이 최근의 경향이다. 목표와 임무에 맞게 보유 동물종을 재평가하여 분류학적·생태학적으로 비슷한 종은 줄이고, 부족한 종은 늘리는 방법으로 보유동물을 재편하는 동물수집계획을 세워야 한다.

2) 지원기능들 간의 상호관계(Interrelation)

성공적인 동물원 운영을 위해서는 동물원 지원시설들을 효과적으로 배치·운영하는 것이 필요하다. 지원시설을 배치하는데 있어 일부는 모여 있어야 하고, 일부는 다른 기능으로부터 독립되어 있어야 하며, 이러한 지원기능들은 동물원 안에 진입하지 않고서도 접근 가능하도록 외부도로와 직접 연결되어 있어야 한다. 이렇게 해서 지원시설들이 불필요하게 관람객에게 노출되지 않도록 하여 관람객 불편이나 안전사고위험을 줄이고, 폐장시간 이후의 출입을 효과적으로 통제할 수 있다.

(1) 동물병원 · 격리시설

동물병원과 격리시설에서는 같은 직원들이 근무하지만 격리에 따른 효과를 더 확실하게 하기 위해서는 물리적인 격리가 이루어질 수 있도록 두 시설이 다른 장소에 위치하는 것이 좋다. 특히 동물병원은 내부의 직원과 외부의 관계자 출입 모두가 양호하도록 동물원 주변 경계 부근이 좋다.

격리시설(Bronx Zoo)

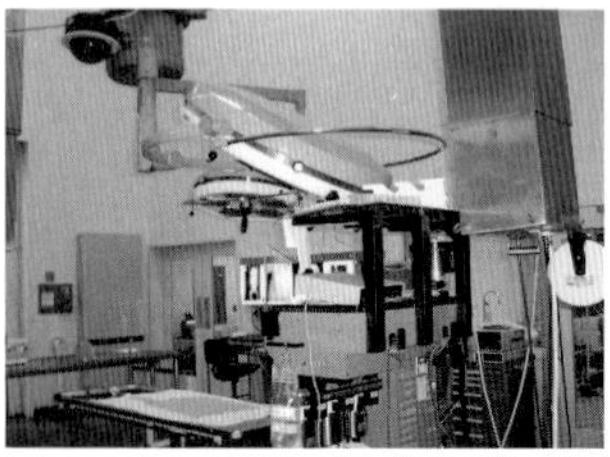
동물병원(Bronx Zoo)

(2) 사료조리실

동물들의 음식재료, 사료를 저장하거나 사육사들에게 전해지기까지 준비하는 장소로 동물원 중심부에 사료공급 차량의 진입이 양호하고 각 전시장(공간)으로 운반을 위하여 동물원 관리차량의 이동이 용이한 곳에 위치해야 한다.

관람객 음식의 공급시설과 분리되어야 하며 음식재료와 음식물 쓰레기가 옮겨오지 못하도록 하고 관람객에게 공급될 음식물과 함께 저장되지 않도록 해야 한다. 조류독감과 같은 동물원성 전염병이 사람들에게 전염되지 않도록 엄격한 위생관리가 이루어져야 하기 때문이며, 또한 이곳을 출입하는 직원들은 병원균의 잠재적 매개가 될 수 있으므로 지정된 장소 이외의 곳에서 일하는 것을 금하여야 한다.

(3) 동물응급 · 회복센터

응급센터는 동물원의 다른 시설보다 부상동물의 치료와 수술 등의 필요가 높은 병원과 인접해 있어야 하고, 응급동물들은 동물원 운영시간 동안 운반되어야 하므로 응급센터는 동물원 외부에서의 접근이 용이해야 한다. 그리고 구호동물은 전염성 우려가 있기 때문에 동물원 안을 통해 운송되어서는 안 되며 재활한 동물은 직원이나 교육받은 자원봉사자들을 통하여 다른 동물들과 접촉할 수 있도록 해야 한다.

동물응급·회복센터와 관련한 활동이 관람객들에게 관람될 수 있도록 출입이 용이하도록 하며, 벽면은 유리 등 투명한 것으로 조성하고, 맹금류의 비행 재활과정은 유익한 교육의 장이 됨과 동시에 체험의 장이 될 수 있어야 한다.

(4) 시설 유지보수장

시설 유지보수와 관련된 시설은 동물원 내부와 직접 연결될 필요는 없고 주변지역에 위치하되 유지보수를 위하여 필요한 것은 필요에 따라 주요 입구와 서비스도로 등을 통해 들여 올 수 있어야 한다.

(5) 직원 및 자원봉사자 센터

직원 및 자원봉사자들을 위한 공간을 확보함으로써 내적 상호교류가 원활히 이루어지고 전체적인 운영기능의 조화를 꾀할 수 있어야 한다.

동물원 사육·관리자들은 다른 사람들에게 동물원성 전염병 감염이 일어나지 않도록 샤워장과 작업복을 갈아입을 공간이 필요하다. 과거에는 동물을 관리하는 일과 식물을 관리하는 일을 확연히 구분하여 수행해 왔으나 최근에는 전시되는 동물의 서식지와 관련된 식물이 전시공간에 식재되기 때문에 사육사와 정원사가 상호 밀접한 직업적 관계를 맺고 있다.

(6) 관리사무소 및 관람객서비스 센터

관리사무소는 안내센터와 함께 동물원 입구에 조성하고 분실물관리소, 미아보호소, 응급치료소, 유모차대여소, 화장실, 기념품가게 등의 서비스 시설은 관람객의 출입이 가장 많은 정문에 위치하는 것이 좋다.

4. 동물원 계획·설계

4.1 동물원 조성의 세부목표

교육시설 사례(Sedgwick County Zoo)

자투리 공간 활용(Bronx Zoo)

동물원 조성에 있어서 세부목표 수립은 생태계 보전과 연구를 기반으로 하는 생태동물원으로 조성할 것인지 디즈니랜드의 애니멀 킹덤(Animal Kingdom)처럼 테마파크(복합놀이공원)로 조성할 것인지에 따라 달라지나 일반적인 세부목표는 다음의 내용을 기본으로 한다.

- 매력적인 동물원으로 조성
- 다시 찾는 공간으로 조성
- 교육적인 장소로 조성
- 건강한 가족공간으로 조성

4.2 동물원 계획의 기본방향

현대의 동물원은 동물원 고유의 역할과 임무(전시, 교육, 보전, 연구 등)를 위한 시설을 기본으로 하고 식물원 및 위락시설, 문화시설 등이 복합된 종합주제공간으로 조성하여야 한다.

① 차별화된 고유의 정체성(Identity) 확보

동물원 주요 테마(물 또는 동물원 전체의 상징동물, 구역별 상징동물 선정 등)의 결정은 고유의 정체성을 확보할 수 있다.

② 4계절 전천후 이용형으로 계획

비수기의 이용객 확보를 위하여 사계절 이용 가능한 시설 및 이용프로그램(Show, IMAX 극장, 기획전시 등)을 도입한다.

③ 동물원 내·외 교통시설, 편의시설 확보 및 개선

④ 합리적인 경영방안 강구

동물원은 공적 시설로 대부분 그 관리주체가 공공이나 교통시설 및 편의시설 등의 부문에 있어서 민간의 경영마인드를 보다 적극적으로 도입하여 합리적이고 수익을 창출할 수 있는 경영이 되도록 한다.

⑤ 미래지향적 공간(환경) 조성

동물원내 트램(Henry Doorly Zoo)

동물원 동서를 가로지르는 곤돌라
(Bronx Zoo)

4.3 동물원 계획지표 설정

동물원 마스터플랜 수립과 시장성 평가(경제성 검토)를 위해 장래의 방문객수 예측이 중요하며, 설계기준일(Design Day)의 관람객수는 동물원뿐만 아니라 그에 따른 교통수단, 편의시설, 동선체계, 전시목록과 규모 산정 등을 결정하는데 중요한 인자이다. 따라서 동물원의 시설규모는 최대 피크일에 맞춰 결정하는 것이 아니라 평균적으로 사람이 많이 오는 날을 기준으로 설계하는 것이 적정하나 최대 피크일의 이용도 고려하여야 한다.

4.4 동물원의 공간구성

동물원의 공간구성은 크게 동물원 관람지역과 지원시설지역으로 구성되며 관람지역은 전시공간, 격리공간, 내실(Holding Building), 뒷방사장(Outdoor Holding Area) 등으로 구성된다. 이 중 지원시설지역은 동물병원·격리시설, 사료조리실, 동물응급·회복센터, 시설 유지보수장, 직원 및 자원봉사자센터, 관리사무소, 관람객 편의시설(식음료 판매 및 노약자 관련시설 등) 등으로 구성되며 동물원 전역을 연결하는 동선과 원내 교통시설(Tram 등)에 의해 유기적으로 연계될 수 있도록 한다.

동물원의 토지이용계획은 상기의 공간구성 내용에 따라 동물원 지역과 지원시설지역, 동선(주차장 포함)으로 크게 구분이 가능하나 우리나라 대부분의 동물원이 도시공원으로 지정되어 있어 세부 토지이용 구분 없이 토지이용체계를 단순하게 동물원 지역으로 한정하기도 한다.

동물원의 동선체계는 관람지역의 경우 일관된 순로를 갖도록 하며, 지원시설(동물병원·격리시설, 사료조리실, 동물응급·회복센터 등)들의 경우 불필요하게 관람객에게 노출되지 않게 하며 동물원 내에 진입하지 않고서도 접근 가능할 수 있도록 외부도로와 직접 연결될 수 있도록 한다. 따라서 동물원의 시설배치계획은 상기 내용을 근간으로 하며, 특히 동물원 관람지역의 시설배치는 동물원의 전시방법 결정과 전문가그룹(사육사, 큐레이터 등을 포함한 동물관련전문가)의 참여하에 구체적인 배치계획을 수립하여야 한다.

그림 5.6 신시내티 동 · 식물원 재조성(Renewal) 사례

Site Drivers

토지형태	토지이용 :	순환(동선) :
현 재 · 자연적 지형과 수문 무시 · 상단의 하부 이용	**현 재** · 동물과 관련된 공간 19% · 서비스의 불규칙한분포	**현 재** · 주순환로에서 접근이 불가능한 구역들 · 혼란스런 2차동선
제 안 · 자연적인 수문,지형에 전시 · 상단부를 동물원마을로 이용	**제 안** · 동물과 관련된 공간 40% · 중앙집중식 방문객 서비스 마을	**제 안** · 4개 지역 대문과 중앙의 동물원순환로 · 식별할 수 있는 입구/기존구역과 접한 2차동선

Mission Drivers

모 험 :	교 육 :
현 재 · 동물원 북쪽면에 인접한 작은 전시구역 · 몰입경관에 의한 우세한 식물구조	**현 재** · 학습지점의 부족 · 현재 교육센터는(방문객을 위한) 공적인 부분이 부족함
제 안 · 자연적인 수문과 지형에 전시 · 상단부를 동물원마을로 이용	**제 안** · 새교육센터(교육중심지)와 연계 부속 학습지점 만들기 · 새교육센터와 동물원마을의 미션중심지에서 미션 알리기

보 전 :	
현 재	· 동물원 중심에서 독립된 Crew · 해설센터에서의 보전메시지 부족
제 안	· 미션메시지를 전달하기 위해 해설센터와 연결된 새로운 과학/보전 중심지 만들기 · 과학중심지와 동물원마을의 미션중심지에서 보전에 대한 노력 알리기

그림 5.7 대전동물원 재조성 중장기 발전계획안

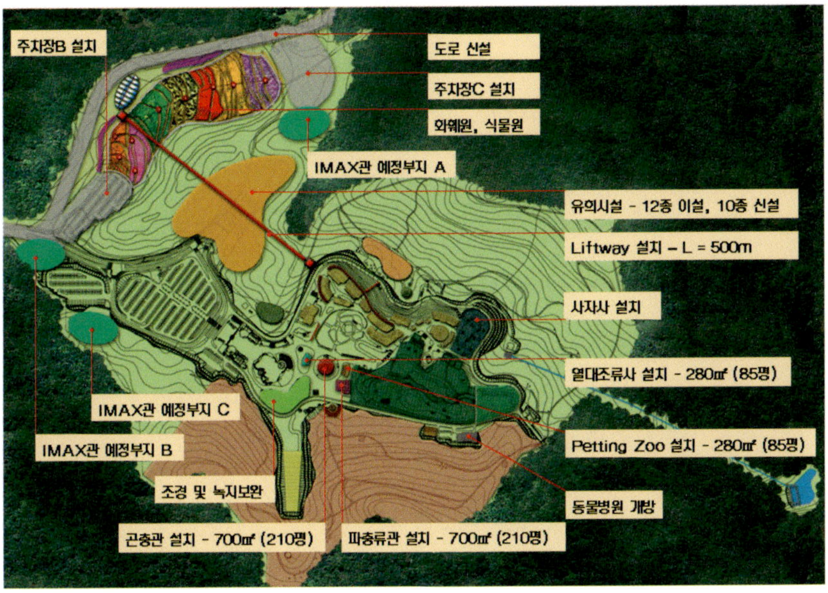

자료 : 대전광역시도시개발공사, 2003: 119

4.5 주요 부문별 계획·설계 원칙*

* 본 글은 Zoo Design(2005. 3) Jones & Jones Architects and Landscape Architects, Ltd.(Grant R. Jones, ASLA and David J. Matthews, AIA and Christopher L. Overdorf, ASLA, APA)에서의 내용을 중심으로 정리한 것이다.

1) 성공적인 동물원 계획·설계의 원칙

- 동물원의 목적(지향점)을 확실히 한다.
- 동물들의 필요(동물의 생태적 욕구 충족)를 만족시킨다.
- 마스터플랜을 정확히 수립하고 충실히 따른다.
- 인간중심적인 디자인을 한다.
- 동물 전시공간은 사람들이 붐비는 활동들로부터 분리한다.
- 동물 복지와 관람객의 경험 등을 위해 서식지의 환경에 몰입할 수 있는 디자인을 하고, 문화적 공감대를 형성할 수 있도록 한다.
- 동물원이 환경보전의 선도자가 되도록 계획·설계되어야 하며, 서식지 보존과 보호를 위한 홍보·교육의 장이 될 수 있도록 한다.
- 미래 세대(어린이들)에게 이상적인 환경기준과 미래 희망을 제시하며, 이들에게 교육을 통해 긍정적 효과를 이끌어낼 수 있도록 한다. 이러한 노력을 통해 성공적인 서식지 복원과 감소하는 동물 개체수의 증가를 가능하게 하는데 일조할 수 있다.

• 건축비용을 고려할 때 동물의 복지를 가장 우선으로 고려하여야 한다. 어떤 경우에 건축적 해결 방법이 필요하고 불필요한지 충분히 고려한다면 동물원은 조경에 초점을 맞추면서도 공사비가 조금 더 저렴해지도록 계획·설계할 수 있다.

2) 부지평가 및 프로그래밍

* 서울대공원 토종생태동물원 이미지 스케치 사례

(1) 부지평가(Site Assessment)

• 자연을 최소한으로 훼손하면서 자연에 순응하는 계획이 되어야 하며, 그러한 결과로 경제적 효율성 추구와 유연한 계획이 될 수 있다.

• 계획·설계 진행과정과 형태의 양쪽 면에서 자연의 기초적인 구조(본질)를 발견하고 밝혀내야만 하며, 또한 그 가치들을 널리 알려야 하고 지역의 고유한 역사성과 고유의 자연성이 보전될 수 있도록 한다.

• 지역의 역사를 고찰하고, 그 지역의 의견을 반영함으로써 인공적이고 그 지역 고유의 것이 아닌 외부로부터 기인한 영향을 없애고, 자연을 그 지역 고유의 모습으로 재현할 수 있다.

(2) 프로그래밍(Programming)

• 계획·설계가들과 큐레이터, 관리자들을 위한 다목적 공동작업을 유지하여야 하며 기후, 지형, 식물, 문화, 동물 컬렉션 등 보존할 데이터 목록을 유지하고 동물학적 레이아웃(틀)의 기본이 되는 것과 잠재적인 전시형태에 관하여 논의하여야 한다.

• 생물기후학적 생활 존(Bioclimatic Life Zone)
  - 열대우림(Tropical Rain Forest),
  - 열대 가시나무림(Tropical Thorn Forest)
  - 열대 사바나(Tropical Savannah)
  - 사막(Desert), 초원(Steppe), 덤불(Chaparral)
  - 온대 활엽수림(Temperate Deciduous Forest)
  - 온대 우림(Temperate Rain Forest)
  - 한대 침엽수림(Taiga), 툰드라(Tundra ; 동토대)
  - 저산대 식물지대(Montane)

• 생태학적 서식지(특정지역을 표현, 예 : 소노란 사막)

• 동물지리학
 - 한국 또는 한반도 : 토종동물
 - 아프리카(African), 아메리카(American), 오스트레일리아(Australian)
 - 남극(Polar), 아시아(Asian), 유럽(European)
• 종의 분류(Taxonomic) : 고양이과, 개과, 곰, 파충류, 조류 등
• 카리스마적(Charismatic) 동물 : 특색 있는 동물 등
 - 호랑이, 코끼리, 곰, 원숭이, 고릴라 등
• 기타 고려사항
 - 교육프로그램을 동물원 전체 계획과 함께 진행한다.
 - 디자인이 식·음료 판매, 상품과 상점 등의 수입 증대에 영향을 끼칠 가능성과 마케팅 컨설턴트를 고려하여 함께 진행하도록 한다.
 - 적정 관리인의 수요 파악 및 동물원 내·외부의 연계 교통수단에 대한 평가를 수행한다.

그림 5.8 전시동물에 대한 Requirement 결정 예시

※ Note
PH : Parturit it ion cage(산실)
GH : Group Holding cage
H : Holding cage

• **동물사별 Requirement 결정(Animal Area's Requirement)**

Section 구 분	Population (Male/Female) 수용 개체수		Exhibit Area 방사장		Indoor holding area (Sum of Holding Cages)		Outdoor holding area 뒷 방사장	
	Final	(Zooplan)	Final	(Zooplan)	Final	(Zooplan)	Final	(Zooplan)
Siberian(Amur) Tiger 호랑이	3/6	3/6	2 Area	2 Area	PH : 2 H : 12	H : 14	2 Area	–
Amur Leopard 아무르 표범	2/4	2/4	2 Area, Electric Wire	2 Area	PH : 1 H : 5	H : 9	2 Area	–
Asiatic Black Bear 반달 가슴곰	2/4	1/2	2 Area	1 Area	PH : 2 H : 6	H : 7	2 Area	–
Korean Wolf(Grey Wolf) 한국 늑대	2/4	2/4	1 Area	1 Area	PH : 1 GH : 1 H : 4	GH : 1 H : 6	1 Area	1 Area
Yellow-throated Marten 노랑 목도리 담비	2/4	2/2	1 Area	1 Area	PH : 5 H : 5	GH : 1 H : 4	1 Area	1 Area
Red Fox 여우	2/4	2/2	1 Area	1 Area	PH : 1 GH : 1 H : 4	GH : 1 H : 4	1 Area	1 Area

자료 : 서울대공원관리사업소(2003) 서울대공원 토종생태동물원 기본 및 실시설계 워크숍 부속자료

3) 건축설계

• 조경과 야외 전시공간을 건물보다도 우선시하여 계획·설계하도록 한다. 다음 그림 5.9~5.11은 건물조성의 3가지 방법이다.

그림 5.9 조경에 의해 보이지 않는 건물

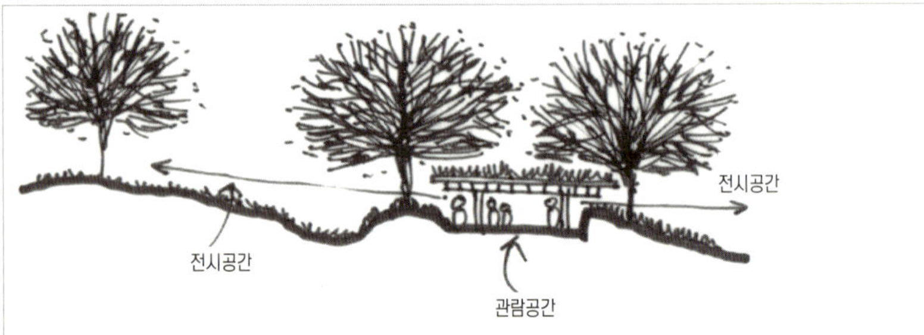

그림 5.10 땅 밑에 묻힌 건물

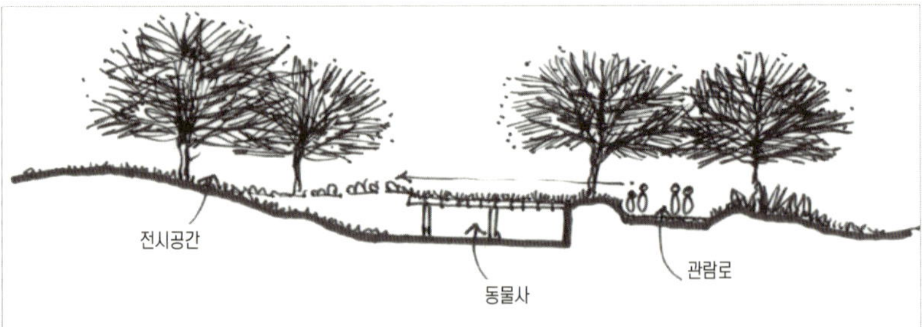

동물원내 상점-아프리카 토속건물을 모티브로 한 디자인(Bronx Zoo)

그림 5.11 관람객들의 시선을 벗어난 건물

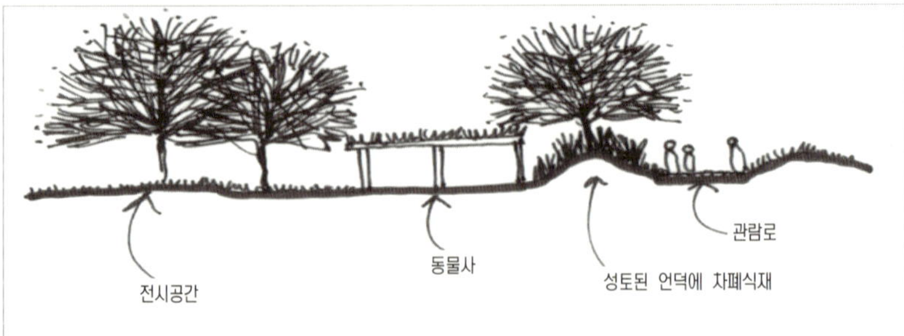

아시아 Zone 마하라자 정글트랙 입구 (Animal Kingdom)

• 문화와 조경적 측면 모두를 충족시켜 문화적 공감대를 형성해야 한다. 또한 동물에 요구되는 사항에 주의해야 하며, 관람객들의 요구에 반응해야 한다(특히 편의시설 및 노약자를 위한 관람시설).

그림 5.12 사람들에게 편리한 관람시설의 예

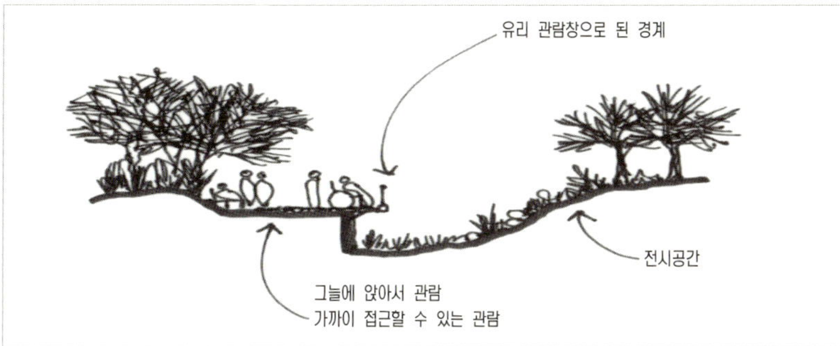

• 직원용 건물은 관리자, 사육사, 수의사 및 판매시설에 근무하는 직원들의 요구를 만족시켜야 하고, 특히 사육사들을 위한 건물은 관람객들이 볼 수 없도록 자연지형이나 축성(마운딩) 등을 통해 차폐한다.

그림 5.13 관리사육 공간의 뒤가 관람객들의 시선으로부터 가려진 형태

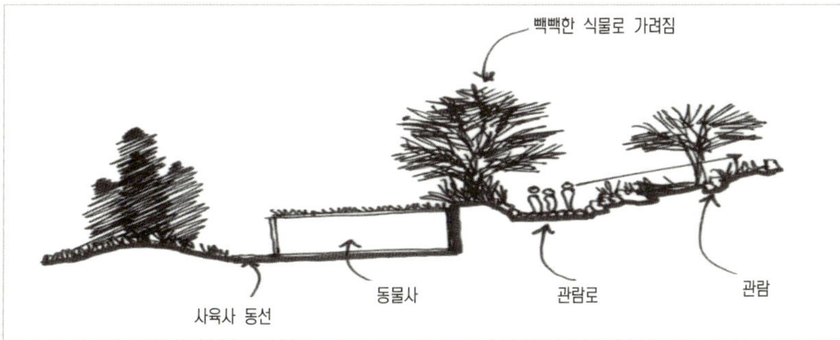

호랑이사 View Point(Toronto Zoo)

유리는 경사지게 하여 반사등을 최대한 막음 – 곰사 View Point(Toronto Zoo)

• 전시관과 같은 건축물은 조경으로 해결 방법을 찾을 수 없는 경우이거나 혹은 꼭 필요하고 최상의 방법일 때만 건설하도록 한다. 사육과정을 관람객들이 볼 수 있는 형태가 필요한 경우와 전시공간을 꼭 지어야만 할 경우에는 생물기후학적, 문화적 관점에서 일관성을 유지해야 하며, 또한 전체 조경계획에 어울릴 수 있어야 한다.
• 포유류 전시공간 조성을 위해 전시공간, 포획 및 이송지역(Catch and Transfer Zone), 사육장소 등의 3요소가 있어야 하며, 이 중에서도 오직 전시공간만이 관람객에게 보여져야 한다. 그리고 전시공간 외의 기능적 공간은 관리인과의 협의 하에 계획·설계한다.
• 동물들을 다루고, 진정제 없이 포획할 수 있는 보정공간이 필요하며, 이러한 보정공간들은 보통 동물들이 전시공간이나 전시를 하지 않는

구역으로 이동할 수 있는 중간 문이나 통로에 위치하도록 한다.

그림 5.14 전시를 위한 3가지 건축적 요소

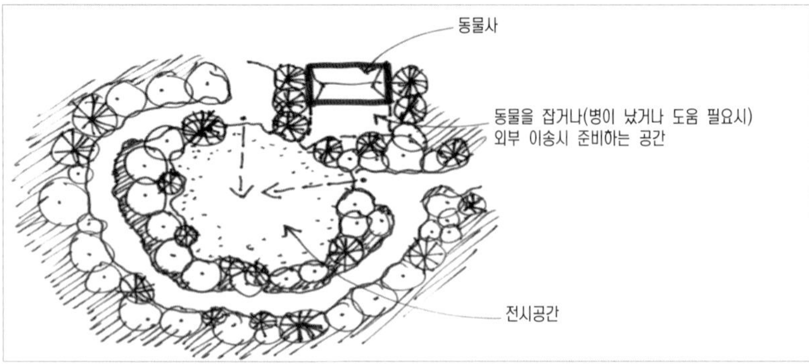

4) 조경설계

- 조경설계는 지형 및 토속식물과 연계된 경관을 만드는 동시에 이국적인 경관연출을 필요로 한다.
- 서식지환경의 재현(어떤 내한성식물이 환경을 잘 재현할 것인가. 식물을 심는 것이 가능할 것인가)
- 위험성(독성을 가졌거나 잠재적인 위험성을 가진 식물이 있는가)
- 식물의 보호 및 관리(어떻게 하면 식물들이 가장 눈에 띄지 않게 동물들로부터 보호될 수 있는가. 때때로 동물들은 특정 식물을 공격한다는 사실에 주목해야 한다. 예를 들어, 침팬지들은 공격성을 과시하기 위하여 특정식물을 공격하기도 한다. 정확한 전시를 위해 몇몇 식물들은 관리의 일환으로 꾸준히, 정기적으로 교체되어야 한다.)
- 답압관리(어떻게 하면 전시장(공간)의 토양을 동물들의 이용(답압)으로부터 견딜 수 있도록 변화시킬 수 있는가)
- 동물의 은신처(영장류나 혹은 더 작은 종류의 새들에게 어떤 종류의 은신처가 필요하고 그 은신처는 어떤 형태를 본떠야 할 것인가)
- 경계시설 은폐(어떻게 철조망과 그 외의 필수적인 경계시설들을 가리고 숨길 것인가)
- 인조암(GRC)공사는 비용이 많이 들어가므로 그것이 동물들의 행동과 전체적인 전시시나리오에 기여할 때만 사용하도록 한다. 전시장(공간) 앞쪽에는 자연석을 그대로 유지하도록 하며, 라텍스몰드(Latex Molds)를 이용하

면 인공적으로 만든 암석(구조물)에 사실적인 느낌을 줄 수 있다.

- 동물과 간섭이 없는 식물의 보호 및 관리(어떻게 식재지역을 동물들로부터 방해받지 않고 관리 할 수 있게 할 것인가)
- 물웅덩이나 개천 같은 물로 만들어진 수경시설들은 눈에 띄지 않고 외곽을 두르는 자연스러운 방수시설(막)이 필요하다. 얕은 바닥은 사실적인 물가를 재현하기 위해 자연석이나 모래를 깔 수 있으나 반면에 깊은 물은 어두운 색깔로 조성함으로써 그 깊은 느낌을 강화할 수 있다.

그림 5.15 동물사(시베리아 호랑이)별 세부 계획 · 설계 예시

자료 : 서울대공원관리사업소(2003) 서울대공원 토종생태동물원 기본 및 실시설계 워크숍 부속자료

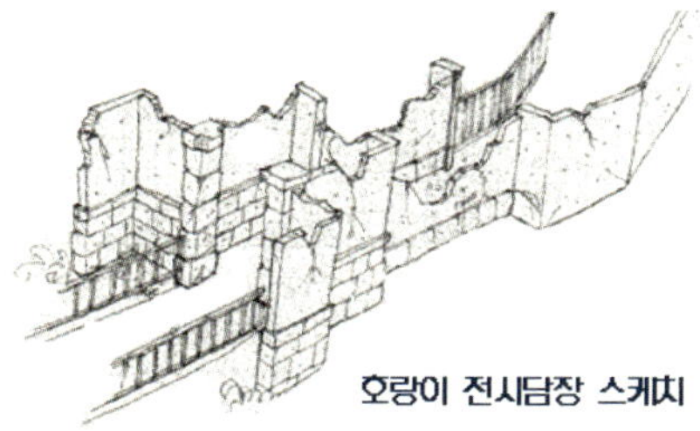

호랑이 전시담장 스케치

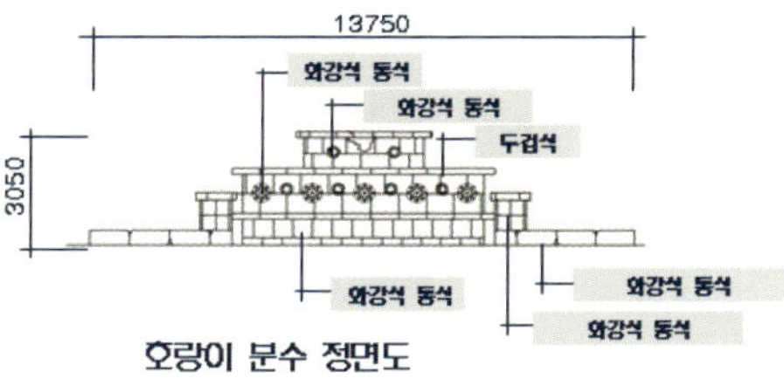

호랑이 분수 정면도

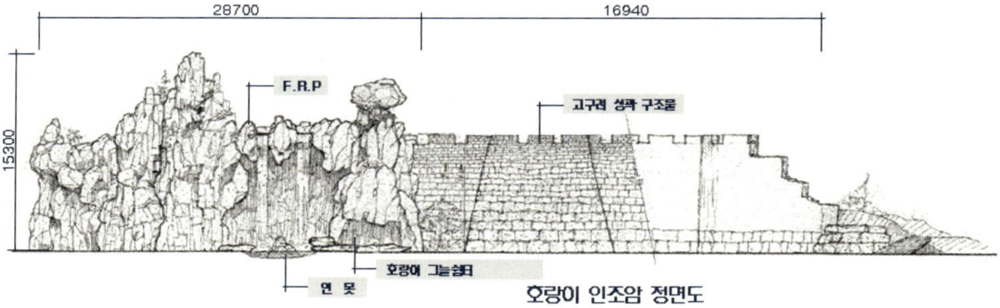

호랑이 인조암 정면도

- 통합적 조경계획·설계(어떻게 동물들의 신체적·동물학적인 요구와 관리인들의 필수품, 교육적이고 해설적인 스토리라인이 있는 대상 그리고 관람객의 관람개념 같은 모든 요소를 통합할 수 있는가)
- 통행로는 넓은 주요 장소로부터 눈에 띄지 않는 오솔길 같은 곳도 연결될 수 있도록 해야 한다. 주통행로(Primary Path)는 약 4.2~6m(14~18′) 정도의 넓이로 하고, 강우와 수많은 통행자들과 차량이용 등을 견디어 낼 수 있는 재질로 만들어야 한다.
- 주통행로(주변 포함)는 전시를 위해서는 적합하지 않다. 주통행로는 화재 등 응급상황시 동물원의 소방로 등 비상통행로가 되기도 한다.

그림 5.16 주통로 조성기법

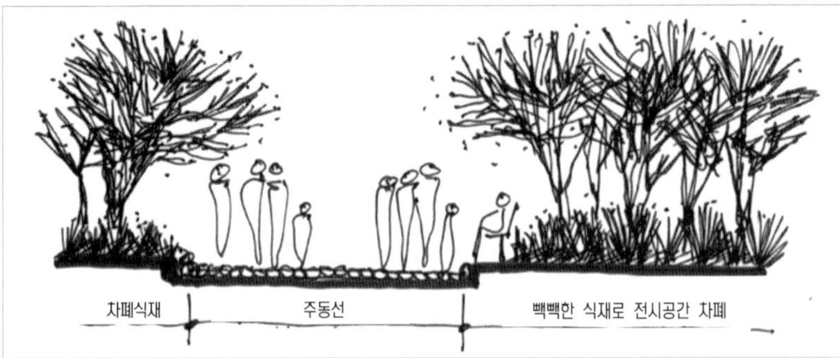

- 2.4~3.6m(8~12′) 폭의 이차적인 이동 동선(Secondary Path)은 자연적인 조경을 통해 많은 사람들을 분산시킬 수 있다.
- 1.2~1.8m(4~8′) 폭의 3차적인 길(관람동선)들은 전시공간의 환경에 유사한 자재를 이용해 전시에 기여할 수 있도록 만들어져야 한다.
- 소로(관람동선)들도 야생의 동물들의 길과 유사하게 만들어 호기심 많은 관람객들에게 환경에 완벽히 몰입할 수 있는 기회를 제공하도록 한다.

그림 5.17 소로(관람동선) 조성기법

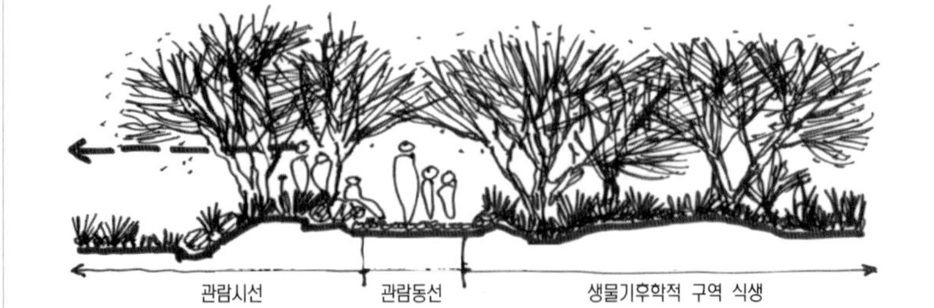

- 교통의 흐름(동선), 주차장 같은 시설은 일상적인 시설임에도 불구하고 동물원을 이용하는 사람들에게 매우 중요한 시설이므로 편의시설, 자동차로부터 입구까지의 거리, 그리고 주변환경 등을 충분히 고려하여야 한다. 접근성과 보안을 위해 조명은 인접지역으로 빛이 발산하는 것을 방지함과 동시에 잘 조화되어야 한다. 높은 구조물 위에는 전시공간으로부터 보일만한 약간 어두운 조명이 바람직하며, 주차장 등의 넓은 아스팔트를 차폐하기 위해 조경측면에서 디자인과 배치를 고려하여야 한다.
- 해설적 디자인(Interpretive Design)으로 관람객들에게 자연과 인간이 조화된 생태계에서의 의존성·복잡성·상호성에 대하여 정보가 전달되도록 하여야 하며, 관람객이 새로운 지식과 생태계 내의 동물들에 대해 경외심을 느끼도록 연출해야 한다. 또한 대대로 지역에 살아온 주민들(토착민)의 역할과 그들과 생태계 간의 상호관계에 대해 설명해 주어야 하며, 가장 중요한 것은 관람객에게 왜 자연을 돌보고 자연을 보호해야 하는지 알게 해 주어야 한다.

그림 5.18 해설 · 안내판 사례

해설/안내판(Bronx Zoo)

조류전시장의 안내판(San Diego Zoo)

고릴라 동상(Bush Garden)

5) 전시시나리오

- 동물과 관련된 이론(사회·생물학적, 자연·행동학적 이론)에 근거한 테마를 가지고 전시공간을 디자인하여야 한다. 동물과 방문객 모두를 위해 야생상태의 행태를 표현할 수 있는 환경을 조성해야 한다. 그러한 관점에서 무리지어 사는 동물에게는 커다란 전시공간이 필요하다. 사자, 개코원숭이, 영양, 늑대 무리 같은 것들이 그 예이다.
- 위와 같은 방법으로 관람객들은 동물의 색, 크기, 형태를 관찰할 수 있으며 또한 같은 종끼리 교류할 때의 상호행동이나 커뮤니케이션(교감

행동)을 관찰할 수 있다. 이러한 동물의 사회적 행동 기저에는 타 종간의 상호작용을 포함하고 있다. 같은 서식지를 이용하거나 혹은 근접해 있거나 동물과 관람객 모두에게 보이지 않는 숨겨진 벽을 통해 시각적으로 한 무리에 묶여져 있는 것 등이 모두 그러한 경우이다. 도망칠 수 있는 공간을 서식지의 일부로 제공한다면 포식자와 피식자를 같이 전시하는 것도 가능하다.

- 동물을 아래로 내려다보게 하는 디자인은 가급적 피하도록 해야 한다. 관람객의 시선은 동물을 항상 올려다보거나 같은 높이에서 바라볼 수 있도록 해야 한다. 이러한 방법은 동물들에게 안전하다는 느낌을 주어 자연스러운 행동을 하도록 유도한다. 더욱이 동물을 인간보다도 높은 위치에 두는 것은 관람객으로 하여금 자신이 마치 동물의 서식지에 불법 침입한 느낌을 주어 조심스런 행동을 유도할 수 있다.

그림 5.19 동물이 더 높은 위치에 전시된 전시장(공간)

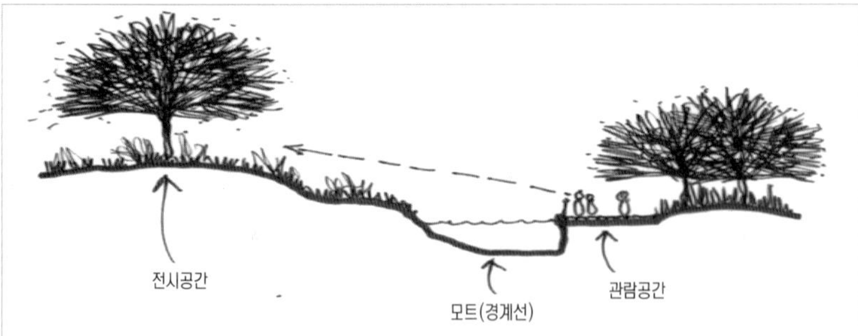

- 자연적 서식지와 생물 기후학적 존(Zone)의 테마 선정
동물은 일반적으로 기후와 초목의 복합적 형태의 특정지역에 한정적으로 살고 있다. 그 지역의 생물기후학적 특징을 잘 살릴 수 있는 동물들의 생존능력을 판단하여야 한다. 어떠한 지역은 다른 지역에 비해 좀 더 넓은 범위의 기후를 나타낼 수 있다. 예를 들어 북극곰의 외부환경은 사막지역에서의 재현은 적합하지 않으며, 반대로 온대지역에서는 다양한 서식지 재현이 가능하다.
- 전시동물 목록 결정
  - 지리학적 위치, 땅의 지세, 식물군 등 환경적 구성 결정
  - 물의 공급과 디자인 적용 결정(하천, 호수, 늪지 등)

- 식재수종을 경험할 수 있는 선택이 가능한 관람이 되도록 계획·설계
- 경계형태 결정(해자, 벽, 하하(ha ha)기법, 조경과 조화되는 펜스 등)

6) 물리적 설계 해법

- 해자나 참호 혹은 조경을 이용하여 서비스지역은 가급적 가린다.
- 전시공간을 향한 관람객의 시선 각도는 동물들이 프라이버시를 필요로 할 때 도피처를 제공할 수 있도록 해야 하고, 사람들에게 보이는 공간은 선택적으로 보일 수 있게 해야 하며, 그 외의 다른 공간은 인식하지 못하도록 해야 한다. 또한 관람객의 몰입에 방해가 되는 자연스럽지 않은 요소들도 피해야 한다.
- 선택적인 관람각도, 산책로 및 가드레일도 보행자를 위한 재질로 선택하여야 한다. 예를 들어 도로를 만들기보다는 나무 사이의(숲속의) 산책로를 만들도록 하며, 작은 하천은 징검다리(교량 대신)를 이용하도록 한다. 이러한 작은 통로는 관람객들에게 주 통행로를 벗어나 "자연환경과 하나되는" 기회를 제공할 수 있다. 이러한 방법은 북적이는 사람들을 분산시키고 주위의 조경(식재)공간에 사람들이 침범하여 이 공간을 훼손하거나 길이 넓어지는 것을 막을 수 있다.

원경의 각 전시공간과 근경의 각 전시공간이 조화되어 마치 하나의 경관처럼 보임(Woodland Park Zoo)

펜스의 상단 끝 부분은 안쪽으로 45도 경사지게 함-늑대 Holding Area (Sedgwick County Zoo)

그림 5.20 동물원 관람계획 예시

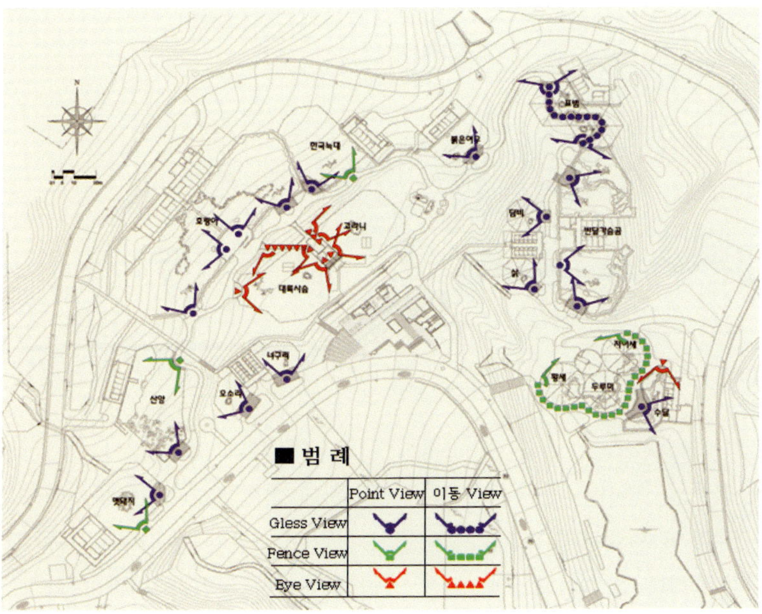

■ View Point별 조망 각도

구분		U.V	H.V	L.V
너구리			0	
오소리			0	
멧돼지	1		0	
	2		0	
산 양	1	+10°		
	2		0	
호랑이	1	+8°		
	2	+7°		
	3	+7°		
	4	+9°		
대륙사슴	1			−10°
	2			−10°
고라니	1			−10°
	2			−10°
늑대	1	+7°		
	2	+12°		
여우		+8°		
표범	1	+9°		
	2			−9°
곰	1	+16°		
	2			0
	3	+4°		
담비		+3°		
삵		+9°		
물새			0	
수달	1			
	2		0	−11°

※ H.V : Horizontal View
U.V : Upper View
L.V : Lower View

그림 5.21 오솔길 설계를 통한 관람객 분산

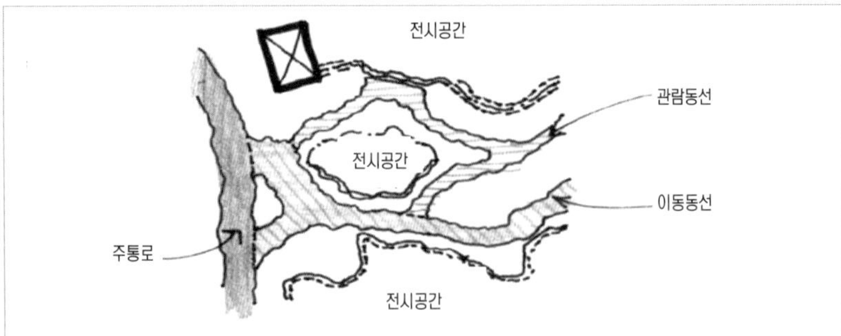

그림 5.22 물리적 차폐기법

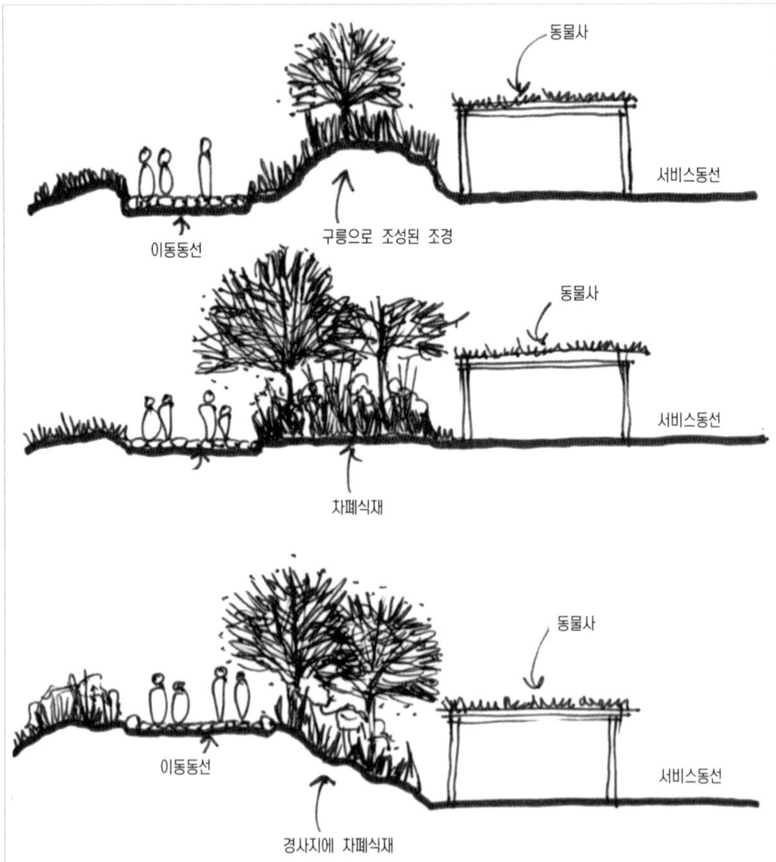

- 동물들을 '전시외 구역'으로 인도하기 위해 통제 가능한 문과 전시공간으로부터 관리구역으로의 숨겨진(차폐된) 접근로가 필요하다. 동물 통제를 위한 출입문 및 수달처럼 소리에 민감한 동물을 위한 도피처는

필수적이다. 해설적인(설명이 가능한) 전시를 통해 각 지역의 생물기후학적 차이를 설명할 그 지역의 동물군과 식물군에 대한 정보를 관람객들에게 제공해야 한다.

그림 5.23 동물 통제를 위한 출입구 레이아웃

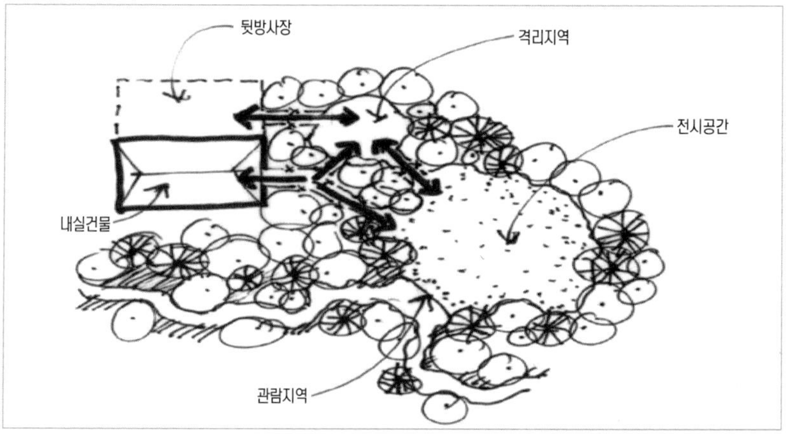

＊ 지형 및 부지 특성에 따라 크게 3가지 형태로 구분함.
＊ 관람지점에서 동물 내실이 보이지 않게 하기 위해 수목 및 구조물로 차폐하고 동물 이동 및 관리동선을 최대한 단순하게 구성함.

그림 5.24 동물사 배치구상(계획) 예시

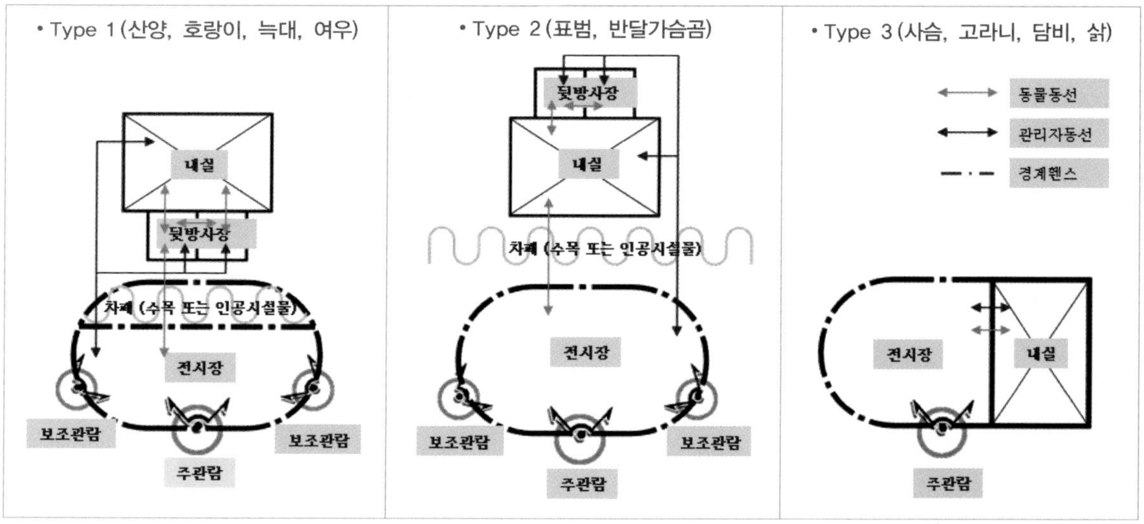

＊ 지형 및 부지 특성에 따라 크게 3가지 형태로 구분함.
＊ 관람지점에서 동물 내실이 보이지 않게 하기 위해 수목 및 구조물로 차폐하고 동물 이동 및 관리동선을 최대한 단순하게 구성함.
＊ 다양한 관람형태 제공을 위해 최소한 2곳 이상의 관람지점을 계획함.

자료 : 서울대공원관리사업소, 2003: 28

7) 세부 동물별 전시장 설계 예시

그림 5.25 사슴 / 노루

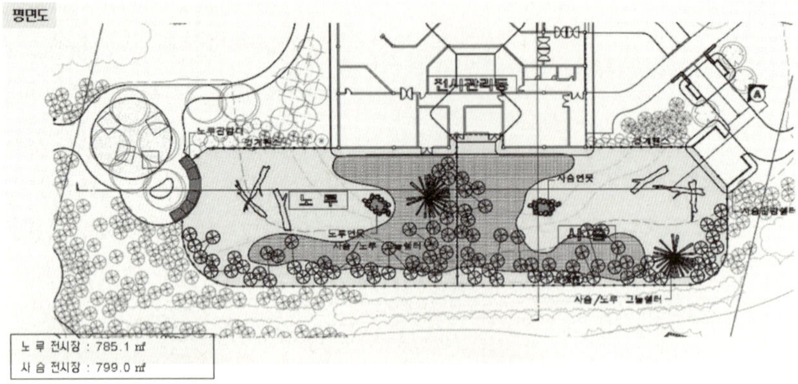

자료 : 서울대공원관리사업소, 2003: 53

- 설계주안점 : 여유와 한가로움이 느껴지는 넓은 풀밭과 그 언저리에 사슴과 노루가 숨어 있을 것 같은 숲 조성.
- 도입시설 : 연못, 그늘쉘터, 고사목, 관람쉘터, 관람대
- 도입수종 : 자작나무, 참억새, 싸리

그림 5.26 반달가슴곰

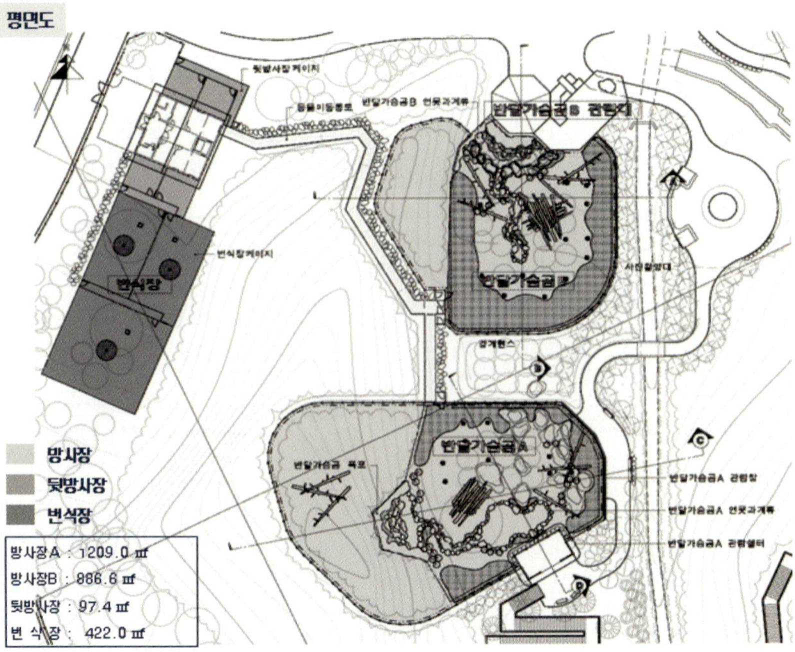

자료 : 서울대공원관리사업소, 2003: 55

- 설계주안점 : 기존 지형과 수목을 활용하여 최대한 수목이 우거진 계곡의 형태를 표현. 자연스러운 계곡의 모습을 표현하기 위해 실폭포, 계곡의 웅덩이 등을 도입함.
- 도입시설 : 실폭포, 연못, 계류, 고사목, 그늘쉘터
- 도입수종 : 괴불나무, 보리수, 기린초, 돌단풍, 부들

그림 5.27 시베리아 호랑이

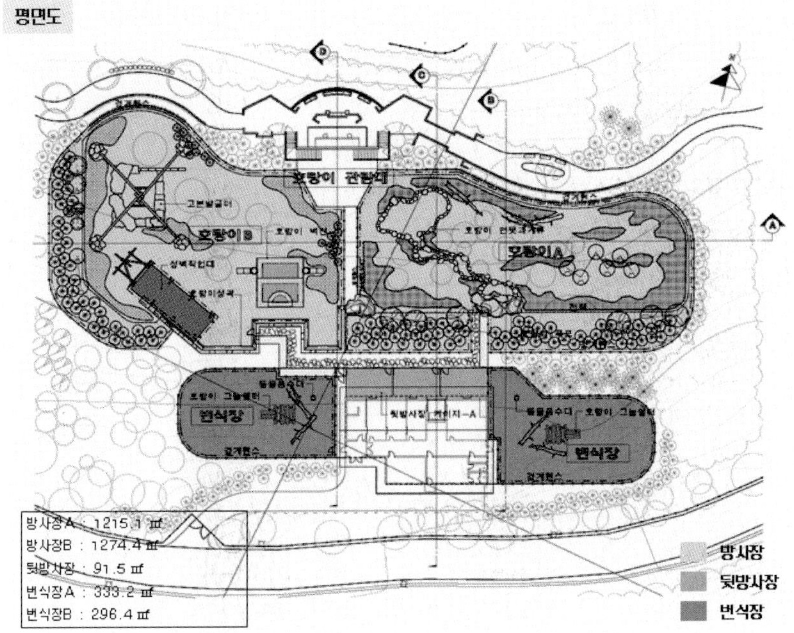

· 설계주안점 : 방사장 A는 자연스러운 숲의 분위기를 연출하며 방사장 B는 우리나라 역사와 호랑이의 관계를 고구려시대의 성과 고분을 도입하여 연출함.
· 도입시설 : 연못, 계류, 폭포, 성벽, 고분 발굴터, 성곽작업대
· 도입수종 : 신갈나무, 산철쭉, 조릿대

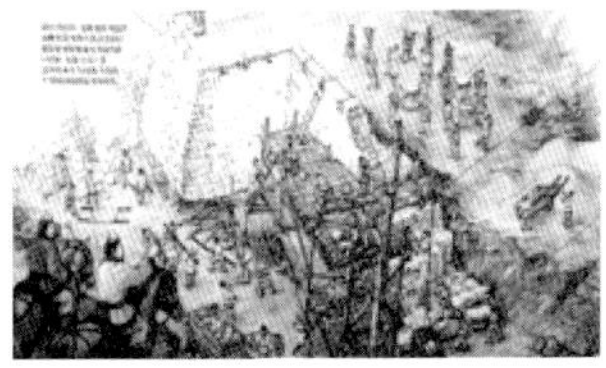

자료 : 서울대공원관리사업소, 2003: 60

8) 인프라 형성을 위한 계획 및 설계

- 동물의 사육 및 서비스 공간은 기본적으로 최대한 차폐한다.
- 동물과 관리인의 안전이 최우선이 되는 사육공간을 계획·설계한다.
- 공급처리시설(utilities)과의 연결과 레이아웃을 계획·설계한다.
- 생명유지공급시설(수중생물들을 위한 물공급시설 등)과 전시공간을 효과적으로 통과하는 스키밍 파이프(skimming pipe)를 계획·설계하여야 한다.
- 지속가능성을 고려하여 계획·설계하여야 한다.
- 물을 이용한 전시에 중수와 깨끗한 물을 잘 혼용(적절한 수질정화시스템 도입)하여 사용해야 한다.
- 인간과 동물 모두의 안전을 위한 계획·설계를 하여야 한다.
- 계획·설계에 의해 조성(강조)된 야생 환경이라 할지라도 잠재적인 위험을 가지고 있으므로 경계나 통로 혹은 동물과 가까운 곳에는 세심한 주의를 기울여야 하며, 마찬가지로 동물들도 사람들로부터 적절한 보호(알아채지 못하도록 하는 것)가 필요하다.

5. 전망 및 과제

현재까지 대부분의 우리나라 동물원은 동물복지나 종보전을 포함한 동물원 고유의 기본역할과 임무(전시, 교육, 보전, 연구)보다는 관람객의 단순관람과 위락을 위한 사회교육기능 위주로 조성·운영되고 있는 실정이다. 또한 서울대공원 동물원을 비롯한 대부분의 공공동물원은 오래되었거나 조성 후 유지·관리 및 재투자가 이루어지지 않아 사람을 위한 관람환경은 물론 동물들의 생활환경도 매우 열악하다. 이러한 이유로 서울대공원 동물원을 제외하고는 공공동물원에 관련된 계획 또는 설계 발주가 거의 없다시피했던 것이 사실이다.

이에 비해 선진외국에서는 동물이 지닌 야생 본연의 삶을 보장하는 터전이 되도록 그 배열과 전시방법에 있어서 생태적 연계성이 구현되어 동물원이란 것이 종래의 구경거리 위주만의 시설이 아니라 현대인들에게 동물을 통하여 자연의 일원으로서 자기 자신을 되돌아보게 하고 인간이 지닌 자연에의 갈망과 인간성 회복에의 강한 욕구를 충족시키는 장소로서 뿐만 아니라 멸종위기에 처한 수많은 야생동물의 '서식지 외 보전기관' 역할을 수행함을 동물원 조성 및 관리·운영의 최우선 목표로 하여 동물원이 끊임없이 진화하고 있다. 그에 따른 동물원 계획·설계와 동물의 생태·복지·행동·병리 등에 관한 연구가 활발히 이루어져 왔으며 전문가 그룹도 잘 훈련되어 있다.

이상적 동물원을 만들기 위해서는 훈련되고 경험 있는 동물원 계획·설계가(zoo planner), 행정가, 큐레이터, 사육사, 동물관련(생태·복지·행동·병리 등) 전문가 그룹 등이 조성을 위한 기획 단계부터 조성 후 유지관리까지 협업하여야 하는 바, 이러한 전문가 그룹을 훈련시키고 양성하는 것이 큰 과제라 할 수 있다.

이러한 멸종위기종 보전과 생태적 동물원 조성 등의 시대적 흐름에 맞추어 향후 우리나라 동물원 조성(계획 및 설계)에서도 선진외국과 같은 동물원을 조성하기 위한 많은 노력이 있을 것으로 기대하며 본 장이 이상적인 동물원 계획·설계의 기초 이해자료로서 활용되기를 바란다.

06. 자연휴양림

최웅식

1. 서론
2. 자연휴양림의 개념과 개발 사례
3. 조성절차 및 시설기준
4. 시설계획
5. 프로그램 및 콘텐츠계획
6. 전망 및 과제

1. 서론

자연휴양림은 산림 내에서 휴양, 휴식에 필요한 최소한의 시설만을 설치하여 누구나 쉽게 이용할 수 있는 국민휴식공간으로, 1988년 산림법을 근거로 도입되기 시작하여 2012년 말 현재, 조성·운영되고 있는 자연휴양림은 총 138개소로 연간 이용인원은 1,161만 명에 이르고 있다(산림청, 2013a: 366).

이러한 산림 내에서의 휴양에 대한 관심 증대로 2005년 산림문화·휴양에 관한 법률이 제정되면서 산림문화·휴양은 산림과 인간의 상호작용으로 형성되는 총체적인 생활양식과 산림 안에서 이루어지는 심신의 휴식과 치유 등이라고 정의함과 동시에 자연휴양림, 삼림욕장, 치유의 숲 등 대표적인 산림휴양시설에 대해 더욱 관심을 갖게 되면서 정착되었다(류강현, 2013: 2). 그 중 자연휴양림은 초기의 자연휴양만을 위한 시설에서 이용객의 요구변화와 정책변화에 따라 그 역할과 비중이 지속적으로 발전해왔고 오늘날 국립공원이나 관광지와는 또 다른 차별화된 휴양활동시설지로 자리매김하였다.

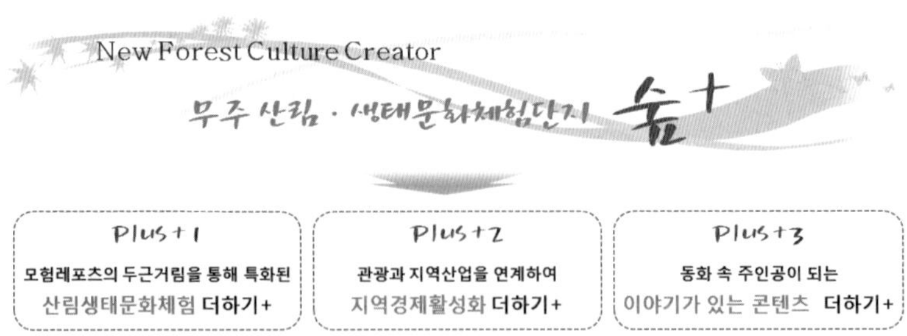

표 6.1 산림문화휴양시설의 정의

시설명	정의
자연휴양림	국민의 정서함양 · 보건휴양 및 산림교육 등을 위하여 조성한 산림
산림욕장	국민의 건강증진을 위하여 산림 안에서 맑은 공기를 호흡하고 접촉하며 산책 및 체력단련 등을 할 수 있도록 조성한 산림
치유의 숲	향기, 경관 등 자연의 다양한 요소를 활용하여 인체의 면역력을 높이고 건강을 증진시키는 활동을 할 수 있도록 조성한 산림
숲길	등산 · 트레킹 · 레저스포츠 · 탐방 또는 휴양 · 치유 등의 활동을 위하여 제23조에 따라 산림에 조성한 길
산림문화자산	산림 또는 산림과 관련되어 형성된 것으로서 생태적 · 경관적 · 정서적으로 보존할 가치가 큰 유형 · 무형의 자산

자료 : 산림문화 · 휴양에 관한 법률 제2조

2. 자연휴양림의 개념과 개발 사례

2.1 자연휴양림의 개념과 정의

숲은 오랜 역사동안 인간의 훌륭한 휴양장소였지만, 제도적 차원에서 정비되고 휴양활동 장소로 지정되기 시작한 것은 1872년 옐로우스톤이 세계 최초의 국립공원으로 지정되면서부터라고 할 수 있다. 그러나 숲에 대한 인식이 정립된 것은 1960년 시애틀에서 열린 제5차 세계임업회의(WFC)에서부터로, 당시 세계임업회의에서는 산림의 다목적 이용을 표제로 내걸고 "산림은 목재 생산, 수자원, 목초자원, 야생동물, 휴양의 다섯 가지 주요 기능에 대한 이용에 제공되어야 한다"라고 하였다.

이러한 맥락에서 숲의 하나의 시설인 자연휴양림은 자연생태계를 유지·보전하면서 임산물과 공익재의 생산적 기능을 수행하는 공간으로 질서있게 개발하여 국민의 보건휴양, 정서함양, 산림소유자와 지역주민의 소득 향상 및 대국민 산림교육장으로 활용되는 산림을 의미한다.

이는 기존의 임업경영활동과 결합되거나 독립된 휴양기회 제공으로 한정된 임지이지만 기본적으로 자연생태계 보전, 임산물의 생산적 기능과 자연자원 중심의 옥외 레크리에이션 활동을 통한 국민의 보건휴양기능을 동시에 수행하고 있기 때문에 기존의 공원이나 유원지, 도시림 등과는 구분된다. 또한 여가활동 측면에서 자연휴양림은 이용객들로 하여금 도시생활의 긴장과 번잡함을 벗어나 임내에서 편히 쉬고, 긴장감을 이완시키는 정신적·육체적 휴식과 건강의 유지, 향상, 치유 등의 심신단련적 활동, 교육 및 문화적 배양을 배우고 익히는 창조적 활동, 심리적 만족 및 즐거움을 목적으로 자연적이고 비도시적인 환경에서 이루어지는 옥외행락활동을 위해 일반에 개방되는 산림이다(산림청, 1990: 9-11).

반면 자연휴양림에 대한 법제적 정의는 국민의 정서함양·보건휴양 및 산림교육 등을 위하여 조성한 산림으로* 쉽게 접근할 수 있는 지역에 위치한 국가 및 지방자치단체가 조성하는 경우에는 30만 제곱미터 이상, 그 외의 자가 조성하는 경우에는 20만 제곱미터 이상의 면적을 가진 산림* 중 휴양림예정지 조성적지로 평가된 산림에 대하여 산림청장이 지정·고시한 산림으로 규정하고 있다.

* 산림법 제31조(구법)에서 규정한 자연휴양림의 정의는 '국민보건휴양, 정서함양 및 자연학습교육과 산림소유자의 소득 증대에 이바지하기 위하여 필요하다고 인정할 때, 경관이 수려한 삼림으로서 대통령령이 정하는 기준에 해당하는 산림'에 대하여 산림청장이 지정하는 산림이다.

* 산림문화·휴양에 관한 법률 제2조 2항

* 동법 시행령 제6조

2.2 자연휴양림의 유형

자연휴양림의 유형은 우선 운영주체에 따라 국·공유림형, 사유림형으로 구별하고 있으며, 규모에 따라서는 100ha 이하의 면적을 지닌 소규모, 100~500ha 규모의 중규모, 500ha 이상의 대규모 휴양림으로 구별하고 있다. 자연휴양림의 규모에 따라 도입가능시설이 다양해지면서 대규모 휴양림의 경우는 종합레저문화시설로 조성이 가능하다.

또한 자원의 특성에 따라 산악산림형, 내륙수변형, 해안해양형, 역사문화형 휴양림으로 구별하고, 지리적 위치에 따라 도시근교형, 도시산간중간형, 산간오지형으로 구별하고 있다.

표 6.2 자연휴양림의 유형

구분	유형	내 용
운영주체	국공유림형	국가 및 지자체 등 공공단체가 경영관리주체가 되는 경우로 요존 국유림에는 지방산림청장 또는 지방산림관리청 국유림관리소장이, 공유림과 불요존 국유림에는 시도지사 또는 시장·군수가 주체가 되어 휴양림조성계획을 작성하고 산림청장의 승인을 받아 개발하는 유형
	사유림형	사유림을 소유한 민간이 개발하는 유형으로 이용객에게 여가활동의 공간을 제공하는 동시에 경영자의 소득을 향상시킬 수 있는 다목적 산림경영형태의 휴양림
규모	소규모	통상 1~2시간 내의 거리에 위치, 접근성이 양호한 100ha 이하의 휴양, 편익, 교육시설 중심의 산림지
	중규모	도시로부터 일정한 흡인권 내에 위치하며 주말이용 중심의 100~500ha 규모의 휴양림
	대규모	자원의존형 입지특성이 강하며 휴가 등 특정기간에 주로 이용되는 500ha 이상의 산림지로, 편익, 운동, 교육 등의 기초시설 외 숙박시설, 스키장, 골프장, 수목원, 관광농원, 임간학교, 박물관 등 다양한 레저·문화시설이 도입 가능한 휴양림
자원특성	산악산림형	수려한 자연경관을 배경으로 계곡과 산악이 어우러진 곳으로, 대상지역이 고속도로나 국도로부터 진입이 용이한 지역으로부터 30km이거나 시설지구까지 2차선 이상의 진입도로가 있는 지역
	내륙수변형	내륙의 평탄지로서 강, 하천, 호수 등의 입지를 배경으로 한 지역으로 침수나 유실의 염려가 없고 가급적 내륙 교통체계가 잘 되어 있어 접근이 용이한 지역
	해안해양형	해안의 수려한 경관자원과 섬, 해수욕장의 입지를 배경으로 수심, 수질, 태풍 등 여름철 해변 휴양활동에 지장이 없는 지역으로 근해 양식어업에 방해가 되지 않은 지역이면서 타관광지와 연계교통망 조성이 가능한 지역
	역사문화형	역사·문화적 가치가 산재하고 많은 자연기념물, 보물 등 희귀한 동·식물이 있는 지역을 배경으로 하는 주변의 녹지와 산림지대
지리적 위치	도시근교형	도시민이 1일을 주기로 일상생활에서 이용 가능한 옥외 레크리에이션장으로 도시생활주기에 따른 여가활동이나 행태에 따라 이용되는 도시 근교의 휴양림
	도시산간 중간형	여가활동이나 접근성을 감안하여 일정한 유치권을 형성할 수 있는 비교적 우수한 여가자원을 갖는 중간적 산림지로서 1~3일 숙박형의 휴양림
	산간오지형	시·공간적으로 가장 원거리에 입지하나 자원가치의 특이성과 다양성이 있는 장기간 숙박형 휴양림

자료 : 산림청, 2004: 9

2.3 자연휴양림 조성 사례

자연휴양림 조성은 일반적으로 산림자원의 활용 유형에 따라 휴양 및 자연체험형, 모험체험형, 생태교육형 등으로 구분해 볼 수 있다.

표 6.3 자연휴양림 조성의 유형

활동유형	특 징
휴양 및 자연체험형 (Nature Based tourism)	산림자원의 수려한 경관을 바탕으로 이를 감상하고 도심에서 벗어나 휴양 및 휴식을 즐기고자 하는 휴양 및 자연체험형 휴양림 (사례 : 일본 아카메의 숲, 금산산림문화타운 등)
모험체험형 (Adventure tourism)	산악지형의 특성을 활용하여 에코어드벤처, 짚라인, 산악자전거, 레크리에이션 등 이색체험활동을 중심으로 하는 모험체험형 휴양림 (사례 : 미국 와치타 국립공원, 문경 짚라인, 대구 허브힐즈 등)
생태교육형 (Ecotourism)	수목, 야생화, 야생동물 등의 산림자원을 활용하여 주로 교육목적의 관찰을 체험하거나 경험할 수 있도록 하는 생태교육형 휴양림 (사례 : 일본 아카자와 자연휴양림, 광양 백운산 식물생태숲 등)

자료 : 무주군, 2013: 122

1) 휴양 및 자연체험형 조성사례

(1) 일본 아까메의 숲

나라바시에 위치하는 아까메의 숲은 에코리조트와 숲 요양소를 중심으로 편안한 휴식과 나눔, 재충전의 기회를 제공하는 산촌휴양마을이다.

에코리조트 휴양센터

유기농채소 재배 영농체험

구분	내 용
규모	부지 : 1,500평 / 환자 : 10명
시설	개별실이 있는 민가형 병원, 숯가마, 목욕탕, 방갈로
프로그램	하루단위로 치료, 도예, 농사, 산책활동 중 2개 활동 선택
이용계층	성인병, 만성질환, 정신착란환자 등 치유를 요하는 환자

(2) 금산 산림문화타운

충남 금산군 남이면 건천리 일원, 658ha 면적에 조성되어 있는 중부권 최고의 산림생태종합휴양단지이다.

금산 생태숲

느티골 산림욕장

구분	내 용
규모	전체 면적 : 658ha
수용인원	최대 2,200명/일, 최적 1,600명/일
주요시설	남이자연휴양림(221ha), 금산생태숲(400ha), 느티골산림욕장(37ha)

2) 모험체험형 시설 사례

(1) 문경 짚라인

문경짚라인

경상북도 문경시 불정자연휴양림 내에 위치하며, 짚라인 9개 코스와 부대시설로 구성되어 있으며 짚라인코리아(주)에서 운영 중이다.

구분	내 용
위치	경상북도 문경시 불정산 불정자연휴양림
개관일	2009년 2월
출발지점	불정산 입구 고객센터 장비 착용 후 트럭이동(해발 487m 연습장)
코스구성	코스1(Beginning), 코스2(Forest Road), 코스3(Mountain Scenery), 코스4(Valley 1), 코스5(Challenge Tower), 코스6(Valley 2), 코스7(Above the Forest), 코스8(Super Flying 1), 코스9(Super Flying 2)

(2) 미국 와치타국립공원

ATV(산악자동차)

승마트레일

미국의 알칸사스주의 중심에 위치한 국유림지역으로 1907년 국립공원으로 지정된 남부지역에서 가장 오래되고 넓은 국유림이다. OHV는 off-highway vehicle의 약자로 4륜구동형 혹은 ATV(All Terrain Vehicle)와 같은 자동차를 의미하는 것으로 미국 산림청에서 최근 가장 성장하고 있는 산악형 레크리에이션활동이라고 설명하고 있으며, 어린이에서부터 노년층까지 함께 하는 가족형 레크리에이션으로 큰 인기를 누리고 있다.

3) 생태교육형 시설 사례

(1) 일본 아카자와 자연휴양림

나가노현 키소군에 위치하며, 1982년 제1회 삼림욕대회가 개최되면서 삼림욕이라는 명칭을 처음으로 사용하게 된 삼림욕의 발상지이다.

아카자와 자연휴양림 지도

구분	특 징
만남의 길	삼림욕 메인 코스로 유니버설 디자인을 도입한 산책로
울새코스	노송나무 숲길 따라 신비한 형상의 나무들이 다수 분포
무카이산코스	지표에 노출된 뿌리보호를 위해 목편조각활용 칩포장길
산림자료관	키소 골짜기의 임업의 역사와 아카자와의 자연자원관련 자료전시
산림철도	과거 산림운송 수단으로 활용되던 산림철도 보존 활용

(2) 광양 백운산 식물생태숲

백운산 식물생태숲은 650여 종의 약용식물이 자생하는 백운산의 생태환경을 보존하기 위한 목적으로 조성된 곳으로, 이들 천연자원식물을 식물생태교육 목적으로 이색적 식물테마파크로 활용하고 있다. 생태적으로 안정되고 경쟁력 있는 숲을 조성함으로서 자생식물의 연구와 더불어 국민의 건전한 휴식공간과 자연학습공간으로 활용하고 있다.

구분	내 용
위치	광양시 옥룡면 추산리 산115-1번지
면적	전체 63ha (생태숲 조성지 6ha)
주요시설	생태숲 광장지구 : 생태주차장, 만남의 광장, 자연휴게공간 백운산 영상체험관 : 가상숲속체험공간 생태체험관 : 자생식물 수집, 증식, 보전관리, 전시공간 관찰지구 : 자생하는 소나무, 참나무군락 관찰

백운산 생태숲

3. 조성절차 및 시설기준

3.1 자연휴양림 조성절차

자연휴양림은 산림문화·휴양에 관한 법률에 의거하여 그림 6.1과 같은 지정 및 조성계획절차 이행을 통해 사업을 시행하도록 되어 있으나 현행 법규상 100% 임야에서만 조성이 가능하며 사전입지조사서를 통한 환경부 협의절차 이행이 필요하다.

자연휴양림 지정을 위한 입안은 산림청장이 고시한 다음과 같은 자연휴양림 지정 타당성 조사 세부평가기준에 의하여야 한다.

자연휴양림 지정을 위한 타당성 평가 기준(시행령 제6조)

- 경관 : 표고차, 임목수령, 식물다양성 및 생육 상태 등이 적정할 것
- 위치 : 접근도로 현황 및 인접도시와의 거리 등에 비추어 그 접근성이 용이할 것
- 면적 : 국가 및 지방자치단체가 조성하는 경우에는 30만 제곱미터 이상, 그 외의 자가 조성하는 경우에는 20만 제곱미터 이상의 산림일 것
- 수계 : 계류 길이, 계류 폭, 수질 및 유수기간 등이 적정할 것
- 휴양요소 : 역사적·문화적 유산, 산림문화자산 및 특산물 등이 다양할 것
- 개발여건 : 개발비용, 토지이용 제한요인 및 재해빈도 등이 적정할 것

그림 6.1 자연휴양림의 지정 및 조성계획 절차도

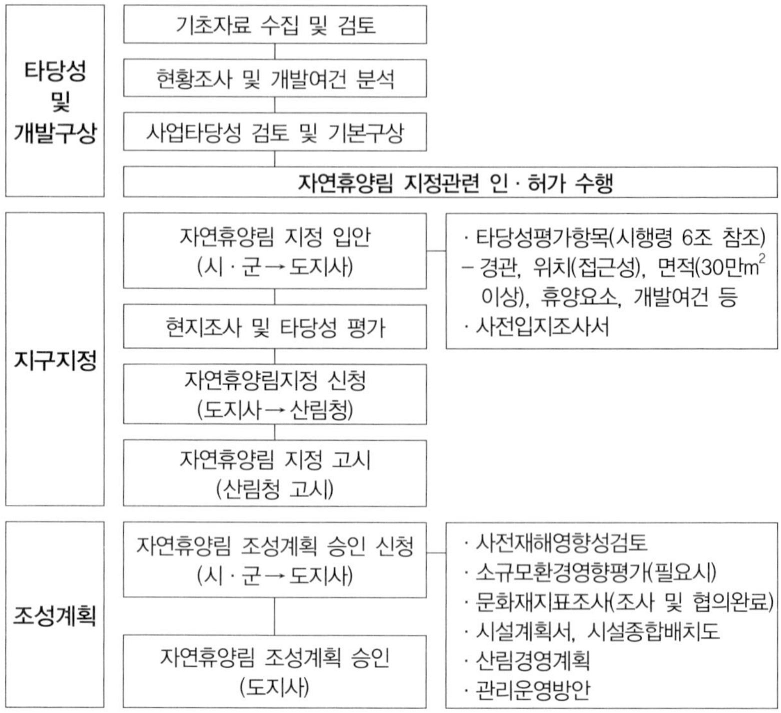

3.2 자연휴양림시설의 종류 및 기준

1) 시설의 종류

자연휴양림 내에 도입되는 활동이나 시설의 유형과 종류는 그 기능상 근본적으로는 자원형 관광지 내의 시설과 크게 다르지 않지만 그 명칭 사용에 있어서는 산림문화 · 휴양에 관한 법률에 의거하여야 하며 시설의 종류는 표 6.4와 같다.

2) 시설별 설치기준

자연휴양림 내의 시설은 자연휴양림 조성목적에 부합되도록 그 규모와 설치기준을 구체적으로 제한하고 있다.

우선 자연휴양림 안에 설치할 수 있는 시설의 규모는 시행령 제7조 2항에 따라 다음과 같이 제한하고 있고 설치기준에 대해서는 별표1의 2에 의해 규정하고 있다(표 6.5, 6.6 참조).

표 6.4 자연휴양림 시설의 종류

구분	시설의 종류
숙박시설	숲속의 집 · 산림휴양관 등
편익시설	임도 · 야영장(야영데크를 포함) · 오토캠핑장 · 야외탁자 · 데크로드 · 전망대 · 야외쉼터 · 야외공연장 · 대피소 · 주차장 · 방문자안내소 · 임산물판매장 및 매점과 「식품위생법」에 따른 휴게음식점 및 일반음식점 등
위생시설	취사장 · 오물처리장 · 화장실 · 음수대 · 오수정화시설 · 샤워장 등
체험 · 교육시설	산책로 · 탐방로 · 등산로 · 자연관찰원 · 전시관 · 천문대 · 목공예실 · 생태공예실 · 산림공원 · 숲속교실 · 숲속수련장 · 산림박물관 · 교육자료관 · 곤충원 · 동물원 · 식물원 · 세미나실 · 산림작업체험장 · 임업체험시설 등
체육시설	철봉 · 평행봉 · 그네 · 족구장 · 민속씨름장 · 배드민턴장 · 게이트볼장 · 썰매장 · 테니스장 · 어린이놀이터 · 물놀이장 · 산악승마시설 · 운동장 · 다목적 잔디구장 · 암벽등반시설 등
전기 · 통신시설	전기시설 · 전화시설 · 인터넷 · 휴대전화중계기 · 방송음향시설 등
안전시설	펜스 · 화재감시카메라 · 화재경보기 · 재해경보기 · 보안등 · 재해예방시설 · 사방댐 등

자료 : 시행령 제7조 별표1의 2

표 6.5 자연휴양림내 시설의 규모

1. 자연휴양림시설의 설치에 따른 산림의 형질변경 면적(임도 · 순환로 · 산책로 · 숲체험코스 및 등산로의 면적을 제외한다)은 10만 제곱미터 이하가 되도록 할 것
2. 자연휴양림시설 중 건축물이 차지하는 총 바닥면적은 1만 제곱미터 이하가 되도록 할 것
3. 개별 건축물의 연면적은 900제곱미터 이하로 할 것. 다만, 식품위생법에 따른 휴게음식점 또는 일반음식점의 연면적은 200제곱미터 이하로 하여야 한다.
4. 건축물의 층수는 3층 이하가 되도록 할 것

자료 : 시행령 제7조 2항

표 6.6 자연휴양림 시설의 설치기준

구분	설치기준
숙박시설	· 산사태 등의 위험이 없을 것 · 일조량이 많은 지역에 배치하되, 바깥의 조망이 가능하도록 할 것
편익시설	· 야영장 및 오토캠핑장은 자연배수가 잘 되는 지역으로 산사태 등의 위험이 없는 안전한 곳에 설치할 것
위생시설	· 쾌적성과 편리성을 갖추도록 설치할 것, 산림오염이 발생되지 않도록 할 것 · 식수는 먹는물 수질기준에 적합할 것, 외부 화장실에는 장애인용 화장실을 설치할 것
체험 · 교육시설	· 산책로 · 탐방로 · 등산로 등 숲길은 폭을 1미터 50센티미터 이하(안전 · 대피를 위한 장소 등 불가피한 경우에는 1미터 50센티미터를 초과할 수 있다)로 하되, 접근성 · 안전성 · 산림에의 영향 등을 고려하여 산림형질 변경이 최소화될 수 있도록 설치할 것 · 자연관찰원은 자연탐구 및 학습에 적합한 산림을 선정하여 다양한 수종을 관찰할 수 있도록 할 것 · 숲속수련장은 강의실 · 숙박시설 · 광장 등을 갖추어야 하며, 1회에 100명 이상을 동시에 수용할 수 있는 규모로 설치할 것 · 임업체험시설은 경사가 완만한 지역에 설치하여야 하며, 체험활동에 필요한 기본 장비 등을 갖출 것

자료 : 시행령 제7조 별표1의 2

4. 시설계획

4.1 계획의 기조

1) 기본방향 및 컨셉

자연휴양림의 계획은 숲이 가지고 있는 특성과 지역의 고유한 자연환경이 유지·보존되면서 이용자의 휴양 만족도를 충족시킬 수 있도록 수립되어야 함이 원칙이다. 하지만 최근의 자연휴양림 증가 추세는 타 휴양림과는 차별화된 장소로 경쟁력을 확보할 수 있도록 기존의 휴양의 틀을 넘어서는 새로운 컨셉을 요구하고 있다.

대상지의 물리적 여건 및 입지여건, 자연환경, 역사·문화자원, 목적시설의 종류, 이용객의 요구 등 다양한 요인에 의해 계획의 컨셉이 설정되어야 하지만 자연휴양림의 가장 근본적인 기능은 '휴양'임을 반드시 염두에 두고 계획되어야 한다.

따라서 본연의 자연휴양림 기능이 반감되지 않은 채 이용객의 니즈를 반영할 수 있는 컨셉을 설정하고 도입시설을 선정하는 것이 자연휴양림 계획의 올바른 방향이라 할 수 있다.

인간의 탄생과 죽음까지 모든 연령대에서 산림 이용이 가능한 시설 및 프로그램을 구상하거나(그림 6.2 참조), 모든 연령의 세분화 프로그램보다는 모든 세대가 어울려 즐길 수 있는 특화시설 및 프로그램을 구상하는, 즉 휴양을 넘어 삶의 전반적인 성찰을 할 수 있는 자연휴양림으로 조성되어야 할 필요가 있다.

그림 6.2 생애주기별 산림복지 서비스

자료 : 산림청, 2013b: 33

그림 6.3은 진도 자연휴양림계획시의 컨셉 설정 과정을 예시한 것이다. 여기서의 컨셉은 개발방향인 '통일성, 통합성, 복합성, 포용성, 특화성' 등과 바다와 숲이 만나는 우리나라 최남단에 위치한 국립자연휴양림이라는 장소성, 그리고 잠재이용객의 특성을 고려하여 설정되었다.

그림 6.3 진도 자연휴양림의 컨셉 도출과정

1. 본 대상지에 관련되는 단어

2. 컨셉 도출

3. 컨셉 설정

4. 컨셉 구현

안내판 등의 설치 | 건축물에 적용 | 프로그램 운영 | 상징물 설치 | 테마로드

자료 : 진도군, 2013: 7-9

2) 스토리텔링

자연휴양림에서의 스토리텔링(storytelling)은 지역특성에 이야기를 접목하여 발생한 스토리를 중심으로 휴양림과 방문객이 동시에 문화를 만들어가는 것을 의미한다. 이는 휴양림이 단순히 보고 쉬는 곳이 아니라 그 안에 존재하는 이야기를 방문객이 직접 현장에 참여하고 체험함으로써 감성을 느끼고 장소성을 공유하도록 하는 과정이다.

표 6.7 스토리텔링 개념을 활용한 장소 마케팅

구분	단계		
장소마케팅	장소자산발굴	장소성 체험	장소 마케팅
	장소매력	체험	관계자산
스토리텔링	스토리(story)	텔(tell)	현재진행형(ing)
	이야기성	현장성	상호작용성
스토리텔링 개념을 활용한 장소마케팅	스토리텔링	스토리체험	스토리공유
	스토리목록 작성 대표스토리 발굴 스토리테마추출	체험환경 정보환경	커뮤니티

자료 : 최인호 · 임은미, 2008

* 스토리텔링의 절차

구분	내용
스토리 발굴	· 자원목록 검토 · 대표 이야기거리 찾기
목표설정	· 체험 및 홍보 확대 · 자원보호, 방문객 보호
테마개발	· 테마유형 설정
스토리 전달	· 다양한 주제로 이야기 전달

스토리텔링은 스토리의 발굴부터 전달까지 총 4단계의 절차*로 이루어지는데, 자원목록을 발굴하는 스토리 발굴, 방문객의 체험 및 자원보호를 위한 목표설정, 테마의 유형을 선택하는 테마개발, 여러 매체를 통한 스토리전달 등으로 구성된다. 따라서 스토리텔링은 그림 6.4와 같이 방문지, 방문객, 이야기가 하나로 구성되는 절차이며, 대상지의 방문 전·후를 통해 성립되는 과정이라 볼 수 있다.

그림 6.4 스토리텔링 개념도

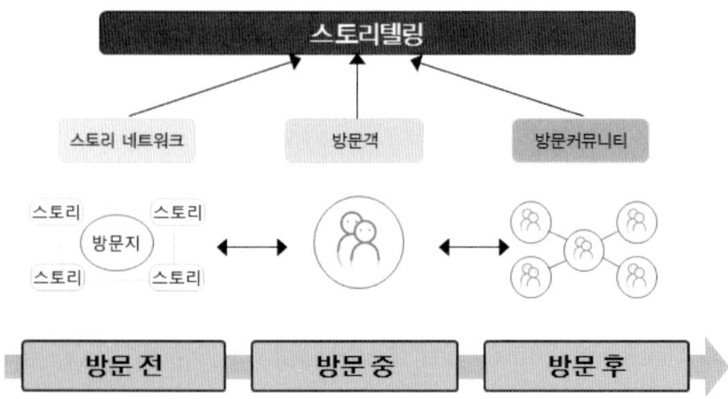

자료 : 진도군, 2013: 11

그림 6.5 진도 자연휴양림의 공간별 스토리텔링 전개 사례

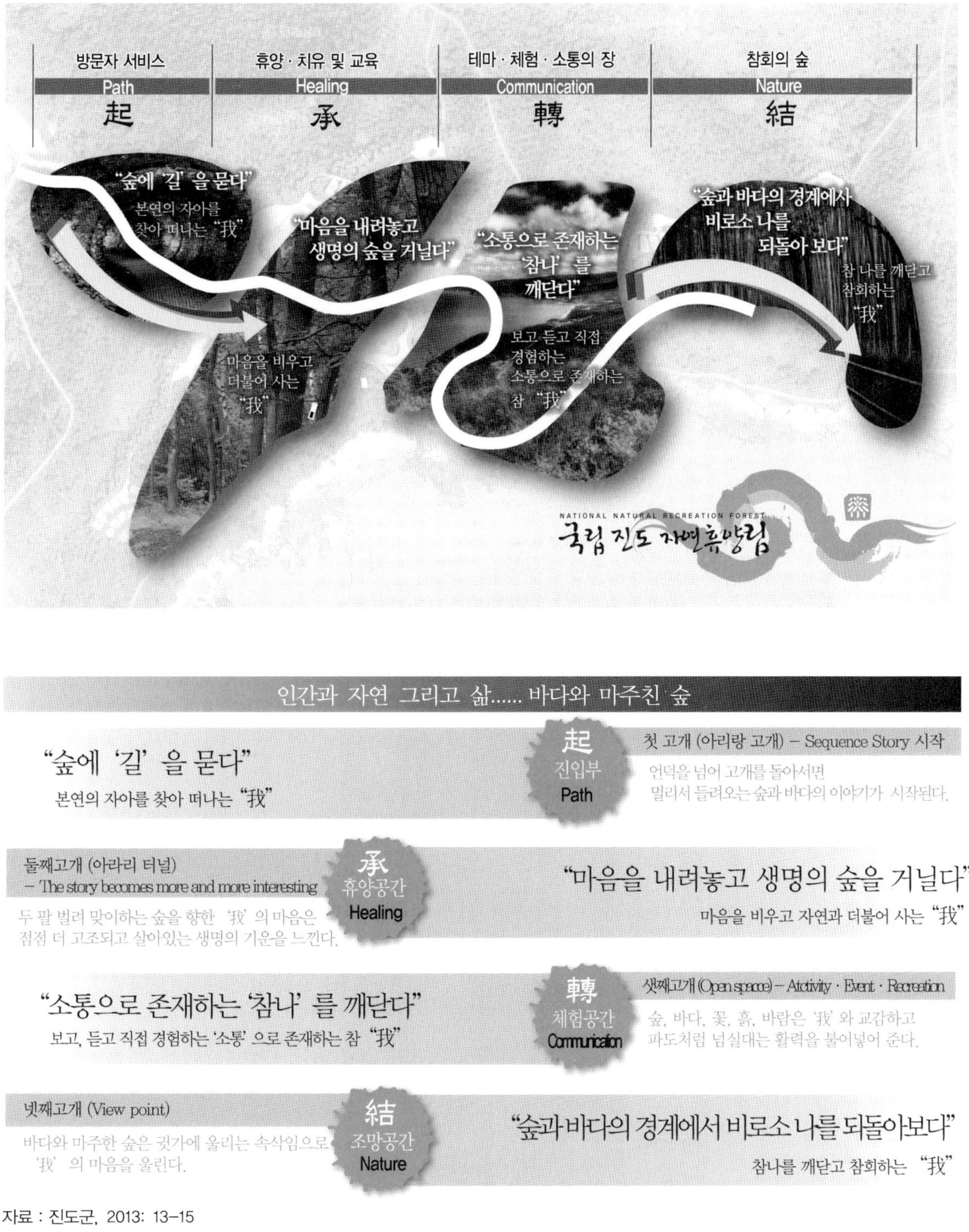

자료 : 진도군, 2013: 13-15

무주 자연휴양림에서는 무주군의 상징인 반디의 캐릭터를 활용하고, 모험레포츠 특화 테마를 강조하여 그림 6.6과 같이 '엄마를 찾아서 떠나는 반디의 모험'을 시놉시스로 하여 공간 및 시설에 대한 스토리라인을 구성하기도 하였다.

그림 6.6 무주 자연휴양림의 시놉시스 사례

시놉시스

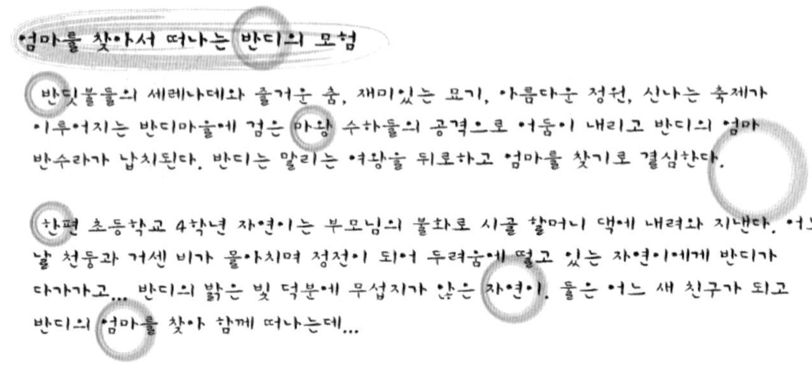

스토리라인에 따른 공간구조

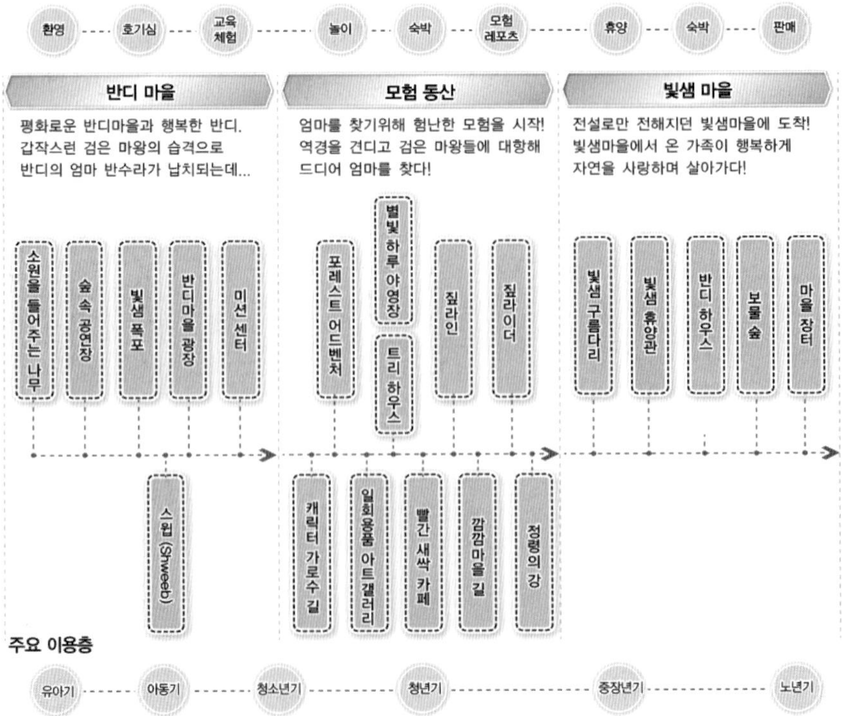

자료 : 무주군, 2013: 310

3) 공간구성

자연휴양림의 각 공간은 숲에서의 활동공간으로 '면'(토지)의 형태가 아닌 숲을 활용한 '선'(길)과 '점'(시설)의 형태로 디자인되어야 하며 앞서 논의된 개발컨셉과 스토리텔링을 적용하여 의미있는 자연휴양공간이 되도록 계획하여야 한다.

그림 6.7은 진도 자연휴양림의 공간구성체계로 '아라리 고개'의 형상을 토대로 각 공간이 시각적 연속성(Visual Sequence)을 지니도록 하였다.

시각적 연속성은 고정되고 정지된 공간이 아니라 흐르는 물과 같이 쉬지 않고 흐르는 연속성을 이루는 구성으로 문(門)과 문(門)을 통해 분리된 공간을 연출하면서 다양한 변화가 흐르는 공간의 질서를 부여함을 의미한다. 따라서 본 계획에서의 공간구성체계는 수직적인 높낮이의 흐름이 평면공간시설과 맞추어 나가며 인간의 오감을 느끼게 해주고 '길'을 통한 기대감을 갖게 하였고 전통 테마길과 체험공간을 도입하여 자연휴양림의 '숲의 활동'과 아리랑의 '전통문화 활동'이 이루어지는 복합적인 체계를 지니도록 하였다.

그림 6.7 공간별 디자인 프로세스

자료 : 진도군, 2013: 18

4) 도입시설

계획의 방향과 컨셉이 정리되면 이를 구현할 수 있는 시설계획을 하는 데 이에 앞서 제반 조건을 감안한 시설을 선정해야 한다.

자연휴양림에서의 도입시설 명칭은 관련법에 준해야 하나 그 구체적인 내용은 입지나 자연자원, 그리고 프로젝트의 성격에 따라 상이할 수밖에 없다.

그림 6.8은 무주자연휴양림에서의 도입시설 선정 프로세스로, 여기서는 단순기능별 시설의 종류, 전 생애 산림복지의 실현을 위한 도입 콘텐츠, 지역 및 연령을 고려한 주요 공략 타깃층, 지역성을 고려한 연계자원 등의 조사를 통한 도입시설 pool을 구성하여 도출한 약 120여개의 item pool 중에서 단지특성 기준, 개발컨셉 기준, 사업성 평가 등을 거쳐 최종 도입시설을 선정하였다(표 6.8 참조).

그림 6.8 도입시설 선정 프로세스

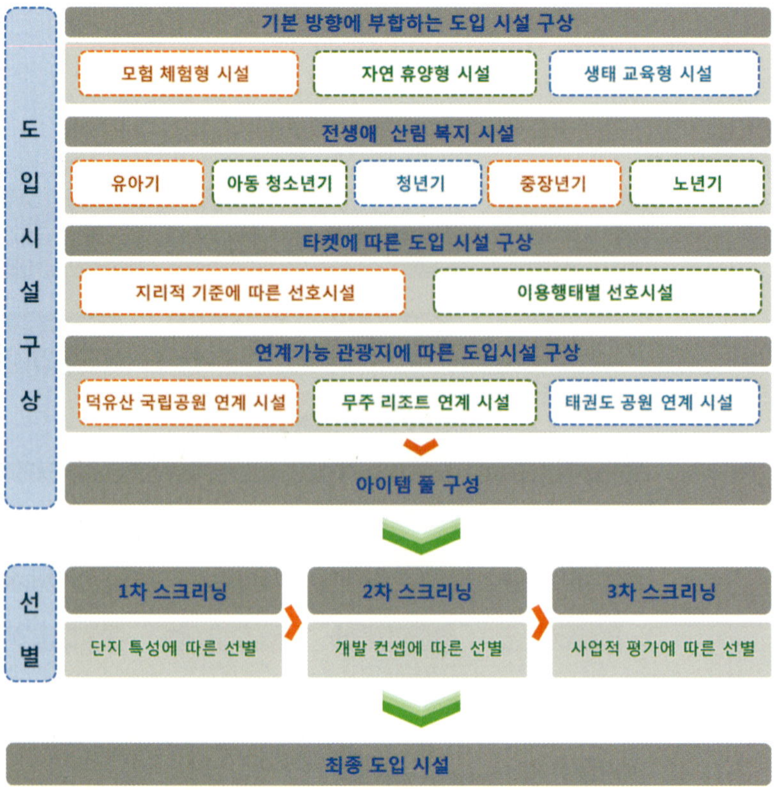

자료 : 무주군, 2013: 179

표 6.8 최종 도입시설

구 분		시설명	내 용
호기심의 장 "반디마을"	메인 시설	소원을 들어주는 나무	단지 내 랜드마크이자 관광객의 방문욕구 자극 시설
		광장(반디마을 입구광장)	방문객들을 위한 만남의 장소 및 피크닉 장소
		방문자안내소(모험 방문자센터)	교육 체험 및 모험레포츠 시설 안내 공간, 판매 센터
		스윕(Forest Green Rail)	모노레일의 페달을 밟아 이동하는 친환경 이동 시설
	연계 시설	목공예실(반디공작소)	목공체험의 즐거움을 느낄 수 있는 테마 공간
		야외공연장(참빛 숲속 공연장)	뮤지컬 및 각종 행사를 진행할 수 있는 실외 공연장
		반디마을 동화공원	동화 속 주인공을 만날 수 있는 테마 공원
		인공 폭포(빛샘 폭포)	대상지 진입부의 시선을 유도하는 상징 폭포
모험의 장 "모험동산과 깜깜마을"	메인 시설	짚와이어(Sky Adventure 짚와이어)	전국 최장의 익스트림 라인 시설 도입
		짚라인(Sky Adventure 짚라인)	밧줄에 몸을 매달고 여러 코스를 지나가는 모험 시설
		야영장(별빛하루 야영장)	청정 산림 속에 위치한 야영 전용 공간
	연계 시설	산악오토바이 & 자전거	청정 자연 속에서 즐기는 라이딩 시설
		일회용품 아트갤러리	버려진 일회용품들로 만들어진 예술 작품을 전시
		전망대(달빛, 별빛 전망대)	금강의 수려한 경관을 한눈에 내려볼 수 있는 전망대
		깜깜 마을 길	주변이 모두 검은 색으로 변한 테마 거리
		물놀이장(반디샘 물놀이장)	우거진 녹색 숲속에 위치한 이색 물놀이 시설
휴양의 장 "빛샘마을"	메인 시설	데크로드(하늘달빛로)	무장애시설로 향로봉 전망대에 오르는 테마데크시설
		숲속의 집(Forest Delight House)	동화나라를 연상케 하는 디자인의 숙박시설
		산림휴양관(초록빛,은하빛 휴양관)	개인 및 단체 방문객을 모두 수용할 수 있는 숙박 단지
	연계 시설	지오캐싱(보물 숲)	GPS장비 및 지도 등을 활용하여 보물을 찾는 프로그램
		치유의 숲(숲빛)	숲의 피톤치드를 흡수하여 건강을 찾는 테마공간
		반디 나루터	금강을 나룻배를 통해 지나갈 수 있는 소규모 나루터
		임산물판매장(숲속 개똥벌레 장터)	지역민과 관광객을 위한 지역 생산물 판매공간
		임산물판매장(빨간 새싹 장터)	사람이 붐비는 빨간날에만 열리는 가판대
		정원(빛샘나라 환경정원)	자연의 경관을 감상할 수 있는 사계절 아름다운 정원

자료 : 무주군, 2013: 200

4.2 토지이용 및 동선계획

1) 토지이용계획

자연휴양림은 성격상 원형의 산림공간을 적극적으로 보전한 채 기존의 가용지를 중심으로 지형 및 식생 여건을 고려하여 집약적으로 시설계획을 하여야 한다. 다시 말하면 '면(面)'적 계획이 아닌, '선(線)'적 또는 '점(点)'적 계획으로 자연휴양림에서의 토지이용계획은 대부분 일반 관광지계획에서와 같이 표현되기도 어렵고 또 별반 의미를 지니지 않는다.

휴양림에서의 토지이용계획은 산림문화·휴양에 관한 법률 제7조 1항에 의한 시설 구분에 따라 숙박시설, 편익시설, 위생시설, 체험·교육시설, 체육시설 등의 시설로 구분하지만 대체로 보존 산림면적이 방대하므로 특별한 경우를 제외하고 한 도면상에 종합적으로 표현하기도 쉽지 않다.

그림 6.9는 시설지가 한 곳에 집중되어 있어 그나마 표현하기 용이했던 진도 자연휴양림의 사례이다.

그림 6.9 자연휴양림 토지이용계획도

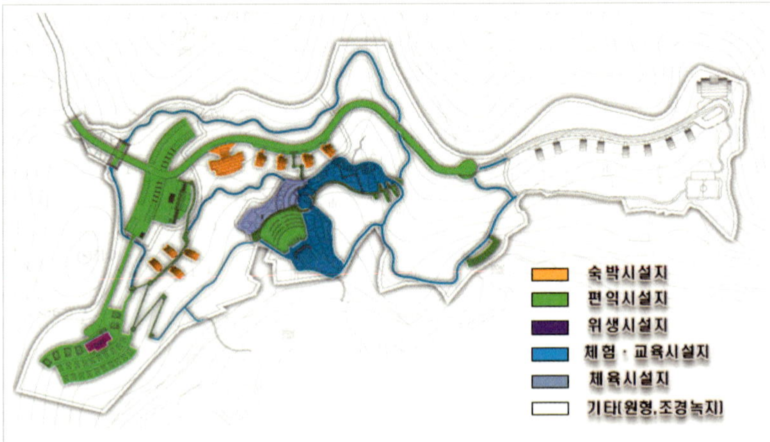

자료 : 진도군, 2013: 10

2) 동선계획

자연휴양림에서의 동선은 단순히 교통류의 흐름을 제어하는 도로가 아니라 지역 고유의 산림생태자원과 역사·문화자원을 길이라는 시설형태로 구현하는 문화 및 생태의 복합체험공간이다. 따라서 자연휴양림에서의 동선계획은 단순한 선의 이동이 아닌 공간적 활용도를 갖는 장소로 인식하고 계획되어야 하며 자연휴양림이 갖는 산림휴양, 산림체험활동 등의 기능 수행에 적합하도록 접근성, 활동성, 이동성, 편의성 등을 고려한 계획이 되어야 한다.

특히 보행동선은 자연휴양림 내의 주요 시설군으로 기능에 따라, 주변 경관 및 자원에 따라 다양하게 구성하고 스토리와 연계한 테마산책로도 특화할 필요가 있다.

진도 자연휴양림의 경우는 이러한 일반적인 동선계획 외에도 전체 사업대상지(143ha)를 하나의 탐방루트공간으로 구상하고, 주변 지역의 기존 숲길 등을 활용하여 진도 자연휴양림 및 임회면 어촌생태마을과 연계한 생태탐방루트를 보행의 형태에 따라 등산로, 트레킹길, 레포츠길, 휴양치유숲길로 구분하여 계획하였다. 또한 수평적, 수직적, 자연체험형 등 도보산행을 할 수 있도록 주변의 자연자원, 마을체험요소를 연계한 쉼터, 전망대 등의 편의시설을 설치하여 지역의 공익적 가치인식과 지역경제에 활성화를 도모하고자 하였다.

표 6.9 동선계획의 분류 및 주요 특성

동선구분	세부구분	형태	주요 특성	비고
차량도로	진입도로	숲길(해안조망)	기존 이용도로 활용 훼손지 최소화	시각적 연속성
	차량동선	쿨데삭(Cul-de-sac)	보행과 완전 분리된 직선형 회차	
	관리동선	소방 · 안전도로	야영장 연계 직선형 회차	
보행도로	특화동선(태극길)	트레킹(Trekking)	수직적 고개를 형상하는 4색길	아라리 고개
	무장애동선(남도소리길)	트레일(Trail)	barrier-free 적용 무장애 노선	
주차	주차장	공용, 평면주차	공용 61대, 평면 4대	기능별 분리

그림 6.10 전체 종합 동선계획도

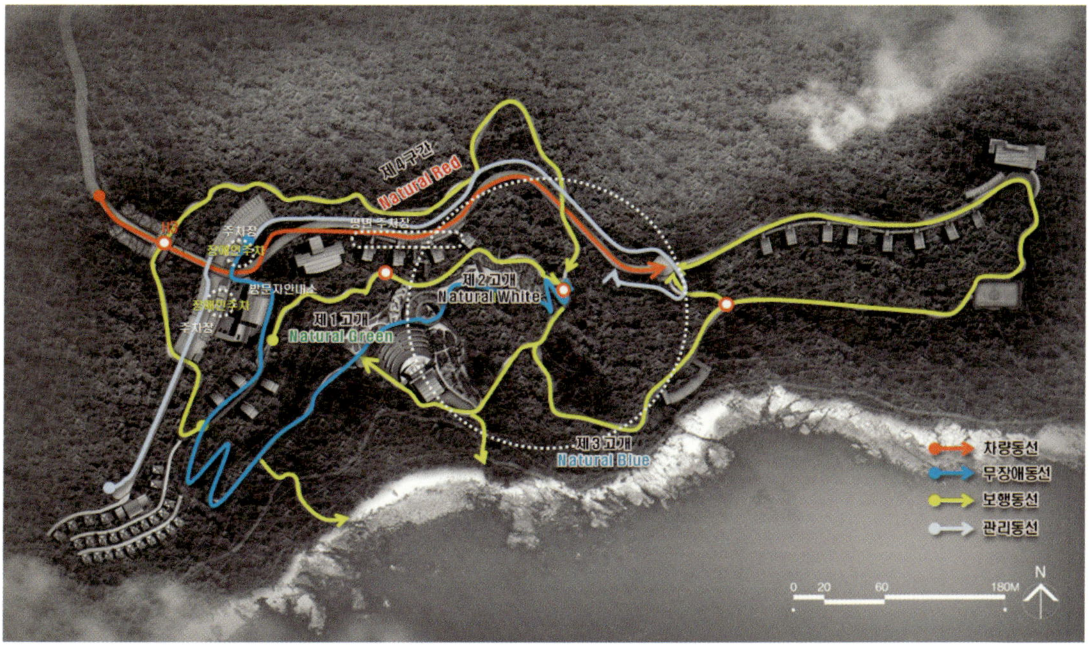

자료 : 진도군, 2013: 28

표 6.10 특화동선 '태극길' 계획 개요

구분	명칭	컨셉	연장	주요 요소	주요식생	난이도
제1고개	Natural GREEN	힐링 · 치유	0.1km	건강명상 숲길	곰솔, 떡갈나무	하
제2고개	Natural WHITE	체험 · 교육	0.2km	수생태계 체험, 피톤치드	상수리, 산벗나무	하
제3고개	Natural BLUE	해안경관조망	0.3km	해안조망 소사나무 숲길	곰솔, 소사나무	중
제4고개	Natural RED	운동 · 등산	1.1km	고지대 등산트레일	곰솔, 상수리나무	중

그림 6.11 생태탐방루트 구상 및 계획도

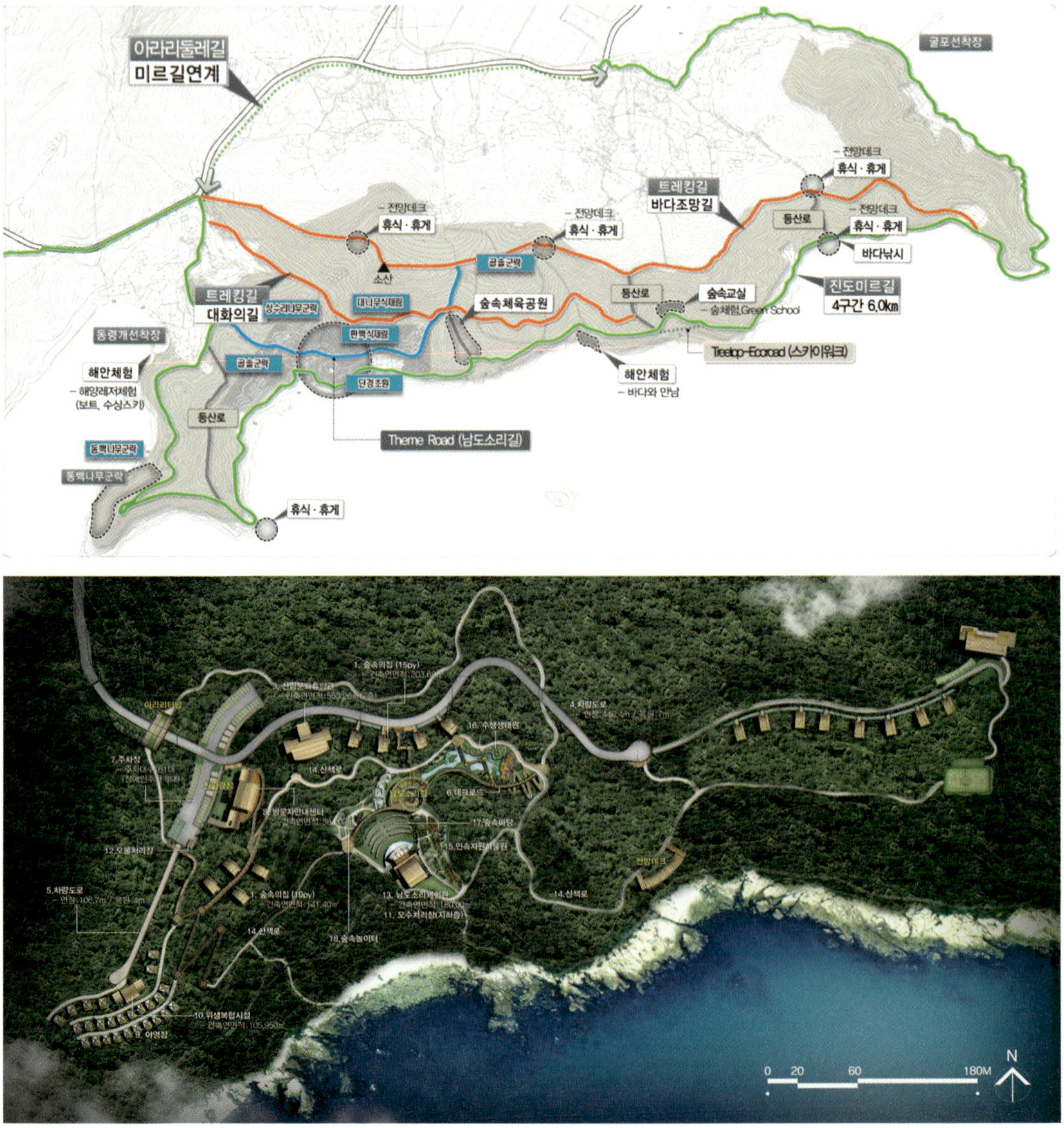

자료 : 진도군, 2013: 9-33

4.3 주요 공간 시설배치계획

1) 진입 및 커뮤니티지구

자연휴양림을 찾는 첫 번째 관문인 진입 및 커뮤니티지구는 휴양림 이용의 안내, 지역문화·특산물의 전시 및 소개, 그리고 이용객을 위한 휴게공간이다. 이용객의 편의와 관리에 필요한 최소한의 시설만을 도입하고 인공적인 요소를 최소화하도록 계획해야 한다.

다음의 그림 6.12은 진도 자연휴양림의 진입 및 커뮤니티지구 시설배치계획 사례로, 여기서는 공간구상상 스토리텔링의 시점으로 아라리 고개를 넘어가는 테마 상징공간인 '아라리터널'과 방문자 안내센터와 기타 편익시설을 배치하였다.

＊ 공간구성체계

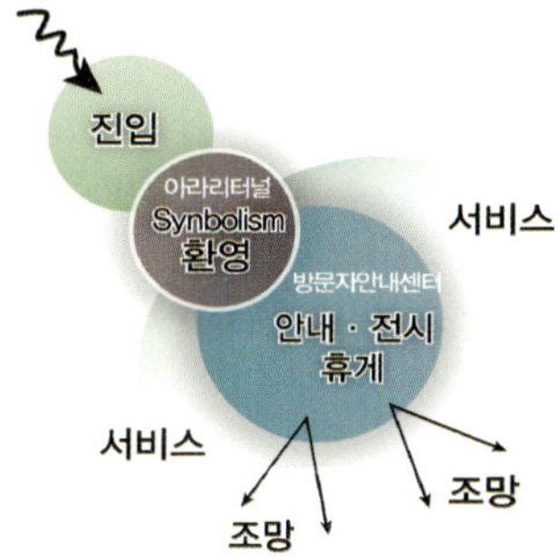

그림 6.12 진입 및 커뮤니티지구 시설배치도

* 공간구성체계

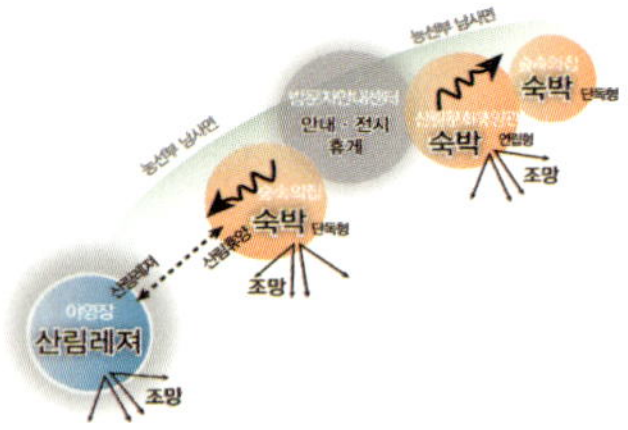

2) 휴양 힐링 숲 활동지구

휴양 힐링 숲 활동지구는 일반적으로 자연휴양림 내에서의 주활동시설지구이다. 기존의 지형여건을 충분히 고려한 효율적·집약적 배치로 훼손을 최소화하고 주변환경과 조화되는 계획을 통해 이용객들에게 쾌적한 여가공간을 제공할 뿐만 아니라 아름다운 숙박·정주환경을 유지할 수 있도록 하여야 한다.

이 지구에는 자연휴양림의 기본적 숙박형태이며 단독형 숙박인 '숲속의 집'과 부대편익시설이 갖추어진 연립형 숙박시설인 '산림문화휴양관'이 배치되며, 그리고 부지여건에 따라 '야영장'을 배치하기도 한다.

각 시설은 기능에 따라 일정거리가 이격되도록 계획하여야 하고 야영장은 안전행정부의 '캠핑장 입지조건 및 안전시설 설치기준, 2013'을 고려하여 계획하여야 한다.

* 캠핑장 입지조건 및 안전시설 설치 기준 : 부지 평균 경사각(△)은 10° 이하

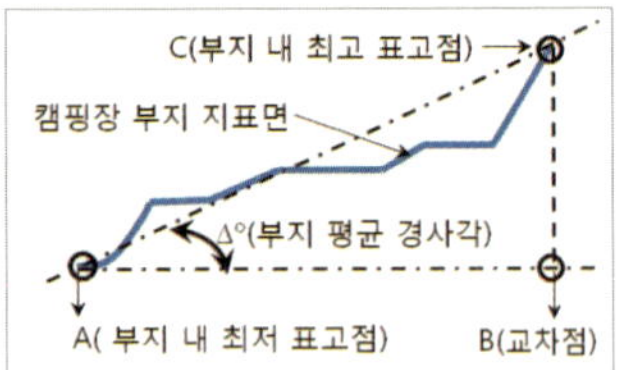

그림 6.13은 휴양 힐링 숲 활동지구 시설배치계획도 사례이다. 여기서는 숲속의 집이 10평형 4개동, 15평형이 4개동 배치되었고, 산림문화휴양관은 2층 규모로 10평형이 15실 배치되었다. 그리고 야영장은 기존의 경사지를 활용하여 6.0m×8.0m 규모로 26개 필지가 배치되었다.

그림 6.13 휴양 힐링 숲 활동지구 시설배치계획도

3) 체험특화지구

체험특화지구는 자연휴양림의 자연자원과 지역문화의 특성에 따라 차별화된 공간으로 테마시설지구 혹은 어메니티시설지구라고도 표현하며 자연휴양림의 여건에 따라 여러 형태의 시설과 콘텐츠가 창출될 수 있는 계획가의 창의력이 필요한 시설지구이다.

진도 자연휴양림에서는 해안형 휴양림의 특성과 진도의 지역전통문화가 결합하여 울창한 숲속에서 다양한 산림문화를 체험할 수 있도록 Fun Therapy와 Healing Therapy로 시설컨셉을 구분하고 Fun Therapy시설로 남도소리체험관, 숲속마당, 그리고 자연소재를 이용한 숲속 어드벤처공간인 숲속놀이터를 배치하였고 Healing Therapy시설로는 전통민속자원식물원과 수생생태원을 배치하였다.

* 공간구성체계

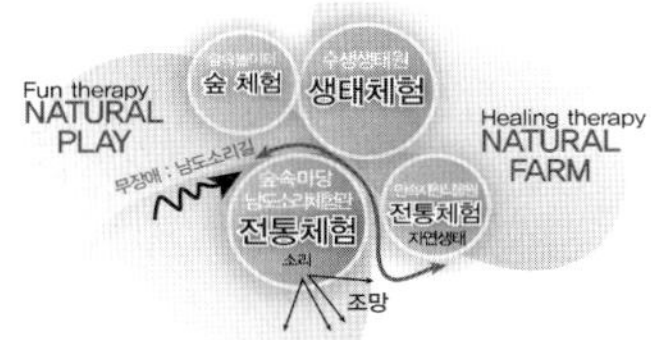

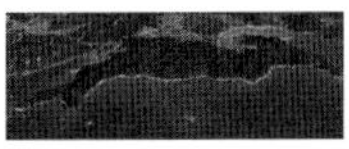

Arari Forest **1** Convergence + **2** Icon
아라리포레스트

1 Convergence (융합): **Tradition** (전통) + **Amenity** (역사·문화적가치) + **Play** (다양한 경험) + **Community** (지역주민)

2 Icon (상징): **Seaside** (해안) + **Forest** (산림)

그림 6.14 체험특화지구 시설배치계획도

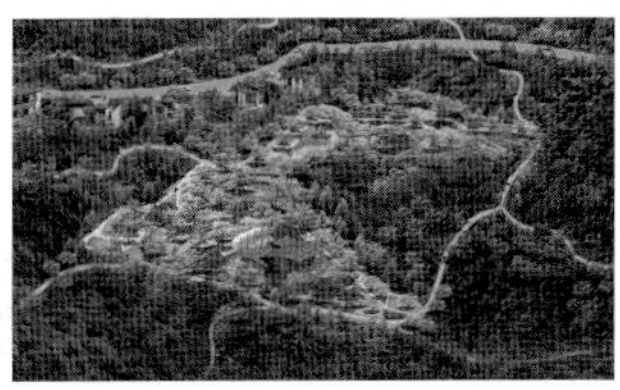

5. 프로그램 및 콘텐츠계획

5.1 기본방향

숲 속에서의 단순한 정적인 휴양기능은 기존의 유사시설과 비교해 볼 때 다소 경쟁력이 떨어지고 이용객의 규모 확대 및 재방문 유도에 한계가 있다. 따라서 자연휴양림계획은 시설계획 못지 않게 소프트웨어인 프로그램계획이 중요한 비중을 차지한다. 따라서 시설계획에서부터 프로그램 및 콘텐츠계획을 염두에 두고 작성되어야 함은 물론 시설계획 후에도 이에 대한 구체적인 논의가 있어야 한다.

프로그램 및 콘텐츠계획은 기본적으로 시설별로 마련되어야 하고 보다 적극적으로 자연휴양림 전체를 대상으로 수립되어야 한다.

다음은 '무주산림생태문화체험단지'의 프로그램 및 콘텐츠계획 사례이다. 여기서는 무주산림생태문화체험단지만이 가지고 있는 차별화된 산림체험기능과 이색적인 체험프로그램 요소를 도입하여 방문객의 규모를 확대하고, 재방문을 적극적으로 유도할 수 있도록 구상하였다.

그림 6.15 무주산림생태문화체험단지 운영프로그램 도입전략

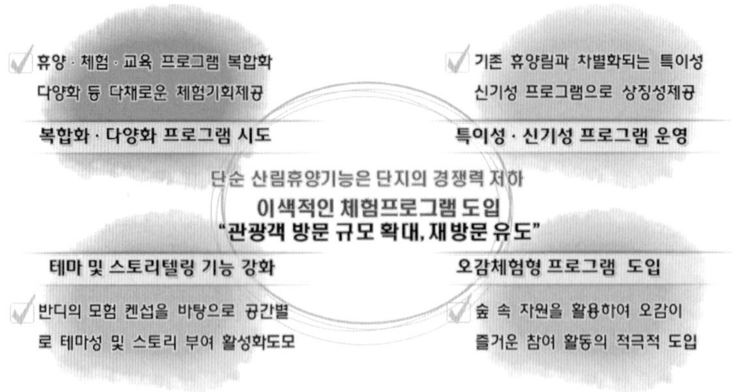

5.2 프로그램 및 콘텐츠계획 사례

무주산림생태문화체험단지의 프로그램은 산림체험 프로그램, 산림휴양·치유 프로그램, 문화공연 프로그램, 스토리텔링에 의한 프로그램으로 구성되었다.

1) 산림체험 프로그램

산림체험프로그램은 동호회·기업·학생단체 대상의 산림레포츠 통합 체험 프로그램인 '산림 어드벤처스쿨'과 단지 내의 다양한 체험프로그램과 연계된 산림캠핑프로그램인 '무주 그린캠핑' 등으로 계획되었고 그 구체적인 프로그램 내용은 다음과 같다.

표 6.11 산림체험프로그램 개요

구 분	산림 어드벤처스쿨	무주 그린캠핑
개요	스윕, 짚라인, 짚와이어, ATV 등 단지 내 산림레포츠시설 전체를 한꺼번에 체험하는 통합 상품	단지내 캠핑장과 레포츠시설 연계를 통한 그린캠핑 체험 프로그램
체험장소	미션센터, 향로봉 전망대, 강촌체험센터, 금강 수변, 활공장 전망대	별빛 하루 야영장, 정령의 강 야영장 등
이용형태	동호회, 기업, 학생단체(단체 방문객 대상)	가족단위, 연인층 등 산림 캠핑족
활용시설	미션센터, 스윕, 짚라인, 짚와이어, ATV, 강촌체험센터	짚라인, 짚와이어, ATV, 생태자원학습관
소요시간	3시간 소요	1박 2일 이상
연계 프로그램	지오캐싱 보물찾기(시설간 이동시 프로그램 연계 활용) 무주군 알기 퀴즈(대기시간 활용, 지역농산물상품 지급)	테마캠핑 체험, 이색잠자리 체험, 야외요리경진대회, 캠프파이어 등

그림 6.16 산림체험어드벤처 스쿨 코스구성

몽골텐트 체험

영화캠프파이어

2) 산림휴양 및 치유 프로그램

산림자원을 테마로 하는 자연치유·휴양 프로그램은 개인의 체질 및 건강상태를 측정하여 최적의 테라피 프로그램을 제공해주는 맞춤형 전문 '산림치유 프로그램'과 최근 급증하고 있는 아토피 질환을 앓고 있는 아동과 부모를 대상으로 한 '아토피캠프프로그램'으로 계획되었다.

표 6.12 자연치유 · 휴양 프로그램

구 분	내 용	
개요	산림자원을 테마로 하는 자연치유 · 휴양 프로그램 운영	
체험장소	치유의 숲(맞춤형 테라피), 산약초 숲(산약초 재배), 숲속 교실 및 숲속 공연장(치유 프로그램 강연)	
이용형태	산림치유 · 휴양을 목적으로 하는 노년층 대상	
활용시설	휴게 음식점, 빨간 새싹 카페, 자생식물원, 임산물재배 체험장	
연계 프로그램	맞춤형 토종 테라피 프로그램	개인의 체질 및 성향을 측정하여 개인에게 적합한 맞춤형 전문 건강체험 프로그램 운영
	약초 식객 체험 프로그램	약선음식, 약용음식, 약초 밥상 등 약초와 산나물을 활용한 건강음식 제조 프로그램 운영
	자연살이 배움터 운영	자연과 함께하는 참살이 비법을 배울 수 있는 정규강좌 개설

표 6.13 아토피 캠프 프로그램

구 분	내 용
부모교육프로그램	부모를 대상으로 한 아토피 극복을 위한 관리 및 치료방법 교육
피톤치드 산책	잣나무가 숲 산책로에서 즐기는 부모님과의 대화
산막에서 동화읽기	피톤치드 산책로에 설치된 숲속의 산막에서 방학숙제하기, 동화읽기, 그림그리기 등 다양한 프로그램
수(水) 치료	편백정유 등 피부질환에 효과적인 식물재료를 이용한 수치료
숲 속에서의 숙박	친환경자재를 이용하여 조성된 숙박시설 이용
숲속 놀이터	숲속 놀이터와 야외교실에서 진행되는 놀이 프로그램
생태체험교실	환경교육 전문가와 함께 하는 생태교실
별자리 관찰	향로봉 및 활공장 전망대에서 야간생태교육과 별자리 관찰

맞춤형 산림테라피

약용음식 · 약초 밥상

자연살이 배움터

피톤치드 산책로

숲속 놀이터

3) 문화공연 프로그램 계획

문화공연 프로그램은 무주군에서 현재 진행 중인 지역축제와 명절, 계절, 전통기념일, 연례 특화 행사를 활성화하거나 신규 도입하여 1년 내내 다양한 이벤트와 축제가 이루어지는 다채로운 즐거움이 있는 무주산림생태체험단지만의 활력 넘치는 분위기를 조성하고자 하였다.

표 6.14 축제/이벤트 프로그램

구 분		내 용
지역축제 연계	반딧불 축제	매년 6월경, 반딧불 축제와 대상지의 캐릭터인 반디를 주인공으로 하는 뮤지컬 공연 개최
	무주읍민의 날	매년 5월경, 무주읍이 내려다보이는 향로봉에서 무주읍의 발전을 기원행사 개최
	구천동 계곡축제	매년 7월경, 구천동 방문객을 대상으로 숙박 및 휴양기능 제공
계절별 이벤트	봄	봄향기 테마산책, 봄약초 재배체험, 꽃향기 미로체험
	여름	한여름밤의 공포체험, 여름별자리 여행, 물총 서바이벌게임, 미디어아트 축제, 마을장터 체험
	가을	가을밤 영화캠프, 가을 연극제, 단풍 숲 맞이체험
	겨울	몽고텐트체험, 얼음썰매장, 겨울 스포츠 교실
연단위 축제	챌린지 경기대회	단지 내의 산악자원과 수변자원을 활용한 다양한 코스 구성을 통한 챌린지 경기대회 개최
	보물찾기 행사	단지 전체를 대상으로 GPS 장치를 활용하여 지오캐싱 보물찾기 프로그램 운행
	반디의 날	숲속 공연장 및 단지 내 테마공간을 대상으로 해서 반딧불 축제가 있는 6월경 반디의 날을 제정하여 「반디의 노래」 뮤지컬 공연 개최
	무주 그린캠핑축제	신개념 산림캠핑문화 정착을 위해 전국의 캠핑족들을 대상으로 하는 대규모 이벤트 개최

4) 스토리텔링에 의한 프로그램

반디의 모험 스토리 라인을 바탕으로 「모험의 시작, 흥미로운 모험길, 모험의 마지막」 순서로 공간을 구분하고 각 공간에 맞는 시설과 스토리 도입한 프로그램으로 반디의 모험 스토리를 따라 떠나는 탐험 프로그램이자 테마캠프프로그램이다.

표 6.15 보물산탐험놀이 반디의 모험

구 분	내 용
개요	반디의 모험 스토리라인을 따라 동화 속 이야기를 듣고 음악을 들으면서 단지 전체를 탐방하는 프로그램
체험장소	반디마을 광장, 모험동산, 빛샘마을
이용형태	1일 3회 투어프로그램 운영(스토리텔러 동행)
활용시설	소원의 나무, 빛샘폭포, 숲속공연장, 야영장, 정령의 강, 빛샘다리, 반디하우스, 빛샘 휴양관, 보물숲 등
소요시간	2시간 소요
연계프로그램	단지 전체를 무대로 반디의 노래 뮤지컬 공연 (연1회 공연) 동화나라 어린이 동화창작 캠프 운영 (현장학습프로그램 운영)

6. 전망 및 과제

그동안 산림내 레크리에이션시설은 등산, 삼림욕 등의 건강 증진을 목적으로 하는 단순 휴양기능 위주의 시설로 인간의 개입을 최소화하는 선에서 이용되어 왔다. 따라서 전국적으로 약 140여 곳의 자연휴양림이 운영되고 있지만 대체로 성격이나 시설의 내용이 유사하다. 그러나 최근 여가시간 확대와 보건·휴양·건강에 대한 관심 증대로 청정 산림자원 내에서의 여가활동 수요가 증가하고 있고, 등산·등반 등의 다소 개인적이고 마니아적인 산악활동에서 캠핑, 모험레포츠 등 가족 중심의 체험형 산림휴양의 수요도 확대되고 있는 추세이다.

이러한 수요의 확대와 추세변화에 따라 보존적 산림이용에만 국한되었던 산림정책들이 산림이용의 효율을 높이는 방향으로 전환되고 있고 자연휴양림 또한 초기의 단순 휴양기능 중심에서 등산 휴양수요·체재형 휴양수요·모험형 휴양수요·학습체험형 휴양수요 등 다양한 형태의 수요를 수용하고 새로운 가치를 추구하는 여가공간으로 변화하고 있다.

자연휴양림은 국민의 정서함양·보건휴양 및 산림교육 등을 위하여 조성한 '산림'이다. 그 시설과 토지를 포함하고 있지만 일반 관광지와는 다른 목적과 특성을 지닌 곳이다. 따라서 자연휴양림이 단순 관람 또는 회유의 행태에서 벗어나 시대적 요구와 트렌드를 반영해야 하지만 산림 내에서의 행위 한계와 범위를 존중하고 산림 내에서의 레크리에이션이라는 독자적인 유형의 활동을 담아 낼 수 있는 노력과 대비가 필요하다.

07. 야영장

김철홍

1. 서론

인간의 레저활동 가운데 가장 긴 역사를 지닌 활동 중의 하나인 캠핑은 심신휴양에 유익하며 직접 야외의 자연환경에 빠져드는 즐거움을 맛볼 수 있고 체재비도 적게 들기 때문에 청소년이나 가족을 동반한 건전 레크리에이션으로 각광받고 있다. 더구나 주5일 근무제 실시로 국내 캠핑 수요는 지난 4~5년간 가파르게 증가하여 매년 100만 명 이상이 즐기고 있고 관련 산업도 급속히 성장하고 있으며 하절기에 편중되었던 수요도 오토캠핑 및 다양한 형태의 캠핑시설 발달로 사계절 수요로 변화하고 있다(문화체육관광부, 2012: 4).

이런 추세에 맞추어 지방정부와 관련 공공기관뿐 아니라 민간부분에서도 다양한 형태의 캠핑시설을 제공하고 있고, 또 준비하고 있다. 문제는 캠핑장 조성에 따른 제도적 기준은 물론 캠핑장 시설기준이나 원칙 없이 급속히 확산되고 있다는 점이다. 입지의 적정성 여부는 차치하고라도 화장실, 취사장, 주차장 등 관련 편의시설의 부족문제, 시설안전이나 자연재해에의 취약성 등 다양한 문제가 제기되고, 일부 도시내 캠핑장의 경우는 제한된 공간을 효율적으로 사용하기 위한 방편이기도 하지만 수용밀도와 텐트사이트 배치 등 외형적으로만 보면 자칫 수용소를 방불케 할 정도이다.

캠핑장이란 어느 정도의 불편함을 감수하더라도 자연 속에서 체험하고 휴양하는 장소로 공간 사용에 다소 개연성을 지니는 시설이기는 하다. 하지만 캠핑장은 이용객이 인식하지 못하지만 적절한 간격에서, 필요한

그림 7.1 한강난지캠프장 안내도

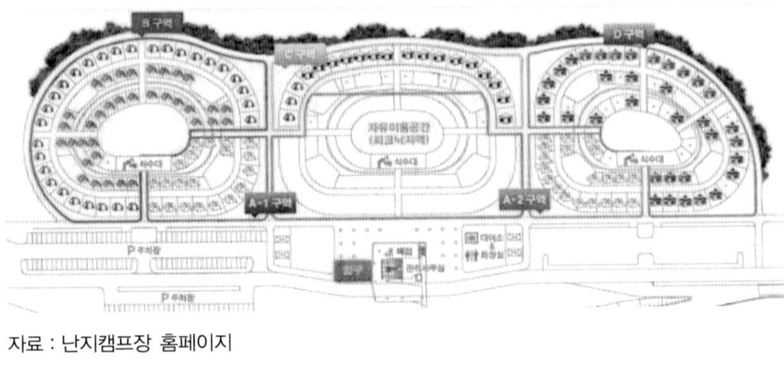

자료 : 난지캠프장 홈페이지

거리와 공간을 유지한 채 필요시설이 구비되어야 하는 상당히 조직화된 (organized) 시설이어야 한다.

이용객의 안전과 만족을 위해서는 캠핑장 건립에 따른 인허가 제도 정비나 등급제 시행 등에 대한 연구도 필요하다. 그러나 무엇보다 우선 되어야 할 것은 캠핑장시설에 대한 최소한의 기준과 원칙이 제대로 정립 되어야 한다는 점이다.

우리나라의 캠핑장이 외국의 유명 캠핑장과 같을 수는 없다. 제한된 토지와 증가하는 수요 속에서 이에 적합한 기준과 원칙이 필요하다. 따라서 본 장에서는 캠프장에 대한 기존의 이론과 F.I.C.C. 등 각종 시설기준을 토대로 일반적인 시설기준과 설계원칙을 정리하고 이러한 내용들이 프로젝트에 어떻게 반영되었는지를 보여줌으로써 국제적인 표준은 아니더라도 현재 우리나라의 실정에 적합한 캠핑장 설계 기준과 원칙이 무엇인지를 제시하고자 한다.

2. 야영장의 개념과 유형

2.1 야영장의 개념

캠핑(camping)은 '텐트나 임시로 지은 초막 등에서 일시적인 야외생활을 하는 여가활동'(두산백과사전)으로 집과 도시를 벗어나 자연 속에 마련한 임시거처에서 머무르면서 사람과의 우정을 돈독히 하고 자연을 느끼며 배우는 활동이고 캠핑장(camping場)이란 캠핑을 할 수 있는 장소로 야영장(野營場), 야영지(野營地) 또는 캠프장(camp場), 캠프사이트(campsite) 라고도 한다.

캠핑장의 정의에 대해서는 '옥외에서 집단 혹은 개인이 숙박을 동반하면서 교육적·여가적 경험을 지속적으로 제공할 수 있는 장소'(American Camping Association), '자연적인 환경 속에서 이용자가 정신적·육체적인 휴식을 극대화하며 휴양적·여가적 기능을 제공하는 비건축물에서의 숙박 및 체류가 가능한 시설과 장소'(National Recreation and Park Association)라고 정의되어 있으나 결국 캠핑장은 도시의 소음과 번잡을 벗어나 아름다운 산야의 자연환경을 즐기며 야외생활을 즐기기 위한 자연지향의 임시주거로 주로 여름철을 중심으로 이용되는 가장 자연환경에 밀착된 야외 레크리에이션시설이라고 할 수 있다.

2.2 야영장의 유형

캠핑장은 그 형태와 성격, 설치목적에 따라 여러 가지로 분류될 수 있지만 형태에 따라서는 다음 3가지로 나눌 수 있다.

(1) 자유캠프장(free camp)

야영지만을 지정하는 형태로, 이용객 각자가 텐트를 가지고 와서 야영지 내에 적당한 장소를 골라 텐트를 편다. 등산객이 기지(base)로 이용하는 경우나 캠핑 자체를 목적으로 하는 경우 등이 여기에 해당한다. 최근과 같이 등산이나 개별적인 야영객이 많은 상황에서는 위험방지나 자연환경보호상 필요한 형태이다.

* 야영장의 유형사례

1. 자유캠프장

민주지산 자연휴양림 야영장

2. 고정캠프장

한탄강오토캠프장

3. 오토캠프장

일본 Forest Park Adatara

(2) 고정캠프장(fixed camp)

일반적인 형태로, 정해진 유닛에 텐트를 치거나 캐빈이나 방갈로를 이용하는 형태이다. 전원형의 캠프장에서는 지형여건에 맞도록 불규칙적인 분산배치가 많으나 도시형의 캠프장에서는 수용력을 감안하여 정형적인 병렬식 배치를 하고 여분의 땅을 집합광장이나 다목적 운동장 혹은 잔디밭으로 활용하기도 한다.

(3) 오토캠프장(auto camp)

차를 야영장까지 타고 들어와 야영하는 형태로, 차종에 따라 승용차를 위한 일반 오토 캠프장과 캠핑트레일러를 위한 트레일러 캠프장으로 구분된다. 전자는 주차공간에 텐트사이트와 야외화덕, 야외탁자 등의 캠프 유닛이 세팅되어 하나의 이용단위를 이루는 보편적인 형태지만 후자는 상하수도시설이나 가스 및 전기설비 등이 더해져 본격적인 오토캠핑 공간이나 시설을 갖춘 것이다. 그러나 우리나라에서는 방갈로 개념으로 고정배치되어 있는 곳도 있지만 이러한 유형의 캠핑장을 도입할 시스템은 갖추지 못하고 있다.

표 7.1 일반캠핑장과 오토캠핑장의 비교

구분	일반캠핑장	오토캠핑장
참여대상	일반인	여가용 차량 소유의 일반인
이용목적	단순한 옥외활동	체계적, 효율적인 관광코스 및 레크리에이션 경험
장소성격	자연자원 인법	도시 및 자연 인접
의미전달	캠핑활동 자체가 목적	특정자원 및 시설의 위락적 의미
이용주체	청소년 및 일반단체	가족단위의 family camp
관리방식	국가 및 공공차원에서 관리	다양한 관리주체
보유기능	간이 잠재형	숙박레저 복합형
입지기준	자연자원의 탐방, 감상이 용이한 곳	넓은 용지 확보와 관광자원과의 연계가 가능한 곳

자료 : 문화체육관광부, 2012: 30

이밖에 야영활동을 하는 이용객의 이용행태와 도시세력권에 따라 분류할 수 있는 데 그 내용을 살펴보면 다음과 같다.

표 7.2 이용행태에 따른 분류

분류	이용특성
임시캠핑장 (transient campground)	· 임시이용객을 위한 시설 · 다음 여행을 위한 준비단계의 야영장으로도 사용
중추캠핑장 (central campground)	· 야영객에게 최대한의 서비스를 제공할 수 있는 야영장 · 오토캠핑의 증가에 따라 필요한 캠핑장이라 할 수 있음 · 이 캠핑장을 근거로 그 지역 내에 관심 있는 지점으로 확산하며 이용(원심적)
장기체류 캠핑장 (lonh termt campground)	· 장기체류자들을 위한 캠핑장으로 최대한의 서비스와 레저프로그램이 제공되도록 설계함 · 야영장 인근에 각종 레저스포츠사업 유치
자연캠핑장 (forest campground)	· 최소한의 서비스만 제공하고 자연보호를 위해 가급적 인공적인 개발을 하지 않은 캠핑장
단기체류 캠핑장 (short term campground)	· 심야방문객을 위해 설계된 캠핑장 · 목욕탕 및 세탁장과 같은 시설이 요구됨 · 다음 여행을 위한 경유지로 이용
저시설형 캠핑장 (back country campground)	· 환경보호를 위해 최소한의 시설을 배치한 캠핑장 · 하이킹, 승마, 요트 등 레저스포츠를 원하는 야영객을 위한 캠핑장
원시캠핑장 (wilderness campground)	· 개발되지 않은 자연 그대로의 캠핑장

자료 : Alan Jubenvile, 1976: 206, 문화체육관광부, 2012: 26에서 재인용

3. 야영장의 시설 및 설계기준

3.1 입지조건

야영장은 잠자기, 먹기, 놀기 등의 인간의 기본적인 생활활동이 레크리에이션으로 전환되는 곳이므로 야영장은 기본적으로 인간의 생활환경으로서 쾌적한 조건을 갖추어야 하고 재해 등으로 인한 위험이 없는 곳이어야 한다. 따라서 야영장 입지는 다음의 3가지 환경인자를 고려해야 한다(관구앙태랑, 1977: 791).

① 기상환경 : 야영장은 여름철을 중심으로 행해지는 야외 레크리에이션이지만, 우리나라의 여름은 기온도 높고 습도도 높아 이 시기에 쾌적한 야영을 하기 위해서는 여름 평균기온이 20℃ 전후, 평균습도 80% 전후이거나 최고기온이 30℃를 넘지 않는 등 피서지적인 성격을 가진 장소로서, 통풍이 좋고 적당한 일사조건을 가진 곳이 바람직하다. 또한 폭우 등으로 인한 산사태나 붕괴위험이 없어야 한다.

② 토지환경 : 어느 정도의 면적을 가진 평탄지 내지 완경사지로 배수가 잘 되는 곳이 이상적이다. 인근 경관이 탁월하고 주변환경으로부터 야영장이 독립되어 있을 것, 부지에 여유가 있고 필요에 따라 약간의 확장여지가 있는 녹지를 보유하고 있을 것, 또 양질의 음용수 확보가 용이한 곳으로 전기통신설비도 가설하기 용이한 곳이 바람직하다. 교통은 어느 정도 편리함이 필요하지만, 차도에 너무 가까워 소음이나 배기가스의 우려가 있는 곳은 야영장으로서 바람직하지 않다.

③ 산림환경 : 산림의 유무는 야영장의 경관의 질과 일조 및 이에 따른 야영생활의 쾌적성에 직접 영향을 미치므로 적당한 수림이 있을 필요가 있다. 일반적으로는 낙엽활엽수나 소나무 숲이 적당한 밀도로 있는 것이 좋다. 또 큰 교목이 없는 곳에서는 직사광선으로 인해 지열이 상승할 수 있으므로 피하는 것이 좋다.

이러한 일반적인 조건 외에 관련법규에서 규정되는 조건이 있다. 야영장 조성에 관한 법으로 규정하고 있는 것은 관광진흥법에 의한 야영장이 유일하지만 개별법에 의해 부대시설로 설치되는 야영장은 관광진흥법상의 야영장, 자연공원법에 의한 야영장, 청소년활동진흥법에 의한 야영장, 농어촌정비법에 의한 야영장, 국토의 계획 및 이용에 관한 법률상의 유원지내의 야영장, 산림문화 휴양에 관한 법률상의 자연휴양림 내의 야영장 등이 있다. 그러나 이들 법 중 야영장의 입지조건이나 시설기준에 대해 규정하고 있는 것은 관광진흥법, 청소년활동진흥법, 산림문화 휴양에 관한 법률 등, 그 내용은 표 7.3과 같다.

표 7.3 관련법상의 야영장 입지 및 시설기준

구분	입지 및 시설기준	관련법
자동차야영장	· 규모 : 차량 1대당 80제곱미터 이상의 주차 및 휴식공간을 확보할 것 · 편의시설 : 주차 · 야영에 불편이 없도록 수용인원에 적합한 상 · 하수도시설, 전기시설, 통신시설, 공중화장실, 공동취사시설을 갖추고 있을 것 · 진입로 : 진입로는 2차선 이상으로 할 것	관광진흥법 시행령 별표 1
청소년야영장	· 야영지 : 100인 이상이 야영할 수 있어야 한다. · 야외집회장 : 수용정원의 100분의 40 이상을 수용할 수 있어야 한다. · 대피시설 : 폭우 · 폭설 등 급작스런 재해에 대비하여 대피시설을 설치하여야 한다. 다른 용도의 시설이 있어 이를 대피시설로 사용할 수 있는 경우에는 별도의 대피시설을 설치하지 아니할 수 있다. 대피시설의 구조는 비바람을 막을 수 있는 구조로 하여야 한다. · 체육활동장 : 연면적 1,000제곱미터 이상의 실외체육시설을 설치하여야 한다. · 비상설비 : 비상시 야영지에서 대피시설까지 원활하게 이동할 수 있도록 비상조명설비 또는 기구를 갖추어야 한다. · 야영지에서 대피시설 또는 관리사무소에 연락할 수 있는 통신수단을 확보하여야 한다.	청소년활동진흥법 시행규칙 별표 2
자연휴양림 내의 야영장	· 야영장 및 오토캠핑장은 자연배수가 잘 되는 지역으로서 산사태 등의 위험이 없는 안전한 곳에 설치할 것	산림문화 휴양에 관한 법률 시행령 별표 1의 2

3.2 야영장의 구성과 시설

1) 소요면적

야영장 소요면적은 야영장의 이용행태와 대상지 여건에 따라 차이가 있지만 이용객 1인당 50~60m^2의 면적이 필요하다.

4인용을 기준으로 한 개의 캐빈이 약 30m^2, 텐트가 3×5m^2의 면적을 필요로 하고, 여기에 프라이버시 확보나 일조 등을 고려하면 캐빈은 바닥면적의 2배, 텐트는 4배 정도의 공간이 필요하다. 따라서 하나의 캐빈 혹은 텐트가 점유하는데 필요한 기본면적은 50~60m^2이라고 할 수 있고 또한 관련 부속시설 용지가 이와 동일한 면적이 필요하고 야영장의 쾌적성을 유지하기 위해서 이러한 합계 면적의 2배 정도의 여유를 녹지로 확보하는 것이 바람직하다. 이러한 내용을 산식으로 정리하면 다음과 같다(안봉원 외, 1984: 245).

야영장 소요면적(m^2) = 2 × 2 × (50∼60m^2) × 텐트나 캐빈의 수

→ 1개의 텐트나 캐빈의 용지면적

→ 관련 부대시설 용지를 위한 계수

→ 자연환경을 유지하기 위한 계수

텐트 1개소당 최소면적을 프랑스에서는 100m^2, 독일은 120∼150m^2, 네덜란드 400m^2, 미국 800m^2를 기준으로 하고, 일본에서는 50∼60m^2가 적당하다고 보고 있으며, 우리나라에서는 이러한 일본자료를 준용하여 일반야영장 50m^2, 자동차야영장 150∼200m^2를 표준으로 하고 있다.

4인용 텐트의 바닥면적이 5m^2 내외인 것에 비하면 20∼160배에 이르는 넓은 면적으로, 국토면적도 좁고 야영활동이 주로 단체로 이루어지는 우리나라 여건에는 맞지 않을 수도 있다. 하지만 야영부지에 여유가 있다고 하더라도 수용력에는 한계가 있으므로 무작정 야영인원을 늘리는 것은 바람직하지 않다. 따라서 어느 정도의 야영밀도가 적정한가에 대해 확실한 대답을 하기는 어렵지만 야영지와 부대시설 면적의 합이 전체 부지면적의 50%를 초과하는 것은 바람직하지 않을 것으로 생각된다. 그러므로 야영장부지의 수용력은 해당 부지의 면적으로부터 시설면적을 최대 50%로 산정하고, 텐트 1개소당 50m^2를 표준으로 하여 역산한다면 최대수용 가능인원을 산출할 수 있다(문화관광부, 2000: 52).

표 7.4 야영시설의 원단위

시설명	단 위	수 량	비 고
야영지	1개	50m^2	텐트 1개(3∼4인 기준)
취사장	1인	1.5m^2	수용인원의 1/8
화장실	1인	3.3m^2	수용인원의 5∼10%
급수시설	1인	50∼100ℓ	–
샤워장	1인	3.3m^2	수용인원의 20%
모닥불집회장	1인	1.5m^2	수용인원의 20%
관리사무소	관리인 1인	20m^2	–
휴게소	1인	1.5m^2	수용인원의 30%
대피소	1인	1.5m^2	수용인원의 20%
녹지	1인	15m^2	–

자료 : 문화체육부, 1993 : 235을 토대로 재조정

2) 야영장의 구성

(1) 구성체계

야영장은 1개소의 텐트영지(tent site)로부터, 1~2개의 텐트영지로 구성되는 야영단위(camp unit), 4~5개의 야영단위로 구성되는 단위영지(camp lot), 단위영지의 조합에 의한 야영장(campground)로 구성되는 체계를 갖는다(문화관광부, 2000 : 45).

① 야영단위(camp unit) : 1~2개의 텐트영지로 구성되는 야영의 기본 단위로, 독립적인 소그룹 또는 가족단위의 야영활동에 적용하거나 단위영지(camp lot)의 구성요소 역할을 수행한다. 야영단위의 구성요소는 독립적인 텐트영지와 공용의 야외탁자 및 벤치, 야외화덕을 기본으로 하며, 독립적으로 운영될 경우 간이취사장 혹은 식수대와 화장실, 쓰레기처리장 등을 구비하여야 한다.

인접 텐트간의 간격은 프라이버시 보장과 텐트 전복시 안전사고를 예방하기 위해 텐트 하나의 폭을 최소기준으로 한다. 독립 야영단위 주변은 녹음과 프라이버시 확보를 위해 차폐하고, 인접 텐트 간에도 프라이버시 유지를 위해 식재 등으로 차폐한다.

그림 7.2 야영장의 구성단위 및 체계

구성체계

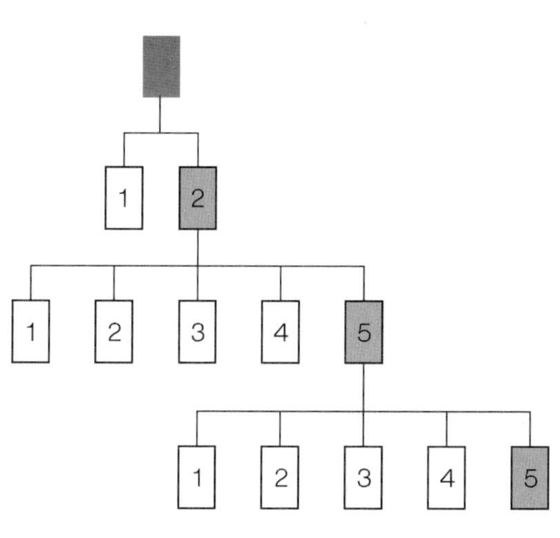

규모	필수시설
· 전체규모 : 야영지 조합에 따라 규모가 달라짐(option)	야영지별 필수시설을 확보하되, 아래의 편익시설을 선택적으로 추가할 수 있음(진료소, 약국, 우체국, 복합활동시설 등)
· 야영지(Compground) 5개 단위영지 : 200~250인	· 대집회장 또는 활동장 (다목적 운동장 포함) · 관리동 · 오물처리장 · 산책로 및 자연학습장
· 단위영지(Comp lot) 5개 단위영지 : 40~50인	· 대집회장 또는 활동장 (다목적 운동장 포함) · 관리동 · 대피소 · 세면장 혹은 샤워장 · 소각장 · 화장실 · 지도자숙소
· 야영영지(Comp unit) 2개 야영텐트 : 8~10인	· 텐트 설영(設營)지 · 야외화덕 · 야외 탁자와 의자

자료 : 문화관광부, 2000: 45

② 단위영지(camp lot) : 야영단위 4~5개가 결합된 클러스터(cluster)이므로 야영단위별 프라이버시 유지를 보장하면서도 활동이 유기적으로 연결될 수 있도록 적절히 배치되어야 한다. 이를 위해 단위영지는 야외집회장을 중심으로 배치되고, 취사장, 세면장, 화장실, 소각장 등 공동으로 이용하는 필수부대시설들이 적정거리에 확보되어야 한다.

단위영지별 독립성이 유지될 수 있도록 영지(lot)와 영지(lot) 사이는 지형지물이나 수목으로 구분되어야 한다.

③ 야영지(campground) : 야영장 1개소의 적정인원은 200~250명이므로 500명 정도를 수용할 경우는 야영지 2개소로 나누어 조성하는 것이 바람직하다. 야영지 규모에서 필요한 공통시설은 전체 야영지를 관리하기 위한 관리사무소와 전체 야영지에서 발생되는 쓰레기와 오·폐수를 처리하기 위한 오물처리장이며, 기타 필수부대시설들은 단위영지별로 확보되어 있어야 한다.

(2) 야영장의 시설

야영장내 시설은 숙박, 관리 및 지원, 레크리에이션 등 기능의 구성체계에 따라 숙영시설, 공동이용시설, 관리시설, 녹지 등으로 표 8.6과 같이 구분할 수 있다.

숙영시설인 영지는 야영객의 야영과 숙박을 위한 공간으로 영지와 캐빈 등으로 구성되며 야영공간, 취사공간, 휴식공간, 그리고 자동차야영장의 경우 주차공간이 구비된 프라이버시가 가장 높은 공간이다.

공동이용시설은 이용객이 야영기간 중 공동으로 이용하는 시설로, 센트럴 롯지, 취사장, 샤워장, 화장실, 캠프파이어장, 다목적마당, 잔디광장 등을 기본으로 하지만 부지면적에 따라 겸용하기도 한다. 이밖에 산책로, 수영장, 운동장 등과 야영장의 유형에 따라 다양한 형태의 볼거리, 놀거리

표 7.5 야영장의 주요시설

구분	주요시설
숙영시설	• 텐트, 캐빈 • 식수대, 야외화덕, 야외탁자, 벤치 등
공동이용시설	• 캠프파이어장, 취사장, 화장실, 샤워장 • 집합광장, 다목적마당, 운동장, 기타 레크리에이션시설 등
관리시설	• 관리사무소, 센트럴 롯지, 매점, 창고, 주차장 • 상하수도, 전기통신시설, 가스시설, 쓰레기 및 오수처리장 등

시설들이 여기에 포함되고 규모가 큰 경우는 식당이 있기도 한다.

관리시설은 이용자가 직접 이용하는 주차장, 관리사무소, 매점과 창고 등으로 보통 야영장 입구 주변에 배치되며, 이밖에 상하수도시설, 전기 통신시설, 가스시설, 기타 쓰레기 및 오수처리를 위한 환경유지시설이 있다. 그리고 전체 야영부지에서 가장 넓은 면적을 차지하는 녹지는 내·외부에 녹음을 제공하여 야영활동을 쾌적하게 해줄 뿐 아니라 일부 휴식기능을 담당하고 야영장의 전체 인상과 분위기를 결정한다.

(3) 야영장시설의 배치

야영장은 일반적으로 환경이 양호한 곳에 조성되므로 각종 시설의 배치에 따른 환경파괴를 최소화되도록 주변지형과 환경조건을 감안하여 전체적인 zoning을 하고, 각 시설이 그 안에서 효율적으로 배치되어야 한다. zoning은 주변의 녹지공간을 제외하고 텐트나 캐빈 등의 숙영시설이 있는 private zone과 공동이용시설의 community zone, 그리고 관리시설의 service zone으로 구분하여 구성한다.

도로, 상하수도, 전기·통신시설 등의 인프라시설이 그 기능을 충분히 발휘할 수 있도록 부지 내의 zoning과 동선이 결정되면 개별시설의 위치를 결정하되 그림 7.3과 같은 표준거리를 감안하여 배치한다.

각 시설은 배치는 지형이나 주변식생 등 자연조건에 따라 달라지지만 하나의 단위영지(camp lot) 내는 50~60m 이내, 각 단위영지로부터 공동이용시설까지는 100~400m 이내로 구성하는 것이 바람직하다.

그림 7.3 야영장 필수시설간의 표준거리

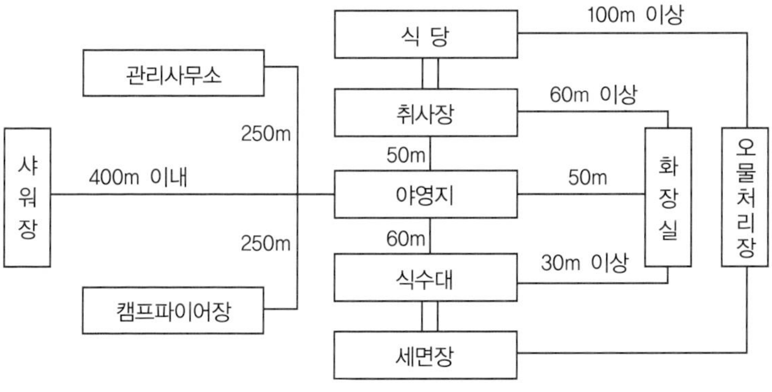

자료 : 안봉원외 1984: 248을 토대로 재구성

3.3 주요 시설별 설계기준

1) 숙영시설

(1) 텐트영지

텐트영지의 규모는 7×7m을 기준으로, 바닥면은 반드시 수평을 이루고 나무뿌리나 돌멩이 등이 돌출되지 않아야 한다. 평지인 경우는 10~20cm 정도 성토하여 모래나 잔디로 마무리하고 경사지인 경우는 최대 8% 이하로 조성한 후 통나무나 연석으로 형태를 유지할 수 있도록 한다. 야영지 바닥은 암거배수를 하여 우수가 신속히 지하로 배출되도록 하고, 배수로를 두어 표면배수가 원활하도록 조성한다. 또한 텐트가 설치될 바닥에는 목재데크를 플랫폼 형태로 설치하여 지면으로부터 습기를 방지하고 배수, 통풍 등을 용이하게 할 수도 있다.

고정형 텐트의 경우는 텐트의 입구가 서로 마주보지 않도록 하고 적당한 간격을 유지하여 야영 unit별로 차폐식재를 하여 프라이버시가 유지되도록 하여야 한다.

공동이용시설로 각 unit마다 공동마당, 음수대, 야외화덕, 야외탁자, 벤치 등을 설치하기도 하지만 일반적으로 각 텐트마다 야외탁자와 벤치를 설치한다.

그림 7.4 텐트야영지 배치유형

구분	배치형태	특성	주이용층 및 관리
병렬형	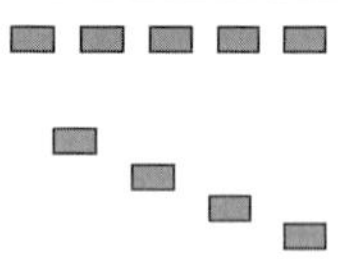	· 평탄하고 주변식생이 단순한 지역 · 시설배치 용이 · 공간의 낭비가 적음 · 프라이버시 확보에 불리	· 가족, 소그룹, 단체에 적합 · 야영객 관리 용이 · 부대시설배치에 유리 · 야영장시설의 유지관리에 용이
자유형	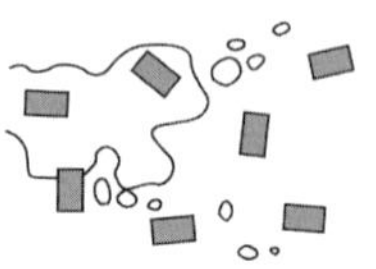	· 지형지세 복잡하고 주변식생 양호한 지역 · 현 지형이나 식생 유지하며 배치 · 프라이버시 확보에 유리	· 가족, 소그룹에 적합 · 야영객 관리에 다소 불리 · 부대시설배치 및 관리에 다소 불리
수지형 (樹枝型)	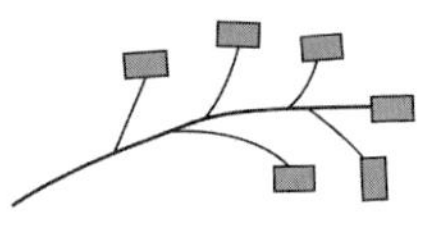	· 다소 복잡한 지형이고 주변식생 양호한 지역 · 지형지세를 이용하여 배치 · 공간의 낭비가 많음 · 프라이버시 확보에 유리	· 개인, 가족, 소그룹에 적합 · 동선이 길어지고 공간의 낭비 많음 · 야영객 관리에 불편 · 부대시설의 배치에 불리 · 야영장시설의 유지관리에 불리

자료 : 문화체육부, 1993: 238을 토대로 재구성

(2) 오토캠프영지

자동차야영장의 영지(tent site)는 차량의 접근이 가능한 곳에 주차공간과 함께 조성되어야 하므로 기본적으로 넓고 평탄한 곳에 입지하여야 한다. 자동차 야영지의 규모는 주차공간을 포함하여 10×10m을 기준으로 야영지는 잔디, 주차공간은 포장을 원칙으로 하는데 편의상 구분없이 잔디블록으로 하기도 한다.

접근도로는 경사도 12% 이하의 3m 이상의 폭으로 노면은 포장되고 배수가 양호하여 표면침식과 먼지로부터 예방되도록 하며 도로와 야영지가 접하는 부분은 연석처리를 하여 잔디, 토양, 모래 등이 유실되지 않게 한다.

공동이용시설은 텐트영지와 같이 unit별로 공동마당, 음수대, 야외화덕, 야외탁자, 벤치 등으로 설치하기도 하지만 대부분 각 영지마다 야외탁자와 벤치를 설치한다.

표 7.6 자동차야영지 배치유형

구분	노변배치형(병렬형)	풍차형
특성	· 도로변에 직각, 사각, 평행으로 배치 · 가족 및 소그룹형	· 중심부에 서비스시설을 배치하고 방사형 배치 · 단체형
장점	· 배치계획이 용이 · 협소한 장소에 배치가능 · 공급처리시설계획이 유리 · 상호간 교류 편리	· 부지를 집약적으로 활용 · 복잡한 지형에 배치가능 · 프라이버시확보 용이 · 장기체류 적합
단점	· 입지조건이 까다로움 · 전체도로 연장이 길어짐	· 차량의 집중화로 혼란 야기 · 식별성과 접근성이 불량 · 하부구조가 복잡

자료 : 문화체육부, 1993 : 238

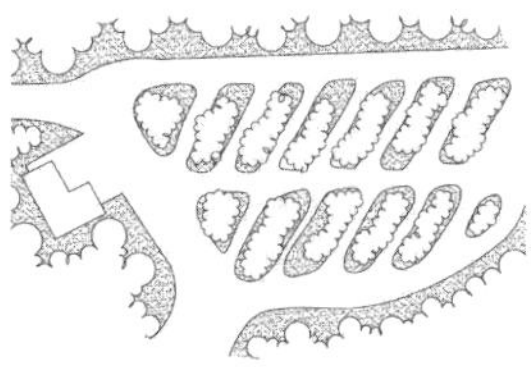

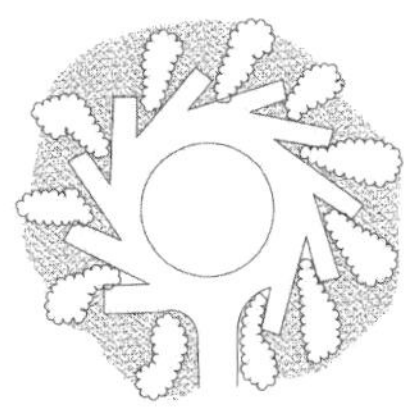

그림 7.5 텐트영지의 기본형태

일반야영장

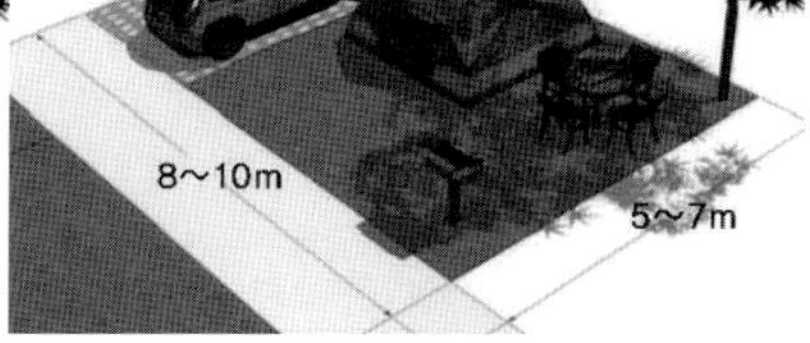

자동차야영장

자료 : (주)PDI엔지니어링, 2104

(3) 식수대와 야외화덕

식수대와 야외화덕은 야외탁자, 벤치, 휴지통 등과 함께 야영 unit를 구성한다. 식수대는 쌀과 채소를 씻는 장소이므로 주변에 음식물 쓰레기가 버려지거나 침전되는 경우도 많다. 음식물 쓰레기로 인하여 배수관이 막히지 않도록 곡선부가 적은 넓은 관을 사용하고 지하관 매설은 over-flow를 고려하여 연결하는 등, 하수시설을 완비하고 쓰레기처리에 관해서도 충분한 대책을 강구하여야 한다. 야영객 1인 하루 물 사용량은 50~100ℓ가 기준이므로 이에 맞는 급수계획이 필요하다.

야외화덕은 단순취사를 할 수 있는 개인화덕으로 바베큐장이라고도 한다. 자연석으로 만드는 것이 좋으나 콘크리트를 사용하기도 한다. 불구멍 크기는 폭 40~50cm, 깊이 80~90cm, 높이 30~40cm가 적당하다. 야외화덕의 가장자리는 장작 보관이나 소물품 보관대로 사용할 수 있도록 적당한 높이와 폭을 갖춰야 한다.

2) 공동이용시설

(1) 모닥불집회장(camp fire circle)

소그룹이 한 장소에 모여 합창이나 포크댄스 등 모임을 행할 경우 중심시설로 설치된다. 직경 2m 정도의 fire place을 가운데 두고 이와 동심원상으로 벤치를 배치하거나 잔디밭을 조성하되, 맨 앞줄의 좌석 전면까지 1.5~2.0m의 공지를 둔다.

* 가평캠프장 취사장

캠프파이어장은 야영장 이용을 위한 중요시설이지만 불특정다수의 야영객이 모이는 장소에서는 그다지 이용되지 않는다. 그러나 조직캠프를 행하는 경우처럼 지도자가 있는 경우에서는 반드시 필요하다. 따라서 캠프파이어장은 야간에만 국한하지 않고 낮에는 운동광장이나 기타 다목적 공간으로 사용될 수도 있고 혹은 야외무대를 구석에 설치하여 행사개최를 위한 집합광장으로 사용될 수 있도록 구성하는 것이 바람직하다.

(2) 취사장

공동이용시설로서의 취사장은 unit별로 설치되어 있는 식수대와 야외화덕과는 별도로 취사시설이 종합적으로 갖추어진 곳으로 전기, 가스,

급·배수 등 공급처리설비가 완비되고 경우에 따라서는 싱크대와 식탁이 배치되기도 한다. 개별적으로 이용하기도 하지만 주로 소그룹 등의 단체가 이용하게 되므로 공간사용이 편리하도록 구성되어야 하고 동시에 많은 인원이 사용하게 되므로 회전능률이 좋고 위생적이어야 한다.

취사장의 규모는 수용인원의 1/8을 대상으로, 1인당 1.5m^2 내외의 면적을 기준으로 개소당 50~100m^2 정도로 분산 설치하는 것이 바람직하다.

(3) 화장실

야영장에서 화장실은 편익시설임과 동시에 쾌적한 야외생활을 하기 위한 생활주거환경시설의 하나로 중요한 시설임에도 불구하고 소홀히 하기가 쉽다. 가급적 영구적인 건물형태로 주위 자연환경과 조화되도록 설치하며 주이용 계절의 주풍향인 여름철 남동풍의 반대쪽에 위치하여야 한다. 또한 저습지나 강우 또는 적설에 의해 영향을 받을 우려가 있는 곳에는 성토 후 계단 위에 배치하고 주변에 배수시설을 설치하여야 한다.

화장실 위치는 야영장의 입구 부근이나 텐트, 캐빈군 등 private zone 부근에 설치하는 것이 일반적이며, 그 외 사람들이 모이는 광장 부근이나 보행로 등에 설치하지만 어느 정도 차폐가 이루어진 곳으로 야영객들이 머무는 곳에서 최소 100m 이내에 있는 것이 바람직하다.

화장실의 소요면적은 숙박수용인원의 5~10%을 대상으로 1인당 3.3m^2을 기준으로 계획하되 최소한 남자는 30명당 1개, 여자 20명당 1개의 변기가 있어야 한다. 오물처리방식은 수세식이 위생적이어서 바람직하지만, 야영장의 입지조건상 수거식으로 할 수밖에 없는 경우가 대부분이므로

그림 7.6 화장실 및 샤워장 건축계획 사례

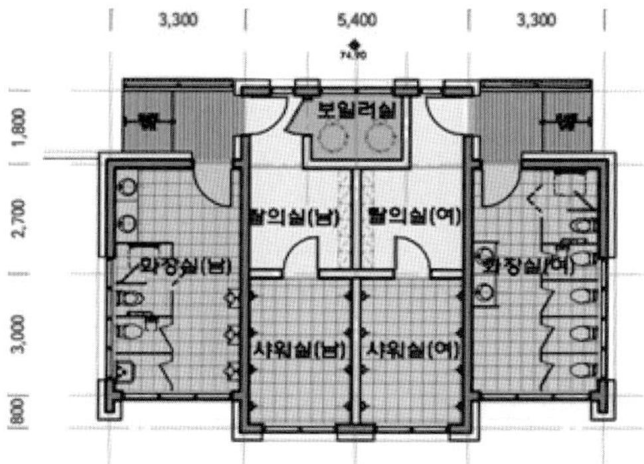

자료 : 광명시, 2014: 83

방충 및 방취대책을 충분히 고려해야 한다.

(4) 샤워장

샤워장은 별도로 설치하기도 하고 상하수도시설계획상 화장실과 통합하여 설치되기도 한다. 여성용과 남성용으로 분리하고 각 샤워장에는 옷걸이가 있는 탈의실이 있어야 하며 여름에도 온수를 공급할 수 있도록 설비를 갖춰야 한다. 1인당 소요면적 3.3m^2을 기준으로 숙박수용인원의 20%를 대상으로 시설을 한다.

3) 관리시설

(1) 관리사무소

관리사무소는 야영장 관리의 중심시설로서 시설의 관리 및 운영뿐 아니라 야영객에 대한 안내와 지도는 물론 접수·예약과 물품대여 등의 서비스를 제공하는 공간이다. 공간구성은 일반 행정 및 사무실, 숙직실, 비상설비 및 창고와 같은 야영장 관리를 위한 공간과 양호실, 휴게실 및 매점 등과 같이 야영객에 대한 서비스공간으로 구성된다.

야영객의 접근이 쉽고 전체를 조망할 수 있는 위치에 있어야 하며 관리사무소가 야영장 입구에 있지 않을 경우 별도의 접수센터가 있어야 하고 통신시설이 갖추어져야 한다.

그림 7.7 관리사무소 건축계획 사례

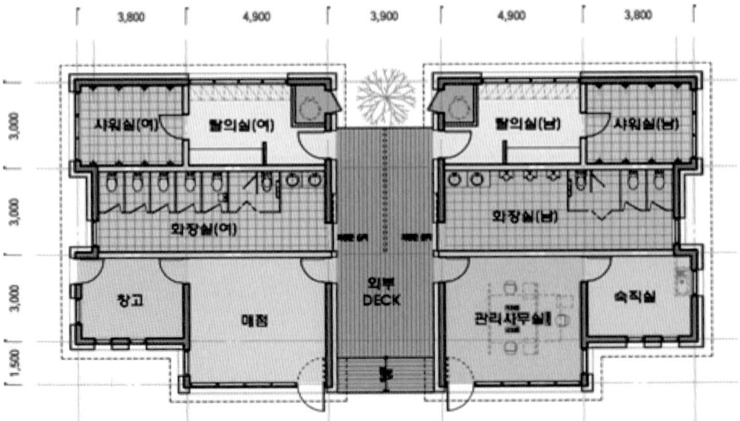

자료 : 광명시, 2014: 81

(2) 대피소(central lodge)

대피소는 야영활동 중 갑작스런 기상의 변화로 인하여 일시적인 대피가 필요할 경우에 이용하기 위한 시설이다. 따라서 대피소는 다른 시설과의 이용과 연계성을 고려하여 설치하되 대상지내 수년간 재난자료를 조사하여 가능한 한 안전한 장소에 설치한다. 가급적 도보로 쉽게 이동할 수 있는 거리에 위치시키고 일시에 많은 인원이 집분산할 수 있도록 동선을 명확히 하여야 하며 출입구도 여러 곳에 설치한다. 1인당 점유면적 1.5m^2을 기준으로 수용인원의 20% 정도를 수용할 수 있는 규모이어야 하고 대피소에는 비상연락장치, 구급약, 연료와 식음료 등을 비치해 둔다.

그러나 대피소는 반드시 대피를 위한 목적뿐 아니라 휴식이나 식사 등을 위한 휴게소로서 이용되기도 하므로 기능적으로 안전하고 견고한 시설이 되도록 하여야 한다. 또한 대피소는 뛰어난 자연경관을 갖춘 오지에 만들어지는 경우가 많으므로 점경물로서의 가치도 있다. 따라서 주변경관과 조화를 이루도록 재료나 형태에 특별히 세심한 배려를 기울여야 한다. 원래 센트럴 롯지는 야영장의 중심시설로, 야영장을 관리·운영하고 야영객의 사교, 오락, 휴게 등을 비롯하여 식사제공, 입욕, 통신, 의료 등의 서비스를 행하는 시설이다. 따라서 관리 효율상 별도로 두지 않고 관리사무소와 통합·운영되기도 한다.

그림 7.8 도덕산 야영장 시설배치도

자료 : 광명시, 2014: 52

4. 야영장시설계획

4.1 계획의 기조

1) 도입활동 및 시설

야영장에서의 도입시설은 전술된 바와 같이 숙영시설, 공동이용시설, 관리시설 등으로 구성되나 그 세부적인 활동과 시설의 유형은 개발 목표와 방향, 대상지 여건, 이용객 요구 등을 토대로 선정된다.

가평 오토캠핑장은 하천구역 내에 조성되는 가평 F.I.C.C. 세계대회 유치를 위한 야영장이기 때문에 먼저 다각적 측면에서의 도입활동 검토를 통하여 도입활동을 결정하고 관련계획 및 법규에 의한 하천구역내 도입가능시설 중 국제캠핑연맹(F.I.C.C.) 등급기준에 부합하는 시설을 파악하여 선정하였다.

표 7.7 오토캠프장의 국제캠핑연맹 등급 기준

항목	하급(One Star)	중급(Two Star)	상급(Three Star)	특급(Four Star)
유닛면적	· 6unit 이상(80m^2/unit)	· 6unit 이상(80m^2/unit)	· 20unit 이상(100m^2/unit)	· 30unit 이상(150m^2/unit)
유닛상태	· 평경사	· 하급과 동일	· 하급과 동일	· 잔디, 평경사, 충분한 식재
내부도로	–	· 견고하고 균일한 표면	· 포장	· 완전한 기초와 포장
위생시설	· 세면대 : 1개/20인 · 샤워실 : 1개/50인 · 화장실 : 남자 1개/30인 여자 1개/20인	· 세면기 : 거울, 선반, 세탁솔 구비 · 화장실 : 수세식, 화장지 비치	· 세면대 : 냉, 온수 · 샤워실 : 1개/50인 · 화장실 : 1개 이상의 세면기, 아동용 화장실	· 세면대 : 냉, 온수 · 샤워실 : 1개/25인 · 화장실 : 남자 1개/20인 여자 1개/15인
급수	· 식수 30ℓ/1인	· 하등급과 동일	· 하등급과 동일	· 옥외 급수전 : 1개/25unit
전원	–	· 전원접속장치 : 1개/50인	· 중등급과 동일	· 전기급속장치 : 1개/50인
위생관리	· 오·폐수처리시설 : 1인당 40cm^2 · 쓰레기통 구비	· 접시세척을 위한 통구비	· 중등급과 동일	· 쓰레기통 : 1개/10unit
세탁소	–	· 있음	· 있음	· 있음
응급처리시설	· 응급실 구비, 구명조끼 구비, 소화기 비치	–	· 의류/약품구비, 인명구조용 장비	· 약품비치, 비상대비시 한, 두 개의 방 확보
일반시설	–	–	· 전화시설 · 스토브 1개/50unit · 세차시설	· 세탁기, 식기세척기, 매점 · 스토브 : 1개/25unit · 세차시설 및 세차공간
위락시설	–	–	· 어린이놀이공간, 레크리에이션 홀	· 놀이공간(게임, 스포츠활동) · 회합실(최대이용자수의 10% 수용)

자료 : F.I.C.C(Federation Internationale de Camping et de Caravanning)

표 7.8 가평 오토캠핑장 도입시설

구 분	도 입 시 설
숙영시설	· 프리텐트촌(오토캠프장) · 코티지, 캐빈하우스, 모빌홈, 캐라반 등
공동이용시설	· 화장실, 취사장, 샤워장, 세탁실, 쓰레기장 등 · 다목적 운동장, 야외무대, 축구장, 농구장, 배드민턴장, 족구장, 인라인스케이트장, 광장, 환경놀이공원, 잔디밭, 어린이놀이터, 수상레저시설, 전망데크, 관찰데크, 비치존 등
관리시설	· 클럽하우스(관리사무소, 편의점, 휴게시설, 식당, 의무실, 안내센터 등) · 진입로, 주차장, 산책로, 자전거도로, 급수시설, 전기공급시설, 위생시설, 통신시설 등

자료 : 가평군, 2006 : 96,97

2) 공간체계 구상

선정된 시설을 합리적이고 효율적으로 배치하기 위해서는 대상지가 갖는 물리적 여건을 고려하여 공간체계의 골격을 형성하는 공간구상의 기조를 설정하고 이를 토대로 토지이용 및 동선체계를 구축하되 필요에

그림 7.9 대상지 조건과 가평 오토캠핑 Zoning

자료 : 가평군, 2006: 101

따라 대안의 검토 과정을 거쳐 가장 최적의 안을 선정한다.

가평 오토캠핑장에서는 국가하천내라는 특수성을 감안하여 전체 지역의 개발 가용성을 판단하였다. 접근이 용이하고 고수부지로 형성되어 있는 서도로부터 중도, 남도, 동도로 이어지는 4개의 섬을 가용대상지, 상대보전지, 절대보전지 등으로 설정하였다.

이들을 대상으로 이용객의 수요와 숙영시설 배분계획, 그리고 각 시설의 입지조건과 주변 용지와의 연계성 등을 고려하여 그림 7.10과 같이 zoning을 하였다.

4.2 토지이용 및 동선계획

야영장의 토지이용구분은 제도적으로 특별히 규정된 바는 없다. 야영장의 시설기준과 공간체계 구성상의 기조를 토대로 프로젝트의 성격에

그림 7.10 가평 오토캠프장 토지이용 및 동선계획

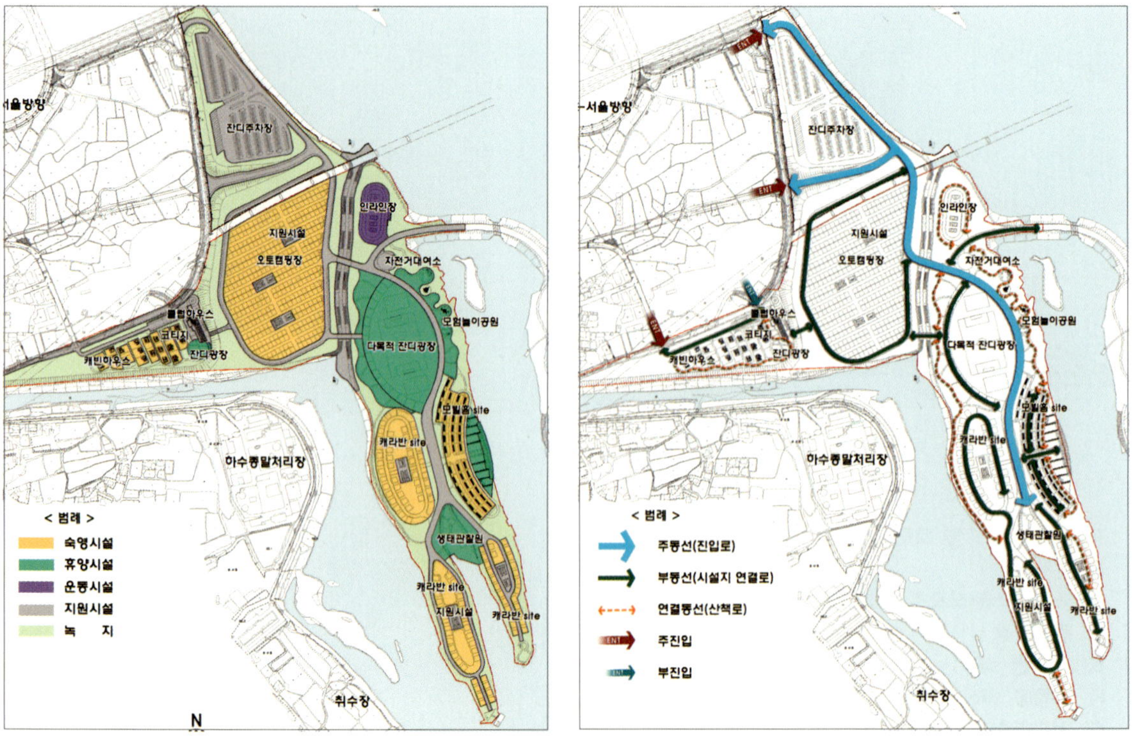

자료 : 가평군, 2006: 104, 106

따라 유연하게 구분할 필요가 있다.

가평 캠핑장의 토지이용 구분은 캠핑장의 핵심시설인 숙영시설지를 중심으로 휴양시설지, 운동시설지, 지원시설지, 녹지로 구분하였고 장래확장성과 야영객의 요구변화에 대처하기 위한 유보지를 별도로 계획하였다.

먼저 대상지를 F.I.C.C. 기반시설 부분과 클럽하우스 주변 부분으로 나누어 계획하고, 숙영시설지는 이용객의 접근성과 주변의 각 시설과의 연계성을 고려하고 각 시설별 이용객수를 감안하여 오토캠핑장, 캐라반 및 모빌홈, 캐빈하우스와 코티지 등으로 다양하게 구분하여 배치하였다.

그리고 동선체계는 먼저 주변의 국도 46호선과 75호선에서의 접근성을 고려하여 계획하였으며 내부도로는 동선의 목적과 성격에 따라 진입로, 시설지 연결로, 산책로 등으로 구분하고 순환형 동선체계를 도입하였다. 특히 F.I.C.C. 기반시설 부분과 클럽하우스 주변 부분으로의 접근성을 고려하여 주변의 국도에서 바로 진입되도록 두 부분 모두 진입로를 계획하였으며 주차장은 일시에 많은 교통량을 감안하여 여러 개의 진출입구를 개설하고 대회진행 등 유사시에는 오토캠프장을 주차장으로 활용할 수 있도록 하였다.

4.3 시설배치계획

야영장의 시설배치는 구축된 공간체계를 토대로 지형적 특성과 시설의 상호연계성, 관리효율성을 고려해 세부적인 배치계획을 수립한다. 가급적 가용지 내에 집중배치하여 토지이용효율을 높이고 경제성 및 유지관리의 편의성을 도모할 필요가 있다.

숙영시설을 중심으로 관리시설과 기타 레크리에이션시설을 배치하는 것이 이용 및 관리운영 측면에서도 편리하며 레크리에이션시설은 야영객의 수요계층을 고려하여 운동장 등의 동적인 시설과 산책로, 생태원 등의 정적인 시설로 구분하여 이를 입지특성에 따라 분산·배치한다.

1) 숙영시설 zone

자라섬 남측에 위치한 캠핑활동이 중점적으로 이루어지는 지구로, 캐라반과 모빌홈을 계획하여 하천변에 경관과 어우러지게 배치하고 휴양시설로는 생태관찰원, 잔디마당, 전망데크 등을 계획하였으며, 숙영시설을 지원하기 위해 샤워실, 화장실, 세탁실, 취사장 등의 편익시설 및 재활용 수거함 등의 지원시설을 설치하였다.

2) 주차장 및 오토캠핑장 zone

대상지 북측은 지원시설인 주차장, 남측은 숙영시설인 오토캠핑장 359개소를 계획하고 지원시설로는 샤워실, 화장실, 세탁실, 취사장 등의 편익시설 및 재활용 수거함 등의 시설을 설치하였으며, 주차장 및 도로 부분에 안내소를 설치하였다.

3) 테마시설 zone

F.I.C.C.시설 유치가 가능한 넓은 다목적 잔디광장을 조성하여 대회시 이용의 편의성을 도모하고 평상시에도 다양한 활동이 이루어지도록 계획하였다. 북측은 인라인스케이트장과 농구장, 배드민턴장 등의 운동시설을 배치하고 동쪽 하천부에는 가족단위를 위한 모험놀이공원을 배치하였으며 서측 하천변은 자생식물을 식재하여 자연스러운 산책로를 조성하였다.

4) 클럽하우스 zone

숙영시설로 캐빈하우스와 코티지를 계획하여 배치하고 전체 부지를 위한 클럽하우스를 배치하였다. 그리고 휴양시설로 이벤트 잔디광장과 전망데크를 계획하고 지원시설로 주차장 및 진입광장 등을 계획하였다.

그림 7.11 클럽하우스 건축계획 평면 사례

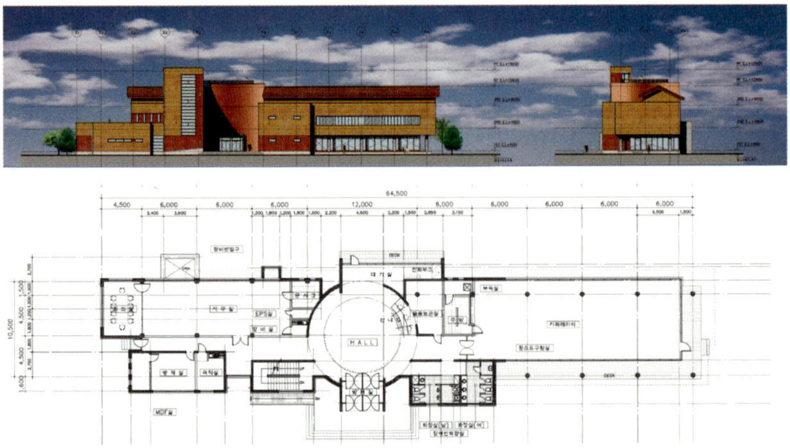

자료 : 가평군, 2006: 239

그림 7.12 가평오토캠핑장 시설배치도

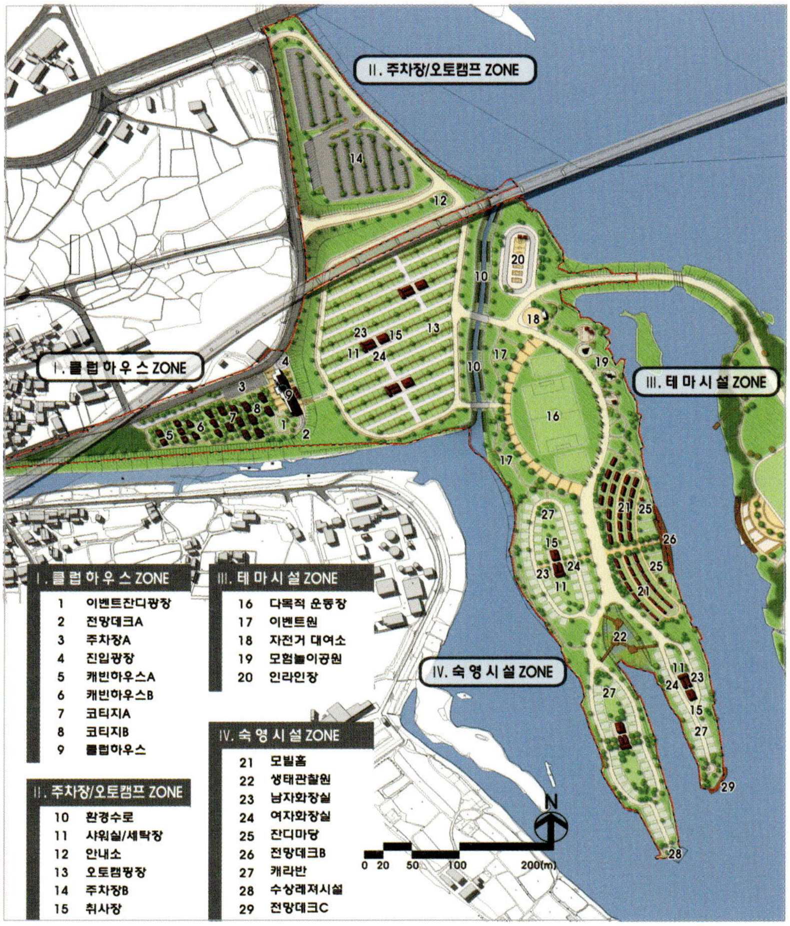

표 7.9 가평오토캠핑장 시설계획 내용

시 설 명			면적(m^2)	구성비(%)	비고
숙영시설 Zone	숙영시설	캐라반, 모빌홈	35,310	28.0%	
	휴양시설	생태관찰원, 잔디마당, 전망데크	10,020		
	지원시설	도로, 화장실, 샤워실/세탁장, 취사장, 녹지	33,980		
오토캠핑 Zone	숙영시설	오토캠프장	39,500	39.9%	
	지원시설	도로, 주차장, 안내소, 취사장, 화장실, 환경수로, 녹지	73,510		
테마시설 Zone	휴양시설	다목적 운동장, 이벤트원, 모험놀이공원	31,020	20.4%	
	운동시설	인라인장	4,880		
	지원시설	도로, 자전거 대여소, 녹지	21,720		
클럽하우스 Zone	숙영시설	캐빈하우스 A/B, 코티지 A/B	5,950	11.7%	
	휴양시설	이벤트 잔디광장, 전망데크	1,120		
	지원시설	클럽하우스, 도로, 주차장, 진입광장, 녹지	27,030		
계			283,040	100.0%	

자료 : 가평군, 2006: 108, 109

4.4 주요 공간 상세계획

1) 진입공간과 숙영시설지

가평 오토캠핑장은 하천변 고수부지를 활용하여 조성하기 때문에 홍수의 검토와 시설이 침수되는 것을 고려하여 포장면 외에는 모든 시설을 이동식으로 계획한 것이 특징이다.

캠핑장 구성은 일반 야영장뿐만 아니라 오토캠핑장, 캐라반시설까지 다양한 유형을 배치하며 특히 일반 야영장 주변에는 대규모의 주차장을 두어 주차와 야영을 원활히 할 수 있도록 공간을 구성하고 시설기준에 적합하도록 배치하되 최대한 녹지를 확보하여 사이트 간의 완충과 이용도의 쾌적성을 도모하도록 했다.

특히 지구 초입부에는 클럽하우스와 코티지를 배치하여 캠핑장의 상징성과 야영객의 캠핑장에 대한 인식과 정보습득에 유리하도록 배치하였고 중심부에는 야영객 모두가 계층별로 운동·휴양할 수 있는 시설을 두어 숙영기능뿐만 아니라 낮에도 다양한 공간 활동을 계획하였다.

그림 7.13 진입공간과 숙영시설지 주변 상세도

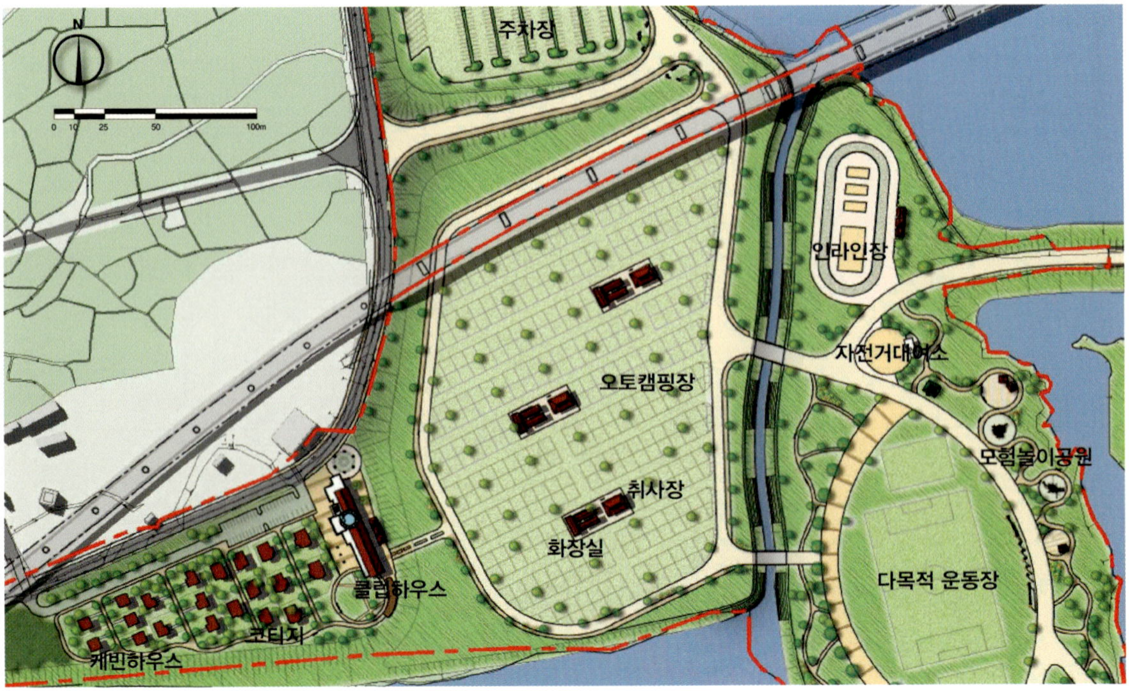

2) 캐라반과 휴양시설지

가평 오토캠핑장은 F.I.C.C. 대회를 개최하기 위해 국제 캠핑연맹등급 중 상급을 적용하여 야영객의 야영활동에 전혀 불편함 없이 야영활동을 하도록 하였으며 특히 캐라반시설은 강변에 집중 배치하여 전망과 숙영활동이 되도록 하였다. 캐라반시설은 단체객이나 가족들이 많이 이용하거나

그림 7.14 모빌홈 평면도

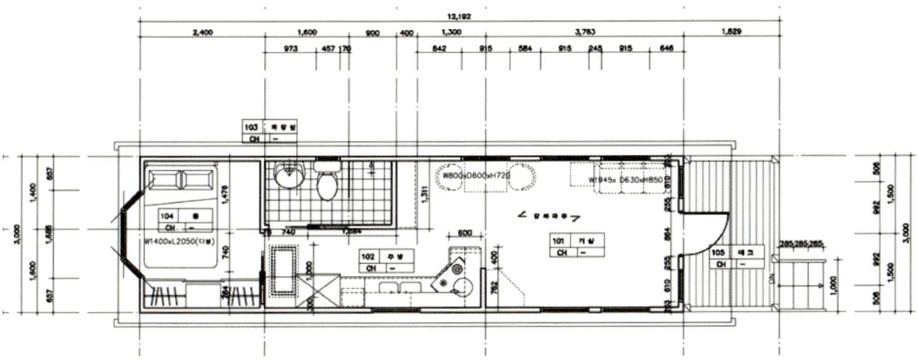

자료 : 가평군, 2006: 247

그림 7.15 캐라반 및 휴양시설지 주변 상세도

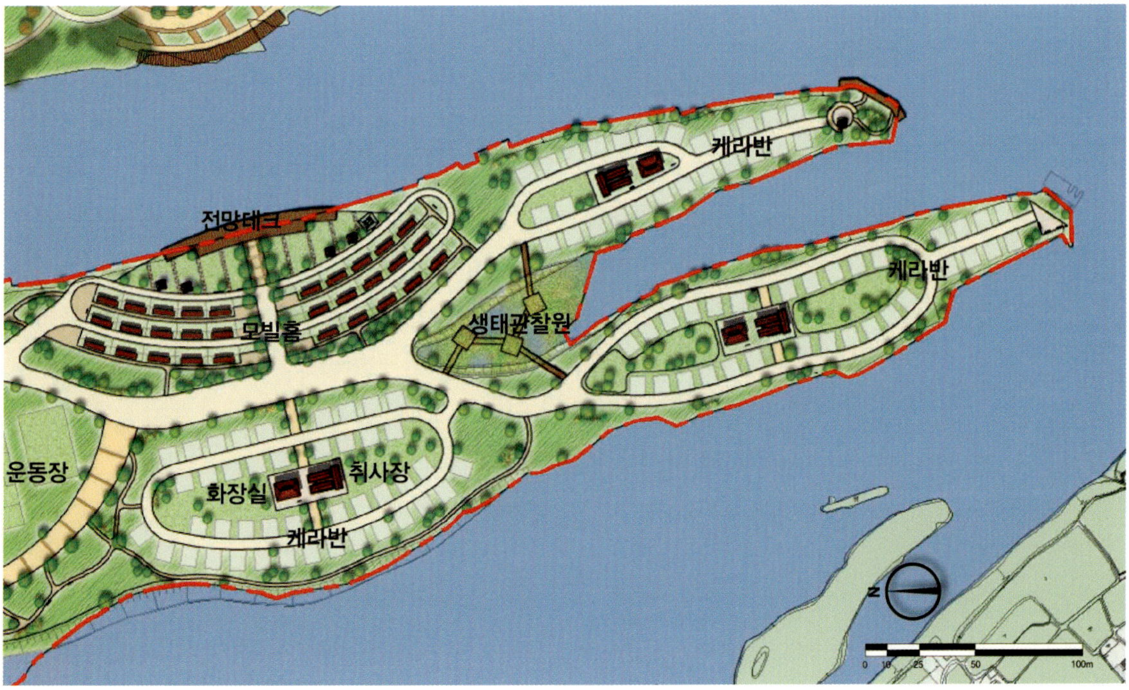

선호하는 시설로서 주변의 숙영시설과 연계하여 생태원과 산책로를 두어 강변에서의 야영활동이 수변 입지 특성에 맞도록 수변의 생태와 경관, 산책 등이 이루어지는 친환경 캠핑장이 조성되도록 하였다.

5. 전망 및 과제

현재 우리나라 캠핑장은 레저에 대한 인식변화와 주5일 근무제의 실시로 급격히 늘어나고 있다. 그러나 이러한 양적 팽창에 비해 시설내용이 전반적으로 열악하고 관리운영 또한 체계적이지 못하다. 그럼에도 불구하고 저렴한 비용으로 자연 속에서 하룻밤 정도를 부담없이 지낼 수 있다는 장점 때문에 야영인구는 꾸준히 늘고 있는 추세이다.

제한된 토지, 증가하는 수요, 비 · 성수기의 차이 그리고 주로 단체로 이루어지는 야영행태 속에서, 우리나라의 캠핑장을 미국 등과 같은 땅 넓은 나라의 캠핑장이나 호주와 같은 상하의 나라의 캠핑장과 같은 잣대로 비교할 수는 없다. 그러나 적어도 캠핑장이라 함은 각 캠핑사이트가 잘 조직화된 체 충분한 인프라시설이 갖추어진 곳이어야 한다.

본 장에서는 이러한 의미에서 외국의 사례와 시설기준을 현재의 우리나라에 조성되어 있는 캠핑장 사례와 비교해가며 나름대로 우리 실정에 맞는 캠핑장 설계에 대한 가이드를 제시하고자 노력하였다. 물론 여기서 제시된 가이드는 국제적 표준도 아니고 또한 절대적인 것도 아니다. 이에 대해서는 본고의 내용을 토대로 지속적인 연구를 통하여 발전되고 시대적 요구에 맞도록 수정되어야 할 것이다.

캠핑장이 보다 발전적인 방향으로 나아가기 위해서는 이러한 시설기준 마련과 함께 제도적인 뒷받침과 관리운영 측면에서의 노력도 필요하다. 야영장시설의 법적 기준을 구체화하고 등급인증제 도입을 통한 캠핑장의 다양화를 추구하는 것이 필요하며, 아울러 안전관리지침 등 표준화된 관리운영 매뉴얼 개발도 병행되어야 한다.

08. 익스트림파크

이정석

1. 서론
2. 익스트림 스포츠와 익스트림파크
3. 익스트림파크의 필요시설
4. 익스트림파크 시설계획
5. 전망 및 과제

1. 서론

인간의 의식구조와 환경의 변화는 스포츠의 가치체계에 대해서도 과거와는 다른 양상과 국면을 보인다. 수동적이고 보편적인 스포츠 활동에서 적극적이고 차별적인 스포츠 활동으로, 즉 축구, 야구 등과 같은 저충격 경기형태(low impact athletic event)에서 스노보드, 모터크로스, 암벽등반 같은 과격한 스포츠 활동으로의 참여를 지향하는 변화를 일으키고 있다. 이러한 각자의 취미와 개성에 의한 참여활동 변화는 심리적·신체적 만족감을 배가시킴은 물론 궁극적으로 개인의 자아실현욕구를 충족시킨다.

이러한 스포츠 참여방식의 변화와 최근의 여가활동에 대한 패러다임의 변화는 다양한 형태의 모험적이고 적극적인 스포츠 활동을 발전시키고 이를 위한 시설과 장소를 요구하게 되었다. 이러한 스포츠 활동을 체험하거나 경기를 치를 수 있는 시설과 장소를 익스트림파크(extreme park)라고 하며, 이는 단순한 여가활동 장소의 차원을 넘어 현대 사회의 문화적 특성을 반영한 모험적인 스포츠 활동의 장소로, 마니아층이나 동호인들의 특수한 참여계층뿐 아니라 일반 관람객들을 위한 시설지이기도 하다.

익스트림파크의 근간을 이루는 익스트림 스포츠의 시대적 발현은 70, 80년대에 미국 대도시에서 시작하였으며, 1993년 미국 스포츠 전문 케이블TV ESPN이 'X게임'이란 타이틀로 대회를 개최하면서 대중화되었고, 1997년부터는 겨울철 종목만 따로 모아 겨울 X게임까지 열리고 있다. 이러한 배경으로 2002년 동계 올림픽에서는 대표적인 익스트림 스포츠의 하나인 스노보드를 올림픽 정식종목으로 포함하였으며, 2008년 베이징

그림 8.1 X-게임장 사례

바르셀로나 2013 X-게임장

춘천 송암 레포츠타운 X-게임장

올림픽에서는 자전거 모터크로스인 BMX가 정식종목으로 채택되기에 이르렀다.

국내에서는 소수 동호인들만이 활동하는 수준이었으나 1999년 11월 서울 올림픽공원에 공식경기장이 만들어지면서 급속히 확산되었다. 현재 국내에는 서울 올림픽공원과 경기 부천시, 고양시 일산신도시, 도봉산 등에 X게임장이 운영되고 있다. 그리고 국제경기를 치르기 위해 2010년 춘천 송암 레포츠타운 X-Game Park가 조성되었으며, 국내 최대 규모의 인라인트랙과 인공암벽, BMX 등의 시설이 갖추어지게 되었다.

익스트림파크는 시설 특성상 일반 경기장 시설과 같이 정해진 규격이 있는 시설은 아니다. 다만, 안전상, 관리운영상 공통적으로 지켜야 할 기준과 원칙이 있는데 국내에서는 아직 개념적 이론과 경기시설 매뉴얼들만 산발적으로 소개되었을 뿐 종합적으로 정립되어 있지 않다. 따라서 본 장에서는 그 동안의 설계 사례를 통하여 익스트림파크에 대한 시설 설계기준과 원칙, 그리고 바람직한 계획 방향 등에 대해 그 내용을 정리하여 제시하고자 한다.

2. 익스트림 스포츠와 익스트림파크

2.1 익스트림 스포츠

익스트림 스포츠(extreme sports)는 극한의 스포츠를 의미하는 것으로 전세계 청소년들에게 폭발적 인기를 누리면서 신세대 스포츠로 자리잡고 있으며, ‘extreme(극한)’에서 ‘X’를 따서 일명 X-game이라 불리고 있다. 익스트림 스포츠는 신체 부상, 심지어는 생명의 위험을 무릅쓰고 갖가지 묘기를 펼치는 레저스포츠로 청소년을 중심으로 발전되어 왔지만 최근에는 자기만족감 및 웰빙 열풍, 새로운 것에 대한 열망 등으로 중장년층에까지 확산되는 추세이다.

익스트림 스포츠는 하나의 단일종목을 말하는 것이 아니라 인라인스케이트, 스케이트보드, 묘기자전거, 암벽등반, 도로썰매 등을 포함한 일련의 종목군을 지칭하며, 그 종류는 수십여 가지로 현재도 새로운 익스트림 스포츠가 발생하고 있다. 실제로 ESPN 주최의 X-Games 역시 해마다 새로운 종목이 추가되고 있으며, 기존의 종목들도 종목의 세부적 구분 및 규칙 등이 끊임없이 변화하고 있어 익스트림 스포츠의 해당 종목을 명확히 규정한다는 것은 한계가 있다(심재범, 2003).

익스트림 스포츠의 종류로는 자전거 스턴트, 스케이트 보드, 인라인 스케이트(롤러 블레이드), 맨발 수상스키, 스포츠 클라이밍, 스카이 서핑, 번지 점프, 스노보드, 스트리트 루지(누워서 달리는 썰매의 일종), 웨이크보드(트릭스키의 일종) 등 수십 가지가 넘는다.

익스트림 스포츠의 종류는 경기방식, 계절 구분, 장소 등에 따라 표 8.1과 같이 3가지로 구분할 수 있다.

표 8.1 익스트림 스포츠의 종류

구 분		종 류
경기방식	속도기준	스키보딩, 스케이트보드, 스노크로스, 프리스키, 스피드클라이밍, 피트니스 인라인스케이팅
	난이도 기준	어그레시브 인라인스케이팅, 빙벽등반, 인공암벽등반, 스카이서핑, BMX
계절구분	하계	스케이트보드, 어그레시브 인라인스케이팅, 다운힐 인라인스케이팅, BMX, 도로썰매타기, 수상스포츠, 인공암벽등반, 스카이서핑, 스카이플라잉, 베이스점핑, 모터스포츠, 스네이크보드, 휠맨
	동계	스키보딩, 동력눈썰매경주, 산악자전거경주, 스노크로스프리스키, 빙벽등반
장소	지상	플로우랩, 버기롤링, 스트리트루지, 프리스타일스키, 스피드바이킹, 어드벤처레이싱, 랜드엔아이스요트, 스노모빌, 스피트스케이팅, 마운팅보딩
	수상	배어풋워터스키, 프리다이빙, 윈드서핑, 오픈워터스위밍, 파워보트레이싱, 스피드세일링, 크리프다이빙, 화이트워터제트스키, 웨이크보딩, 스킨스쿠버
	항공	패러글라이딩, 번지점핑, 스카이서핑

자료 : 김창호, 2001: 63-78을 토대로 재구성

이러한 많은 익스트림 스포츠 중에서 전세계적으로 대중적인 관심과 참여가 가장 높은 종목들로 인라인스케이트*, 스케이트보드, BMX를 들 수 있다. 이 세 종목을 묶어서 흔히 B3라 부르는 데 이는 세 종목의 명칭에 모두 B가 들어 있기 때문으로 관심과 참여가 큰 Big 3라는 의미도 포함하고 있다. 또한 이 3종목은 경기에 필요한 공간과 진행방식 등에서

* 인라인스케이트의 경우 초창기 대표적인 브랜드의 명칭인 Roller Blade로 이름이 널리 알려짐.

유사한 부분이 많아 'B3 경기' 명칭으로 별도의 대회를 치르기도 한다.

B3라 불리우는 종목은 모두 다른 스포츠에서 파생된 형태로 인라인스케이트는 스피드 스케이팅의 여름 훈련용으로 탄생되었으며, 스케이트보드는 윈드서핑을 지상에서 즐기기 위해 개발되었다. 그리고 BMX는 사이클에서 파생된 스턴트 자전거로 과학기술과 더불어 생기는 스포츠이다(김선희, 2001).

B3는 경기방식에 따라 다시 피트니스(fitness)와 어그레시브(agressive)로 나뉜다. 피트니스는 몸매 유지와 유산소운동을 목적으로 하는 반면, 어그레시브는 스턴트에 가까운 창조성을 목적으로 한다. 따라서 B3 공식대회는 어그레시브만을 채택한다.

2.2 익스트림파크

익스트림파크(extreme park)는 익스트림 스포츠를 체험하거나 경기를 치를 수 있는 X-GAME장을 설치하고 이와 연계하여 공공적인 지원시설과 서비스를 제공받게 된 곳이라고 할 수 있다. 단순하게 익스트림 스포츠만을 위한 경기장은 X-GAME장이라고 할 수 있으며 X-GAME장과 더불어 주변의 공공장소(public space)와 연계된 곳을 익스트림파크라고 정의할 수 있다.

또한 익스트림 스포츠에서 가장 대표되는 종목인 B3경기를 치를 수 있는 기물이 설치된 곳은 B3파크라고 할 수 있다.

그림 8.2 B3경기

인라인스케이트 스케이트보드 BMX

3. 익스트림파크의 필요시설

익스트림파크는 해당 장소의 지형적 특성 또는 주변의 문화 환경에 따라 다양한 형태로 나타날 수 있다. 예를 들어 수변에 위치한 장소에서는 물과 함께 할 수 있는 웨이크보드, 수상스키 등의 익스트림파크가 조성될 수 있으며, 산악지형의 장소에서는 암벽등반, 모터사이클, BMX, 패러글라이딩 등의 익스트림파크가 조성될 수 있다. 또한 어린이용, 전문가용, 대회용, 이벤트용 등의 익스트림파크 설치 목적에 따라 설치 규모 및 면적, 난이도 등이 각각 다르고 그 시설 기준이 명확하지 않은 경우가 대부분이며, 소재 또한 매우 다양하다.

따라서 본 장에서는 특수한 환경에 따라 필요한 시설보다는 일반적으로 사람들이 많은 활동과 관심이 있는 B3경기장과 인공암벽, 여름철 가장 많은 익스트림 스포츠로 즐기고 있는 수상스키장, 산악지형에서의 대표되는 활공장 등을 중심으로 기술하고자 한다.

3.1 B3파크

인라인스케이트와 스케이트보드, BMX의 어그레시브 부문 경기는 일반적으로 같은 구조물에서 경기가 진행된다. 이 3종목은 각 종목별 특성에 따라 일부 시설은 차이가 필요하므로 이러한 점을 고려하여 복합적인 형태를 띠도록 구성하여야 한다.

필요한 구조물로는 버트*경기에 필요한 대형 하프파이프와 스트리트 경기에 필요한 여러 개의 램프, 쿼터파이프, 레일 등이 있다. 그리고 경기진행과 관람에 필요한 진행본부석과 관람석 및 부대시설과 지원시설이 필요하다.

* 버트(vert)는 원통 파이프를 반으로 자른 장애물에서 하는 기술을 말함

B3파크의 경기장 규격은 따로 정해져 있지 않지만 기존의 사례들을 살펴 볼 때, 국제경기를 유치하기 위해서 부지면적은 약 5,000m^2 이상이 되어야 하며, 순수 경기장 면적은 약 3,000m^2 이상을 확보하는 것이 바람직하다(심재범, 2002).

시설조성시 중·상급자용 경기시설과 초·중급자용 연습시설 나누어 조성하여 각종 이벤트를 원활히 소화하면서도 청소년 및 지역주민들의

휴게공간으로서의 역할도 수행할 수 있도록 하는 것이 바람직하다. 또한 경기용 시설과 준경기용 시설을 함께 조성하여 대회 및 이벤트에 보조경기장으로 활용할 수 있도록 해야 한다.

B3파크의 공간 구성은 각종 기물들이 동선에 맞게 구비되어 있고, 그 기물들을 타고 놀면서 트릭을 연습할 수 있는 곳으로 볼 파크와 스트릿 플라자 파크라는 두 종류가 있다. 먼저 볼 파크는 큰 구덩이 같은 곳이 있고 그 안에 몇 가지 기물을 설치한 파크이고, 스트릿 플라자 파크는 우리가 흔히 알고 있는 평지에 기물이 설치되어 있는 가장 일반적인 파크이다.

B3파크를 skate park라고도 하는데 이 스케이트 파크는 스케이트보드, BMX, 어그레시브 인라인스케이트를 위해 만들어진 여가환경으로 하프파이프(half-pipes), 쿼터파이프(quarter pipes), 스파인(spine transfers), 레일(handrails), 펀박스(funboxes), 램프(vert ramps), 피라미드(pyramids), 뱅크(banked ramps), 풀파이프(full pipes), 볼(bowls), 트랙(snake runs stairsets) 등 이외에 다른 조합을 할 수 있다.

따라서 B3파크의 필요시설은 일반적인 하프파이프, 쿼터파이프 등과 같은 일반적인 기물들을 어떻게 조합하느냐에 따라 난이도 조정 및 다양한 형태의 시설배치가 이루어지는 것이다. 또한 B3파크는 주로 인라인스케이트, 스케이트보드, BMX 등을 이용할 수 있으며 겨울철에는 B3파크에 눈을 가미하여 스노보드 등을 이용한 익스트림 스포츠를 즐길 수 있다.

그림 8.3 볼 파크 및 스케이트 파크 사례

미국 오리건주 포틀랜드 볼 파크

미국 텍사스주 휴스턴 스케이트 파크

B3파크의 기본적인 기물들은 다음과 같다.

① 하프파이프(half pipe)

하프파이프는 반원통이며, 다른 기물과의 연계가 없이 모든 기술과 경기를 보여주는 독립된 경기장으로 양면을 왕복하면서 도약대나 하프파이프에서의 공중묘기를 할 수 있다. 또한 상단의 레일을 이용하여 미끄러지는 그라운드 기술을 할 수 있는 시설이다.

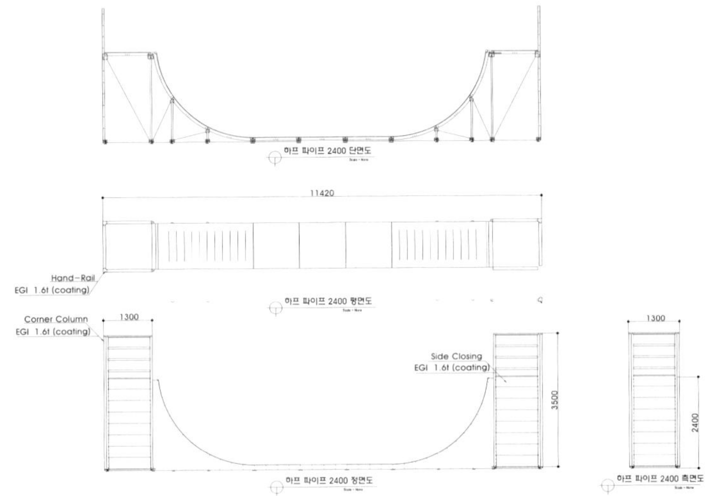

하프파이프

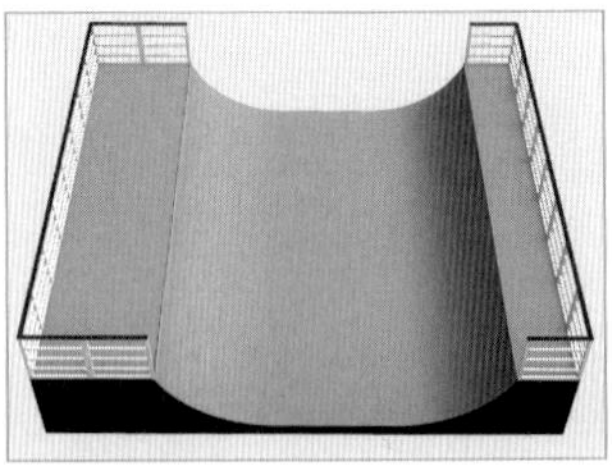

② 쿼터파이프(quarter pipe)

쿼터파이프는 하프파이프의 한쪽 면만을 설치한 것을 말하며, 주로 뱅크와 함께 경기장의 측면에 위치하여 설치하는 시설이다.

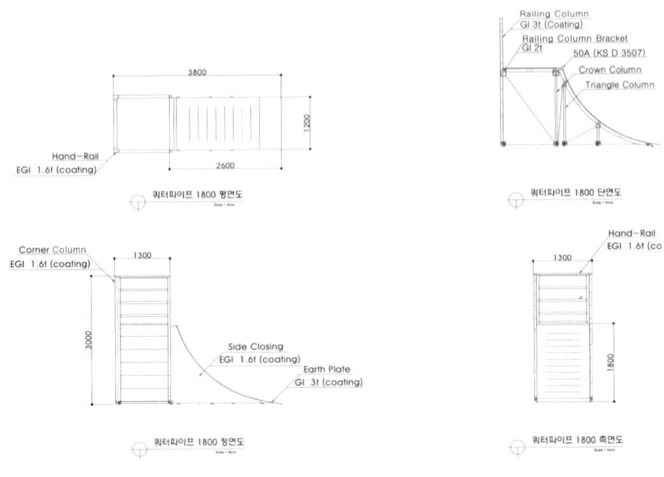

쿼터파이프

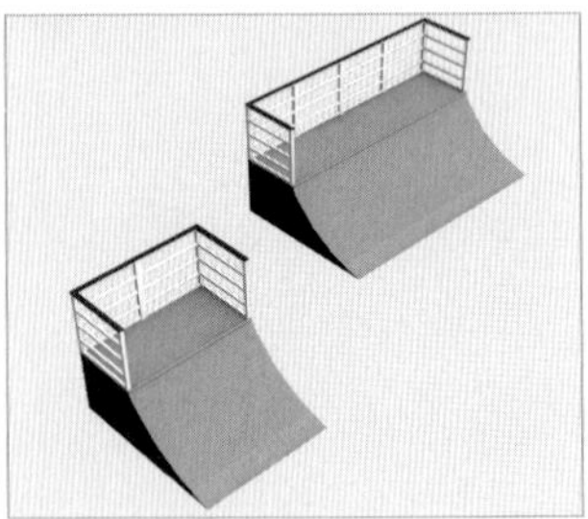

③ 몰(mall) 또는 풀(pool)

쿼터파이프를 90° 형태로 교차하거나 경기장의 모서리 부분에 설치하는 반구의 형태로 조성된 시설로 코핑(coping)*이 곡선으로 연결되어 있어 다양하고 창의적인 연기를 보일 수 있는 시설이다.

* 코핑(coping)이란 큰 도약대나 하프 파이프 꼭대기에 있는 미끄러짐용 난간을 말함

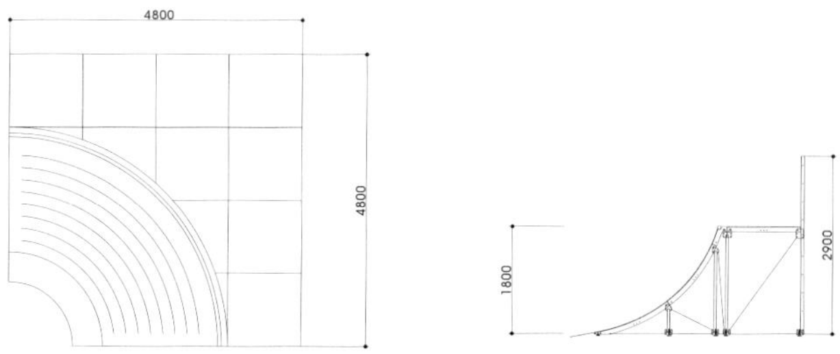

④ 런치박스(lunchbox)

에어동작을 보여줄 수 있는 기물로 에어 후에 경사면으로 착지하기 때문에 가속을 계속 유지하여 다른 기물을 연속적으로 이용하는데 용이한 시설이다. 경기장 가운데 부분에 설치되는 경우가 많으며, 다양한 방향으로 복합적인 경사면이 설치되는 시설이다.

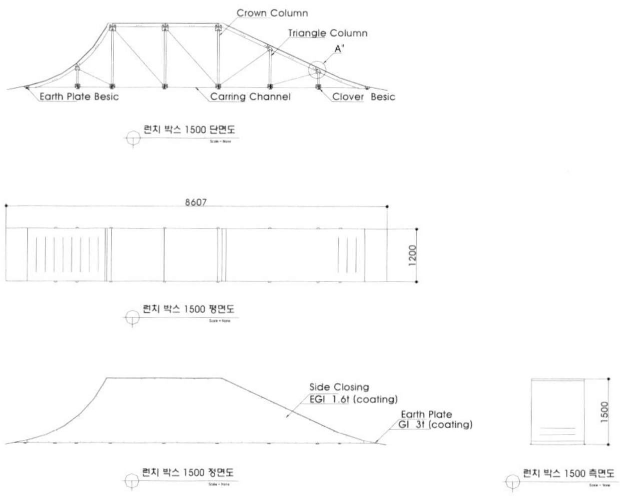

몰 또는 풀

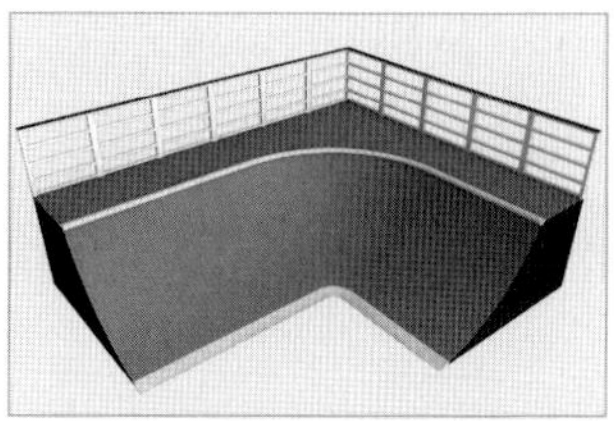

런치박스

⑤ 펀박스(funbox)

웨이브(wave)와 뱅크를 조합하거나 선택한 형태로서 테이블(가운데의 평평한 면) 위에 레일을 설치함으로써 그라운드 기술의 응용을 보일 수 있는 기물이다. 보통 다양한 그라운드 기술을 보일 수 있도록 0.3~1.5m의 높이로 제작된다.

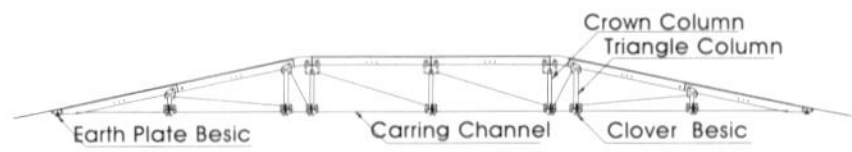

펀 박스 600 단면도

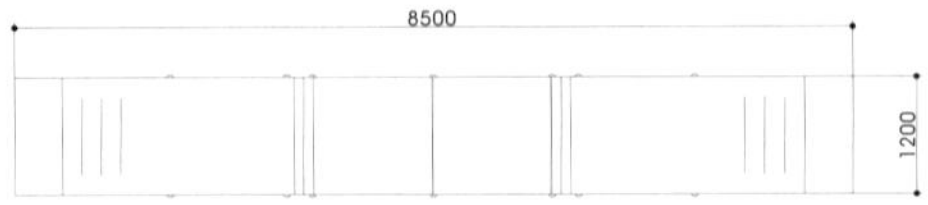

펀 박스 600 평면도

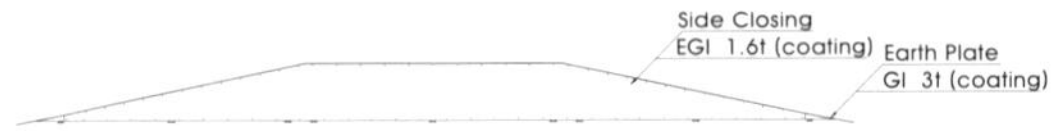

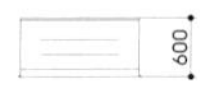

펀 박스 600 정면도

펀 박스 600 측면도

⑥ 월(wall)

* 월라이드는 수직 혹은 그 이상의 각도로 조성된 벽을 타고 지나가는 기술을 말함

월라이드(wall ride)*를 할 수 있도록 만든 기물로서 주로 쿼터 파이프나 뱅크의 상단에 적당한 거리를 두고 설치되는 시설이다. 경사각은 수직인 경우보다는 수직 이하의 경사각을 두어 연결동작을 취할 때 가속을 붙여 주는 역할을 하도록 설치된다.

펀박스

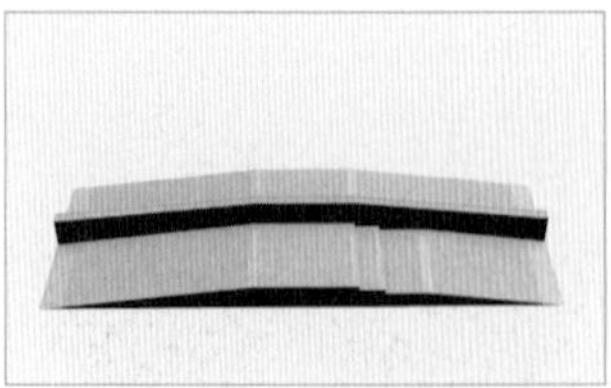

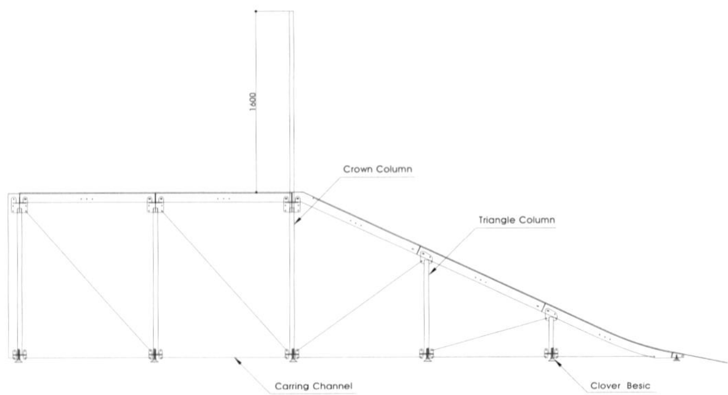

월 단면도

월(wall)

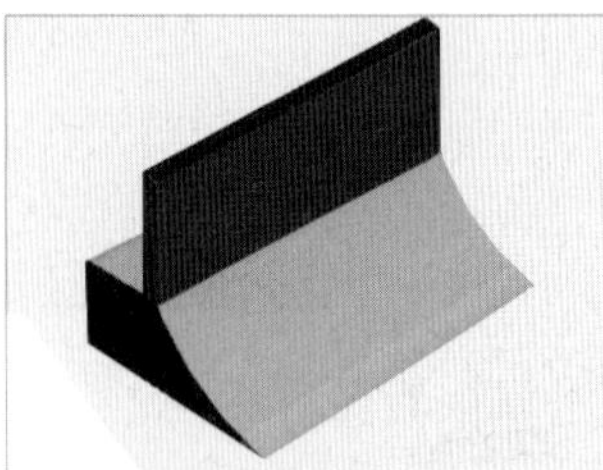

⑦ 스타트 박스(start box)

스트리트 경기를 할 때 출발과 동시에 충분한 탄력을 받기 위해 만들어진 경사면을 이용한 시설로 출발 신호를 기다리는 선수를 위해 테이블을 넓게 만들며, 출발 시 뿐만 아니라 중간거점으로 활용되기도 한다.

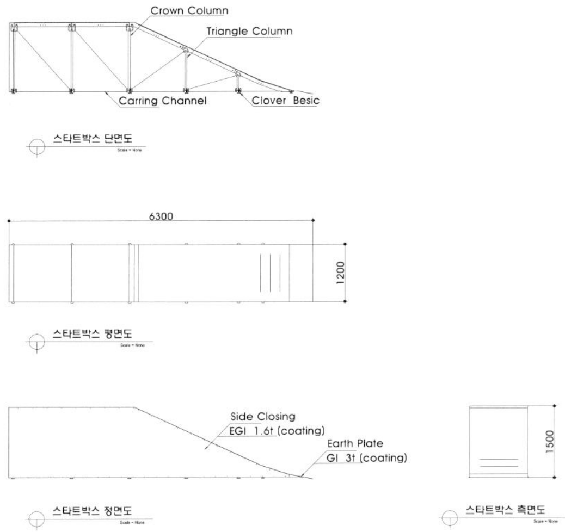

스타트 박스

⑧ 스파인(spine)

쿼터파이프를 양쪽으로 기대어 놓은 듯한 기물로서 에어동작을 보여주면서 연속적으로 진행하기 편리하도록 만들 기물로써 양면의 가운데에 테이블을 두고 제작하기도 하며, 양쪽에서 모두 기술을 구사할 수 있다. 두 곡면의 가운데에 테이블을 두기도 하는 데 이럴 때는 볼케이노라고 한다. 경기장 중앙부에 주로 위치하는 시설이다.

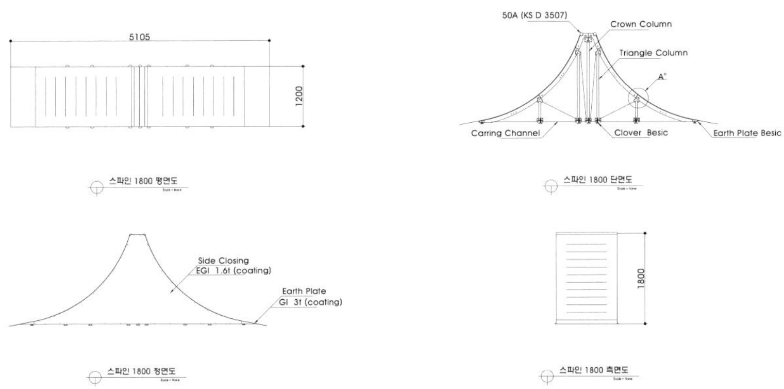

스파인(spine)

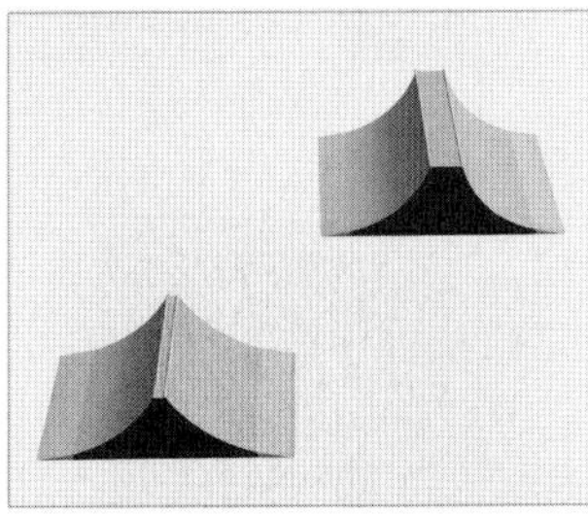

난지 익스트림파크

인천 문학경기장 B3파크

뚝섬 X게임장

3.2 인공암벽

인공암벽은 건물 내부와 외벽 또는 별도의 구조물에 바위벽을 만들어 놓고 보조장비의 지원을 받아 맨손으로 바위구조물을 오를 수 있는 시설로, 인공암벽등반은 자연암벽등반에 비하여 안전할 뿐만 아니라 실내에 있을 경우 날씨와 계절에 상관없이 즐길 수 있는 익스트림 스포츠이다.

인공암벽은 동일한 단위 공간에 속도를 겨루는 클라이밍(climbing)코스와 난이도를 겨루는 볼더링(boulderling)코스 등 두 가지 코스가 함께 조성되어야 한다. 바닥에는 낙하시 충격을 완화할 수 있는 포장을 고려하여야 하며, 정상부에는 펜스 및 평탄한 플랫폼을 마련하여야 한다. 또한 주변에 충분한 평탄지와 휴식공간을 확보하여 준비운동과 기본적인 안전교육 등이 이루어질 수 있도록 하여야 한다.

국제규격의 높이가 11m 정도이며 로프·헬멧·하네스·퀵도르 등의 장비가 필요하고 낮은 암벽을 이용하는 초보자의 경우는 마찰력을 높여주는 초크(탄산마그네슘가루), 초크백 등이 필요하다. 루트와 난이도는 인공홀더(손잡이)를 떼었다 붙였다 함으로써 조정이 가능한 시설이다.

인공암벽의 입지적 적합성에 대한 제한요소는 별로 없으나 주변지형과의 조화로움을 고려하여 가급적 높은 지대의 개방적인 공간에 위치하는 것이 바람직하다. 또한 독립적인 시설물의 설치 이외에도 건물의 외벽 등을 이용할 수 있으며, 건물의 상단에 패널을 덧대어 설치할 수도 있다.

뚝섬 인공암벽

그림 8.4 춘천 X-GAME장 인공암벽 정면도

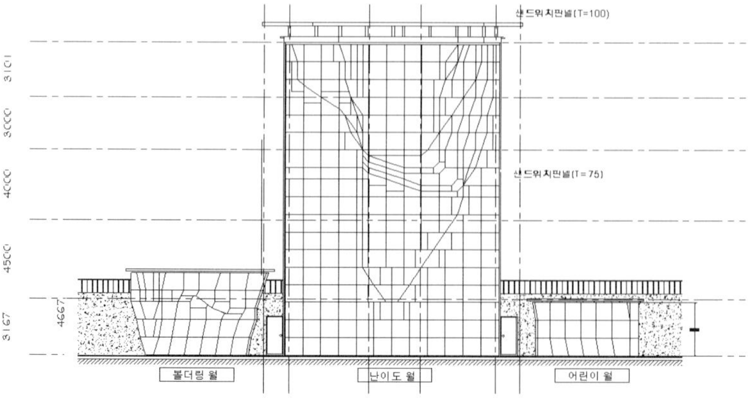

자료 : 춘천시, 2007: 84

3.3 수상스키

수상스키(water's skiing)는 모터보트에 로프를 연결하여 물 위를 활주하는 수상레저스포츠로 여름철에 주로 이용하는 익스트림 스포츠이다. 경기 종목으로는 슬라롬(slalom), 점프(jumping), 트릭(trick)으로 구성되어 있다.

① 슬라롬(slalom)

슬라롬 경기는 수면상에 좌우 6개의 선수용 부이(contestant buoy)와 양쪽 끝의 출입구가 되는 16개의 게이트 부이(gate buoy)로 구성되며, 보트와 선수는 게이트 부이 사이로 진입하여 보트는 중앙의 가이드 부이(guided buoy)의 바깥쪽을 돌아야 하는 경기방식이며, 경기의 난이도는 각 부이의 거리조절을 통해 이루어진다.

그림 8.5 슬라롬 경기장의 규격 및 설치 사진

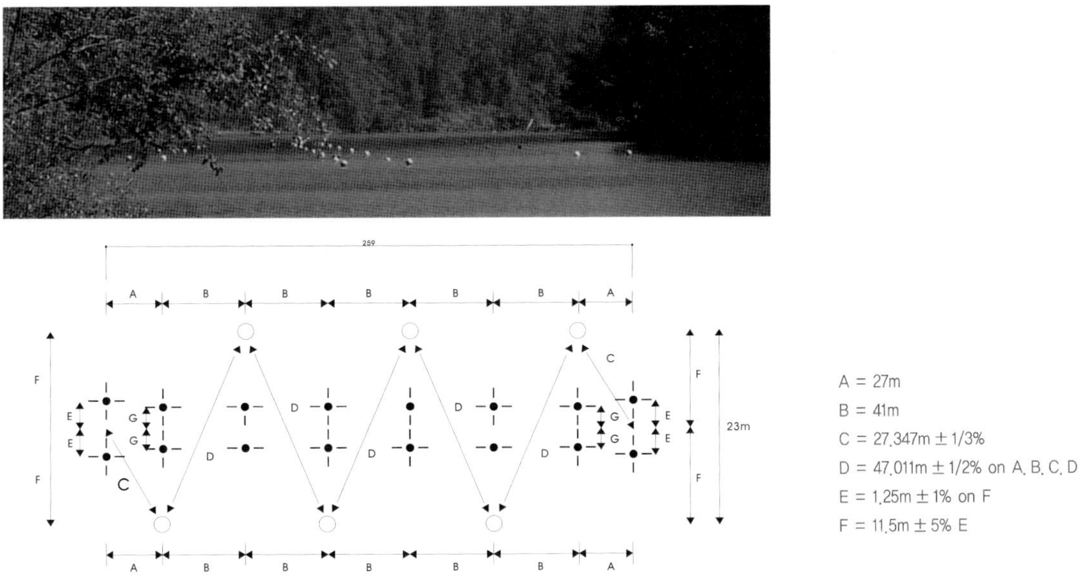

② 점프(jumping)

점프 경기는 높이 1~3m, 폭 5~8m 사이의 램프 위를 통과하여 공중에서의 비행거리를 경쟁하는 경기로 보트는 guided buoy 사이를 직진하고 선수는 점프 램프 위로 올라가서 비행하고 안전하게 착수하는 방식으로 이루어진다. 경기장 여건에 따라 보트스피드를 높이거나 낮추어 경기장의 규모를 조절할 수 있다.

그림 8.6 점프 경기장의 규격 및 설치 사진

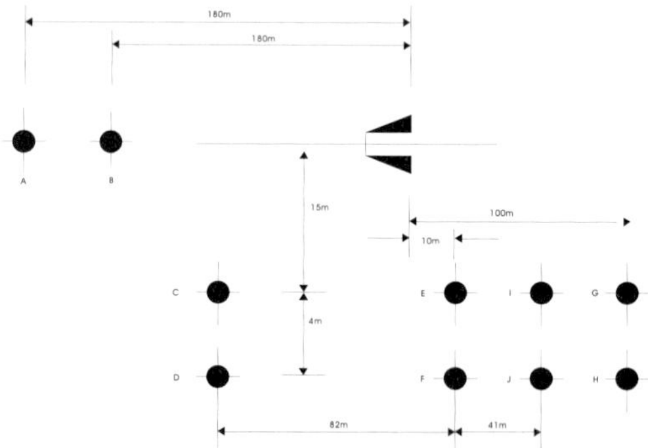

트릭경기는 일정거리를 수면 위에서 왕복하면서 회전하거나 자기의 발끝에 로프를 걸어 연기를 행하는 방식으로 진행되며, 경기장의 규모는 수상 환경 여건에 따라 조절이 가능하며, 경기의 난이도는 보트 스피드를 통해 조절할 수 있다.

그림 8.7 트릭 경기장의 규격

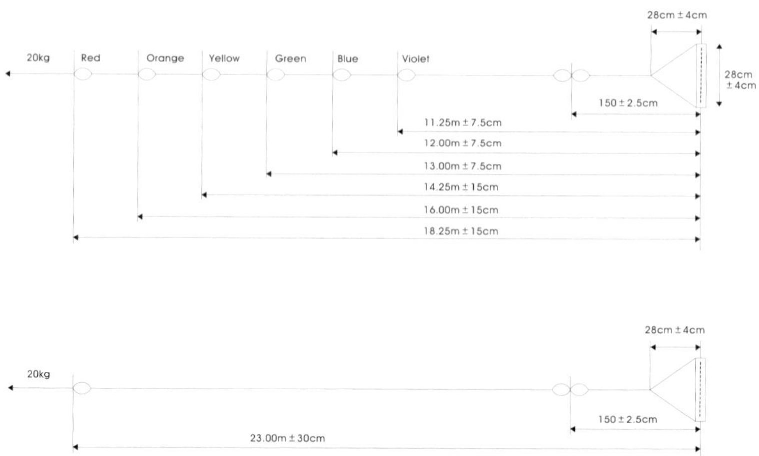

3.4 활공

활공(gliding)은 발동기를 사용하지 않고 풍력 또는 기류 등을 이용하여 공기보다 무거운 항공기가 하늘을 나는 것을 의미하며, 새와 같이 하늘을 날고 싶다는 욕망에서 시작되었다. 활공의 역사는 독일에서 1920년 여름 바세르쿠프(Wasserkupp)에서 제1회 글라이더 대회를 개최한 이래 세계 각국의 글라이더계도 눈부신 발달을 보였으며, 이런 추세에 따라 많은 활공장이 국내·외에 조성되어 있다.

글라이더

활공장 중 이륙장의 규격 및 시설물 설치 기준은 명확하게 정해진 것은 없으나 활공을 하면서 하늘을 나는 것과 더불어 주변의 아름다운 자연경관을 관람하는 것 또한 큰 행위유발이 되기 때문에 대부분 활공장은 주변 경관이 수려한 곳에 위치하는 것이 바람직하며, 산악지형이 공기의 상승 기류에 유리한 지형에 위치하는 것이 바람직하다.

페러글라이더

활공장의 착륙장은 $10,000m^2$ 이상의 가급적 넓은 면적을 확보하여 착륙이 용이하도록 조성하는 것이 바람직하며, 비상 착륙이 가능하도록 주변에 평탄한 지형이 위치하는 곳이 최적의 위치라고 할 수 있다. 또한 착륙장은 활공의 체험이 끝난 후 쉴 수 있는 휴게시설과 주차장 등의 기반시설을 조성해야 하며, 주변 관광자원과 연계하여 다양한 관광루트로 이용할 수 있다.

행글라이더

표 8.2 이륙장 필요시설 및 시설기준

시설명		시설내용	등급별 시설 기준			
			A급	B급	C급	D급
이륙장		면적(m^2)	50×50	30×30	20×20	20×20
		고도(m)	500 이상	300 이상	200 이상	100 이상
비행조건		리찌비행폭(m)	300 이상	200 이상	100 이상	100 이하
		열기류빈도(회/1일)	수시	5	3	3
부대시설	진입로	차로	2차선 이상	1차선 이상	우마차로	등산로
		모노레일/리프트	유	유	무	무
	이륙장시설	화장실	유	유	-	-
		대피소	유	유	유	유
		식수	유	유	유	유
화재예방시설			유	유	-	-
환경정화시설			유	유	-	-
제3자 배생책임보헙가입			필수	필수	필수	필수

표 8.3 착륙장 필요시설 및 시설기준

시설명		시설내용	등급별시설기준			
			A급	B급	C급	D급
훈련장		보유경사(°)	12/20/30/45	15/30/45	15/30	15
		고도(m)	100	70	50	30
		이륙방향(°)	4방향(360)	3방향(270)	2방향(180)	1방향(90)
		슬로프폭(m)	75	50	30	20
		슬로프길이(m)	400	280	200	120
착륙장		면적(m^2)	200×200	100×100	100×100	100×100
부대시설	진입로	차로	2차선 이상	1차선 이상	우마차로	등산로
		모노레일/리프트	유	유	무	무
	클럽하우스	숙소(명)	100 이상	50 이상	30 이상	10 이상
		식당(명)	100 이상	50 이상	30 이상	10 이상
		탈의실(명)	20 이상	10 이상	5 이상	2 이상
		샤워실(명)	20 이상	10 이상	5 이상	2 이상
		강의실(명)	50 이상	30 이상	20 이상	10 이상
		사무실	유	유	–	–
		무선기지국	유	유	유	유
		기상관측소	유	유	–	–
		응급치료실	유	유	유	유
	보관창고	장비실(m)	30×30	20×20	10×10	8×5
		수리실	유	–	–	–
		수납장	유	유	유	유
	착륙장시설	화장실	유	유	–	–
		대피소	유	유	유	유
		식수	유	유	유	유
화재예방시설			유	유	–	–
환경정화시설			유	유	–	–

단양 두산 활공 이륙장

단양 두산 활공 착륙장

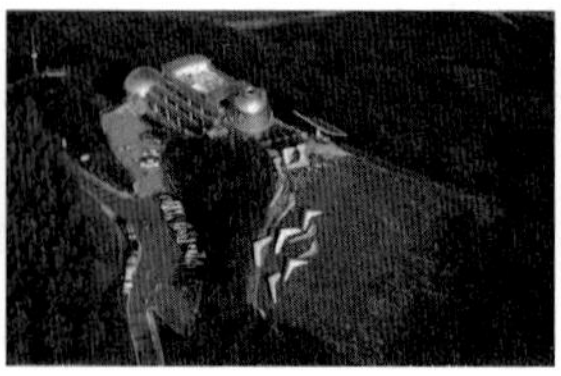
영월 봉래산 활공 이륙장

영월 봉래산 활공 착륙장

4. 익스트림파크 시설계획

4.1 계획의 기준

1) 계획방향 및 개념

익스트림파크를 조성함에 있어서 기본적으로 초점을 맞추어야 할 사항은 많은 사람이 이용할 수 있는 공간 확보를 위한 공공성, 대상지가 지니고 있는 자연자원과 설치되는 익스트림 스포츠 시설의 특성을 반영한 상징성, 익스트림 스포츠의 난이도를 고려한 모험성에 두어야 한다.

이러한 세 가지 특성을 고려하여 조화로운 공간배치를 이루고 나면 익스트림파크만이 지니고 있는 차별성이 부각되어 지역의 랜드마크적 요소가 될 수 있다.

익스트림 파크의 공간 구성은 주변 자연자원을 바탕으로 최소한의 개발면적을 통하여 공간의 집약적 배치가 이루어져야 자연훼손을 피하고 공간의 효율화로 익스트림파크 이용의 편의성이 증진된다.

그림 8.8 익스트림파크 조성개념도 사례

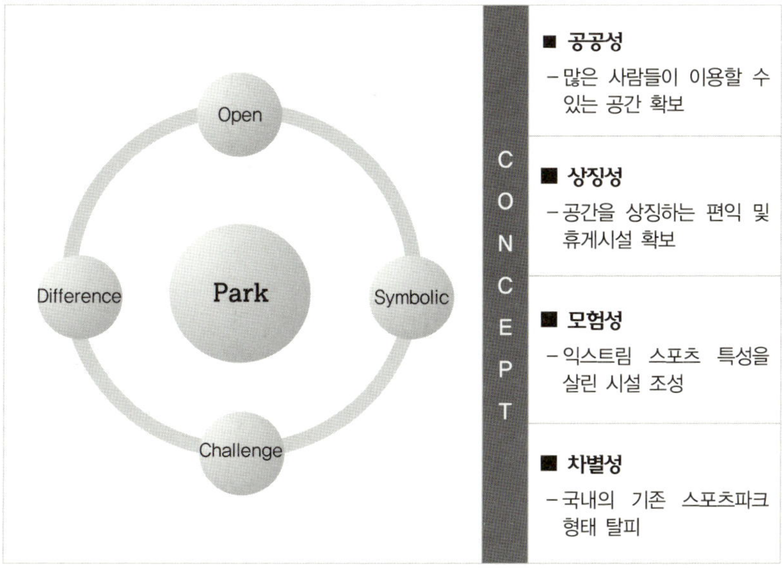

자료 : 춘천시, 2007: 64

2) 공간구성체계

익스트림파크의 공간 및 도입시설 구상은 계획 대상지에 어떤 규모의 공간에서 이루어지게 할 것인가를 결정하여야 한다. 일반적으로 익스트림파크는 관광지 개발에서와 같이 공급에 의해 수요를 창출하는 방법에 따라 개발 규모를 결정하는 것이 타당하다. 따라서 익스트림의 도입시설 및 이에 따른 공간구상은 일반적으로 다음의 사항들을 고려하여야 한다.

첫째, 주변 자연환경에 맞는 익스트림 스포츠는 무엇인가

둘째, 주이용주체는 전문가로 할 것인가, 비전문가로 할 것인가, 그리고 익스트림 스포츠의 난이도는 어떻게 할 것인가.

셋째, 스포츠 공간과 주변 공간을 연계할 것인가 차단할 것인가.

넷째, 각 공간의 연계를 시설지 가장자리를 이용할 것인가, 시설지 내부를 이용할 것인가

다섯째, 익스트림 스포츠 시설이 파크의 중심부에 위치할 것인가, 지역 주민을 위한 문화·관광시설을 우선적으로 고려할 것인가.

이러한 일반적 사항들에 대한 고려를 통하여 전체적인 공간 구상과 도입시설의 유형, 시설 및 운영 프로그램, 그리고 토지이용 및 동선체계 등에 대한 기본적인 윤곽을 구상할 수 있다.

다음 그림은 춘천시와 남해군에 조성한 X-GAME장의 공간구성 다이어그램 사례이다. 먼저 그림 8.90의 춘천시 X-GAME장은 춘천종합운동장에 위치하고 춘천호와 연접하고 있는 장소로 주변 자연환경이 우수하며 종합운동장과의 연계를 통한 문화적 시너지를 발산할 수 있는 장소이다. 대상지의 내부에는 전문가들의 경기를 위한 B3파크 및 인라인 트랙을 배치하였으며 순환동선을 구축하였다. 그리고 각 공간의 결절부에는 커뮤니티를 위한 광장을 마련하여 작은 공간에서도 이용자에게 다양한 행위들이 발생하도록 공간을 구성한 사례이다.

그림 8.10의 남해군 X-GAME장은 산지에 위치하고 있으며 주요 공간으로 B3경기장, 축제광장, 이벤트광장, 인공암벽장 등이 구성되었고 B3경기를 매개체로 이용자 수요를 창출하기 위하여 대상지의 진입부에 B3경기장을 배치하였으며, 커뮤니티를 위한 축제 및 이벤트 광장이 부가적으로 연계되어 있는 형태를 취하였다. 또한 연결동선은 인라인트랙과 보행을 겸할 수 있도록 하여 불필요한 동선을 배제하였다.

그림 8.9 춘천 X-GAME 파크 공간 및 시설구상도

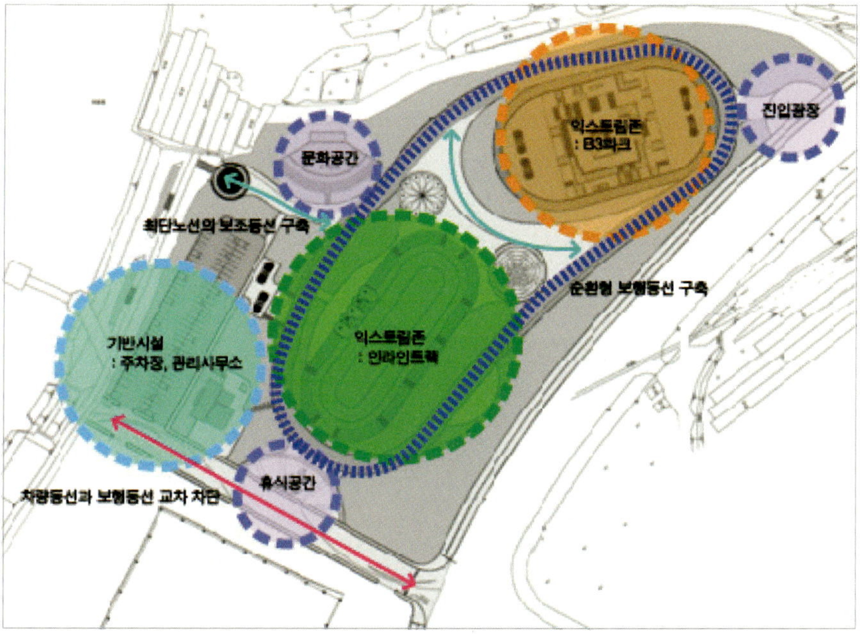

자료 : 춘천시, 2007: 65

그림 8.10 남해군 둔촌 X-GAME장 공간 및 시설구상도

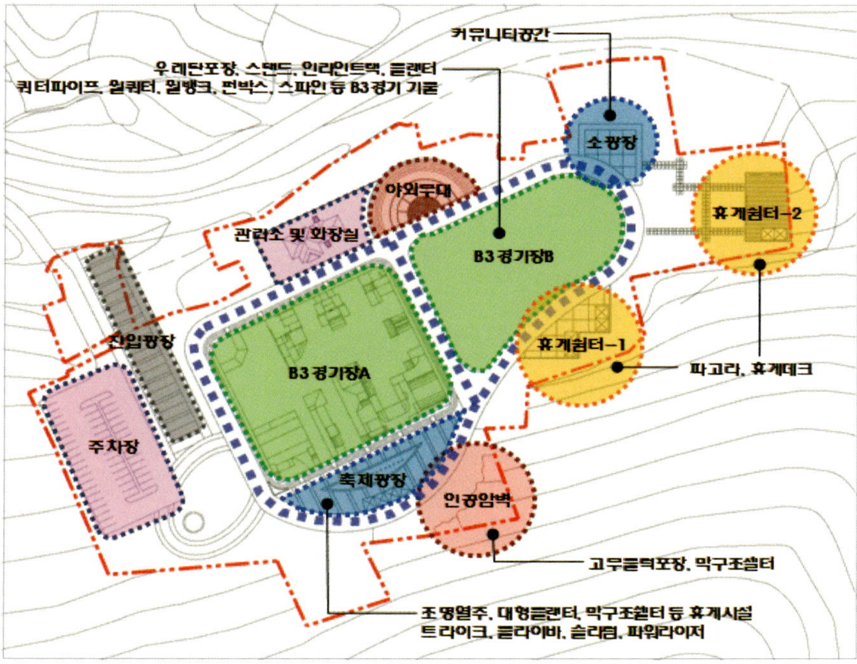

자료 : 남해군, 2006: 80

4.2 시설배치계획

전술된 바와 같이 국내·외를 막론하고 조성 목적과 대상지 현황, 이용자의 요구조건, 주변 자연환경 등에 따라 다르지만 일반적으로 익스트림파크는 이용자의 수요가 많으면서 설치 제약이 적은 B3파크 및 인라인스케이트 트랙, 인공암벽 등의 시설이 주를 이루고 있다.

그림 8.11 국외 익스트림파크 시설배치 예

그림 8.11은 남해군의 둔촌 X-GAME장의 시설계획 사례인 데 계획대상지는 산지형의 협소한 개발 가능지로 시설집약을 어떻게 하는가에 따라 협소한 대상지를 얼마만큼 효율적으로 이용할 수 있는지의 여부가 달라지는 대상지이다.

따라서 둔촌 X-GAME장의 시설계획은 진입부에 차량동선 및 주차장을 배치하여 보행동선과 상충되지 않도록 차단하였으며, B3경기장을 대상지 중심부에 배치하여 공간에 대한 상징성을 부여하였다. B3경기장 주변으로 이용자 커뮤니티 장소인 소광장, 축제광장, 야외무대 등을 배치하여 관람 및 휴식을 위한 이용자를 배려하였다. 또한 단차가 생기는 사면을 이용한 인공암벽장을 조성하여 훼손된 자연환경을 차폐함과 더불어 버려질 수 있는 공간을 재창출하고자 하였다.

각 공간을 연계하는 트랙은 인라인과 보행을 겸비할 수 있도록 순환형

동선체계를 구축하였고 경기장은 전문가용 주경기장(50m×60m)과 보조 경기장(40m×60m)으로 구분·설치하여 전문인과 일반인 모두 이용할 수 있도록 구성하였다.

표 8.4 남해군 둔촌 X-GAME장 도입시설

시설명	규격	수량	단위	비고
B3 경기장	50×60m	1	개소	A : 3,000m^2
보조 경기장	40×60m	1	개소	A : 2,400m^2
인라인트랙	W 6,000	450	m	
관리소	–	150	m^2	화장실 포함
인공암벽	H 15,000	1	개소	
	H 8,000	1	개소	
	H 5,000	1	개소	
야외무대	–	530	m^2	
광장 및 휴게공간	–	4,600	m^2	
수경공간	H 35,000×W 6,000	1	개소	분수대

그림 8.12 남해군 둔촌 X-GAME장 시설배치계획도

① B3경기장A (50m×60m)
② 진입광장
③ 축제광장05
④ 인공암벽 (H15m×W25m)
⑤ 휴게쉼터-1
⑥ 휴게쉼터-2
⑦ 소광장
⑧ B3경기장B (40m×60m)
⑨ 야외무대
⑩ 관리소 및 화장실 (45평)
⑪ 주차장 (소형주차 48대)

자료 : 남해군, 2006: 80

그림 8.13은 춘천 X-게임파크의 시설배치계획도로, 춘천 X-게임파크는 2010년 춘천월드레저총회 및 경기대회 유치 확정에 따라 국제대회를 치르기 위해 춘천시 송암동 일원 47,700m²의 면적에 조성된 경기장이다.

이 계획에서는 젊은이들의 요구에 부합하는 활동적인 공간을 조성하기 위하여 X-game장, 인라인트랙경기장, 인공암벽을 비롯하여 X-game 이용객뿐만 아니라 지역주민들의 휴식을 위한 휴게공간과 경기대회 운영 및 공원 내 시설의 유지관리를 위한 관리사무소 및 화장실 등의 편익시설 및 관리시설들이 배치되었다.

표 8.5 춘천 X-게임파크 토지이용

구분		면적(m^2)	구성비(%)	비고
합계		47,700	100.0	
시설지	도로 및 광장	11,387	23.9	
	운동시설	13,857	29.1	
	관리시설	2,472	5.2	
녹지 및 기타		19,984	41.9	

그림 8.12 춘천 X-게임파크 시설배치계획도

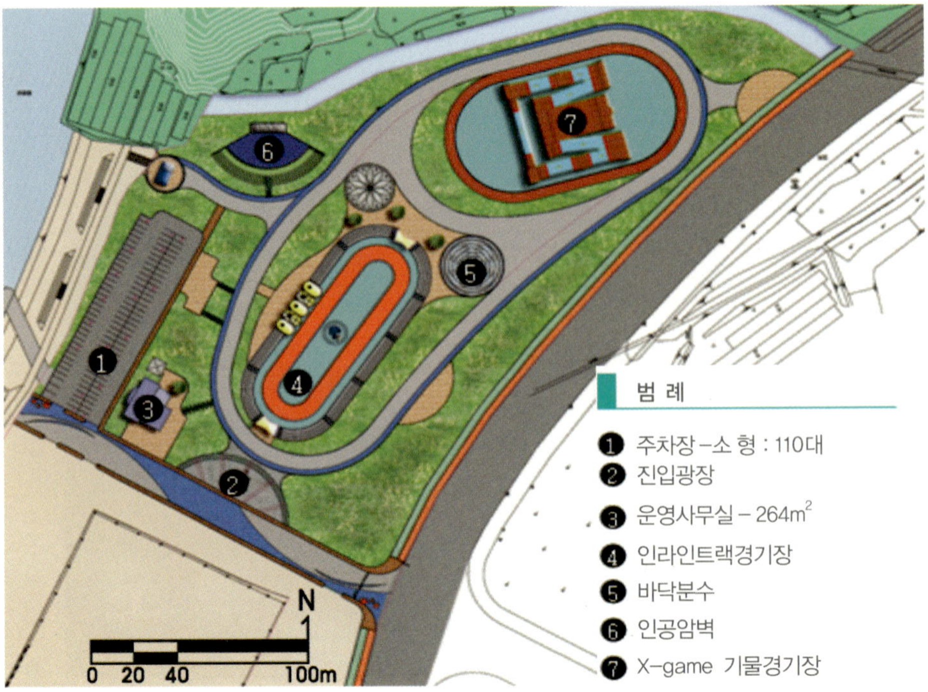

자료 : 춘천시, 2007: 66

4.3 경기장 시설계획

B3파크의 이용자는 크게 전문가와 비전문가로 구분할 수 있다. 따라서 B3파크의 경기장 시설계획은 먼저 누구를 주이용자로 선정할 것인지를 결정해야 하며, 그 다음으로 전문가용으로 시설계획을 한다고 하더라도 대회를 치르기 위한 상급 난이도 시설을 배치할 것인지 아니면 마니아층을 대상으로 중·하급 난이도 시설을 배치할 것인지를 결정해야 한다. 이러한 시설 방향의 결정에 따라 시설배치 내용이 크게 달라진다.

그림 8.14는 남해군의 둔촌 X-GAME장으로 전문가를 위한 주경기장과 일반인을 위한 보조경기장을 설치한 사례이다. 본 대상지는 부지가 넓지 않아 B3경기 시설물을 조합하여 배치한 사례이며 주경기장과 보조경기장의 동선체계는 인라인트랙으로 조성하여 연계하였다.

1) 주경기장

주경기장은 B3 전문가용 경기시설로 3000쿼터+뱅크 기물, 펀박스 기물, 뱅크박스 기물, 스파인 변형 기물, 디자인10-콤보 기물 및 쿼터 & 피라미드 기물로 구성하여 상급 난이도로 설치되어 전문가를 위한 대회를 치를 수 있도록 배치하였다.

그림 8.14 경기장 시설물 배치도

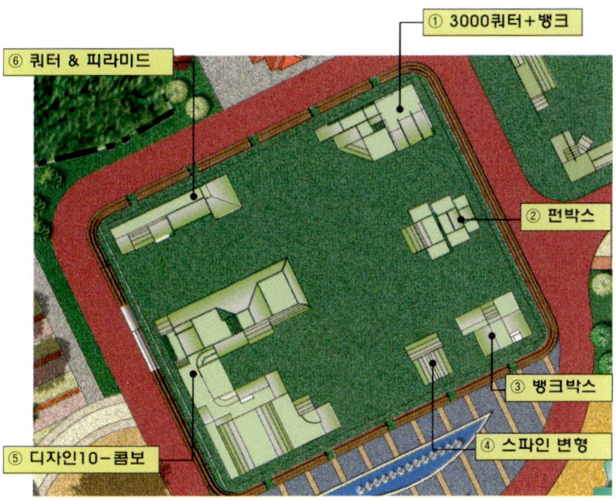

주경기장

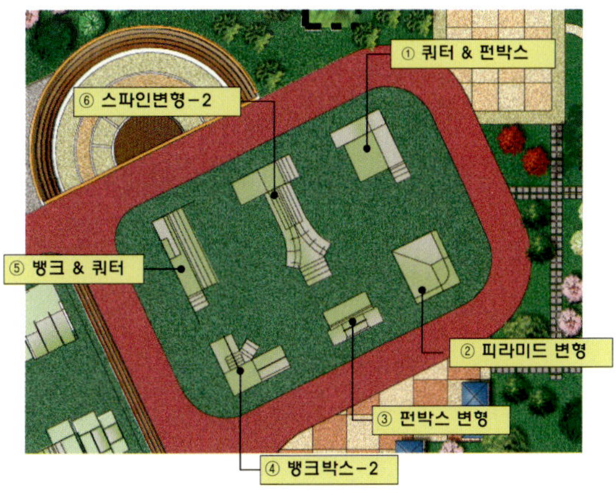

보조경기장

① 3,000쿼터+뱅크 구성요소

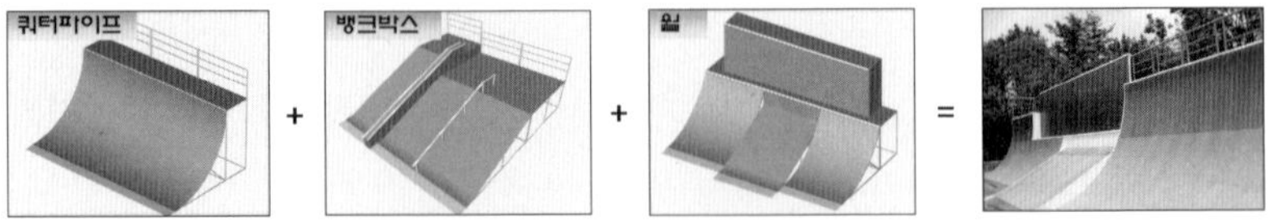

② 펀박스 구성요소

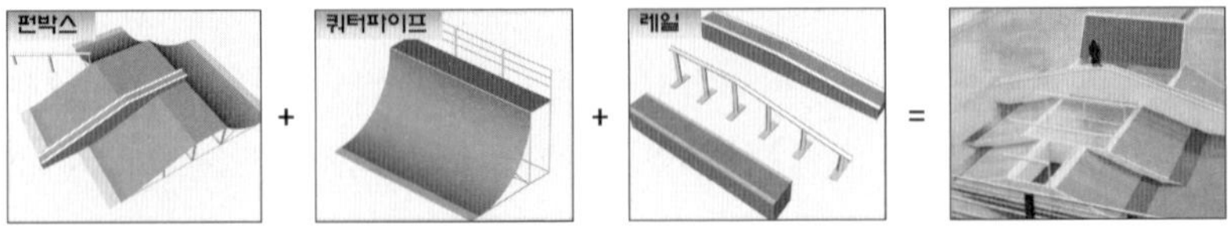

③ 뱅크박스 구성요소

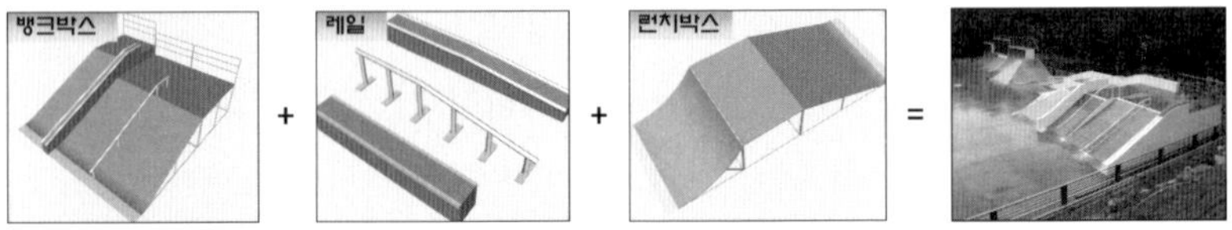

④ 스파인 변형 구성요소

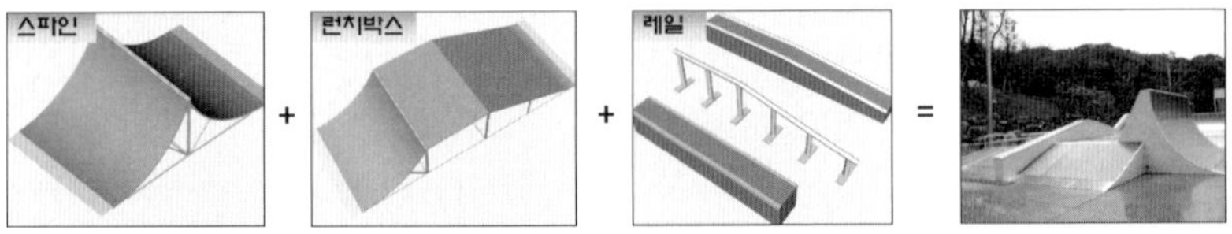

⑤ 디자인 10-콤보 구성요소

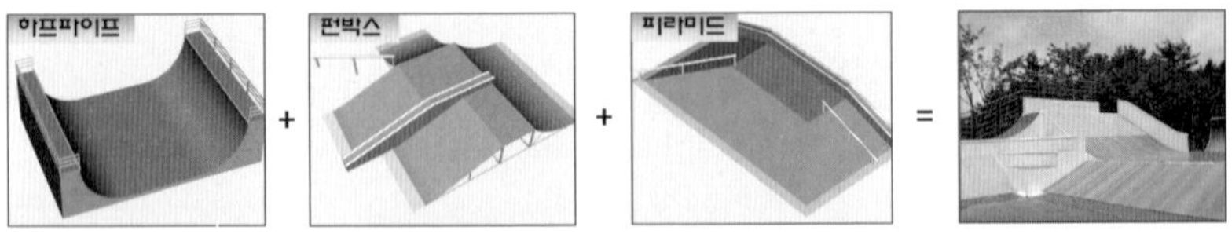

⑥ 쿼터 & 피라미드 구성요소

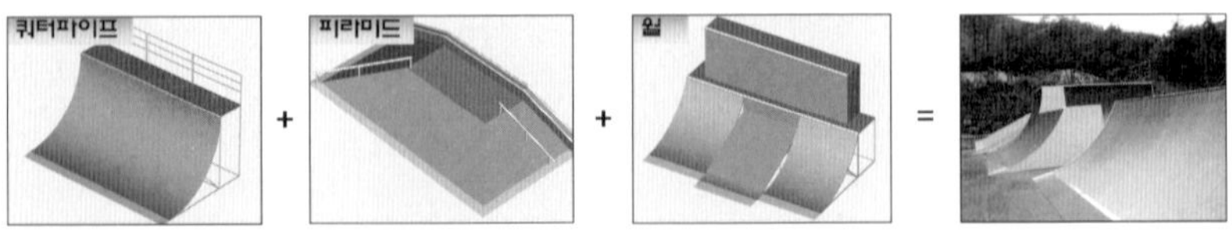

2) 보조경기장

다음의 시설구성은 B3 주경기장에서 대회를 하기 전에 간단한 준비운동 및 리허설을 위한 보조경기장에 배치한 시설로서 일반인들도 이용가능하게 난이도를 낮게 적용한 사례이다. B3 보조경기장은 쿼터 & 펀박스 기물, 피라미드 변형 기물, 펀박스 변형 기물, 뱅크박스-2 기물, 뱅크 & 쿼터 기물, 스파인변형-2 기물로 구성되었다.

① 쿼터 & 펀박스 구성요소

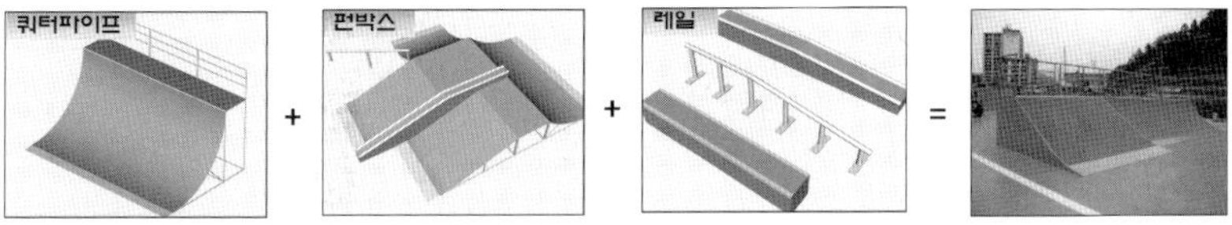

② 피라미드 변형 구성요소

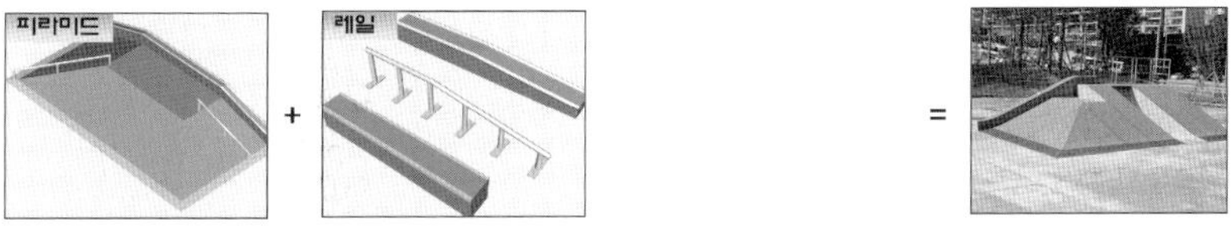

③ 펀박스 변형 구성요소

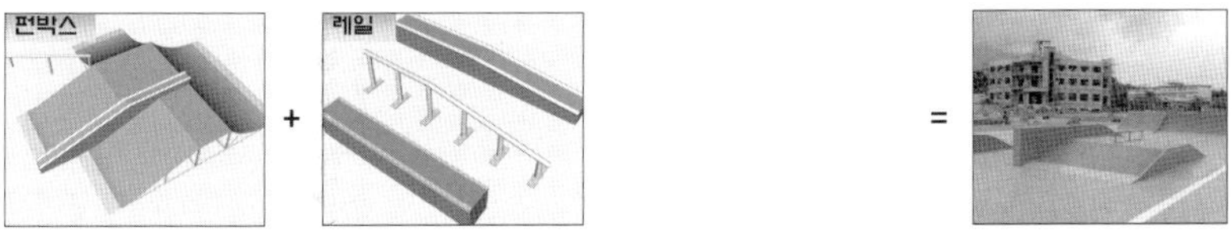

④ 뱅크박스2 구성요소

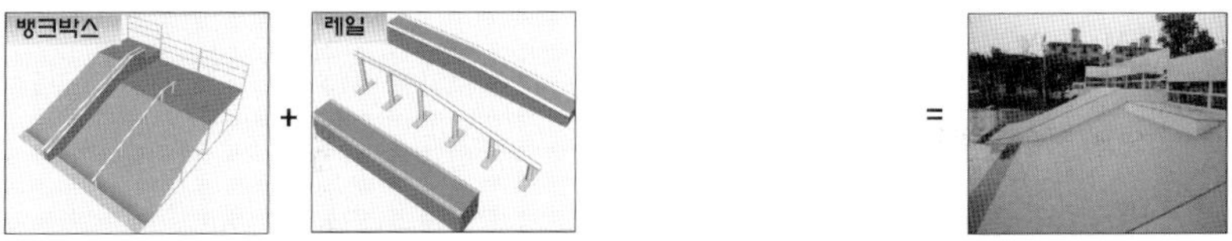

⑤ 뱅크 & 쿼터 구성요소

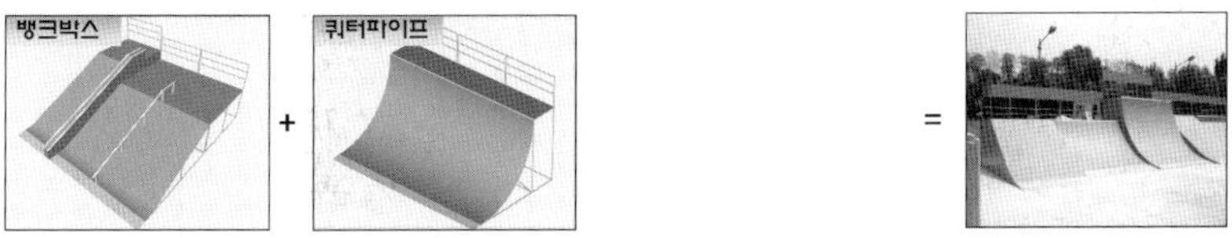

⑥ 스파인 변형2 구성요소

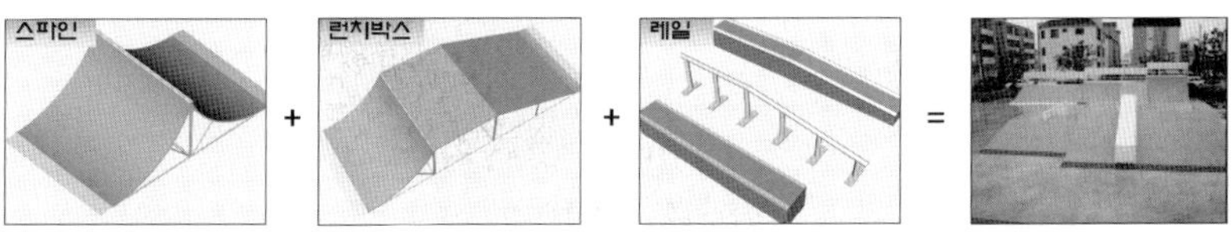

5. 전망 및 과제

스포츠의 발전에 따라 스포츠 관광은 관광의 제 분야 중 가장 급속하게 성장하고 있으며 스포츠 비즈니스뿐 만 아니라 관광산업 활성화에도 큰 역할을 하고 있다. 스포츠 관광은 자신이 직접 스포츠 이벤트에 참가하는 참가형 스포츠 관광과 스포츠 이벤트를 관람하기 위한 관람형 스포츠 관광으로 구분할 수 있다. 이러한 스포츠 관광의 특성에 따라 스포츠 관광을 활성화하기 위해서 직접 참여자를 위한 레저 스포츠의 기능적 욕구 충족뿐만 아니라 스포츠 관광객을 위한 레크리에이션 활동 기능의 연계성에 초점을 두어야 하고 관광시설계획에 있어서도 관광지의 성격에 맞는 체험 가능한 스포츠를 도입하여 주변시설과 연계될 수 있는 관광시설계획을 도입할 필요가 있다.

익스트림 스포츠는 생명의 위험을 무릅쓰고 여러 묘기를 펼치는 레저 스포츠를 통칭하는 것으로 현대인들이 미지의 새로운 세계에 도전하여 아슬아슬하며 짜릿한 자극을 추구하는 경향이 높아져 가고 있는 문화적, 시대적 흐름을 잘 반영하는 스포츠이다. 또한 익스트림 스포츠는 기존의 스포츠와 다르게 게임의 룰, 이용 시설물, 신규 익스트림 스포츠 등장 등 여러 가변성을 지닌 스포츠이다. 따라서 익스트림 스포츠 자체만을 추구하기 보다는 익스트림 스포츠가 일상적인 공간에서 쉽게 접할 수 있도록 공원 등 오픈스페이스나 관광지 등에 익스트림 공간을 접목하게 되면 그 시너지 효과는 매우 크다고 볼 수 있다. 다만, 대회용 또는 전문가용 이용시설물은 일시적 사용기간, 대회 규격에 따른 과다 설치, 특정인만을 위한 사용 등의 문제가 제기될 수 있으므로 일반인을 위해 설치되는 시설물의 난이도를 조정하는 등의 시설설치에 융통성을 가질 필요가 있다.

09. 바이크파크

박동천

1. 서론
2. 바이크파크의 개요
3. 도시형 바이크파크 시설계획
4. 마운틴 바이크파크 시설계획
5. 레일바이크 시설계획
6. 전망 및 과제

1. 서론

최근 들어 우리나라는 도시민들의 레저활동시간과 건강(wellbeing)에 대한 욕구 증대에 따라 여가활동의 관심과 참여가 확대되었다. 그 중 대표적 레저스포츠 활동으로 자전거를 꼽을 수 있는 데 현재 국내 자전거 보유대수 600만 대, 이용인구 1,000만 시대에 이른다.

과거 자전거는 자동차를 대체할 수 있는 도시교통수단으로서의 기능을 가지고 있었으나 현대에는 건강 또는 개인의 취미생활을 위한 레저수단으로의 기능 및 도시교통문제 해결방안으로서의 역할로 확대되고 있다.

더욱이 자전거 이용의 발달은 교통의 편의성 제공과 에너지 절약, 대기오염 방지 등 도시공간을 쾌적하고 아름답게 만들 수 있는 데 장점이 있다. 또한 도시의 경관과 인프라를 이용한 레저활동과 자연의 풍경을 즐기거나 속도의 스릴을 느끼는 자연지형을 이용한 여가 참여로 그 재미를 더한다. 자전거의 이용행태, 이용자 만족도 등의 의식조사 사례를 보면 자전거의 이용도나 이용목적의 대부분 또는 절반 이상이 레포츠용도와 개인의 운동 및 레저활동을 통한 건강증진을 이유로 들었다. 하지만 자전거 이용 인구의 양적 증가에 비해 질적 수준은 미흡하고, 자전거 이용이 활성화된 일본, 독일, 덴마크, 네덜란드 등 선진 국가에 비하면 자전거 관련 여가 인프라 시설은 부족하고 관련 설치 기준 또한 미약한 실정이다.

따라서 본 장에서는 도시와 자연에서 쉽고 편하게 다가갈 수 있는 자전거 공원(bike park)의 설계적 접근을 통해 자전거 및 친환경 체험 문화공간을 조성하고 자전거 이용 활성화 선도 및 건강 증진을 도모하기 위한 자전거 인프라 발전에 필요한 기준을 제시하고자 한다.

그림 9.1 한강 자전거 레저 활동 모습

자료 : www.naver.com

2. 바이크파크의 개요

2.1 바이크파크의 개념과 성격

자전거공원(bike park)은 글자 그대로 인력만으로 작동되는 자전거를 테마로 한 자전거 체험공간으로, 아름다운 자연의 경관요소와 도시에서의 접근성이 용이한 오픈 스페이스에 일정 규모 이상의 자전거 레이싱 경기장을 비롯한 이색 자전거 체험장, 어린이 자전거 교육장, 레일바이크 등의 시설이 갖춰져 있는 공원을 말한다. 이 중 자전거 레이싱 경기장은 MTB(mountain terrain bike, 산악자전거)나 BMX(bicycle motor cross, 묘기자전거)와 같은 특수자전거를 타고 울퉁불퉁한 도로와 장애물을 통과하는 경기를 할 수 있는 경기장을 말한다.

MTB는 모터사이클의 충격흡수장치와 타이어를 접목하여 산악지형에서 탈 수 있게 한 자전거이며, BMX는 오토바이를 타는 듯한 기분을 즐길 수 있는 자전거로 핸들을 360° 회전시킬 수 있는 것이 특징으로 점프, 점프회전 등의 묘기가 가능하다. 마치 오토바이와 같다고 하여 BMX라는 이름이 붙었다(위키피아백과).

자전거 공원의 성격이나 시설내용에 대해 나라마다 지역마다 다소 차이는 있으나 우리나라에서 제대로 갖추어진 자전거 공원의 최초라고 할 수 있는 광나루 자전거공원을 예로 들면, 네모바퀴 자전거, 옆으로 가는 자전거, 연인끼리 마주보며 탈 수 있는 자전거 등 80여 대의 이색자전거를 맘껏 즐길 수 있는 이색자전거 체험장과 어린이 자전거 교육장, 자전거 레이싱 경기장, 그리고 강원도 산골에서 즐기던 레일바이크 등의 자전거 관련 교육이나 체험시설들이 종합적으로 갖추어 진 곳이라고 할 수 있다. 또한 주변의 자전거도로와 연결되어 있어 인근공원이나 기타 여가공간 등의 자연, 역사체험을 즐길 수 있는 거점이기도 하다.

2.2 바이크파크의 유형

바이크파크는 주변환경의 여건과 입지적 특성에 따라 크게 도심지역 또는 접근이 용이한 인근지역에 인공적으로 조성하는 도시형과 기존의 산

도시형 자전거공원

산악형 자전거공원

림이나 산악지형 같은 자연환경과 경관을 활용하여 자연적으로 조성하는 산악형으로 구분할 수 있다.

1) 도시형 자전거공원

분 류	특 성
BMX (Bicycle motor cross)	변속장치가 없는 소형의 자전거를 이용하여 프리스타일의 곡예를 수행하는 시설을 갖춘 공간
이색자전거체험장	다양한 모습의 자전거를 체험하면서 자전거의 재미와 즐거움을 제공하는 공간
어린이자전거교육장	어린이 및 유아에게 놀면서 자연스럽게 교통법규를 익히기 위해 조성된 공간으로 교통사고 감소를 목적으로 만듦

2) 산악형 자전거공원

분 류	특 성
MTB (Mountain terrain bike)	일반 자전거와 달리, 산악에서 사용할 수 있도록 부품 및 장치, 프레임 등이 최적화된 자전거를 말하는 것으로, 크로스컨트리, 다운힐 등, MTB를 이용한 레포츠를 일컫는 말이기도 함
크로스컨트리 (Cross country)	장애물과 거친 산길을 달려 순위를 가리는 종목으로 MTB를 이용한 가장 잘 알려진 경기로 다양한 재질의 코스로 구성됨
다운힐 (Down hill)	과격한 장애물이 설치되어 있는 아슬아슬한 내리막길을 달려서 순위를 가르는 경기를 위한 공간

2.3 국내·외 조성 사례

* 진주시 어린이교통/청소년 모험공원 홈페이지 참조

(1) 진주시 어린이교통공원

- 위치 및 면적 : 경상남도 진주시 삼계로 531, 약 20,312m^2
- 주요시설 및 특징

진주시 어린이교통공원은 실내교육장과 실외교육장을 갖추고 있다. 연면적 888m^{2}의 실내교육장에서는 어린이 10대 교통사고 유형에 대한 예방법을 교육하며, 2,170m^{2}의 실외교육장에서는 체험중심의 교통안전학습장으로 올바른 교통문화 의식을 갖도록 교육한다. 또한 자전거광장, 자전거도로, X게임장, 인라인트랙 등의 시설을 겸비하여 자전거를 이용한 안전교육뿐만 아니라 놀이 및 레저공간으로의 접근을 이끌고 있다.

어린이 스스로 배우고, 익히고, 실천하는 스스로 교통교육의 장으로 자신의 안전을 지키는 능력을 키워 실생활에서 실천하도록 돕는다.

그림 9.2 진주시 어린이교통공원 현황도

1. 실내교육장
2. 인라인스케이트장
3. X-게임장
4. 교통안전표지판 교육장
5. 교통 교육장
6. 자전거광장
7. 육교
8. 자전거도로
9. 어린이놀이터
10. 주차장

자료 : 진주시 어린이교통공원 홈페이지

(2) 광나루자전거공원

• 위치 및 면적 : 서울특별시 강동구 천호동 483-8, 124,000m²

• 주요시설 및 특징

광나루자전거공원은 자전거교육장, 자전거광장을 중심으로 이색자전거

그림 9.3 광나루 자전거공원 마스터플랜

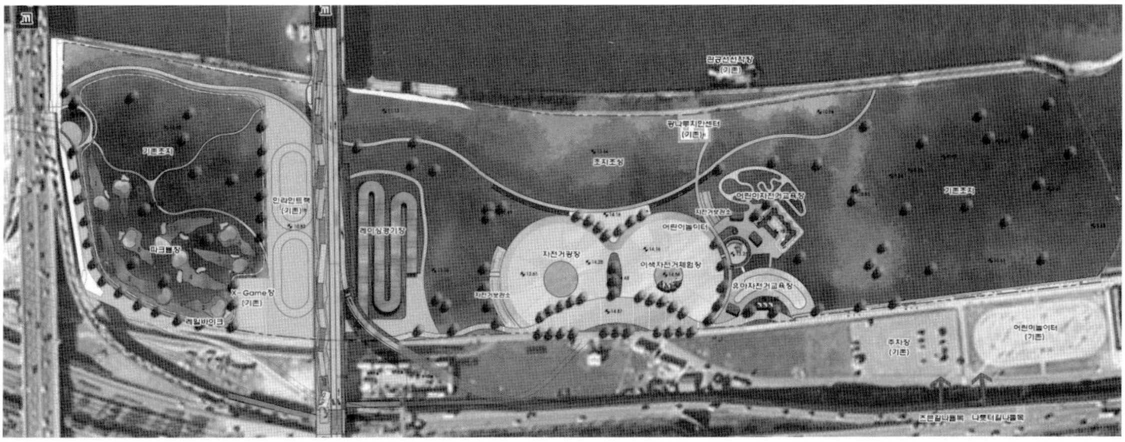

자료 : 한강사업본부, 2009: 37

체험장, 생태학습원, 자전거피크닉장 등 휴게 및 학습의 효과를 즐길 수 있도록 하여 온가족이 이용할 수 있는 공원으로, 자전거 및 친환경 문화공간 조성, 신개념의 자전거 체험문화공간 창출, 자전거 이용활성화 선도 및 건강증진 도모 등을 위해 조성된 곳이다.

한강의 고수부지에 위치하여 유아 및 어린이를 대상으로 자전거교육장을 운영하면서 아이들이 자전거에 익숙해지고 안전교통을 지키기 위한 교육프로그램도 진행 중이다. 그리고 청소년 및 성인을 위한 프로그램으로 다양한 자전거 테마코스를 갖추어 각 세대별 자전거의 다양한 욕구를 충족하도록 하였다. 또한 다채로운 이벤트를 수용하는 자전거 광장 조성으로 문화공간의 중심이 되기도 한다.

＊ 정선레일바이크안내도

자료 : 코레일관광개발 홈페이지

3) 정선레일바이크

• 위치 및 면적 : 강원도 정선군 여량면 일대, 7.2km

• 주요시설 및 특징

기존의 폐노선 철도구간을 이용하여 조성된 정선 레일바이크는 바이크 110대, 회송열차, 레일, 탑승장, 터널, 노선이 주요시설이며 부대시설로 휴게소, 정비장, 주차장, 휴게소 등이 있다. 산의 자연스러운 경사를 이용하고, 선형의 모습을 갖춘 정선레일바이크는 약 45분에서 50분 사이의 소요시간이 필요하다.

＊ 일본 싸이클스포츠센터

자료 : 한강사업본부, 2008: 14

4) 일본 사이클스포츠센터

• 위치 및 면적 : 시즈오카현 이즈시 1826번지, 1,680,000m^2

• 주요시설 및 특징

사이클 스포츠 보급을 위해 일본자전거진흥회, 전국자전거경기회, 전국경륜시행자협의회, 자전거산업진흥협회, 전국경륜장시설협회, 일본경륜선수회의 6개 단체로부터 기부금을 받아 사이클 스포츠 전용 로드, 경기장, 그 외 제반 시설을 완비하고 사이클 스포츠를 위한 종합시설로서 발족하였다.

자전거활동을 중심으로 하는 이색자전거 체험장, MTB코스, 로드레이스코스 등의 시설이 위치하며, 그 외 온가족이 여가생활을 즐기는 퍼팅그린장, 물놀이장, 미로장, 박물관, 체육관 등으로 조성되었다.

5) 휘슬러 마운틴 바이크파크

- 위치 및 면적 : 캐나다 밴쿠버 북쪽 120km, 브리티시컬럼비아주 해안
- 주요시설 및 특징

자전거뿐만 아니라 각종 레저스포츠를 즐길 수 있는 휘슬러 마운틴 바이크파크는 MTB와 스키를 타는 200여 개의 슬로프를 중심으로 승마, 카누, 골프, 트레킹 시설이 자리잡고 있으며, 호텔, 리조트, 레스토랑, 렌탈숍 등이 위치한 대규모 시설지이다.

이용객의 실력에 따라 4가지 초급, 중급, 상급, 최상급으로 코스를 이용하며 상급의 코스 이상은 목조시설물과 바위를 이용한 드롭(drop) 위주로 구성된다. 에어돔은 자전거 실내연습장으로 점프와 트릭을 위한 램프, 하프파이프, 모굴 등의 시설을 갖추고 있고 그 외에 Garbanzo Downhill, Volkswagen Biker X, Kokanee Slopestyle의 코스로 구성된다. 시설 규모와 걸맞게 Crankworx라는 세계 최고의 프리라이딩 축제를 매년 갖는다.

* 휘슬러 리조트는 밴쿠버올림픽 당시 알파인스키와 크로스컨트리, 스키점프, 바이애슬론 등 스케일이 큰 경기의 상당수가 열렸던 스키리조트이다. 그러나 5월이 되고 눈이 녹아내리면 이곳은 스키가 아닌 자전거를 위한 바이크파크로 변신한다. 세계에서 가장 큰 마운틴 바이크파크인 이곳엔 휴가 내내 스릴을 느끼려는 전세계의 라이더들로 북적인다.

그림 9.4 휘슬러 마운틴 바이크파크 코스안내도

자료 : 휘슬러 마운틴 바이크파크 홈페이지

3. 도시형 바이크파크 시설계획

3.1 입지 및 공간구상

도시형 바이크파크는 근린공원 또는 주제공원의 성격으로 어린이나 청소년, 그리고 가족단위의 일반시민과 동호인, 전문이용자들의 광범위한 이용을 유도하기 위한 시설과 공간을 구비하기 위해 뚜렷한 기준은 없으나 일반적으로 약 10만㎡ 이상의 면적이 필요하다. 가급적 가용지가 많은 지형의 굴곡이 심하지 않은 평탄한 공간이면 입지에 문제는 없으나 주변시설과의 연계와 휴양 및 휴게공간 확보가 용이한 주변 자연경관이 우수한 곳이 좋다.

공간은 크게 일반자전거 이용공간, 전문자전거 이용공간, 휴게공간 등 3개 공간으로 구분할 수 있으나 입지와 접근성, 그리고 주이용자의 활동특성에 따라 효율적으로 구성해야 한다.

3.2 토지이용 및 동선계획

1) 토지이용계획

일반 자전거 이용공간은 진입부에 인접하여 배치하고 중앙광장을 중심으로 각각의 공간으로 뻗어가는 공간을 배치하여 커다란 순환동선을 중심으로 자전거광장, 이색자전거체험장, 어린이자전거교육장 등의 주요공간이 연결되도록 하고 이웃공간과의 경계 및 연결의 매개공간이 되도록 한다.

전문 자전거 이용공간은 BMX, MTB 등의 자전거 동호인들이나 선수들을 위한 시설공간으로 이용상 동선의 충돌 방지 및 전문성을 감안하여 일반이용자를 위한 공간과 분리시킨다. 특히 BMX경기장은 대회 경기시 많은 관람객이 집중될 경우를 고려하여 주변에 관람공간 및 완충공간의 조성을 고려해야 한다.

휴게공간은 자전거 이용공간과 인접한 지역이나 주변경관이 양호한 지역에 산책로 등과 연계하여 잔디광장, 휴게녹지, 관찰데크 등의 시설을 도입하여 이용자에게 편익을 제공해야 한다.

2) 동선계획

동선계획은 기본적으로 자전거동선을 위주로 하되 보행자동선과 상충되지 않도록 하며, 모든 차량은 입구 주차장을 이용하도록 유도하여 비상서비스동선을 제외한 내부차량 진입을 배제하여야 한다.

부지 내의 모든 동선은 자전거동선과 보행자동선 그리고 차량동선으로 구분하며, 전체적인 순환동선을 도입하여 각 공간간의 연결이 원활히 이루어지도록 하고 전문자전거 이용공간의 동선은 가급적 분리하여야 한다.

3.3 주요시설계획

1) 자전거광장

바이크파크의 진입, 집분산과 시설간 연계기능 및 자전거 체험활동을 지원하는 장소로써 자유로운 자전거타기를 할 수 있는 평탄한 지형의 광장이다. 로드나 지형물의 요소가 없는 초보자의 연습공간으로도 이용하며 지역문화, 축제를 수용하는 가변적 공간으로도 활용될 수 있다.

주요시설로는 주차장, 관리실, 화장실 등 부대시설을 갖추고 파고라, 벤치, 막구조, 음수대 등 휴게시설, 의무시설, 녹음을 제공하는 녹음식재대 등으로 활동 후 휴식을 취할 수 있는 공간을 제공한다. 또한 자전거 거치대, 조명 및 안전표지판 등으로 레저활동에 필요한 시설을 제공하여 안전 및 편의성을 갖춘다.

그림 9.5 원수산 자전거공원 자전거광장 평면도

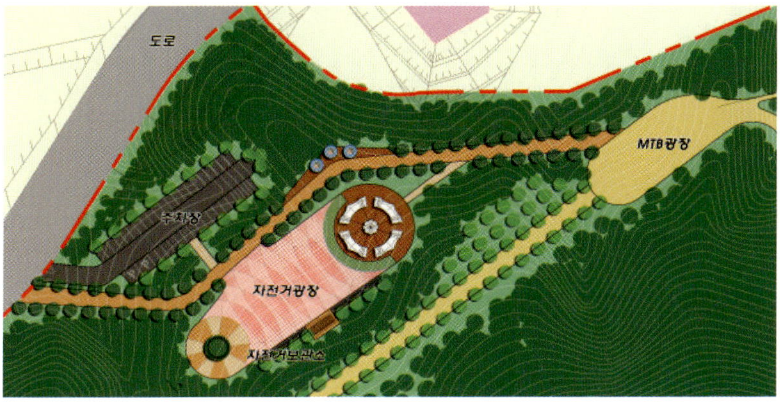

자료 : 한국토지주택공사, 2012: 100

2) 어린이 자전거 교육장

어린이를 위한 자전거 면허시험장 등 기타 어린이 교통안전교육을 위한 시설공간으로 자전거와 친숙할 수 있도록 자전거 체험과 교통안전을 위한 학습장소이다.

주요시설로는 교통환경을 재현한 포장도로, 횡단보도, 신호기, 건널목 경보기, 보도교, 육교, 도로표지판 등을 설치한다. 또한 어린이들의 호기심과 재미를 위해 자전거, 자동차, 기차 등의 테마를 설정한 어린이놀이터를 조성하기도 한다. 가급적 자전거광장과 연계 배치하여 어린이가 쉽게 접근하고 이용의 편의를 도모할 필요가 있다.

그림 9.6 광나루 자전거공원 자전거교육장 계획평면도

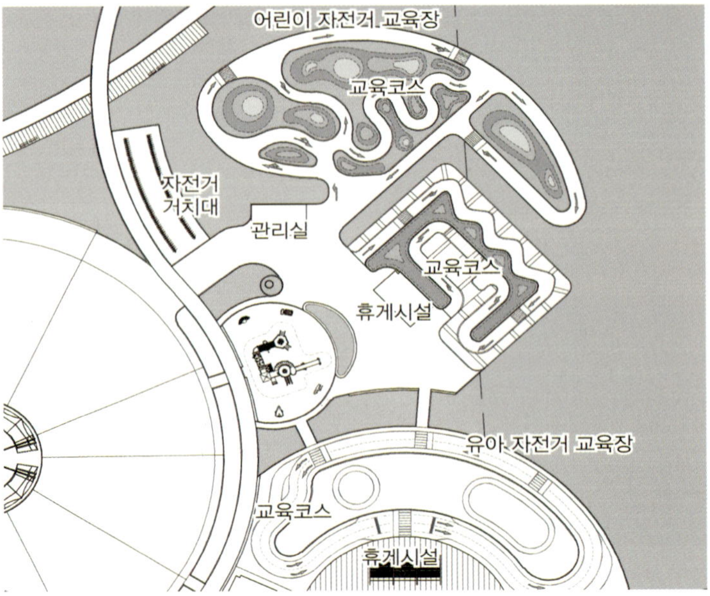

자료 : 한강사업본부, 2009: 41

3) 이색자전거 체험장

이색자전거 체험장은 자전거에 호기심과 흥미를 유발하기 위해 창의적으로 만들어지는 공간으로 우리나라에서는 광나루 자전거공원에서 최초로 조성되었다.

이색자전거 체험장에는 기존의 일반자전거에서 벗어나 네모바퀴 자전거, 옆으로 가는 자전거, 누워서 타는 자전거, 연인끼리 마주보며 탈 수 있는 자전거 등 80여 대의 다양한 디자인의 이색자전거가 마련되어 있어 자전거이용에 재미를 더욱 느낄 수 있도록 조성되어 있다.

이색자전거는 별도의 디자인과 주문제작으로 만들어야 하므로 경제적 비용이 상대적으로 높지만 이용만족도 등 효과는 매우 크다.

그림 9.7 광나루 자전거공원 이색자전거 체험장 계획평면도

자료 : 한강사업본부, 2009: 40

4) BMX 경기장

* BMX 경기장 단면도

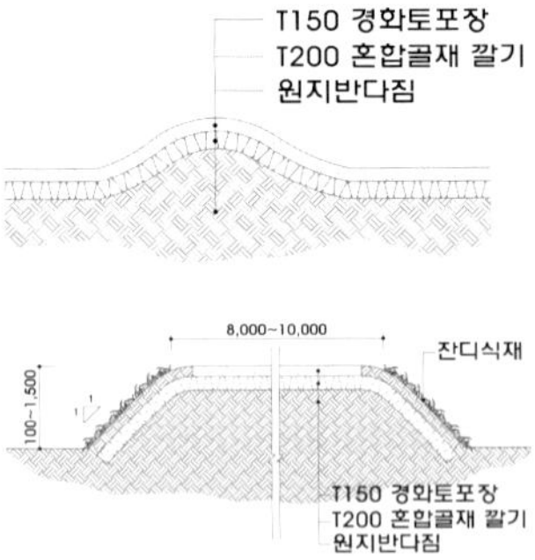

청소년 및 성인들의 자전거이용에 대한 다양한 욕구를 만족시키며 기량을 테스트하고 연마하는 공간이다. 일반인용과 전문가용으로 구분된 다양한 높이와 경사를 갖는 다이내믹한 트랙으로 출발점과 종점을 분리하여 일방통행으로 계획한다.

주요시설로는 레이싱로드, 출발대, 식재대, 완충공간, 안전팬스 등을 설치하여 경기진행과 안전을 도모하고 관람대, 이동식 관리용 컨테이너 등을 배치하여 일반인 관람공간과 행사시 관리시설 공간을 확보한다.

설계시 주요 고려사항으로 경기장은 관중석을 제외한 105m×55m의 크기가 요구되며, 그 안에 4개의 직선코스가 각각 90m씩 종합 360m가 설치된다. 각각의 직선코스는 직전의 코스보다 낮은 레벨에 위치하여 다운힐의 느낌을 갖도록 하며 필히 배수시설을 갖추어야 한다.

그림 9.8 광나루 자전거공원 BMX 경기장 계획평면도

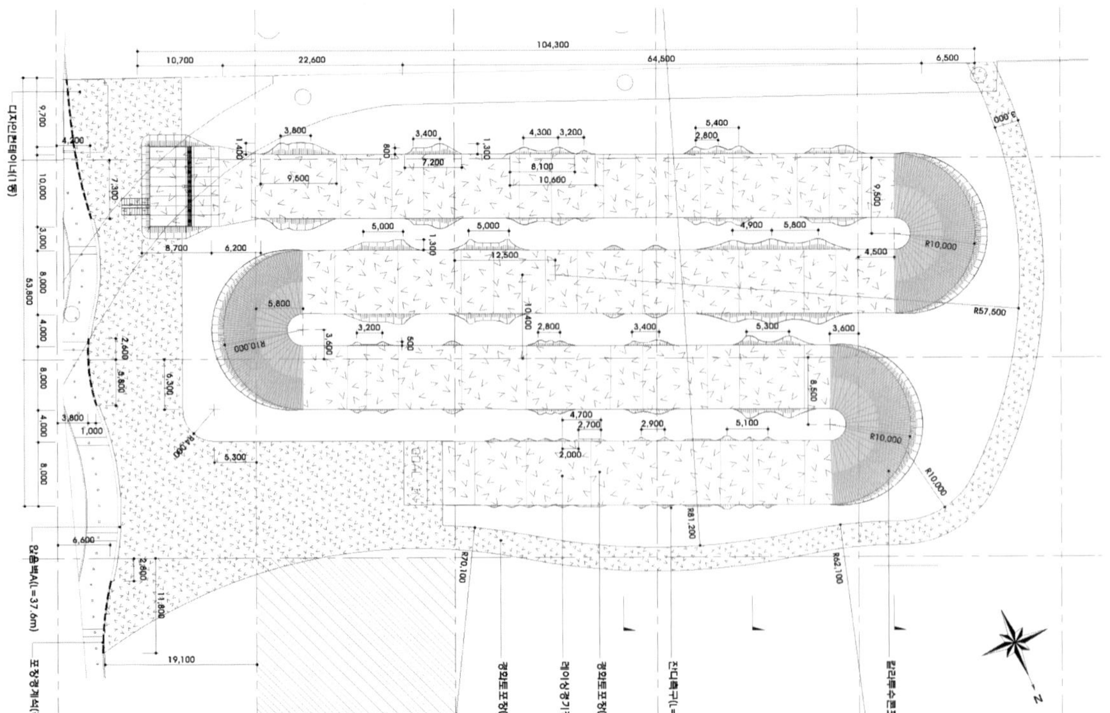

자료 : 한강사업본부(2009) 레이싱경기장부분상세도

출발점은 10m의 폭과 8m의 게이트가 필요하며, 직선코스는 갈수록 9m, 7m, 6m의 순으로 폭이 좁아진다. 선수 및 이용객의 안전을 위해 필히 펜스를 설치한다. BMX 경기는 대기부터 도착까지 점프, 착지, 회전 등 총 12단계의 과정으로 조성되어 있다.

그림 9.9 BMX 경기장

자료 : 한강사업본부, 2012: 102

4. 마운틴 바이크파크 시설계획

4.1 설계개념 및 시설기준*

* 한국산악자전거협회(www.kmtb.or.kr)의 MTB 경기장시설에 관한 규정을 토대로 작성

1) 설계개념

산악형 자전거공원은 산의 지형지세를 이용하여 조성되는 익스트림 스포츠 공간으로 크게 크로스 컨트리와 다운힐 코스의 성격으로 분리되어 조성된다. MTB경기장 코스를 기본 골격으로 구성되며 가능한 산림로와 통로, 야지, 흙 또는 자갈길을 포함해야 하고, 타르칠을 한 도로나 아스팔트도로 등 포장로는 전체 코스의 15%를 초과할 수 없다.

자연 속의 여가공간인 이 산악형 자전거공원은 겨울철에는 기 설치시설을 이용한 스키장으로의 활용을 고려한 계획을 하기도 한다

2) 주요시설 설계기준

(1) 출발점과 결승점

출발점은 이전에 최저 30m 길이로 폭 6m의 공간이 필요하며 출발지점 이후 최저 100m 길이로 폭 6m로 조성되어야 한다. 양쪽 길이 100m 이후에 언덕 또는 곧은길로 되어야 하며 좁은 길로는 5분이 지나서 만들어져야 한다.

결승점은 4m폭으로 50m 거리로 조성되어야 하며, 결승지점 이후로는 폭 4m 최소 20m로 만들어야 하며, 길이나 언덕으로 되어야 한다. 출발점과 결승지점의 전후방에는 선수의 충돌 또는 낙차를 예방하기 위한 50m 이상 울타리가 세워져야 한다. 특히 다운힐 경기에서는 최소 2m 넓이의 출발지와 최소 6m 넓이의 결승지점이 되어야 한다.

(2) 부대시설

부대시설은 자전거와 함께 이용객을 정상으로 옮겨주는 리프트, 트랙, 셔틀버스 등이 필요하며 안전을 위한 펜스와 표지판이 설치되어야 한다.

코스 및 안전표시는 노란색 형광바탕에 검은색 화살표로 표현된 방향지시용 화살표로 코스의 변화, 교차점 등 모든 중요하고 위험한 상황을 나타내야 한다. 최소규격은 높이 40cm, 너비 20cm이며 지상에서 1.5m 이상 초과하여 설치해서는 안 된다. 이밖에 이용객의 휴식을 위한 휴게시설과 식음시설, 그리고 의무실, 렌탈숍 등의 편의시설도 고려되어야 한다.

4.2 종목별 시설계획 및 경기운영*

* 한국산악자전거협회(www.kmtb.or.kr)의 MTB 경기장시설에 관한 규정, MTB 경기의 종류와 한국산악자전거연맹(www.kcfmtb.or.kr)의 국제 MTB 규정을 토대로 작성

1) 크로스컨트리

① 순환경기 : 코스는 최소 6km이나 등급별로 다소 거리의 차이가 있다.

② 포인트경기 : 개인 또는 단체경기로 출발이 가능하며, 코스는 최소 30km가 필요하고 언덕이 있어야 한다. 일반적으로 결승과 출발지점이 다르게 조성되고, 출발지점과 결승지점은 가능한 넓은 공간으로 계획한다.

③ 단거리코스 : 코스는 한 바퀴가 최소 6km로 이루어져야 하며, 출발과

결승 지점이 같은 장소로 조성한다. 최고 80여 명의 선수가 경기할 수 있도록 계획하며 인공적으로 안전하게 만들어진 코스로 조성한다.

④ 장거리경기 : 구간이 긴 장거리 순환코스 방식으로 구성되며 조종술, 기재기술, 고저, 속도, 지구력 등 여러 가지 복합적인 코스로 조성된다. 단체전 방식으로도 진행되며, 지도를 이용하여 체크 포인트에 도달하게 되는데 난이도에 따라 점수가 다르다. 주어진 시간 내에 많은 검문지점에 도달할 수 있어야 한다. 2일 또는 그 이상의 경기를 할 수 있어야 한다.

2) 다운힐

다운힐 코스는 내리막 형태의 코스로, 코스 내에는 차도, 평지, 야지, 산림, 암석 등의 길로 구성되며, 경사가 높은 길도 있어야 하고 완만한 길도 있어야 하지만 전체적으로는 경사도 3% 이내의 포장된 코스로 구성된다.

코스는 구간에 따른 속도변화가 있어야 하며, 코스의 다양함에 따른 선수의 기량을 시험하는데 중점을 두어야 하지만 이상적으로는 최소 코스 길이가 1.5km이어야 하고 최대 코스 길이는 3.5km이어야 한다.

3) 힐크라임

경기코스는 80% 이상이 올라가는 코스로 여러 명의 단체나 개인경기로 출발지점이 결승지점보다 낮은 곳에 위치한다.

4) 4-Cross 경기

4-Cross(4X) 경기는 단거리 다운힐 형태의 코스에서 4명의 예선 선수가 경기를 하는 예선전 구간 경기 시리즈로 구성되는 경기형태를 말한다.

각 경기의 우승자와 2위 입상자는 다음 경기에 자동적으로 출전할 수 있는 자격을 얻고 3위 입상자는 패자부활전을 통해 출전자격을 얻지만 4위 선수는 즉각 제외된다. 예선전을 제외하고는 시간이 간주되지 않는다.

5) 듀얼슬라럼

2명이 동시 출발하여 깃대(폴) 사이로 아래로 내려가는 경기로, 먼저 결승점에 통과하는 자가 승자가 되며, 많은 선수가 참가할 때는 기록이 제일 빠른 선수가 승자가 된다.

6) 구간 경기(SR)

3일 이상 기간 동안에 걸쳐 동일 또는 상이한 종목의 경기를 여러 번 실시하여 얻어진 총 점수 또는 총 기록시간으로 심판하는 경기를 말한다. Major Stage 경기는 1일간의 휴식일을 포함하여 최단 5일, 최장 8일간 진행되고 D1등급 경기로 분류되고 Minor Stage 경기는 최단 3일, 최장 4일간 진행되며 D2등급 경기로 분류된다.

그림 9.10 고창 산악자전거공원 코스도 및 산악자전거 트레이닝센터

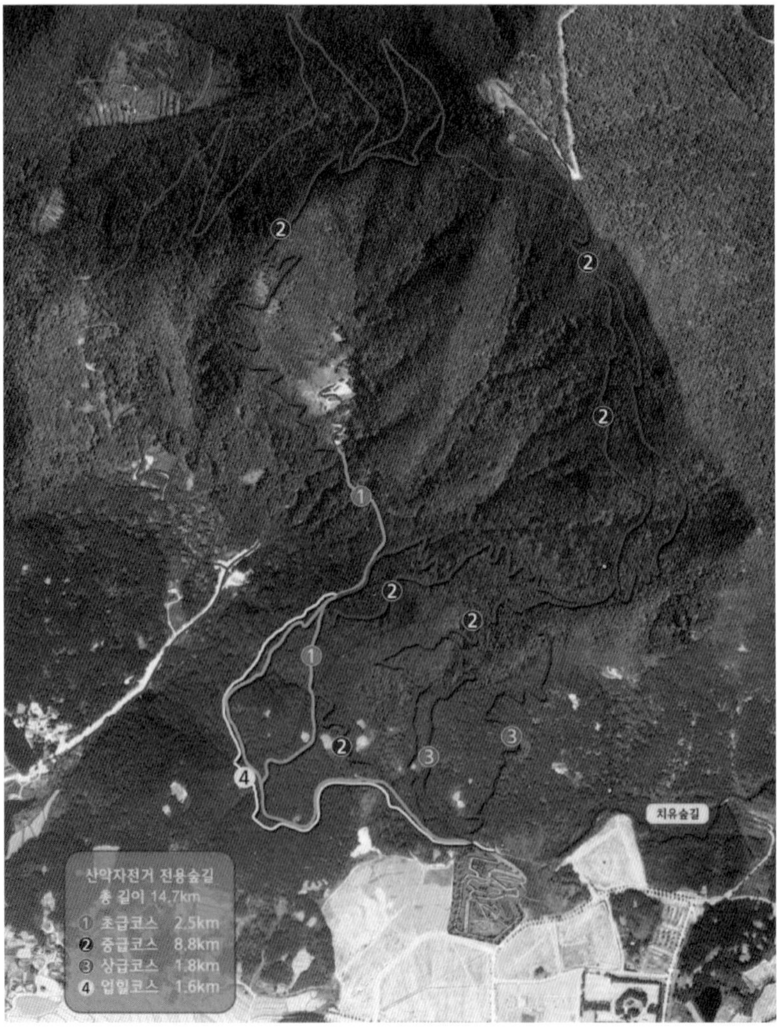

자료 : www.bikewhat.com

5. 레일바이크 시설계획

5.1 레일바이크의 개념

레일바이크는 철로 위를 달리는 자전거로 궤도자전거라고도 한다. 레일바이크란 용어는 철로(Rail)과 자전거(Bike)의 합성어이나 궤도자전거의 제조회사 상품명이기도 하다. 정식영어는 Draisine이다.

원래는 선로보수용으로 사용되었으나 요즘은 이동용, 관광용 등 다양하게 활용되고 있고 우리나라에서는 기존 폐철로의 레일을 이용하여 주변의 뛰어난 경관적 요소를 갖춘 지역에 관광 및 여가활동시설로 조성되고 있다.

선로 위를 달리기 때문에 분류상 철도에 해당하고 형상은 이륜자전거를 개조한 것이지만 새롭게 제조한 사륜형도 있다. 자전거와 같이 인력으로 구동하는 것도 있으며, 모터사이클처럼 엔진으로 구동하는 것도 있다. 또한 방향전환시에는 선로로부터 들어올려서 방향을 바꿀 필요가 있지만 제품에 따라서는 전진 및 후진이 가능한 타입도 있다.

5.2 주요시설계획

1) 노선계획

노선계획은 단선화와 복선화로 구분할 수 있는데 순환형의 복선화가 운영 및 사업성 등 여러 측면에서 유리하다. 그러나 순환형의 복선노선은 주변 자연의 경관을 반복하여 경험함에 따른 재미요소 저하 우려가 있을 수 있고, 양방향 교차에 따른 안전사고 우려와 터널내 장치물 설치공간 부족 등을 고려한다면 단점이 많을 수 있다. 따라서 노선의 길이 및 탑승시간, 경관과 볼거리 유형, 운송수단 제원, 복선가능성, 현장의 여건 등 여러 조건을 검토 후 결정하는 것이 바람직하다.

노선계획시에는 급곡선이나 급기울기가 나타나지 않도록 안전성에 특히 주의해야 하고, 아울러 운영의 효율이 극대화되도록 하여야 한다.

표 9.1 단선화 및 복선화의 비교

구분	단선화	복선화
적정폭원	3.0m	6.0m
주행방향	일방향	쌍방향
귀로방법	한 번에 열차로 이동	레일바이크, 열차
운영방식	다소 복잡	순환형으로 단순
출발점	1개소	1개소 또는 2개소
안전성	안전	터널내 안전장치 필요
개 념	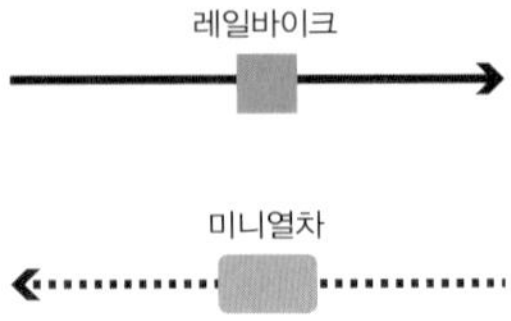	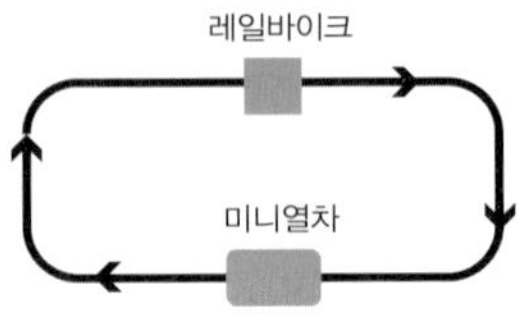

자료 : 삼척시, 2008: 38

2) 정거장계획

(1) 출발역의 입지 및 시설조건

출발역은 가급적 대상지의 정상부에 위치하여 경사를 최대한 이용할 수 있는 곳이어야 하며, 아울러 주변 풍경을 조망할 수 있는 전망광장의 기능도 갖출 수 있는 곳이 바람직하다.

탑승장은 이용객이 진입·대기·분산하는 공간이므로 집객력을 극대화할 수 있는 곳으로 선정하고, 주변에 카페나 휴게소 등 편의시설을 배치하여 이용객의 편의를 돕고 가급적 랜드마크적 요소를 도입하여 장소적 이미지를 인식시킬 필요가 있다.

그림 9.11 출발역 평면계획도 사례

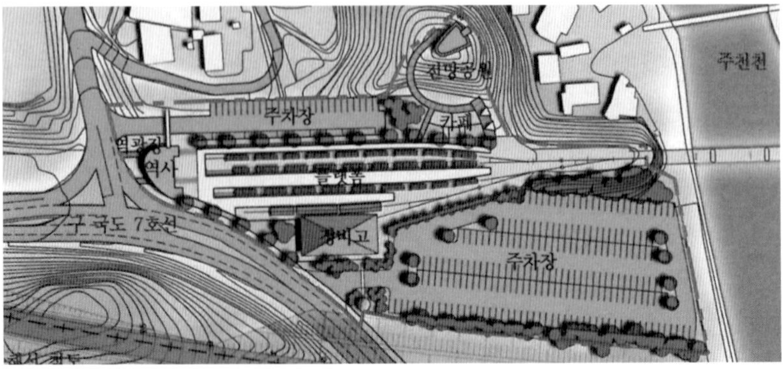

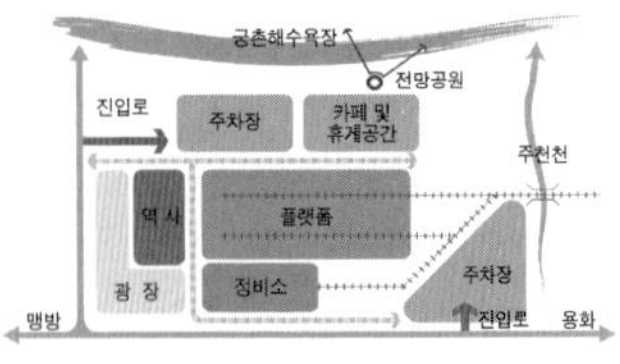

자료 : 삼척시, 2008: 56

(2) 종착역의 입지 및 시설조건

종착역은 주변 교통 연결망이 뛰어난 곳을 선정하여 레일바이크 이용 후의 교통연계성이 확보되도록 해야 하지만 가능하면 주변지역의 경제적 효과를 고려하여 기존의 폐기차역을 활용하는 것이 바람직하다.

종착역에도 주차장과 연결된 별도의 광장을 조성하여 지역문화 및 기차관련 이벤트 활동을 할 수 있도록 하며, 레일바이크 이용 후 휴식을 위한 전망카페 및 식당 등이 필요하고 혹은 부지여건상 가능하면 다목적 이용을 위한 휴게공원 조성도 검토할 필요가 있다.

그림 9.12 종착역 평면계획도 사례

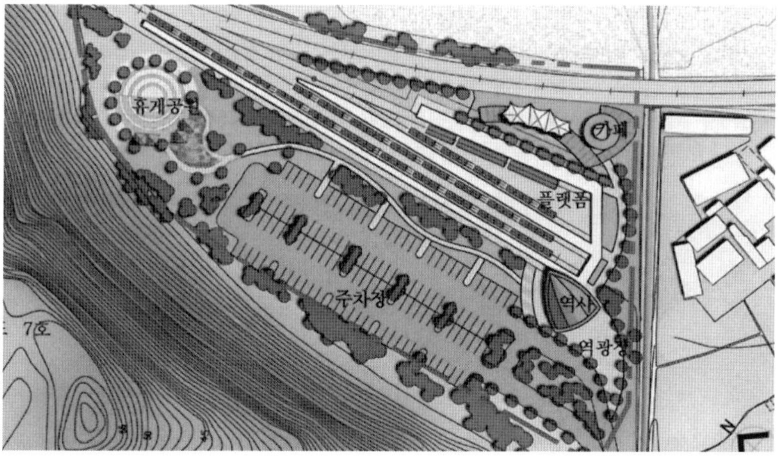

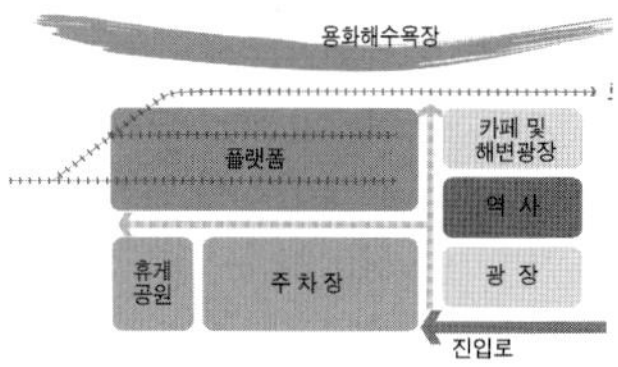

자료 : 삼척시, 2008: 59

3) 레일바이크

레일바이크는 이용객의 탑승욕구 및 경험을 자극하는 중요한 시설 중 하나이므로 장소적 적합성, 경제성, 유지관리의 용이성, 그리고 안전성 등 여러 조건을 고려하여 선정해야 한다.

레일바이크는 전기구동식과 인력구동식 등의 여러 대안을 비교하여 적합한 방식을 선정하되 대상지의 지형(오르막, 내리막) 요소를 고려하여 페달을 이용한 인력동력장치와 전기구동 동력장치를 갖춘 바이크를 비교하여 선정한다. 그리고 레일바이크는 가급적 전면 바람막이판 및 우수방지를 위한 지붕을 설치하고 특히 해안가의 레일바이크는 바닷바람에 부식 및 녹이 슬지 않도록 특수도장 처리하여야 한다.

그림 9.13 레일바이크 비교

구분	전기구동식	인력구동식
개요	 · 모터를 설치, 구동하여 운행	 · 페달로 구동하여 운행
특징	· 선로기울기와 상관 없이 모터로 구동하므로 운행자의 편의성 도모 · 제작비 및 유지 보수비 다소 고가	· 제작비 및 유지보수비 저렴 · 선로 급구배시 운행자 피로도 증가로 이용편의성 불리

자료 : 삼척시, 2008: 41

6. 전망 및 과제

지금 우리나라는 국내 자전거 보유대수 600만 대, 자전거 이용인구 1천 만 시대에 살고 있으며 앞으로도 자전거이용 수요가 지속적으로 증가할 것으로 예상된다. 그러나 이러한 양적 성장만큼 자전거 환경은 인프라시설이나 문화, 모두 그에 못미치는 수준이고 자전거와 관련된 사고는 오히려 늘고 있는 상황이다. 더욱이 정부와 지자체에서는 자전거타기를 권장하여 자전거 전용도로와 자전거 테마공원 등을 계속 조성하고 있으며, 서울시의 경우 '자전거과'를 운영하고 있을 정도이다. 그러나 문제는 이러한 시설의 양적 증가에 반해 관련 연구나 프로그램이 미비한 실정이다. 특히 이 바이크파크 설계나 시설계획에 대한 자료나 참고서적, 연구논문은 거의 없다.

이러한 상황에서 바이크파크에 대한 개념을 정립하고 그에 대한 설계 원칙과 기준을 만든다는 것은 실로 어렵고 조심스러운 일이다. 하지만 시대적으로는 반드시 필요한 일이고 비록 만족할 만한 성과는 아닐지 모르나 현 시점에서 시작이 꼭 필요하고 의미있는 작업이라 판단된다.

부족하지만 가능한 한 많은 자료를 담으려고 애를 썼고 계획이나 설계를 위한 객관적 가이드를 제시하려고 노력했다. 향후 보다 나은 바이크파크 설계의 지침을 위한 초석이 되기를 바라며 이를 토대로 다양한 연구가 지속적으로 이루어지기를 기대한다.

10. 삭도

정주현

1. 서론
2. 삭도시설의 개요
3. 국내·외 사례
4. 삭도시설 및 노선 선정
5. 시설계획
6. 전망 및 과제

1. 서론

삭도(ropeway)란 줄 삭(索), 길 도(道)를 뜻하는 말로 공중에 로프를 설치하고 운반기구를 매달아 사람이나 화물을 운반하는 장치로 흔히 말하는 케이블카, 리프트, 곤돌라 등을 총칭하는 말이다.

1962년 5월 서울 남산에 길이 605m, 표고차 138m의 케이블카가 설치된 이래 2011년 현재 44업체에 157개 선로가 운영되고 있을 정도로 삭도시설은 증가 추세에 있으며 최근에는 각 지방자치단체별로 관광객 유치를 위해 국립공원 등에 관광케이블카를 설치하고자 하는 움직임이 활발해지고 이에 환경부에서도 자연공원법 개정을 통해 국립공원에 케이블카 설치가 가능하도록 기반조성을 하고 있다. 그 예로 자연공원법 시행령에서 공원자연보존지구 및 공원자연환경지구에서의 행위기준을 변경하여 자연보존지구에서 설치할 수 있는 삭도의 길이를 2km에서 5km로 상향조정하였고, 자연공원법시행규칙에서 삭도정거장의 높이를 9m에서 15m로 완화하는 등 실제적으로 국립공원에서 삭도시설을 설치할 수 있는 기반이 조성되었다고 할 수 있다(유재옥, 2012 : 2).

자연보존을 위해서는 자연을 그대로 두는 것이 최상의 방법이라는 것에 재론의 여지는 없으나 자연자원과 경관에 대한 활용 압력이나 이용요구를 무시할 수만은 없다. 삭도시설이 관광객을 유인하고 그 지역의 관광산업을 활성화시키는 경제적 효과는 차치하더라도 산악지형이 지니는 제약 요소를 극복하면서 인간의 이동에 따라 발생하는 환경훼손으로부터 자연을 보호하고 경관감상의 기회를 제공하는 비교적 적합한 대체 수단으로 거론되는 것은 이러한 요구 때문이다.

그림 10.1 통영해상케이블카 기본구상 조감도

자료 : 통영시, 2010: 152

2. 삭도시설의 개요

2.1 삭도의 개념과 목적

삭도는 국토계획법상 도시계획시설의 하나인 교통시설로, 자연공원법상 교통운수시설로, 관광진흥법상 관광편의시설로 규정되어 설치되고 있으나 이 사업의 시설 기준과 운영은 교통안전법과 궤도운송법에 의한다.

삭도란 궤도운송법에 '공중에 설치한 와이어로프에 궤도차량을 매달아 운행하여 사람이나 화물을 운송하는 것을 말한다'라고 정의되어 있듯이 원래는 가공삭도(架空索道, aerial ropeway)의 줄인 말로 주전동기, 밧줄, 긴장장치, 지주, 운반기구 등으로 구성된 시설 일체를 말한다.

삭도, 특히 관광용 삭도는 자연의 훼손을 최소화하는 범위 내에서 주변경관의 관람과 편리한 이동을 위한 운송수단으로, 자연경관 관람의 기회를 크게 확대시켜 관광객의 방문수요를 증대시키고 지역사회가 가지는 경관자원의 가치를 발굴하여 관광산업발전 및 지역경제 활성화에 기여함을 목적으로 한다.

2.2 삭도의 분류와 특징

1) 삭도의 분류

삭도는 운반기구의 용도, 밧줄의 구조, 운전방식 등에 따라 다음과 같이 분류할 수 있다(교통안전공단, 2009: 2).

① 용도에 따른 분류
- 여객삭도 : 여객의 운송용으로 관광용 삭도와 스키장용 삭도로 구분
- 화물삭도 : 화물의 운송용으로 사용하는 삭도
- 전용삭도 : 특정용도의 전용으로 사용되는 비사업용 삭도

② 밧줄구조에 따른 분류
- 단선식 삭도 : 하나의 밧줄을 환상으로 연결하여 그 한쪽에는 기동장치를 두어 왕복 및 순환운동을 하도록 하는 방식의 삭도
- 복선식 삭도 : 매다는 밧줄에 의해 운반기구의 중량을 지지하고 별도

의 끄는 밧줄을 두어 운반기구가 움직이도록 하는 방식의 삭도
- 다선식 삭도 : 복선식 삭도(매다는 밧줄 1+끄는 밧줄 1)의 경우보다 더 많은 밧줄을 사용하는 삭도로 일반적으로 3선식, 4선식이 있다.

③ 운전방식에 의한 분류
- 왕복식 삭도 : 운반기구가 하부정류장과 상부정류장 사이를 왕복하는 삭도로 흔히 '케이블카'라고 한다.
- 순환식 삭도 : 일정간격으로 운반기구를 배치하여 연속적으로 여객 또는 화물을 운송하는 삭도로 자동순환식과 고정순환식이 있다.

이러한 기본적인 분류를 토대로 일반적으로는 단선 고정순환식 삭도, 단선 자동순환식 삭도, 복선 왕복식 삭도, 3선 왕복식 삭도, 다선 왕복식 삭도, 복선 고정순환식 삭도, 복선 자동순환식 삭도, 3선 자동순환식 삭도 등과 같이 복합적으로 많이 사용된다.

표 10.1 대표적인 삭도시설의 특징

구분	3선 왕복식 삭도 (reversible type)	자동순환식 삭도 (gondola type)	고정순환식 삭도 (chair lift type)
로프	· 지삭과 예삭을 별도로 설치하여 지삭으로 반기를 지지하고 예삭으로 당김	· 지삭이 예삭을 겸하는 방식(mono-cable)과 지삭과 예삭이 별도인 방식(bi-cable)으로 구별 · 예삭으로 반기를 매달아 회전	· 지삭이 예삭을 겸함 · 예삭으로 반기를 매달아 회전
주행방식	· 두레박식으로 교주	· 계속 일방향으로 회전	· 계속 일방향으로 회전
반기현수	· 2대(10~100인승) 또는 4대	· 40~50m마다 1개씩(4~17인승)	· 10~15m마다 의자(1~4인승)
정차장 진입	· 플랫홈에 감속 진입 후 정차	· 자동악삭장치로 승강장에서 감속운행 중 승하차 플랫폼에서 수평	· 연속운행(1.2m/sec) 중 승하차 플랫폼에 수평
지주의 높이	· 높이에 제한 없음	· 높이에 제한 없음	· 최대 15~20m (보호망 필요)
선로	· 선로구배에 제한 없음	· 자동악삭장치로 최대 40°	· 최대 30°
수삭륜	· 예삭만을 지지, 3~4년간 지탱	· 전 로프를 지지 · 회전하고 특수라이너를 사용, 1~3년 대체 요망	· 전 로프를 지지 · 회전하고 특수라이너를 사용, 1~3년 대체 요망
동력	· 100~200HP (51인승 기준)	· 100~200HP(8인승 기준)	· 30~120HP (3인승 기준)
전력소비	· 대마력임에도 불구하고 적음	· 연속운행으로 전력소비가 큼	· 소마력으로 전력소비가 낮음
안전장치	· 안내원 탑승으로 비상조치 용이 · 비상구 및 응급 하강장치 설치 · 예삭의 전선에 의한 전력이 없음 (2예삭 또는 지삭제동장치 겸비)	· 자동악삭으로 고정식에 비해 slip이나 박악삭이 일어나기 쉬움 · 지삭(예삭을 겸한) 단선에 대비 없음	· 스프링 악삭으로 비교적 slip이 적음
별칭	케이블카	곤돌라	리프트

자료 : 단양군, 2005: 13에서 재인용

그러나 우리나라의 공식적인 분류는 궤도운송법 시행규칙 제2조에 의해 왕복식 삭도, 자동순환식 삭도, 고정순환식 삭도, 견인식 삭도 등 4가지만로 구분하고 있고 국토교통부의 궤도시설 건설에 관한 설비기준에 의하면 위의 4가지에 화물 삭도를 추가하여 5가지로 구분하고 있다.

2) 삭도의 유형별 특징

삭도의 여러 가지 유형 중 일반적으로 많이 사용되는 유형에 대한 특징을 비교하면 표 10.1과 같다.

그림 10.2 자동순환식 삭도의 종류와 특징

1선식(mono-cable) 곤돌라

- 지삭, 예삭 일체형
- 4~15인승 캐빈, 3,600명/시 운송
- 바람에 약함(허용 최대풍속 45㎞/hr)
- 설치비 비교적 낮음(2선식의 80%)
- 지주수가 많음(200~300m 간격)

2선식(bi-cable) 곤돌라

- 지삭, 예삭 분리형, 에너지 절약형
- 4~15인승 캐빈, 4,000명/시 운송
- 바람에 강함(허용 최대풍속 90㎞/hr)
- 지주간격(2000m)이 커서 설치 용이
- 1선식 곤도라에 비해 승차감 우월

복선식 곤돌라(Funitel)

- 지삭, 예삭 일체형
- 지삭 기능이 복선이므로 바람에 강함
- 연중 가동일수가 획기적으로 증가
- 승차감이 우수하며 흔들림이 없음
- 초기 투입공사비가 과다(1선식의 2배)

2.3 삭도의 자연친화적 이용과 관리

1) 자연환경의 보전 및 이용 방안

여가 기회 증대와 자연탐방의 욕구 증대로 자연명승지의 경우 방문객이 크게 증가하고 또 일시에 많은 인파가 집중됨에 따라 등산로와 정상부의 훼손이 가속화되고 불법 등산로 발생, 계곡 오염 등의 자연환경 피해가 발생하고 있다. 그렇다고 등산로를 전면 폐쇄하거나 휴식년제를 도입하는 것이 근본적인 해결이라고 볼 수 없다.

비록 로프웨이의 설치에 따른 점적인 자연의 일부 손실이 불가피한 점은 있으나 등산로에 의한 선형적 훼손면적에 비하여 장기적으로 광범위한 지역의 환경 및 생태계 보전·복원 효과를 기대할 수 있는 시설이다.

해외 국립공원의 보전 및 이용을 위한 적극적인 정책 사례와 연구결과를 살펴보면 그 방안으로 등산열차, 모노레일, 로프웨이 등을 대체수단으로 제시하고 있다. 이 중 로프웨이시설은 산악지형이 주는 환경의 제약을 극복하고 인간의 이동에 따라 발생되는 환경훼손으로부터 자연보호 및 경관의 감상을 위한 비교적 적합한 대체수단이라고 판단하고 있다. 이는 선진국의 경우 환경보전을 위해 환경부 등 정부기관의 주도하에 로프웨이사업을 진행한다는 사례를 통해서도 이해할 수 있다.

표. 10.2 자연환경 보호 및 이용을 위한 방안의 비교

구분	시설에 따른 환경오염	환경복원 효과
모노레일	· 레일가설에 따른 선형 훼손 · 대기오염, 소음, 폐기물 등 소량	· 기 훼손 지역에 적용 우수 · 육상동물의 이동 장애
로프웨이	· 대기오염, 소음, 폐기물 등 미미 · 점적 훼손으로 간헐적 훼손	· 복원효과 우수
도보	· 선적 훼손 및 폐기물 발생 우려 · 생태공간 분리 및 서식처 축소	· 환경훼손 가중 · 생태족적(E.F)에 불리

2) 생태족적

생태족적(E.F : Ecological Footprint)이란 인간이 지구에서 삶을 영위하면서 사용하는 의식주 등을 만들기 위해 자원을 생산하고 그것을 폐기하는데 드는 비용을 토지로 환산한 지수이다. 즉 인간이 자연에 남긴 발자국을 뜻하며 환경용량 평가의 개념으로 도입되었다.

표 10.3은 생태족적의 개념을 도입하여 지리산국립공원의 성산재에서 노고단까지의 등산객을 승용차, 버스, 모노레일, 로프웨이를 이용한다는 가정하에 비교·평가한 자료이다. 이 표에서도 로프웨이가 운행이나 건설에 따른 생태적 우월성을 확인할 수 있다.

표 10.3 교통수단별 이용 및 운행에 따른 EF비교

구분	운행에 따른 EF	도보 및 Station건설에 따른 EF	비고
승용차	227.6	6.6	
버스	145.5	6.6	
모노레일	70.7	6.2	
로프웨이	46.9	0.2	

자료 : 환경부 · 국립공원관리공단(2003) 자연공원내 삭도의 허용여부 및 타당성 조사 · 연구

3) 삭도의 자연환경 보전 측면에서의 장점

로프웨이가 승용차나 모노레일, 혹은 궤도열차와 같은 타 이용수단에 비해 자연환경보전 측면에서의 유리한 점을 정리하면 다음과 같다.

- 공중으로 이동함에 따라 등산로로 차단되었던 생태통로 복원 및 서식공간의 확장 가능
- 적정 수용인원 통제를 통한 정상부의 훼손면적 최소화 가능
- 입산객들의 통제가 가능하므로 동물포획, 식물채취, 취사 등을 제한하며 빠른 시간 내에 탐방이 이루어지므로 환경훼손을 줄일 수 있음
- 타 이용수단에 비하여 지형의 손상이나 훼손면적 최소화 가능
- 소규모 토목공사만으로 지형이나 지표면의 손상이 상대적으로 적음
- 전기에 의해 운영되므로 연료로 인한 대기질 등에 환경오염이 없음

이러한 로프웨이의 설치에 따른 기대효과는, 첫째 자연환경훼손 심화현상을 개선하고 효율적 자연환경 복원의 계기를 마련할 수 있으며, 둘째 등산로를 폐쇄 혹은 개선시켜 토사유실을 방지하고 자연생태계 복원에 일조할 수 있고, 셋째 자연경관과 관광매력을 경험할 기회를 증대시켜 신규방문 수요를 촉진하여, 넷째 지역관광산업을 활성화시키고 나아가서는 지역경제발전에 이바지할 수 있다는 것이다.

4) 자연공원내 삭도설치 검토 및 운영지침*

* 이 글은 환경부(2004.12)의 지침 중 중요사항을 정리한 내용이다.

(1) 삭도설치시 주요 고려사항

- 관광용 삭도는 주봉보다는 지봉을 향하도록 하여 주봉을 감상하는 방식으로 구상하고 주봉의 생태와 신비로움을 복원
- 삭도의 기점은 교통유발 억제를 위한 기존 교통로외의 연결성 최대확보 및 집단시설지구 등 기개발지 최대 활용
- 종점부에는 생태탕방로를 구축, 탐방객의 행태를 효과적으로 통제하고 종점부에서 정상을 향한 등산은 원칙적으로 금지
- 기종점, 타워 및 노선 위의 케이블카가 산과 언덕선을 분단, 과도하게 노출되어 자연경관을 해치지 않도록 입지 및 설치
- 주변 지형과의 연결성과 자연경관성 등을 고려, 지형훼손을 최소화
- 주요 전망지에서 삭도의 기종점 또는 타워의 노선의 전망 방해 금지

(2) 입지선정기준

가. 문화재

환경영향요인	적용기준		비고
	입지불가	조건부허용	
사적	기종점, 타워, 노선		
천연기념물(식물)	기종점, 타워, 노선	노선 선별 설치	성황림, 역사림은 노선설치 불가
천연기념물(동물)	기종점, 타워,	노선 선별 설치	번식, 서식, 도래지는 노선설치 불가
천연기념물 (지질, 광물)	기종점, 타워	노선 선별 설치	지형화산, 특이자연현상지 노선 설치 불가
명승	기종점, 타워, 노선		
유형문화재(건조물)	기종점, 타워, 노선		

* 문화재보호구역 및 그 외곽 500m 이내 지역, 명승지에는 입지불가이나 노선에 한해 문화재 경관을 해치지 않은 경우는 허용 가능

나. 식물생태 부문

환경영향요인	적용기준		비고
	입지불가	조건부허용	
녹지자연도	8등급 이상 지역	8등급 미만의 훼손지	국립공원 대부분이 8등급 이상
생태자연도	1등급 지역	1등급 미만 지역	국립공원 대부분이 1등급
생물다양성	찬연습지, 고산대, 원생지, 극상림	생물다양성이 낮은 곳, 등산로 등	–
중요식물군락지	천연기념물 등 법종보호종, 희귀종 서식지	그 외의 지역	정밀조사결과를 토대로 결정
녹지축 급경사지	국토생태네트워크상 핵심지역	핵심생물권 지역과 연결되는 녹지	녹지네트워크가 단절되지 않도록 함
표고	–	아고산대 및 아고산대와 고산대 혼재지역	–

다. 지형 · 지질 부문

환경영향요인	적용기준		비고
	입지불가	조건부허용	
표고	아고산대의 양호한 식생지역	아고산대와 고산대 혼재지역	경관부문
경사도	급경사지, 특이지형	완경사지의 암반지역	훼손의 우려가 없는 암반지역
재해위험도	Ⅳ, Ⅴ등급	Ⅲ등급	–
보전가치	Ⅳ, Ⅴ등급	Ⅲ등급	–
지질	연약지반, 풍화토	–	침식위험성이 높음
향	–	북향	겨울철 결빙융해에 의한 침식 위험
유출량	유출량의 변화가 심한 곳	–	큰 유출량 변화가 예상되는 행위 최소화

라. 동물생태 부문

환경영향요인	적용기준		비고
	입지불가	조건부허용	
집단서식지	동물 집단서식지	–	훼손지 대체서식지 조성이 힘듦
산란지	–	인근 대체산란지 조성시	–
희귀종 번식지	희귀종, 천연기념물 및 보호종 번식지	–	–
서식지	희귀종, 천연기념물 및 보호종 번식지	인근 대체산란지 조성시	훼손지 인근에 대체서식지 조성
이동통로	–	대체 이동통로 또는 보호막 설치	–

마. 경관 · 환경 부문

환경영향요인		적용기준	
		입지불가	조건부허용
경관미	점적 경관자원	훼손시	일부 훼손시
	스카이라인	훼손시	일부 훼손시
	면적 경관자원	–	면적기준 2부 이하, 면적경관자원의 중앙을 기준으로 상하 2부 통과시
조화성	규모	–	3층 이하, 10m 이하
	형태	–	스카이라인 형태 주변지형과 조화
	색채, 질감	–	주변경관과 조화
조망차페 방해	점적 경관자원	차폐시	일부 차폐시
	면적 경관자원	–	경관자원으로 2부 이하 조망방해시
여건변화	계절변화, 양간조명	–	색채의 조화
기타시설물	도로	삭도관련 도로조망	–
	옹벽, 가드레일 등	–	주변경관과 조화

2.4 사업추진절차

삭도에 관한 법규는 주된 시설과 운영에 관한 궤도운송법과 교통안전법을 비롯하여 삭도시설의 입지지역에 따라 국토계획 및 이용에 관한 법률, 자연공원법, 도시공원 및 녹지에 관한 법률, 관광진흥법 등이 관련되며 시설입지의 제한여부를 협의하기 위해서는 문화재보호법, 환경영향평가법, 백두대간보호에 관한 법률 등이 관련된다.

사업추진절차는 크게 두 가지 방법으로 구분되는데 국토계획법에 의해 도시계획시설로 결정할 경우와 자연공원법이나 도시공원법에 의해 공원시설로 도입할 경우로 나누어 볼 수 있다. 그 구체적인 절차는 그림 10.3, 10.4와 같다.

그림 10.3 공원시설사업으로 추진하는 경우

사업타당성 검토	· 기술적/경제적 검토
공원계획 변경 신청	· 사전환경성검토(전략영향평가), 기본계획 수립, · 공원계획시설 변경서류 작성
공원계획 변경 허가	· 관련부서 협의, 공원위원회(도시, 자연) 심의 · 공원계획 변경 고시, 사업자 선정 및 지정
공원사업 실시계획인가	· 환경영향평가(대상사업일 경우) · 기본설계 및 실시설계 일부 시행, 교통안전공단 검토의뢰
공원사업 착공(사업자)	· 실시설계 시행, 감리자 선정(필요시)

그림 10.4 도시계획시설사업으로 추진하는 경우

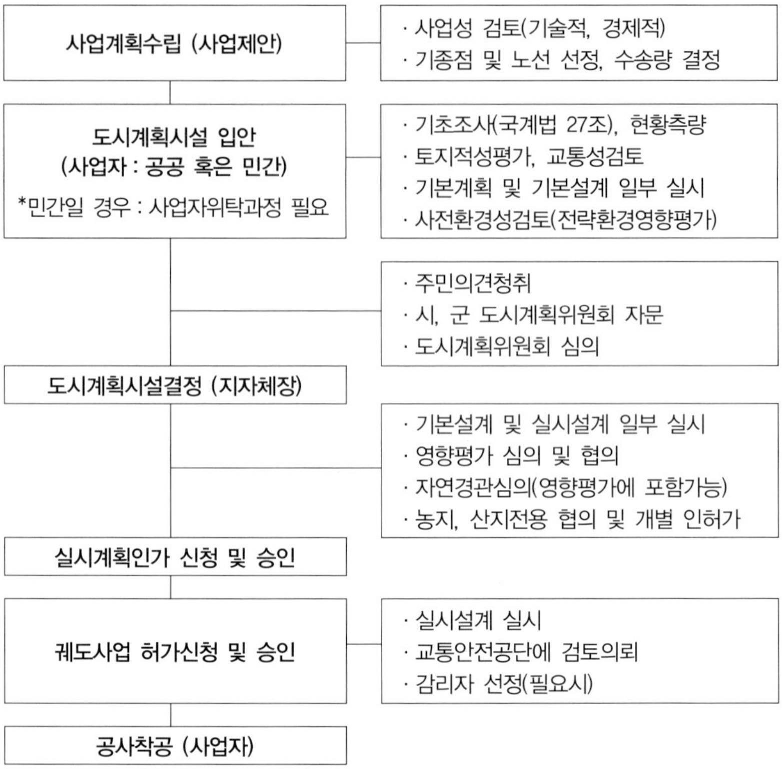

3. 국내·외 사례

3.1 국내 사례

1) 한려수도 조망 케이블카

미륵산과 한려수도국립공원 전경을 조망하는 선로길이 1,975m 국내 최장 케이블카로, 경상남도 통영시 소재 미륵산에 위치하고 있다. 통영시와 통영관광개발공사가 남해안 관광벨트사업의 일환으로 사업비 173억 원을 들여 추진하여 2008년 4월부터 운영을 시작하였다.

기계형식은 자동순환식(bi-cable gondola)으로 8인승 곤돌라 48기가 동시에 운영되며 6m/sec 속도로 약 10분 정도 소요된다.

표 10.4 한려수도 조망 케이블카의 특성

형식 및 선로거리		자동순환 2선식 곤돌라 1,975m(국내 최장)
시설	기점(450평)	1층 : 승강장/편의점/화장실/운전실/사무실, 2층 : 식당
	종점(300평)	1층 : 휴게실/화장실, 2층 : 승강장/매표실, 3층 : 전망대
이용료		대인 9,000원, 소인 5,000원
속도 및 소요시간		최고 6m/sec, 약 10분
수송능력		800명/hr
운반기구		8인승 48대

2) 팔공산 케이블카

대구시가지와 팔공산도립공원 전경을 감상하는 케이블카로 1984년 6월 팔공산도립공원 내에 설치되었다. 자동순환식(mono cable) 곤돌라로 선로길이 1.1km에 6인승 25대의 곤돌라가 설치되어 해발 820m까지 초속 4.0m의 속도로 7분의 시간이 소요된다.

케이블카 상부지점에는 연계시설로 전망대식당과 1km 정도의 삼림욕 코스인 등산로가 조성되어있다.

표 10.5 팔공산 케이블카의 특성

형식 및 선로거리		자동순환식 곤돌라 1,192m
시설	기점(307평)	1층 : 휴게실/기계실, 2층 : 승강장/통제실
	종점(200평)	1층 : 승강장/통제실, 2층 : 휴게실
이용료		대인 7,000원, 소인 4,000원
속도 및 소용시간		4.6m/sec, 약 7분
운반기구		6인승 25대

3) 설악산 케이블카

설악산 국립공원 내에 위치하고 있으며 출발지인 설악동(해발 220m)을 기점으로 해서 권금성(해발 700m) 종점을 연결되어 있다. 1971년 8월 운영을 개시하였으며, 2003년 스위스 Doppelmayr의 기술을 통해 전자동 시스템으로 리모델링하였다.

설악동에서 권금성 구간은 자연보호구역으로 지정되어 있어 도보산행이 불가능하고 케이블카만으로 이용이 가능하다.

표 10.6 설악산 케이블카 특성

형식 및 선로거리		삼선 왕복식 케이블카 1,128m
시설	기점(325평)	1층 : 매표소/기념품점, 2층 : 사무실/승차장
	종점(992평)	1층 : 기계실/승차장, 지하1, 2층 : 식당/화장실
이용료		대인 8,500원, 소인 5,500원
속도 및 소요시간		3.58m/sec, 약 8분
운반기구		50인승 2대

4) 두륜산 케이블카

두륜산도립공원 내에 위치하고 있으며, 2003년 2월 운영을 개시하여 51인승 케빈 2대를 운영 중이다. 삼선 왕복식 케이블카로 선로길이 1.6km로 해발 586m까지 초속 3.6m의 속도로 운행되며 8분의 시간이 소요된다.

케이블카 상부지점에서 두륜산 전망대(고개봉 638m)까지 산책계단이 조성되어 있으며, 전망대에서는 월출산, 무등산, 한라산 조망이 가능하다. 동백나무, 철쭉, 단풍나무, 백소사나무 등 제주도 다음으로 많은 1,100여종의 수목을 감상할 수 있다.

표 10.7 두륜산 케이블카 특성

형식 및 선로거리		삼선 왕복식 케이블카 1,600m
시설	기점(750평)	1층 : 기계실, 2층 : 승강장, 3층 : 서비스시설
	종점(200평)	1층 : 기계실, 2층 : 승강장, 3층 : 전망대
이용료		대인 8,000원, 소인 5,000원
속도 및 소요시간		3.6m/sec, 약 8분
운반기구		51인승 2대

5) 대둔산 케이블카

대둔산도립공원 내에 위치하며, 대둔산 마천대를 중심으로 웅장한 산세와 기암괴석의 절경을 감상할 수 있는 케이블카로 1990년 11월에 운행을 개시하였다. 삼선 왕복식 케이블카로 해발 878m까지 길이 927m에 초속 3.58m/s의 속도로 정원 50명을 태우고 6분간 2대가 서로 교행하며 운행한다. 케이블카 상부 지점에는 금강구름다리, 삼선구름다리 등과 연계된 등산로 시설과 등심바위, 장군바위, 금강통문 등이 있어 대둔산 자연경관 체험이 가능하다.

표 10.8 대둔산 케이블카 특성

형식 및 선로거리		삼선 왕복식 케이블카 927m
시설	기점(600평)	지하층 : 화장실, 1층 : 매표소/매점 2층 : 휴게실/기념품점, 3층 : 대기실/승강장
	종점(700평)	1층 : 화장실, 2층 : 대기실/휴게실 3층 : 대기실/승강장, 4층 : 커피숍/매표소 5층 : 전당대/매점
이용료		대인 8,000원, 소인 5,000원
속도 및 소요시간		3.58m/sec, 약 6분
운반기구		51인승 2대

3.2 국외 사례

1) 호주 케언즈의 Sky rail

환경관리프로그램(EMP)에 의한 엄격한 심사를 통해서 지역개발과 환경보호를 둘 다 실현한 성공적인 모범 사례로 꼽히는 시설로 1995년 도입되었고 6인승 곤돌라 114개를 보유하고 있어 시간당 최대 700명의 수용이 가능하다. 총연장 7.5km로 세계 최장의 길이를 보유하고 있는 이 케이블카는 Caravonica Lakes station(고도 5m), Red Peak station(고도 545m), Barron Falls station(고도 400m), Kuranda station(고도 336m) 등 4개 역으로 구성된다.

유네스코가 지정한 오스트리아 세계문화유산 지정구역과 국립공원, 주정부 산림지역 등에 위치하고 있어 각종 자재 및 도구는 외부에서 조립해서 헬기로 공수하고, 헬기와 숲의 거리는 100m 이상 이격해서 작업하였고 용수는 빗물을 처리하여 사용하며, 재활용하고 동력도 일부를 자체 조달하여 환경오염 방지 및 자원 절약에 최대한 노력하였다.

표 10.9 케언즈 구간별 교통수단 비교

구분	구간	연장	비고
케이블카	캐러보니카 ~ 쿠랜더	7.5Km, 약 1시간 소요	· 최고시속 18Km, 북부 해안과 연계한 교통패키지도 판매 · 6인승 곤돌라 114개로 시간당 700명 운송 가능 · 1995년 도입, 건설기간은 1년 정도 소요 · 민간과 정부의 동의를 얻는데 7년반이 소요
관광열차	북부해안 연결		· 전기모터, 디젤기관

2) 뉴질랜드 로토루아의 Sky line

로토루아 스카이라인은 로토루아 호수의 서쪽 레인보 팜스와 마주보는 곳에 위치하고 있으며, 총 길이는 900m로 탑승 시간은 약 5분가량 소요된다. 정상에서 로토루아 전경을 감상하기에 좋으며, 카페, 레스토랑, 쇼핑시설, 허브가든 등 다양한 기타 부대시설 및 서비스 시설을 갖추고 있어 탑승객에게 케이블카 이외의 다양한 즐거움과 편의를 제공하고 있다.

표 10.10 뉴질랜드 로토루아 스카이라인 개요

구분	세부 내용		
로프웨이	유형	곤돌라	체어 리프트
	수용능력	720pax/hr	1,200인/hr
	기종	Muller	Doppelmayr
	캐빈수	32	98(의자수)
	수직높이	178m	95m
	길이	900m	520m
부대시설	· 스카이 스윙(Sky Swing) : 지상에서 50m높이를 120kph의 속도로 체험하는 회전그네시설로서, 스릴과 함께 로토루아 전경을 감상할 수 있음 · 루지(Luge) 체험장 : 세계에서 처음 생긴 시설로서 3개의 바퀴를 이용한 콘크리트 썰매놀이 기구. 다양한 코스를 제공하여 속도감과 조망을 즐길수 있도록 시설 · 산악 자전거 시설 / 사격장(Slug Target Shooting) / 헬리프로		
서비스시설	· 레스토랑 ; 최대수용력 340인 · 간이식음시설(푸드코트) ; 90인(내부) / 80인(외부)		

3) 말레이시아 랑카위의 Gondola System

랑카위는 말레이시아 반도 북서쪽 99개 섬의 하나로 1995년 이래 정부주도하에 개발이 이루어지고 있는 곳이며, 천혜의 바다와 밀림을 만끽할 수 있는 휴양지이다. 이 랑카위의 로프웨이는 섬 서쪽의 지오파크에서 해발 700m의 맛싱찬산 전망대까지의 이어지는 노선으로 운송시설의 운행 속도가 빠른 것이 특징이다.

표 10.11 말레이시아 랑카위 로프웨이 개요

구분	세부내용	구분	세부내용
시스템	6인승 분리식 곤돌라(6-MGD)	경사거리	2,240m
고저차	681m	곤돌라 캐빈	6인승
캐빈수량	35대	초기운송력	700명/시간
최종운송력	1,350명/시간	운송속도	5m/sec
스테이션	3개소	타워수량	2개
1번 타워 높이	38m	2번 타워 높이	70m
최장타워간격	950m	최대경사	42도

랑카위 로프웨이 시점 정차장

랑카위 로프웨이 중간 정차장

랑카위 로프웨이 종점 정차장

4) 스위스 티틀리스의 로테어

해발 3,020m로 위치한 세계 최초 360도 회전식 곤돌라로 일명 Rotair라고 한다. 캐빈의 주축과 바깥 틀은 돌지 않고 바닥만 돌아서 가만히 서 있어도 360도 전망을 즐길 수 있는 곤돌라로, 엥겔베르크 마을 외곽에 있는 역에서 게르슈니알프를 경유하여 트륩제에서 환승, 웅대한 빙하 곁의 슈탄트역까지 오르면 마지막 구간은 'Rotair'가 이어 준다. 소요시간은 약 40분이다.

Rotair 탑승장

로프웨이

캐빈

해양공원 중간 정차장과 꺾인 노선

해양케이블카 중간지주

휘슬러 Peak 2 Gondola

5) 기타

이외에도 중간 정차장과 꺾인 노선으로 유명한 홍콩의 옹핑 케이블카, 베트남의 빈펄 리조트와 싱가포르의 센토사의 해양케이블카, 그리고 세계 최장의 무지주 교주식으로 유명한 캐나다 휘슬러리조트의 케이블카가 있다.

홍콩 해양공원의 케이블카는 연장 1.5km의 6인승 모노케이블 곤돌라 형식으로 4열의 2개 노선이 왕복하고 있으며, 베트남 빈펄리조트의 혼쩨섬과 육지를 연결하는 케이블카는 9개의 중간 지주, 48개의 캐빈, 전체 3.32km에 이르는 길이로 바다 위 60m 상공을 가로 지르고 있다. 또한 싱가포르의 센토사 케이블카는 총연장 1.65km로, 타워간 평균거리는 약 400m이며, 3개의 스테이션으로 구성되어있고 각 타워 높이는 최소 69m에서 최대 80m로 각 스테이션 사이에 위치하고 있으며, 6-8인승 81개의 캐빈으로 시간당 1,400명을 수송시키고 있다.

그리고 캐나다 휘슬러리조트의 곤돌라는 블랙콤까지의 구간 중 일부 3.024km 구간이 11분 만에 도달하는 지지대 없는 세계에서 가장 길고 높은 무지탱 케이블카로 조성되어 있다.

4. 삭도시설 및 노선 선정

4.1 기종점 선정

기점은 이용객이 집합하여 대기하고 매표 및 승차하는 공간이므로 주변에 충분한 주차공간과 집분산공간을 확보할 수 있는 곳이어야 한다. 또한 삭도시설 도입에 따른 관광여건변화를 수용할 수 있는 곳으로 이용객의 접근이 용이한 곳, 자연훼손이 최소화될 수 있는 곳이어야 하며, 가급적 기존시설을 고려하여 공간이용의 효율이 최적화될 수 있는 곳을 선정하여야 한다.

반면 종점은 경관감상을 위한 적절한 장소로서의 역할과 우선적 개발에 따른 환경훼손을 최소화 할 수 있는 지역으로 선정하되 정상부 sky-line에 영향이 없는 곳, 정상과 자연스럽게 연결될 수 있는 곳, 기존의 시설 및 활동과 유기적으로 연결될 수 있는 곳, 훼손범위를 최소화할 수 있는 곳으로 선정한다.

이하는 '통영 해상케이블카 기본구상' 수립시의 기종점 선정대안 검토 사례이다. 여기서는 기점으로 5개소, 종점으로 2개소를 대상으로 검토하였는데 기점선정 검토의 구체적인 내용은 표 10.12와 같다.

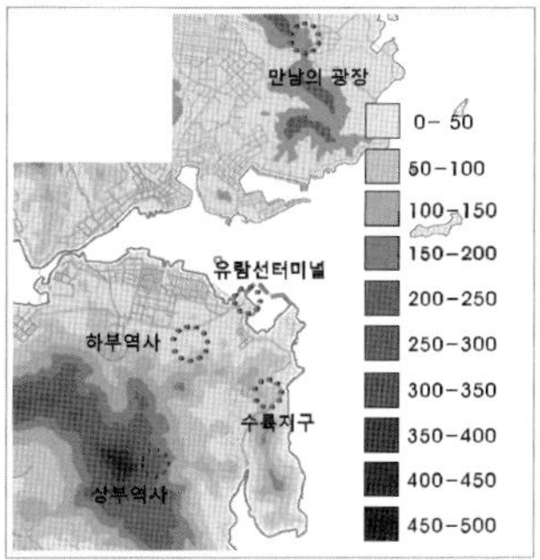

* 기점 위치도

표 10.12 기점 입지검토

구 분	케이블카 하부역사	유람선터미널	수륙지구	케이블카 상부역사	만남의 광장
위 치	청소년수련관 일원	도남터미널 일원	미래고개 일원	상부역사 일원	미늘고개 일원
가용지면적	110,000m^2	3,300m^2	51,690m^2	300m^2	55,426m^2
표 고	23~28m	2~7m	50~100m	334~348m	58~61m
경사도	5~15%	0~3%	10~20%	20~25%	5~20%
용도지역	보전녹지지역	자연녹지지역	보존녹지지역	보전녹지지역	자연녹지지역
도시계획시설	근린공원	유원지	-	근린공원	문화공원
건축규제	공원시설 4층 이하 건폐율 20% 이하 용적률 80% 이하	층수제한 없음 건폐율 100% 이하 용적률 200% 이하	건축물 3층(12m) 이하 건폐율 100% 이하 용적률 200% 이하	공원시설 4층 이하 건폐율 20% 이하 용적률 80% 이하	4층 이하(관광휴게시설) 건폐율 20% 이하 용적률 100% 이하
토지소유	국공유지 80%	국공유지 100%	사유지	국공유지 60%	국공유지 25%
희귀동식물	해당 없음	해당 없음	해당 없음	해당 없음	해당 없음
생태자연도	2~3등급	3등급 이하	2~3등급	2~3등급	3등급 이하
문화재조사	조사대상지역	해당 없음	해당 없음	조사대상지역	조사대상지역

자료 : 통영시, 2010: 122

4.2 선로구상

기종점의 최종 결정은 선로 결정과 함께 이루어진다. 기종점 결정시 선로에 대한 법·제도적 및 기술적 검토가 병행되어야 하기 때문이다. 꺽인 노선이 발생하여 별도의 타워를 설치하는 경우를 제외하고 대부분 기종점과 선로를 동시에 판단하여 결정하는데 육상노선의 경우 다음의 표 10.13 처럼 비교적 결정하기가 용이하다.

표 10.13 노선별 검토 예

구분		A-B 노선	A-C 노선
제원	경사거리	2,050m	2,600m
	최대경간	890m	2,600m
	표고차	320m	612m
	지주최대높이	35m	-
자연공원내 삭도설치기준		· 식물생태 : 20×20 격자조사 후 등급조정 필요 · 동물생태/지형지질/경관환경/문화재 : 해당 사항 없음	· 식물생태 : 해당사항 없음 · 동물생태/지형지질/경관환경/문화재 : 해당사항 없음
문화재보호법		· 해당 사항 없음	· 천연보호구역내 현상변경을 위한 심의·허가 필요
자연공원법		· 자연보존지구내 2km 이내 지역으로 가능	
백두대간보호법		· 해당사항 없음	
장·단점		· 주변경관 양호 및 자연훼손 최소화 · 조망조건 다소 불리	· 주변지역 등반체험 가능 및 조망조건 양호 · 일부 자연훼손 우려

그러나 해상삭도의 경우는 위의 표 10.13과 같은 고려사항 외에 항로를 이용하는 입출항 선박의 통항 높이를 확보해야 하고 해상공사의 특수성 및 안전성도 감안되어야 한다.

해상구간에서의 케이블의 높이는 일반 선박의 마스터 높이 56m, 해상 크레인의 높이 70m에 해상삭도 운행정지시 해상구간의 케이블 처짐을 감안하여 최소 75m 이상이 요구된다. 또한 해상지주를 항로구간에는 설치할 수 없는 점과 해상구간의 경관성을 고려하여 해상지주의 수량을 최소화 방안이 모색되어야 한다. 이와 별도로 수시점검과 예상하지 못한 강풍이나 돌풍 발생 등으로 인한 운행 정지시의 구난대책도 확보할 수 있어야 한다.

따라서 해상삭도는 시종점에 대한 장단점을 파악하여 1, 2개 정도로 시종점 후보지를 압축해 놓은 후 각 시종점별로 여러 가지 노선을 제시하고 이를 종합적으로 판단하여 최종적으로 시종점과 노선을 함께 결정하는 과정으로 진행되어야 한다.

다음의 사례는 해상삭도의 노선검토의 사례이다. 여기서는 8개의 노선이 검토되었고 최종적으로 C1노선인 수륙지구 - 한산도 문어포노선이 결정되었다(통영시, 2010: 126-136).

그림 10.5 주요노선 위치도

자료 : 통영시, 2010: 127

그림 10.6 선정노선(C1) 계획도

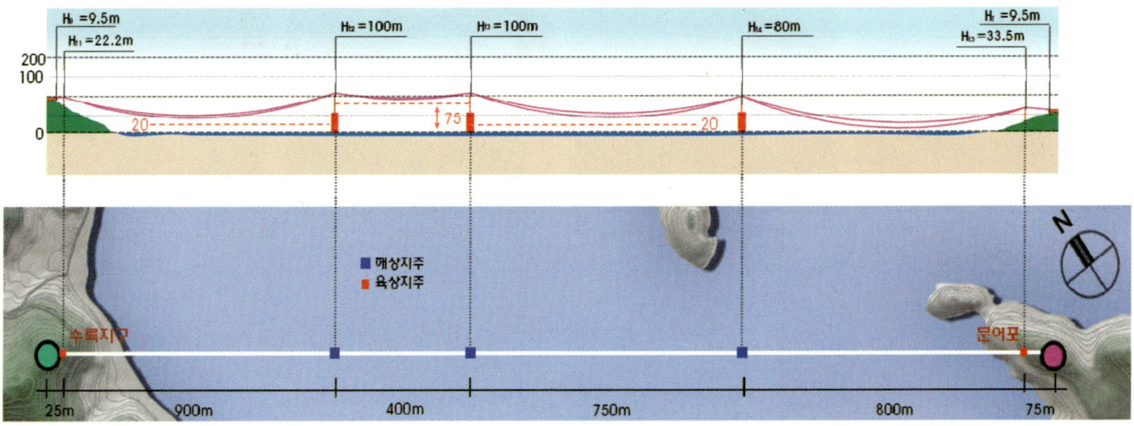

자료 : 통영시, 2010: 133

4.3 삭도 유형의 결정

노선이 결정되면 그 다음은 삭도 유형을 결정하여야 한다. 물론 삭도 유형을 먼저 결정하고 노선 선정을 할 수도 있고 노선 선정시에 사업목표에 따른 수송능력과 지형여건에 따른 건설비와 안전성, 유지관리비 등을 감안하여 어느 정도 염두에 두고 노선을 선정할 수도 있다. 그러나 대체로 케이블카 형태의 왕복식 삭도로 할 것인지 곤돌라 형태의 자동순환식 삭도로 할 것인지의 큰 구분은 미리 결정할 수 있으나 왕복식 중에서 3선인지 다선이지, 자동순환식 중에서 1선인지 2선인지 아니면 후니텔인지에 대해서는 기술적, 경제적 측면에서 보다 구체적으로 검토하여 결정되어야 한다(표 10.1, 그림 10.2 참조).

그림 10.7 운반기구의 종류

• Bi-Cable Gondola

8인승 : 곡면형, 풍압 강함

15인승 : 방추형, 360도 회전

15인승 : 직각형, 풍압 취약

16인승 : 육각형, 풍압 취약

• Double Mono Cable Gondola

18인승 : 곡면형, 풍압 강함

20인승 : 곡면형, 풍압 강함

30인승 : 직각형

33인승 : 곡면형

자료 : 통영시, 2010: 142를 토대로 재구성

5. 시설계획

5.1 삭도시설

1) 삭도 설계조건 및 기준*

(1) 왕복식 삭도

① 삭도 및 로프의 높이

- 매다는 로프는 정류장 이외의 장소에서 운반기구 하단의 높이가 지표면으로부터 5m 이상이 되도록 설치하여야 하며 매다는 로프를 제외한 로프의 높이는 정류장 이외의 장소에서 지표면으로부터 5m 이상이 되도록 설치하여야 한다.
- 울타리 등으로 사람의 출입이 방지되거나 지형의 특성상 사람의 출입이 불가능한 장소에서는 지표면으로부터 0.45m 이상으로 할 수 있다.
- 매다는 로프의 기울기는 수평선으로부터 30도 이내이어야 한다. 다만, 운반기구와 로프가 소켓식 또는 이와 동등 이상의 견고한 방법에 의하여 연결되어 있을 경우에는 그러하지 아니하다.

② 로프의 설치

- 매다는 로프의 한쪽 끝에는 2중 크램프 장치를 설치하여야 하며 로프의 한쪽 끝에는 로프의 늘어남을 흡수하고 로프의 장력을 일정하게 유지할 수 있는 긴장설비를 설치하여야 한다.

③ 운반기구과 건조물과의 간격

- 운반기구와 이에 근접한 건조물(승강장 제외) 또는 지주와의 간격은 운반기구 높이의 5분의 1 이상이 되도록 설치하여야 한다.

④ 지주의 설치

- 지주는 철구조, 철근콘크리트구조 또는 이와 동등이상의 강도를 지닌 구조이어야 한다.
- 지주는 지주간의 로프의 길이가 2,000m를 넘지 않아야 한다.
- 지주의 매다는 로프용 슈의 곡률 반지름은 매다는 로프 지름의 300배 이상이어야 한다.

* 삭도 설계조건 및 기준은 궤도시설의 건설에 관한 설비기준 (국토해양부 고시 제2010-418호)을 참고로 기본계획수립시 필요한 내용을 중심으로 정리하였다.

* 용어의 정리

삭도에 관련 용어들이 각 분야의 필요에 따라 한자어, 영어, 우리 말 등 혼용하고 있어 이해하기가 쉽지 않다. 자주 나오는 용어만 정리해보면 다음과 같다.

① 운반기구(Vechicle) : 삭도에서 여객이나 화물을 운송하는 차량으로 반기(搬器)라고도 한다.
② 매다는 로프(track cable, carring rope) : 운반기구의 무게를 지지하고 운반기구가 주행할 때 레일의 역할을 하는 로프로 지삭(支索)이라고도 한다.
③ 끄는 로프(hauling rope, driving rope) : 원동기의 동력으로 운반기구를 직접 움직이는 로프로 예삭(曳索)이라고도 한다.
④ 평형용 로프(ballast rope, balance rope) : 운반기구의 평형을 유지시키는 로프로 끄는 로프의 반대편에 설치된다.
⑤ 주행륜(carring wheel) : 운반기구를 매다는 로프위에 주행시키는 바퀴를 말한다.
⑥ 수삭륜(hauling rope sheave) : 지주와 상하부 정류장에서 끄는 로프 및 평형용 로프의 운동을 유도하며 그 중량을 지지하고 로프에 적당한 굴절각을 준다.
⑦ 슈(shoe) : 지주(tower)위에서 매다는 로프의 운동을 유도해주며 그 중량을 지지하고 매다는 로프에 적당한 굴절각을 준다.

- 지주에 설치하는 매다는 로프의 굴절각은 차량을 운전할 때에 15도를 넘지 않아야 한다.
- 지주의 수삭륜은 지주에 설치하는 끄는 로프의 굴절각이 5도를 넘지 아니하도록 설치하여야 하며, 그 지름은 250㎜ 이상으로 하여야 한다.

⑤ 운전속도

- 왕복식 삭도는 운전속도가 매초 10m를 넘지 아니하도록 하여야 한다.

(2) 자동순환식 삭도

① 삭도의 높이

- 개방식 운반기구을 사용하는 경우 매다는 로프는 정류장외의 장소에서 운반기구 하단의 높이가 지표면 또는 구조물의 표면으로부터 0.5m 이상이 되도록 설치하여야 한다. 다만, 스키장외의 지역에 설치하는 경우로서 그 높이가 2m 이상인 경우에는 추락 등에 대비하여 운반기구의 진행방향에 따라 보호설비를 설치하여야 한다.
- 선로 밑에서 스키활주를 허용하는 장소에서는 운반기구 하단의 높이가 지표면 또는 구조물의 표면으로부터 4m 이상이 되도록 설치해야 한다.

② 매다는 로프의 기울기

- 매다는 로프의 기울기는 수평면으로부터 30도이어야 한다. 다만, 로프의 기울기 및 지름의 변화에 따라 자동적으로 조일 수 있는 구조로 되어 연결력이 달라지지 아니하는 연결장치를 사용한 경우에는 45도 이내로 할 수 있다.

③ 지표면

- 개방식 운반기구를 사용하는 경우에는 운반기구 양단에서 수평거리 1.5m의 점을 이어서 얻은 사각형을 투영하는 지표면 또는 그 지표면상에 설치된 구조물의 표면은 암석 등의 장애물을 제거하고 또한 평탄하게 하여야 한다.

④ 운반기구와 건조물과의 거리 등

- 운반기구는 인접 건조물과 여객과의 거리가 0.5m 이상이 되도록 하여야 하며 운반기구와 지주와의 수평거리가 차량 높이의 5분의 1 이상이 되도록 설치하여야 한다.

⑤ 연결장치의 구조

- 연결장치는 예상되는 최악의 상태에서도 로프와 완전히 연결될 수 있어야 하며, 그 연결력은 로프 위의 미끄럼 마찰한계력의 3배 이상

으로서 로프에 손상을 주지 아니하는 것이어야 한다. 다만, 복수의 연결장치를 사용하는 경우에는 1개를 제거한 나머지 연결장치의 연결력이 로프 위의 미끄럼 마찰 한계력의 1.1배 이상이 되어야 한다.

⑥ 로프의 강도

- 매다는 로프(단선식에 한한다) 및 끄는 로프는 로프를 구성하는 주소선의 인장강도가 210kg/mm^2 이하의 것으로서 마심 또는 섬유심을 가진 유연한 것이어야 한다.
- 로프의 접합부는 롱스플라이스 방식으로 접합하여야 하며, 2개소 이상의 곳을 연결하여서는 아니 된다. 다만, 선로의 길이가 2,000m를 초과하는 경우에는 2,000m마다 1개소의 곳을 증가하여 접합할 수 있되, 접합부의 길이는 로프 지름의 1천배 이상이어야 한다.

⑦ 운반기구의 간격

- 폐쇄식 운반기구를 사용하는 경우 운행간격은 12초 또는 차량의 정원에 1.1초를 곱하여 산정한 시간 중 긴 시간 이상이어야 한다.
- 개방식 운반기구를 사용하는 경우 운행간격은 5초 또는 4+n/2초 중 긴 시간 이상이어야 한다.(단, n은 차량의 정원)

⑧ 운전속도

- 운전속도는 매초 8m를 넘지 아니하여야 하며, 정류장내에서의 속도는 폐쇄식 운반기구를 사용하는 삭도의 경우에는 매초 0.5m 이하를, 개방식 운반기구를 사용하는 삭도의 경우에는 매초 1m를 넘지 않아야 한다.

(3) 고정순환식 삭도

① 운반기구의 간격

- 개방식 운반기구를 사용하는 경우 운행간격은 8초 이상으로 하여야 한다. 다만, 스키장에 설치하는 고정 순환식 삭도의 경우로서 특별시장·광역시장 또는 시장·군수가 안전운행에 지장이 없다고 인정하는 경우에는 그 운행간격을 6초 이상으로 할 수 있다.

② 운전속도

- 삭도의 운전속도는 개방식 운반기구 경우 매초 3미터를, 폐쇄식 운반기구의 경우 매초 6m를 넘지 아니하여야 하며 정류장 내에서의 속도는 폐쇄식 운반기구를 사용하는 삭도의 경우 매초 0.5m를 넘지 않아야 한다.

* 이 글은 설비용량산정에 관한 이해를 돕고자 '통영해상케이블카' 기본계획 사례를 인용하였다.

2) 설비용량 산정*

설비용량은 추정된 연간이용객수에 연중 가동일수, 일일 가동시간, 연평균이용률, 영업변수들을 예측 또는 설정하여 산정한다. 이를 통하여 수송능력과 시설계획을 점검하기도 하고 하지만 운반기구 유형과 수량을 확정하고 정류장의 건축규모를 결정하는 지표로 삼기도 한다.

표 10.15는 연간이용객이 115만 명으로 추정되었을 때의 설비용량 산정사례이다. 이럴 경우 시간당 평균 탑승인원은 연중 가동일수 290일과 일일 가동시간 8시간을 감안하면 495명로 추정되나, 연평균이용률 35%와 영업변수 95%를 가정하면 시간당 1,500명을 운송할 수 있는 설비용량을 갖추어야 한다. 이는 일최대 수송능력 12,000명으로, 추정된 최대일 이용객 7,000명을 상회할 수 있는 용량이다.

표 10.14 설비용량 지표 설정의 사례

• 운행제원

형식	double mono cable	비고
선로 수평거리	3,010m	
평균속도	5m/sec	
운반기구 수량	30대	
운반기구간 거리	250m	
승차인원	20명/대	
일운항시간	8시간	
연중운항일수	290일	

• 설비용량 산정

구분	산출근거	산출결과
1회 왕복순환시간	(3,010×2/5)+100초	1,545초(편도12분 53초)
시간당 순환횟수	1,304초/60초	2.5회/시간
시간당 수송능력	20인×30대×2.5회	1,500명/시간
일일 영업 능력	1,500명×8시간	12,000명/일

* 정류장은 기·종점으로 구분하는데 고저차가 있을 경우는 상부 정류장, 하부정류장이라고 부르기도 한다.

5.2 정류장시설

정류장은 자연경관 및 생태계를 크게 해치지 않는 범위 내에서 이용객의 접근과 편의성, 관리 및 보수의 용이성을 확보하여 계획되어야 하고 승·하차장과 필요 부대시설을 최소화할 수 있도록 검토되어야 한다. 자동순환식 삭도를 선택할 경우 정류장의 소요면적은 적을 수 있으나 별도의 캐빈보관소가 필요함을 유념하여야 한다. 일반적으로 종점인 상부정류장에 구동장치를 두어 상부에서 주로 가동하나 최근에는 기술의 발달로 하부 쪽에서 구동하는 타입으로 바뀌고 있다.

상부정류장의 설치시는 가능하면 조망 위주로 단시간 이용하는 방법과 이용객이 많은 경우는 상부지역의 일정 산책로로 분산을 유도하되 상부지역의 훼손확산을 막기 위한 제한시설이 필수적이다. 따라서 국립공원과 같이 민감한 지역의 상부는 정류장 구조를 단순하게 설계할 필요가 있고 장시간 체류가 방지되도록 식음료와 편의 시설의 배제하는 등 부속시설의 최소화도 검토해 볼 필요가 있다.

반면 하부정류장에 식음료와 기념품점 등 각종 부대시설을 수용할 수 있는 여유 있는 규모로 계획할 필요가 있다.

그림 10.8 시·종점 정류장 건축계획 사례

용화스테이션(시점정류장) 장호스테이션(종점정류장)

구 분	용화 스테이션(시점)	장호 스테이션(종점)
지역지구/용도	계획관리지역/건축법상 관광휴게시설	계획관리지역/건축법상 관광휴게시설
대지면적	9,362m^2	7,088m^2
건축면적/연면적	1,518.46m^2 /2,181.47m^2	1,287.72m^2 /1,975.59m^2
건폐율/용적률	16.22% /23.21%	18.17% / 27.87%
건축구조	철근 콘크리트조+철골구조	철근 콘크리트조+철골구조
규모	지상 5층(최고 높이 26.65m)	지상 5층(최고 높이 30.80m)
주요시설	매표소, 대기홀, 승하차장, 삭도기계실, 관리실, 홍보전시설, 야외전망대, 휴게실 등	매표소, 대기홀, 승하차장, 매점, 삭도기계실, 카페, 레스토랑, 기념품점, 옥상전망대 등

자료 : 삼척시, 2013 : 128-136

5.3 연계시설

시·종점 정류장 주변은 삭도시설 도입에 따라 개발파급효과가 예상되는 지역이다. 따라서 그 주변지역에 대한 기존시설 활용방안이나 자연자원 보존방안 등에 대한 대책을 전체적인 공간구상체계하에서 강구해 놓아야 한다.

그 범위나 개발 또는 보존방향에 대해서는 별도의 프로세스에 의해 논의를 거쳐야 하겠으나 삭도시설 설치에 따른 부정적 효과를 최소화하고 긍정적 효과를 극대화하기 위해서는 반드시 연계시설 계획이나 구상까지 진행되어야 함을 잊지 말아야 한다.

그림 10.10 토지이용 및 시설배치체계 구상 사례

자료 : 삼척시, 2013: 56

6. 전망 및 과제

환경중시 패러다임과 경제활성화의 두 마리 토끼를 잡는 지혜가 필요하며 이는 교통운수시설로서의 특수성을 자연지형과 연계하여 선택하면 되는 지극히 상식적인 시설사업으로 정부의 규제완화차원 정책으로 도입하면 좋은 충분히 생산적이고 효율적인 사업으로 이해해야할 것이다.

국토의 3분의 2가 여전히 산악형 산림인 우리나라의 지형적 특성에 가장 유용하게 적용할 수 있는 교통수단으로서 경사나 표고차를 극복하는 가장 훌륭한 해결책으로 검토할 필요가 있으며 특별한 특혜시설이나 환경훼손의 요인이란 식으로 다루어져서는 안 될 것이다.

건축물의 규모가 그리 큰 것도 아니고 노선과 타워는 눈에 거슬릴 만큼 두드러진 시설도 아니다. 또 이러한 삭도시설은 무한한 시설이 아니고 대개 수명이 20~30년 정도로서 노후도와 시설이용 재방문율 등을 감안해서 보수와 철거를 재검토 할 수도 있을 것이다.

로프웨이는 자연친화적인 관광교통수단으로 자연환경 훼손의 심화현상을 개선하고 효율적인 자연환경 복원의 계기를 마련하기 위한 시설이다. 등산로를 폐쇄하거나 개선시켜 토사유실을 방지하고 동물의 서식공간 확장 등으로 자연생태계 복원에 일조할 수 있으며 동시에 자연경관과 관광매력을 경험할 기회를 증대시켜 신규 방문수요를 증대하여 지역관광 활성화에 기여할 수 있다.

최근 대두되는 도시교통시설로서의 유용성은 새로운 추세로 세계 여러 나라에서 실증적 사례들의 성공담을 만들어내고 있다.

시민의식과 직접적인 이해당사자인 해당 주민들과의 합의 문제가 쉽지 않은 과제이기는 하나 어떠한 사업이던 그러한 시설도입이 가진 장·단점은 있으므로 비교우위의 논리에서 검토되어야 할 것이다.

도시의 경사진 주거지와 소위 달동네라고 불리우는 집단적이고 고밀의 취락지역의 교통개선 및 정비에 타 교통수단과의 비교에서 많은 우월적 강점을 보유하고 있는 교통시설의 하나로 인식하여 후니쿨라(경사형 지상삭도)나 경사형 엘리베이터, 옥외용 에스컬레이터 등과 혼합하거나 연계하여 도시민들의 이동교통 환경개선에 큰 도움을 주는 좋은 사례가 많이 늘어나고 있다.

1) 도시교통시설로서의 도입경쟁력

① 비용대비 가장 최고의 효율과 안전성 확보(저비용, 짧은 공사기간, 적은 토지사용, 경관가치 증대 등)
② 친환경적 아이템으로 면적 훼손이나 선형 훼손이 아닌 점 훼손 방식으로 환경적으로 가장 유리함(전기에너지 사용)
③ 미래지향적 교통시설로 기대 - 대단위 MASS 교통수단이 아닌 적정 용량의 수용력으로 인한 공간혼잡도 개선.
④ 안전성은 모든 교통수단 중 최고수준이며 경관감상을 겸한 이용자 만족도 증대 예상(인접구간의 사생활침해는 우려할 수준 이하로 속도와 조도가 프라이버시를 심각한 수준으로 노출시키지는 않음)
⑤ 경사나 표고 등 지형에 순응하는 최적의 적합 교통시설로서 대도시일수록 사업성이 우수하며 시설투자비 회수가 빠름.

2) 도시교통시설로서의 도입 사례

- 미국뉴욕시의 맨해튼과 루즈벨트섬을 연결
- 알제리 알제시의 해변 도심과 언덕위 주택지 연계
- 브라질 리오데자레이로시의 도심과 달동네를 접근
- 콜롬비아 마들린시(MEDELLIN)의 도시교통 네트워크
- 러시아 노브고라드시(NOVGOROD)의 강을 건너는 도시교통수단
- 대만 타이페이시의 도시산악지형을 넘어 주거지로의 이동
- 터키 앙카라시의 유라시아 최대 도시교통수단 도입(3.2km)

참고문헌

제1장 (마리나리조트)

해양수산부(1998) 친수성 항만공간 개발 실시계획 검토 및 기본구상.
해양수산부(2006) 해양관광 기반시설 조성연구.
국토해양부(2010) 제1차 마리나항만 기본계획.
김남형·이한석(1999) 해양성 레크리에이션시설. 도서출판 과학기술
지삼업(2006) 해양스포츠자원론. 서울 : 대경북스
지삼업(2008) 마리나조성계획과 실제. 서울 : 대경북스
김천중(2012) 해양관광과 마리나산업. 서울 : 백산출판사
김남형(2002) 마리나의 계획 (1)(2)(3)(4). 어항 제59, 61, 62, 63호 한국어촌어항협회
안봉원외 역(1984) 관광시설조경론. 일본관광협회. 서울 : 신학사
김화연외 역(2012) 지속가능한 마리나 개발. John Hogan·Lyndall de Marco. 서울 : 구미서관
일본관광협회(1974) 관광계획의 수법.
염곡소부 외(1992) 마리나의 계획. 녹도출판회
일본마리나비치협회(1998) 플레저보트용 부잔교설계 매뉴얼
Donald W. Adie(1992) 마리나의 개발 및 디자인. 타사
경기도(2012) 제부 마리나항 개발기본 및 실시설계. (주)건화
한국관광공사(1993) 해남화원관광단지 기본설계. (주)금호엔지니어링
American Society of Civil Engineers(1994) Planning and Design Guidelines for Small Craft Harbors
Akio Kuroyanagi+프레저하버연구회(1994) Town Planning with Pleasure Harbor. Process Architecture Co., Ltd
Robert F. Goodwin(1988) Small Boat Marinas : The New Professionalism. Urban Ports and Harbor Management, New York, Taylor & Francis.

제2장 (스키리조트)

서천범(2012) 레저백서. 서울 : 한국레저산업연구소
임청규(1997) 스키리조트 계획의 이론과 실무. 서울 : 도서출판 누리에
남궁용근(1990) 스키장 종합휴양개발계획. 환경과 조경 제33호. 서울 : 도서출판 조경
황형선(2000) GIS를 이용한 스키코스 선정에 관한 연구. 조선대학교 산업대학원 석사학위논문
이시영(2003) 스키코스 계획기준에 관한 연구, 자연과학논문집 13(1)
김인배(2004) 국내외 사례조사를 통한 스키리조트 시설 및 이용행태 분석 연구. 서울산업대학교 주택대학원 석사학위논문
김인배(2006) 국내 주요 스키리조트시설의 개발실태 및 배치특성 사례연구. 대한건축학회논문집 22(9)
김재규(2007) 스키리조트의 선택속성과 시장세분화 연구. 경기대학교 관광경영학과 석사학위논문

엄상권(2001) 국내리조트시설의 현황 및 특성에 관한 연구. 성균관대학교 건축학과 박사학위논문
이준복(2004) 강원랜드 스키장 설계. 한국조경학회지 32(1)
허재봉(2008) 국내 스키리조트의 경관계획 특성에 관한 연구. 중앙대학교 건설대학원 석사학위논문
강원도(2006) 정선 중봉 알파인(활강)경기장 건설공사 기본설계. (주)도화
태백관광개발공사(2003) 태백시 서학레저단지 조성공사 기본계획. (주)도화
태백관광개발공사(2004) 태백시 서학레저단지 조성공사 기본설계. 도시연
(주)문경레저타운(2012) 복합리조트조성 기본구상 타당성검토. (주)유신
(주)강원랜드(2003) 강원랜드 스키장 조성사업 설계 용역. (주)우대기술단
(주)강원랜드(2003) 강원랜드 스키장 건설공사 실시설계. (주)유신
(주)강원랜드(1999) 강원랜드 카지노리조트 조성사업 기본계획 및 기본설계 용역. (주)다산컨설턴트
강원도개발공사(2004) Peace Valley Resort 조성사업 타당성 및 개발구상. (주)유신
(주)강원랜드(2002) Concept design for Kangwon Casino Resort Ski Centre. CREA AS
한국스키장 경영협회 http://www.skiresort.or.kr/main/main.asp
대한스키협회 http://ski.sports.or.kr/
미국스키장협회 https://www.nsaa.org/

제3장 (골프리조트)

김귀곤 외(1992) 한국의 골프장 계획 이론과 실무. 도서출판 조경
엄서호(1998) 레저산업론 서울 : 학현사
김명길(2000) Golf with Nature. (주)필드컨설탄트
황원 역(2001) 골프코스 설계 및 시공. 도서출판 조경
백창복(2010) 골프장을 활용한 복합개발방향에 관한연구. 경상대학교 석사학위논문
이정호(2008) 골프장의 Course Renovation 계획 및 이용자 평가에 관한 연구. 경원대학교 석사학위논문
엄상권(2001) 국내 리조트시설의 현황 및 특성에 관한 연구. 성균관대학교 박사학위논문
김충열(2000) 민간리조트개발이 지역경제에 미치는 효과에 관한 연구. 강원대학교 박사학위논문
소동기(2007) 골프장 관련법제 개선방안. (사)한국골프장경영장협회 제2회 골프정책포럼 자료
서기영(2000) 레져·리조트시설의 계획 및 설계에 관한 연구. 성균관대학교 건축·토목·조경공학부
김민형(2005) 부동산 개발사업추진절차 및 세부추진내역. 한국건설산업연구원
한국관광공사(2009) 관광자원개발메뉴얼 2010.
(주)한국종합기술공사(2010) 안면도 지포·운여 관광단지 조성계획.
(주)PDI엔지니어링(2007) 포항 코스타밸리리조트 개발계획.
한진중공업(2004) 영동 늘머니과일랜드 조성사업 개발계획 및 경제성 검토. (주)한국종합기술공사
정읍시·한국관광공사(2011) 내장산리조트 관광지 개발사업 조성계획 및 기본설계. (주)동호
남해군(2008) 남해 썬비치리조트 개발계획. (주)도화엔지니어링
Michael J. Hurdzan(1996) Golf Course Architecture Design, Construction & Restoration. Sleeping Bear Press

제4장 (수목원)

장진성 역(2000) 식물원 운영지침. Etelka Leadly & Jane Greene., The Darwin Technical Manual for Botanic Garden

이근식(2004) 수목원의 합리적 운영을 위한 기초적 연구. 목포대학교 석사학위논문

김용식(2005) 우리나라 식물원의 현황과 발전전략. 한국환경생태학회

송동옥·안영희(2008) 한국의 식물원, 수목원의 실태와 개선방안에 관한 연구. 녹지환경 학회지 4권 3호

김용식(2009) 우리나라 식물원 : 현재와 미래. 한국과총 전북지역연합회 2009년 제3차 과학기술포럼 새만금내 자생식물원 조성에 관한 포럼

김종익 외(2010) 국내 수목원조성 경향에 관한 연구. 한국환경생태학회 학술대회논문집 20(2)

산림청(2010) 수목원·생태숲전국권역별장기발전방안연구. (사)한국식물원수목원협회

산림청(2010) 국립백두대간수목원 조성사업 기본계획 및 도시관리계획 수립용역. (주)도화엔지니어링

국립수목원(2011) GSPS적용에 따른 수목원·식물원평가기준개발

(사)한국식물원수목원협회(2011) 2011 식물원 수목원 워크숍-한국 식물원 수목원의 세계화. 한국식물원수목원연구소

신현탁·강신구(2011) 수목원에서 세계식물보전전략 적용 경향 및 대응 방안. 한국산림휴양학회지 제5권 3호

강신구(2012) 우리나라 수목원의 유형화 및 관리방안에 관한 연구. 경북대학교 박사학위논문

산림청(2013) 국립새만금수목원조성 기본계획(기본구상). (주)동호

산림청(2012) 국립새만금수목원조성을 위한 국제 심포지움. (주)동호

산림청(2013) 국립중앙수목원조성 기본계획. (주)한국종합기술

산림청(2012) 국립중앙수목원조성을 위한 국제 심포지움. (주)한국종합기술

박 훈(2013) 수목원 설계전략 연구. 대한건축학회연합논문집 15권4호(통권56호)

제5장 (동물원)

문홍식(1977) 동물원의 역사. 대한수의사회지 제13권 제1호

김성수(2000) 동물원의 역사. 대한수의사회지 제36권 제5호

서울대공원관리사업소(2001) 서울대공원 생태동물원 조성 기본계획. (주)서안

대전광역시도시개발공사(2003) 대전동물원 장기발전계획 수립 용역. (주)동명기술공단종합건축사사무소

서울대공원관리사업소(2003) 서울대공원 토종 생태동물원 기본 및 실시설계. (주)동명기술공단종합건축사사무소

서울대공원관리사업소(2005) 서울대공원 재조성 기본계획 및 기본설계. (주)동명기술공단종합건축사사무소

Peter Karsten(2004) 동물원 계획·설계시 고려할 요소. Seoul Grand-Park Workshop

Kenneth J. Polakowski(1987) Zoo Design : The Reality of Wild Illusions, The University of Michigan School of Natural Resources.

Grant R. Jones, ASLA and David J. Matthews, AIA and Christopher L. Overdorf, ASLA, APA(2005) Zoo Design. Jones & Jones Architects and Landscape Architects, Ltd.

제6장 (자연휴양림)

산림청(2013a) 임업통계연보.

산림청(2013b) 산림복지종합계획.
산림청(2012) 산림휴양시설 조성·운영 사업계획.
산림청(2004) 자연휴양림 조성관리 및 운영 매뉴얼.
산림청(2000) 산림과 임업기술Ⅰ.
산림청(1990) 자연휴양림설계기준.
신원섭(1998) 야외휴양관리. 서울 : 따님
류강현(2013) 자연휴양림 발전단계의 구분과 특성연구. 고려대학교 대학원 박사학위논문
최인호·임은미(2008) 스토리텔링을 활용한 장소마케팅에 관한 탐색적 연구
임승빈 외(1998) 자연휴양림 조성의 문제점 및 개선대책. 서울대학교
김범수 외(2003) 자연휴양림 숙박시설의 유형별 구조적 특성과 설비현황에 관한 연구. 한국산림휴양학회지 제7권 1호
박재신(2008) 자연휴양림 숙박시설의 배치와 건축적 특성에 관한 연구. 전북대학교 환경대학원석사학위
강기래·이기철(2009) 자연휴양림 이용자만족도 모형연구. 한국임학학회지
김종은·양덕희(2001) 관광자원으로서의 자연휴양림에 관한 지리적 연구. 관광지리학회지
조중연(2010) 체험학습공간으로서의 자연휴양림의 활용. 고려대학교 석사학위논문
조주형(1995) 도시근교형 장녀휴양림의 이용만족도 조사에 관한 연구. 경희대학교 석사학위논문
무주군(2013) 산림생태·문화체험단지 조성사업 기본 및 실시설계. (주)도화엔지니어링
진도군(2013) 국립진도자연휴양림 기본구상 및 기본설계. (주)도화엔지니어링

제7장 (야영장)

한국관광공사(1985) 전국야영지 장기개발계획 보고서.
한국관광공사(1987) 자동차야영장 개발타당성 조사연구.
문화체육부(1993) 청소년수련시설 설계기준 및 모형개발 연구.
문화관광부(2000) 청소년 야영장 모형개발연구.
한국관광공사(2009) 관광자원개발메뉴얼 2010.
문화체육관광부(2012) 캠핑장 레저활성화연구. 강원발전연구원
한국청소년연맹(1983) 청소년야영장 설치기준에 관한 연구.
경기도(2003) 다목적 캠핑장조성 타당성조사용역.
안봉원외 역(1984) 관광시설조경론. 일본관광협회. 서울 : 신학사
임주환 외(1998) 환경친화적 관광지개발론. 백산출판사
김재민(2001) 관광자원개발론. 대왕사
김성기(2003) 알뜰유럽오토캠핑여행. 민서출판사
이종규(2000) 리조트개발과 경영. 부연사
코리아데이터뱅크(2003) 한국관광레저연감 2004.
관구앙태랑(1977) 조원기술대성. 동경 : 양현당
동해시(2003) 망상오토 캠핑리조트 민간위탁 타당성검토
윤양수(2002) 레저형태변화와 여가공간 조성방안연구 : 수도권을 중심으로. 국토연구원

고은정(1997) 자동차야영장 활성화 방안에 관한 연구. 홍익대학교 석사학위논문
민선홍(1994) 관광시설로의 자동차야영장업 개발에 관한 연구. 경기대학교 석사학위논문
이규하(2008) 동해시 망상 오토캠핑리조트의 운영실태 분석 및 관리개선방안에 관한 연구. 강릉대학교 경영정책과학대학원 석사학위논문
이성영(2006) 공공시설의 입지와 지역경제성장에 관한연구. 삼척대학교 석사학위논문
이진희(1989) 주문진 자동차야영장 개발계획. 서울대 환경대학원 석사석사학위논문
가평군(2006) 2008 세계캠핑 캐라바닝대회 기반시설공사 조성계획 및 실시설계. (주)도화엔지니어링
광명시(2014) 도덕산 도시자연공원조성사업 실시설계. (주)신성엔지니어링·(주)PDI엔지니어링
(주)PDI엔지니어링(2014) 연안휴양시설 기본계획.
Alan Jubenvile(1976) Outdoor Recreation Planning. Philadelpia, Saunders

제8장 (익스트림파크)

공성배(2012) 레저스포츠론. 서울 : 레인보우북스
김홍백(2009) 레저스포츠총론. 서울 : 형설
핀치베로·대니(2007) 익스트림 스포츠. 동아사이언스
박근수(2004) 동해안 바다이벤트 지역별 특성화 방안. 강원발전연구원
김선희(2001) 한국의 익스트림 스포츠(X-Game) 실태 및 활성화 방안. 한국여가레크리에이션학회지 Vol. 22
김창호(2001) 익스트림 스포츠(Extreme Sports)의 현황과 마케팅방향. 한국창업정보학회지 Vol. 4(2)
심재범(2003) 경주 관광 활성화를 위한 Extreme Park 조성 방안에 관한 연구. 동국대학교 대학원 석사학위논문
춘천시(2007) 춘천X-게임파크 조성공사 조사설계. 한광엔지니어링(주)
남해군(2006) 남해군 X-게임장 조성 타당성 검토 및 기본계획. 한광엔지니어링(주)
춘천시(2008) 대룡산 체육공원 관리계획. 한광엔지니어링(주)
주식회사 이에스피 http://www.espkorea.com
한국활공협회 : http://www.khpga.org

제9장 (바이크파크)

김지혜(2010) 한강시민공원의 자전거이용자와 도보산책자의 레저 갈등에 관한 연구. 이화여자대학교 석사학위논문
권오현(2010) 사용자 참여에 의한 위치기반 콘텐츠 개발에 관한 연구(경춘선 폐선 공원 부지의 자전거 활용 시스템을 중심으로). 서울과학기술대학교 석사학위논문
이규진·최기주(2010) 자전거 수단분담률 추정모형 구축 및 자전거 수요요인 분석. 대한교통학회지 제28권
최기주(2010) 자전거통행수요 요인분석 및 활성화 방향. 교통기술과 정책 제7권 제3호
국토해양부(2006) 자전거 이용 활성화방안 마련을 위한 연구.
한강사업본부(2008) 자전거공원 조성을 위한 해외사례조사 보고서. (주)동일기술공사
한강사업본부(2009) 광나루 자전거공원 조성사업 기본 및 실시설계. (주)동일기술공사

한국토지주택공사(2012) 행정중심복합도시 1-2, 1-4 생활권 및 22, 23호 근린공원 조경기본 및 실시설계. (주)동일기술공사
한국도시철도공사(2014) 동해남부선 미포송정역구간 개발사업 사업계획. (주)동일기술공사
삼척시(2008) 해양레일바이크 및 삼척로프웨이 조성사업 기본계획. (주)PDI엔지니어링
코레일관광개발 www.korailtravel.com
진주시어린이교통/청소년모험공원, www. jinjukids.or.kr
Whistler Mountain Bike Park, bike.whistlerblackcomb.com
한국산악자전거협회, www.kmtb.or.kr
한국산악자전거연맹, www.kcfmtb.or.kr
에스프랜, www.esplan.co.kr
한국에이엔지, www.koanz.com
미국자전거협회, www.usabmx.com
국제사이클연맹, www.uci.ch
Tornado Alley BMX Raceway. www.usabmx.com

제10장 (삭도)

교통안전공단(2009) 삭도개론.
교통안전공단(2011) 궤도(삭도)담당 공무원 교육교재.
유재옥(2012) 삭도의 안전관리실태와 개선방안에 관한 연구. 서울시립대학교 도시과학대학원 석사학위논문
통영시(2010) 해상케이블카 및 연계사업 타당성조사·기본계획. (주)도화엔지니어링
삼척시(2008) 해양레일바이크 및 삼척로프웨이 조성사업 기본계획. (주)PDI엔지니어링
단양군(2005) 단양케이블카설치사업기본계획 및 설계. (주)제일엔지니어링
한국관광공사(2007) 울산바위 케이블카설치 타당성분석. (주)동명기술공단
울주군(2013) 신불산 로프웨이 사전타당성검토.
경상남도개발공사(2011) 거제케이블카설치 예비타당성조사. (주)동명기술단
삼척시(2013) 용화·장호간 해상로프웨이 조성사업 실시설계. (주)한국종합기술공사
서울특별시(2009) 남산곤도라설치 민간투자제안서. (주)동명기술공단
제천시(2013) 청풍호 그린케이블카 조성사업. 경관제작소 외연
한국삭도협회, www.ropeway.or.kr

저자

(목차순)

곽노엽(郭魯燁)
- 현재 : (주)PDI엔지니어링 대표, 조경기술사
- 학력 : 서울시립대(학사), 서울대 환경대학원(조경학석사), 경기대 대학원(관광학박사)
- 경력 : (주)유신 국토개발부 부사장
  (주)금호엔지니어링 · (주)동호 관광조경사업 본부장
  서울시립대 도시과학대학원 · 경기대 대학원 외래강사, 세종대 겸임교수
  경기도 · 안산시 건설기술자문위원 등
- 주요프로젝트 : 해남화원 · 제주중문(동부) · 경주감포 · 인천송도 관광단지 계획 및 설계, 고양관광문화단지 · 운북복합레저단지 조사설계, 여수화양리조트 실시설계, 금강산관광개발 총계획, 동두천영상테마파크 · 베트남 람동골프리조트 개발계획 등

유만재(俞晩載)
- 현재 : (주)유신 레저조경부 전무, 조경기술사
- 학력 : 서울시립대(학사)
- 주요프로젝트 : 강원랜드스키장 T/K, 슬라이딩센터(봅슬레이/스켈레톤/루지경기) 건설공사 T/K, 문경복합레저단지 스키장 타당성, 보광스키장 슬로프 확장설계, 부산시민공원 기본 및 실시설계 등

최영석(崔永鉐)
- 현재 : (주)유신 레저조경부 부장, 조경기술사
- 학력 : 서울대(학사), 서울대 대학원(석사)
- 주요프로젝트 : 강원랜드스키장 T/K, 슬라이딩센터(봅슬레이/스켈레톤/루지경기) 건설공사 T/K, 운북복합레저단지 실시설계, 국립 백두대간 테라피단지 기본계획 등

이정호(李正浩)
- 현재 : (주)한국종합기술 조경레저사업부 전무
  지형공간정보기술사, 가천대 겸임교수
- 학력 : 서울과학기술대(학사), 가천대 산업환경대학원(석사)
- 경력 : 유중종합기술, 조달청 설계자문위원
- 주요프로젝트 : 클럽900골프장 설계, 솔모로CC 리노베이션 계획설계, 수빅 골프리조트계획, 안면도 지포관광지 계획설계,한강고수부지 공원화설계

조대현(曺大鉉)
- 현재 : 동부엔지니어링(주) 조경부 상무, 조경/자연환경기술사
- 학력 : 전북대(학사)
- 경력 : (주)동호 조경부 상무, 화성시 경관심의위원
- 주요프로젝트 : 내장산리조트조성 계획 및 설계, 금강산관광개발총계획, 안동문화단지 골프장설계, 광교신도시호수공원 설계, 제주헬스케어타운조성 계획 및 설계 등

정경아(鄭京娥)
- 현재 : (주)유신 레저조경부 상무, 조경기술사
- 학력 : 서울시립대(학사), 시립대 도시과학대학원(석사수료)
- 경력 : (주)동호 조경부 상무, LH공사 · 인천도시공사 기술위원, 경기도 도립공원위원
- 주요프로젝트 : 국립새만금수목원 기본계획, 도비도농어촌휴양단지 기본구상, 새만금 관광단지조성사업 구상 및 계획, 백운산치유의 숲 설계

김종국(金鍾國)
- 현재 : (주)동명기술공단종합건축사사무소 조경부 상무
  조경기술사
- 학력 : 동아대(학사)
- 경력 : (주)대우엔지니어링
- 주요프로젝트 : 청계천복원 3공구 실시설계, 대전동물원 장기발전계획, 서울대공원 토종생태동물원 기본 및 실시설계, 서울대공원 재조성(Renewal) 기본계획 및 기본설계

최웅식(崔雄植)
- 현재 : (주)도화엔지니어링 조경레저부 상무, 조경기술사
- 학력 : 동국대(학사), 서울시립대 도시과학대학원(석사 수료)
- 경력 : (주)삼안, (주)우보엔지니어링종합건축사사무소
- 주요프로젝트 : 무주 산림생태체험단지 조성사업 기본 및 실시설계, 진도자연휴양림 조성사업 기본설계, 여수 경도 해양관광단지 조성사업 기본 및 실시설계 등

김철홍(金哲弘)
- 현재 : (주)도화엔지니어링 조경레저부 상무
- 학력 : 경북대(학사)
- 주요프로젝트 : 국립백두대간 수목원 조성계획, 2008 가평 세계캠핑 캐라바닝 대회장 계획 및 설계, 새만금 관광단지 개발기본계획, 노량지구 해양관광지 기본계획

이정석(李廷錫)
- 현재 : 한광엔지니어링(주) 대표이사, 조경기술사
- 학력 : 청주대(학사), 한양대 공학대학원(조경학석사),
  한양대 도시대학원(도시공학박사)
- 경력 : 극동건설(주), 극동엔지니어링(주), 세종시 · 고양시
  건설기술자문위원, 한양대 도시대학원 겸임교수
- 주요프로젝트 : 남해군 X-게임장 조성 타당성 및 기본계획, 춘천 X-게임파크 조성공사 조사설계, 대룡산 체육공원 관리계획 및 실시설계 등

박동천(朴東天)
- 현재 : (주)동일기술공사 부사장, 조경기술사,
  (사)한국조경사회 부회장
- 학력 : 전남대(학사), 서울대 환경대학원(조경학석사)
- 경력 : (주)한국종합기술, 경기도 공동주택품질검수위원,
  SH공사 건설디자인자문위원, 시흥시 설계심의위원
- 주요프로젝트 : 한강르네상스 기본계획, 광나루 자전거공원 조성 기본 및 실시설계, 충청북도 관광종합개발계획, 용산공원 기본설계 및 공원조성계획 등

정주현(鄭周鉉)
- 현재 : 경관제작소 외연 대표, 조경기술사
  (사)한국조경사회 · 한국정원문화협회 회장
  전주대 · 경희대 외래강사, 경희대 대학원 겸임교수
  세종시 · 한국공항공사 건설심의위원 등
- 학력 : 영남대(학사), 홍익대 건축도시대학원(석사),
  서울시립대 대학원(박사수료)
- 경력 : (주)동명기술공단종합건축사사무소 전무이사
- 주요프로젝트 : 제천 청풍로프웨이(그린케이블카)설치사업 설계관리용역, 설악산 · 속리산 · 소백산 · 북한산 국립공원 로프웨이 설치 기본구상 및 기본계획, 청계천 복원 3공구 조경계획 및 설계, 해남 공룡화석지 자연사학습장조성 기본계획 등

감수

(사)한국조경사회
엔지니어링활동주체 조경부서 대표자 협의회

관광 및 여가공간계획

2014년 12월 1일 1판 1쇄 인쇄
2014년 12월 5일 1판 1쇄 발행

저　　자　곽 노 엽
발 행 인　강 해 작
발 행 처　기 문 당
주　　소　서울시 성동구 무학봉 28길 4-1
전　　화　02)2295-6171(代)~5
팩　　스　02)2296-8188
출판등록　1976. 10. 7(1-44)
홈페이지　http://기문당
　　　　　http://www.kimoondang.com
I S B N　978-89-6225-623-9　　93520

정　　가　35,000원

이 도서의 국립중앙도서관 출판시도서목록(CIP)은 서지정보유통지원시스템 홈페이지(http://seoji.nl.go.kr)와 국가자료공동목록(http://www.nl.go.kr/kolisnet)에서 이용하실 수 있습니다.(CIP제어번호:CIP2014034044)